Christiane Schulzki-Haddouti (Hrsg.)
Bürgerrechte im Netz

Schriftenreihe   Band 382

Christiane Schulzki-Haddouti (Hrsg.)

Bürgerrechte
im Netz

bpb:
Bundeszentrale für politische Bildung

Bonn 2003
© Bundeszentrale für politische Bildung (bpb)
Redaktionsschluss: 25. November 2002
Redaktion: Thorsten Schilling
Lektorat: Christiane Toyka-Seid, Königswinter
Projektmanagement: Sabine Berthold
Produktion: Heinz Synal
Diese Veröffentlichung stellt keine Meinungsäußerung der Bundeszentrale für politische Bildung dar. Für inhaltliche Aussagen tragen die Autorinnen und Autoren die Verantwortung.
Umschlaggestaltung: Mieke Gerritzen, nl.design, Amsterdam
Satzherstellung: Medienhaus Froitzheim AG, Bonn, Berlin
Druck: Bercker, Kevelaer
ISBN 3-89331-458-X

Inhaltsverzeichnis

CHRISTIANE SCHULZKI-HADDOUTI
Einleitung
Nagelprobe Internet 7

RUDOLF WASSERMANN
Das Grundgesetz
Anspruch und Verpflichtung 13

JOHANN BIZER
Grundrechte im Netz
Von der freien Meinungsäußerung bis zum Recht auf Eigentum 21

INGO RUHMANN
Politik im digitalen Zeitalter
Ein Flickenteppich 30

HANSJÜRGEN GARSTKA
Informationelle Selbstbestimmung und Datenschutz
Das Recht auf Privatsphäre 48

THOMAS BERNHARD PETRI
Kommerzielle Datenverarbeitung und Datenschutz im Internet
Lässt sich der internationale Datenhandel im Netz noch kontrollieren? 71

MANUEL KIPER
Spione im Büro
Überwachung am Arbeitsplatz 92

PATRICK GOLTZSCH
Anonymität im Internet
Die technische Verteidigung eines Grundrechts 109

MARIT HANSEN / CHRISTIAN KRAUSE
Selbstdatenschutz
Sicherheit im Eigenbau 127

INGO RUHMANN / CHRISTIANE SCHULZKI-HADDOUTI
Kryptodebatten
Der Kampf um die Informationshoheit 162

CHRISTIANE SCHULZKI-HADDOUTI / MANFRED REDELFS
Informationsfreiheit als demokratisches Prinzip
Mehr Transparenz durch mehr Information   178

MANFRED REDELFS
Informationsfreiheitsrechte in Deutschland
Der langsame Abschied vom »Amtsgeheimnis«   190

DETLEF KRÖGER
Geistiges Eigentum im Netz
Zwischen Industrierecht und Kulturgut   210

BURKHARD EWERT / NERMIN FAZLIC / JOHANNES KOLLBECK
E-Demokratie
Stand, Chancen und Risiken   227

ARMIN MEDOSCH
Demonstrieren in der virtuellen Republik
Politischer Aktivismus im Internet gegen staatliche Institutionen
und privatwirtschaftliche Unternehmen   261

LORENZ LORENZ-MEYER
Die Zensur als technischer Defekt
Der Gilmore-Mythos   307

UTE BERNHARDT
Filtern, Sperren, Zensieren?
Vom Umgang mit unliebsamen Inhalten im Internet 319

MARTIN GOLDMANN
Dear Emily Postnews
Die Geschichte der Netikette   336

Anhang:

Namen- und Sachregister   349

Glossar / Abkürzungen   361

Adressen   363

Autorinnen und Autoren   366

CHRISTIANE SCHULZKI-HADDOUTI

Einleitung

Nagelprobe Internet

»Das eigentliche Internet interessiert mich überhaupt nicht«, sagt Web-Pionierin Esther Dyson. Viel wichtiger sei, so die ehemalige Vorsitzende der Internet-Verwaltungsorganisation Icann, was die Menschen mit diesem technischen Mittel machen: Wie kommunizieren sie, wie betreiben sie Geschäfte, wie treffen sie richtungsweisende Entscheidungen?

Wie Menschen mit dem Internet und mit anderen Internet-Nutzern umgehen, beruht darauf, welche Maßstäbe sie an ihr Handeln legen. Hacker setzen sich bereits seit Jahrzehnten mit dem Netz und seinen Werten auseinander. Der Journalist Steven Levy[1] erarbeitete Anfang der 80er-Jahre aus Gesprächen mit Szene-Mitgliedern acht Grundwerte und Handlungsanweisungen, die bei Hackern und in der Netzgemeinde allgemein akzeptiert waren. So gilt der »unbegrenzte und vollständige« Zugang zu Computern in der Hacker-Ethik als Grundrecht. »Alle Informationen müssen frei sein«, lautet ein weiteres Prinzip. Doch Autoritäten müsse misstraut und folglich müsse Dezentralisierung gefördert werden. Vorurteile dürften im Netz keine Rolle spielen: »Beurteile einen Hacker nach dem, was er tut, und nicht nach üblichen Kriterien wie Aussehen, Alter, Abstammung oder gesellschaftlicher Stellung« lautet die Forderung. Auch werden die Nutzer aufgefordert, mit ihrem Computer sich der Kunst zu widmen und etwas Schönes zu schaffen. Denn schließlich könnten »Computer das Leben zum Besseren verändern«. Diese Hacker-Regeln unterlagen seither leichten Veränderungen und Erweiterungen. Der »Chaos Computer Club« beispielsweise fügte noch zwei Regeln hinzu: Erstens die Aufforderung: »Mülle nicht in den Daten anderer Leute.« Und zweitens den Grundsatz: »Öffentliche Daten nützen, private Daten schützen.«

Welche Rechte, welche Pflichten haben Anbieter und Nutzer heute im Internet? In den Anfangsjahren des World Wide Web wurde darüber in der Öffentlichkeit noch heftig debattiert. Wissenschaftler, Politiker, Netzbürger und Nichtregierungsorganisationen verfassten zahllose Manifeste, Erklärungen und Chartas, die versuchten, Bürger- und Menschrechte ins Internetzeitalter zu übersetzen: 1997 regten deutsche Netzbürger und Internetpolitiker beispielsweise eine »Online Magna Charta«[2] an. Auf Initiative der Hubert-

Burda-Stiftung 1997 verfassten Wissenschaftler und Politiker die eher neoliberal gefärbte »Münchner Erklärung«[3], der schon bald eine Gegenerklärung folgte: Unter dem Einfluss der rot-rosa-grünen »Erfurter Erklärung«[4] von 1997 und in Antwort auf die »Münchner Erklärung« formulierten 1998 sozialliberale Wissenschaftler und Politiker sowie Gewerkschaften die »Frankfurter Erklärung«[5]. Auch auf internationaler Ebene waren Netzbürger aktiv: Im selben Jahr verfassten auf eine niederländische Initiative hin Nichtregierungsorganisationen die People's Communication Charter[6]. Schließlich meldeten sich auch die Informatiker zu Wort: 1999 verabschiedete der Europäische Computerverband die »Citizen's Charter«[7], die der Europäische Computerverband verabschiedete, dem auch Deutschlands größter Informatiker-Berufsverband, die Gesellschaft für Informatik (GI), angehört.

Anspruch und Verpflichtung des Grundgesetzes

Als die Verfassungsväter und -mütter vor über 50 Jahren das Grundgesetz formulierten, gab es zwar Radio und Fernsehen, jedoch noch kein weltumspannendes Internet. Die Grundrechte des Grundgesetzes sind der hohe Maßstab, an dem sich nationale Gesetzgeber und Behörden bei der Gestaltung neuer Regeln orientieren müssen. Die neuen Kommunikationstechnologien führten jedoch vielfach zu neuen Verordnungen und Gesetzen, die nicht nur in nationalen, sondern auch in europäischen und sogar internationalen Interessensausgleichen wurzeln.

Rudolf Wassermann, ehemals Präsident am Oberlandesgericht in Braunschweig, schildert anschaulich den Hintergrund und die Beweggründe der Verfassungseltern. Nach der Schreckensherrschaft der Nationalsozialisten verabschiedeten sie sich vom Werterelativismus der Weimarer Republik und richteten mit dem Grundgesetz das neue politische System auf die Menschrechte, auf die menschliche Würde aus. Das Grundgesetz ist daher weder dem Staat noch dem Gesetzgeber, sondern den Bürgerinnen und Bürgern gewidmet. Durch das Bundesverfassungsgericht sind die Menschen- und Bürgerrechte nicht nur Abwehrrechte, sondern leitende Prinzipien der gesamten staatlichen Ordnung.

Welche im Grundgesetz definierten Grundrechte besonders auf das Internet anwendbar sind, erläutert der Frankfurter Rechtsexperte *Johann Bizer*. So schützt das Grundgesetz Kommunikationsrechte wie die Meinungsäußerungsfreiheit, das Fernmeldegeheimnis, die Informationsfreiheit, die Vereinigungsfreiheit und Versammlungsfreiheit. Besonders wichtig für die Anbieter im Internet ist der Schutz des Eigentums und die Sicherung der Berufsfreiheit sowie der Rundfunk- und Pressefreiheit.

Manche neue Regelung wird vermutlich erst noch ihre Feuertaufe vor dem Bundesverfassungsgericht als letzter Prüfinstanz bestehen müssen. Die Auseinandersetzungen darüber, ob und inwieweit der Computereinsatz mit dem Rechtssystem vereinbar ist, werden bereits seit Jahrzehnten geführt, beobachtet IT-Politikexperte *Ingo Ruhmann*. Angefangen bei der Debatte über die Speicherung von Verbindungsdaten bis hin zu den Auseinandersetzungen um das geistige Eigentum gibt es zahlreiche Themenkomplexe der IT-Politik, die noch immer kontrovers diskutiert werden. Eine kohärente IT-Politik ist, so mahnt Ruhmann angesichts eines aus Teillösungen bestehenden »Flickenteppichs«, dringend nötig. Dabei besteht ihre Hauptaufgabe darin, Grundrechte auch in einer digitalen Welt umfassend zu sichern. Die IT-Politik reicht dabei deutlich über Fragen der informationellen Selbstbestimmung, der unbeobachteten Kommunikation oder der Meinungsfreiheit hinaus. So steht beispielsweise eine Neubestimmung des Eigentumsrechts an. Allerdings, so gibt er zu bedenken, habe der globale IT-Einsatz das staatliche Gewaltmonopol bereits ausgehöhlt.

Informationelle Selbstbestimmung

Die meisten Bürger verbinden mit den Grundrechten im Netz wohl am ehesten den Datenschutz, der auf die informationelle Selbstbestimmung jedes Bürgers zurückgeht. Der Berliner Datenschutzbeauftragte *Hansjürgen Garstka* schildert die Geschichte des Grundrechts auf informationelle Selbstbestimmung, das mit dem Volkszählungsurteil des Bundesverfassungsgerichts im Jahr 1983 begründet wurde. Zwar ist es kein im Grundgesetz festgeschriebenes Grundrecht, doch es ist Bestandteil der verfassungsmäßigen Ordnung: So dürfen Eingriffe nur auf gesetzlicher Basis erfolgen. Die Gesetze müssen klar regeln, was zulässig ist. Auch dürfen die Daten nur zu den Zwecken verarbeitet werden, zu denen sie erhoben wurden. Zudem dürfen nur so viele Daten wie unbedingt nötig verarbeitet werden.

Diese Regeln gelten heute allerdings nicht nur für den Staat, sondern auch für die private Wirtschaft. Welche Herausforderung dies für den Datenschutz bedeutet, beschreibt der Jurist *Thomas Bernhard Petri*. So müssen beispielsweise für die Kontrolle des internationalen Datenhandels neue Regeln wie etwa das zwischen Europa und den USA ausgehandelte Safe-Harbor-Abkommen umgesetzt werden. Nutzer müssen jedoch auch selbst ihre Daten kontrollieren und schützen lernen.

Innerhalb eines Betriebes haben Mitarbeiter jedoch nur eingeschränkte Möglichkeiten, ihre Daten zu schützen. Mit welchen Methoden immer mehr Firmen ihre Mitarbeiter und Mitarbeiterinnen überwachen, und über welche Mitbestimmungsrechte und welchen Persönlichkeitsschutz diese Mitarbeiter verfügen, stellt der Arbeitsschutzberater *Manuel Kiper* anschaulich vor. So ist eine generelle Überwachung der Mitarbeiter mit dem Recht auf informationelle Selbstbestimmung nicht vereinbar, wohl aber ist eine punktuelle Überprüfung in Verdachtsfällen möglich. Kiper plädiert deshalb für Selbstverantwortung und eine ergänzende Missbrauchskontrolle.

Noch immer lautet ein beliebtes Argument in der Diskussion um Lauschangriffe und andere Überwachungstätigkeiten: »Ich habe doch nichts zu verbergen.« Der Journalist *Patrick Goltzsch* bürstet den üblichen Anonymitätsdiskurs etwas gegen den Strich, indem er nicht die Frage stellt: »Warum anonym?«, sondern: »Warum nicht anonym?«. Immerhin bewegen sich im täglichen Leben die meisten Menschen anonym. Im Internet ist das jedoch die Ausnahme. Erwarten die Kassierer an der Supermarktkasse nur das Geld und keinen Ausweis, verlangen Online-Shops von ihren Kunden wesentlich mehr Auskünfte. Anwender hinterlassen im Internet Datenspuren aller Art, die Unternehmen, Organisationen und Behörden vielfältig auswerten können. Die im Alltag selbstverständliche Anonymität muss daher im Internet erst durch spezielle Maßnahmen hergestellt werden.

Welche Maßnahmen die Nutzer zum Schutz ihrer Privatsphäre ergreifen können, schildern die Informatiker *Marit Hansen* und *Christian Krause* vom Unabhängigen Landeszentrum für Datenschutz in Schleswig-Holstein. So können Nutzer mit wenigen gezielten Handgriffen ihren eigenen Rechner absichern und ihre Kommunikation verschlüsseln. Ein weiterer, bislang wenig verbreiteter Schritt ist das Vermeiden von Datenspuren und das Aushandeln von Privacy-Policies, die den Umgang mit den Daten regeln.

Grundlage für den selbstbestimmten Umgang mit den Daten ist das Verschlüsseln. Wie umstritten der freie Umgang mit kryptografischen Mitteln in den letzten Jahren und Jahrzehnten war, schildere ich gemeinsam mit *Ingo Ruhmann*, der als FIfF-Vorstandsmitglied und ehemaliger Mitarbeiter des grünen Bundestagsabgeordneten Manuel Kiper die Kryptodebatte hautnah miterlebte. Indem kryptografische Methoden die Kommunikation schützen, bestimmen sie, wer Zugriff auf Informationen erhält. Der Beitrag schildert, wie die Zivilgesellschaft sich eine gute Verschlüsselungstechnologie zu Eigen machte, die vormals eine Angelegenheit der Geheimdienste, des Militärs und der Diplomaten war.

Herausforderung für die Demokratie

Das Internet verspricht mehr Transparenz durch mehr Information. E-Government-Projekte verheißen mehr Transparenz, Ziel ist eine »gläserne Verwaltung«. Der Zugang zu Informationen ist entscheidend, wenn Bürger sich gesellschaftlich beteiligen wollen. Schon 1975 stellte das Bundesverfassungsgericht den hohen Wert der Transparenz für eine funktionierende Demokratie heraus. In vielen Ländern leistet seit langem das Grundrecht auf Informationsfreiheit dazu einen entscheidenden Beitrag, wie mein gemeinsam mit *Manfred Redelfs* verfasster Beitrag zeigt.

Im europäischen Vergleich bildet Deutschland mit seiner traditionellen Amtsverschwiegenheit das Schlusslicht. Erste Erfahrungen konnten Bürger und Organisationen in Deutschland mit dem Umweltinformationsgesetz bereits machen, wie *Manfred Redelfs*, der als Leiter der Rechercheabteilung von Greenpeace bereits vielfältige Erfahrungen sammeln konnte, in einem weiteren Beitrag anschaulich schildert. Er plädiert für einen offensiveren Umgang mit den bereits bestehenden, jedoch allgemein wenig bekannten Zugangsrechten.

Dass Informationsfreiheit und -zugang jedoch mit dem Recht auf geistiges Eigentum kollidieren können, zeigt der Jurist und Buchautor *Detlef Kröger*. Auf der einen Seite steht das Eigentumsrecht des Urhebers als wirtschaftlich verwertbares Gut, auf der anderen Seite haben Informationen teilweise den Charakter eines öffentlichen Gutes. Der Leistungsanreiz für die Informationsproduktion ist zwar bedeutend, doch er muss sozialverträglich gestaltet werden, um den Informationszugang nicht zu beschneiden. Ob und wie ein Interessensausgleich gefunden werden kann, entscheidet sich allerdings nicht nur auf nationaler, sondern auch auf internationaler und supranationaler Ebene.

Wichtige gesellschaftliche Kommunikation findet zunehmend in den elektronischen Netzen statt. Das Internet beeinflusst deshalb schon jetzt demokratische Gesellschaften: Der Kommunikationsstil verändert sich, die Informationsmöglichkeiten erweitern sich. Doch die neuen Medien bringen auch neue soziale Ungleichheiten mit sich. Das Autorenteam *Burkhard Ewert, Nermin Fazlic* und *Johannes Kollbeck* versucht vor diesem Hintergrund die Chancen und Risiken der neuen IuK-Technologien für die Demokratie zu analysieren und zu bewerten. Dabei unterscheiden die Autoren zwischen E-Government- und E-Demokratie-Projekten. E-Government-Projekte umfassen neben den Informationsangeboten der Ministerien und Behörden vor allem die Verwirklichung von dienstleistungsorientierten, bürgernahen Angeboten der Verwaltung. E-Demokratie-Projekte wie etwa Online-Wahlen hingegen orientieren sich nach demokratietheoretischen Kategorien wie Legitimation, Partizipation und Öffentlichkeit.

Das Internet als politischer Handlungsraum ist gleichzeitig auch Ort der Auseinandersetzung über ein neues Politikverständnis in einem globalen und vernetzten Kontext. Wie Bürger ihre Beteiligungsrechte im Internet zu verwirklichen suchen, schildert der Londoner Netzexperte *Armin Medosch* am Beispiel virtueller Demonstrationen. Anhand bedeutender Netz-Kampagnen beschreibt Medosch, der die Netzgemeinde als Telepolis-Redakteur jahrelang kritisch begleitete, erstmals die Entwicklung des Netzaktivismus seit den frühen 90er-Jahren. Auf Grund seiner Auseinandersetzung mit den rechtlichen Implikationen von Online-Demonstrationen sieht er den Bedarf, Grundrechte für eine »virtuelle Republik« neu zu definineren, um kollektive Formen politischer Willensäußerung im Netz zu garantieren.

Dass das Internet resistent gegen Zensur ist, entlarvt der Journalist *Lorenz Lorenz-Meyer* als hartnäckigen Mythos. So behauptete Netzpionier John Gilmore, dass das Netz Zensurmaßnahmen als Defekt behandelt und sie umgeht. Dabei behindern inzwischen nicht nur Staaten wie China und Saudi-Arabien den Informationszugang. Auch demokratische Staaten wie Deutschland und die USA erlauben Kontrollmaßnahmen.

Das Internet als »elektronischer Kurzschluss« aller Rechtssysteme und Kulturräume dieser Welt stellt viele Länder vor eine völlig neue Herausforderung im Umgang mit Information. *Ute Bernhardt*, die als Geschäftsführerin des Forums InformatikerInnen für Frieden und gesellschaftliche Verantwortung (FifF) jahrelang die Debatten um Bürgerrechte in der Informationsgesellschaft kritisch begleitete, befasst sich deshalb detailliert mit Filter-, Sperr- und Zensurmaßnahmen in verschiedenen Ländern. Sie fordert demokratische Staaten auf, das Internet nicht zu filtern oder zu zensieren, sondern die Auseinandersetzung mit der Meinungsvielfalt im Internet zu fördern.

Welche Umgangsformen mit unerwünschten Inhalten die Internetgemeinde selbst über Jahre hinweg mit den so genannten Netiketten entwickelte, schildert der Journalist *Martin Goldmann*. Die Netikette orientiert sich an den Grundsätzen der anfangs vorgestellten Hacker-Ethik.

Unsere Wertmaßstäbe bestimmen den Umgang mit dem Internet. Zahlreiche Grundrechte müssen sorgfältig gegeneinander abgewogen werden. Eine einseitige Präferierung eines Grundrechts kann ein anderes empfindlich beeinträchtigen. So müssen beispielsweise im Konflikt um geistiges Eigentum und Informationsfreiheit zwei Grundrechte gegeinander abgewogen werden. Welche Prioritäten wir dabei setzen, wird darüber entscheiden, über welchen Informationszugang und über welche Informationsqualität wir künftig verfügen. Wie groß unsere Bereitschaft ist, informationelle Selbstbestimmung und Meinungsäußerungsfreiheit zu verteidigen, wird das Verhältnis zwischen Bürger und Staat wesentlich prägen. Letzlich werden diese Auseinandersetzungen über die Lebendigkeit unserer demokratischen Gesellschaft entscheiden.

Bonn im Okober 2002 *Christiane Schulzki-Haddouti*

Anmerkungen

1 Vgl. Steven Levy, Hackers, 2001, vgl. auch Boris Gröndahl, Hacker, Hamburg 2000.
2 http://sem.lipsia.de/charta/d/charta.htm
3 http://www.akademie3000.de/2/02/02/01/00300/
4 http://www.chm.tu-dresden.de/organik/private/misc/erfurt.html
5 http://staff-www.uni-marburg.de/~rillingr/imd/IMD98/98erklaerung.htm
6 http://www.waag.org/pcc/pcc.txt
7 http://www.cepis.org/mission/charter.htm

Rudolf Wassermann

Das Grundgesetz

Anspruch und Verpflichtung

Im Lob des Grundgesetzes stimmen Exponenten unterschiedlicher politischer Positionen überein. Wohl die meisten Deutschen sind der Ansicht, dass das Grundgesetz, wie Karl Carstens als Bundespräsident (1979–1984) formulierte, die beste Verfassung ist, die das deutsche Volk in seiner langen Geschichte gehabt hat. Was das bedeutet, wird klar, wenn man auf die Zeit der Entstehung des Grundgesetzes zurückblickt. Das Ende des NS-Regimes hatte Deutschland in einem vernichtet und erlöst, wie Theodor Heuss treffen sagte. Vielen schien es unmöglich zu sein, auf den Trümmern des untergegangenen Regimes einen Neubau zu errichten. Aber das als unmöglich Erscheinende gelang. Dank seiner 1949 beschlossenen Verfassung, die Grundgesetz genannt wurde, um sie als Grundlage unserer Rechtsordnung (»Norm der Normen«) zu kennzeichnen, entstand auf deutschem Boden eine Staatsordnung, die etwas Neues nicht nur gegenüber dem NS-Regime war, sondern auch gegenüber der Weimarer Republik. Waren die Weimarer Jahre eine Zeit formloser Gärung gewesen, so entwickelte sich auf dem Hintergrund des tiefen Umbruchs, den NS-Regime, Krieg und Zusammenbruch darstellten, eine neue demokratische Staatlichkeit, die auf der Einsicht beruht, dass es im Staat eine Verantwortung sowohl der Regierenden als auch der Regierten gibt.

Das Grundgesetz ist Rahmen und Aufgabe für das Handeln der Regierenden wie der Regierten, gekennzeichnet durch das Bemühen um Mäßigung der Macht durch das Recht und durch staatsbürgerliche Mitverantwortung zu Gunsten der Würde des Menschen. Das heißt: Alle Bürger und Bürgerinnen haben mitzuwirken an der Verteidigung des grundgesetzlich verbrieften und geschützten Rechts, das sowohl unser eigenes ist als auch das unserer Mitbürger. Niemand darf zum Objekt gemacht werden – weder von der staatlichen Macht noch von der Technik, auch nicht von der Willkür einzelner Menschen oder von Gruppen.

1. Der Geist des Grundgesetzes

Will man den Geist kennzeichnen, in dem die neue Staatlichkeit geboren wurde, so bietet sich die Formel an: Aus dem Maßlosen in das Maßvolle. Die geistig-moralische Haltung, die das Volk einigen, also integrieren sollte, trat in dem Bestreben zu Tage, nicht wieder – wie in der Weimarer Verfassung – Demokratie als politische Form des Wertrelativismus zu begreifen, sondern als eine an bestimmte Grundwerte gebundene, wertorientierte politische Ordnung. Dazu trat der Auf- und Ausbau eines Rechtsstaates, wie ihn die deutsche Geschichte und – das darf man hinzufügen – auch die anderer Nationen bislang nicht gekannt hatten.

An der Spitze der Aussagen des Grundgesetzes zur Wertgebundenheit des politischen Systems steht das Bekenntnis zur Würde des Menschen. Es handelte sich dabei um eine von allgemeiner Zustimmung getragene Reaktion auf den Sturz in die Barbarei während des Jahrzwölfts, in dem Hitler und die Nazis regierten. Die Machthaber des Regimes hatten bei jeder Gelegenheit von der Menschlichkeit abfällig als Humanitätsduselei gesprochen und sich angestrengt, die Deutschen zu Fanatismus, Härte und Herrenmenschtum zu erziehen. Grillparzers düstere Voraussage, wonach der Weg von der Humanität über die Nationalität zur Bestialität geht, war soweit Wirklichkeit geworden, dass man die moralischen Verheerungen, die das NS-Regime angerichtet hatte, schlimmer als die Trümmer bezeichnen musste, die es hinterließ.

Nach dem Zusammenbruch des Regimes war jedoch Lessings »Nathan« – also das Hohelied der Menschlichkeit – eines der meistgespielten Theaterstücke, die in den zerstörten Städten aufgeführt wurden, und man hielt dafür, dass wenn die Erneuerung Deutschlands nach den moralischen Verwüstungen der Hitlerzeit überhaupt gelingen würde, dieses neue Deutschland nur auf der Grundlage der Humanität würde aufgebaut werden können. Lehrreich war aber auch der Rückblick auf die Weimarer Republik. Da man in deren Verzicht auf das Bekenntnis zu einer Wertegemeinschaft einen der Gründe für ihr Scheitern sah, wollte man nicht wieder eine jeder beliebigen politischen Zielsetzung zur Verfügung stehende Formaldemokratie schaffen, sondern dem neuen Staat ein positives Ziel setzen, und dieses sollte in der Orientierung am Menschen, an der menschlichen Persönlichkeit, an der menschlichen Würde und an den Menschenrechten bestehen.

Historisch betrachtet war das ein durchaus kühnes Unterfangen: es lief auf nichts weniger als auf den Bruch mit der deutschen Rechtstradition hinaus, wie sie Bestandteil der deutschen politischen Kultur war. Denn die deutsche politische Kultur war dadurch gekennzeichnet, dass ihr der einzelne Mensch wenig bedeutete. Nicht in der Entfaltung seiner Persönlichkeit, wie der Humanismus es will, sondern im Dienst für ein Abstraktum – den Staat – sollte er Erfüllung finden. Demgegenüber ist der Ansatz des Grundgesetzes weder der Staat noch eine andere Obrigkeit, aber auch nicht der Gesetzgeber, wie es klassischem Demokratieverständnis entsprochen hätte, sondern der Bürger. Die in den Grundrechten dargestellten Menschenrechte setzen dem Staat eine unübersteigbare und unaufhebbare Grenze seiner Gewalt. Die Weimarer Republik kannte eine solche Bindung nicht. In ihr galten die Grundrechte, zugespitzt ausgedrückt, nur im Rahmen der Gesetze, während heute die Gesetze nur gelten, soweit sie den Grundrechten nicht widersprechen.

Über ihren Abwehrcharakter gegen staatliche Eingriffe hinaus schreiben diese Fundamentalnormen allen staatlichen Gewalten zugleich vor, wie sie der Würde des Menschen zu dienen haben. Der parlamentarische Gesetzgeber, auf den die Weimarer Republik abstellte, wurde damit entthront. Er ist nicht mehr allmächtig, sondern selber um des Menschen willen einem höheren Recht unterworfen. Alle Machtträger wurden auf diese Weise von der herrschenden in eine dienende Funktion versetzt.

Ein Übriges hat die Verfassungsgerichtsbarkeit zur Effektuierung der Menschen- und Bürgerrechte der Verfassung durch extensive Interpretation und nicht zuletzt dadurch getan, dass sie die Grundrechte der Verfassung nicht bloß als Abwehrrechte des Einzelnen gegen den Staat definiert hat, sondern auch als leitende Prinzipien, die die gesamte staatliche Ordnung durchdringen und gestalten.

Eine Besonderheit unserer Verfassung, durch die sie sich von der anderer Staaten unterscheidet, verdient ebenfalls Beachtung. Sie liegt in ihrer erhöhten Rechtsqualität und Verbindlichkeit. Die Grundrechte bedürfen nicht der gesetzgeberischen Umsetzung in Gesetzesrecht, sondern sind unmittelbar geltendes Recht (Art. 1 Abs. 3 GG). Das heißt: Jede Frau, jeder Mann kann sich auf sie berufen ohne Rücksicht darauf, ob ihr Inhalt in die Gesetze aufgenommen ist, die die jeweilige Materie regeln. Das ist ein geschichtlicher Fortschritt, der geradezu als revolutionär erschien, als das Grundgesetz 1949 beschlossen wurde.

2. Keine Wertneutralität

Der Wertgebundenheit entsprach die Absage an das, was man in der Weimarer Republik unter der Neutralität des Staates verstand, nämlich seine schon erwähnte Offenheit jeder beliebigen Zielsetzung gegenüber. Das Grundgesetz nimmt jeden Bürger und in besonderer Weise die politischen Kräfte der Gesellschaft in die Pflicht. Kein Gesetz, das Bundestag und Bundesrat beschließen, kein Akt der Verwaltung, kein Urteil eines Gerichts, so haben es die Verfassungsväter in das Grundgesetz hineingeschrieben, darf sich in Widerspruch zu dessen Werten setzen. Wo ein Widerspruch aufkommt, ist die Verfassung verletzt und das Bundesverfassungsgericht zur Korrektur berufen.

Was in diesem kühnen Gedanken aufschimmerte, wurde ergänzt und vervollständigt durch die Etablierung eines Rechtsstaats, wie er in der Geschichte ohne Beispiel ist. In jenen Jahren gab es kein Wort, das so oft gebraucht wurde wie das Wort Recht. Rechtlosigkeit war die Signatur der Nazizeit gewesen, in der gleichsam die niederen Dämonen in realiter, politisch und gesellschaftlich zu erklärender Gestalt Deutschland beherrscht hatten. Nach der Kapitulation setzte sich in nicht Wenigem der Triumph der Macht über das Recht fort. Infolgedessen bestand ein elementares Bedürfnis, ein Hunger nach Gerechtigkeit. Der Rechtsphilosoph Gustav Radbruch schrieb damals: »Demokratie ist ein preisenswertes Gut, Rechtsstaat aber ist wie das tägliche Brot, wie Wasser zum Trinken und wie Luft zum Atmen, und das Beste an der Demokratie ist gerade dieses, dass nur sie geeignet ist, den Rechtsstaat zu sichern«. Und ein anderer bedeutender Rechtsdenker jener Tage, Adolf Arndt, sprach in Bezug auf die Rechtsnot des Volkes unter Hitler davon, dass Rechtlosigkeit unbehauster mache als das Niederbrennen unserer Gebäude, hungriger als der Mangel an Brot, durstiger als ein Entbehren von Wasser.

Damit distanzierten sich die Schöpfer der zweiten deutschen Demokratie zugleich von jener verbreiteten Auffassung, die meint, Demokratie als eine bloße Methode erfassen zu können, durch die politische Entscheidungsbefugnisse mittels eines Wettkampfes erworben werden. Definitionen dieser Art leisten Auffassungen Vorschub, die in den 20er-Jahren zu dem Missverständnis führten, Demokratie sei eine politische Form, die man mit beliebigem Inhalt erfüllen könne. Eine so verstandene Demokratie läuft nicht nur Gefahr, ideologisch gleichsam einzufrieren, sondern sie bleibt außer Stande, jene moralischen Kräfte freizusetzen, derer sie zu ihrer Behauptung in der Auseinandersetzung mit ihren Gegnern bedarf. Dabei genügt schon ein Blick auf die geschichtlichen Ursprünge des demokratischen Gedankens, um zu erkennen, dass die Demokratie von Anbeginn an inhaltlich bestimmt war und aus dieser inhaltlichen Zielsetzung ihre stärksten Antriebe empfing. Als sich die Idee der Demokratie im 17. und 18. Jahrhundert entfaltete, ging es um die Begründung und Rechtfertigung einer neuen Lebensform. Deshalb wurde ihr Kern, der Freiheitsgedanke, in Gestalt von Freiheitsrechten formuliert, die man als natürliche Ansprüche des Menschen – eben als Menschenrechte – verstand. Dahinter stand die Vision des aufrechten, freien Bürgers, der fähig und willens ist, sein Schicksal in die Hand zu nehmen.

Davon, dass diese Vision veraltet sei, kann im Ernst nicht die Rede sein. Tagtäglich wird in der Welt Freiheit missachtet und die menschliche Würde mit Füßen getreten. Solange es aber Erniedrigung, Unfreiheit und Ausbeutung gibt, wird der menschliche Geist Menschenrechte fordern und für ihre Verwirklichung kämpfen.

Allerdings dürfen wir die Menschenrechte nicht mehr in jener zeit- und interessenbedingten Verkürzung sehen, in der ihnen der bürgerliche Liberalismus Gestalt gegeben hat. Der liberale Freiheitsbegriff war nur gegen den Staat gerichtet und auf die gesellschaftlichen Voraussetzungen einer Minoritätendemokratie von Besitz und Bildung bezogen. Längst hat sich das Freiheitsprinzip mit dem Gleichheitsgedanken verbunden und jene Freiheiten, die nach liberaler Konzeption nur wenigen zugute kommen sollten, auf alle Bürger ausgedehnt. Heute geht es darum, die Menschenrechte unter den Bedingungen einer wirtschaftlichen wie kommunikativen Großgesellschaft zu verwirklichen. Das aber ist eine Aufgabe, die zugleich nüchterne Analyse wie schöpferische Fantasie erfordert.

Wir haben erkennen müssen, dass die Freiheit des Einzelnen nicht nur vor der Gewalt des Staates, sondern ebenso sehr vor ökonomischer und gesellschaftlicher Macht geschützt werden muss, wenn sie nicht bloß auf dem Papier stehen soll. Ebenso wichtig ist die Einsicht, dass Freiheit, um real zu sein, der Sicherheit vor Gewalt und Verbrechen bedarf. Die Gewährleistung des Rechts ist die Grundaufgabe des Staates. Wenn der Staat nicht im Stande ist, diese seine Pflicht zu erfüllen, schwindet das Vertrauen der Bürgerinnen und Bürger, auf die gerade die Demokratie als Bürgerstaat angewiesen ist. Die Bürger und Bürgerinnen wollen nicht, dass Freiheit und Sicherheit gegeneinander ausgespielt werden. Sie wollen beides genießen, und darauf haben sie einen Anspruch. Der Verfassungsstaat schuldet ihnen sowohl Sicherheit in der Ausübung der Freiheitsrechte als auch Schutz vor Kriminalität. Diese beiden Grundbedürfnisse im Verfassungsstaat auszutarieren, zur dauerhaften Synthese zu bringen, gehört zur Politik, zur Staatskunst im Verfassungsstaat.

3. Pluralismus braucht einen festen Rahmen

Über das Juristische hinaus weist ein zweites Merkmal, das der Hervorhebung bedarf. Es gehört zum Erfolg des Grundgesetzes, dass die in ihrem Grundrechtsteil verkörperten Werte auch den gemeinsamen Nenner für den Minimalkonsens über die soziale und politische Moral bilden, also über die Werte, die die zwischenmenschlichen Beziehungen regeln und menschliche Haltungen und Einstellungen beeinflussen, menschliches Verhalten steuern sollen. Menschenwürde und Menschenrechte geben den Rahmen vor, bedeuten Ziel und Inhalt, und sind der Parameter für jeweilige Kritik.

Mitunter wird angenommen, der pluralitäre Charakter der heutigen deutschen Gesellschaft stelle die Wertgebundenheit der Verfassung, wie sie sich in den zu Grundrechten erklärten Menschenrechten dokumentiert, grundsätzlich in Frage. Das ist nicht der Fall. Gerade eine Gesellschaft, die nicht geschlossen, sondern offen ist und durch eine Vielheit von Gruppen und eine Vielfalt von Kulturen gekennzeichnet wird, bedarf eines festen Rahmens, wenn sie nicht auseinander fallen soll oder in Orientierungslosigkeit oder Beliebigkeit (»Permissivität«) enden soll.

Diesen festen Rahmen stellt das Grundgesetz dar. Indem es die Menschenrechte als Grundrechte zum positiven Verfassungsrecht gemacht hat, bietet es Raum für unterschiedliche politische Überzeugungen sowie – dank der in Artikel 4 GG verankerten Glaubens- und Religionsfreiheit – für unterschiedliche religiöse und weltanschauliche Bekenntnisse. Auf dieser verfassungsrechtlichen Grundlage kann sich ein multi-kultureller Liberalismus entfalten, soweit er nicht im Widerspruch zu eben diesen Grundlagen steht.

Zu Recht wird daher das Grundgesetz als eine Verfassung der Toleranz bezeichnet. Die Toleranz, die das Grundgesetz gewährt, muss allerdings eine wechselseitige sein. Wer sie als deutscher Staatsangehöriger für sich in Anspruch nimmt, muss auch seinerseits Toleranz üben und mit den Grundrechten der Verfassung zugleich die Universalität der Menschenrechte respektieren, wie sie in der »Allgemeinen Erklärung der Menschenrechte« vom 10. Dezember 1948 durch die Vereinten Nationen, in der Europäischen Menschenrechtskonvention (EMRK) vom 4. November 1948 und im »Internationalen Pakt über bürgerliche und politische Rechte« der Vereinten Nationen vom 19. Dezember 1966 proklamiert ist. Dabei soll nicht unerwähnt bleiben, dass in der Präambel des Paktes von 1966 ausdrücklich darauf aufmerksam gemacht wird, dass der Einzelne Pflichten gegenüber der Gemeinschaft hat, der er angehört, und dass er gehalten ist, für die Förderung und Achtung der Menschenrechte einzutreten.

4. Grundgesetz und gesellschaftlicher Wandel

Die Güte einer Verfassung hängt wesentlich davon ab, wie sie sich im Strom der Zeit bewährt. Wandel ist eine Grundtatsache des gesellschaftlichen Lebens. Die Herausforderungen, auf die eine Antwort gegeben werden muss, können geistiger Art sein oder auf Wandlungen in den wirtschaftlichen und sozialen Verhältnissen beruhen, nicht zuletzt auf Fortschritten in Wissenschaft und Technik.

Die Antwort kann vom Gesetzgeber gegeben werden, der die Verfassung mit Zweidrittel-Mehrheit ändern kann. Das ist zum Beispiel beim Asylgrundrecht (Art. 16 GG) unter großer öffentlicher Anteilnahme geschehen. Vornehmlich aber ist die Anpassung an den gesellschaftlichen Wandel eine Aufgabe der Rechtsprechung, die sich der Auslegung der Normen bedient, um mit dem Lauf der Zeit Schritt zu halten und das Recht vor Erstarrung zu bewahren. Freilich ist die Verfassung gleichsam der ruhende Pol in der Erscheinungen Flucht; sie verkörpert Stabilität und soll das auch. Aber dieser Charakter schließt nicht aus, dass sich für die Gerichtsbarkeit die Notwendigkeit ergeben kann, Rechtsnormen, die unbestimmt, also strukturell offen sind, behutsam und nach sorgfältiger Abwägung des Für und Wider dem Wandel anzupassen.

Nicht immer hat das Bundesverfassungsgericht dabei eine glückliche Hand gehabt. In der Entscheidung über die Abgeordnetenentschädigung aus dem Jahre 1975 hat es zum Beispiel durch sein Votum zu Gunsten des Vollzeitparlamentariers dazu beigetragen, die Bundesrepublik zu einem überdimensionierten Parteienstaat auszubauen. Höchst problematisch war es auch, das Grundrecht auf Meinungsfreiheit (Artikel 5 GG) so zu überhöhen, dass das Recht auf Schutz der persönlichen Ehre, das die Meinungsfreiheit nach dem Wortlaut der Verfassung beschränken sollte, seine Bedeutung in vielen Fällen eingebüßt hat. Viel Beifall fand das Gericht auf der anderen Seite, als es, um das Individuum vor Datenmissbrauch zu schützen, Ende 1983 dem Grundrechtskatalog das (ungeschriebene) Recht auf informationelle Selbstbestimmung hinzugefügt hat.

5. Herausforderung Internet

Heute steht das Rechtswesen vor der Aufgabe, die Verhältnisse im Internet rechtlich zu ordnen. Die Problematik betrifft Anbieter wie Nutzer und findet wegen der Bedeutung des Internets für die Zukunft der Kommunikationsgesellschaft breites öffentliches Interesse. Gegenstand allgemeiner Aufmerksamkeit ist namentlich die Frage der Kommunikationsordnung unter dem Aspekt der Reglementierung und der marktwirtschaftlichen Öffnung des Internets. Entscheidungen der Gerichte befassen sich unter anderem mit der Werbung im Internet und mit den so genannten Internet-Auktionen. Die Nutzung des Internets durch extremistische politische Gruppen, insbesondere durch Neonazis und andere Rechtsextremisten, die unter anderem den Holocaust leugnen und neonazistische Texte verbreiten, hat weithin Empörung ausgelöst. Nichts anderes gilt für die Verbreitung von Schmutz- und Schund-Literatur, wozu auch die Kinderpornografie gehört. Wenn der Ruf nach Schutz durch den Gesetzgeber und die Gerichte ertönt, muss man sich im Klaren sein, dass stets der Bereich der Grundrechte berührt wird. Die Freiheitsausübung im Internet steht unter deren Schutz. Berechtigt ist aber auch die Forderung, dass das Recht gegen den Missbrauch des Internets mobilisiert werden muss.

Da das Internet nicht vor den nationalstaatlichen Grenzen Halt macht, kann die von ihm ausgehende Herausforderung nicht von dem Recht eines einzelnen Staates beantwortet werden. Man spricht daher von der internationalen Dimension des Internets, der durch die Rechtsetzung der Europäischen Union (EU) und durch entsprechende Bemühungen der Vereinten Nationen Rechnung getragen werden soll.

Bemerkenswert ist in diesem Zusammenhang das Bestreben, das europäische Einigungswerk durch eine Verfassung der EU fortzuführen. Der überragenden Bedeutung, die dabei den Grundrechten zukommt, hat die EU durch die Proklamation einer Grundrechtscharta auf der Regierungskonferenz in Nizza vom 7. bis 9. Dezember 2000 Rechnung getragen. Die Fassung des einschlägigen Artikels 11 der Charta lautet:

(1) Jede Person hat das Recht auf freie Meinungsäußerung. Dieses Recht schließt die Meinungsfreiheit und die Freiheit ein, Informationen und Ideen ohne behördliche Eingriffe und ohne Rücksicht auf Staatsgrenzen zu empfangen und weiterzugeben.
(2) Die Freiheit der Medien und ihre Pluralität werden geachtet.

Diese Verankerung der Meinungs-, Medien- und Informationsfreiheit in Artikel 11 der Charta ist auch für das Internet relevant. Da die Bestimmung allgemein gehalten ist und nicht über die bestehende Regelung hinausgeht, wird vielfach bezweifelt, dass sie eine eigenständige Bedeutung erlangen wird. Bedeutsam ist sie jedoch auf jeden Fall als Zeichen dafür, dass in der EU ein kulturell vielfältiges, plurales Mediensystem im Interesse der Medienfreiheit erwünscht ist.

Die Grundrechtscharta soll den Charakter der EU als Wertegemeinschaft verdeutlichen; sie knüpft an die »Europäische Menschenrechtskonvention« und die gemeinsamen mitgliedstaatlichen Verfassungstraditionen an, nicht zuletzt an das deutsche Grundgesetz, das in mehrfacher Hinsicht Vorbild für die Regelungen war. Rechtliche Verbindlichkeit besitzt die Grundrechtscharta allerdings noch nicht.

JOHANN BIZER

Grundrechte im Netz

Von der freien Meinungsäußerung
bis zum Recht auf Eigentum

1. Elektronische Grundrechte

Das Internet ermöglicht einen weltumspannenden Austausch an Information und Kommunikation. Als räumlich entgrenzte Kommunikation kann das Internet als virtuelle Wirklichkeit erfahren werden, in der sich jenseits der kulturell tradierten Formen konventioneller Kommunikation eigene Regeln für Sprache, Takt und Ausdrucksweise entwickeln. Das Internet kann auf diese Weise für einige Menschen zu einem eigenen sozialen und beruflichen Bezugsrahmen für Kontakte und Kommunikation werden.

Häufig verführt die Erfahrung von Globalität im Internet und die anfängliche Hilflosigkeit staatlicher Organe gegenüber dem neuen Medium zur Annahme, das Internet sei ein Raum ohne staatliches Recht. Das Gegenteil ist der Fall: Trotz aller Anwendungsfragen und Durchsetzungsprobleme im Einzelfall gilt staatliches Recht natürlich auch für die Anbieter und Nutzer im Internet. Bezugspunkt des Rechts ist die Person, die in einem Land über eine Niederlassung als lokalen Bezugspunkt der dort geltenden Rechtsordnung verfügt oder deren Wirken in den Geltungsbereich der Rechtsordnung eines Landes fällt und deswegen von dieser auch erfasst wird. Wer beispielsweise rechtswidrige Inhalte vom Ausland aus für Nutzer in Deutschland verfügbar macht, kann sich nach deutschem Recht strafbar machen. Es kann also keine Rede davon sein, dass das Internet ein rechtsfreier Raum sei.

Die Grundrechte des Grundgesetzes gelten also für Anbieter und Nutzer von Information und Kommunikation im Internet. Als Ausdruck individueller Freiheit schützen sie Anbieter und Nutzer gegen Eingriffe der deutschen Staatsgewalt. Die Geltung der Grundrechte im Internet sind ein Korrektiv der Freiheit gegen staatliche Aufsichts- und Strafmaßnahmen der deutschen Behörden zu Gunsten der Anbieter und Nutzer. Sie sind der Maßstab, an dem sich jeder Versuch von Gesetzgebung, Verwaltung und Justiz, das Internet in das Korsett staatlicher Reglementierung zu zwängen, messen lassen muss.

Die Grundrechte verhalten sich zu den medialen Formen ihrer Ausübung neutral. Sie schützen jede Form der Freiheitsausübung auch in elektronischen

Netzen, auch wenn bei In-Kraft-Treten des Grundgesetzes noch niemand an das Internet dachte. Um derartige entwicklungsbedingte Lücken zu vermeiden, ist das deutsche Verfassungsverständnis prinzipiell dynamisch und entwicklungsoffen konzipiert. Die Grundrechte sollen die Freiheit der Menschen schützen, nicht aber bestimmte Lebensformen konservieren. Aus diesem Grund entwickeln sich ihre Schutzgehalte mit dem Wandel von Technik und Lebensformen fort.

Allerdings können die Grundrechte des Grundgesetzes nur gegenüber der deutschen Staatsgewalt Geltung beanspruchen. Ihre räumlich auf den Wirkungsbereich der deutschen Staatsgewalt begrenzte Geltung stellt in grenzüberschreitender Kommunikation zwar mitunter ein Problem dar, weil im Einzelfall geklärt werden muss, welche Rechtsordnung in Konfliktfällen zur Anwendung kommt. Solche Fälle sind aber erstens nicht der Regelfall und werfen gegenüber konventioneller Kommunikation zweitens auch keine prinzipiell neuen Rechtsfragen auf.

Zudem werden die Rechtsfragen zumindest in Europa dadurch gemindert, dass sich die Grund- und Menschenrechte der nationalen Verfassungen international mehr und mehr an den Standard der »Europäischen Menschenrechtskonvention« (EMRK) und der Charta der Grundrechte angleichen und sich auf diese Weise zu einer europäischen Rechtsordnung integrieren. Der Umgang mit weltweit relevanten Sachverhalten (»Globalisierung«) ist schließlich nicht nur eine Herausforderung der Menschen im Cyberspace, sondern ein klassisches Problem jeder Menschenrechtspolitik. Die Entwicklung und Durchsetzung global und universal geltender Rechte gegenüber jeder Staatsgewalt ist ein langwieriger Prozess, zu dessen Beschleunigung und Erfolg die kommunikativen Möglichkeiten des Internets beitragen. Internetnutzer verstehen sich bereits heute in aller Regel als Weltbürger einer virtuellen Welt. Von daher treibt die Internationalität des Internets und der Anspruch zahlreicher Nutzer die Entwicklung global geltender Grundrechte im Cyberspace voran, auch wenn diese Entwicklung heute noch in den Anfängen steht.

In der Praxis zeigt sich allerdings, dass die Nationalstaaten bei der Formulierung internationaler Konventionen und Empfehlungen weniger an der Verankerung elektronischer Menschenrechte interessiert sind als vielmehr an einer internationalen Koordinierung der Eingriffsbefugnisse staatlicher Aufsichtsbehörden und Polizeien. Ein anschauliches Beispiel für diese Entwicklung ist die Cybercrime-Konvention des Europarates, die Speicherpflichten und staatliche Überwachungsbefugnisse international zu harmonisieren sucht, ohne aber ausgleichende Datenschutzregelungen vorzusehen. Eine »internationale Charta elektronischer Netzrechte« ist noch ein Projekt der Zukunft.

Die Grundrechte verankern keine absoluten Freiheitsrechte. Vielmehr sind sie sozial bezogen auszulegen und anzuwenden. In der Regel ist dies eine Aufgabe des Gesetzgebers. Er muss die unterschiedlichen Interessen beispielsweise der Anbieter und Nutzer in seinen Gesetzen ausgleichen und zuordnen.

Als Beispiel einer solchen Koordinierung kann die Verpflichtung der Anbieter im Internet dienen, ihre Angebote unter anderem mit Namen und Anschrift der für den Inhalt Verantwortlichen zu kennzeichnen (§ 6 Teledienstegesetz). Einerseits belastet diese Regelung die Anbieter, weil sie durch Gesetz zur Umsetzung dieser Anforderung verpflichtet sind. Sie greift beispielsweise bei einem kommerziellen Anbieter in die Freiheit seiner Berufsausübung ein. Andererseits ist die Pflicht zur Anbieterkennzeichnung aber gerechtfertigt, weil sie Dritten und letztlich auch dem Verpflichteten selbst zu einem wirksamen Schutz seiner Rechte verhilft. Der Grund ist einfach: Ohne eine Anschrift des Verantwortlichen können Aufsichtsbehörde und Gerichte Rechtsverstöße beispielsweise gegen das Wettbewerbsrecht oder verbraucherschützende Bestimmungen nicht sanktionieren.

Beschränkungen der Grundrechte sind immer nur durch oder auf der Grundlage eines Gesetzes möglich, das den Anforderungen der Verhältnismäßigkeit genügen muss. Das Eingriffsgesetz muss erstens geeignet sein, seinen Regelungszweck zu erreichen. Es muss zweitens erforderlich sein und darf drittens im Verhältnis von Zweck und Mittel den Betroffenen in seinen Freiheitsrechten nicht unzumutbar beschränken. Mit Unterschieden im Einzelnen hat die Rechtsprechung des Bundesverfassungsgerichts zusätzlich eine Lehre verfahrensrechtlicher und organisatorischer Vorkehrungen entwickelt, mit deren Hilfe der Gesetzgeber Grundrechtseingriffe noch zumutbar gestalten kann. Soweit die Entscheidungen des Gesetzgebers für ein bestimmtes Regelungsmodell auf einer Prognose über die zukünftige Entwicklung beruhen, ist er zur regelmäßigen Überprüfung und gegebenenfalls auch zur Nachbesserung seiner Regelungen verpflichtet. Verfassungsrechtlich ist der Gesetzgeber zu wirksamen Regelungen verpflichtet, um überflüssige Belastungen zu vermeiden. Als »virtueller Raum« ist das Internet mittlerweile Gegenstand einer mehr oder weniger umfassenden staatlichen Gesetzgebung, die in den einzelnen Kapiteln dieses Buches dargestellt wird.

Die Grundrechte sind aber nicht nur Schutz gegen staatliche Eingriffsbefugnisse, sondern beeinflussen als Verfassungsprinzipien die gesamte Rechtsordnung und damit mittelbar auch die Rechtsverhältnisse der Privaten untereinander. In der Praxis drückt sich diese »Ausstrahlungswirkung« der Grundrechte in einer Vielzahl von Bestimmungen aus, die Grundrechte einfachgesetzlich im Rechtsverkehr zwischen Privaten gewährleisten, aber auch gleichzeitig ihre Schranken näher bestimmen. Ein anschauliches Beispiel ist § 85 Telekommunikationsgesetz (TKG), der die Diensteanbieter der Telekommunikation zur Wahrung des Fernmeldegeheimnisses ihrer Kunden verpflichtet. Die gesetzliche Regelung transformiert auf diese Weise eine gegen staatliche Eingriffe gerichtete Schutznorm des Fernmeldegeheimnisses (Art. 10 GG) in Gesetzesrecht, welches den Kunden gegen den TK-Anbieter schützt. Ein anderes Beispiel ist die gesetzliche Regulierung des Datenschutzes, dessen Bestimmungen die informationelle Selbstbestimmung gegenüber den Interessen der Daten verarbeitenden Stellen zu wahren bemüht ist. Ein drittes Beispiel sind die Bestimmungen des besonderen Gewerberechts wie des deutschen Arzneimittelrechts, dessen Regelungen derzeit noch die Zulassung von Internetapotheken blockieren.

2. Grundrechtsschutz der Anbieter

> **Art. 12 Abs. 1 GG [Berufsfreiheit]**
> Alle Deutschen haben das Recht, Beruf, Arbeitsplatz und Ausbildungsstätte frei zu wählen. Die Berufsausübung kann durch Gesetz oder auf Grund eines Gesetzes geregelt werden.

Eigene Inhalte im Internet gewerblich anzubieten, fremde Inhalte auf eigenem Datenspeicher im Internet bereitzuhalten oder den Zugang zu solchen Diensten zu vermitteln, sind Tätigkeiten, die dauerhaft auf Erwerb gerichtet, durch die Freiheit der Berufsausübung geschützt sind. Das Grundrecht schützt also die gewerblichen Tätigkeiten im Internet von der Werbung bis zu den Angeboten, Waren zu bestellen oder Dienstleistungen in Anspruch zu nehmen. Entsprechendes gilt für das Angebot von Kommunikationsplattformen der unterschiedlichsten Arten im Internet (Newsgroups, Chats etc.). Für den Grundrechtsschutz als Berufsausübung ist ausreichend, dass das Angebot im Zusammenhang einer auf Dauer angelegten Berufstätigkeit steht, die zur Schaffung und Erhaltung einer Lebensgrundlage dient. Nicht erforderlich ist eine Nutzung der Dienste gegen Entgelt, solange die Inhalte nur selbst im Zusammenhang mit einer beruflichen Tätigkeit stehen. In diesem Sinne ist auch das Angebot der kostenlosen Nutzung von Internetangeboten beispielsweise als Werbeträger im Rahmen einer wirtschaftlichen Unternehmung eine grundrechtlich geschützte Berufsausübung. Eine Besonderheit dieses Grundrechts ist allerdings, dass es nach seinem Wortlaut nur Deutschen vorbehalten ist.

Private Angebote im Internet sowie die gewerblichen Angebote von Ausländern sind gegenüber der staatlichen Gewalt aber nicht schutzlos gestellt. Einschlägig ist in diesen Fällen die allgemeine Handlungsfreiheit (Art. 2 Abs. 1 GG). Schließlich kann für das Angebot von Inhalten auch der Schutz der Meinungsäußerungsfreiheit (Art. 5 Abs. 1 Satz 1 GG) von Bedeutung sein.

> **Art. 5 Abs. 1 Satz 2 GG [Rundfunk und Pressefreiheit]**
> Die Pressefreiheit und die Freiheit der Berichterstattung durch Rundfunk und Film werden gewährleistet.

Spezielle Grundrechte sind einschlägig, wenn das Angebot als Rundfunk zu qualifizieren ist. Das ist beispielsweise der Fall, wenn es sich um an die Allgemeinheit gerichtete Angebote handelt, die sich durch ihre technische Darstellung und Rezeptionsmöglichkeit durch die Merkmale der Breitenwirkung,

Aktualität und Suggestivkraft auszeichnen und auf diese Weise als Faktor und Medium der öffentlichen und individuellen Meinungsbildung Bedeutung haben. Ob für das Angebot einer elektronischen Zeitung im Internet die in Art. 5 Abs. 1 Satz 2 GG erwähnte Pressefreiheit herangezogen werden kann, wird davon abhängig zu machen sein, ob es sich um eine bloße elektronische Wiedergabe der gedruckten Ausgabe handelt oder um ein selbstständiges Angebot. Im ersten Fall wäre noch die Pressefreiheit einschlägig, im zweiten die Rundfunkfreiheit.

Besondere Schutzrechte können für die Ausübung von Religion und Gewissensfreiheit (Art. 4 Abs. 1 GG) im Internet in Anspruch genommen werden. So würde beispielsweise eine Website zur Seelsorge ebenso wie die daran anschließende E-Mail-Kommunikation (»Beichtgeheimnis«) unter dem Schutz des Grundrechts auf freie Religionsausübung stehen. Einen spezielleren Grundrechtsschutz für die Internetangebote und Aktivitäten von Gewerkschaften und Arbeitgebern bietet Art. 9 Abs. 3 GG, der die Koalitionsfreiheit betrifft. Grundrechtlich geschützte Tätigkeiten wären beispielsweise die Selbstdarstellung ebenso wie die Mitgliederwerbung im Internet für eine solche Koalition. Vergleichbare Tätigkeiten der politischen Parteien werden als Beitrag zur politischen Willensbildung gesondert im Grundgesetz (Art. 21 GG) geschützt.

3. Kommunikationsrechte

> **Art. 5 GG [Meinungsäußerungsfreiheit]**
> (1) Jeder hat das Recht, seine Meinung in Wort, Schrift und Bild frei zu äußern und zu verbreiten (...)
> (2) Diese Rechte finden ihre Schranken in den Vorschriften der allgemeinen Gesetze, den gesetzlichen Bestimmungen zum Schutz der Jugend und in dem Recht der persönlichen Ehre.

Das Grundrecht auf Schutz der Meinungsäußerungsfreiheit soll sicherstellen, dass jeder frei das sagen kann, was er denkt, ohne dass er hierfür nachprüfbare Gründe anführen muss. Das Grundrecht umfasst neben der Wertung auch die mit ihr in Zusammenhang stehende Tatsachenbehauptung, denn sie ist eine Voraussetzung für die Meinungsbildung. Die mediale Form der Äußerung ist für die Schutzwirkungen des Grundrechts unerheblich. Es gilt für jeden Nutzer, der sich im Internet äußert und darstellt. Keinen Unterschied macht es für den grundrechtlichen Schutz gegen staatliche Eingriffe, ob sich der Nutzer in öffentlichen oder geschlossenen Foren und Gruppen des Internets äußert. Die Freiheit der Meinungsäußerung gilt auch für die private Kommunikation.

In der Diktion des Bundesverfassungsgerichts handelt es sich bei der Meinungsäußerungsfreiheit um eines der vornehmsten Grundrechte, dem besondere Bedeutung für den demokratischen Prozess der Meinungsbildung zugewiesen wird. Ohne individuelle Meinungsäußerung gibt es keine in einem sich offenen Prozess vollziehende politische Willensbildung, die es der Minderheit ermöglicht, zur Mehrheit zu werden. Meinungsäußerungsfreiheit und politische Willensbildung stehen in der Demokratie also in einem engen Zusammenhang und das gilt auch für die Kommunikation im Internet.

Vorausschauend hat der Verfassungsgeber die Meinungsäußerungsfreiheit mit besonderen Schranken versehen (Art. 5 Abs. 2 GG), die eine Einschränkung durch staatliches Recht rechtfertigen können. Von Bedeutung sind die gesetzlichen Bestimmungen zum Schutz der Jugend und zum Recht der persönlichen Ehre. Trotz ihrer hohen Bedeutung kann der Jugendschutz die Freiheit zu Meinungsäußerungen beschränken, wenn diese beispielsweise pornografisch sind oder die Ehre Dritter verletzen (zum Beispiel hate speech). Entsprechendes gilt für die Ausübung von Kunst und Wissenschaft (Art. 5 Abs. 3 GG), denen der Gesetzgeber zum Schutz gleichrangiger Verfassungsgüter ebenfalls Schranken setzen kann.

Art. 10 Abs. 1 GG [Fernmeldegeheimnis]
Das Briefgeheimnis sowie das Post- und Fernmeldegeheimnis sind unverletzlich.

Der Schutz für spezifische Betätigungen der Kommunikation mit technischen Hilfsmitteln gehört zum Traditionsbestand der Menschen- und Grundrechte. Mit der Entwicklung des Telefons und Telegrafen durch die damals noch staatliche Reichspost wurde zuerst einfachgesetzlich das Fernmeldegeheimnis entwickelt, das später in das Verfassungsrecht übernommen wurde und heute im Grundgesetz steht.

Im digitalen Zeitalter ist Schutzgegenstand des Fernmeldegeheimnisses die Vertraulichkeit der elektronisch vermittelten Kommunikation. Es schützt die Inhalte und Verbindungsdaten aus der und über die Kommunikation der Teilnehmer einschließlich der erfolglosen Verbindungsversuche. In die Sprache der digitalisierten Welt übersetzt müsste dieses Recht heute als Telekommunikationsgeheimnis bezeichnet werden. Als individuelles Recht auf Schutz der Vertraulichkeit umfasst es auch das Recht des Einzelnen, seine Nachrichten unabhängig von Dienstleistern der Telekommunikation und staatlichen Vorgaben selbst zu ver- und entschlüsseln

Die Anpassungsfähigkeit der Grundrechte an neue technische Entwicklungen und ihre Risiken für die individuelle Freiheitsausübung zeigt anschaulich das Recht auf informationelle Selbstbestimmung. Es ist vom Bundesverfassungsgericht 1983 aus dem allgemeinen Persönlichkeitsrecht (Art. 2 Abs. 1 in Verbindung mit Art. 1 Abs. 1 GG) entwickelt worden. Es schützt die Befugnis des Einzelnen, über eine Verwendung seiner Daten selbst zu bestimmen und damit vor einer unbegrenzten und unkontrollierbaren Erhebung, Verarbeitung und Nutzung seiner Daten. Häufig muss der Einzelne zwar eine staatliche Verarbeitung seiner Daten hinnehmen. Sie ist jedoch nur auf der Grundlage eines Gesetzes verfassungsmäßig, das den Zweck der Verarbeitung bestimmen sowie dem Grundsatz der Verhältnismäßigkeit genügen muss. Eine gewisse kompensatorische Funktion zur Gewährleistung der Transparenz der Datenverarbeitung kommt Gegenrechten der Betroffenen zu wie den Rechten auf Information, Benachrichtigung und Auskunft über eine den Betroffenen betreffende Datenverarbeitung. Eine wichtige Schutzfunktion haben schließlich auch die Datenschutzbeauftragten des Bundes und der Länder.

Für die künftige Entwicklung des E-Commerce von nicht zu unterschätzender Bedeutung ist auch das Grundrecht der Willenserklärungsfreiheit, die in engem Zusammenhang mit dem Schutz der Privatautonomie steht. Sie ist eine Ableitung aus der allgemeinen Handlungsfreiheit (Art. 2 Abs. 1 GG) und schützt insbesondere die Freiheit des Einzelnen, seinen Willen erklären und sich rechtlich binden zu können. Unter den Bedingungen der elektronischen Kommunikationsmedien schützt das Grundrecht demnach vor einer Beeinträchtigung der rechtlichen Handlungsfreiheit im E-Commerce. Wie bei jedem anderen Grundrecht sind Einschränkungen begründungsbedürftig, brauchen eine gesetzliche Grundlage und müssen den Anforderungen des Verhältnismäßigkeitsgrundsatzes genügen.

> **Art. 5 Abs. 1 Satz 1 GG [Informationsfreiheit]**
> (1) Jeder hat das Recht, (...) sich aus allgemein zugänglichen Quellen ungehindert zu unterrichten.

Als Grundrecht schützt die Informationsfreiheit des Einzelnen den ungehinderten Zugang zu allgemein zugänglichen Informationen. Allerdings vermittelt dieses Recht keinen Anspruch auf Informationen, die der Staat unter Verschluss hält, sondern nur einen Anspruch auf ungehinderte Information aus bereits »allgemein zugänglichen« Quellen. In Verbindung mit dem Gleichheitssatz (Art. 3 Abs. 1 GG) besteht aber ein Anspruch gegen den Staat, zumindest auch die Informationen zur Verfügung gestellt zu bekommen, die Dritten bereits zur Verfügung gestellt worden sind. Für Journalisten ergibt sich dieses Recht bereits aus der Pressefreiheit bzw. Rundfunkfreiheit (Art. 5 Abs. 1 Satz 1 GG.).

> **Art. 9 Abs. 1 Satz 1 GG [Vereinigungsfreiheit]**
> (1) Alle Deutschen haben das Recht, Vereine und Gesellschaften zu bilden.

Bedeutung kann im Internet auch das Grundrecht auf die Bildung von Vereinen und Gesellschaften gewinnen, das allerdings nur ein Deutschen vorbehaltenes Recht ist. Zu denken ist an virtuelle Vereine, die sich als geschlossene Benutzergruppe zu einem bestimmten Zweck bilden und betätigen. Entsprechendes gilt für die Gründung einer Vereinigung zu wirtschaftlichen Zwecken. Als Folge dieses Grundrechts wird beispielsweise zu prüfen sein, ob und unter welchen Voraussetzungen das geltende Vereinsrecht virtuelle Mitgliederversammlungen zulassen muss. Im Gesellschaftsrecht hat die Entwicklung virtueller Hauptversammlungen bereits begonnen.

> **Art. 8 Abs. 1 [Versammlungsfreiheit]**
> (1) Alle Deutschen haben das Recht, sich ohne Anmeldung oder Erlaubnis friedlich und ohne Waffen zu versammeln.

Fraglich ist, ob das Grundrecht der Versammlungsfreiheit für elektronische Kommunikation Bedeutung haben kann. Dieses Grundrecht soll die Versammlung von Personen zu Zwecken gemeinsamer Kommunikation ermöglichen. In der Tradition politischer Demonstrationen zielt dieses Grundrecht auf eine reale Versammlung von Personen. Ein Schutz virtueller Versammlungen durch das Grundrecht ist jedoch nicht ausgeschlossen. Denkbar ist eine Konstellation, in der sich Netzbürger virtuell in einem Forum zu einem bestimmten Zweck einloggen, um auf diese Weise »versammelt« ihre Meinung zu äußern. Allerdings entfaltet die Versammlungsfreiheit nur Schutzwirkungen, wenn die Versammlung »friedlich und ohne Waffen« erfolgt. Die gemeinschaftliche Blockade einer Webseite wäre unter dieser Voraussetzung beispielsweise keine grundrechtlich geschützte Versammlung. Im Übrigen kommt die Meinungsäußerungsfreiheit auch ohne Anwendung der Versammlungsfreiheit zur Anwendung – natürlich in den Schranken der zum Schutz der Rechte Dritter geltenden Gesetze.

Umgangssprachlich ist zwar hin und wieder von einem »virtuellen Hausrecht« die Rede, es steht aber in keinem Zusammenhang mit dem Schutz der Unverletzlichkeit der Wohnung (Art. 13 GG). Der Begriff der »Wohnung« meint in der Verfassung den realen Raum als Schutz und Rückzugsraum persönlicher Entfaltung. Die Rechte der an virtuellen Räumen berechtigten Personen können sich aus der Berufsausübungsfreiheit (Art. 12 GG) oder subsidiär aus der allgemeinen Handlungsfreiheit (Art. 2 Abs. 1 GG) ergeben. Soweit es sich um abgeschlossene virtuelle Räume handelt, ist ohnehin regelmäßig der Schutz der Vertraulichkeit der Kommunikation aus dem Fernmeldegeheimnis (Art. 10 GG) einschlägig.

> **Art. 14 Abs. 1 GG [Eigentum]**
> (1) Das Eigentum und das Erbrecht werden gewährleistet, Inhalt und Schranken werden durch Gesetze bestimmt.

Besondere Bedeutung kommt schließlich dem Schutz des Eigentums zu, das ebenfalls als individuelles Freiheitsrecht angelegt ist. Das Grundrecht schützt das bereits Erworbene, soweit Inhalt und Schranken durch Gesetz bestimmt sind. Ein prominentes Beispiel ist der Schutz der Verwertungsrechte an geistigem Eigentum beispielsweise durch das Urheberrecht. Praktisch »spielt die Musik« des Eigentumsschutzes auf der Ebene des einfachen Gesetzes, wenn in einer verhältnismäßigen Zuordnung von Verwertungsrechten einerseits und Informationsrechten andererseits die Reichweite des Eigentumsrechts bestimmt und abgegrenzt wird. Einem Recht auf ungehindertes Kopieren und Nutzen elektronischer Inhalte steht der Eigentumsschutz in Verbindung mit den einschlägigen Urheberrechten entgegen.

Zuletzt ist auf den Allgemeinen Gleichheitssatz und die Diskriminierungsverbote des Art. 3 GG hinzuweisen. Sie sind im eigentlichen Sinne keine Rechte auf Schutz individueller Freiheit, aber Rechte auf Gleichbehandlung. Sie liefern wichtige Vorgaben für die Gestaltung staatlicher Internetangebote, formulieren aber zum anderen auch Vorgaben an die Gesetzgebung für die Kommunikation zwischen Privaten. Wichtigster Anwendungsfall ist die »Durchsetzung der Gleichberechtigung von Männern und Frauen« (Art. 3 Abs. 2 GG), die sich in öffentlich zugänglichen staatlichen Internetangeboten niederschlagen kann. Zu beachten sind die besonderen Diskriminierungsverbote wegen Geschlecht, Abstammung, Rasse, Sprache, Heimat, Herkunft, Glauben oder religiöser Anschauung (Art. 3 Abs. 3 Satz 1 GG). Ein besonderes Benachteiligungsverbot gilt schließlich auch zu Gunsten behinderter Menschen.

INGO RUHMANN

Politik im digitalen Zeitalter

Ein Flickenteppich

Immer wieder führt der Einsatz von Computern zu Auseinandersetzungen darüber, ob dieser mit unserem Rechtssystem oder den Vorstellungen von Sitte und Moral vereinbar sei. Die breite Palette von Konfliktthemen reicht dabei von der Totalüberwachung der Arbeitsleistung durch den Einsatz von „Schnüffelsoftware" über die Debatte zur Kontrolle der Telekommunikation durch Sicherheitsbehörden oder dem Ausspähen von Kunden elektronischer Kaufhäuser durch Anbieter bis zu der Frage, wie das Internet so eingegrenzt werden könne, dass dem Jugendschutz Geltung verschafft wird. Der breite Einsatz von Computern und Internet hat der Politik ein neues Arbeitsfeld geschaffen. Doch die Umsetzung ist nicht frei von Widersprüchen.

Seit fast 20 Jahren wird darüber gestritten, ob Software zur Verschlüsselung von elektronischer Kommunikation frei verfügbar sein darf oder besser einer strikten staatlichen Kontrolle unterliegen sollte. Gesetze wurden erlassen, geändert und wieder verändert, nachdem Wissenschaftler neue Verschlüsselungsverfahren gefunden und Programmierer diese als Software zur freien Benutzung angeboten hatten.

Noch komplizierter scheint die Lage bei der Regelung des Zugangs zu Inhalten im Internet, die entweder nach jeweils nationaler Rechtslage illegal oder nach allgemeinen Vorstellungen für Jugendliche nicht geeignet sind. Hier gibt es in einigen Staaten wie der Volksrepublik China oder dem Iran harte Zensurmaßnahmen, in anderen Staaten wie etwa in Deutschland Gesetze, die allenfalls eingeschränkt anwendbar und nur bedingt für die Strafverfolgung bedeutsam sind. In wieder anderen Staaten wie etwa den USA scheint es zwei getrennte Bereiche zu geben, bei denen im politischen Bereich fast alles erlaubt ist, in den Bereichen Jugendschutz oder Online-Glücksspiele dagegen strenge Regeln gelten, die zudem von US-Bundesstaat zu Bundesstaat anders sind und anders verfolgt werden.

1. Debatten mit der Dramaturgie einer Fernsehserie

Konfliktfeldern dieser Art liegen gegensätzliche Vorstellungen von Softwareentwicklern und Computerbenutzern auf der einen Seite und von Sicherheitsbehörden, Juristen und Hütern der Moral auf der anderen Seite zu Grunde. Die Politik ist das Spielfeld, auf dem unterschiedliche Ansichten miteinander mit dem Ziel wettstreiten, Änderungen der aktuellen Situation herbeizuführen. In einer Mediengesellschaft ist es politisch attraktiv, die durch Neuerungen hervorgerufenen Unsicherheiten bei Bürgerinnen und Bürgern durch politische Botschaften aufzugreifen, die zwar allgemeine politische Ziele formulieren, sich aber nicht in konkrete politische Aktionen übersetzen lassen.

Ernsthafte Politik beabsichtigt jedoch Änderungen und diese bestehen – zumindest in westlichen Demokratien – im Wesentlichen darin, Politikziele in Gesetze zu gießen und, wo nötig, die Einhaltung dieser Gesetze durch die Exekutive zu kontrollieren. Bei der Informationstechnologie (IT) bietet sich der Politik zusätzlich die Möglichkeit, Forschung und Entwicklung durch Fördergelder gezielt zu stimulieren und diesen damit eine Richtung zu geben.

Die Debatte in der IT-Politik ähnelt seit den 90er-Jahren einer unendlichen Fernsehserie. Statt zu einer Problemlösung zu kommen, werden die immer gleichen grundsätzlichen Argumente in beinahe regelmäßigen Abständen immer wieder in die Medien gespült, angereichert bestenfalls mit gerade aktuellen Facetten. Die Dramaturgie solcher Auseinandersetzungen verläuft nach mittlerweile bekanntem Muster. Beginnend mit der Klage über einen durch Computereinsatz verursachten Missstand wird eine technische Lösung verlangt, mit der die rechtlich oder moralisch begründeten Probleme beseitigt werden sollen. Wenn ein entsprechender technischer Vorschlag gemacht wird, folgt fast umgehend der Nachweis seiner technischen Untauglichkeit, weil die Lösung entweder die betroffenen Computersysteme lahm legen würde oder auf kinderleichte Art und Weise zu umgehen sei. In hartnäckigen Fällen wird dann auch eine fehlerhafte Lösung gefordert, weil diese wenigstens symbolische Besserung verspricht. Das klassische Beispiel ist die Sperrung von gefährdenden oder illegalen Inhalten, bei dem Gesetze angewandt werden sollen durch technische Maßnahmen, die in keiner Weise tauglich sind.

Die scheinbare Fruchtlosigkeit dieser immer wiederkehrenden Klagen, Vorschläge und Konflikte um den Computereinsatz haben das öffentliche Interesse an vielen Themen mit Computerbezug mittlerweile erlahmen lassen. Kaum mehr wahrgenommen wird dadurch aber, dass die sich dahinter verbergenden realen Konfliktlinien in durchaus einschneidender Weise die Bedingungen verändern, unter denen wir mailen und im Internet surfen, aber auch arbeiten und kommunizieren.

2. Widersprüchliches politisches Verständnis für IT

Die politische Gestaltung all dessen, was mit Informationstechnik zu tun hat, ist in Deutschland nur schwer auf einen Nenner zu bringen. Die Bundesrepublik Deutschland ist in allem schon früh aktiv geworden, was sich im weitesten Sinne als »Computerrecht« bezeichnen lässt. Mit der Datenschutzgesetzgebung der 70er-Jahre, den Hackerparagrafen der 80er-Jahre, den Gesetzen zum Internet, den Regelungen zum E-Commerce und der digitalen Signatur der 90er-Jahre ist eine im internationalen Vergleich hohe Regelungsdichte entstanden.

Zu Beginn des 21. Jahrhunderts gibt es nun auch in allen etablierten Parteien Standpunkte zum Politikfeld Informationstechnik oder Internet. Den Anfang machte 1995 die Bundestagsfraktion von Bündnis 90/Die Grünen mit einem Grundsatzantrag,[1] der die damalige Bundesregierung aufforderte, ein umfassendes Konzept zur Gestaltung der Informationsgesellschaft vorzulegen, und zusätzlich zahlreiche einzelne Forderungen stellte. Dem folgte die Bundestagsfraktion der SPD 1996 mit einem eigenen Antrag,[2] der neben den bereits von den Grünen benannten Punkten auch die Entwicklung von Fernsehen und Rundfunk ansprach und eine gemeinsame Weiterentwicklung beider Bereiche forderte. Aufgefrischt wurden diese Forderungen mit einem 20-Punktepapier der SPD im Juli 2001.[3] Die CDU beklagte im Jahr 2000: »Eine deutsche Internet-Politik gibt es bislang nicht«[4] und forderte die sofortige Bündelung von Zuständigkeiten. Von einer Kommission wurden in der Folge 47 akzentuierte Forderungen zu ähnlichen Themen ausgearbeitet, wie sie in den vorher entstandenen Papieren ebenfalls zu finden sind.[5]

Nach dem lange Zeit vorherrschenden Eindruck, dass es vor allem der Legislative, aber auch der Exekutive – also dem Parlament einerseits und der Bundesregierung samt ausführender Verwaltung andererseits – an einem realistischen Verständnis für die Möglichkeiten und Grenzen der Informationstechnik mangele, scheint sich mittlerweile eine Besserung eingestellt zu haben. Der bei allen Parteien in wesentlichen Punkten sehr ähnliche Kanon von Forderungen zur Entwicklung des Internets und der Informationstechnik lässt sogar die Vermutung aufkommen, es gebe bei allen Differenzen so etwas wie einen parteiübergreifenden Konsens in grundsätzlichen Fragen.

Dennoch agiert der Gesetzgeber – heute wie früher – immer noch auf abgegrenzten, politisch aktuellen Spielfeldern wie der Kontrolle des Internets, anstatt Informationstechnik und die Auswirkungen ihres Einsatzes in systematischer Weise politisch anzugehen. Allenfalls in wenigen Einzelbereichen – zu nennen sind hier Pilotprojekte zur digitalen Verwaltung, in Teilen auch die Reaktion auf die Fachkräfteknappheit im IT-Sektor – gehen die Aktionen über Einzelmaßnahmen hinaus und verknüpfen mehrere Schritte auf unterschiedlichen Gebieten zur Umsetzung eines größeren Ziels.

Die heutigen Regierungsparteien haben früher ein abgestimmtes Konzept einer IT-Politik gefordert, ohne dies bislang selbst umgesetzt zu haben. Die CDU wiederum beklagt heute zwar die mangelnde Koordinierung, hat dies zu ihrer Regierungszeit selbst aber nicht betrieben und reduziert Informationstechnik genauso auf das Internet wie der ehemalige SPD-Generalsekretär und jetzige Vorsitzende der SPD-Bundestagsfraktion Müntefering,[6] für den das Internet »Auslöser, Gegenstand und Medium« für einen neuen »Gestaltungsauftrag« an die Politik ist.[7] Alle politischen Richtungen fordern also gleichermaßen eine koordinierte IT-Politik. An der Umsetzung jedoch hapert es bislang. Die Folgen sind widersprüchlich: Während Nutzungsbehinderungen fallen sollen, werden gleichzeitig neue errichtet. Was fehlt, ist die viel beschworene Verlässlichkeit.

3. IT-Politik – mehr als die Summe ihrer Einzelteile

Computer sind zu einer uns umgebenden Infrastruktur geworden, die genauso sinnvoll geformt werden kann wie die Bedingungen der Verkehrspolitik, der Ökologie oder des Gesundheitswesens und anderer technisch-wissenschaftlicher Bereiche von großer politischer und gesellschaftlicher Bedeutung. Die Entwicklung zur mobilen Gesellschaft wurde begleitet von der Einsicht, dass Verkehrspolitik mehr ist als der Bau von Autos, entsprechender Fahrwege und die Stimulation der Wirtschaft durch möglichst hohe Produktionszahlen. Statt den Straßenbau zu privatisieren, TÜV und Straßenverkehrsordnung abzuschaffen und die Automobilbranche dem freien Spiel der Marktkräfte zu überlassen, wurde nach Wegen gesucht, Mobilität zumindest nach den mittelfristigen Bedürfnissen einer gesamten Gesellschaft zu ermöglichen und zugleich wirtschaftlichen Wohlstand zu erzielen.

Wären die Reden über Chancen und Herausforderungen der Informationsgesellschaft wirklich ernst gemeint, müsste es heute eine IT-Politik in einem umfassenderen Sinn ebenso geben wie eine Verkehrs-, Umwelt- oder Bildungspolitik. IT-Politik könnte sich weder auf die politisch üblichen Forderungen beschränken, das Marktgeschehen dynamischer zu gestalten, noch darauf, alle an der Informationsgesellschaft teilhaben zu lassen, sondern würde den Einsatz der Informationstechnik unter den Vorgaben unserer Verfassung und unseres demokratischen politischen Systems und dann zusätzlich auch unter ökonomischen und sozialen Aspekten betrachten.

Die gegenwärtige Lage gibt jedoch nur wenige Anhaltspunkte dafür, dass die enge Verzahnung von kaum veränderbaren technischen Eigenarten, formbaren Standards, Entwicklungen und dem Marktgeschehen sowie deren sozialen, ökonomischen und vor allem politischen Folgen auch als eigenständige und umfassende politische Aufgabe wahrgenommen wird. Anhand von Beispielen soll verdeutlicht werden, um welche Sichtweisen es geht.

3.1 Telekommunikation

Das Internet wird heute als Teil der Telekommunikation begriffen, die alles umfasst, was elektronisch zwischen zwei Kommunikationspartnern übermittelt wird. Die Art und Weise, in der herkömmliche Telekommunikation und das Internet geformt und verwaltet werden, könnte jedoch unterschiedlicher kaum sein. Die Telekommunikation war in den 70er- und 80er-Jahren ein Thema, das in Deutschland heftige politische Konflikte ausgelöst hat. Ein kleiner Ausschnitt dieser Konflikte soll hier genügen, um diese unterschiedlichen Denkweisen zu erläutern.

Schwer vorstellbar sind heute die hohen Wellen, die vor knapp 20 Jahren die Einführung des ISDN-Telefons schlug. Ein Teil der Auseinandersetzung galt der Frage, warum nicht jeder Haushalt mit einem Glasfaseranschluss ausgestattet werde, um Datenübertragung in hoher Geschwindigkeit zu erlauben. Ein wesentlicher Teil der Aufregung entstand aus der mit ISDN verbundenen Möglichkeit, alle für den Aufbau und die Abwicklung eines Telefonats anfallenden Daten zu speichern und teilweise auch weiterzugeben. Es ging also – in der heutigen Denkweise – um die Netzinfrastruktur, ihre technischen Möglichkeiten, aber auch um ihre Überwachung.

Wir sollten uns daran erinnern, dass vor der Einführung eines digitalen Telefonnetzes die Daten darüber, wer wann wie lange mit wem telefoniert hatte, aus technischen Gründen gar nicht erst entstehen konnten. Ohne besonderen Aufwand blieb unbekannt, welche Nummern von einem Anschluss aus angerufen wurden. Auch jeder Anrufer blieb für den Angerufenen anonym. Sollte ein Anrufer – etwa für eine Ermittlung in Strafsachen – zurückverfolgt werden, musste dafür ein hoher technischer und personeller Aufwand getrieben werden. Heute wird bereits gespeichert, wer mit wem telefonieren will, bevor der Angerufene überhaupt zum Hörer greift. Der Angerufene sieht die Nummer des Anrufers auf dem Display und kann sich entscheiden, ob er das Gespräch annehmen will oder nicht.

Solche Eigenschaften gehören heute zu den normalen Dienstemerkmalen der Telekommunikation. Sie haben aber weitergehende Folgen. Nacht für Nacht werden in Deutschland die Daten aller Telefonverbindungen von den Vermittlungscomputern an die Abrechnungsrechenzentren der Anbieter übermittelt. Auf diese Weise entsteht ein vollständiges Profil über den gesamten Telekommunikationsverkehr des Landes einschließlich der Datenkommunikation. Solche Datensammlungen werden Kommunikationsprofile genannt. Für einige sind sie ein sinnvoller Dienst, für andere eine interessante Datenquelle.

Jeder Telefonkunde – also beispielsweise das Call-Center eines Unternehmens – kann mit Hilfe entsprechender Technik jederzeit nicht nur Ziel und Dauer abgehender Gespräche speichern, sondern auch die Daten aller eingehenden Verbindungen oder Verbindungsversuche. Die Daten der zu den Telefonnummern gehörenden Personen vervollständigen ein komplettes Bild aller Kommunikationskontakte eines Unternehmens mit der Außenwelt oder gar eines ganzen Landes.

Es gibt aber auch andere Motive, um zu erfahren, wer mit wem kommuniziert hat. Vom Telefonanschluss einer Redaktion führt die Spur zum anonymen Informanten, von dem des Rechtsanwalts zum Gesuchten und von dem eines Arztes schließlich zum Patienten. Die Beziehungen von Journalisten, Anwälten und Ärzten zu ihren Klienten oder Patienten geht Dritte eigentlich nichts an. Die Kommunikationsprofile geben dennoch darüber Aufschluss.

All dies haben die Computer in den Vermittlungsknoten heute möglich gemacht. Das Auswerten ist nur nicht jedem jederzeit gestattet. Denn: Um die Möglichkeiten der Technik zu einer Kommunikationsüberwachung zu begrenzen, mussten neue Gesetze regeln, was mit den Daten geschehen darf und was verboten ist. Die Möglichkeiten von Sicherheitsbehörden hat der Gesetzgeber dabei in den vergangenen Jahren kontinuierlich ausgeweitet. Mit Daten-Suchläufen über die Verbindungsdaten ist heute das weitgehend wahr geworden, was in den 80er-Jahren noch für Aufregung sorgte: Telekommunikation ist schon lange nicht mehr anonym.

Zusätzliche Eigenschaften bietet die GSM-Mobiltelefonie. Auf dem Markt sind heute technische Dienste, durch die ein eingeschaltetes Handy zum Peilsender mit 50 Meter Genauigkeit wird.[8] Wieder ist die Technik schneller als der Gesetzgeber: Zahlende Kunden können diese »Location Based Services« in Anspruch nehmen. Für Ermittlungen in Strafsachen ist diese Eigenschaft von Handys gegenwärtig ungeregelt. Peilsender sind bislang nur in eng begrenzten Fällen und mit richterlicher Genehmigung erlaubt, um die Observation einer Person zu unterstützen. Forderungen nach Änderungen der Strafprozessordnung, um diese technischen Dienste auch für Ermittlungen zu nutzen, sind damit nur folgerichtig.

Solche Auswertungsmöglichkeiten wurden von einer kleinen Zahl von Telekommunikationsfirmen gezielt entwickelt und in den internationalen Gremien zur Entwicklung der Telekommunikation weltweit koordiniert, damit ein Telefonat von Europa in die USA oder nach Asien am Zielort auch verarbeitet werden kann. Die Möglichkeiten der neuen Technik sind für Sicherheitsbehörden sehr attraktiv. Es entstanden Gremien, die international technische Schnittstellen für den Zugriff auf interessante Daten definierten. Damit bestand kein Grund, eine Technik wie ISDN oder die GSM-Mobiltelefone auf eine Weise zu entwickeln, bei der erheblich weniger Daten benötigt und erzeugt werden.

In Deutschland waren diese Entwicklungen schon früh ein politisches Thema. Als Folge wurden einige Funktionen mit Kontrollcharakter für die Allgemeinheit eingeschränkt. Seit Mitte der 90er-Jahre geht es jedoch regelmäßig darum, Sicherheitsbehörden einen größeren Zugriff auf Daten zu geben, die bei der Telekommunikation erzeugt werden. Dabei wurde vielfach das legalisiert, was vorher in technischen Gremien definiert wurde.[9]

Bei der Telekommunikation wurden also technische Entwicklungsprozesse und politische Ausgestaltung relativ zeitnah miteinander verbunden und politisch diskutiert. Möglich war diese Debatte aber nur, solange das Postwesen als staatliche Aufgabe und damit als Politikfeld begriffen wurde. Der Ausbau der Telekommunikation wurde durch Fachgremien und Kommissionen vorbereitet und durch alternative Studien kritisch hinterfragt.[10] Zum wichtigen Thema entwickelte sich dabei die Kontrolle der Telekommunikation. Hierbei wurde im Wesentlichen das technisch Machbare nur gesetzlich begrenzt.

Das Internet ist wesentlich offener und flexibler als die ISDN-Technik. In den USA saßen zwar Ende der 80er-Jahre ebenfalls Vertreter aus Wirtschaft und Politik zusammen und entwarfen allgemeine Visionen für die Verbreitung des Internets.[11] Dass sich aber aus der Internet-Euphorie der ersten Hälfte der 90er-Jahre ein so umfassender Siegeszug entwickeln würde, übertraf die kühnsten Erwartungen. In nur zehn Jahren hatte sich das Internet so weit ausgebreitet, dass heute etwa die Hälfte der Bevölkerung der westlichen Industriestaaten entweder an ihren Arbeitsplätzen oder zu Hause Zugang hat.

Im Internet werden widerstreitende Ansichten zur Datenerhebung und Datenvermeidung nicht allein in verbaler Form ausgetragen, sondern durchaus auch in Software formuliert und in der Praxis erprobt. Hier versucht eine vergleichsweise große Zahl von Computerexperten, mit Technik auch ihre Sicht von Politik umzusetzen.

Eine völlige Neuerfindung des Internets in einer sicheren und datenschutzgerechten Form ist damit zwar nicht möglich, aber immerhin lassen sich alle Arten von Diensten in sehr unterschiedlicher Weise zur Verfügung stellen, bei denen entsprechende Software entweder verteilt bei jedem Endnutzer läuft oder bei einer kleinen Zahl von Computern im Internet. Mit ein wenig Aufwand lassen sich so Computer konfigurieren, die ein anonymes Surfen oder Mailen im Internet erlauben.[12] Es ist genau diese Offenheit gegenüber Ideen und Bedürfnissen der Benutzer, die das Internet einerseits so erfolgreich gemacht hat, andererseits politischen Eingriffen bislang nur begrenzte Erfolgsaussichten gibt.

Ein einziger Internetnutzer kann eine neue Idee programmieren und die Lösung an Millionen Internetnutzer verteilen. Grenzen dieser Möglichkeiten zeigt allerdings die chinesische Lösung: Wer in der Volksrepublik Software zur Verschlüsselung von E-Mails einsetzt, macht sich strafbar. Weil im Internet jedes Datenpaket immer mit der IP-Adresse des Absenders und des Adressaten versehen ist, weisen verschlüsselte Datenpakete in dem durch staatliche Stellen streng überwachten chinesischen Teil des Netzes sofort den Weg zu solchen Gesetzesbrechern, die verbotene Software einsetzen.

Die Hoffnung auf eine unkontrollierte Internetentwicklung beruht also auf der Gewissheit, dass im Internet jeder Kontrollmechanismus auf Dauer unterlaufen werden könnte und Kontrollmaßnahmen in einen technischen Wettlauf zwischen Überwachern und Überwachten münden. Das Ende dieses Wettlaufs wäre dann erreicht, wenn die Verbreitung von Programmiersprachen eingeschränkt wird und im Internet nur vorgegebene Software erlaubt ist. Der Unterschied zwischen Internet und Telefonnetzen besteht also darin, dass das Internet die Möglichkeit eröffnet, Kommunikationsnetze in Eigenregie zu formen, aber auch durch Eigenentwicklungen zu stören. Die Frage, wohin die Entwicklung geht, ist keine Planungsaufgabe für staatliche Stellen, sondern hängt von der Motivation aller Beteiligten und einem nicht steuerbaren Wettlauf zwischen Kontrolle und Unabhängigkeit ab, dessen Ergebnis durch Zufälle bedingt ist.

Anders als die ISDN-Einführung wurde die Internettechnologie ohne Einflussnahme deutscher Regierungsstellen entwickelt,[13] ihre breite zivile Einführung vor allem von der US-Regierung Anfang der 90er-Jahre stark befördert. Zugleich war die Liberalisierung der Telekommunikation schon so weit gediehen, dass Infrastrukturfragen keine staatliche Aufgabe mehr darstellten. Dementsprechend gering waren die Steuerungsmöglichkeiten auf deutscher Seite.[14]

Auch wenn es beim ISDN vordergründig »nur« um eine neue Form des Telefons ging, so lautet die Schlussfolgerung Nummer Eins: Ein korrekter Blick in die gesellschaftliche Zukunft eines Technikeinsatzes ist durchaus möglich und kann in einer politischen Debatte zur Ausgestaltung und teilweisen Eingrenzung von Technik führen. Im Gegensatz dazu bietet das Internet den Vorteil, seinen Benutzern eine offene technische Umgebung zur Verfügung zu stellen, die einen Wettbewerb zwischen regulierenden Auflagen und technischen Ausweichversuchen möglich macht. Dabei ist die Grenze undefiniert zwischen demokratisch legitimierten Anforderungen an die Technik und Technikentwicklungen Einzelner, die sich guerillaartig ausbreiten. Im Ergebnis gibt es aber bei beiden Technologien – bei der einen geplant, bei der anderen nachträglich realisiert – staatliche Rahmenvorgaben, die eine unabhängige Entwicklung begrenzen.

3.2 Digitale Dienstleistungen

Die Vorteile des schnellen Datenaustausches lassen sich noch ausbauen, wenn damit komplexere Transaktionsprozesse verbunden werden. Geld gegen Ware oder gar ein Wegfall lästiger Besuche auf Ämtern und anderen Verwaltungsstuben sind die Ziele der zahlreichen neuen Dienstleistungsformen, die alle mit dem Kürzel »E-« beginnen: E-Commerce und E-Government, also das Einkaufen oder Verwalten per Internet. Weil die Kunden Teile der Verwaltungsarbeit selbst erledigen, sollten diese Angebote auch kostengünstiger werden.

Von dieser Theorie ist die Praxis aber immer noch weit entfernt. Einerseits ist es etwas kompliziert, Arbeitsabläufe auf das Internet umzustellen. Ganz wesentlich ist aber das Handicap, dass die Internetkommunikation in einer Weise abläuft, die nur sehr schwer mit den Anforderungen an die Eindeutigkeit und Nachprüfbarkeit der Abläufe vereinbar ist, die man erwartet, wenn es um Geld oder um staatliche Verwaltungsakte geht. Das grundsätzliche Problem besteht darin, dass es im Internet mit wenigen Ausnahmen keinen Tausch von Geld gegen Ware gibt, sondern dort nur bestellt wird – geliefert und bezahlt werden muss auf anderen Wegen.

Im Internet kann man sich mit nur mäßigem Aufwand als beliebige Person, aber auch als beliebiger Anbieter ausgeben. Wer mit wem Geschäfte macht, ist dadurch sehr viel schwieriger zu klären als bei anderen Geschäftsformen. Aus Anbietersicht sollte die Lösung darin liegen, mehr Daten über Kunden zu sammeln. Die Kunden üben dabei Zurückhaltung, weil sie nicht mit Werbemüll überschwemmt werden wollen. Aus Kundensicht sollten solche Geschäfte nur einfach und zuverlässig funktionieren. Tests von Verbraucherschutzverbänden und anderen zeigen dagegen, dass immer noch bei vielen Internetangeboten Waren- oder Preisangaben fehlen und ein unangemessen großer Prozentsatz von Bestellungen per Internet zu spät oder gar nicht ausgeführt wird.[15] Immer wieder aufgedeckte Probleme mit der Sicherung der Kreditkartennummern von Kunden vor Unbefugten bei E-Commerce-Anbietern verunsichern obendrein. Seit die EU-Kommission das Rechtssystem der Anbieterseite für den Handel als bindend erklärt hat, kann die undurchsichtige Herkunft eines Internetangebots für Kunden auch noch unangenehme juristische Konsequenzen haben: Wer nicht zahlt, setzt sich erst einmal einem Betrugsverdacht aus. Wer sein Recht als Kunde bekommen will, muss im Ausland klagen.

Das E-Government kommt über ein Anfordern von Formularen oder allgemeine Informationen nicht hinaus, weil eine sichere Identifikation im Internet den breiten Einsatz von amtlich geprüften digitalen Unterschriften oder anderen Verfahren erfordert. Hier konkurrieren gegenwärtig noch mehrere technische Systeme gegeneinander. Die Unternehmensseite sieht den Staat gefordert, die digitale Signatur per Chipkarte zu verbreiten: »Mit einem Chip-Personalausweis geht das am besten«, so Stefan Grosse vom Branchenverband Bitkom.[16] Aber selbst dort, wo es Ausweise und Signaturen auf einer Plastikkarte gibt, ist die digitale Signatur teuer und wenig brauchbar: »Es fehlen einfach noch die nützlichen Anwendungen«, so Ritva Viljanen aus Finnland, wo digitale Ausweise schon gelten.[17] Auch dort kommt E-Government nicht recht von der Stelle.

Alle »E-Dienstleistungen« gründen auf Anforderungen an die Internettechnologie, die von dieser zumindest auf absehbare Zeit nicht erfüllt werden können. Warum sollten Kunden umfassende Daten über sich preisgeben, bloß um am elektronischen Handel teilzunehmen? Sie können nicht einmal sicher gehen, ob sie es mit einem seriösen Anbieter oder einem fliegenden digitalen Händler zu tun haben. Die Kosten, um den Informationskanal Internet so sicher und vertrauenswürdig zu machen wie den kleinen Laden um die Ecke, drohen den erwarteten Gewinn aufzuwiegen.

Das politische Verständnis einer Begleitung von E-Dienstleistungen ging zuerst von der vernünftigen Haltung aus, dass sich erst einmal E-Business entwickeln müsse, bevor der Staat regulierend eingreifen solle. Als das Unbehagen der Kundschaft wie der Anbieter als Hindernis spürbar wurde, entstanden zuerst auf nationaler, dann auf europäischer Ebene Gesetze zur digitalen Signatur als technischem Zusatzdienst, um die elektronischen Identitätsprobleme zu lösen. Das Verfahren ist aber komplizierter als das herkömmliche Internet-Shopping und kostet Gebühren. Auch wichtige Sicherheitsfragen sind ungeklärt – Informatiker haben gezeigt, wie nichts ahnenden Benutzern beliebige falsche Schriftstücke zur digitalen Unterschrift untergeschoben werden können.[18]

Das neue deutsche Signaturgesetz ermöglicht gemäß der EU-Richtlinie ausdrücklich neben der so genannten »fortgeschrittenen« Signatur auch die »einfache« Signatur. Dabei wird die digitale Signatur in vielen Bereichen der eigenhändigen Unterschrift gleich gestellt. Die einfache Signatur beruht auf den allgemeinen Haftungsregeln. Hier muss der Kunde den Schaden selbst nachweisen. Dem Anbieter bleibt es überlassen, welche Sicherheiten er gewährt. Einfacher wäre dagegen eine Haftungsregelung für Schäden, die entstehen, wenn Unternehmen eine billige und manipulationsanfällige Lösung einer sicheren vorziehen. Weil der E-Commerce-Anbieter das Signatursystem wählt und damit seinen Kunden vorschreibt, müsste er auch das Risiko tragen.

Bei der fortgeschrittenen Signatur hingegen haften Anbieter für die Richtigkeit und Vollständigkeit der Angaben im Zertifikat zum Ausstellungszeitpunkt. Der deutsche Gesetzgeber konnte jedoch nicht völlig den Forderungen aus Brüssel nachgeben. Deshalb führte er zusätzlich eine so genannte »qualifizierte Signatur« ein, was von der europäischen Richtlinie nicht gefordert war. Diese Signatur wird nur von den Trust-Centern erzeugt, die sich zuvor freiwillig von der Regulierungsbehörde akkreditieren lassen. Dafür erhalten sie ein offizielles Gütesiegel. Auf Grund der Haftungsfrage sprechen sich die Verbraucherschützer in Deutschland für die qualifizierte Signatur aus. Doch der Preis für eine qualifizierte Signatur ist so hoch, dass diese für die Anbieter derzeit nicht rentabel ist: Schätzungsweise 1300 Euro Vollkosten entfallen auf eine einzige zertifizierte Signaturkarte, die dann für etwa 50 Euro angeboten wird. Eine Softwarelösung ist dagegen schon für jeweils 10 Euro zu haben.[19]

Der Gesetzgeber zog bei der digitalen Signatur vor, bekannte Probleme zu ignorieren und Risiken auf die Kunden abzuwälzen. Ein gerechter Ausgleich zwischen den Interessen von Anbietern und Kunden beim E-Commerce ist nicht gefunden. Der Staat hat seine unabhängige Position nicht genutzt, sondern beschränkt sich darauf, den Rahmen für technisch noch nicht ausgereifte Lösungen zu setzen.

Die Schlussfolgerung Nummer Zwei lautet daher: Bevor viel Arbeit und Kapital darin investiert werden, Alltagsvorgänge in die Welt des Internets zu übertragen, sollte gründlich überlegt werden, warum diese Alltagsvorgänge so und nicht anders ablaufen und was die Informationstechnik dafür an gleichwertigen Eigenschaften bieten kann und was nicht.

3.3 Sicherheit im Internet

Wenn die Internet-Technologie schon über keine ausreichenden Mechanismen für den Beweis der Identität einer Person verfügt, so werden diese Probleme noch verschärft durch Manipulationen und das mutwillige Herbeiführen von Schäden. Mittlerweile ist auch der Öffentlichkeit offenbar, wie leicht die an das Internet angeschlossenen Computer angegriffen werden können.

Eher ärgerlich sind E-Mails, deren Größe die eigene Mailbox zusammenbrechen lässt. Für Anbieter geschäftsbedrohlich ist es, wenn sich ihre Internetangebote nicht mehr erreichen lassen, nachdem ein gezieltes Datenpaket ihren Zentralrechner zum Absturz gebracht hat oder er durch ein Dauerfeuer aus Tausenden kleinster Anfragen in die Knie gezwungen wurde. Computerviren und Würmer verbreiten sich rasend schnell per elektronischer Post. Wer sich Software auf die Festplatte lädt, riskiert damit zugleich, so genannte Trojaner zu installieren. Das ist eine verborgene Software, die den eigenen Rechner von außen fernsteuerbar macht oder vielleicht sogar zu einem Instrument in einem verteilten Angriff tausender Computer auf die Rechner Dritter.

Privatanwender sind nur mühsam zum Einsatz von Virenscannern und vielleicht etwas mehr Vorsicht beim Herumklicken in E-Mails oder dem Herunterladen von Software zweifelhafter Herkunft zu bewegen. Kaum beachtet wird der Rat der Datenschützer, sich stärker selbst zu schützen.

Nach den Terroranschlägen im September 2001 stand auf staatlicher Seite die internationale Abstimmung von Gesetzen gegen Computermanipulationen, das so genannte Cyberkriminalitäts-Abkommen, im Mittelpunkt des öffentlichen Interesses. Auf deutscher Seite wurde angestrebt, den seit 1987 in Deutschland geltenden Strafgesetzen gegen Computerkriminalität auch außerhalb der Landesgrenzen mehr Geltung zu verschaffen. Gleichzeitig wurden aber im deutschen Recht bewusst ausgeklammerte Regelungen getroffen, nach denen es nun strafbar sein kann, die Unsicherheit von Computersystemen zu testen. Mit der Konvention wurde obendrein der Weg geebnet für weitere Gesetze, die das Umgehen von Sicherungsmechanismen wie den Kopierschutz von CDs oder Software unterbinden sollen. In einen Topf geworfen wurden dabei so unterschiedliche Bereiche wie das Urheberrecht, das Hacken oder der so genannte »Cyberterrorismus«.

Auf die gesetzliche Ebene kann auch auf diesem Gebiet nicht verzichtet werden – nur wehe dem, der in diesem Land auch nur versucht hat, erkannte Angreifer auf seine Computersysteme zur Anzeige zu bringen. Die derartigen Sachverhalten fachlich gewachsenen Stellen bei Bundes- und Landeskriminalämtern, Staatsanwaltschaften und Polizeidienststellen sind schnell aufgezählt. Obwohl die einschlägigen Paragraphen seit fast 15 Jahren eingeführt sind, gibt es nur wenige Ermittlungen und kaum Verurteilungen.[20]

Begründet wird dies damit, dass es an Experten fehle, die derartige Taten fachkundig bewerten könnten. Deswegen wurden zentrale Stellen zur Reaktion auf Sicherheitsvorfälle verstärkt. »Computer Emergency Response Teams« (CERTs) sind immer stärker gefordert. Die Mitarbeiter sind jedoch vollauf damit beschäftigt, das »Bestiarium« der Computerschädlinge im Zaum und außerdem die Sicherheitslücken einer immer größeren Zahl von Softwareprodukten im Auge zu behalten. Einer Studie der »Initiative D21« zufolge bieten von den gerade einmal zehn CERTs in Deutschland nur zwei ihre Dienste für kleine und mittlere Unternehmen, kein einziges jedoch der allgemeinen Öffentlichkeit an.[21]

Nirgendwo werden gegenwärtig umfassende Strategien entwickelt, wie die Sicherheit bei Computern und Internet verbessert werden könnte. Allenfalls einzelne Vorschläge wie die Aufteilung des Internets in einen öffentlichen und einen sicheren, abgeschotteten Teil werden laut, die jedoch das Gesamtproblem nicht mindern. Diese Vorschläge erkennen lediglich an, dass viele Angriffe im Internet auf der Schäden verursachenden Zweckentfremdung vorhandener Mechanismen beruhen, ohne die aber der Datenverkehr unmöglich wäre.

Völlig untauglich sind Ideen, die Veröffentlichung von Sicherheitslöchern zu unterbinden: Die Angreifer sind es, die Informationslücken ihrer Opfer in puncto Sicherheit ausbeuten. Ohne eine breite Information über Probleme erfahren die allermeisten der potenziellen Opfer nichts von der Gefahr, in der sie schweben, während die Angreifer zusätzliche Zeit und Gelegenheiten erhalten, ihr Werk in die Tat umzusetzen. Genau aus diesem Grunde fordert die Wirtschaftsinitiative D21, die Nutzerinnen und Nutzer zu sensibilisieren und zu informieren.

Genauso wenig, wie ein Rennwagen allein mit einer Handbremse im Straßenverkehr kontrollierbar ist, so sollte deutlich sein, dass es mit der bestehenden Informationstechnik keine größere Sicherheit in Sachen Computer geben wird. Schon die grundlegendsten Kenntnisse der Informationstechnik führen jedem vor Augen, dass Sicherheit auch nicht per Gesetz herstellbar ist.

Der einzige Ausweg ist die klare Definition von Regeln, welche Sicherheitseigenschaften auch ein Computer – etwa auf der Intensivstation im Krankenhaus – zu erfüllen hat und die Verbreitung neuer und sicherer Systeme. In vielen Bereichen werden Gesetze zur Ausschaltung von Risiken erlassen, die unwahrscheinlicher sind als ein Lottogewinn. Gleichzeitig hält es der Gesetzgeber für vertretbar, den Einsatz von Computersystemen hinzunehmen, deren Sicherheitslöcher – oder schlimmer noch: deren reguläre Funktionen – zu gewaltigen Schadenssummen führen. Computer, die sicherer sind als der Durchschnitt, sind längst verfügbar. Sicherheit spielt aber bei der Auswahl von Systemen nur eine vernachlässigte Rolle. Das racht sich schon im täglichen Einsatz und wird noch unangenehmer, wenn Hacker nachhelfen.

Die Schäden werden zumeist hinter vorgehaltener Hand beziffert. Dem »I love you«-Virus wurden weltweit Schäden durch gelöschte Daten und der Arbeit zur Wieder-Inbetriebnahme von Computern in Höhe von über 1 Mrd. Dollar angelastet, den drei am stärksten verbreiteten Viren der letzten 18 Monate 11 Mrd. Dollar.[22] Hacker und Viren verursachen aber nur den geringsten Teil aller Schadensfälle bei Computern, weit über 40 Prozent entstehen durch Programmfehler oder Fehler in Verbindung mit unsachgemäßer Bedienung.[23] Allen verfügbaren Statistiken zufolge »schwankt der auf Computerkriminalität zurückzuführende Anteil von IT-Sicherheitsproblemen seit den 80er-Jahren um etwa 15 Prozent«, stellte der Deutsche Bundestag 1998 in seinem Bericht »Sicherheit und Schutz im Netz« fest.[24] Computersoftware, die ganz ohne Hacker Fehlfunktionen hat, ist so häufig, dass vielfach kaum erkennbar ist, ob die Software Fehler verursacht oder Hacker ein System manipulieren. Solange sich aber ein bisweilen unerklärliches, aber ungefährliches Verhalten von Computern nicht eindeutig vom Eindringen von Hackern und Viren unterscheiden lässt, wird sichtbar, wie grundlegend die Defizite bei der IT-Sicherheit sind.

Die dritte Schlussfolgerung lautet daher, dass es nicht nur an Basiswissen zu Erfordernissen für und Möglichkeiten von Sicherheit beim Einsatz von Computern fehlt, sondern offensichtlich grundsätzlich an dem Problembewusstsein, dass es kein Naturgesetz ist, dass heute Computersysteme unzählige Fehlfunktionen aufweisen. Das Unverständnis gegenüber den alltäglichen Auswüchsen dieser fehlenden Sicherheit ist davon eine Folge.

3.4 Folgen der neuen Zukunft von Eigentum an Software

Noch stärker auseinander laufen die Interessen der Allgemeinheit und zukünftige gesetzliche Vorschriften bei den Folgen, die Tendenzen bei der Sicherung des geistigen Eigentums erkennen lassen. Dabei geht es nicht um Bilder oder Texte, sondern um die zukünftig geltenden Einsatzbedingungen von Software.

Software scheint anderen Bedingungen unterworfen zu sein als andere Produkte. Heute hat jeder Benutzer eines Softwaresystems bei der Installation einer Endbenutzer-Lizenzvereinbarung zuzustimmen, die den Softwarehersteller – anders als die Hersteller beliebiger anderer Produkte – von den meisten Schadensersatzansprüchen durch Fehler im Produkt freistellt.

Auch die Kunden scheinen Software als etwas Eigenes zu sehen. Kaum in Frage gestellt wird, dass das Raubkopieren von Software vergleichsweise weit verbreitet ist. Dagegen schützen sich Softwarehersteller mit technischen Sicherungen, die aber – wie fast alle Sicherheitsfeatures bei Software – umgangen werden können. Das Internet hat dazu geführt, die Installation von Software an den Hersteller online zu melden, um dem illegalen Treiben besser auf die Spur zu kommen. Seit Microsoft bei der Installation des Betriebssystems Windows 95 versuchte, Daten über den Kunden an einen zentralen Rechner zu übermitteln, sind immer mehr dieser Techniken ans Licht gekommen. Das neue Betriebssystem Windows XP kontaktiert den Microsoft-Zentralrechner nicht nur bei der Installation, sondern regelmäßig und unkontrolliert, wenn der Benutzer ins Internet geht.

Übermittelt werden dabei heute Daten. Das mag sich in Zukunft verschärfen. In den USA ist mit dem »Uniform Computer Information Transaction Act« (UCITA)[25] gegenwärtig ein Gesetz für den Handel mit Software in den parlamentarischen Beratungen und in einigen US-Bundesstaaten auch schon verabschiedet, nach dem ein Softwareanbieter den Käufern seiner Produkte die völlig legal gekaufte Software per Internet unbrauchbar machen darf. Zulässig wäre dies, wenn zum Beispiel der Kunde beklagt, dass das Softwareprodukt fehlerhaft ist. Der Anbieter dagegen soll das Recht erhalten, dem Kunden bekannte Fehler des Softwareprodukts zu verschweigen.

Was heute noch ein Trojanerprogramm im Computer ist, das den Computer lahm legt, kann also morgen schon eine gesetzlich zulässige Reaktion auf Reklamationen von Kunden sein. Eingesetzt werden könnte dies, um zuerst den illegalen Softwareeinsatz aufzuspüren, dann – wie früher bei Großcomputern – vom Kauf zur Miete von Software überzugehen, bei der für jeden Aufruf eines Programms zu bezahlen ist, um schließlich zu bestimmen, welche Software anderer Hersteller auf dem eigenen Computer installiert werden darf und welche nicht. Für alle diese Varianten gab es bereits Beispiele, die für die Zukunft weiterentwickelt werden. Neu wäre allein, das Lahmlegen eines Computersystems – nach deutschem Recht eine Straftat – als Form der Konfliktlösung zwischen Softwarehersteller und -käufer zu erlauben.[26] Jeder Staat, der sich dazu entschließt, gibt den Anspruch auf, Konflikte durch Recht und Gesetz zu regeln und erklärt den Cyberspace zur weitgehend rechtsfreien Zone.

Schlussfolgerung Nummer vier lautet daher: Wenn die Einzelinteressen auf so kleinen Politikfeldern wie dem Urheberrecht so völlig ohne Zusammenhang selbst zum Strafrecht gesehen werden, dass damit Strafverfolgung bei IT-Sicherheitsdelikten ad absurdum geführt werden kann, hat der Staat zugleich seine Arbeit und Aufgabe unterminiert sowie das Vertrauen in die Informationstechnik nachhaltig zerstört.

4. Fazit

Die Politik im digitalen Zeitalter sieht sich neuen Problemen gegenüber. Antworten findet sie bislang vor allem darin, alte Regeln auf die neue Technik zu übertragen und bestenfalls kleinere Neuerungen zu wagen. Das Ergebnis dieser Politik ist weit davon entfernt, sachgerecht zu sein.

Wenige Beispiele machen die Widersprüche klar: Die immer wieder diskutierten Verbote von Verschlüsselungssoftware stehen im Widerspruch zu Datenschutzvorschriften. Die Nutzung des Internets wird in außerordentlicher Weise gefördert, zugleich wird versucht, den Zugang zu Inhalten, die in anderen Rechtssystemen zur Verfügung gestellt werden, zu unterbinden. Im E-Commerce wurden die Gewichte zwischen Kunden und Anbietern zu Lasten der Kunden verschoben, womit sich die technisch und rechtlich versiertere Seite durchgesetzt hat. Gesetze zur digitalen Signatur wiederum wollen Sicherheit schaffen auf Computersystemen, deren Manipulierbarkeit bekannt ist und hingenommen wird. Hacken ist ungesetzlich, wird aber trotz schärferer Gesetze seit fast 15 Jahren faktisch kaum verfolgt, weil es an Strafverfolgern und IT-Experten mit ausreichendem Fachwissen fehlt. Die Folge ist eine wachsende Bereitschaft zur Selbstverteidigung. Schutz gewährt der

Staat damit nicht, sondern macht – als absurde Folge dieser und insbesondere neuer Gesetze zum Schutz geistigen Eigentums – das Aufdecken von Sicherheitslöchern in IT-Systemen strafbar. Software verhält sich immer undurchschaubarer, für Softwareanbieter drohen Gesetze zu entstehen, mit denen diese ihren Kunden im Zweifelsfall das ordentlich bezahlte IT-System mit verborgenen Funktionen aus der Ferne zerstören können. Solche Gesetze hebeln rechtsstaatliches Handeln aus und setzen das Recht des Stärkeren an dessen Stelle.

Auf diese Weise ist der Versuch einer IT-Politik entstanden, bei der Regelungen nur kleinteilig realisiert werden. Dabei wird kaum darauf geachtet, ob sie überhaupt umsetzbar sind oder auch, ob sie sich zu einem Gesamtbild zusammenfügen lassen. Ergebnis ist ein Flickenteppich von Vorschriften, angeblicher und realer Regelungslücken, ohne die Lage für alle Beteiligten zu verbessern oder zu vereinfachen.

Als Problem erkannt wird dies kaum. Herbert Kubicek, der die Entwicklung seit den 70er-Jahren als Experte begleitet, weist darauf hin, dass Deutschland gegenwärtig den dritten Anlauf auf dem Weg in die Informationsgesellschaft nimmt. Bislang werde aber weder aus den bisherigen Schritten gelernt, noch würden neue Konzepte entwickelt.[27] Seit der Ausgliederung der Telekommunikation aus dem Kanon der Politikfelder ist im Gegenteil eine immer geringere Neigung zu erkennen, die mit der Verbreitung von Computer und Internet einhergehenden komplexen Probleme überhaupt politisch anzugehen. Dabei ist es offensichtlich durchaus machbar, wesentliche Entwicklungen der IT-Politik im Zeitraum von mehreren Jahren im Voraus zu identifizieren und Handlungsvorschläge zu entwickeln.[28]

IT-Politik geht sehr deutlich über Fragen der informationellen Selbstbestimmung, der unbeobachteten Kommunikation oder der Meinungsfreiheit hinaus. Es geht heute um die Sicherung von Grundfragen unseres Rechtssystems in der Informationsgesellschaft. Der IT-Einsatz hat bereits das ansonsten streng gehütete staatliche Gewaltmonopol ausgehöhlt. In wenigen Jahren steht – geht es nach einigen wenigen IT-Anbietern – eine Neubestimmung dessen an, was die Gesetzbücher heute noch als Eigentum definieren. Für eine IT-Politik geht es also um eine umfassende Sicherung unserer Grundrechte auch in einer digitalen Welt. Die Notwendigkeit dessen lässt sich kaum eindringlicher belegen.

Die Zurückhaltung auf politischer Seite und die Reduktion der Vorschläge auf wenige Bereiche wird gern mit der hohen Dynamik der Informationstechnik begründet, die politisches Handeln zum Bremsklotz mache. Dagegen ist diese Technik für Experten aus Wirtschaft und Wissenschaft weder zu dynamisch, noch zu unübersichtlich, um darin für sich zu einem sehr frühen Zeitpunkt Entscheidungen zu treffen. Das bedeutet aber, dass auch eine IT-Politik bei ausreichender Fachkenntnis machbar wäre.

IT-Politik ist aber nicht nur notwendig und machbar. Als kohärente Politik wäre sie obendrein den heute oft mehr oder weniger willkürlichen politischen

Bemühungen vorzuziehen, kleine Ausschnitte des Problems mit nicht selten widersprüchlichen Ergebnissen anzugehen. Die Ausgestaltung der Informationsgesellschaft stellt also neue Anforderungen an unser politisches System. In wenigen Jahren wird sich zeigen, ob es den Herausforderungen gewachsen war.

Anmerkungen

1 Ein ökologischer, sozialer und demokratischer Weg in die Informationsgesellschaft II, Bundestags-Drucksache 13/3010, 10. 11. 1995.
2 Deutschlands demokratischer Weg in die Informationsgesellschaft, Bundestags-Drucksache 13/5197, 27. 6. 1996.
3 20 Thesen zu Politik und Internet, http://www.spd.de/events/internet-kongress/20thesen.html
4 Beschluss des Bundesvorstands der CDU Deutschlands am 8. 5. 2000, Punkt 5, http://www.cdu.de/politik-a-z/beschluesse/internet_080500.htm
5 http://www.cdu.de/chancen-deutschland/massnahmen.pdf
6 Franz Müntefering, Mut zur Politik im digitalen Zeitalter, http://www.spd.de/partei/organisation/generalsekretaer/mut_zur_politk.html
7 Ebd.
8 Ekkehard Müller-Jentsch, Allgemeiner Lauschangriff, in: Süddeutsche Zeitung, 29. 11. 01, S. 45.
9 Vgl. die Übersicht zur Entwicklung in Deutschland in: Ingo Ruhmann/Christiane Schulzki-Haddouti, Abhör-Dschungel, in: c't, Heft 5, 1998, S. 82–93. Die Geschichte der internationalen Abstimmung von Überwachungstechnik beschreibt Erich Moechel in den ETSI-Dossiers, Teil vier erschien als »Lauscher am Netz« in c't, Heft 4, 2002, S. 80–82.
10 Den Anfang machte die Kommission für den Ausbau des Telekommunikationssystems (KtK) 1974–1976. Die Ziele in den 80er-Jahren wurden formuliert von der Regierungskommission Fernmeldewesen, die 1987 Ergebnisse vorlegte. Als politische Alternative dazu finanzierten die Arbeits- und Wirtschaftsministerien des Landes Nordrhein-Westfalen die Studie »Optionen der Telekommunikation«, die ebenfalls 1987 Ergebnisse vorlegte. In diesen Papieren finden sich schon so gut wie alle Themen wieder, die auch heute noch eine Rolle spielen – Zugang für alle, breitbandige Netze zu bezahlbaren Kosten und vieles mehr.
11 1989 publizierte das »Computer Science Policy Project«, ein Konsortium von 13 Unternehmern der Computerindustrie, die Studie »Perspectives on the National Infrastructure«. Darin wurde eine Vision für unternehmerische und politische Aktivitäten zum Ausbau des Internets entwickelt. Aufgegriffen wurde dies vom späteren US-Vizepräsidenten Al Gore. Das Papier war Anstoß für Fördergesetze und die Politik der späteren Clinton-Adminstration.
12 Vgl. den Beitrag von Marit Hansen und Christian Krause in diesem Band.
13 Die Erfordernisse der Forschungseinrichtung des US-Verteidigungsministeriums, der Defense Advanced Projects Agency (DARPA), nach sicherer Kommunikation finden sich dagegen deutlicher im ursprünglichen Internet-Protokoll (RFC 791). Dort wurde der Aufbau der Datenpakete so definiert, dass in jedes Datenpaket sowohl Angaben über Sicherheitsstufen (bis zu Top Secret) wie Übermittlungswege oder die Selektion nach Dringlichkeit eingebaut werden können. Diese Daten werden im zivilen Teil des Internets heute nicht ausgewertet, sondern ignoriert.

14 US-Regierungsstellen behalten sich auch heute die Kontrolle über die Schaltstellen des Internets vor. Die Verwaltung der Internetadressen wird durch eine private Einrichtung, aber im Auftrag des US-Wirtschaftsministeriums abgewickelt. Bei der Ausgestaltung dieser Aufgabe werden die Grenzen von der US-Regierung gezogen. Vgl. dazu etwa Ute Bernhardt, Von Namen und Nummern. Der demokratische Aspekt bei der ersten Wahl der Internetverwaltung Icann, in: Telepolis. 2000, http://www.heise.de/tp/deutsch/inhalt/te/8673/1.html

15 Bei Testkäufen von Verbraucherverbänden hat sich die Lage nur bedingt gebessert. 1999 waren bei Tests der Stiftung Warentest nur erstaunlich niedrige 40 Prozent der E-Commerce-Anbieter in der Lage, die gewünschte Ware in weniger als einer Form zu liefern, 60 Prozent lieferten dagegen falsch oder gar nicht (Karl Kollmann, Internet-Shopping im Test aus Verbrauchersicht: www.heise.de/tp/deutsch/inhalte/te/5248/1.html). Mitte 2000 wurden in den USA E-Commerce-Anbieter wegen verspäteter Lieferungen zur Zahlung von insgesamt 1,5 Mio. US-Dollar verurteilt (US-Online-Shops wegen verspäteter Lieferungen verurteilt; www.heise.de/newsticker/data/axv-27.07.00-001/). Auch 2001 wurde bei Testkäufen von Hardware in Online-Shops immer wieder über Probleme berichtet, so zum Beispiel Georg Schnurer, Ver-RAMscht. c't-Kauftest, in: c't, Heft 16, 2001, S. 94 ff.

16 Staat und Wirtschaft bluffen im Poker um die Smartcard, in: Computer-Zeitung Nr. 4, 2002.

17 Vater Staat soll für Signatur den Geburtshelfer spielen, in: Computer-Zeitung, Nr. 5, 2002.

18 Armin B. Cremers/Adrian Spalka/Hanno Langweg, Vermeidung und Abwehr von Angriffen Trojanischer Pferde auf Digitale Signaturen, in: Bundesamt für Sicherheit in der Informationstechnik (Hg.), 2001 – Odyssee im Cyberspace? Sicherheit im Internet!, Ingelheim 2001, S. 113–125.

19 Schlaue Karten helfen Firmen bei Kundenbindung und IT-Sicherheit, in: Computer-Zeitung, Nr. 5, 2002.

20 Als Computerdelikt gelten nach § 263 StGB auch Manipulationen an und mit Kredit- oder Scheckkarten, bei denen schon seit den 90er-Jahren die Deliktrate deutlich anstieg. Laut IuK-Meldedienst des Bundeskriminalamtes wurden im Jahr 2000 101 Fälle des »Ausspähens von Daten«, 39 Fälle »Datenveränderung« und 52 Fälle »Computersabotage« registriert, darunter 14 Fälle von Denial-of-Service-Attacken.

21 D21 – AG5, CERT Infrastruktur Deutschland, Bericht, Berlin, 29. 1. 2002, S. 7.

22 Bei derartigen Berechnungen ist zwar große Vorsicht geboten, zur Schadensbewertung gibt es jedoch kaum brauchbare Alternativen: http://www.computereconomics.com/cei/press/pr92101.html

23 Einer IBM-Studie von 1986 zufolge entfielen nur 3,6 Prozent der Schadensursachen auf externe Ursachen. Vgl. ÖVD-Online, Nr. 10, 1986, S. 36.

24 Enquête-Kommission des Deutschen Bundestages »Zukunft der Medien in Wirtschaft und Gesellschaft. Deutschlands Weg in die Informationsgesellschaft« (Hrsg.), Sicherheit und Schutz im Netz, Schriftenreihe Band 7, Duisburg 1998, S. 50.

25 Das Gesetz wurde in Maryland und Virginia beraten und erlassen, in acht weiteren US-Bundesstaaten ist es in der Gesetzesberatung. Der Text ist verfügbar unter: http://www.law.upenn.edu/bll/ulc/ucita/ucita200.htm, eine aktuelle Übersicht zum Stand der Beratungen gibt: http://www.ucitaonline.com/whathap.html; Kritik des größten Informatiker-Verbandes unter: http://www.acm.org/usacm/copyright/

26 DirecTV, ein US-Betreiber von Satellitenfernsehen, brachte im Januar 2001 Hunderttausende Fernsehgeräte in Kanada zum Absturz. Die Zuschauer besaßen eine gehackte TV-Karte, mit der sie umsonst die kostenpflichtigen TV-Programme sehen konnten. So urteilten in Kanada Gerichte, dass an der Nutzung der Piratenkarten

nichts zu beanstanden sei. Denn DirecTV sende außerhalb des kanadischen Territoriums. Über 200 000 Kanadier sollen sich die Piratenkarte besorgt haben. Rein juristisch war DirecTV machtlos. Deshalb griff die Firma zur »elektronischen Gegenmaßname«, wie die Attacke im US-Militärjargon bezeichnet wird. Die Aktion führte eine DirecTV-Abteilung namens »Signals Integrity« durch, in der nach Informationen der kanadischen Tageszeitung »Montreal Gazette« ehemalige FBI-Agenten arbeiteten. Über mehrere Monate hinweg verschickte das Team kleine Segmente des Computer-Virus per Rückkanal. Der Code wurde auf den Piratenkarten gespeichert. Am 21. Januar, dem Sonntag vor dem Super-Bowl, dem Mega-Fernsehereignis in Nordamerika, verschickte DirecTV die letzte Nachricht, die den Virus aktivierte. Rund 98 Prozent der Piratenkarten wurden so ausgeschaltet. Doch nur drei Wochen später, am 6. Februar 2001, stellten Hacker eine »Reparatursoftware« ins Netz. Vgl. Christiane Schulzki-Haddouti, Virenattacken – Lehrstücke und Abwehrwaffen aus Firmensicht, in: VDI-Nachrichten, 12. 10. 2001, S. 13.
27 Herbert Kubicek, Von der Angebots- zur Nachfrageförderung, in: Blätter für deutsche und internationale Politik, Nr. 9, 1998, S. 1093–1104.
28 Ute Bernhardt/Ingo Ruhmann, Informations- und Kommunikationstechnologie-Politik 1995–1998, Studie, Bonn 1995; Dies., Zukunft der IT-Politik, in: telepolis, 15. 10. 1998, http://www.heise.de/tp/deutsch/inhalt/te/1593/1.html

Hansjürgen Garstka

Informationelle Selbstbestimmung und Datenschutz

Das Recht auf Privatsphäre

»Unter den Bedingungen der modernen Datenverarbeitung wird der Schutz des Einzelnen gegen unbegrenzte Erhebung, Speicherung, Verwendung und Weitergabe seiner persönlichen Daten von dem allgemeinen Persönlichkeitsrecht des Art. 2 Abs. 1 in Verbindung mit Art. 1 GG umfasst. Das Grundrecht gewährleistet insoweit die Befugnis des Einzelnen, grundsätzlich selbst über die Preisgabe und Verwendung seiner persönlichen Daten zu bestimmen.«

Mit diesem Leitsatz erkannte das Bundesverfassungsgericht am 15. Dezember 1983 das Recht auf informationelle Selbstbestimmung als Bestandteil unserer verfassungsmäßigen Ordnung an. Der Datenschutz, der in den USA, in Deutschland und vielen anderen Ländern seit Anfang der 70er-Jahre in Gesetzen geregelt war und den Missbrauch der Datenverarbeitung verhindern sollte, war fortan ein Grundrecht. Im Grundgesetz ist dieses Grundrecht zwar nicht ausdrücklich enthalten, das Bundesverfassungsgericht hat jedoch in vielen Urteilen die informationelle Selbstbestimmung als eine der wesentlichen Grundlagen unserer Rechtsordnung bestätigt.

Auch international ist der Datenschutz als wesentliches Element der Informationsgesellschaft anerkannt. Fast gleichzeitig haben die OECD[1] und der Europarat[2] 1980/81 in zwei wichtigen Dokumenten ihre Mitgliedsstaaten angehalten, Datenschutzgesetze zu erlassen. Die Vereinten Nationen folgten

Artikel 8 Europäische Grundrechtecharta [Schutz personenbezogener Daten]
(1) Jede Person hat das Recht auf Schutz der sie betreffenden personenbezogenen Daten.
(2) Diese Daten dürfen nur nach Treu und Glauben für festgelegte Zwecke und mit Einwilligung der betroffenen Person oder auf einer sonstigen gesetzlich geregelten legitimen Grundlage verarbeitet werden. Jede Person hat das Recht, Auskunft über die sie betreffenden erhobenen Daten zu erhalten und die Berichtigung der Daten zu erwirken.
(3) Die Einhaltung dieser Vorschriften wird von einer unabhängigen Stelle überwacht.

1990.³ Nachdem die Europäische Union 1995 zunächst Datenschutzrichtlinien geschaffen hatte,⁴ wurde der Datenschutz im Jahr 2000 in den Katalog der Grundrechte der Europäischen Grundrechtecharta aufgenommen (s. S. 48).⁵

1. Geschichte des Datenschutzes

Die Geschichte des modernen Datenschutzes beginnt Anfang der 60er-Jahre des 20. Jahrhunderts in den USA. Die amerikanische Regierung plante, beim Statistischen Bundesamt mit Hilfe der damals allerdings noch relativ wenig entwickelten Computertechnik eine Datenbank aufzubauen, in der alle amerikanischen Staatsbürgerinnen und -bürger erfasst werden sollten. In der Bevölkerung wurde dieser Plan als schwerer Eingriff in das Recht empfunden, vom Staat in Ruhe gelassen zu werden; der Eingriff in die Privatsphäre (»Right to Privacy«) erschien vielen als unverhältnismäßig. Im Laufe der Debatte wurde aufgedeckt, dass die amerikanische Armee viele Millionen von Daten über politisch verdächtige Personen oder Auskunfteien große Mengen von Daten persönlichster Natur (zum Beispiel über Krankheiten und Schulzeugnisse) gesammelt hatte.

Ergebnis der Debatte war, dass die Datenbank nicht errichtet, aber der »Privacy Act« (Privatsphärengesetz) verabschiedet wurde, der die amerikanische Bundesregierung zur Einhaltung von Grundprinzipien zur Sicherung der Privatsphäre verpflichtete.⁶ Ein fundamentaler Mangel ist der Umstand, dass die Gesetzgebung nicht auf Privatunternehmen ausgedehnt wurde. Dies führt heute zu heftigen Debatten, wie der Datenschutz bei amerikanischen Unternehmen beim Export von Daten von Europa nach den USA gewährleistet werden kann.

Die Diskussion in den USA löste Aktivitäten in allen Industriestaaten aus. Auch in der Bundesrepublik Deutschland kam es zu einer Debatte über die Notwendigkeit gesetzlicher Regelungen. Das Bundesland Hessen reagierte bereits 1970 mit einem Gesetz, das den Begriff Datenschutz in die deutsche Rechtssprache einführte. Er hat inzwischen in alle Sprachen der Welt Eingang gefunden (zum Beispiel data protection, protection de données, zaschtschyta datych). Dies ist eigentlich verwunderlich, weil er falschen Assoziationen Vorschub leistet: Anliegen des Datenschutzes ist nicht der Schutz der Daten, sondern der Schutz der Menschen vor der Verarbeitung von Daten.

1978 trat das erste Bundesdatenschutzgesetz in Kraft. Es verpflichtete Bundesbehörden und Privatwirtschaft auf die Einhaltung bestimmter materieller Regelungen bei der Datenverarbeitung und schuf ein umfangreiches System an Bürgerrechten und Kontrollmechanismen. Die Länder schufen in der Folge Landesdatenschutzgesetze für die Landesverwaltungen.

1983 wurde das Bundesverfassungsgericht von mehr als 1000 Beschwerdeführern angerufen, weil diese sich trotz der Datenschutzgesetzgebung durch die geplante Volkszählung in ihren Rechten verletzt fühlten. In dem berühmten Volkszählungsurteil brachte das Gericht die Volkszählung zu Fall und entwickelte das Grundrecht auf informationelle Selbstbestimmung.[7]

Die wichtigsten Aussagen sind, dass die Verarbeitung personenbezogener Daten stets einen Eingriff in das allgemeine Persönlichkeitsrecht darstellt, der nur auf einer gesetzlichen Grundlage zulässig ist. Die Gesetze müssen normenklar und für Bürgerinnen und Bürger erkennbar regeln, was zulässig ist. Daten dürfen nur zu den Zwecken verarbeitet werden, zu denen sie erhoben wurden; Zweckänderungen bedürfen ebenfalls einer Rechtsgrundlage. Es dürfen nur so viele Daten verarbeitet werden, wie für den Zweck unbedingt erforderlich sind. Das Urteil zwang dazu, Bundes- und Landesdatenschutzgesetze an die Vorgaben des Verfassungsgerichts anzupassen. Der Bundesgesetzgeber ließ sich bis 1990 dazu Zeit.

Ebenfalls erheblich verspätet wurde die Europäische Datenschutzrichtlinie umgesetzt. Obwohl die Anpassungsfrist bereits 1998 abgelaufen war, traten die neuen Regelungen des Bundesdatenschutzgesetzes (BDSG) erst am 23. Mai 2001 in Kraft.[8] Es besteht Einigkeit zwischen allen Experten, dass dieses neue Gesetz zu kompliziert ist und den Anforderungen an die modernen Informationstechnologien nicht gerecht wird. Bereits parallel zum Gesetzgebungsverfahren zum neuen BDSG hat daher das Bundesinnenministerium ein Gutachten in Auftrag gegeben, um zu prüfen, wie das Datenschutzrecht von Grund auf modernisiert werden kann. Das Ergebnis ist im September 2001 vorgelegt worden.[9]

2. Die Risiken

Die Datenschutzdebatte in den 60er-Jahren in den USA hatte als Bezugspunkt das »Right to Privacy«, das Recht auf Privatsphäre, das von den jungen Anwälten Samuel Warren und Louis Brandeis 1890 in einem berühmten Aufsatz entwickelt worden war.[10] Sie vertraten die These, dass nicht erst die physische Beeinträchtigung von Rechtsgütern wie körperlicher Zwang, Entzug der Freiheit oder Eingriffe in das Eigentum rechtlich von Bedeutung sind, sondern bereits das Sammeln von Informationen (wobei dieser Begriff den Autoren noch unbekannt war). Sie schrieben: »Das Recht sichert jedem Individuum das Recht zu, grundsätzlich zu bestimmen, in welchem Ausmaß seine Gedanken, Gefühle und Empfindungen anderen mitgeteilt werden.«[11] Es ist sicherlich kein Zufall, dass der Leitsatz des Volkszählungsurteils an diese Formulierung angelehnt ist.

Warren und Brandeis reagierten mit ihrem Aufsatz auf indiskrete Veröffentlichungen in der Boulevardpresse, die damals gerade ihren Aufschwung nahm. Sie sahen allerdings noch relativ klar umgrenzbare Gefahren: Der heimliche Beobachter, der verdeckt oder unverdeckt Privates, für ihn nicht Bestimmtes zur Kenntnis nimmt; die Offenbarung intimer Kenntnisse ohne Einwilligung oder Wissen der Betroffenen an die Öffentlichkeit oder an andere Stellen; die Verzerrung des Persönlichkeitsbildes durch falsche Darstellung oder auch nur durch Weglassen wichtiger Details.

In der Informationsgesellschaft globalisieren sich nicht nur die Nutzungsformen der Informationstechnik, sondern auch deren Risiken. Die Nutzung der Telekommunikation ermöglicht nicht nur dem Späher am Schlüsselloch, sondern jedem am Telekommunikationsprozess Beteiligten, Daten zu erheben und damit in die Sphäre der Betroffenen einzudringen. Hinzu kommt, dass früher die Verarbeitung stark durch die Schranken des Ortes, der Zeit, aber auch durch die Menge der Informationen eingeengt war. Diese Schranken sind mit dem Internet entfallen: Daten können in Sekunden von einem Ort der Welt an den anderen übertragen werden, die quantitativen Grenzen fallen mit der Fortentwicklung von Verarbeitungs-, Speicher- und Übertragungskapazitäten weg.

Dies ermöglicht eine Konnektivität der Daten, wie sie früher unmöglich schien. Daten aus den verschiedensten Datensammlungen können in kürzester Zeit miteinander verglichen und durchgerastert werden, um festzustellen, auf wen oder auf was bestimmte Merkmalskombinationen weltweit zutreffen. Für den normalen Internetnutzer legen die Suchmaschinen davon Zeugnis ab, die kommerziellen Nutzer versuchen, durch Data-Mining-Konzepte diesen Effekt für ihre Geschäftszwecke zu nutzen. Hat früher bereits die Speicherung von Daten, sei es auf dem Papier oder im Computer, bereits Mühe und Raum gekostet, und entstand dadurch eine natürliche Barriere zum unbegrenzten Datensammeln, bestehen nunmehr keinerlei Hindernisse mehr, alles über jeden zu sammeln, wie erforderlich dies auch sein mag. Auch Sammlungen, die ohnehin vorhanden sind (zum Beispiel die kaufmännische Buchführung über Einkäufe und Bestellungen) können ohne jede Schwierigkeit sekundären Nutzungen zugeführt werden (Verwendung für eigene oder fremde Werbung, Überwachung des Personals und so weiter). Selbst so einleuchtende neue Instrumente wie eine Gesundheitschipkarte zum Einsatz in Notfällen kann den künftigen Arbeitgeber dazu verführen, einen Blick in die Daten zu werfen, bevor die Einstellungsentscheidung getroffen ist.

Eine erhebliche Verlockung zur Zweckentfremdung von Daten stellt eine technische Eigenschaft elektronischer Telekommunikationseinrichtungen dar: Im Gegensatz zum klassischen »Fernmeldenetz« hinterlässt die Nutzung der Telekommunikation Spuren: Nach Beendigung einer Verbindung sind Daten hierüber nach wie vor vorhanden, jeder Zugriff auf Datenbestände wird protokolliert, jede Vermittlungsstelle kann die durchlaufenden Datenströme »absaugen« und speichern. Die Auswertung, gegebenenfalls die Zusammenführung dieser Daten gestattet, das Verhalten der Teilnehmer zu analysieren, Profile zu bilden und diese für vielfältige Zwecke zu verwenden, sei es zur Werbung, sei es zur Ausspähung des persönlichen Verhaltens für die verschiedensten unlauteren Zwecke.

Man begegnet immer wieder Pharisäern, die davon überzeugt sind, jeder dürfe über sie alles wissen, man habe nichts zu verbergen. Abgesehen davon, dass wohl jeder seine Geheimnisse hat, die er anderen nicht preisgeben möchte, wird dem Einzelnen dabei das wesentliche Risiko nicht bewusst. Das Wissen, dass Außenstehende jederzeit über Daten über das eigene Verhalten verfügen können, wirkt auf das eigene Verhalten zurück. Diese Umkehrung der informationellen Selbstbestimmung wurde vom Bundesverfassungsgericht eindrucksvoll beschrieben: Wer davon überzeugt ist, dass andere Stellen Daten über seine Verhaltensweisen speichern und weitergeben, wird sein eigenes Verhalten ändern, wird von seinen grundrechtlich verbrieften Freiheitsrechten nicht mehr in dem Maße Gebrauch machen, wie ihm dies die Verfassung garantiert.

3. Die Antwort: Grundprinzipien des Datenschutzes

In der Debatte um den »Privacy Act« in den USA wurden die Grundprinzipien entwickelt, die heute den Datenschutzstandard weltweit prägen. Sie kommen am deutlichsten in der erwähnten UNO-Resolution zum Ausdruck. Hierzu gehören:

– *Der Grundsatz der Rechtmäßigkeit und der Beachtung von Treu und Glauben:* Formen der Datenverarbeitung, die gegen die Menschenwürde verstoßen (Speicherung von Daten, die durch Folter erhoben wurden) oder die unter Täuschung erhoben wurden (Erhebung von Daten durch Kreditinformationsunternehmen unter »Legende«, das heißt verdeckter Identität), sind auszuschließen.

– *Der Grundsatz der Richtigkeit:* Datenverarbeiter sind nicht nur verpflichtet, richtige Daten zu verarbeiten, sondern die Richtigkeit auch regelmäßig zu überprüfen (die Verhaftung einer Person, nach der irrtümlich gefahndet wurde, und die mangels Datenpflege in internationalen Fahndungsdateien noch immer gespeichert ist, ist auszuschließen).

– *Der Grundsatz der Zweckbestimmung:* Daten dürfen grundsätzlich nur zu dem Zweck verwendet werden, zu dem sie erhoben wurden; zweckwidrige Nutzung sowie zu lange Speicherung sind auszuschließen (eine systematische Auswertung von Verhaltensprofilen kommt nicht in Betracht).

– *Der Grundsatz des Auskunftsrechts der Betroffenen:* Jeder soll wissen, wer welche Daten über ihn verarbeitet (auch die Sicherheitsbehörden haben grundsätzlich Auskunft zu erteilen).

– *Der Grundsatz der Nichtdiskriminierung:* Besonders sensible Daten, die zu einer Diskriminierung von Betroffenen führen können, dürfen nicht oder jedenfalls nur unter sehr beschränkten Voraussetzungen verarbeitet werden (ethnische Zugehörigkeit, Sexualleben, weltanschauliche Überzeugungen).

Weitere Grundsätze betreffen die Informationssicherheit, die Kontrollmechanismen oder den grenzüberschreitenden Datenverkehr.

Dieser über alle Ländergrenzen hinweg geltende Datenschutzstandard reicht jedoch vor dem Hintergrund der aktuellen Entwicklung der Informationstechnik nicht aus. Insbesondere der Ausbau der Telekommunikationsnetze und der auf ihnen betriebenen Informationsdienste zeigt die Notwendigkeit von Regelungen, die das bisher übliche Schema der Datenschutzgesetzgebung verlassen.

Zwar kommt in den Datenschutzgesetzen im Prinzip der »Erforderlichkeit« schon zum Ausdruck, dass nur diejenigen Daten erhoben und verarbeitet werden sollten, die, sei es für die Erfüllung öffentlicher Aufgaben, sei es für die Vertragsabwicklung, unbedingt nötig sind. Dieser Gedanke berücksichtigt aber nicht hinreichend, dass bereits bei der Konzeption von Aufgabenstellungen, Vertragsgestaltungen oder Systemarchitekturen auf Datensparsamkeit geachtet werden sollte. Von vornherein sollten in der Gesetzgebung, aber auch im privatrechtlichen Verkehr Rechtsformen gefunden werden, die mit einem Minimum an personenbezogenen Daten auskommen. Das BDSG 2001 berücksichtigt dieses Prinzip inzwischen.

Die Forderung richtet sich insbesondere an die Anbieter von Informationsdienstleistungen. Unter dem Stichwort »Privacy Enhancing Technologies« werden Telekommunikationsformen diskutiert, die bereits das Entstehen von Datenspuren in den Netzen verhindern. Hierzu gehört, dass bei der Nutzung gebührenpflichtiger Informationstechniken zumindest optional ein anonymer Zugang angeboten wird. Zahlungsmöglichkeiten mit vorbezahlten Zahlungsmitteln oder allgemein nutzbare öffentliche Zugangsstellen sind hier Mittel der Wahl.

Informationelle Selbstbestimmung bedeutet konsequenterweise, dass dem Betroffenen auch die Option eröffnet wird, der Verarbeitung seiner eigenen Daten nicht nur zu widersprechen, sondern ausdrücklich in sie einzuwilligen. Dies wird oft genutzt, wenn vom Gesetz selbst nicht gestattete Formen der Datenverarbeitung durchgeführt werden sollen. Voraussetzung für die Wirksamkeit der Einwilligung ist, dass die Betroffenen darüber informiert sind, worauf sie sich einlassen (informed consent). Die Praxis der Online-Dienste zeigt, dass die Aufklärung der Betroffenen bei weitem nicht den hinreichenden Stellenwert besitzt.

Die schwierigsten Probleme wirft die Kontrolle des Umgangs mit der Informationstechnik auf. Weltweit ist derzeit ein zentrales Thema, ob unkontrollierter Informationsfluss im Netz zum Grundbestand der Menschenrechte gehört oder ob nicht organisatorische und technische Kontrollen zur Verhinderung der Verbreitung strafbarer Informationen wie Pornografie, Anleitung zum Bombenbau oder Volksverhetzung eingerichtet werden müssen – mit allen Folgen der informationellen Verseuchung einerseits, des Risikos überschießender Überwachung andererseits. Die Ereignisse des 11. September 2001 und die darauf in vielen Ländern geschaffenen Terrorismusbekämpfungsgesetze verschärfen dieses Dilemma.[12]

4. Geltungsbereich der Datenschutzgesetze

Für Bundesbehörden und private Unternehmen (»nicht-öffentliche Stellen«) gilt das Bundesdatenschutzgesetz (BDSG), das gesonderte Teile für Bundesbehörden und Privatunternehmen enthält. Öffentliche Stellen der Länder unterliegen den jeweiligen Landesdatenschutzgesetzen.

Die Datenschutzgesetze gelten nur für personenbezogene Daten. Die Daten müssen sich also auf bestimmte Personen beziehen. Allerdings reicht die Möglichkeit aus, mit verhältnismäßigen Mitteln die Person ausfindig zu machen. Datensätze, in denen zwar kein Name, aber Geburtsdatum und Geburtsort vorkommen, fallen darunter. Schwierig zu beantworten, aber von erheblicher Konsequenz ist die Frage, ob Kennzeichnungen, die technischen Geräten zugeordnet sind (zum Beispiel Telefonnummern, IP-Adressen, künftig GUIDs), einen Personenbezug herstellen. Sie stellt sich vor allem bei dynamischer Adressenvergabe. Da nicht unterschieden werden kann, ob es sich um eine statische oder dynamische Zuordnung handelt, aber die Provider die Zuordnung kennen (entsprechende Protokollierung vorausgesetzt), sind Informationen, die sich auf derartige Kennzeichnungen beziehen, als personenbezogen anzusehen, so dass die Datenschutzgesetze gelten.

Besondere Regeln gelten für besondere Arten personenbezogener Daten, nämlich Angaben über ethnische Herkunft, politische Meinungen, religiöse oder philosophische Überzeugungen, Gewerkschaftszugehörigkeit, Gesundheit oder Sexualleben. Sie werden häufig auch sensible Daten (richtiger: sensitive Daten) genannt. Sie dürfen nur verarbeitet werden, wenn ein Gesetz das ausdrücklich vorsieht oder die Betroffenen eingewilligt haben.

Das Datenschutzrecht differenziert zwischen einzelnen Phasen des Umgangs mit Daten. So gibt es gesonderte Regelungen für die Datenerhebung bei öffentlichen Stellen sowie im öffentlichen und nicht öffentlichen Bereich für die Datenübermittlung. Im privaten Bereich ist die Geltung des BDSG auf die Verarbeitung von Daten in automatisierten Verfahren oder nicht automatisierten Dateien beschränkt. Der Umgang mit Daten in Akten fällt nicht unter das BDSG. Angesichts der zunehmenden Automatisierung spielt das aber kaum mehr eine Rolle.

Ausgenommen sind auch Verarbeitungen, die ausschließlich für *persönliche oder familiäre Zwecke* erfolgen, wobei etwa bei der Verbreitung von Daten im Internet genau zu prüfen ist, ob die Grenzen privater Nutzung nicht überschritten werden.

Bestehen neben dem BDSG beziehungsweise den Landesdatenschutzgesetzen besondere Rechtsvorschriften, die auf personenbezogene Daten anzuwenden sind, gehen diese vor (Subsidiarität der allgemeinen Datenschutzgesetze); dies hat insbesondere Bedeutung für den Bereich der Sicherheitsbehörden (Strafprozessordnung, Polizeigesetze, Verfassungsschutzgesetze), der Sozialverwaltung (Vorrang des Sozialgesetzbuches, insbesondere SGB X) oder im Bereich anderer Berufs- und besonderer Amtsgeheimnisse (zum Beispiel ärztliche Schweigepflicht, Steuergeheimnis), aber auch für die Verarbeitung von Daten bei der Telekommunikation.

5. Zulässigkeit der Datenverarbeitung

Die Datenschutzgesetze wenden sich an verantwortliche Stellen, die Daten für sich selbst erheben, verarbeiten oder nutzen. Werden Daten von anderen Stellen im Auftrag verarbeitet, bleibt die Zuständigkeit beim Auftraggeber. Wenn also jemand bei einem Webhost eine Website einrichtet, bleibt er selbst für die Inhalte verantwortlich.

Das deutsche Datenschutzrecht geht davon aus, dass die Verarbeitung personenbezogener Daten nur erlaubt ist, wenn hierfür eine Befugnisnorm vorliegt (»Verbot mit Erlaubnisvorbehalt«). Dieses angesichts der Entwicklung der Informationstechnik anachronistisch anmutende Prinzip wird allerdings dadurch abgemildert, dass die Erlaubnistatbestände sehr weit formuliert sind. So gibt es weit gefasste Befugnisse zur Verarbeitung personenbezogener Daten zum einen auf Grund des BDSG beziehungsweise der Landesgesetze selbst, zum anderen auf Grund einer Rechtsgrundlage in Spezialgesetzen oder auf Grund der Einwilligung der Betroffenen.

In der Praxis muss in umgekehrter Reihenfolge geprüft werden: Zunächst muss festgestellt werden, ob eine Einwilligung in die Verarbeitung der Daten vorliegt. Diese Voraussetzung ist die weitestgehende, setzt allerdings eine umfassende Information über den Zweck der Erhebung, Verarbeitung oder Nutzung sowie über die Folgen der Verweigerung der Einwilligung voraus. Die Einwilligung, die nur wirksam ist, wenn sie auf der freien Entscheidung des Betroffenen beruht, muss in der Regel schriftlich abgegeben werden. Soll die Einwilligung über ein Telekommunikationsnetz eingeholt werden, sind die Bestimmungen des Teledienisterechtes zur elektronischen Einwilligung zu beachten (siehe unten). Sollen besondere Arten personenbezogener Daten verarbeitet werden, muss sich die Einwilligung ausdrücklich auf diese Daten beziehen.

Liegt keine Einwilligung vor, ist zunächst zu prüfen, ob spezialrechtliche Regelungen die Verarbeitung der Daten gestatten. Hiervon gibt es auf Bundes- und Landesebene Hunderte von Vorschriften. Diese gehen nur in dem Umfang den allgemeinen Datenschutzregelungen vor, als sie deckungsgleiche Interessen berücksichtigen. Fehlt zum Beispiel in einem Gesetz eine Auskunftsregelung über die gespeicherten Daten, heißt das nicht, dass kein Auskunftsanspruch besteht, sondern hier kommt der Anspruch des BDSG wieder zum Zuge. Liegen beide Voraussetzungen nicht vor, sind die Rechtsgrundlagen des Bundes- beziehungsweise der Landesdatenschutzgesetze selbst zu prüfen.

Entgegen den Vorgaben der Europäischen Datenschutzrichtlinie, die eine Unterscheidung zwischen öffentlichem und nicht-öffentlichem Bereich nicht kennt, wird die materielle Zulässigkeit des Umgangs mit personenbezogenen Daten in diesen Bereichen nach wie vor unterschiedlich geregelt.

Die allgemeinen Datenschutzregelungen im *öffentlichen Bereich* stellen bereits bei der Erhebung der Daten auf die Erforderlichkeit der Kenntnis der Daten zur Erfüllung der Aufgaben der verantwortlichen Stelle ab. Ohne weitere Voraussetzung ist die Verarbeitung dieser Daten nur zu dem Zweck zulässig, zu dem die Daten erhoben wurden; weite Ausnahmekataloge weichen das Prinzip der Zweckbindung allerdings erheblich auf. Sollen die Daten an andere Stellen übermittelt werden, wird differenziert nach den Adressaten: Öffentliche Stellen erhalten die Daten im Rahmen ihrer Aufgabenerfüllung auch dann, wenn sich der Zweck ändert; an nicht-öffentliche Stellen ist die Übermittlung normalerweise nur zulässig, wenn dies für die Aufgabenerfüllung der übermittelnden Stelle selbst erforderlich ist (Beispiel: Das Sozialamt überweist die Sozialhilfe auf ein Bankkonto). Wenn derjenige, an den die Daten übermittelt werden sollen, selbst ein berechtigtes Interesse an der Kenntnis der Daten glaubhaft macht, ist die Übermittlung nur zulässig, wenn der Betroffene kein entgegenstehendes Interesse hat.

Bei der Zulässigkeit des Umgangs mit personenbezogenen Daten durch *nicht-öffentliche Stellen* (insbesondere Privatunternehmen) wird zunächst danach unterschieden, ob die Daten zu eigenen Geschäftszwecken, also als Hilfsmittel für die eigene Geschäftstätigkeit (zum Beispiel Kunden- oder Personaldaten) oder zu fremden Zwecken mit dem Ziel der Übermittlung (Schufa, Auskunfteien, Adresshändler) verarbeitet werden.

Der Umgang mit personenbezogenen Daten im Privatbereich zu eigenen Zwecken ist – als Grundregel – immer dann zulässig, wenn er der *Zweckbestimmung eines Vertragsverhältnisses* mit dem Betroffenen dient. Dies muss eng gesehen werden: Wie verschiedene Gerichte betont haben, muss die Verarbeitung der Daten für die Vertragserfüllung erforderlich sein, ein loser Zusammenhang genügt nicht. So darf ein Arbeitgeber in einem Personalinformationssystem nicht speichern, ob jemand bei der Bundeswehr Offizier war, nur weil er meint, dass damit besondere Befähigungen zur Personalführung verbunden sind.

Über diese Grundbestimmung hinaus ist die Verarbeitung der Daten auch dann zulässig, wenn sie zur Wahrung *berechtigter Interessen* der verantwortlichen Stelle erforderlich ist und kein Grund zur Annahme besteht, dass das schutzwürdige Interesse des Betroffenen an dem Ausschluss der Verarbeitung oder der Nutzung der Daten überwiegt. Diese komplizierte, aber gern genutzte Generalklausel ermöglicht, im Bereich wenig sensitiver Daten Geschäftszwecke zu verfolgen, die von vertraglichen Verhältnissen (noch) nicht abgedeckt sind, etwa im Bereich der Werbung.

Noch größere Zurückhaltung gebietet die dritte Befugnisnorm des BDSG: Danach dürfen Daten, die *allgemein zugänglich* sind, ohne Nachweis jeden eigenen Interesses verarbeitet werden, wenn nicht Belange der Betroffenen »offensichtlich« entgegenstehen. Da zum Beispiel die im Internet zur Verfügung stehenden Daten allgemein zugänglich sind, könnte dies einen Freibrief für die Verarbeitung aller dieser Daten darstellen, etwa was die Ergebnisse personenorientierter Abfragen mit Hilfe von Suchmaschinen betrifft. Um dies zu vermeiden, muss bei der Weiterverarbeitung derartiger Daten ein strenger Maßstab an die Prüfung der schutzwürdigen Interessen der Betroffenen angelegt werden. Das Gleiche gilt für die Befugnis, wenig sensitive Daten wie Berufs-, Branchen- oder Geschäftsbeziehung, Namen, Anschrift oder Geburtsjahr listenmäßig zu übermitteln. Eine voraussetzungslose Verbreitung dieser Daten im Netz ohne die Berücksichtigung schutzwürdiger Interessen der Betroffenen ist ebenfalls ausgeschlossen. Der der informationellen Selbstbestimmung angemessene Weg ist auch in diesen Fällen die Einwilligung.

Die *geschäftsmäßige Datenverarbeitung zum Zwecke der Übermittlung* wirft insbesondere bei der Nutzung Neuer Medien ganz erhebliche Probleme auf. Bereits bei der Erhebung, Speicherung oder Veränderung (zum Beispiel durch Neugruppieren) der Daten sind entgegenstehende schutzwürdige Interessen der Betroffenen zu berücksichtigen (zum Beispiel bei der Profilbildung für den Adressenhandel). Die Übermittlung dieser Daten, und damit die Einstellung der Daten in Netze, ist darüber hinaus nur zulässig, wenn die abrufende Stelle (zum Beispiel das Unternehmen, das die Adressen ankauft) ihr berechtigtes Interesse an der Kenntnis der Daten glaubhaft dargelegt hat. Es darf kein Grund zur Annahme bestehen, der Betroffene habe ein schutzwürdiges Interesse am Ausschluss der Übermittlung (hier: der Zurverfügungstellung im Netz). Diese Voraussetzungen können nur in geschlossenen Benutzergruppen verwirklicht werden, was vom Anbieter derartiger Dienstleistungen ein hohes Maß an technisch-organisatorischen Aufwendungen verlangt.

6. Betroffenenrechte

Als eines der wichtigsten Prinzipien, ja als »Magna Charta« des Datenschutzes galt von jeher das Recht der Betroffenen auf Kenntnis der Daten, die über sie verarbeitet werden. Ein *Recht auf Auskunft* sah daher bereits das BDSG 1977 vor, wenn auch mit vielerlei Ausnahmen versehen. Die Rechte auf Transparenz der Datenverarbeitung sind im Verlauf der Gesetzgebung deutlich ausgeweitet worden. Sie haben besondere Bedeutung im Internet, da gerade hier Verarbeitungen stattfinden, die den Betroffenen nicht von vornherein bekannt sind.

Von Auskunftswünschen der Betroffenen und deren Rechten auf aktiven Informationszugang zu unterscheiden sind zunächst die unabhängig davon bestehenden Verpflichtungen der verantwortlichen Stellen zur vorherigen Information. Wird die Datenverarbeitung auf die Einwilligung der Betroffenen gestützt, sind diese auf den vorgesehenen Zweck der Erhebung, Verarbeitung oder Nutzung sowie nach den Umständen des Einzelfalles oder auf Verlangen auf die Folgen der Verweigerung der Einwilligung hinzuweisen. Werden die Daten beim Betroffenen erhoben, wozu die verantwortliche Stelle in der Regel verpflichtet ist, hat diese ihre Identität, die Zweckbestimmung sowie die Kategorien von Empfängern mitzuteilen, wenn der Betroffene mit der Übermittlung nicht rechnen muss. Besteht schließlich eine rechtliche Verpflichtung zur Offenbarung von Daten, ist der Betroffene hierauf hinzuweisen, auf Wunsch auch über die Rechtsgrundlage sowie die Folgen einer Verweigerung.

Während diese Bestimmungen sowohl für den öffentlichen als auch für den nicht-öffentlichen Bereich gleichermaßen gelten, enthält das BDSG für die *Erhebung der Daten ohne Kenntnis der Betroffenen* differenzierte Regelungen. Im öffentlichen Bereich sind die Betroffenen in derselben Weise zu unterrichten als wenn die Daten bei diesen selbst erhoben würden, hinzu kommt eine Benachrichtigungspflicht über vorgesehene Übermittlungen. Die Benachrichtigungspflichten im nicht-öffentlichen Bereich sind ähnlich ausgestaltet, hinzu kommt hier jedoch die Verpflichtung, auch die Art der gespeicherten Daten mitzuteilen.

Beide Bereiche kennen eine Vielzahl von Ausnahmen, die den Umfang der Benachrichtigungspflicht deutlich relativieren. Die Ausnahmekataloge unterscheiden sich im Einzelnen, jedoch spielen die Tatbestände, dass der Betroffene auf andere Weise Kenntnis von Speicherung und Übermittlung erlangt hat oder dass die Verarbeitung der Daten gesetzlich vorgeschrieben ist, in beiden Bereichen die größte Rolle. Sicherheitsinteressen des Staates und die Abwehr von Gefährdungen des Geschäftszweckes sind selbstredend ebenfalls Gründe, von der Benachrichtigung abzusehen.

Für die Wahrung der Interessen der Betroffenen von größerer Bedeutung ist das *aktive Auskunftsrecht*. Hierbei werden nicht nur die Umstände der Datenverarbeitung im Allgemeinen mitgeteilt, sondern die tatsächlich zur Person des Betroffenen gespeicherten Daten, einschließlich ihrer Herkunft, die Empfänger oder Kategorien von Empfängern und der Zweck der Speicherung. Der Anspruch im öffentlichen und nicht-öffentlichen Bereich ist im Wesentlichen gleich ausgestaltet. Die Ausnahmen entsprechen im Wesentlichen denjenigen bei der Unterrichtungspflicht.

Berichtigung, Löschung und Sperrung (das heißt eine Einschränkung der Nutzungsmöglichkeiten) sind in der Regel von der verantwortlichen Stelle ohne Beteiligung des Betroffenen vorzunehmen. Allerdings kann dieser selbst tätig werden: Wird die Richtigkeit von Daten vom Betroffenen bestritten und lässt sich weder die Richtigkeit noch die Unrichtigkeit feststellen, sind die Daten zu sperren. Nicht-öffentliche Stellen dürfen besondere Arten von Daten, zu denen in diesem Fall auch Daten über strafbare Handlungen oder Ordnungswidrigkeiten zählen, auch ohne Eingreifen des Betroffenen nur speichern, wenn diese bewiesen werden können.

Ganz neu im deutschen Datenschutzrecht ist das Recht der Betroffenen, der Erhebung, Verarbeitung und Nutzung wegen ihrer besonderen persönlichen Situation zu widersprechen, selbst wenn die Verarbeitung der Daten ansonsten rechtmäßig ist. Diese Regelung hat vor allem da Bedeutung, wo die Rechtmäßigkeit auf pauschale Güterabwägungen gestützt wird, bei der häufig die spezielle persönliche Lebenssituation nicht berücksichtigt werden kann. So kann künftig ein Arbeitnehmer der Speicherung von Daten zu seiner betrieblichen Förderung widersprechen, wenn er selbst diese Förderung gar nicht in Anspruch nehmen will.

Im Bereich der Werbung oder der Markt- und Meinungsforschung besteht ein generelles Widerspruchsrecht ohne Angabe von Gründen; der Betroffene ist hierüber zu unterrichten. Eine Sonderregelung besteht für Adress-, Telefon-, Branchen- sowie vergleichbare Verzeichnisse: Der Betroffene hat das Recht, selbst zu entscheiden, ob diese Daten elektronisch oder gedruckt weiterverbreitet werden dürfen, entsprechende Kennzeichnungen sind in den Verzeichnissen anzubringen.

Bei unzulässiger oder unrichtiger Erhebung, Verarbeitung oder Nutzung besteht ein besonderer Schadensersatzanspruch. Dieser Anspruch ist jedoch nur im öffentlichen Bereich als Gefährdungshaftung ausgestaltet, das heißt ein Verschulden der verantwortlichen Stellen spielt keine Rolle. Bei schweren Persönlichkeitsverletzungen kann entsprechend dem Schmerzensgeld auch immaterieller Schadensersatz verlangt werden. Im nicht-öffentlichen Bereich entfällt dagegen die Schadensersatzpflicht, wenn die verantwortliche Stelle die nach den Umständen des Falles gebotene Sorgfalt beachtet hat.

7. Technische und organisatorische Maßnahmen

Das neue BDSG enthält eine Reihe von Regelungen, die die weltweit diskutierte Hinwendung des Datenschutzes zu technischen Lösungen (*»privacy enhancing technologies«*) und zur Selbstregulierung der verantwortlichen Stellen widerspiegeln. Wenig verändert gegenüber den vorherigen Bestimmungen ist die Verpflichtung zur Gewährleistung einzelner Maßnahmen zur *Datensicherheit*, die nach wie vor in einer Anlage zum BDSG aufgelistet sind. Neu ist, dass der Schutz (auch) vor zufälliger Zerstörung oder Verlust in den Katalog der Kontrollmaßnahmen aufgenommen wurde. Die Sicherstellung der Verfügbarkeit der Datenverarbeitung wurde damit zu einer datenschutzrechtlichen Aufgabe.

Die Hinwendung zu neuen Formen des Datenschutzes kommt am stärksten in der Verpflichtung zum Ausdruck, dass sich Gestaltung und Auswahl von Datenverarbeitungssystemen an dem Ziel auszurichten haben, keine (*Datenvermeidung*) oder so wenig personenbezogene Daten wie möglich (*Datensparsamkeit*) zu erheben, zu verarbeiten oder zu nutzen. *Anonymisierung* oder gegebenenfalls zur *Pseudonymisierung* (das heißt die Zuordnung von Daten ist nur den Betroffenen selbst oder ganz bestimmten Institutionen möglich) sind so weit wie möglich anzubieten. Die Erforderlichkeit von Daten darf daher nicht mehr erst nach Fertigstellung der Verfahren und Programme beurteilt werden, sondern muss bereits bei der Konzeption selbst geprüft werden.

8. Besondere Formen der Datenverarbeitung

Neu im BDSG ist das Verbot, automatische Entscheidungen hinsichtlich der Bewertung einzelner Persönlichkeitsmerkmale zu fällen, die für den Betroffenen eine ungünstige rechtliche Folge nach sich ziehen oder ihn erheblich beeinträchtigen. Das hat zum Beispiel Bedeutung bei der automatischen Berechnung der Kreditwürdigkeit durch Scoringverfahren.

Die Beobachtung öffentlich zugänglicher Räume mit optisch-elektronischen Einrichtungen (Videoüberwachung) hat das BDSG neu geregelt. Sowohl die Beobachtung selbst als auch die Verarbeitung und Nutzung der dabei gewonnenen Daten setzen jeweils eine Bewertung der Erforderlichkeit für die Aufgabenerfüllung (öffentliche Stellen) oder für die Durchsetzung des Hausrechts (öffentliche und nicht-öffentliche Stellen) voraus. Bei anderen berechtigten Interessen (zum Beispiel Dokumentation von Vorgängen) müssen die Zwecke konkret festgelegt werden. Eine Reihe technischer Regelungen, zum Beispiel zur Information der Betroffenen oder zur frühzeitigen Löschung, kommt hinzu. Diese Bestimmungen sind nur anwendbar, wenn Videotechnik zur gezielten Beobachtung von Personen eingesetzt wird; Aufnahmen von Räumen und Landschaften, bei denen Personen nur Beiwerk sind, fallen nicht darunter. Andererseits schließt der Erforderlichkeitsgrundsatz den Einsatz der Videotechnik im Internet (Webcam) ohne ausdrückliche Einwilligung der gezielt beobachteten Personen generell aus, da eine Verbreitung der Aufnahmen im Internet nie erforderlich ist. Die Notwendigkeit der Einwilligung ergibt sich auch aus dem Kunsturhebergesetz.

Auch der Einsatz mobiler personenbezogener Speicher- und Verarbeitungsmedien ist nunmehr im BDSG geregelt. Diese Bestimmungen betreffen Chipkarten und andere Geräte (zum Beispiel Tokens, Handys und so weiter), die über eigene Datenverarbeitungskapazitäten verfügen. Hier werden neue Anforderungen an Transparenz und Technikgestaltung gestellt, insbesondere zur Erkennbarkeit von Kommunikationsvorgängen, die auf dem Medium eine Datenverarbeitung auslösen. Das Zusammenwachsen von Medien- und Kommunikationstechnik wird dieser Bestimmung große Bedeutung verschaffen.

9. Selbstregulierung, Selbstdatenschutz

Die Intransparenz der Informationsverarbeitung für Außenstehende erzwingt eine zunehmende Beteiligung der verantwortlichen Stellen an der Ausgestaltung der Regelungen einerseits (*Selbstregulierung*) sowie eine durch technische Maßnahmen unterstützte Einbeziehung der Betroffenen andererseits (*Selbstdatenschutz*). Im Rahmen der Selbstregulierung bietet das BDSG Berufsverbänden und anderen Vereinigungen an, Verhaltensregeln zur Förderung der Durchführung von datenschutzrechtlichen Regelungen durch die Aufsichtsbehörden prüfen zu lassen. Bei einem positiven Prüfergebnis stellen die in der Verhaltensrichtlinie enthaltenen Grundsätze eine verbindliche Interpretation der datenschutzrechtlichen Regelungen dar. Die Möglichkeiten der Betroffenen selbst, Mittel zu ergreifen, die dem Schutz ihrer personenbezogenen Daten dienen (Selbstdatenschutz), sind im Datenschutzrecht noch nicht ausgeprägt. Von zentraler Bedeutung wird künftig das Recht auf anonymes oder pseudonymes Handeln im Geschäftsverkehr, aber auch im Kontakt mit öffentlichen Stellen sein. Die Anbieter von Hard- und Software, aber auch Diensteanbieter müssen mehr als bisher den Betroffenen Mittel in die Hand geben, den Umfang der Daten, die über sie verarbeitet werden, selbst festzulegen. Die seit neuem in die Browser eingebaute P3P-Funktion, mit der die Nutzer in gewissem Umfang selbst bestimmen können, was der Anbieter einer Website mit den Nutzungsdaten macht, ist ein wichtiger Schritt in diese Richtung.[13]

10. Kontrollstellen

Das deutsche Datenschutzrecht sah von Anfang an unterschiedliche Kontrollinstitutionen für die Einhaltung der datenschutzrechtlichen Vorschriften vor. Für den öffentlichen Bereich des Bundes und der Länder wurden von Anfang an unabhängige Datenschutzbeauftragte ernannt, die ihre Befugnisse zur Förderung der informationellen Selbstbestimmung teilweise energisch wahrnahmen und damit zur Verbreitung des Datenschutzgedankens in der Öffentlichkeit erheblich beitrugen. Für den nicht-öffentlichen Bereich wurden die Länder verpflichtet, Aufsichtsbehörden zu benennen, die allerdings in der Regel in den Innenministerien angesiedelt wurden, ohne dass ihnen hinreichende Arbeitsmöglichkeiten und eine den Landesbeauftragten vergleichbare Unabhängigkeit eingeräumt wurden. Diese Aufgabe wird nach dem Vorbild einiger Länder, die von Anfang an dieses Regelungsmodell gewählt hatten (wie die Stadtstaaten Hamburg und Bremen), zunehmend den Landesbeauftragten übertragen.

Daneben sehen das BDSG für die Bundesbehörden und Privatunternehmen, die Landesdatenschutzgesetze für die Landesbehörden die Bestellung von internen Datenschutzbeauftragten vor, die im Unternehmen oder in der Behörde auf die Einhaltung datenschutzrechtlicher Bestimmungen hinwirken sollen. Eine Sonderrolle, die sich aus dem Rundfunk- und Religionsprivileg des Grundgesetzes ergibt, spielen die Datenschutzbeauftragten der öffentlichen Rundfunk- und Medienanstalten sowie diejenigen der Religionsgesellschaften.

Die Bundes- und Landesdatenschutzbeauftragten werden von den Parlamenten gewählt und arbeiten weisungsfrei. Sie kontrollieren umfassend die Einhaltung der datenschutzrechtlichen Vorschriften durch öffentliche Stellen auch bei den Daten, die besonderen Berufs- und Amtsgeheimnissen unterliegen. Dafür sind ihnen alle gewünschten Informationen zur Verfügung zu stellen sowie Zugang zu Unterlagen und Zutritt zu Diensträumen zu gewähren. Anlass des Tätigwerdens der Datenschutzbeauftragten sind Beschwerden von Betroffenen, Beratungsersuchen öffentlicher Stellen, auch der Parlamente, aber auch Prüfungen von Amts wegen. In unterschiedlichen Perioden (ein- oder zweijährig) müssen Tätigkeitsberichte vorgelegt werden, die einen guten Überblick über den Stand der Datenschutzdiskussion geben. Sie sind auf den Websites der Datenschutzbeauftragten abrufbar.[14]

Den umfassenden Informationsrechten stehen allerdings keine Exekutivbefugnisse gegenüber. Die Handlungsmöglichkeiten beschränken sich vielmehr auf das Beanstandungsrecht sowie darauf, Maßnahmen zur Verbesserung des Datenschutzes zu empfehlen. Weisungsbefugnisse gegenüber öffentlichen Stellen haben die Datenschutzbeauftragten nicht.

Die Aufgaben der Aufsichtsbehörden sind deutlicher auf die Bearbeitung von Beschwerden hin orientiert. Erst seit dem neuem BDSG haben sie die Befugnis, auch von Amts wegen Überprüfungen vorzunehmen. Die Informationsrechte der Aufsichtsbehörden entsprechen denjenigen der öffentlichen Datenschutzbeauftragten. Das Handlungsinstrumentarium geht allerdings darüber hinaus: Neben dem – selbstverständlichen – Recht, Verstöße mitzuteilen und Empfehlungen zu geben, können zur Gewährleistung der Datensicherheit Maßnahmen angeordnet, bei schwerwiegenden Verstößen auch einzelne Datenverarbeitungsverfahren untersagt werden. Materielle Verstöße können als Ordnungswidrigkeiten auch mit Bußgeldern bis zu 250 000 Euro geahndet werden.

Das BDSG schreibt in der Regel die Benennung interner Datenschutzbeauftragter vor, deren Aufgabe die Sicherstellung des Datenschutzes im Betrieb beziehungsweise in der Behörde ist. Bei automatisierter Verarbeitung personenbezogener Daten gilt dies für öffentliche Stellen immer, für nicht öffentliche Stellen, wenn mehr als vier Beschäftigte mit der Datenverarbeitung befasst sind. Bei nicht automatisierter Datenverarbeitung ist ein Datenschutzbeauftragter zu benennen, wenn mindestens 20 Personen damit beschäftigt werden. Eine der wesentlichen Folgen der Benennung interner Datenschutzbeauftragter ist, dass die von der Europäischen Datenschutzrichtlinie vorgeschriebene Registrierung von Verfahren bei der Kontrollstelle durch eine interne Erfassung ersetzt wird. Die Datenschutzbeauftragten, die fachkundig und zuverlässig sein müssen, haben neben ihrer originären Aufgabe auf die Einhaltung der datenschutzrechtlichen Bestimmungen hinzuwirken, insbesondere die bei der Datenverarbeitung beschäftigten Personen fortzubilden.

11. Vorabkontrolle und Datenschutzaudit

Das neue BDSG enthält erstmals die Verpflichtung, eine Vorabkontrolle der Datenverarbeitung durchzuführen, wenn automatisierte Verarbeitungen besondere Risiken für die Rechte und Freiheiten der Betroffenen aufweisen. Als besonders risikoreich gelten vor allem Verarbeitungen besonderer Arten personenbezogener Daten oder Verfahren, die der Persönlichkeitsbewertung dienen sollen. Die Regelung gilt allerdings in den Fällen nicht, in denen die Verfahren mit Einwilligung der Betroffenen oder im Rahmen von Vertragsverhältnissen eingesetzt werden.

Zur Sicherstellung des internen Datenschutzes sieht das neue BDSG neben der Einrichtung von Datenschutzbeauftragten die Möglichkeit vor, ein Datenschutzaudit vornehmen zu lassen. Danach können sowohl Anbieter von Datenverarbeitungssystemen und -programmen als auch Daten verarbeitende Stellen ihr Datenschutzkonzept sowie ihre technischen Einrichtungen unabhängig prüfen lassen. Diese Bestimmung muss allerdings noch durch ein besonderes Gesetz konkretisiert werden.

12. Besondere Regelungen für die Telekommunikation

Wie für andere Bereiche auch gelten für den Datenschutz in der Telekommunikation besondere Vorschriften, die denen des BDSG vorgehen. Dabei ist zwischen zwei Ebenen zu unterscheiden: Der Datenschutz im Bereich der technischen Telekommunikation, also bei der Übertragung und Vermittlung von Daten, wird im Telekommunikationsgesetz (TKG)[15] und den dazu erlassenen Verordnungen, hier vor allem in der Telekommunikations-Datenschutzverordnung (TDSV)[16] und der Telekommunikations-Überwachungsverordnung (TKÜV) geregelt. Diese Vorschriften gelten für alle Unternehmen, die Telekommunikationsnetze für die Öffentlichkeit betreiben (zum Beispiel Deutsche Telekom oder Mannesmann/Vodafone). Die Regulierungsbehörde für Post und Telekommunikation (Reg TP) hat hier wesentliche Genehmigungs- und Eingriffsbefugnisse.

Soweit es um die Verarbeitung von Daten durch Diensteanbieter geht, zum Beispiel durch Access-Provider oder Anbieter von Websites, gelten andere Vorschriften: Wegen der unterschiedlichen Gesetzgebungszuständigkeiten gilt für Dienste, die mehr auf die individuelle Kommunikation hin orientiert sind (zum Beispiel Teleshopping oder Telebanking), das Teledienstegesetz (TDG)[17] sowie das Teledienstedatenschutzgesetz (TDDSG) des Bundes[18], für Verteildienste, bei denen die Information der Nutzer im Vordergrund steht und die inhaltlich aufbereitet sind, der Mediendienste-Staatsvertrag (MDStV) der Länder[19]. Besondere Regelungen gelten für die Dienste, die Rundfunkanstalten anbieten.[20] Diese Aufspaltung auf der Diensteebene hat aber keine große inhaltliche Bedeutung. Obwohl das TDG und das TDDSG im Rahmen des Elektronischen-Geschäftsverkehr-Gesetzes 2001[21] gründlich überarbeitet wurden, entsprechen deren Regelungsinhalte im Wesentlichen nach wie vor denjenigen des MDStV. Besondere Regelungen sind in diesem Gesetz besonders für die »kommerzielle Kommunikation« (»B2B«) geschaffen worden.

13. Telekommunikationsgesetz

Wer Telekommunikationsdienstleistungen anbietet, hat die Möglichkeit, von den übermittelten Nachrichten Kenntnis zu nehmen, wenn diese nicht verschlüsselt sind. Er erfährt insbesondere auch, wer wann mit wem und mit welchen Kommunikationsmitteln (»Diensten«) kommuniziert hat. Bereits seitdem Fernmeldeanlagen der Öffentlichkeit zur Verfügung stehen, wurden daher alle Personen, die Zugang zu diesen Informationen hatten, auf das Fernmeldegeheimnis verpflichtet. So wurde schon bei der Einführung der öffentlichen Telegrafie in Preußen festgelegt: »Sämtliche Telegrafenbeamte sind zur strengsten Geheimhaltung der telegrafischen Depeschen verpflichtet.«[22]

Diese Geheimhaltungspflicht ist mittlerweile in allen Verfassungen der Welt, aber auch im Vertragswerk der Internationalen Fernmeldeunion enthalten: »Die Mitglieder verpflichten sich, alle nur möglichen Maßnahmen zu treffen, die mit dem verwendeten Fernmeldesystem vereinbar sind, um die Geheimhaltung der Nachrichten im internationalen Verkehr zu gewährleisten.«[23]

Das Grundgesetz regelt dieses Grundrecht in Art. 10 Abs. 1 GG: »Das Briefgeheimnis sowie das Post- und Fernmeldegeheimnis sind unverletzlich.« Das Telekommunikationsgesetz konkretisiert dieses Grundrecht. Das Geheimnis umfasst sowohl den Inhalt der Telekommunikation als auch deren Umstände, also etwa Daten über die Beteiligten oder deren Aufenthalt, insbesondere bei der Mobilkommunikation (Lokation). Die Verwertung dieser Daten ist nur zu Telekommunikationszwecken zulässig, es sei denn, ein Gesetz sieht eine anderweitige Verwendung vor. Der Verstoß gegen die Verpflichtungen aus dem Fernmeldegeheimnis ist nach § 206 StGB eine Straftat.

Die wichtigsten gesetzlichen Durchbrechungen des Fernmeldegeheimnisses betreffen die Befugnisse der Sicherheitsbehörden. Ihre materielle Grundlage finden sie in den Abhörvorschriften der Strafprozessordnung (für Staatsanwaltschaft und Polizei), im Gesetz zur Beschränkung des Brief-, Post- und Fernmeldegeheimnisses – G-10-Gesetz – (für die Nachrichtendienste) und im Außenwirtschaftsgesetz für die Zollbehörden.

Die Betreiber von Telekommunikationsanlagen haben technische Einrichtungen zur Umsetzung von gesetzlich vorgesehenen Maßnahmen zur Überwachung auf eigene Kosten zu gestalten und vorzuhalten. Der Kreis der Verpflichteten, die Anforderungen an die Gestaltung der technischen Einrichtungen und an die organisatorische Umsetzung von Überwachungsmaßnahmen sowie das Genehmigungsverfahren sind seit Dezember 2001 in der TKÜV festgelegt.

Neben diesen Vorschriften, die eine Überwachung der Inhalte der Telekommunikation gestatten, sind in strafrechtlichen Verfahren Richter und bei Gefahr im Verzug auch die Staatsanwaltschaft befugt, Auskunft über die Umstände der Telekommunikation zu verlangen, also darüber, wer mit wem wann kommuniziert hat, bei mobiler Kommunikation auch über den Standort des Handys. Diese Befugnis, die bis Ende 2001 im alten Fernmeldeanlagengesetz geregelt war,[24] ist nunmehr auch in die Strafprozessordnung übernommen worden.[25] Das Terrorismusbekämpfungsgesetz hat zusätzliche Befugnisse zur Erhebung von Lokationsdaten sowie zur Ermittlung von Geräte- (IMEI) und Kartennummern (IMSI) von Mobilfunkgeräten für Verfassungsschutz und MAD geschaffen. Der Einsatz so genannter »IMSI-Catcher«, die die Empfangsantenne simulieren und die dorthin gesendeten Signalisierungsdaten mithören, ist damit für die Nachrichtendienste erlaubt. Entsprechende strafprozessuale Befugnisse sollen noch geschaffen werden.

Die Erhebung, Verarbeitung und Nutzung personenbezogener Daten durch die Anbieter von TK-Dienstleistungen sind entsprechend dem allgemeinen Datenschutzrecht grundsätzlich nur zulässig, soweit dies für die geschäftsmäßige Erbringung der Telekommunikationsdienste erforderlich ist. Die Einzelheiten werden in der TDSV geregelt, wobei das TKG selbst die wesentlichen Grundsätze vorgibt. Dies sind vor allem die folgenden:
– Bestandsdaten, Verbindungsdaten und Entgeltdaten dürfen nur verarbeitet werden, wenn dies zur betrieblichen Abwicklung der geschäftsmäßigen Telekommunikationsdienste erforderlich ist. Hierzu gehören auch Verfahren zum Erkennen und Beseitigen von Störungen oder zum Aufklären und Unterbinden von Leistungserschleichungen oder anderer rechtswidriger Inanspruchnahme.
– Mit Einwilligung des Anrufers und bei gleichzeitiger Anonymisierung der Daten des Angerufenen dürfen die Daten zur bedarfsgerechten Gestaltung der Telekommunikationsdienste genutzt werden.
– Auf schriftlichen Antrag des Nutzers dürfen eine Aufstellung von Leistungsmerkmalen gefertigt (Einzelentgeltnachweis) und bei bedrohenden oder belästigenden Anrufen Anschlüsse identifiziert werden (Fangschaltung).

Besondere Aufmerksamkeit widmen TKG und TDSV den Bestandsdaten. Diese dürfen grundsätzlich nur für die Vertragsabwicklung genutzt werden. Für Werbung, Kundenberatung oder Marktforschung ist eine ausdrückliche Einwilligung der Kunden erforderlich. Dies ist eine Umkehrung (opt-in) der allgemeinen datenschutzrechtlichen Widerspruchsklausel (opt-out). Diese Regelung will der ungehemmten Profilbildung bereits auf der Ebene der Bestandsdaten einen Riegel vorschieben. Bestimmte Bestandsdaten dürfen auf Antrag des Kunden in öffentliche gedruckte oder elektronische Verzeichnisse aufgenommen werden, wobei diesem ein inzwischen auch im BDSG verankertes Auswahlrecht zusteht. Über diese Daten darf auch eine Telefonauskunft erteilt werden, wenn der Kunde nicht widerspricht.

Auch hinsichtlich der Bestandsdaten haben die Sicherheitsbehörden besondere Rechte: Sie sind ihnen im Einzelfall auf Ersuchen zu übermitteln, soweit dies für ihre Aufgabenerfüllung erforderlich ist. Darüber hinaus haben die Anbieter Kundendateien zu führen, in die Name und Anschrift der Inhaber von Rufnummern und Rufnummerkontingenten aufzunehmen sind. Diese Daten sind der Regulierungsbehörde für Post und Telekommunikation durch automatisierte Abrufverfahren zur Verfügung zu stellen, die die Daten ihrerseits an die Sicherheitsbehörden weiterübermittelt. Diese Bestimmung hat ihre Grenze da, wo die Telekommunikationsanbieter gegenüber ihren Kunden besondere Verpflichtungen haben (zum Beispiel Krankenhäuser, Arbeitgeber).

Anbieter von Telekommunikationsdienstleistungen unterliegen erhöhten Anforderungen an die technischen Schutzmaßnahmen. Nach dem Stand der technischen Entwicklung haben die Anbieter angemessene Vorkehrungen zum Schutz von Fernmeldegeheimnis und Datenschutz, zum Schutz gegen unerlaubte Zugriffe, zum Schutz gegen Störungen der Telekommunikationsnetze und zum Schutz gegen äußere Angriffe und Einwirkungen von Katastrophen zu treffen. Die Regulierungsbehörde erstellt hierzu nach Anhörung der beteiligten Kräfte einen Katalog von Sicherheitsanforderungen.

Der Bundesbeauftragte für den Datenschutz ist Kontrollstelle für alle Telekommunikationsdienstleistungsanbieter, obwohl nach der Privatisierung der Telekom diese ausschließlich Privatunternehmen sind und insoweit die Aufsichtsbehörden zuständig wären.

14. Tele-, Medien- und Rundfunkdienste

Das Tele- und Mediendiensterecht gilt für alle Nutzer des Internets, die Inhalte in das Netz einstellen. Jeder Anbieter einer Website muss sich mit diesen Vorschriften vertraut machen, aber auch alle anderen Unternehmen oder Einzelpersonen, die Dienste über die Telekommunikationsnetze anbieten. Von besonderer Bedeutung für Tele- und Mediendienste ist die Transparenz der Angebote für die Nutzer. Die Anbieter sind verpflichtet, im Rahmen des Dienstes eine Reihe von Informationen leicht erkennbar, unmittelbar erreichbar und ständig zur Verfügung zu halten. Hierzu gehören unter anderem Name und Anschrift, Angaben zur elektronischen Kontaktaufnahme, bei zulassungsbedürftigen Aktivitäten auch Angaben zur Aufsichtsbehörde sowie Angaben zu Registern, in die der Anbieter eingetragen ist.

Im Sinne eines effektiven Verbraucherschutzes treffen Anbieter kommerzieller Kommunikation, die der Förderung des Absatzes von Waren und Dienstleistungen oder des Erscheinungsbildes eines Unternehmens dient, zusätzliche Informationspflichten. So muss klar erkennbar sein, dass es sich um solche handelt, und die natürliche oder juristische Person, in deren Auftrag sie erfolgt, muss klar identifizierbar sein. Überdies sind die Angebote zur Verkaufsförderung wie Rabatte, Zugaben und Geschenke sowie Preisausschreiben oder Gewinnspiele unzweideutig zu kennzeichnen.

Der Mediendienste-Staatsvertrag (MDStV) sieht nur die Angabe von Name und Anschrift des Anbieters beziehungsweise des Vertretungsberechtigten vor. Für Angebote, die periodische Druckerzeugnisse vollständig oder teilweise wiedergeben oder in denen Texte in periodischer Folge erscheinen (Online-Zeitungen), kommen zusätzliche Angaben zum presserechtlich Verantwortlichen hinzu.

Vor dem Hintergrund der Verbreitung strafbarer oder sonst rechtswidriger Inhalte sind die Bestimmungen zur Verantwortlichkeit besonders wichtig. Je nach Rolle des Anbieters unterscheiden die Vorschriften mehrere Stufen der Verantwortlichkeit: Für eigene Informationen, die zur Nutzung bereitgehalten werden, sind die Anbieter nach den allgemeinen Gesetzen verantwortlich. Für fremde Informationen, die Diensteanbieter übermitteln oder zu denen sie den Zugang vermitteln, sind diese nicht verantwortlich, sofern sie den Dienst nur ermöglichen, also die Übermittlung nicht veranlassen, den Adressaten der übermittelten Informationen nicht auswählen oder die übermittelten Informationen nicht auswählen oder verändern. Werden fremde Informationen für einen Nutzer gespeichert, besteht diese Privilegierung auch, wenn der Diensteanbieter keine Kenntnis von der rechtswidrigen Handlung oder Information hat beziehungsweise wenn er unverzüglich nach Kenntnisnahme solcher Inhalte tätig geworden ist, um die Information zu entfernen oder den Zugang zu ihr zu sperren. Eine Überwachungs- oder Nachforschungspflicht hinsichtlich rechtswidriger Informationsverbreitung besteht aber nicht.

Der MDStV hat den gleichen Regelungsgehalt, wenn auch die Formulierung noch der einfacheren des ursprünglichen TDG entspricht. Die eigentlichen datenschutzrechtlichen Regelungen finden sich für die Teledienste in einem speziellen Gesetz, dem TDDSG, während sie für die Mediendienste im MDStV und für die Rundfunkdienste in den Rundfunkstaatsvertrag (RdfStV) integriert sind. Die Regelungen folgen der Dreiteilung des TKG, hier als Bestandsdaten, Nutzungsdaten und Abrechnungsdaten bezeichnet.

Bestandsdaten, die der Begründung, inhaltlichen Ausgestaltung oder Änderung eines Vertragsverhältnisses dienen, dürfen nur im hierzu erforderlichen Umfang verarbeitet werden. Jede weitere Verwendung bedarf der Einwilligung der Betroffenen (wie im TKG »opt-in« – im Gegensatz zu »opt-out«, bei dem der Betroffene einer Nutzung seiner Daten widersprechen muss). Lediglich der Rundfunkstaatsvertrag lässt die Verarbeitung von Bestandsdaten für Zwecke der Beratung oder zur bedarfsgerechten Gestaltung technischer Einrichtungen ohne Einwilligung zu, räumt jedoch ein Widerspruchsrecht ein.

Die im internationalen Vergleich datenschutzfreundlichste Regelung betrifft die Verarbeitung von *Nutzungsdaten*. Sie darf nur solange erfolgen, wie sie für die Inanspruchnahme von Diensten erforderlich ist. Darüber hinausgehende Verarbeitungswünsche der Diensteanbieter bedürfen der ausdrücklichen Einwilligung der Nutzer. Daraus folgt, dass die Erstellung von Nutzungsprofilen aus dem Clickstream nach deutschem Recht nur mit ausdrücklicher Einwilligung der Betroffenen zulässig ist. Bei Verwendung von Pseudonymen dürfen vom Diensteanbieter für eigene Zwecke Nutzungsprofile erstellt werden. Die Nutzer haben hiergegen ein Widerspruchsrecht, auf das sie der Diensteanbieter hinzuweisen hat.

Abrechnungsdaten dürfen über das Ende des Nutzungsvorganges bearbeitet und genutzt werden, soweit dies für die Abrechnung erforderlich ist. Im Gegensatz zum TKG ist keine ausdrückliche Frist für die Speicherungsdauer im Zusammenhang mit der Abrechnung vorgesehen. Das TDDSG enthält jedoch die Regelung, dass zur Erfüllung bestehender gesetzlicher, satzungsmäßiger oder vertraglicher Aufbewahrungsfristen, die über das Ende der Abrechnung hinausgehen, der Diensteanbieter die Daten zu sperren hat. Diese Bestimmung ist eine mittelbare Befugnis zur Aufbewahrung der Daten zum Beispiel im Hinblick auf handels- oder steuerrechtliche Vorschriften. Wünscht der Nutzer einen Einzelnachweis über die Inanspruchnahme bestimmter Angebote, dürfen allerdings diese Daten ausdrücklich bis zum Ablauf des sechsten Monats nach Versendung der Rechnung gespeichert werden. Angesichts der derzeit noch bestehenden weitgehenden Kostenfreiheit beziehungsweise Pauschalentgeltung der Tele- und Mediendienste (»Flatrate«) stellen diese Vorschriften allerdings in den weitaus meisten Fällen keine Rechtsgrundlage für die Verarbeitung von Nutzungsdaten dar.

In vielen Fällen, insbesondere wenn die Weiterverarbeitung von Nutzungsdaten nach Ende der Verbindung beispielsweise für Werbezwecke (zum Beispiel individualisierte Bannerwerbung) erwünscht wird, spielt die Einwilligung der Nutzer als Rechtsgrundlage eine sehr wichtige Rolle. Die Neufassung des TDDSG hat die Anforderungen an die elektronische Einwilligung gegenüber der vorherigen Vorschrift deutlich abgesenkt. Nach der alten TDDSG-Fassung hatte der Diensteanbieter sicherzustellen, dass die Einwilligungserklärung nicht unerkennbar verändert und der Urheber erkannt werden konnte (was nur unter Zuhilfenahme einer digitalen Signatur möglich ist). Diese strengen Verpflichtungen sind entfallen. Es reicht nunmehr aus, dass die Einwilligung durch eine eindeutige und bewusste Handlung des Nutzers erfolgt, die Einwilligung protokolliert wird und ihr Inhalt jederzeit vom Nutzer abgerufen werden kann. Im MDStV ist es bislang bei den höheren Anforderungen an die elektronische Einwilligung geblieben.

Die Dienstevorschriften räumen dem Nutzer einen Anspruch auf unentgeltliche und unverzügliche Auskunft über die zu seiner Person oder zu seinem Pseudonym gespeicherten Daten ein. Für die Neuen Medien ist besonders relevant, dass diese Auskunft auf Verlangen des Nutzers auch elektronisch erfolgen kann.

15. Was ist strafbar?

Bis das neue Bundesdatenschutzgesetz (BDSG) in Kraft trat, waren die wesentlichen Verstöße gegen das Gesetz Straftaten. Es handelte sich allerdings um Antragsdelikte, das heißt die Betroffenen mussten einen Strafantrag stellen, was in der Regel daran scheiterte, dass die Betroffenen von rechtswidrigen Handlungen der Datenverarbeiter gar nichts wussten. Insbesondere wenn die Aufsichtsbehörden bei Kontrollen auf Verstöße gegen das BDSG stießen, konnte eine Bestrafung nur erreicht werden, wenn die Betroffenen zu einem Strafantrag gebracht werden konnten. Und dann mussten Gerichte in aufwändigen Verfahren über die Strafbarkeit entscheiden.

Durch das neue BDSG wurden die meisten Verstöße zu Ordnungswidrigkeiten gemacht. Hierzu gehören beispielsweise die unbefugte Erhebung oder Verarbeitung nicht allgemein zugänglicher Daten, die unbefugte Bereithaltung zum Abruf der Daten (zum Beispiel im Internet), aber auch der unbefugte Abruf nicht allgemein zugänglicher Daten (beispielsweise durch Hacker) sowie die Erschleichung von Daten durch unrichtige Angaben (zum Beispiel durch Detekteien). Für Verstöße dieser Art können nun durch die Aufsichtsbehörden von Amts wegen Bußgelder bis zu einer Höhe von 250 000 Euro verhängt werden.

Bereits bisher konnten Verstöße gegen die formellen Bestimmungen des BDSG mit Bußgeld geahndet werden, zum Beispiel wenn kein Datenschutzbeauftragter benannt ist oder Anordnungen der Aufsichtsbehörde nicht nachgekommen wird. Einige neue Bestimmungen kamen hinzu, etwa wenn der Betroffene über die Widerspruchsmöglichkeit bei Werbung nicht informiert wird. Bußgelder können in diesen Fällen bis zu einer Höhe von 25 000 Euro verhängt werden.

Straftaten sind nach wie vor Verstöße gegen eine Reihe von materiellen Regelungen des BDSG, wenn sie gegen Entgelt oder in Bereicherungs- oder Schädigungsabsicht erfolgen. Sie werden nur auf Antrag der Betroffenen, der verantwortlichen Stelle, des Bundesbeauftragten für den Datenschutz oder der Aufsichtsbehörden verfolgt.

Auch mit dem neuen TDG wurden Bußgeldvorschriften eingeführt. Verstöße gegen die allgemeinen Informationspflichten stellen eine Ordnungswidrigkeit dar und können mit einer Geldbuße bis zu 50 000 Euro geahndet werden. Ebenso können bei Verstößen von Telediensteanbietern gegen datenschutzrechtliche Bestimmungen des TDDSG wie zum Beispiel die Verarbeitung oder Nutzung von Daten ohne die notwendige Einwilligung des Betroffenen oder die unzulässige Anfertigung eines Nutzungsprofils Bußgelder verhängt werden.

Einen weitaus ausführlicheren Ordnungswidrigkeitenkatalog enthalten der MDStV und der RdfStV. Die Obergrenzen für Bußgelder liegen im MDStV bei 250 000 Euro, im RdfStV sogar bei 500 000 Euro.

Anmerkungen

1 Empfehlungen des Rates über Leitlinien für den Schutz des Persönlichkeitsbereichs und den grenzüberschreitenden Verkehr personenbezogener Daten vom 23. September 1980.
2 Übereinkommen zum Schutz des Menschen bei der automatischen Verarbeitung personenbezogener Daten vom 28. Januar 1981 (Konvention Nr. 108).
3 Richtlinien betreffend personenbezogene Daten in automatisierten Dateien vom 14. Dezember 1990.
4 Richtlinie 95/46/EG des Europäischen Parlaments und des Rates vom 24. Oktober 1995 zum Schutz natürlicher Personen bei der Verarbeitung personenbezogener Daten und zum freien Datenverkehr.
5 Charta der Grundrechte der Europäischen Union, proklamiert in Nizza am 7. Dezember 2000.
6 Privacy Act vom 31. Dezember 1974; Public Law 93-579.
7 Entscheidungen des Bundesverfassungsgerichts (BVerfGE), Band 65, S. 1 ff.
8 Gesetz zur Änderung des Bundesdatenschutzgesetzes und anderer Gesetze vom 18. Mai 2001.
9 Alexander Rossnagel/Andreas Pfitzmann/Hansjürgen Garstka, Modernisierung des Datenschutzrechts, Berlin 2001.
10 Samuel D. Warren/Louis D. Brandeis, The Right to Privacy, Harvard Law Review 1890, S. 193 ff.
11 Ebd., S. 198.
12 In Deutschland: Gesetz zur Bekämpfung des internationalen Terrorismus vom 14. Dezember 2001.
13 Vgl. hierzu die Beiträge Goltzsch und Hansen/Krause in diesem Band.
14 Der Zugang zu den Websites der Datenschutzbeauftragten ist am einfachsten über das Virtuelle Datenschutzbüro, http://www.datenschutz.de, möglich.
15 Telekommunikationsgesetz vom 25. Juli 1996.
16 Telekommunikations-Datenschutzverordnung vom 18. Dezember 2000.
17 Teledienstegesetz vom 22. Juli 1997 in der Fassung des EGG (vgl. Anm. 20) vom 9. November 2001.
18 Teledienstedatenschutzgesetz vom 22. Juli 1997 in der Fassung des EGG (vgl. Anm. 20) vom 9. November 2001.
19 Staatsvertrag über Mediendienste vom 20. Januar bis 12. Februar 1997.
20 Rundfunkstaatsvertrag vom 31. August 1991 in der Fassung des Vierten Staatsvertrages zur Änderung rundfunkrechtlicher Staatsverträge vom 16. Juli 1999 bis 24. August 1999.
21 Gesetz über rechtliche Rahmenbedingungen für den elektronischen Geschäftsverkehr vom 9. November 2001.
22 Preußisches Regulativ über die Benutzung der elektromagnetischen Staatstelegraphen seitens des Publikums vom 6. August 1849.
23 Art. 37 der Konstitution der Internationalen Fernmeldeunion.
24 Gesetz über Fernmeldeanlagen vom 14. Januar 1928, zuletzt neu bekannt gemacht am 3. Juli 1989.
25 Gesetz zur Änderung der Strafprozessordnung vom 20. Dezember 2001, §§ 100 g, 100 h.

Thomas Bernhard Petri

Kommerzielle Datenverarbeitung und Datenschutz im Internet

Lässt sich der internationale Datenhandel im Netz noch kontrollieren?

1. Eine Geschichte zur kommerziellen Datenverarbeitung

Die Notwendigkeit der Beschränkung kommerzieller Datenverarbeitung verdeutlicht »The Truman Show«, einer der erfolgreichsten Kinofilme des Jahres 1998: Truman Burbank (gespielt von Jim Carrey) wird als Baby von einer amerikanischen Firma adoptiert. Dieses Unternehmen baut um Truman herum einen Ort auf, in dem er lebt. Fünftausend versteckte Kameras dienen dazu, sein Leben zu beobachten, um es »life« weltweit als »The Truman Show« auszustrahlen – wovon Truman selbst zunächst nichts mitbekommt. Seine Freunde, ja später sogar seine Ehefrau sind nur Schauspieler, die ihn während ihrer Arbeitszeit begleiten. Die Sendung finanziert sich durch »Product Placements«, also indem die Darsteller beiläufig Produkte anpreisen.

Doch sobald Truman diesen Sachverhalt erkennt, versucht er, aus dieser virtuellen Welt auszubrechen. In dieser kritischen Situation spricht der Regisseur der Truman-Show selbst Truman an. Er weist ihn darauf hin, dass die wirkliche Welt voller Gefahren und Truman in »seiner« Welt (gemeint ist die virtuelle Welt, die der Unterhaltungskonzern um Truman herum aufgebaut hat) sicher aufgehoben sei. Er, der Regisseur, kenne Truman wie sich selbst, er habe ihn während seines ganzen Lebens durch die Kameras beobachtet, behütet und begleitet. Die entscheidende Antwort Trumans hierauf lautet: »Ihr habt nie eine Kamera in meinem Kopf gehabt!«

Der Film beschreibt eindrucksvoll, warum es einen effektiven Datenschutz auch im Rahmen der kommerziellen Datenverarbeitung im Internet geben muss. Eine Überwachung der Menschen gibt den Betroffenen das Gefühl, ständig beobachtet zu sein und macht sie dadurch innerlich unfrei.

Ganz ähnliche Auswirkungen hat auch die kommerzielle Datenverarbeitung im Internet: Informationen über Personen aus der ganzen Welt können heute blitzschnell zusammengetragen werden. Und sie haben die Tendenz, wie ein Kamerafilm Bilder von Personen zu erzeugen, die einseitig und unrichtig sind. Einseitig, weil sie in der Regel nur den Zielen ihres Erzeugers dienen

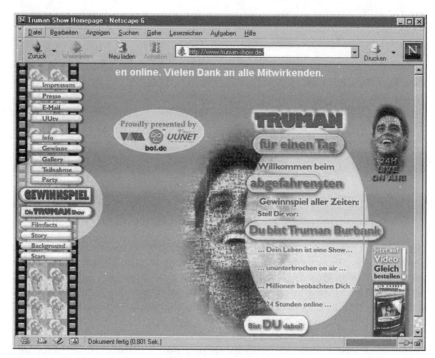

Eine dauerhafte Totalüberwachung von Menschen mittels Kameras wie bei Truman existierte natürlich noch nicht. Aber das Filmen von Personen zu kommerziellen Zwecken gibt es nicht nur auf der Kinoleinwand, sondern es ist heute schon Realität. Dazu bedarf es nicht einmal der »life soaps«, bei denen sich die Betroffenen freiwillig überwachen lassen. Kaufhäuser setzen Videoüberwachung nicht nur zu Überwachungszwecken, sondern auch zur Werbung ein, indem sie ihre Verkaufsräume mit den Menschen, die sich darin bewegen, filmen und in das Internet übertragen. In den Innenstädten einiger Großstädte gibt es kaum noch Zonen, in denen Menschen nicht von Videokameras überwacht werden.

sollen; unrichtig, weil sie nur von dem Informationsmaterial ausgehen, das die verarbeitende Stelle zusammentragen kann. Das Ergebnis sind Nutzungs- und Persönlichkeitsprofile der Betroffenen, die zu verschiedenen Zwecken ausgenutzt werden.

2. Zu welchen Zwecken und wie kommen Wirtschaftsunternehmen an Informationen über die Nutzer?

Wie so etwas im Internet geschehen kann, wollen wir anhand eines zweiten Truman nachvollziehen. Er beschafft sich einen Computer mit einer Modemkarte[1] und lässt sich bei dem Kauf eine Verbindung zu einem Internetprovider installieren.

Dieser Internetprovider ist ein Unternehmen, das Privatpersonen einen Zugang zum Internet anbietet. Zugleich ist dieses Unternehmen die erste Stelle, die Informationen über Internetnutzer wie unseren zweiten Truman erhält. Provider, die einen Internetzugang überhaupt ermöglichen (so genannte Access-Provider[2]), erhalten regelmäßig:
- so genannte Stammdaten, also Name, Adresse und die Login-Kennung. Manche Provider verlangen zusätzlich noch andere Daten, zum Beispiel die Bankverbindung, was gerechtfertigt ist, wenn der besagte Provider den Internetzugang nur gegen Engelt ermöglicht;
- die Verbindungsdaten, also die Information, wer sich im System des Anbieters wann an- und abgemeldet hat. Das heißt auch, dass der Provider erfährt, wann der Benutzer das System zuletzt benutzt hat, und für welche Dauer er monatlich das Internet nutzt. Natürlich kann er auch erfahren, wer von den Nutzern momentan im System angemeldet ist und welche Programme dieser gerade ausführt.

Um nicht missverstanden zu werden: Diese Informationen erhebt ein Access-Provider rechtmäßig, wenn er seinen Dienst gegen Entgelt anbieten will. Denn anhand dieser Informationen kann der Access-Provider seine Rechnung ermitteln, die er unserem Internet-Truman für seine Dienstleistung stellen wird.

Zugleich können aber solche Informationen die Grundlage für die Erstellung von Nutzungsprofilen bilden. Denn der Provider kann anlässlich seiner Verwaltung auch das Abrufverhalten von Truman (welche Seiten findet Truman offenbar interessant?) analysieren. Die Wahl des richtigen Providers ist also auch eine Frage, wem man sich anvertraut.

Wenn Truman außer den Telefongebühren kein Geld für das Mailen ausgeben will, richtet ihm vielleicht ein freundlicher Verkäufer auch noch die Verbindung zu einer Internetseite ein, die Internetnutzern kostenlos einen E-Mail-Account anbietet.[3] Obwohl der Dienst kostenlos ist, soll unser Truman bei seiner ersten Registrierung dort seinen Namen, seine Adresse, seine Telefonnummer und einige »statistische Daten« (deutsch, ledig, Einkommen: brutto 1800 Euro und so weiter) angeben. Und da er ein ehrlicher Mensch ist, gibt er diese Informationen auch richtig an. Unser Truman liest natürlich nicht die Allgemeinen Geschäftsbedingungen (AGB) des Providers und des Maildiensteanbieters – das Kleingedruckte versteht ja sowieso niemand.

Das sollte man aber auf jeden Fall tun, denn es kommt durchaus vor, dass die über unseren Internet-Truman gespeicherten Daten auch dazu verwendet werden, um ihm »Informationen über interessante Produkte« zukommen zu lassen – eine blumige Umschreibung für die Datenverarbeitung zu Werbezwecken. Wenn Truman einige Tage später seine Mailbox aufruft, kann er nicht sicher sein, dass ihm Freunde eine Mail geschickt haben, mit Sicherheit wird er aber Werbemails seines Providers vorfinden, die ihn über mehr oder weniger interessante Produkte informieren.

Wenn die AGB des Providers auch die Weitergabe von Daten an Geschäftspartner erwähnen, sollte Truman lieber die Finger von dem Dienst lassen. Denn in solchen Fällen nimmt der Provider für sich das Recht in Anspruch, Informationen über ihn an andere Unternehmen zu veräußern, die diese Daten für ihre eigenen Geschäftszwecke verwerten.

Und so wird sich Truman später vielleicht wundern, dass er von wildfremden Firmen per Mail Angebote zum Beispiel von preiswerten und besonders interessanten Büchern vorfindet. Noch merkwürdiger wird er finden, dass er beim Namen angesprochen wird. (Wie kommt die Firma zu meinem Namen und zu meiner Mail-Adresse? Na ja, egal, jedenfalls haben sie interessante Bücher...) Eine solche Methode der Direktwerbung nennt man Hotmailing, das heißt, der Werbende sendet unaufgefordert Mails an Internetnutzer, deren Adresse er bekommt. Nach überwiegender Rechtsprechung in Deutschland ist die Zusendung von solchen unaufgeforderten Werbemails grundsätzlich wettbewerbswidrig. Trotzdem betreiben auch deutsche Firmen Hotmailing, weil sie auf die fehlenden Rechtskenntnisse der Internetnutzer bauen oder selbst die deutsche Rechtslage nicht genau kennen. Außerdem ist Hotmailing in anderen Staaten erlaubt. Die US-amerikanische »Direct Marketing Association« etwa hat bislang die Politik vertreten, solange Werbemails unaufgefordert zu versenden, bis die betroffenen Kunden widersprechen. Auf Druck von Verbraucherschutz-Anwälten will sie ab 2002 diese Position allerdings aufgeben.

Eine typische Methode, an Informationen über Internetnutzer zu kommen, ist auch die Single-Sign-On-Funktion von Programmen, die den Internetzugang überhaupt ermöglichen. So hat der Softwarekonzern Microsoft im Herbst 2001 sein neues Betriebssystem Windows XP auf den Markt gebracht, das sowohl den Privatanwender als auch den professionellen Benutzer ansprechen soll. Windows XP soll dabei die bisher auf private und geschäftliche Nutzung ausgerichteten parallel laufenden Produktlinien vereinigen. Die Software beinhaltet (wie andere Programme auch, Microsoft steht hier nicht allein) eine Passwortverwaltungsfunktion. Als Folge hieraus erhält Microsoft die Kontrolle über sämtliche Passwörter des Nutzers. Theoretisch könnte Microsoft unter dem Namen des Nutzers im Internet auftreten, Internetseiten aufrufen, Bestellungen abgeben und so weiter.

Schlagzeilen hat Windows XP aber vor allem gemacht, weil es für die Nutzung des Programms einen Freischaltcode verlangt, ohne den nach Ablauf einer Probezeit gar nichts mehr läuft. Unser Truman müsste daher das Programm Windows XP aktivieren, indem er bei Microsoft entweder online oder über Telefon eine Nutzungsnummer angibt. Wählt nun Truman die Online-Registrierung, können aufgrund der Gestaltung des Programms Informationen an Microsoft übermittelt werden, wie zum Beispiel über die Größe der Festplatte seines Computers, über die Netzwerkkarte, das CD-ROM-Laufwerk, die Grafikkarte oder über die Größe des Arbeitsspeichers.

Microsoft versichert zwar, dass diese Anmeldung anonym erfolge und auch nur zu dem Zweck, Raubkopien von Windows XP zu verhindern. Auf Grund der bei der Online-Datenübertragung eingesetzten Verschlüsselung ist diese Aussage allerdings kaum zu überprüfen. Man weiß insbesondere nicht, welche Daten Microsoft aus dem zu meldenden Code erhält. Zumindest kann man nicht ausschließen, dass ein Missbrauch der Daten erfolgt.

Daten fallen aber auch an, wenn Truman im Internet surft. Das kann ganz einfach geschehen, indem er freiwillig und bewusst Informationen über sich preisgibt, zum Beispiel, weil er bei einer Verbraucherbefragung eines Markt- und Meinungsforschungsinstituts teilnimmt.

Als Belohnung für das Ausfüllen des dort angebotenen Fragebogens winkt vielleicht die Auslosung einer neuen Kaffeemaschine im Wert von 20 Euro. Die Kaffeemaschine von Truman ist gerade kaputt gegangen und so freut er sich, dass er so billig an eine neue Maschine kommt. Er füllt also einen virtuellen Fragebogen aus (mit Adresse, denn er will ja die Kaffeemaschine gewinnen). Das Markt- und Meinungsforschungsinstitut wertet die Informationen über Truman zunächst unter dem Gesichtspunkt aus, welche Bedürfnisse in der Gesellschaft nach bestimmten Produkten bestehen. Truman teilt beispielsweise mit, dass er im Internet vorzugsweise Bücher kauft. Das Unternehmen könnte dazu die Angaben aller Teilnehmer der Umfrage statistisch auswerten und feststellen, wieviele Personen prozentual das Internet nutzen, um Bü-

Beispiel für die Internetseite eines Markt- und Meinungsforschungsinstituts. Einige solcher Institute verarbeiten die erhobenen Daten ausschließlich anonymisiert, die meisten gehen aber wie im Text beschrieben vor. Die Prämien amortisieren sich schnell.

cher zu kaufen. Die Erhebung, also die Beschaffung dieser Daten zu diesem Zweck, könnte ohne weiteres anonym, also ohne Kenntnis der Identität von Truman erfolgen.

Gerade wenn kleine Preise ausgelobt werden, geschieht die Auswertung aber meistens nicht anonym. Die gewonnenen personenbezogenen Informationen werden vielmehr an andere Unternehmen weiterveräußert, zum Beispiel an Informations- oder Listbroker[4]. Solche Unternehmen sammeln Verbraucheradressen mit weiteren Verbraucherinformationen und bieten sie anderen Wirtschaftsunternehmen an. Interessierte Unternehmen beauftragen zum Beispiel einen Listbroker damit, 100 000 Verbraucher über ein bestimmtes Produkt zu informieren. Unser Truman wird dementsprechend in der Folgezeit gezielt Werbepost bekommen (obwohl er auf seinem Briefkasten einen Aufkleber mit der Aufschrift »Bitte keine Werbung« aufgebracht hat).

Allein über den Verkauf oder die Vermietung einer postalischen oder einer E-Mail-Adresse kann man Beträge von 10 Cent bis zu mehreren Euro erzielen. Der genaue Preis hängt davon ab, wie wertvoll die jeweilige Adresse für den Auftraggeber ist, also mit welcher Wahrscheinlichkeit die angesprochenen Verbraucher auf seine Werbezuschrift reagieren werden. Wenn beispielsweise das Markt- und Meinungsforschungsinstitut Trumans Adresse für die Werbeaktion eines Buchhandels nutzt, ist die Adresse wahrscheinlich relativ teuer, weil das Institut nach unserer Geschichte bereits weiß, dass Truman im Internet Bücher kauft, also zu der Zielgruppe des Internetbuchhandels gehört. Durch die Mehrfachverwertung erzielt ein Markt- und Meinungsforschungsinstitut pro gewonnenen Datensatz im günstigsten Fall mehrere hundert Euro Ertragsumsatz.[5]

Aber auch, wenn Truman im Internet einkauft, können Internet-Dienstanbieter Informationen über ihn sammeln. Zum Beispiel könnte sich folgende kleine Geschichte zutragen:

Truman kauft bei einem Onlineshop ein Kochbuch per Euroscheckkarte, dabei muss er seine Geheimzahl eingeben, um seine Berechtigung nachzuweisen. Wie es der Zufall will, hat sein Arbeitgeber den Monatslohn noch nicht überwiesen, so dass keine Deckung besteht. Truman bekommt das Buch folglich nicht zugesandt.

Wenig später sieht er auf der Internetseite eines Versandhandels ein Fahrrad, das ihm sehr gut gefällt. Er bestellt die Ware auf Rechnung. Doch jetzt erhält er die Nachricht, dass ein solcher Vertragsabschluss leider nicht möglich sei. Der Internet-Buchhandel, bei dem die Zahlung per Karte nicht funktioniert hatte, war nämlich als kreditgebendes Unternehmen ebenso wie der Versandhandel Partner einer Warndatei und hat Truman als nicht kreditwürdige Person gemeldet.

Das Betreiben einer Warndatei kann durchaus ein einträgliches Geschäft sein; die Vertragspartner zahlen für eine einzige Abfrage Beträge zwischen 15 Euro für einen Inlandskurzbericht, bis zu etwa 120 Euro für einen Vollbericht über ein ausländisches Unternehmen.[8]

Kommerzielle Datenverarbeitung und Datenschutz im Internet

Die Eingangsseite von online-shop.de, einem großen Internet-Onlineshop.[6] Hinsichtlich der Datenverarbeitung heißt es in Nr. 21 der AGB: »Die Online-Shop GmbH wird die im Verkehr mit den Geschäftspartnern relevanten Daten zwecks Verarbeitung im automatisierten Verfahren speichern. Wir weisen Sie darauf hin, dass wir Ihre Auftragsdaten sowie gegebenenfalls Ihre Nutzungs- und Abrechnungsdaten nur gemäß dem Bundesdatenschutzgesetz (BDSG) speichern und verarbeiten, soweit sie für die Begründung, Durchführung, inhaltliche Ausgestaltung und Änderung der mit Ihnen zustandekommenden Nutzungsvereinbarung erforderlich sind.«[7] Ob diese Formulierung die normalen Verbraucher beruhigt? Zu welchen Zwecken will Online-Shop die Daten nun konkret verwenden?

Also bestellt sich unser Truman auf konventionellem Wege bei einem Händler ein Fahrrad. Aber das Fahrrad kommt kaputt an und so verweigert Truman zunächst die Zahlung. Und wenn Truman Pech hat, wird er wenig später im Internet auf einem »Schuldenpranger« als säumiger Zahler dargestellt, für jedermann einsehbar, der das Internet nutzt.

Aber auch ohne dass Truman von sich aus bewusst Informationen über sich an die Internetanbieter weitergibt, können kommerzielle Datenverarbeiter Daten über Truman sammeln und auswerten. Ganz typisch für die Datenerhebung im Internet ist der Einsatz von Cookies (englisch: Kekse) oder Webbugs (englisch: Netzwanzen).

Weitläufig besteht die Meinung, dass Cookies nicht wirklich gefährlich sein könnten, weil die übertragenen Datenmengen zu klein seien, um besondere

Datenprofile des Nutzers herzustellen. Das stimmt aber nicht, insbesondere kann der Anbieter erkennen, dass Truman auf seine Internetseite schon einmal zugegriffen hat, meistens auch, wann und welche seiner Seiten Truman besucht. Der Anbieter führt in der Regel eine Datenbank, in der er viele Informationen zu Truman, identifiziert über die Cookies, zusammenstellen kann.

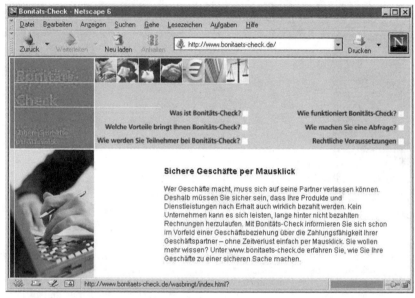

Hier die Eingangsseite einer Internet-Warndatei. Ein solches Unternehmen spezialisiert sich darauf, seinen Vertragspartnern gegen Entgelt Auskünfte über die Kreditwürdigkeit von Bürgern oder Unternehmen zu erteilen. Die Informationen hierzu muss es allerdings nicht unbedingt nur aus dem Internet ziehen. Die klassischen Handels- und Wirtschaftsauskunfteien beziehen beispielsweise Informationen vor allem aus öffentlichen Quellen und aus Eigenrecherchen. Nach der deutschen Rechtslage dürfte es eigentlich nicht so einfach gehen, wie in der Geschichte beschrieben. Übermittelt werden dürften nur zuverlässige Informationen über das Zahlungsverhalten der Betroffenen und auch nur an Personen, die ein berechtigtes Interesse an dem Erhalt dieser Informationen glaubhaft darlegen. Neben der Frage der Kontrollierbarkeit liegt hier ein Hauptproblem der Internet-Warndateien: Wie wird zuverlässig verhindert, dass nicht jeder Zugang zu den Informationen hat?

Cookies sind jedoch noch relativ harmlos. Die üblichen Internetzugangsprogramme (häufig ist das der Internet-Explorer von Microsoft oder Netscape) könnten sie ohne weitere Schwierigkeiten automatisch entfernen oder zumindest vor ihnen warnen. Regelmäßig geschieht das jedoch nicht, weil ihre Standardeinstellungen vorsehen, dass alle Cookies zunächst in Form einer kleinen Textdatei abgelegt werden.[9]

Webbugs hingegen sind mit normalen Mitteln wie etwa den Standardeinstellungen nicht zu verhindern. Sie sorgen dafür, dass Informationen wie IP-Adressen und Cookie-Daten über verschiedene Websites hinweg miteinander verknüpft werden können. Mit ihrer Hilfe lässt sich auch feststellen, ob der Empfänger einer E-Mail diese auch gelesen hat.

Auch Programmiersprachen mit »aktiven Inhalten« wie zum Beispiel ActiveX, Java oder Javascript arbeiten mit Internetzugangsprogrammen (sog. Browser) zusammen und werden von ihnen ausgeführt. Webinhalte werden dabei nicht nur angezeigt, sondern auf dem Rechner des Nutzers ausgeführt. Auf diese Art und Weise entsteht die technische Möglichkeit, Informationen

Schwarze Schafe des Internets: Internet-Schuldenpranger. Vor allem kleinere Finanz-Dienstleister glauben immer wieder, mit solchen modern-mittelalterlichen Praktiken einen lukrativen Nebenverdienst erzielen zu können. Die Geschäftsidee ist im Wesentlichen stets gleichartig: Gegen ein Entgelt können (vermeintliche) Gläubiger Schuldner an den Dienstleister melden, der die Betroffenen dann in eine Schuldnerliste einstellt, die mehr oder weniger offen im Internet steht. Damit wird der Betroffene weltweit als nicht zahlungswillig oder -fähig dargestellt. Wirtschaftlich problematisch dabei ist, dass die Bekanntgabe der Nichtbegleichung von Forderungen ganz verheerende Folgen für die Betroffenen nach sich ziehen kann. Niemand in der Privatwirtschaft will nämlich »solchen Leuten« Aufträge erteilen. Mit dieser Wirkung werden die Betroffenen erpresst, so dass sie teilweise auch rechtlich gar nicht berechtigte Forderungen begleichen, nur um dem Pranger zu entgehen.

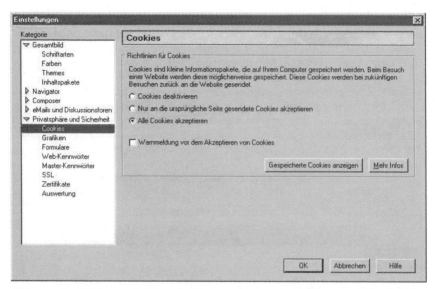

Einige wenige Klicks ermöglichen den Internetnutzern eine Regelung, welche Cookies auf dem Rechner des Nutzers zugelassen werden. Die Standardeinstellungen der Internetzugangsprogramme lassen jedoch regelmäßig ohne Einschränkungen das Ablegen von Cookies zu.

auszulesen und zu versenden. Aber wie die Cookies können diese aktiven Inhalte durch Veränderung der Standardeinstellungen deaktiviert werden.

»Trojanische Pferde« hingegen sind Programme, die im Verborgenen arbeiten oder vorgeben, eine mehr oder weniger nützliche Aufgabe zu erfüllen. Dabei führen sie im Verborgenen vom Benutzer nicht gewollte Aktionen durch. Welche Aktionen dies sind, hängt von dem Willen des Programmierers ab. Eine solche Aktion kann zum Beispiel das Ausspähen von Zugangsberechtigungen oder Daten sein. Ein besonderes Einsatzgebiet für Trojanische Pferde ist das Ausspionieren von Zugangsdaten für Online-Dienste. In diesem Fall werden Daten des Nutzers unerkannt an den Programmentwickler weitergeleitet. Im Bereich der kommerziellen Datenverarbeitung spielen trojanerähnliche Programme vor allem bei Advertising-Ware eine Rolle.[10]

Grundsätzlich liegt es im Interesse der Wirtschaft, möglichst viele Informationen losgelöst von ihrem Zweck zu sammeln. Werden solche Informationen in einem Datenpool gespeichert, spricht man von Data-Warehouse-Systemen. Die gesammelten Informationen liegen dann sozusagen wie in einem Warenhaus zur Abholung bereit.

Data-Mining durchsucht scheinbar zusammenhanglose personenbezogene Informationen nach noch nicht bekannten, wissenswerten Zusammenhängen. Durch die neue Verknüpfung und Analyse enstehen neue Daten. Zum Beispiel: Wenn Truman Internetseiten aufsucht, werden Werbebanner eingeblendet, das heißt Bilder, die mit besonderen Produkten werben. Analysen des Clickverhaltens von Truman ergeben, dass er Werbebanner kaum noch wahrnimmt, wenn sie für ihn keinen Neuheitswert mehr haben. Spätestens nach drei Einblendungen eines bestimmten Werbebanners lohnt sich bei Truman die Einblendung möglicherweise wirtschaftlich nicht mehr.

Etwas vereinfacht lassen sich die Auswertungsmöglichkeiten von personenbezogenen Daten wie folgt in Funktionsschaubildern zusammenfassen:

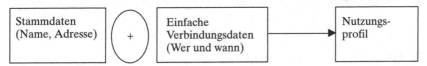

Wie hier gezeigt, belassen es seriöse Access-Provider dabei, ausschließlich die Stammdaten und die zur Abrechnung erforderlichen Verbindungsdaten auszuwerten. Diese Informationen werden herkömmlich benötigt, um steuerrechtlich einwandfreie Rechnungen zu erstellen. Der Access-Provider weiß bei der Abrechnung also, welcher Nutzer in welchen Zeiträumen das Internet genutzt hat. Er hat also ein einfaches Nutzungsprofil erstellt.

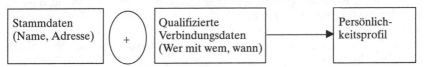

Ganz anders Diensteanbieter, welche sämtliche Verbindungsdaten auswerten: Die Analyse, wann Truman wie lange auf welcher Internetseite war, ergibt unter Umständen einen höheren Informationsgehalt über die Vorlieben von Truman, als wenn man den Inhalt der Kommunikation zwischen Truman und seinen Kontaktpartnern im Internet und im E-Mail-Verkehr verfolgt. Der Informationsgehalt wächst für einen Anbieter mit jedem Zugriff des Nutzers auf seine Seiten nahezu exponential an, weil man ersehen kann, wie lange sich der Nutzer aufhält, was er genau abruft und so weiter. Besonders große Internetsuchdienste sind für solche Methoden »anfällig«, weil sie sehr viele Seiten mit unterschiedlichen Inhalten anbieten. Man schätzt, dass bei einem größeren Anbieter nur drei bis vier Besuche genügen, um ein werthaltiges Persönlichkeitsprofil von Truman zu erstellen.

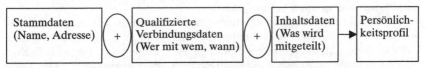

Kommerzielle Diensteanbieter belassen es daher zumeist bei der Auswertung von Verbindungsdaten, weil diese Persönlichkeitsprofile aus wirtschaftlicher Sicht nahezu ebenso wertvoll sind wie die auf Grundlage von Inhaltsdaten erstellten Profile. Ausgeschlossen ist die Beschaffung von Inhaltsdaten aber nicht.

Unser zweiter Truman wäre im Übrigen ziemlich überrascht, wie viele Daten über ihn offen im Internet zu finden sind. Er braucht dazu im Internet nur eine Suchmaschine aufzusuchen und als Suchbegriff seinen Namen einzugeben. Es ist schon erstaunlich, wie viele Informationen das Internet bereit hält – und wie viele falsche Informationen in einen Zusammenhang mit dem jeweiligen Nutzer gebracht werden.

3. Ist das Internet ein rechtsfreier Raum?

Die Nutzung des Internets ist nicht regelfrei, im Gegenteil, sie unterliegt zumindest nach deutschem Recht vielfältigen Gesetzen, die eine grundsätzlich unbeobachtete Kommunikation im Internet ermöglichen sollen. Die wichtigste Grundregel im deutschen Datenschutzrecht lautet wie folgt: Jede Erhebung, Verarbeitung oder sonstige Nutzung von personenbezogenen Informationen ist nur dann rechtmäßig, wenn der Betroffene in sie eingewilligt hat oder es eine Rechtsvorschrift gibt, die sie erlaubt. Das Datenschutzrecht erlaubt damit nur die Datenverarbeitung zu bestimmten, anerkannten Zwecken. Data-Warehouse-Systeme sind also ausnahmslos datenschutzrechtswidrig, obwohl sie praktiziert werden.

3.1 Das deutsche Datenschutzrecht im Internet

Im Internet sind drei Regelungsebenen zu unterscheiden: Die Telekommunikationsebene, die Teledienste- bzw. Telemedienebene und die Ebene des Bundesdatenschutzgesetzes. Die Abgrenzung zwischen dem Telekommunikationsrecht und dem Teledienste-/Telemedienrecht ist im Einzelnen umstritten und soll hier nicht weiter erläutert werden.

Als grobe Orientierung lässt sich merken, dass Telekommunikation den technischen Vorgang des Aussendens, Übermittelns und Empfangens von Nachrichten jeglicher Art in der Form von Zeichen, Sprache, Bildern und Tönen mittels Telekommunikationsanlagen (zum Beispiel Telefon) betrifft. Dafür gilt das Telekommunikationsgesetz.

Teledienste sind hingegen elektronische Informations- und Kommunikationsdienste, die für eine individuelle Nutzung bestimmt sind und denen eine Übermittlung mittels Telekommunikation zu Grunde liegt. Für Teledienste gelten das Teledienstegesetz und das Teledienstedatenschutzgesetz. Das Teledienste recht wäre beispielsweise anwendbar, wenn sich Truman für einen Online-Bezug von Börsenkursen registrieren lässt und dazu personenbezogene

Daten über sich preisgibt; aber auch wenn ein Anbieter ein Werbebanner auf einer Internetseite einblendet.

Elektronische Dienste, bei denen die redaktionelle Gestaltung zur Meinungsbildung und -verbreitung für die Allgemeinheit im Vordergrund steht, sind als Mediendienste im Mediendienste-Staatsvertrag besonders geregelt.

Soweit diese Gesetze die Beschaffung und Verarbeitung von personenbezogenen Informationen nicht regeln, ist das allgemeine Datenschutzrecht (für die Länderverwaltung also die Landesdatenschutzgesetze, für die Privatwirtschaft und die Bundesverwaltung das Bundesdatenschutzgesetz) einschlägig. Das ist meistens bei den Inhaltsdaten der Fall (also wenn Truman bei der Bestellung die Bestelldaten für ein Buch eingibt).

Das Telemedienrecht besteht aus sehr fortschrittlichen Datenschutzgesetzen. Es verlangt von jedem Diensteanbieter, dass er seine Internetseite mit einer Anbieterkennzeichnung versieht, das heißt, Truman muss bei dem Besuch einer Internetseite erkennen können, welche Adresse der betreffende Anbieter hat und wer für die Gestaltung der Seite verantwortlich ist. Ruft Truman also beispielsweise die Internetseite www.datenschutz.de auf (eine Gemeinschaftsseite der meisten deutschen Datenschutzbeauftragten und anderer Datenschutzorganisationen), wird er beispielsweise unter »Impressum« den Namen und die Adresse der Stelle finden, die für die Gestaltung der Internetseite verantwortlich ist (andere Stellen sehen die Anbieterkennzeichnung unter »Kontakte« vor). Wenn bei einer deutschsprachigen Seite keine Anbieterkennzeichnung vorhanden ist, sollte Truman vorsichtig sein, weil bereits eine elementare und einfach zu erfüllende Rechtmäßigkeitsvoraussetzung fehlt.

Wenn ein Teledienstanbieter personenbezogene Daten über Truman erheben und verwerten will, muss er ihn nach dem Teledienstrecht hierüber vor dem ersten Datenverarbeitungsvorgang unterrichten. Diese Unterrichtung muss hinreichend auffällig sein, damit sie von Truman nicht übersehen wird (zur Erinnerung: Bereits bei dem Provider wurde Truman nicht ordnungsgemäß informiert. Der Provider hätte wenigstens vor der Registrierung darauf hinweisen müssen, dass sich Art und Umfang der Datenverarbeitung aus den AGB ergeben).

Nutzungsprofile dürfen nur erstellt werden, wenn sie unter einem Pseudonym erfolgen, der Anbieter darf also Informationen über Truman sammeln, aber nicht mit Merkmalen zusammenführen, die seine Identität aufdecken.

Eine Datenverarbeitung ist nur zulässig, wenn es eine Erlaubnisvorschrift gibt, oder aber Truman in die Datenverarbeitung einwilligt (wie bei dem allgemeinen Datenschutzrecht). Noch müssen Diensteanbieter auch ein anonymes Nutzen oder zumindest die Nutzung des Dienstes mittels eines Pseudonyms ermöglichen. Ein typisches Beispiel für ein Pseudonym wäre die Vergabe von Nummern, ohne dass Truman nach seinen Identifikationsdaten abgefragt wird.

Außerdem hat Truman stets ein Recht auf Auskunft über die über ihn gespeicherten personenbezogenen Daten.

Unabhängig von den eben geschilderten datenschutzrechtlichen Regelungen sehen Verbraucherschutzregelungen in der neuen Fassung des Bürgerlichen Gesetzbuches zahlreiche Verpflichtungen der Anbieter zur besonderen Information der Verbraucher über ihre Produkte und Dienstleistungen vor; für Werbeaussagen ist eine verschärfte Haftung vorgesehen. Zugleich können Verbraucher bei Online-Käufen generell ein zweiwöchiges Rücktrittsrecht geltend machen. Diese Informationspflicht müsste sich auch vorteilhaft auf die Durchschaubarkeit der Datenverarbeitung auswirken.

3.2 Rechtslage bei der Datenübermittlung in das Ausland

Das Internet ist nicht nur auf die Bundesrepublik Deutschland oder auf den Kontinent Europa beschränkt, sondern ermöglicht einen erdumspannenden Datenverkehr. Bis vor kurzem war das Problem des grenzüberschreitenden Datenverkehrs für den Bereich der Privatwirtschaft im deutschen Datenschutzrecht genauso wenig geregelt wie in anderen europäischen Staaten. Die Europäische Union hat darauf reagiert und hat mehrere Richtlinien zum Datenschutz erlassen.[11] Danach wird für den gesamten Raum der Europäischen Union und für die Mitgliedstaaten des Abkommens über den Europäischen Wirtschaftsraum ein annähernd gleiches Datenschutzniveau angenommen. Dementsprechend gelten für Übermittlungen von personenbezogenen Daten an eine Stelle mit Sitz in Frankreich die gleichen Regeln wie für eine Datenübermittlung an eine Stelle mit Sitz in Deutschland.

Anderes gilt für die Datenweitergabe an Empfänger in so genannten Drittstaaten. Das sind Staaten, die weder Mitglied der Europäischen Union noch des Abkommens über den Europäischen Wirtschaftsraum sind. Wenn die Übermittlung von personenbezogenen Informationen nicht auf besonderen Rechtsgründen beruht,[12] kommt es darauf an, ob der Datenempfänger ein *angemessenes Datenschutzniveau* gewährleisten kann. Ein solches angemessenes Datenschutzniveau kann der Datenempfänger vor allem gewährleisten

- durch ein angemessenes Schutzniveau des Sitzstaates,
- durch einen Datenschutzvertrag (dazu hat die Europäische Union Standardvertragsklauseln entwickelt, die man verwenden kann. Das funktioniert aber nur, soweit in dem Empfängerstaat Verhältnisse gelten, die eine Einhaltung der Vereinbarung ermöglichen),
- bei größeren Unternehmen durch die Schaffung von einheitlichen Unternehmensrichtlinien
- und schließlich bei Datentransfers in die Vereinigten Staaten von Amerika, wenn der Datenempfänger dem so genannten Safe-Harbor-Übereinkommen beigetreten ist. Weil die USA viel stärker auf die Privatautonomie und die Selbstbindung der Wirtschaftsakteure Wert legen als die Europäer, geht die Europäische Union davon aus, dass in den USA an und für sich kein angemessenes Schutzniveau herrscht. Da die Vereinigten Staaten

aber nach wie vor den wichtigsten Handelspartner der Europäischen Union darstellen,[13] wurde eine Vereinbarung getroffen, um Datentransfers gleichwohl zu ermöglichen. Danach können sich Unternehmen freiwillig und öffentlich zu bestimmten Datenschutzprinzipien bekennen (nämlich den Safe-Harbor-Privacy-Principles). Diese Selbstverpflichtung soll gewährleisten, dass die Datenempfänger einen Datenschutzstandard gewährleisten, der in etwa dem Datenschutzstandard der Europäischen Union entspricht. Die US-amerikanische »Federal Trade Commission« (das ist eine Behörde, die den fairen Wettbewerb in den USA überwacht) führt eine Liste, auf der alle Unternehmen veröffentlicht sind, die dem Safe-Harbor-Übereinkommen beigetreten sind. Eine Datenübermittlung an ein Unternehmen, das sich den Safe-Harbor-Datenschutzprinzipien unterworfen hat, ist genauso zu behandeln wie ein Datentransfer an ein deutsches Unternehmen.

4. Zur Kontrolle des internationalen Datenhandels im Internet

Nach der eben kurz beschriebenen Rechtslage ist Truman bei der Inanspruchnahme von Telediensten theoretisch gut geschützt. Wie sieht der Schutz Trumans aber in der Praxis aus? Kann er sich auf die Einhaltung seiner Schutzrechte verlassen? Und wenn er die Internetseite eines US-amerikanischen Anbieters besucht, der dem Safe-Harbor-Abkommen beigetreten ist, kann er sich auf die Einhaltung des Datenschutzes verlassen? Die Beantwortung dieser Fragen hängt vor allem davon ab, wie effektiv die kommerzielle Datenverarbeitung im Internet kontrolliert wird. Versuche hierzu gibt es auf vielfältige Weise und zu unterschiedlichen Zielen. Diese Zielsetzungen können durchaus auch in ein Spannungsverhältnis zueinander geraten.

4.1 Straftatenbekämpfung

Eine Kontrolle des internationalen Datenhandels im Internet findet auch durch Strafverfolgungsbehörden statt. Aber sogleich muss man sich vor Augen halten, dass die Straftatenbekämpfung im Internet nur teilweise dem Persönlichkeitsschutz der Menschen dient. Ein Beispiel hierfür wäre etwa die Fahndung nach Internetseiten, die kinderpornografische Bilder veröffentlichen. In diesem Fall dient das Aufsuchen und Schließen der betreffenden Seiten dazu, das Persönlichkeitsrecht der Kinder zu schützen.

Ganz überwiegend dürfte eine polizeiliche Kontrolle des Internets aber anderen Zwecken dienen. Verfolgt werden die Verbreitung schädigender Programme (Computerviren), Betrug, Geldwäsche und der Verkauf illegaler Güter über das Internet, wie zum Beispiel Drogen, Waffen und die Steuerhinterziehung, vor allem also Wirtschaftsstraftaten. Nach den Anschlägen in

New York im September 2001 hat die Bekämpfung des internationalen Terrorismus naturgemäß an Bedeutung gewonnen. Alle Formen der Kontrolle aufzuzählen, die im weitesten Sinne mit Gefahrenabwehr und Strafverfolgung im Internet zu tun haben, würde den Rahmen dieser Darstellung sprengen. Einige wichtige Organisationen und Abkommen sollten hier allerdings wenigstens kurz vorgestellt werden:
- Interpol ist eine institutionalisierte Form der Zusammenarbeit von Polizeibehörden aus aller Welt. Das Wesen von Interpol liegt in der Erleichterung der Amtshilfe bei Fällen grenzüberschreitender Kriminalität. Im Bereich der Internet-Kriminalität dürfte sich die Tätigkeit Interpols im Wesentlichen auf Beratung beschränken.
- Wesentlich »effektiver« konzipiert ist das europäische Polizeiamt Europol. Derzeit ist Europol eine große polizeiliche Datenverarbeitungszentrale der Europäischen Union. Bei Anhaltspunkten für grenzüberschreitende organisierte Kriminalität werden Daten an Europol übermittelt, das diese Daten analysiert und die Ergebnisse der Analysen den mitgliedstaatlichen Polizeien über nationale Verbindungsstellen zur Verfügung stellt.
- Die Cybercrime-Konvention des Europarates ist ein Abkommen, das speziell zur europaweiten Bekämpfung der Computerkriminalität entwickelt wurde. Sie sieht sehr weite Ermittlungsbefugnisse vor, ohne zugleich für datenschutzrechtliche Sicherungen oder für Kontrollen zu sorgen. So sind Zugriffsmöglichkeiten auf die Identität, die Verbindungsdaten und die Inhaltsdaten vorgesehen. Provider sollen auf eine Zusammenarbeit mit den Strafverfolgungsbehörden verpflichtet werden.
- Und es gibt unterschiedliche Überwachungsprogramme der Geheimdienste verschiedener Staaten. Die Vereinigten Staaten und Großbritannien gerieten beispielsweise in die Kritik, weil sie gemeinsam ein weltweites Abhörnetzwerk namens Echelon entwickelt haben. Nach wie vor ist unklar, welche technischen Möglichkeiten Echelon hat und welche Daten im Einzelnen erhoben, verarbeitet und genutzt werden.
- In den USA wird das Internet polizeilich unter anderem von dem »Internet Fraud Complaint Center« (IFCC) überwacht. Die IFCC ist durch eine Kooperation zwischen dem FBI und dem NW3C »National White Collar Crime Center« entstanden und dient der Bekämpfung von Betrugsstraftaten im Internet.
- Daneben überwacht die »Federal Trade Commission« (FTC) die Einhaltung des fairen Wettbewerbs (nicht nur) im Internet.

Auch bei der Straftatenbekämpfung ist allerdings zu beachten, dass es unterschiedliche Vorstellungen über die Strafwürdigkeit bestimmter Verhaltensweisen im Internet gibt. So ist beispielsweise in den USA die Wirtschaftsspionage im Ausland erlaubt.

Unter dem Gesichtspunkt des Datenschutzes stellt die Straftatenbekämpfung im Internet regelmäßig eine Form von Datenerhebung und -verarbeitung dar. Sie ist sorgfältig zu beobachten, weil sie ebenso wie die kommerzielle Da-

Joseph Fouché, Polizeiminister und Chef des Geheimdienstes während der Französischen Revolution; er gilt als der Erfinder der Geheimdatei. Alle wichtigen Personen Frankreichs wurden durch Fouché systematisch überwacht. Seine selektiv weitergegebenen Informationen brachten vielen seiner Zeitgenossen den Tod; ein Beispiel für das Gefahrenpotenzial hoheitlicher Datenverarbeitung und die Notwendigkeit einer Datenschutzkontrolle.[14]

tenverarbeitung das Persönlichkeitsrecht des einzelnen Internetnutzers einschränkt. In einem freiheitlich-demokratisch ausgerichteten Gesellschaftssystem bedarf eine solche Einschränkung grundrechtlicher Freiheiten stets einer besonderen und konkreten Rechtfertigung.

Die Privatsphäre des einzelnen Nutzers im Internet wird in Deutschland strafrechtlich vor allem durch Vorschriften des Strafgesetzbuches, des Telekommunikationsgesetzes und des Bundesdatenschutzgesetzes geschützt. Soweit Unternehmen in eine besonders geschützte Privatsphäre einbrechen und dabei ertappt werden, müssen die hierfür Verantwortlichen regelmäßig mit Geldstrafen rechnen, in Extremfällen sogar Freiheitsstrafen bis zu mehreren Jahren in Kauf nehmen. Insoweit bestehen Interessenübereinstimmungen der Strafverfolgungs- und der Datenschutzbehörden.

Meistens gilt jedoch die Faustformel: Soweit ein Nutzer keine besonderen Maßnahmen zur Sicherung der Daten getroffen hat, kann er auch nicht damit rechnen, dass die Strafverfolgungsbehörden Datenschutzverstöße nachhaltig verfolgen, weil die Datenerhebungen unbemerkt bleiben.

4.2 Verbraucherschutz und fairer Wettbewerb als Kontrollmechanismen

Verbraucherschutzverbände haben in erster Linie zum Ziel, den Einzelnen vor Missbräuchen zu bewahren. Das Aufgabenfeld der Verbraucherschützer ist weit gespannt, da diese Verbände je nach ihren satzungsmäßigen Bestimmungen sehr unterschiedliche Schutzziele zugunsten der Verbraucher verfolgen.

Nach der umfassenden Reform des Schuldrechts sind die Handlungsmöglichkeiten für Verbraucherschutzverbände erheblich ausgeweitet worden. So können besonders anerkannte Verbraucherschutzverbände Unternehmen gerichtlich auf Unterlassung verklagen, wenn sie inhaltlich rechtswidrige Allgemeine Geschäftsbedingungen verwenden oder gegen bestimmte gesetzliche Verbraucherschutzregeln verstoßen. Gewinnt der Verbraucherschutzverband, darf er die Urteilsformel sogar mit der Nennung des konkret handelnden Unternehmens veröffentlichen.

Verstößt ein Unternehmen mit seiner Datenverarbeitung zugleich gegen Verbraucherschutzrechte, so ist Truman nach der neuen Rechtslage gut geschützt, wenn das Fehlverhalten des Unternehmens aufgedeckt wird.

Im Verhältnis zum Wettbewerbsrecht ist die Situation nach der Rechtsprechung etwas weniger günstig: Ein Verstoß gegen Datenschutzbestimmungen muss danach unmittelbar eine marktpositionsbeeinträchtigende Wirkung haben, um wettbewerbsrechtliche Sanktionen auszulösen. So kann es wettbewerbswidrig sein, wenn ein Diensteanbieter sich öffentlich zu der Einhaltung bestimmter Datenschutzstandards verpflichtet, sie dann aber nicht einhält. Denn in diesem Fall begründet er ein schutzwürdiges Vertrauen der Verbraucher in ein gewisses Datenschutzniveau, das sich in einer Kaufentscheidung für seine Produkte niederschlagen soll.

Im Internet ist bislang die Befolgungsrate durch die Diensteanbieter gleichwohl relativ niedrig, weil die meisten Unternehmen nach wie vor von der Annahme ausgehen, das Internet sei eine Art rechtsfreier Raum. Man darf gespannt sein, wie sich die Schuldrechtsmodernisierung mittelfristig auf die kommerzielle Datenverarbeitung im Internet auswirken wird.

4.3 Datenschutz-Aufsichtsbehörden

Datenschutz dient dazu, jeden Menschen davor zu schützen, dass er durch den Umgang mit seinen personenbezogenen Daten in seinem Persönlichkeitsrecht beeinträchtigt wird. Um diesen Schutz auch gegenüber privaten Unternehmen zu gewährleisten, wurden die Datenschutzaufsichtsbehörden geschaffen. Ihr Wirkungsgrad ist jedoch ähnlich beschränkt wie der der privatrechtlich organisierten Verbraucherschutzverbände.

Was die innerstaatliche Datenschutz-Kontrolle des Internets anbelangt, gibt es durchaus einige Erfolge, sofern die Datenschutzverstöße öffentlich bekannt werden. Einige Datenschutzaufsichtsbehörden treten beispielsweise recht energisch dem Unwesen des Internet-Schuldenprangers entgegen. Solche Maßnahmen gegen rechtswidrig handelnde Diensteanbieter im Internet bilden jedoch noch die Ausnahme, weil die weitaus meisten Datenschutzverstößen im World Wide Web unbemerkt bleiben. Deshalb wird derzeit ein Schwerpunkt der Arbeit auf die Entwicklung von automatisierten Kontrollsystemen gelegt. So hat der Hamburgische Datenschutzbeauftragte mit Unterstützung des Unabhängigen Landeszentrums für Datenschutz, der Aufsichtsbehörde für Schleswig-Holstein, ein Programm entwickelt, das Internetseiten daraufhin überprüfen kann, ob bestimmte Datenschutzstandards eingehalten werden (z. B. welche Cookies gesetzt werden). Von einer effektiven Kontrolle sämtlicher Internetdiensteanbieter sind die deutschen Datenschutzbehörden jedoch trotz allen Bemühens noch weit entfernt.

Truman ist also als Internetsurfer leider auch bei der Anwahl eines deutschen oder europäischen Anbieters vor Datenschutzmissbräuchen nicht gefeit.

Das Problem, Datenschutzkontrollen effektiv auszuüben, vergrößert sich beim grenzüberschreitenden Datenverkehr, der für das Internet typisch ist. Das gesamte europäische Datenschutz-Aufsichtssystem baut auf dem Prinzip des Sitzlandes auf. Das heißt, die staatlichen Aufsichtsbehörden kontrollieren nur diejenigen Stellen, die ihren Sitz in dem Zuständigkeitsbereich der Behörde haben.

So erhalten deutsche Aufsichtsbehörden zahlreiche Anfragen und Eingaben zur Rechtmäßigkeit der Datenverarbeitung ausländischer kommerzieller Internetanbieter. Die Kommunikation zwischen den Aufsichtsbehörden verschiedener Mitgliedsstaaten stößt jedoch durch Sprachbarrieren im wahrsten Sinne des Wortes an Grenzen.

Ein Beispiel soll hier die Überwachung des Safe-Harbor-Abkommens sein. Nach der Vereinbarung zwischen den USA und der Europäischen Union soll die »Federal-Trade-Commission« die amerikanischen Unternehmen überwachen, die sich den Safe-Harbor-Grundsätzen unterworfen haben.

Der Safe-Harbor-Vereinbarung lag die Vorstellung zugrunde, dass ein Privatunternehmen mit der öffentlichen Bekanntmachung einer »Privacy Policy« (Datenschutzerklärung) nicht nur erklärt, bestimmte Datenschutzstandards einhalten zu wollen. Sie ist vielmehr auch eine wettbewerbsrechtlich relevante Erklärung, die Einfluss auf die Kaufentscheidungen von Verbrauchern nehmen soll. Wer aber öffentlich Versprechen über die Einhaltung eines Datenschutzstandards macht, die er nicht einhält, verschafft sich im Wettbewerb um das Vertrauen der Konsumenten einen unlauteren Vorteil. Das wiederum kann von der FTC mit hohen Geldbußen bestraft werden. Daneben veröffentlicht das Handelsministerium eine Liste derjenigen Teilnehmer des Safe-Harbor-Abkommens, die gegen ihre Selbstverpflichtung verstoßen haben. Eine solche Veröffentlichung von Rechtsverstößen dürfte die meisten Unternehmen härter als eine bloße Geldbuße treffen, denn Imageverluste führen zu nachhaltigen Markt-und Umsatzeinbußen.

Die vereinbarten Instrumentarien sind also an und für sich geeignet, einen angemessenen Datenschutz für die Unternehmen zu gewährleisten, die an der Safe-Harbor-Vereinbarung teilnehmen. Allerdings hängt die Werthaltigkeit des Übereinkommens von dem Willen und den Möglichkeiten der US-amerikanischen Behörde(n) ab, Datenschutzverstöße nachhaltig zu verfolgen. Und hier sind Zweifel angebracht: So verzichtete die FTC vor kurzem darauf, gegen den großen Internetanbieter Amazon eine Untersuchung wegen Datenschutzverletzungen anzustrengen, obwohl hierfür konkrete Anhaltspunkte vorlagen. Nun haben Verbraucherschützer eine Sammelklage gegen Microsoft angestrengt, weil das neu auf den Markt gebrachte Produkt Windows XP datenschutzwidrige Funktionen beinhalten soll. Man darf gespannt sein, ob die FTC bei Microsoft zu Sanktionen schreiten wird. Ihre Behäbigkeit in der Verfolgung von Datenschutz-Rechtsverstößen ist allerdings nachvollziehbar, wenn man sich die (mangelnde) Effizienz der europäischen Datenschutzkontrolle im Internet vor Augen führt.

4.4 Was der Internetnutzer von Truman Burbank lernen kann

Moderne Datenschutzaufsichtsbehörden und Verbraucherschutzverbände gehen dazu über, Datenschutz als positives Wettbewerbsmerkmal darzustellen und zugleich Internetnutzer durch entsprechende Veröffentlichungen zu ermuntern, selbst für einen Schutz zu sorgen und auch selbst Internetseiten auf die Einhaltung bestimmter Datenschutzstandards hin zu kontrollieren. Gerade für die kommerzielle Datenverarbeitung im Internet scheint diese Strategie Erfolg zu versprechen.

Untersuchungen auch US-amerikanischer Unternehmen belegen, dass Europa in bestimmten internetspezifischen Branchen Wettbewerbsvorteile gegenüber den Vereinigten Staaten hat, gerade weil es höhere Datenschutzstandards gibt. So sind beispielsweise Verschlüsselungssysteme aus Gründen der Verbrechensbekämpfung in den USA nur begrenzt zulässig, während die Möglichkeit zur Verschlüsselung im deutschen Telediensterecht einen Mindeststandard darstellt. Das hat zur Folge, dass amerikanische Unternehmen und Privatpersonen nicht die Datensicherheitstandards erreichen können, die sie bei der Kommunikation im Internet für erforderlich halten. Ein erheblicher Prozentsatz verzichtet deshalb nach wie vor auf die Nutzung des Word Wide Web. In Europa hingegen können die Diensteanbieter aufgrund der derzeit bestehenden Situation eine Art Doppelstrategie verfolgen: Einerseits können sie Produkte zum Datenschutz und zur Datensicherheit für die Konsumenten anbieten, die sich selbst im Internet sichern wollen, andererseits verwerten sie unter Umständen die personenbezogenen Daten derjenigen, die das Internet unbefangen und ohne Sicherungen nutzen.

Der private Internetnutzer ist heute gut beraten, sich nicht allein auf den Schutz staatlicher Stellen zu verlassen, sondern aktiv Selbstschutz zu betreiben. Dabei kann er allerdings auf die Beratung und die Hilfe von Daten- und Verbraucherschützern rechnen. Dann kommt er hoffentlich nicht in die Situation eines Truman Burbank und muss aus einer Informationsgesellschaft, die dem Menschen nicht mehr gerecht wird, ausbrechen.

Anmerkungen

1 Modems sind Geräte, die zwischen den Computer und die Telefondose geschaltet werden. Beim Internetsurfen wandeln sie digitale Daten (Texte, Bilder) aus dem Computer in analoge Daten (Töne) um, die in das Telefonnetz übertragen werden. Bei dem Empfänger der Daten wandelt das Modem diese analogen Daten wieder in digitale Daten um.
2 Es gibt auch so genannte Content-Provider, die lediglich Inhalte anbieten.
3 Electronic-Mail ermöglicht das Verschicken von elektronisch vermittelten Briefen zwischen verschiedenen Computernutzern. Dazu müssen sowohl der Versender als auch der Empfänger der Nachricht eine E-Mail-Adresse haben. Diese Adresse wird in der Truman-Geschichte von Diensteanbietern im Internet angeboten.

4 Das sind Personen, die systematisch Informationen zu bestimmten Personen oder Unternehmen zusammenstellen. Dazu benötigt man allerdings Know-How über betriebswirtschaftliche Bedürfnisse und die Funktionszusammenhänge des Internets. In Deutschland soll es deshalb derzeit noch nicht sehr viele seriöse Infomations-Broker geben (ein bis zwei Dutzend), aber ihre Zahl steigt.
5 Der Wert einer personenbezogenen Information nimmt mit der Zeit stetig ab. In aller Regel lohnt sich die Verwertung von Konsumentendaten zu Werbezwecken nur etwa zwei bis drei Jahre ab der Datenerhebung.
6 Man schätzt das Umsatzvolumen des Internet-Warenhandels für das Jahr 2000 auf etwa 2,6 Milliarden Euro; das ist zwar weniger als ein Prozent des Gesamthandelsumsatzes der Bundesrepublik Deutschland, aber die Umsatzzahlen steigen kontinuierlich; große Versandhandelsunternehmen erzielen mittlerweile Jahresumsätze in dreistelliger Millionenhöhe allein über den Internethandel. Im Jahr 2000 soll der Otto-Versand zirka 1,1 Milliarden Euro allein über den Internethandel erwirtschaftet haben (Quelle: td.de vom 6. 9. 2001), der Quelle-Versand etwa 330 Millionen Euro (Quelle: www.bergheim.de).
7 Abfrage am 4. 12. 2001.
8 Die Schufa, die in erster Linie Auskünfte über Verbraucher erteilt, hat beispielsweise im Jahr 2000 trotz Umstrukturierungsmaßnahmen einen Umsatzerlös von 47,4 Millionen Euro und einen Gewinn von etwa einer halben Million Euro verbucht.
9 Zu Einzelheiten über Cookies und anderen technischen Details siehe den Beitrag von Hansen/Krause in diesem Band.
10 Adware sind Programme, die aus dem Internet frei herunterladbar sind und sich durch Werbung finanzieren. Zu technischen Einzelheiten und Selbstschutzmöglichkeiten vgl. den Betrag von Hansen/Krause in diesem Band.
11 Richtlinien der Europäischen Union geben den Mitgliedsstaaten bestimmte Ziele verbindlich vor, die die Mitgliedsstaaten durch innerstaatliche gesetzliche Regelungen umsetzen sollen. Wie die Mitgliedsstaaten dies umsetzen, bleibt ihnen überlassen. Ein Beispiel: Die Europäische Datenschutz-Richtlinie 95/46/EG verlangt, dass die Einhaltung der Datenschutzvorschriften staatlich kontrolliert wird. Die Bundesrepublik Deutschland hat mehrere Datenschutzkontrollstellen, nämlich den Bundesbeauftragten für den Datenschutz und die Landesbeauftragten für den Datenschutz. In einigen Bundesländern nehmen die Innenministerien die Aufgabe der Überwachung der Privatwirtschaft wahr (dabei ist allerdings umstritten, ob die Innenministerien wirklich so unabhängig sind, wie es die Richtlinie verlangt). In Frankreich gibt es nur eine einzige Kontrollstelle. Sowohl die zentrale als auch die dezentrale Lösung sind nach der Richtlinie grundsätzlich zulässig.
12 Ein besonderer Rechtsgrund liegt zum Beispiel vor, wenn Daten über Truman verarbeitet werden, um einen Vertrag mit Truman abwickeln zu können. Sollen die Informationen auch zu anderen Zwecken verwendet werden, zum Beispiel zu Werbezwecken, wäre das von der Vertragserfüllung nicht mehr gedeckt.
13 Der Warenhandelsumsatz zwischen den USA und der EU betrug im Jahr 2000 etwa 350 Milliarden US-Dollar, das entspricht ziemlich genau dem Gesamthandelsumsatz der Bundesrepublik Deutschland, der 375 Milliarden Euro betrug.
14 www.ksiaznica.com.pl/PIEKNA/fouche.jpg

MANUEL KIPER

Spione im Büro

Überwachung am Arbeitsplatz

Überwachung von Leistung und Verhalten im Betrieb ist keine Erfindung des elektronischen Zeitalters. Eine unbemerkte Fernüberwachung gewinnt aber an vernetzten Computerarbeitsplätzen eine neue Qualität. Hier können alle Arbeitsschritte automatisiert erfasst, ausgewertet und diese Kontrolldaten zur Steuerung von Verhalten und Leistung eingesetzt werden. Hierzu ist nicht einmal Videokontrolle notwendig, die unter dem Slogan »Big Brother is Watching You« frühere bedrohliche Überwachungsszenarien dominierte.

Das kürzliche Vorhaben von »Mister Minit«, die Mitarbeiter permanent mit Video zu überwachen, wurde sogar vom Kaufhof-Konzern abgeblockt: eine solch offensichtliche lückenlose Überwachung des Verhaltens der Beschäftigten ist in Deutschland nämlich nicht zulässig. Bundesarbeitsgericht wie Bundesverfassungsgericht erlauben zwar im Rahmen erheblicher Verdachtskontrolle eine punktuelle Videoüberwachung am Arbeitsplatz, verbieten aber eine generalisierte Videobeobachtung oder ein permanentes Abhören von Telefongesprächen. Eine solch generelle Überwachung ist nach Auffassung der obersten Gerichte mit dem in den Grundrechten verankerten Persönlichkeitsrecht und dem im Volkszählungsurteil 1983 erkannten Recht auf informationelle Selbstbestimmung nicht vereinbar.

1. Überwachung im firmeninternen Intranet

In welchem Ausmaß hingegen nunmehr unbemerkt in Firmennetzwerken die zentralen E-Mail- oder Internetserver zur Kontrolle der Beschäftigten herangezogen werden, machen Umfrageergebnisse und Arbeitskämpfe insbesondere in den USA deutlich, wo weder Datenschutz noch Mitbestimmung ein Niveau erreichen, wie es hier zu Lande gesetzlich festgeschrieben ist. Nach einer Studie der »American Management Association« überwachten 1997 14,9 Prozent der Firmen die E-Mails, 1999 waren es 27 Prozent, im Jahre 2000 stieg der Anteil auf 38,2 Prozent.[1] Auf Grund dieser Aktivitäten sind aus US-Firmen wie Xerox, der New York Times, auch aus britischen Firmen wie Merrill Lynch und Edward Jones & Co richtige Entlassungswellen bekannt geworden. Nach einer kürzlichen Untersuchung der US-amerikanischen Purdue-Universität kontrollierten 63 Prozent der befragten amerikanischen Unternehmen auch, welche Webseiten sich ihre Mitarbeiter ansahen.[2]

In Deutschland wird zwar aus einzelnen Firmen ebenfalls von E-Mail-Kontrolle berichtet, arbeitsrechtliche Konsequenzen sind allerdings nur in wenigen Einzelfällen bekannt geworden.[3] Allerdings gibt es auch Fälle wie Xerox in Deutschland, die im März 2001 den E-Mail-Verkehr zwischen Beschäftigten, Betriebsräten und der Gewerkschaft HBV in ver.di in allen elf Geschäftsstellen fadenscheinig wegen interner Netzüberlastung sperrten. Hintergrund der Blockade dürfte der intensive Abwehrkampf gegen die Entlassungswelle bei Xerox gewesen sein. Gleichzeitig wurde nämlich auch der betriebsinterne Zugriff auf eine von Betriebsräten und Gewerkschaft eingerichtete Internetseite gesperrt, auf der über Aktionen und Neuigkeiten berichtet wurde.

In den USA greift darüber hinaus offensichtlich die Praxis um sich, sogar anonyme Kritiker (seien es Kunden oder Arbeitnehmer) im Netz zu enttarnen und zu verfolgen.[4] Diese Praxis dürfte in Deutschland durch die Gültigkeit des Teledienstedatenschutzgesetzes unterbunden sein, welches im Internet auf Wunsch Anonymität und hohen Datenschutz garantiert.

2. Kontrollsoftware

Moderne Kontrollsoftware macht die unmerkliche Steuerung, Überwachung und Auswertung des Mitarbeiterverhaltens am vernetzten Computerarbeitsplatz möglich. Schon auf den Mitarbeiterrechnern protokollieren die Browser automatisch die aufgerufenen Internetseiten. Zwar kann diese Protokollierung deaktiviert werden, die Protokollierung am Zentralrechner wird damit aber keineswegs außer Kraft gesetzt. Die dort anfallenden Log-Files geben nicht nur Auskunft über die aufgerufenen Websites, sondern auch über die Uhrzeit und Dauer. Durch zusätzliche komfortable Überwachungsprogramme, installiert am Zentralserver oder bei der Geschäfts- oder Dienstleitung, könnten hier beliebig detaillierte Auswertungen und weitere Schnüffeleien vorgenommen werden.

Die Software TotalView zum Beispiel wirbt gerade damit, einen »Überblick über den Datenbestand der einzelnen Arbeitsplätze zu geben, auch wenn hierfür keine Freigabe existiert«. TotalView kann ohne besondere IT-Kenntnisse installiert werden und erlaubt Screenshots (Istzeitbilder) der überwachten Bildschirme zentral anzusehen, den Mitarbeiter-Besuch bestimmter betrieblich unerwünschter Internetseiten der Überwachungsstelle aktuell zu melden oder alle abgelaufenen Arbeitsprozesse an einem Computerarbeitsplatz rückwirkend nachzuvollziehen und zu analysieren.

Ohne Softwareinstallation erlaubt ein kleiner Adapter namens Keyghost der Firma Orth aus Kürten (einrichtbar auch bei ausgeschaltetem und mit

Kontroll-Software	
CyberPatrol	http://www.cyberpatrol.com/
Disk Tracy	http://www.disktracy.com/
Little Brother	http://www.charred.com/
NetNanny	http://www.netnanny.com/
NetSnitch	http://www.netsnitch.com/
Spector	http://www.spectorsoft.com/
SurfControl	http://www.jsb.com/
SurfWatch	http://www.surfwatch.com/
TotalView	http:/totalview.de
WinGuardian	http://www.webroot.com/
WinWhatWhere	http://www.winwhatwhere.com/
siehe auch www.surfcontrol.com/products/superscout-for-business/category list/index.html	

Passwort geschütztem PC) als eine – vom Flugzeug bekannte – Blackbox des PCs bis zu zwei Millionen Tastatureingaben aufzuzeichnen und auf einem anderen beliebigen Computer nachzuvollziehen.[5] Die Software Eblaster kontrolliert ebenfalls alles, was auf dem Computer abläuft und schickt zur idealen Fernüberwachung eine Auswertung an eine gewünschte E-Mail-Adresse.

Software unter bezeichnenden Namen wie Surfcontrol, Winwhatwhere, Spector, Cyberpatrol, Little Brother oder SurfWatch erlauben üblicherweise nicht nur die nachträgliche Auswertung des Arbeits- und Surfverhaltens am Computerarbeitsplatz, sondern auch die beliebige Sperrung von Sachgebieten des World Wide Web wie Spiele oder Sport und von Stichworten wie Aktien oder Sex. Festgelegt werden kann damit auch eine entsprechende zeitliche Dosierung, so dass zum Beispiel nur nach Dienstschluss oder in festgelegten Pausen diese vergnüglichen Netzinhalte am Einzelarbeitsplatz aufrufbar sind.

Die zentrale Überwachung und Filterung ein- und ausgehender E-Mails ist technisch eine Leichtigkeit, werden im Rahmen eines Netzwerks doch alle E-Mails am zentralen E-Mail-Server gespiegelt. Durch entsprechende Filtersoftware können zum Beispiel alle ausgehenden E-Mails mit unerwünschtem Vokabular, unhöflicher Form oder anstößigen oder geheim zu haltenden Inhalten zurückgehalten, an namensgleiche oder beliebig anders aussortierbare E-Mail-Adressen blockiert und eingehende thematisch – oder wegen des Absenders – unerwünschte E-Mails abgefangen werden.

Nach einer Umfrage der Zeitschrift Capital werden in Deutschland »nur« in 13 Prozent der befragten Unternehmen grundsätzlich ausgehende E-Mails kontrolliert. In den USA kontrolliert hingegen fast jedes zweite Unternehmen den E-Mail-Verkehr. Erlaubt ist dies in Deutschland wegen des strengen Schutzes des Fernmeldegeheimnisses (§ 85 Telekommunikationsgesetz) übrigens nur bei strikter Untersagung oder besonderer Kennzeichnung (und damit

Schutz) privater E-Mails in den betreffenden Firmen. Dienstliche E-Mails nehmen dabei eine Zwitterstellung zwischen Brief und flüchtigem Telefongespräch ein. Dienstpost unterliegt im Prinzip dem Zugriff der Geschäftsleitung. Telefonate dürfen andererseits nicht mitgehört werden. E-Mails hingegen können Dienstpost sein (zum Beispiel im papierlosen Büro), können aber auch flüchtige geschützte Kommunikation sein, die nicht unmittelbar dem Direktionszugriff unterliegt.

Wie wenig anonym das Arbeiten in einer qua Internet vernetzten Welt ist, zeigte nicht zuletzt die Verfolgung gefährlicher Viren namens Melissa oder des I-Love-You-Virus. Durch Rückverfolgung des sich lawinenartig ausbreitenden

Spione im Büro

Nach einer Umfrage der Zeitschrift Capital vom September 2001 ist die private Nutzung des Internets am Arbeitsplatz in nahezu jeder zweiten Firma erlaubt oder geduldet (drei von 5 Firmen wollten allerdings nicht genannt werden oder antworteten nicht).

Die private Nutzung des Internets am Arbeitsplatz

ist erlaubt bei Ericsson, Fiat, Intel, Intershop, Lycos Europe, Otto Versand, Volkswagen;

wird toleriert bei Adidas-Salomon, Alcatel Deutschland, American Express, AOK Bundesverband, Bausparkasse Schwäbisch-Hall, BMW, Brauerei Beck, CA Computer Associates, Cap Gemini Ernst & Young, Celanes, Coca-Cola, Compaq, Datev, Deutsche Renault, Deutsche Telekom, E-Plus Mobilfunk, Gehe, Henkel, Hochtief, Hoffmann-La Roche, Hypovereinsbank, Kraft Foods Deutschland, Lekkerland Tobaccoland, Lexware, Melitta, Metro, MLP, Pixelpark, Quelle, RWE, SAP, T-Mobil, Thyssenkrupp, Web.de;

ist verboten bei 3 M Deutschland, ABB, Allianz, Audi, Axa Colonia, B. Braun Melsungen, BASF, Bayer, Bertelsmann, Boehringer Ingelheim, Brokat, Buderus, Commerzbank, Daimler-Chrysler, DAK, Deutsche Lufthansa, Deutsche Post, Dresdner Bank, EADS Deutschland, Epcos, Faber-Castell, Fresenius, Gesellschaft für Nuklear-Service, Giesecke & Devrient, Heidelberger Druck, HUK Coburg, Hutchison Telecom, Infineon, Kaufhof, Kienbaum, Linde, MAN, Merck, Motorola, Münchner Rück, Obi, Osram, Panasonic Deutschland, Philips, Preussag, Puma, Schering, Siemens, Stinnes, Talkline, Thomas Cook, TUI, Würth, Wüstenrot, Xerox, ZF Friedrichshafen.

Virus können innerhalb weniger Tage die geistigen Urheber dingfest gemacht werden.[6] Jeder Computer firmiert nämlich im weltweiten Internet unter einer bestimmten codierten Adresse, die bei jedem Datentransfer automatisch mitübertragen wird. Dadurch werden enorme Datenspuren hinterlassen, die im Bedarfsfall bei den Providern ausgewertet werden können.

Die privatwirtschaftliche Nutzung solch individuell zuzuordnender Datenspuren, das Data-Mining, wurde inzwischen sogar ein eigener lukrativer Markt.[7] Zum gläsernen Bürger und gläsernen Mitarbeiter gesellt sich der gläserne Konsument. Durch die – mit Einwilligung durchaus erlaubte – Übertragung und Installation von kleinen Cookies des Datenanbieters auf dem Einzelplatzrechner wird die Verknüpfung vieler Einzelkundendaten zum durchsichtigen Klienten noch erleichtert. Der Klient kann sofort mit Namen angesprochen werden, sein bisheriges Informations- oder Kaufverhalten kann zur individuellen extrapolierten Betreuung nutzbar gemacht werden.

Da Unternehmen auch für ihre eigenen Mitarbeiter zunehmend Teledienste anbieten, könnten Mitarbeiter nicht nur in ihrer Arbeitsleistung, sondern auch in ihrer privaten Kundenqualität durchsichtig gemacht werden. Das Teledienstedatenschutzgesetz setzt hier in Deutschland allerdings erhebliche Schranken. Zutreffend schreibt der Niedersächsische Landesbeauftragte für den Datenschutz: »Die Privatsphäre der Arbeitnehmer in Unternehmen, die Multimediadienste anbieten oder nutzen, ist sorgfältig zu schützen. Dazu gehört, dass keine Verknüpfung der Daten der Beschäftigten in seiner Stellung als Arbeitnehmer mit den Daten in seiner Rolle als Kunde stattfindet. Der Anbieter hat technische und organisatorische Lösungen zur getrennten Speicherung und Verarbeitung der dienstlichen und privaten Nutzungs- und Abrechnungsdaten zur Verfügung zu stellen. Ist dies technisch nicht trennbar, muss der Dienstherr entweder eine private Nutzung untersagen oder den gesamten Telekommunikationsvorgang wie private Nutzung behandeln.«[8]

3. Biometrie

Big Brother stützt sich neuerdings auch auf die Biologie. Die Gen-Analyse erlaubt heute die Entschlüsselung und personelle Zuordnung geringster Spuren biologischen Materials, was in der forensischen Medizin zur Überführung von Tätern genutzt wird. Andere messbare Körperdaten wie Stimme, Gesicht, Iris oder Fingerkuppen werden heute zunehmend ausgewertet und so genannte biometrische Identifikationen vorgenommen, systematisch Zugangskontrollen installiert und Identität und Anwesenheit automatisiert kontrolliert. Aus diesen zusätzlichen digitalen und zukünftig vermutlich auch genetischen Datenspuren werden heutzutage Persönlichkeitsprofile gewinnbar und Überwachungsszenarien machbar, die die Visionen von »Brave New World« und »Big Brother is Watching You« in den Schatten stellen.[9]

> **Biometrische Identifikationsverfahren**
> *Fingerabdruck*: Siemens präsentierte schon auf der Computermesse CEBIT 1997 einen Chip, der mittels 65000 winzigen Sensoren die Fingerkuppen abtastete, womit ein lebendes Schlüsselsystem der Zukunft beispielsweise mit dem Handy möglich wurde. Bio-Prox heißt eine bereits vermarktete Schließtechnik für Chefetagen und Gefängnisse. Von der Firma Deister-Electronic in Barsinghausen wird dieses System angeboten, das aus einer Kombination von Chipkarte und Lesegerät besteht. Die mitgeführte Chipkarte sagt dem Gerät, wie der persönliche Fingerabdruck aussehen soll. Einlass bekommt nur, wer den

richtigen Fingerabdruck auf das Lesegerät hält. Nach einer halben Sekunde ist die Identitätsprüfung abgeschlossen, da die Fingerabdrücke nicht in einer Datenbank gesucht werden müssen. Seit Jahren sind solche automatisierten Zugangssysteme auch schon an Flughäfen zum Beispiel in New York installiert.

Gesichtserkennungssysteme: Am Markt werden von der Bochumer ZN GmbH das Produkt ZN-Face, das Produkt Phantomas, welches eine automatisierte Duchsicht großer Bilddatenbestände ermöglicht, oder das Produkt FaceVACS der Firma Siemens-Nixdorf bereits angeboten. »Fratze schneiden? Zwecklos. Brille auf? Keine Chance. Dreitagebart? Aussichtslos. Dem computergesteuerten Türsteher ZN-Face macht niemand etwas vor«, begeisterte sich die Zeitschrift Wirtschaftswoche. Mit neuen Systemen zum Beispiel der Software PersonSpotter lassen sich Gesichter auch im Halbprofil aus einer größeren Menge heraus automatisch verfolgen und identifizieren.

Irismustererkennung: Mit einem Iris-Scanner sind schon Zugangskontrollen für Gebäude, Sicherheitszonen, die Verifikation persönlicher Dokumente, KFZ-Diebstahlsicherungen, Codeschlüssel zur Sicherung von Telekommunikation und anderes entwickelt worden. Im Gefängnis von Cook County/Illinois müssen die Häftlinge bereits in jedem Trakt die Augenlesegeräte passieren. Auch am Amsterdamer Flughafen Schiphol ersetzt der Iris-Scanner bereits für Vielflieger die Passkontrolle.

Tipp- und Unterschriftsverhalten: Die Analyse von Schreibrhythmus, Anschlagverhalten und weiteren charakteristischen Merkmalen des Tippverhaltens können eine Person über die Tastatur identifizieren.

Wärmeabstrahlungsmuster der Blutgefäße in der Gesichtshaut dienen der Identifizierung.

Spracherkennung: Das unter Federführung des Forschungszentrums Saarbrücken für Künstliche Intelligenz mit einem Aufwand von bisher 100 Millionen Mark entwickelte so genannte Verbmobil erlaubt nicht nur Spracherkennung sondern gleichzeitig die Übersetzung. Solche Systeme müssen sich erst systematisch auf die feinen individuellen Sprachmodulationen eines Sprechers einstellen. Umgekehrt sind die Schwingungsspektren und Modulationen der Stimme ein individueller Stimmabdruck und können zur Personenidentifizierung eingesetzt werden.

Schweißgeruch: Die englische Firma »Bloodhound Sensors« entwickelt sogar Erkennungssysteme für individuellen Schweißgeruch.

Schritterkennung: Am US-amerikanischen MIT wie an der englischen Universität Southampton sind Programme zur Personenidentifizierung am Schritt entwickelt worden.

DNA-Profiling: Mit dieser Technik kann aus einer winzigen Spur Erbsubstanz, einem Haar, dem Speichel an einer Zigarette etc. ein für jeden Menschen charakteristisches Bandenmuster erzeugt werden, welches als Strichcode sichtbar gemacht werden kann. Dieses kann als Zahlenreihe gespeichert und mit anderen Proben verglichen werden. Die Beschleunigung und Miniaturisierung der genetischen Identifikationssysteme schreitet allerdings in großen Sprüngen voran, so dass zukünftig mit dieser Methode nicht nur eine nachträgliche Identifikation, sondern auch eine Istzeitauthentifizierung möglich werden könnte.

Den biometrischen Identifizierungsverfahren liegt ein statisches biologisches Merkmal wie die Iris zu Grunde. Mit weit über 200 zu differenzierenden Strukturmerkmalen ist sie dem seit langem bekannten Identifizierungsverfahren, dem Fingerabdruck mit nur etwa 40 Strukturmerkmalen, erheblich überlegen. Das BioID-Verfahren des Berliner Unternehmens DCS arbeitet sogar multimodal; sowohl statische als auch dynamische biologische Merkmale der zu identifizierenden Person werden genutzt. Konkret wird das Gesicht, die Stimme und die Lippenbewegung beim Sprechen zur Erstellung eines biometrischen Datensatzes und zur eindeutigen Identifikation genutzt. Dieses System ist gewissermaßen die Fortentwicklung des multimodalen Identifikationssystems der Sieben Geißlein der Gebrüder Grimm, die mit Schlüsselnachricht (»Eure Mutter ist wieder da«), hoher Stimme und weißer Pfote arbeiteten. Bezeichnenderweise nennt sich ein ähnliches multimodales System, was als Hightech-Pförtner von der Fraunhofer-Gesellschaft in Erlangen entwickelt wurde, Sesam (Synergetische Erkennung durch Standbild, Akustik und Motorik).

Bereits über zwei Millionen Lichtbilder umfasst immerhin die Kartei der erkennungsdienstlich behandelten Personen beim BKA. Deutsche Firmen haben andere Länder wie Indonesien, Brasilien oder Ägypten in die Lage versetzt, die Fingerabdrücke aller Bürger elektronisch zu erfassen und mit dem automatisierten Erkennungssystem für Fingerabdrücke auszuwerten.

Auch das Ausmaß der Videoüberwachung steigt ständig. 1976 führte Hannover als erste deutsche Stadt mit 25 ferngesteuerten schwenkbaren stationären Zoom-Kameras den Dauereinsatz der Videotechnik ein, auch zur Überwachung von »Rand- und Problemgruppen«. Videokameras zeichnen heute Personen in Bahnhöfen und U-Bahnstationen, an Müllabladeplätzen und Schulhöfen, in Warenhäusern und Einkaufspassagen, an Geldautomaten und in Spielbanken auf. Sie können beliebig mit am Markt käuflicher Software zur automatischen Personenerkennung gekoppelt werden. Die vorhandenen automatischen Personenidentifizierungstechniken könnten heute, so eine Untersuchung an der Universität Hull, die britische Regierung in die Lage versetzen, jeden einzelnen Menschen zu kontrollieren, zumal zusätzlich zu den heutigen elektronischen Personenerkennungssystemen auch Programme entwickelt werden, um normales von verdächtigem Verhalten zu unterscheiden. Ganz zu schweigen davon, dass moderne Videokameras Infrarotansicht, Fernbedienung, Zoom und automatische Verfolgung im Repertoire haben. Wenn auch in Deutschland der betrieblichen Videoüberwachung von Mitarbeitern erhebliche datenschutzrechtliche Hürden entgegenstehen und die Gerichte heimliche Überwachung nur als letztes Mittel innerbetrieblicher Kontrolle anerkennen, entwickelt sich vor allem in Kaufhäusern und Spielbanken die Videoüberwachung lückenlos.

Die technisch mögliche Zusammenführung all dieser verfügbaren Bewegungsbilder mit individuellen Konsumentendaten und Bilddaten über das häusliche Wohnen, wie es heute auch in Deutschland am Markt angeboten wird, ließe bei Bewerbern im Arbeitsleben bereits im Vorfeld die Erstellung von umfassenden Persönlichkeitsprofilen zu. Dies verheißt intensivierte Überwachung von Verhalten und Leistung im Betrieb, wenn der Einsatz biometrischer Verfahren nicht durch Gesetzesrahmen und Mitbestimmung beschränkt wird.

Ein Verbot der Biometrie steht dabei nicht zur Diskussion, da nach heutigem Wissensstand gerade die Biometrie wohl am besten geeignet ist, zuverlässig automatisch zu bestätigen, dass der Anwesende oder Signierende tatsächlich der ist, der er zu sein vorgibt. Der biometrischen Authentifizierung sollte deshalb zukünftig zum Beispiel bei Kauf, Zeugnis, Testament und anderen rechtsverbindlichen Akten eine wesentliche Rolle zukommen. Sicherzustellen ist aber, dass biometrische Daten nicht unbemerkt erhoben und auch nicht ohne Erfordernis gespeichert werden.

4. Keine schrankenlose Überwachung

Da in Bezug auf Telefonanlagen das Bundesverfassungsgericht bereits 1991 klargestellt hat, dass sogar dienstliche Telefongespräche des Arbeitnehmers von einem Dienstapparat dem verfassungsrechtlichen Schutz des allgemeinen Persönlichkeitsrechts unterliegen,[10] sind hier zu Lande einer Überwachung enge Grenzen gesetzt. Das Bundesverfassungsgericht schließt zwar im Einzelfall, insbesondere bei erheblichem Verdacht, eine punktuelle und vorübergehende Überwachung des Telekommunikationsverkehrs nicht aus. Eine generalisierte Überwachung hat es aber grundsätzlich als mit dem Persönlichkeitsrecht und dem Recht auf informationelle Selbstbestimmung nicht zu vereinbarende Kontrolle für unzulässig erklärt. Entsprechend hat das Bundesarbeitsgericht im Oktober 1997 entschieden, dass im beruflichen Bereich auch das Recht am gesprochenen Wort als Teil des allgemeinen Persönlichkeitsrechts zu gewährleisten ist.[11] Und zuvor schon hatte das Bundesverfassungsgericht geurteilt, dass ein Telefonüberwachungssystem, mit dessen Hilfe der Arbeitgeber alle dienstlichen wie privaten Telefongespräche seiner Arbeitnehmer aufzeichnen und abhören kann, einen Eingriff in den Schutzbereich des allgemeinen Persönlichkeitsrechts darstellt.[12] Allein die Tatsache, dass ein Telefongespräch »in der Sphäre eines Arbeitsverhältnisses« geführt wird, erlaubt es einer weiteren Person wie dem Personalchef oder dem Abteilungsleiter also keineswegs, ohne Zustimmung des Gesprächspartners mitzuhören oder mithören zu lassen.

Das Bundesverfassungsgericht hat auch festgehalten, dass ein heimliches Mithören oder Aufzeichnen des Inhalts eines Telefonats des Arbeitnehmers dessen Einwilligung voraussetzt und dass diese nicht stillschweigend als erteilt angenommen werden kann, wenn der Arbeitnehmer um die Abhörmöglichkeit weiß.[13] Heimliches Mithörenlassen von Telefongesprächen zwischen Arbeitnehmer und Arbeitgeber ist unzulässig. Auf diese Weise erlangte Beweismittel dürfen nicht verwertet werden. Beim Mithören ist der Gesprächspartner vorher darüber zu informieren. Gesprächspartner am Telefon müssen sich nicht ihrerseits vorher vorsorglich vergewissern, dass niemand mithört.[14]

Auch die Auswertung des gesamten E-Mail-Verkehrs (etwa durch automatisches Scannen) durch den Arbeitgeber wäre deshalb nach Auffassung der Länderdatenschutzbeauftragten »jedenfalls im Regelfall nicht gestattet«.[15] Ist die Kennzeichnung privater E-Mails systemtechnisch nicht vorgesehen, erstreckt sich das Fernmeldegeheimnis nach dem Telekommunikationsgesetz auch auf den betrieblichen E-Mail-Verkehr.[16] Ist hingegen die Privatnutzung des E-Mail-Systems betriebsintern mengenmäßig oder zeitlich limitiert und diese Regelung den Beschäftigten bekannt gegeben worden, sind allerdings »Missbrauchskontrollen durch das Beschäftigungsunternehmen zulässig«.[17]

Bereits seit dem so genannten »Fangschaltungsbeschluss« des Bundesverfassungsgerichts war entschieden, dass betriebsbedingte Einblicke eines Diensteanbieters oder Betreibers (und dazu gehört auch das Unternehmen, das eine Telefonanlage oder ein Intranet betreibt) in Inhalte und Umstände elektronischer Kommunikation »rechtfertigungsbedürftige Eingriffe in das

---

Arbeitsrechtliche Entscheidungen zur Überwachung
Abhören dienstlicher Telefongespräche ist unzulässig
Auch dienstliche Telefongespräche des Arbeitnehmers von einem Dienstapparat unterliegen dem verfassungsrechtlichen Schutz des allgemeinen Persönlichkeitsrechts (Recht am eigenen Wort) nach Art. 2 Abs. 1 i.V. mit Art. 1 Abs. 1 GG. Dieser grundrechtliche Schutz kann nicht durch bloße Kenntnis von der Mithörmöglichkeit beseitigt werden. In der gerichtlichen Verwertung von Kenntnissen und Beweismitteln, die unter Verstoß gegen das Persönlichkeitsrecht erlangt sind, liegt regelmäßig ein Eingriff in die genannten Grundrechte.
(BVerfG vom 19.12.1991 – Az 1 BvR 382/85)
Persönlichkeitsrechtsverletzung durch heimliches Mithörenlassen von Telefongesprächen
Das heimliche Mithörenlassen von Telefongesprächen zwischen Arbeitnehmer und Arbeitgeber ist im Allgemeinen unzulässig. Es verletzt das Persönlichkeitsrecht des Gesprächspartners. Auf diese Weise erlangte Beweismittel dürfen nicht verwertet werden. Wer jemanden mithören lassen will, hat seinen Gesprächspartner vorher darüber zu informieren. Dieser ist nicht gehalten, sich seinerseits vorsorglich zu vergewissern, ob jemand mithört.
(BAG vom 29. 10. 1997 – Az 5 AZR 508/96)
Nebenjob auf (Telefon-)Firmenkosten kostet den Hauptjob
Wer vom Telefon seines Arbeitgebers aus einem Nebenjob nachgeht (hier: für ein Meinungsforschungsinstitut), der kann entlassen werden.
(Arbeitsgericht FfM – Az 14 Ca 891/95)
Telefonsex auf Betriebskosten kostet den Job
Führt eine leitender Angestellter (hier ein GmbH-Geschäftsführer) mehrfach auf Firmenkosten Telefonsexgespräche und nimmt er dadurch Firmengelder von nicht unbeträchtlicher Höhe für private Zwecke in Anspruch, so missbraucht er

damit die ihm verliehene Vertrauensstellung und kann ohne vorherige Abmahnung entlassen werden. (OLG Hamm – Az 8 U 194/98)
Kündigung wegen unzulässigen privaten E-Mail-Versands
Ein gegen die Anweisung des Arbeitgebers verstoßender privater E-Mail-Verkehr berechtigt in der Regel erst nach vorausgegangener Abmahnung zur Kündigung des Arbeitsverhältnisses.
(Arbeitsgericht FfM vom 20. 3. 2001 – Az 5 Ca 4459/00)
Kündigung wegen Beleidigung des Arbeitgebers im Internet
Wer seinen Arbeitgeber öffentlich beleidigt, dem droht eine verhaltensbedingte Kündigung auch dann, wenn er als Medium das Internet benutzt.
(LAG Schleswig-Holstein vom 4. 11. 1998 – Az 2 Sa 330/98)
Meinungsfreiheit in der Mailbox
Verbreitet ein Betriebsrat elektronisch einen Text über Mitarbeiteransprüche im Unternehmen, so handelt er zumindest in engem Zusammenhang mit seiner Betriebsratstätigkeit. Weist ein solches Schreiben auf Rechtsbruch der Unternehmensleitung hin, so ist dies keine Beleidigung. Unternehmensöffentliche Kritik an der Geschäftsführung ist für sich genommen kein Grund für eine außerordentliche Kündigung, auch wenn sie in zugespitzter und provozierender Weise geübt wird. (LAG Hamburg vom 4. 11. 1996 – Az 4 TaBV 10/95)
Fristlose Kündigung bei rassistischer Witzesammlung
Es stellt einen wichtigen Grund für eine außerordentliche Kündigung gem. § 54 BAT dar, wenn ein Angestellter der Bundeswehr eine so genannte Witzesammlung, die zu einem erheblichen Teil Judenwitze, Ausländerwitze und sexistische Frauenwitze von eklatant die Menschenwürde verachtendem Charakter enthält, über ein dienstliches MEMO-System in Kenntnis des Inhalts weiterverbreitet.
(LAG Köln vom 10. 8. 1999 – Az 3 Sa 220/99)
Außerordentliche Kündigung wegen Kinderpornografie
Wenn ein Kindergartenleiter kinderpornografische Bilddateien besitzt, so rechtfertigt dies eine außerordentliche Kündigung wegen Verdachts auf pädophile Neigungen. Eine vorangegangene Abmahnung erübrigt sich in einem solchen Fall. (ArbG Braunschweig vom 22. 1. 1999 – Az 3 Ca 370/98)
Verletzung des Persönlichkeitsrechts durch lückenlose Überwachung
Eine Verletzung der Persönlichkeitsrechte eines Arbeitnehmers kann vorliegen, wenn er einem ständigen lückenlosen Überwachungsdruck dadurch unterworfen wird, dass der Arbeitgeber sich vorbehält, jederzeit ohne konkreten Hinweis den Arbeitsplatz durch versteckt aufgestellte Videokameras zu beobachten. Eine Maßnahme der vorbezeichneten Art kann allerdings gerechtfertigt sein, wenn überwiegende schutzwürdige Interessen des Arbeitgebers sie erfordern. Hierzu bedarf es eines substantiierten Sachvortrages.
(BAG vom 7. 10. 1987 – Az 5 AZR 116/86)
Elektronisches Überwachungsprogramm mit verdeckten Videokameras ist unzulässig auch bei Zustimmung
Eine nicht durch besondere Sicherheitsinteressen des Arbeitgebers ausnahmsweise gerechtfertigte heimliche Überwachung der Arbeitnehmer per Videokamera kann nicht durch Zustimmung des Betriebs- oder Personalrats legitimiert werden. (BAG vom 15. 5. 1991 – Az 5 AZR 115/90)

Fernmeldegeheimnis« sind.[18] Insofern hat auch das Bundesarbeitsgericht eine Betriebsvereinbarung, die es dem Arbeitgeber bei einer ACD-Anlage[19] erlaubte, externe Telefongespräche der Arbeitnehmer in deren Gegenwart zu Ausbildungszwecken mitzuhören, für zulässig erklärt.[20] Die Praxis, dass Mitarbeiter wie Kunden in Call-Centern gängigerweise extern abzuhören sind, wie es von der „Panorama"-Redaktion im September 1999 aufgedeckt wurde,[21] dürfte damit allerdings unvereinbar sein.

Eine Kontrolle des Telefonierverhaltens der Beschäftigten in Hinblick auf den Missbrauch und die Kostenverursachung wird in der Rechtsprechung andererseits für zulässig gehalten. Von unteren Arbeitsgerichtsinstanzen werden hier zum Teil drastische Urteile gefällt, die allerdings vor Landesarbeitsgerichten üblicherweise keinen Bestand haben. Arbeitnehmer, die in erheblichem Umfang auf Kosten ihres Arbeitgebers privat telefonieren, können ohne Abmahnung entlassen werden, so die Entscheidung des Arbeitsgerichts Frankfurt am Main.[22] Auch das Arbeitsgericht Würzburg sah eine Kündigung ohne vorherige Abmahnung wegen vollendeten Betrugs gerechtfertigt, wenn ein Arbeitnehmer häufig auf Kosten seines Arbeitgebers telefoniert, ohne die Gespräche zu bezahlen.[23] Einen Kündigungsgrund sah das Arbeitsgericht Frankfurt am Main auch bei unbezahlten Telefonaten nach Australien insbesondere, wenn die Arbeitnehmerin erst angesichts eines Computerausdrucks bereit war, das Telefonat zu bestätigen.[24] Desgleichen sah das Gericht einen Kündigungsgrund, wenn ein Arbeitnehmer auf Kosten seines Arbeitgebers telefonisch einem Nebenjob nachgeht.[25] Andererseits hat jüngst das Arbeitsgericht Frankfurt am Main entschieden: »Ist einem Arbeitnehmer die Nutzung der betrieblichen Telefonanlage zu Privatgesprächen in bestimmtem Umfang gegen Kostenerstattung erlaubt, schließt eine derartige Gestattung auch kurze Anrufe zu privaten Zwecken während der Arbeitszeit ein, solange nicht ausdrücklich etwas anderes festgelegt wurde und der Arbeitnehmer nicht mit der ihm obliegenden Arbeitsleistung in Rückstand gerät. Die Ausübung eines solchen Rechts rechtfertigt auch dann nicht ohne weiteres den Vorwurf einer gegen den Arbeitgeber gerichteten Straftat und eine außerordentliche Kündigung des Arbeitgebers, wenn der Arbeitnehmer ohne Aufforderung des Arbeitgebers die durch die Privatgespräche entstanden Kosten (hier: 66,51 Mark) nicht von sich aus erstattet«.[26] Das Oberlandesgericht Hamm entschied, dass ein leitender Angestellter durch Inanspruchnahme von Telefonsexgesprächen in »nicht unbeträchtlicher Höhe für private Zwecke« seine ihm verliehene Vertrauensstellung im Betrieb missbraucht habe und damit ohne Abmahnung entlassen werden könne.[27]

Landesarbeitsgerichtsentscheidungen hingegen sind bislang für die Beschäftigten glimpflicher ausgefallen. So entschied das Landesarbeitsgericht Niedersachsen, dass auch bei erwiesener Vielzahl von Privattelefonaten auf Arbeitgeberkosten eine verhaltensbedingte Kündigung erst zu rechtfertigen sei, wenn der Mitarbeiter vorher abgemahnt worden sei.[28] Das Landesarbeitsgericht Köln befand sogar: Erlaubt ein Arbeitgeber seinen Beschäftigten, private Telefonate von seiner Anlage aus zu führen, so darf er einem Mitarbeiter nicht kündigen, der davon »ausschweifend« Gebrauch macht, insbesondere dann nicht, wenn er durch eine »unzureichende Organisation« erst spät darauf aufmerksam wird und damit rechtzeitige Ermahnungen unterblieben sind.[29]

In Hinblick auf Surfen im Internet bewies auch jüngst das Arbeitsgericht Wesel Verständnis für die Situation der Arbeitnehmer. Ein Arbeitgeber hatte einer Buchhalterin während eines Jahres rund 100 Stunden privates Surfen im Internet während der Arbeitszeit nachgewiesen. Die Firma hatte ihr ohne Abmahnung fristlos gekündigt. Die Richter sahen die Schuld beim Arbeitgeber. Dieser hatte das private Surfen weder verboten, noch zeitlich begrenzt. Die Richter hielten die Aufstellung klarer Regeln für unerlässlich. Ohne klare Regeln könne unterstellt werden, dass das private Surfen geduldet werde.[30]

Insofern ist alles in allem von einem weit reichenden Schutz des Fernmeldegeheimnisses und des Datenschutzes bei Telekommunikationsvorgängen jedweder Art auszugehen.

5. Kontrolle unter Wahrung des Fernmeldegeheimnisses

Dies heißt nun jedoch nicht, dass der Arbeitgeber jedwede Internet-Nutzung seiner Beschäftigten dulden muss. Zugangsbeschränkungen, Ahndung von Missbrauch oder Geheimnisverrat und Ähnliches sind dem Arbeitgeber keineswegs verwehrt. Die praktische Durchführung aber muss immer auch dem weitestgehenden Schutz des Persönlichkeitsrechts der Beschäftigten Rechnung tragen. So kann der Arbeitgeber zum Beispiel Firewalls, Filter oder andere technische Mittel einsetzen, um den Zugriff auf bestimmte Dienste und Netzressourcen zu begrenzen. Auch hat ein Arbeitnehmer keinen Anspruch darauf, das Internet nach Belieben zu nutzen.

So müssen (und dürfen) auch strafbare Handlungen über E-Mail- oder Internet/Intranetnutzung nicht geduldet werden. Insofern sind Missbrauchskontrollen und entsprechende Ahndung zulässig bzw. geboten. Bei Verdacht auf strafrechtliche Vergehen von Mitarbeitern ist durch den Arbeitgeber ggf. die Polizei oder Staatsanwaltschaft einzuschalten. Dies wäre zum Beispiel gegeben, wenn ein Mitarbeiter in den Verdacht gerät, von seinem Arbeitsplatz
- (verbotene) Kinderpornografie aus dem Netz zu laden und innerbetrieblich auf seinem Computer zu speichern,[31]
- unbefugt in fremde Dateien einzudringen,[32]
- beleidigende Inhalte auf seiner Website anzubieten[33] oder
- unkommentiert Links auf beleidigende oder sonstwie strafwürdige Inhalte zu setzt.[34]

Mitarbeiter verstoßen somit gegen ihre arbeitsvertraglichen Pflichten, wenn sie während der Arbeitszeit nicht-dienstliche Daten an ihrem Arbeitsplatz verarbeiten. So kann zum Beispiel die Anlage von Dateien mit sexistischen oder rassistischen Witzen und deren Überspielung an Kollegen ein Grund für eine fristlose Kündigung sein.[35] Eine systematische Überwachung der Internetaktivitäten von Mitarbeitern, wie sie die Filterprogramme von CyberPatrol, Little Brother, Spector, SurfControl und andere Software zulassen, ist zwar in den USA üblich, in Deutschland aber unzulässig.[36] Jede systematische und insbesondere jede heimliche Überwachung ist in Deutschland verboten. So heißt es auch explizit in der gültigen Bildschirmarbeitsverordnung von 1996 im Anhang Pt. 22 über an Bildschirmarbeitsplätze zu stellende Anforderungen: »Ohne Wissen der Benutzer darf keine Vorrichtung zur qualitativen oder quantitativen Kontrolle verwendet werden.«

6. Umstrittene Missbrauch-Kosten betrieblicher Einrichtungen

Moderne Informations- und Kommunikationstechnik soll die Produktivität erhöhen. Durch die Medien geistern hingegen vorrangig Horrorzahlen darüber, welche immensen Kosten beziehungsweise welchen Verlust an Arbeitszeit die missbräuchliche Nutzung dienstlicher Geräte verursacht. Millionenfach wurde per Internet das Moorhuhnspiel heruntergeladen, durchschnittlich wurde das Online-Game während der Arbeitszeit angeblich 20 Minuten gespielt. Eine Online-Umfrage der Jobware Online-Service GmbH ermittelte, dass 93 Prozent aller vernetzten Arbeitnehmer privat am Arbeitsplatz surfen, 48 Prozent würden dies bis zu 50 Minuten wöchentlich und 37 Prozent noch länger tun.[37] 30 Prozent der Firmen unterstützen privates Surfen am Arbeitsplatz. Viele Firmen machen hingegen die Auflage, privates Surfen außerhalb der Arbeitszeit zu legen. Nach einer Umfrage des Wirtschaftsmagazins »Bizz« unter 1300 Beschäftigten greift jeder vierte Mitarbeiter mit Internetanschluss im Schnitt wöchentlich 5,8mal jeweils 11,4 Minuten auf das Web zu, um das Börsengeschehen zu verfolgen.[38] Der private Aktienhandel während der Arbeitszeit koste somit rund 5 Milliarden Euro. Gar über 50 Milliarden Euro Verluste durch private Internetnutzung am Arbeitsplatz ermittelte die Agentur »Denkfabrik« bei einer Umfrage unter 1000 Firmen im Jahre 2000.[39] Der Wunsch nach exzessiver Kontrolle aus Angst vor Missbrauch, vergeudeter Arbeitszeit und ausufernden Kosten bestimmt denn auch viele Debatten um die Einführung von Internetzugang in der öffentlichen Verwaltung.

Wie geringfügig die realen zusätzlichen Telekommunikationskosten auch bei Internetnutzung ausfallen, machten die Arbeitgeberverbände geschlossen im Zusammenhang mit der zeitweilig geplanten Internetbesteuerung deutlich. In einer Eingabe an das Bundesfinanzministerium wurden von den Unternehmerverbänden die Kosten pro Beschäftigten durch Internetnutzung auf 15 Mark beziehungsweise 7,50 Euro veranschlagt.[40] Die Besteuerung eines angeblich kostenwerten Vorteils lehnten sie dennoch rigoros ab, um keine Kostenlawine loszutreten. Durch Flatrates oder die Nutzung von Standleitungen entstehen zusätzliche Kosten erst bei erheblichem Datentransfer. Die vielfach zusätzlich beklagte angeblich verlorene Arbeitszeit kann wiederum nur im Zusammenhang und in Abwägung mit der jeweiligen Erfüllung der Aufgabenstellung und notwendigen Erholungspausen berechnet werden. Zu berücksichtigen wären dabei auch positive Auswirkungen auf steigende Informationstechnikkompetenz, soziale Kommunikation und Betriebsklima. Bei der Einführung von E-Mail- und Internetnutzung im Betrieb sollten Arbeitnehmer sich deshalb restriktiven Nutzungsregeln und ausufernder Kontrolle unter vermeintlichen Kostengesichtspunkten entgegenstellen. Dies ist dank wirksamer Mitbestimmungsregelungen durch Betriebs- und Personalräte tatsächlich möglich.

7. Schutz der Arbeitnehmer durch Mitbestimmung

Der Aufbau betriebs- und behördeninterner Intranets und die Einführung von E-Mail- und Internetnutzung im Betrieb ist mitbestimmungspflichtig[41] und kann in Betriebs- und Dienstvereinbarungen geregelt werden. Vielfach wird in solchen Betriebsvereinbarungen die technisch kaschierte Leistungs- und Verhaltenskontrolle ausdrücklich ausgeschlossen. Andererseits können trotzdem Regelungen gefunden werden, um angesichts bekannt gewordener Fälle von Missbrauch betrieblicher oder dienstlicher IuK-Technik durch Arbeitnehmer für private Firmen, verbotener Kinderpornografie oder Verbreitung rassistischer Hetze eine wirksame Missbrauchskontrolle zu gewährleisten.

Schon früh wurden ausgesprochen liberale Regelungen in Hochschulen und Forschungseinrichtungen getroffen. So wurde Anfang 1995 an der Ruhr-Universität Bochum eine Dienstvereinbarung über den Betrieb eines hochschuleigenen Rechnernetzes, und damit unter anderem auch die E-Mail- und Internetnutzung, abgeschlossen. Mit dieser Dienstvereinbarung wurde untersagt, Überwachungsprogramme zu installieren oder zu nutzen, die Einsicht in die transportierten oder gespeicherten Informationsinhalte ermöglichen.[42] In einer norddeutschen Stadt ist Ende August 2001 vereinbart worden, die Nutzung des Internet-, Intranet- und E-Mail-Zugangs auch zur gelegentlichen privaten Nutzung zuzulassen, »soweit der Betriebsablauf dadurch nicht gestört wird«. Die Dienstvereinbarung »Internet« der Stadt Erlangen vom 31. 10. 2000 beschränkt sich darauf, individuelle Leistungs- und Verhaltenskontrollen weitgehend zu unterbinden: »Individuelle Leistungs- oder Verhaltenskontrollen finden mittels der erfassten Daten nicht statt. Dies gilt nicht, wenn Tatsachen bekannt werden, die den Verdacht einer erheblichen Verletzung der Dienst- und Arbeitspflichten begründen und die Personalvertretung einer entsprechenden Auswertung vorher zugestimmt hat.«[43]

Eine entsprechende E-Mail-Geschäftsanweisung der Stadt Mannheim erklärt private E-Mails unter 2 MB durchaus für zulässig: »Private E-Mails sind zulässig, außerhalb des städtischen Intranets (ins Internet) allerdings nur ohne Attachments (Dateianlagen) und ohne jegliche Verschlüsselung. Sie sind grundsätzlich außerhalb der regelmäßigen Arbeitszeit abzufassen und als »Privat« zu kennzeichnen, damit sie (zum Beispiel im Vertretungsfalle) vom Empfänger als solche erkennbar werden.«[44]

Unter Kosten-Nutzen-Gesichtspunkten sind solche liberalen Regelungen nicht nur vertretbar, sondern geradezu geboten. Moderne Verwaltung ist gerade auch auf moderne Informations- und Kommunikationstechnik für Marketing und Partizipation angewiesen.[45] Nicht von ungefähr konstatiert die Erlanger Dienstvereinbarung »Internet«: »Die Stadt Erlangen wünscht die umfassende Nutzung des neuen Mediums Internet und stellt deshalb allen Mitarbeiterinnen und Mitarbeitern mit Zugang zum PC-Netz einen Internetzugang zur Verfügung.« Routinierte Beherrschung setzt allerdings angstfreie Nutzung und Motivation voraus, auf die neuen Medien umzusteigen. Engmaschige Verbote und Begrenzung dienstlicher Freiräume und Selbstverantwortung würden in Hinblick auf das Internet die Gestaltungschancen der Öffentlichen Verwaltung höchst unproduktiv blockieren.

Im Zeitalter von Internet und Telearbeit, virtuellen Betrieben und Arbeitszeitflexibilisierung kann auch gewerkschaftliche Information im Betrieb und Transport gewerkschaftlicher Ziele nur noch unter Zuhilfenahme elektronischer Medien funktionieren. Die Verbreitung gewerkschaftlicher Informationen über das Intranet, die Einstellung gewerkschaftlicher Informationen auf Betriebsrats-Homepages oder Links zu diesen zu den Gewerkschaften werden zum Teil von Arbeitgebern massiv bekämpft und zuwiderhandelnde Kollegen arbeitsrechtlich belangt. Das Bundesverfassungsgericht hat indes seit Ende 1995 die Rechtsprechung des Bundesarbeitsgerichts korrigiert, die die betriebliche Werbung und Präsenz der Gewerkschaften auf einen engen Kernbereich beschnitten hatte.[46] Der geschützte Kernbereich erfasst nunmehr alle koalitionsspezifischen Verhaltensweisen, also auch Information, und steht jedem einzelnen Gewerkschaftsmitglied zu. Gibt es ein betriebliches Intranet, so darf seitdem den Gewerkschaften in Wahrnehmung ihrer Aufgaben das Recht, eigene unzensierte Homepages im betrieblichen Intranet einzurichten oder Links zu setzen, nicht genommen werden.

Elektronische Mitgliederwerbung übers Intranet steht nicht nur der Gewerkschaft zu, sondern auch dem einzelnen Gewerkschaftsmitglied im Betrieb.[47] Das Landesarbeitsgericht Schleswig-Holstein hat bezüglich solcher Gewerkschaftswerbung über betriebliche E-Mail-Verteiler eine richtungsweisende Entscheidung getroffen.[48] Mit Urteil vom 1. 12. 2000 verfügte das Gericht die Rücknahme einer Abmahnung wegen Gewerkschaftswerbung über einen innerbetrieblichen E-Mail-Verteiler. Da die E-Mails von dem betreffenden Kollegen außerhalb seiner Arbeitszeit von zu Hause aus verschickt wurden, hatte er gegen seine Arbeitspflicht unstreitig nicht verstoßen. Ob er es auch während der Arbeitszeit hätte machen dürfen, hatte das Gericht nicht zu entscheiden und offen gelassen.

8. Fazit

Lässt man die neueren digitalen Möglichkeiten Revue passieren, so wird deutlich, dass technisch gesehen am Bildschirmarbeitsplatz ein umfassendes Regime der Verhaltens- und Leistungskontrolle aufgebaut werden könnte. Selbst unter Kostengesichtspunkten sind allerdings solche Vorhaben umstritten, scheinen sogar eher kontraproduktiv zu sein. In Deutschland greifen darüber hinaus wirksame Persönlichkeitsschutz- und Mitbestimmungsrechte. Statt auf umfassende Überwachung zu setzen, würden Unternehmen und Behörden deshalb besser fahren, auf Selbstverantwortung und ergänzende Missbrauchskontrolle zu setzen.

Anmerkungen

1 Vgl. Konrad Lischka, Klick, klick – und weg ist der Job, in: Spiegel Online 30. 10. 2000; vgl. http://www.amanet.org/press/research/check_email.htm
2 Vgl. 87 Prozent der Chefs in den USA überwachen E-Mails ihrer Mitarbeiter, in: bild der wissenschaft online, Newsticker 29. 5. 2001.
3 Vgl. Gillies, Privates Surfen gefährdet den Arbeitsplatz, in: VDI-Nachrichten 8. 10. 99.
4 W. Müller, Freie Meinung im Internet?, in: CF 12/2000, S. 8–9.
5 Die Tastatur als Blackbox, NetworkWorld, 28. 5. 2001.
6 Müller, M., Vater gefunden, in: Handelsblatt 7. 4. 1999.
7 Vgl.: W. Fricke, Bergleute im Daten-Lagerhaus, in: Computer Fachwissen 4/99, S. 11–14.
8 Landesbeauftragter für den Datenschutz Niedersachsen, Datenschutz bei Tele- und Mediendiensten, 23. August 1999.
9 Vgl. M. Kiper, Biometrische Identifikation, in: Computer Fachwissen 8-9/99, S. 46–51; N. Pohlmann, Biometrie, in: IT-Sicherheit 2/2001, S. 13–21; F. Büllingen/ A. Hillebrand, Biometrie als Teil der Sicherungsinfrastruktur, in: DuD 24 (2000), S. 339–343.
10 BVerfG Beschluss vom 19. 12. 1991 – 1 BvR 2382/85
11 Bundesarbeitsgericht, Urteil vom 29. Oktober 1997 – 5 AZR 508/96, vgl. auch: Persönlichkeitsrechtsverletzung durch heimliches Mithörenlassen von Telefongesprächen, RDV 2/1998 S. 69-71.
12 BVerfG Urteil vom 19. 12. 1991, BB 1992, S. 708.
13 BVerfG. Beschluss vom 19. 12. 1991 – 1 BvR 382/85; vgl. RDV 1992, S. 128; ArbuR 5/1992, S. 158-160.
14 BAG, Urteil vom 29. Oktober 1997 – 5 AZR 508/96; vgl. Persönlichkeitsrechtsverletzung durch heimliches Mithörenlassen von Telefongesprächen, in: RDV 2/1998 S. 69-71.
15 Arbeitgeber als Anbieter von Telediensten, Jahresbericht 1998 des Berliner Datenschutzbeauftragten, zitiert nach: GDD-Mitteilungen 3-4/99, S. 3-4.
16 vgl. Kiper/Schierbaum, Telekommunikationsgesetzgebung und Arbeitnehmerdatenschutz, in: Computer Fachwissen 8-9/99, S. 24–29.
17 Innenministerium Baden-Württemberg, Hinweise zum Datenschutz für die Private Wirtschaft (Nr. 37), in: Staatsanzeiger Nr. 2 vom 18. 1. 99, S. 13.

18 BVerfGE 85, 386, 396 f.
19 Automatic-Call-Distribution-Anlagen, wie sie in Call-Centern eingesetzt werden.
20 BAG, Beschluss vom 30. August 1995, – 1 ABR 4/95 – vgl. Mithören von Telefongesprächen zu Ausbildungszwecken, in: RDV 1/1996 , S. 30–33.
21 Vgl. Skript der Panorama-Sendung Nr. 579 vom 23. 9. 1999.
22 Arbeitsgericht Frankfurt am Main, 18 Ca 7436/94.
23 Arbeitsgericht Würzburg, 1 Ca 1326/97.
24 Arbeitsgericht Frankfurt am Main, 11 Ca 5818/95.
25 Arbeitsgericht Frankfurt am Main, 14 Ca 891/95.
26 Arbeitsgericht Frankfurt am Main vom 24. 7. 99, 2 Ca 8824/98.
27 OLG Hamm, 8 U 194/98.
28 LAG Niedersachsen, 13 Sa 1235/97.
29 LAG Köln, 6 Sa 42/98.
30 ArbG Wesel AZ 5 Ca 4021/00 vom 21. 3. 2001; vgl. C. Tödtmann, Heißes Eisen, in: Handelsblatt 24. 9. 2001 S. N 5.
31 Vgl. ArbG Braunschweig, Urteil vom 22. 1. 1999 – 3 Ca 370/98; Außerordentliche Kündigung wegen Kinderpornografie, in: Computer Fachwissen (CF) 10/99, S. 26.
32 Vgl. LAG Baden Württemberg, Urteil vom 11. 1. 1994 – 7 Sa 86/92; AG Osnabrück, Urteil vom 19. 3. 1997 – 1 Ca 639/96.
33 Kündigung wegen Sammlung und Verbreitung rassistischer und sexistischer Witze per dienstlichem PC, LAG Köln, Urteil vom 14. 12. 1998 – 12 Sa 896/98; LAG Schleswig-Holstein, Urteil vom 4. 11. 1998 – 2 Sa 330/98.
34 Bay. OLG, Beschluss vom 11. 11. 1997, 4 St RR 232/97.
35 Vgl. LG Hamburg, Urteil vom 12. 5. 1998 – 312 O 85/98.
36 Vgl. D. Sauer, Der Chef als Detektiv, in: Internet World, März 2000, S. 60–63; Vgl. J. Haverkamp, Alles unter Kontrolle? in: Computer Fachwissen (CF) 12/98, S. 18–24.
37 Vgl. Surfen kann ins Aus führen, in: Hannoversche Allgemeine Zeitung, 6. 10. 2001.
38 http://www.handel.de/service/news/archivjan01
39 Vgl. Privates Surfen im Büro kostet Firmen Milliarden, in: Frankfurter Rundschau, 26. 8. 2000.
40 Vgl. Anm. 39 in T. Klebe/P. Wedde, Gewerkschaftsrechte auch per E-Mail und Intranet? In: AuR 11/2000, 401–407.
41 Vgl. Schierbaum, in: PersR 2000, 499 (503 f.).
42 http://www.slf.uni-bochum.de/wpr/dv-netz.htm
43 http://www.erlangen.de/news.asp?folder_id=1579&mainfolder_id=1579&news_id=29086
44 Besondere Geschäftsanweisung der Stadt Mannheim über die Benutzung und Behandlung elektronischer Post (BGA – E-Mail) vom 3. 7. 1999.
45 Vgl. Groß, Öffentliche Verwaltung im Internet, in: Die öffentliche Verwaltung 2001, S. 159–164.
46 BVerfG, Beschluss vom 14.11.1995 DB 1996, 1627, in: AuR 1996, 151.
47 Vgl. T. Klebe, P. Wedde, Gewerkschaftsrechte auch per E-Mail und Intranet? in: AuR 11/2000, S. 401–407.
48 LAG Schleswig-Holstein, Az 6 Sa 562/99 – 3 Ca 653a/99 ArbG Elmshorn.

Patrick Goltzsch

Anonymität im Internet

Die technische Verteidigung eines Grundrechts

»Wenn meine Tochter 18 wird, dann erwarte ich von meinem Autohändler, dass er mir von sich aus ein Angebot über einen ordentlichen Gebrauchtwagen unterbreitet«, ließ sich Erwin Staudt, Chef von IBM Deutschland, im Herbst 1999 vernehmen.

Diese Auffassung mag nicht jedermanns Sache sein, zumal der Autohändler für sein Angebot gleich eine ganze Reihe von Daten benötigt. Er muss wissen, dass sein Kunde eine Tochter hat, deren Geburtsdatum kennen, die Kaufkraft seines Kunden einschätzen können und die Einschränkung auf Gebrauchtwagen vornehmen. Neben den offensichtlichen Anforderungen stecken in dem Zitat auch Voraussetzungen für die Arbeit des Händlers. Er muss seinen Kunden als jemanden bewerten, der seiner Tochter ein Auto zum Geburtstag schenkt, und er muss eine Vorstellung davon haben, was sein Kunde unter »ordentlich« versteht. Der Autohändler müsste also eine Kundendatenbank führen, die ihm »Customer Relationship Management«, die Pflege der Kundenbeziehungen, ermöglicht.

Warum werden solche Szenarien überhaupt entworfen? Die einfachste Lösung wäre, beim Autohändler anzurufen und entsprechende Angebote einzufordern. Doch die Reklame verfolgt den Traum, einen Kunden zum Kauf zu motivieren. Die Motivation funktioniert um so besser, so die Vorstellung der Werber, je mehr der Werbende über seine potenziellen Kunden weiß, und je besser er den geeigneten Zeitpunkt trifft. Das Internet soll die effizienteste Form der Reklame überhaupt ermöglichen: auf einer exzellenten Basis von Kundendaten ließen sich die real existierenden Bedürfnisse der Kundschaft präzise ansprechen. Beflügelt wird dieser Traum durch die Möglichkeiten des Internet. Die Anwender hinterlassen Datenspuren aller Art, die sich vielfältig auswerten lassen. Den Nutzern bieten sich dagegen Wege, die eigenen Spuren unkenntlich zu machen und letztlich sogar vollständig anonym aufzutreten. Die Abstufungen zwischen dem Bemühen, Daten zu vermeiden und ihrer absoluten Form, vollkommen gesichtslos aufzutreten, sind für sich genommen graduell. Die Konsequenzen sind jedoch radikal verschieden.

Es mag im Fall der Werbung unmittelbar verständlich sein, den Werbern möglichst wenig Anhaltspunkte zur eigenen Person zu liefern. Denn jedes hinterlassene Datum kann zum Boomerang einer »einmaligen Gelegenheit« werden, die dann den Briefkasten verstopft. Doch warum sollte jemand Anonymität anstreben? Handelt es sich nur um Wichtigtuerei? Äußert sich da eine überspannte Eitelkeit in übertriebener Wertschätzung der eigenen Daten? Solche Fragen verkennen das eigentliche Problem. Im täglichen Leben bewegen sich die meisten Menschen anonym. Städtische Verkehrsbetriebe verlangen für das Fahren mit Bus oder Bahn keine Kundennummer. An der Supermarktkasse erwarten die Kassierer nur das Geld, keinen Ausweis. Auch die Zufallsbekanntschaft am Kneipentresen beginnt ohne förmliche Vorstellung. Anonymität ist im täglichen Leben die Regel und nicht die Ausnahme. Sie ist allerdings so selbstverständlich, dass sie überhaupt nicht auffällt. Anonymität stellt sich im Netz nur sehr viel eher als Problem heraus, weil sie sich nicht von selbst ergibt. Sie muss durch spezielle Maßnahmen erst hergestellt werden.

Die Frage muss gerade im Internet also nicht lauten: »Warum anonym?« sondern: »Warum nicht anonym?«.

1. Werbung und Nutzerprofil

Viele Nutzerinnen und Nutzer halten das Internet per se für hinreichend anonym. Die Einwahl bei einem Internet-by-Call-Anbieter verbunden mit einem Gratis-Postfach bei einem Freemail-Dienst scheint unbeobachtetes Handeln im Netz zu ermöglichen. Das ist eine Illusion, wie schon das Beispiel Doubleclick zeigt. Die Firma Doubleclick vermarktet Werbung auf Web-Seiten. Zugleich verfügt das Unternehmen über eine Datenbank mit den Nutzungsprofilen von Web-Surfern. Doubleclick erstellt die Profile mit Hilfe von Cookies. Die Technik wurde 1996 von Netscape eingeführt und ein Jahr später als Standard formuliert. Durch die Cookies wurde das Manko der Web-Server überbrückt, keinen Zusammenhang zwischen Abfragen erkennen zu können. Indem die Server einem Browser, der zum ersten Mal eine Seite anfordert, ein Cookie übermitteln, das dieser bei der nächsten Anfrage an den gleichen Server wieder zurückschickt, entsteht ein Zusammenhang. Die Browser erhalten eine eindeutige Markierung.

Das Profil gewinnt Doubleclick durch die Redseligkeit der Browser. Sie geben Auskunft über sich selbst, die IP-Nummer des Rechners, das Betriebssystem und die Seite, von der sie kommen. Beim Aufruf einer Seite, die von Doubleclick mit Werbung versorgt wird, erhält die Firma bei der Anforderung der Werbebanner sowohl die URL der aufgerufenen Seite als auch das Cookie des Browsers. Dadurch entsteht ein Bewegungsprofil der Nutzer über alle Seiten, die von der Firma vermarktet werden. Gedacht sind Cookies zu einer einfachen Sicherung. Anstatt bei ein und derselben Website immer wieder das Passwort einzugeben, kann der Server einem durch ein Cookie als bekannt markierten Browser den Zugang erlauben. Außerdem können Anwender über diesen Mechanismus die Websites entsprechender Anbieter nach ihren Vorstellungen gestalten. So kann beispielsweise ein Online-Broker dem Nutzer beim Aufruf seiner Seite immer den aktuellen Stand ausgewählter Kurse präsentieren.

Aus Datenschutzgründen stehen viele Anwender Cookies skeptisch gegenüber. Doch ein Teil der Aufregung um die Markierungen der Browser speist sich aus der klammheimlichen Datensammelei, die damit ursprünglich verbunden war; denn mit den entsprechenden Einstellungen geben die Browser bereitwillig Auskunft, ohne dass die Benutzer etwas davon merken. Die Browser der neueren Generation erlauben jedoch, wie die Webfilterprogramme Webwasher[1] oder Junkbuster[2], ein Cookie-Management. Mit ihnen können die Anwender festlegen, von welcher Site sie Cookies akzeptieren möchten.

Die Versuche, Profile der Anwender anzulegen, beschränken sich nicht auf das Netz. Die Firma Real Networks geriet mit ihrem Realplayer ins Gerede, als sich herausstellte, dass ihre Programme eindeutig gekennzeichnet sind und Daten über die Nutzungsgewohnheiten der Anwender an das Unternehmen übermitteln. Auch Microsoft verwendet beim Media Player einen ähnlichen Mechanismus. Real Networks und Microsoft verwenden einen Global Unique Identifier (GUID), der eine Software-Installation weltweit eindeutig kennzeichnet. Real Networks konnte die Kennzeichnung mit den bei der Registrierung angegebenen E-Mail-Adressen in Verbindung bringen. Lautstarke, empörte Proteste bewogen jedoch beide Firmen, Abstand von der eindeutigen Kennzeichnung zu nehmen.

Was Real Networks tatsächlich an Vorlieben der Anwender speicherte, blieb im Dunkeln. Der Realplayer kann heute noch mit einer GUID arbeiten, allerdings sieht die Software die Möglichkeit vor, die Übermittlung abzuschalten. Microsofts Mediaplayer kennt ebenfalls die Option, die Übermittlung der GUID wegzulassen. Den Angaben des Software-Konzerns zufolge erhalten zudem nur die Anbieter von Web-Rundfunk die Identifikationsnummer. Mit der Verwendung der Kennzeichnung geben die Hersteller den Anbietern zwei Möglichkeiten an die Hand. Zum einen können Anbieter damit die Qualität der Datenübertragung überprüfen. Zum anderen können Anbieter über die GUID sicherstellen, dass nur zahlende Kunden ihr Radioprogramm oder ihr Video empfangen.

Mit dem Einschränken von Cookies oder GUIDs ist keine Anonymität verbunden. Es werden nur bestimmte Informationen zurückgehalten, andere, etwa die Adresse des Rechners, aber freigegeben. Auf dieser Ebene die Übermittlung von Daten einzuschränken, kommt nur einem ersten Schritt in Richtung Anonymität gleich.

2. Absender unbekannt – Remailer

Für E-Mail, das World Wide Web und andere Kommunikationskanäle steht jeweils eigene Software zur Verfügung, mit der Anonymität hergestellt wird. Fast alle Programme verwenden hierbei drei Mechanismen:

1. Sie verbergen den Absender einer Mitteilung,
2. sie verbergen den Inhalt durch Verschlüsselung,
3. sie verschleiern die Verkehrsdaten, so dass nicht nachvollziehbar ist, wer mit wem kommuniziert.

Im Bereich der E-Mail und der öffentlichen Diskussion in den Foren des Usenet haben sich diese drei Stufen nach und nach entwickelt. So genannte Remailer folgen seit Anfang der 90er-Jahre einem grundsätzlichen Funktionsprinzip: Sie nehmen eine E-Mail an eine bestimmte Adresse entgegen, entfernen alle Hinweise auf den Absender und stellen sie dann dem Adressaten oder einer Nachrichtengruppe zu.

Einer der ersten und bekanntesten Remailer war anon.penet.fi in Finnland. Es handelte sich um einen pseudonymen Remailer, der Hinweise auf

In der Standardeinstellung sammelt ein Mailserver (hier sendmail) reichlich Daten:

Eingang einer E-Mail

Datum	Dec 21 19:17:12
sendmail-ID	fBH8Y8Gx001262
Von wem?	from=<xxx@yyy.zzz.net>
Größe	size=1203
Message-ID	msgid=<20011221181733@yyy.zzz.net>
Inhaltstyp	bodytype=8BITMIME
Woher?	relay=[202.102.70.34]

Dieselbe E-Mail wird weitergeleitet

Datum	Dec 21 19:17:12
sendmail-ID	fBH8Y8Gx001262
An wen?	to=æaa@bbb.ccc.dd>
Wohin?	relay=bbb.ccc.dd
Status	stat=Sent

die Absender durch Pseudonyme ersetzte. Eine dahinter stehende Datenbank verknüpfte Pseudonyme und Adressen miteinander. Diese Konstruktion ermöglichte es, einem anonym auftretenden Schreiber eine E-Mail zurückzuschicken. Die E-Mail ging an den Pseudonym-Server, der die mit dem Pseudonym verknüpfte Adresse heraussuchte und sie dahin weiterschickte.

Johan Helsingius, der Betreiber des Services, beendete 1996 nach drei Jahren den Betrieb, obwohl er damals nach eigenem Bekunden über 500 000 Nutzer hatte, die teilweise 6 000 Mitteilungen täglich über den Server schickten. Auslöser für die Schließung war ein von der Scientology-Sekte angestrengtes Gerichtsverfahren. Ein Benutzer von anon.penet.fi hatte im Usenet Exzerpte aus Scientology-Büchern veröffentlicht. Die Sekte sah darin einen Bruch des Urheberrechts. Sie bewirkte in Finnland einen Gerichtsbeschluss, der Helsingius zwang, die E-Mail-Adresse zu dem Pseudonym herauszugeben.

Auf der Mailing-Liste Cypherpunks wurde das Geschehen aufmerksam verfolgt. Der Name bezieht sich auf das Science-Fiction-Genre »Cyberpunk« und spielt mit der Konnotation von Ziffer oder Chiffre. Die Mailing-Liste stellt die lose Verbindung von Leuten her, die an Kryptografie, also Verschlüsselung interessiert sind, zum Teil aber auch ihr libertäres Gedankengut – die Einzelnen sind nur sich selbst verantwortlich – über das Internet fördern möchten.

In verschiedenen Szenarien hatten die Cypherpunks die Unsicherheit des finnischen Pseudonym-Servers schon durchgespielt. Aus dieser Kritik heraus wurde die erste Generation der anonymen Remailer, die Cypherpunk- oder Typ-1-Remailer, entwickelt. Sie schränken die Rückverfolgbarkeit einer Nachricht ein, indem sie auf Pseudonyme verzichten und keine Protokolle über ein- und ausgehende Post führen. Sie können den Inhalt einer Mitteilung zusätzlich durch Verschlüsselung sichern. Dazu steht für jeden Cypherpunk-Remailer ein öffentlicher Schlüssel bereit, mit dem die eigentliche Nachricht samt der Adresse, an die sie gehen soll, chiffriert werden kann. Der Remailer entschlüsselt die Post und schickt sie daraufhin an die angegebene Adresse weiter.

Zusätzlich sehen die Cypherpunk-Remailer die Möglichkeit der Verkettung vor und erschweren damit die Ermittlung der Verkehrsdaten. Denn ein Lauscher könnte bei einem Cypherpunk-Remailer sowohl über den zeitlichen Zusammenhang von ein- und ausgehenden Nachrichten als auch über das Größenverhältnis der Mitteilungen Rückschlüsse auf Absender und Empfänger ziehen. Um das zu vermeiden, sollte die Post über Typ-1-Remailer mehrere Stationen im Remailer-Netzwerk vorsehen. Anwender müssen sich also mindestens zwei Remailer aussuchen: einen, der die Post ins Netzwerk einschleust, und einen zweiten, der die E-Mail zustellen soll. Dazu muss der Text erst mit dem Schlüssel des zweiten Servers chiffriert werden. Die erste Station sieht dann nur die Anweisung, an welchen Rechner die Mitteilung als nächstes gehen soll. Adressat und Text bleiben dem Server so verborgen. Der ausliefernde Rechner kennt zwar den Adressaten, sieht als Sender aber nur den anderen Remailer.

Noch während der Streitigkeiten um anon.penet.fi wurde auf der Basis der Cypherpunk-Remailer mit nym.alias.net ein neuer pseudonymer Service aufgebaut. Damit wurde die Möglichkeit einer persönlichen Antwort auf eine anonyme Stellungnahme gesichert. Die neueren Pseudonym-Server fungieren nach dem Beispiel von nym.alias.net als Kettenglied im Geflecht der Typ-1-Remailer. Um ein pseudonymes Nutzerkonto einzurichten, schicken Anwender eine E-Mail mit der Anweisung, ein Konto einzurichten, zum Beispiel <jemand@nym.alias.net>, über Remailer an den nym-Server. Zusätzlich zur pseudonymen Adresse enthält die Anweisung einen Antwort-Block, der dem nym-Server sagt, über welche Remailer-Stationen eine Anwort zurückzuschicken ist. Der Pseudonym-Server hat also nur Kontakt mit Remailern. Auf diese Weise kann nicht einmal der Betreuer des Pseudonym-Servers feststellen, wer bei ihm ein Konto unterhält.

Das Problem, die Verkehrsdaten zuverlässig zu verschleiern, lösen die Typ-1-Remailer nicht. Eine Rückverfolgung wäre bei einer entsprechend weit gespannten Überwachung durchaus noch möglich. Ebenfalls aus dem Umfeld der Cypherpunk-Liste wurden daher die Typ-2-Remailer oder Mixmaster[3] entwickelt. Der Begriff des »Mix« geht zurück auf einen Aufsatz von David Chaum, der sich bereits Ende der 70er-Jahre mit dem Problem befasste.[4] Chaum schlug vor, das Ausliefern von Mitteilungen zu verzögern, bis sich eine ausreichend große Menge angesammelt hat. Erst dann werden die Nachrichten in einer zufälligen Reihenfolge weitergeleitet. So verbirgt das System den zeitlichen Zusammenhang von Eintreffen und Ausliefern. Zusätzlich wird die Größe der verschiedenen Nachrichten angeglichen, und ein Rückschluss auch auf dieser Basis ausgeschlossen.

Lance Cottrell stellte im November 1994 die erste Version der Mixmaster-Software auf der Cypherpunk-Liste vor. Im Gegensatz zu den Typ-1-Remailern, die auch mit normaler E-Mail-Software verwendet werden können, braucht der Mixmaster ein eigenes Client-Programm, um schon bei der Erstellung der Nachricht das Mixmaster-Protokoll, etwa die Paketgröße, berücksichtigen zu können. Die Verschlüsselung der Mitteilung und die Verkettung verschiedener Stationen nutzt auch Mixmaster.

Damit die Nutzung der Mixmaster nicht auffällt, müssen die Server zumindest untereinander aber eigentlich auch die Nutzer für ständigen Verkehr im Mixmaster-Netz sorgen. Dadurch entsteht ein Überfluss an Mitteilungen. Angaben, wieviele »reale« Mitteilungen durch die Mixmaster fließen, werden damit unmöglich. Da die meisten Remailer heute beide Betriebsarten, sowohl als Cypherpunk-Remailer wie als Mixmaster beherrschen, kommt Lutz Donnerhacke, selbst Betreiber eines Remailers in Deutschland, nur zu einer globalen Einschätzung: »Das Aufkommen beläuft sich auf mehrere Gigabyte im Monat.« Die Statistiken einzelner Server geben ihm Recht: sie verarbeiten bis zu 1 000 Mitteilungen pro Tag. Die Bewältigung eines solchen Datenstroms kostet Geld. Das erklärt vielleicht, warum die Anzahl der Remailer ständigen Schwankungen unterworfen ist. Donnerhacke nennt die Spannbreite von zehn bis hundert Systemen.

3. Unerkannt im Web – Proxy-Server

Das Beispiel Doubleclick hat bereits gezeigt, welche Daten im Web eingesammelt werden können. Doch auch in diesem Bereich des Netzes lässt sich Anonymität stufenweise durchsetzen.

Dabei verwenden die meisten Dienste einen Proxy-Server. Ein Proxy arbeitet zwischen dem Client-Programm, in der Regel ist das der Browser, und dem Server. Ursprünglich dienten Proxies der Entlastung des Netzes: Anstatt häufig angeforderte Seiten bei jedem Aufruf neu zu holen, fungieren die Proxy-Server als Zwischenspeicher. Doch sie können auch filtern, wie die lokal zu installierenden Programme Junkbuster oder Webwasher.

Als einer der ersten Anonymisierungsdienste etablierte sich Anonymizer,[5] ein Unternehmen des Mixmaster-Programmierers Lance Cottrell. Über die Web-Seite des Anonymizers kann direkt eine URL angefordert werden. Der die Seite liefernde Server kann in diesem Fall nur protokollieren, dass ihm eine Anfrage vom Anonymizer gestellt wurde. Das Verfahren von Anonymizer verdeckt nicht nur, wer anfragt, sondern filtert auch weitere Elemente heraus, die Unfug treiben könnten, etwa Javascript. Das Unternehmen ermöglicht auch den Eintrag von »anon.free.anonymizer.com« mit Port 80 als Proxy im Browser. Der Browser holt dann alle Seiten automatisch über Anonymizer. Allerdings werden dabei verschiedentlich Seiten geblockt, weil die Firma ihre Leistung verkaufen möchte.

An der Technischen Universität Dresden wurde das Verfahren des Anonymizers durch Verschlüsselungsmethoden weiter ausgebaut. Dazu wird auf

Der Apache Webserver verzeichnet jeden Zugriff auf die Webseiten	
IP-Nummer	195.14.249.40
Server-Datum	[16/Dec/2001:14:03:11 +0100]
index.html geliefert	»GET / HTTP/1.1«
Wo kommt der Besucher her	»http://www.google.com/search?q=anonyme+provider«
Nutzer-Software	»Mozilla/4.0 (compatible; MSIE 6.0; Windows NT 5.1; DT)«
Der gleiche Versuch über den Anonymizer	
IP-Nummer	168.143.112.8
Server-Datum	[16/Dec/2001:14:04:47 +0100]
index.html geliefert	»GET / HTTP/1.0«
Wo kommt der Besucher her	»-«
Nutzer-Software	»Mozilla/4.78 (TuringOS; Turing Machine; 0.0)«

dem eigenen Rechner ein Proxy namens JAP (Java Anon Proxy) installiert.[6] Der Browser wird so konfiguriert, dass alle Anfragen an JAP gehen. JAP stellt eine verschlüsselte Verbindung zu einem weiteren Server her, der nach dem Modell des »Mix« die Seiten holt und den einzelnen Anwendern zurückschickt.

Analog zum Mixmaster haben bei JAP eventuelle Lauscher durch die Verschlüsselung keine direkte Chance zu erfahren, welche Adressen angesteuert werden und welche Inhalte (ausgefüllte Webformulare zum Beispiel) Benutzer verschicken. Die Verarbeitung im Pulk verschleiert auch bei JAP zuverlässig die Verkehrsdaten. Im Projekt »AN.ON – Anonymität.Online« arbeitet die TU Dresden mit dem Unabhängigen Landeszentrum für Datenschutz Schleswig-Holstein an einer Weiterentwicklung des mit JAP begonnenen Projekts. Am Ende soll ein ganzes Netz von Mix-Proxies zur Verfügung stehen.

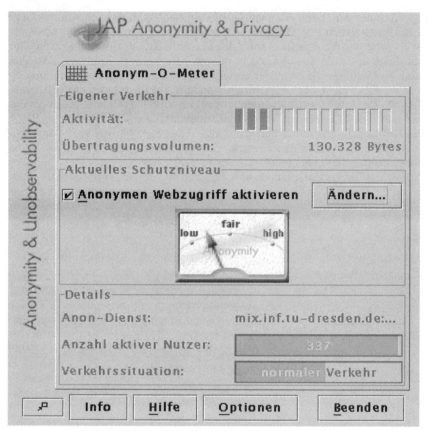

JAP informiert an Hand der Anzahl der Nutzer und des Umfangs des Datenverkehrs über den Grad an Anonymität.

Der Dienst von Rewebber[7] ähnelt dem des Anonymizers. Auch hier werden bei einem kostenpflichtigen Dienst alle Hinweise, die Aufschluss über die Person des Surfers geben könnten, aus einer Web-Anfrage entfernt. Eigentlich gehört zum ursprünglichen Konzept des Rewebber[8] auch die Verwendung von Mixen. Doch der Rewebber verzichtet darauf, denn er »ist nicht für das Sicherheitsbedürfnis der Geheimdienste gedacht, sondern richtet sich an Otto Normalverbraucher«, erläutert Andreas Rieke, Geschäftsführer des Rewebber-Anbieters ISL. Darüber hinaus verlangsame die Mix-Konstruktion das Surfen und verursache hohe Kosten.

Aus Mangel an Nachfrage stellte Rewebber die ebenfalls im Konzept vorgesehene Möglichkeit ein, anonym im Netz zu publizieren. Ursprünglich verfügte der Rewebber über einen öffentlichen Schlüssel, mit dem sich die URLs von Webseiten verschlüsseln ließen. Die verschlüsselte URL folgte dann der Form: »http://www.rewebber.de/surfencrypted/Schlüssel«. Beim Aufruf der Seite erhielt der Rewebber die chiffrierte URL. Er entschlüsselte sie und lieferte dem Surfer die Seite. Der Betrachter erhielt bei diesem Vorgehen keine Hinweise, wo die Seite tatsächlich lagert. Als problematisch erwies sich, so Rieke, dass nur die Kunden von Rewebber die Seiten betrachten konnten.

4. Anonyme Netze

Parallel zum Web eine Möglichkeit zu schaffen, anonym publizieren zu können, ist das Ziel des Projekts Publius.[9] Auch Publius verwendet eine Proxy-Konstruktion, um sein Ziel zu erreichen. Die Software kann auf einem entfernten Rechner angesprochen, aber auch lokal installiert werden. Für den Anwender funktioniert Publius nach dem gewohnten Modell: im Browser klicken und lesen. Ähnlich einfach gestaltet sich das Publizieren. Dabei verwendet die Software kryptografische Methoden, um das Dokument abzusichern. Der Text wird chiffriert und der Chiffrierschlüssel anschließend so in Teile zerlegt, dass sich aus einer bestimmten Anzahl von Teilen der ursprüngliche Schlüssel wieder herstellen lässt. Die Software sorgt dann für die Lagerung des Dokuments mit den Einzelteilen des Schlüssels auf verschiedenen Servern. Um den Text wieder lesbar zu machen, muss die Software einmal das Dokument holen. Zusätzlich benötigt sie eine ausreichend große Zahl von Schlüsselteilen, um den ursprünglichen Schlüssel wieder herzustellen und das Dokument zu dechiffrieren.

Publius schafft mit diesem Vorgehen ein relativ hohes Maß an Ausfallsicherheit. Selbst wenn einige Server ausfallen sollten, bleibt das Dokument an anderen Stellen erhalten und auch sein Schlüssel lässt sich immer noch rekonstruieren. Mit der Verschlüsselung der Dokumente stellt das System zudem sicher, dass die Administratoren der beteiligten Rechner nicht wissen können, was sie lagern. Letztlich räumt Publius den Autoren durch die zusätzliche Absicherung mit Passworten auch weiterhin Einfluss auf ihre Texte ein: Sie können sie verändern oder löschen.

Die bisherigen Erfahrungen mit dem Projekt fasst Marc Waldman, einer der Autoren der Software, so zusammen: »Publius erlebte eine zurückhaltende, wenn auch stetige Benutzung – meistens Nachfragen nach Dokumenten.« In einem im November 2001 erschienenen Bericht umreißt Waldman zusammen mit seinen Ko-Autoren Aviel Rubin und Lorrie Cranor einige mögliche Ergänzungen für Publius. So könnten Autoren die Möglichkeit erhalten, ihre Veröffentlichungen bei einem Index anzumelden, damit Außenstehende einen Eindruck bekommen können, was im Publius-Netzwerk lagert.

Während Publius sich noch deutlich am Web orientiert, schlägt das Projekt Freenet eine vollkommen andere Richtung ein. Freenet realisiert ein Peer-to-

Peer-Netzwerk. In Peer-to-Peer-Netzwerken entfällt die harte Unterscheidung von Client und Server (der Client, etwa das E-Mail-Programm, erfragt eine Leistung – eine E-Mail zustellen – und der Server erledigt sie). Stattdessen übernehmen die beteiligten Rechner beide Rollen. Sie stellen selbst Anfragen und beantworten die Anforderungen anderer. Das bekannteste Peer-to-Peer-Netzwerk dürfte Gnutella sein. Das entscheidende Merkmal des Netzes besteht darin, keinen zentralen Punkt zu kennen über den die Kommunika-

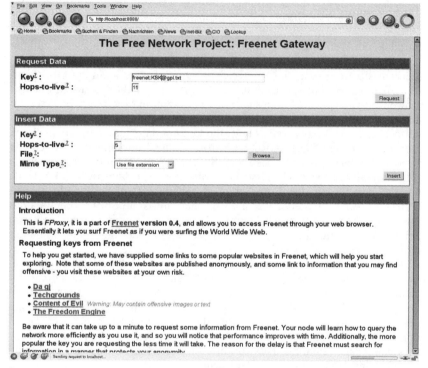

Über den Browser lässt sich der lokale Freenet-Proxy ansprechen.

tion läuft. Es handelt sich um ein »verteiltes Netz«, das einen hohen Grad an Stabilität aufweist. Auch wenn einzelne Knoten ausfallen, ist die Kommunikation gewährleistet. Erkauft wird die Stabilität mit Einbußen bei der Leistungsfähigkeit, weil Bandbreite unter anderem für Kontrollinformationen verloren geht.

»Freenet«[10] sieht die hohe Stabilität in Peer-to-Peer-Netzwerken als Vorteil und baut darauf auf. Es erweitert jedoch die Mechanismen, um daraus ein eingriffsresistentes Netzwerk zu machen. Bei Publius haben die Autoren Einfluss auf jene Daten, die sie dem Netz zur Verfügung stellen. Sie können ihre eigenen Daten hinzufügen, verändern und löschen. Freenet erlaubt den Nutzern zwar, Daten in das Netz zu speisen, entzieht sie dann aber weitgehend ihrer Kontrolle. So können Autoren aktualisierte Fassungen bereitstellen, aber die älteren Versionen ihrer Arbeiten bleiben erhalten. Um die Menge des Inhalts trotzdem in Grenzen zu halten, werden wenig nachgefragte Inhalte nach einiger Zeit gelöscht.

Daten werden auch bei Freenet verschlüsselt und über das Netz verteilt. Wie die Server bei Publius wissen die einzelnen Teilnehmer unter diesen Umständen nicht, was von dem Angebot im Freenet von ihrem eigenen Rechner stammt. Zugleich anonymisiert Freenet weitgehend sämtliche interne Prozesse: Es erschwert den Aufschluss darüber, wer Informationen einspeist und wer sie abruft.

Auch bei Freenet kann der Browser als Benutzeroberfläche dienen und über einen Proxy den lokal laufenden Freenet-Server ansprechen. Darüber lassen sich in vom Web gewohnter Weise Inhalte erreichen: Jede Datei im Freenet ist mit einem Schlüssel verbunden, der gleichzeitig als URL dient. Die Schlüssel können durchsucht und die Treffer angefordert werden. Dabei werden die Suchanfragen wie im Gnutella-Netzwerk von Knoten zu Knoten weitergereicht.

Inzwischen bietet Freenet den Beweis, dass das Konzept funktioniert. Allerdings ist die effektive Benutzung der Software-Version 0.4 ohne Hintergrundkenntnisse nicht möglich. Ian Clarke, der Initiator und Ideengeber, schätzt die Beteiligung dennoch auf 200 bis 1 000 Rechner. Die Entwicklung von Freenet folgt dem Open-Source-Modell und hat mit den eigenen hoch gesteckten Zielen zu kämpfen: »Niemand hat bisher ein Projekt wie Freenet umgesetzt. Wir versuchen nicht nur Software für den allgemeinen Gebrauch herzustellen. Freenet ist auch ein Forschungsprojekt, das einige der jüngsten Ideen der Informatik verwendet«, so Clarke.

5. Forschungsprojekte und Gedankenspiele

Neben den funktionierenden und frei verfügbaren Ansätzen existieren eine ganze Reihe von Projekten in unterschiedlichen Stadien, die ebenfalls die Privatsphäre im Internet sichern wollen.

Abgeschlossen, funktionstüchtig und patentiert, aber nicht öffentlich zugänglich ist das Projekt Onion-Router.[11] Entwickelt in den Laboratorien der US-Marine, unterstützen Onion-Router mittlerweile eine ganze Reihe von Diensten, vom Web über E-Mail bis zur Kommunikation über das Usenet. Der Name des Projekts verweist bereits auf die Funktionsweise. Im Internet funktioniert die Kommunikation über Pakete. Sie lassen sich grob zweiteilen: Das Paket enthält die Adresse, an die es gehen soll (etwa ein Web-Server), und den Inhalt (»bitte die Seite index.html liefern«). Die Router als Vermittlungsstellen übernehmen es, das Paket anhand der Adresse zuzustellen. Ein Onion-Router verschlüsselt das Paket inklusive der Zieladresse mit der Chiffre eines zweiten Routers und übermittelt ihm das Paket. Der Zweite entschlüsselt das Paket und stellt es zu. Die Kommunikation läuft über mehrere Stationen, die der erste Router festlegt. Beim Durchlaufen der Kette schält jeder Router, wie bei einer Zwiebel, seine kryptografische Schale herunter. Damit entspricht das Funktionsprinzip dem oben geschilderten Verketten anonymer Remailer. Um auch die Verkehrsdaten zu verschleiern, verwenden die Onion-Router ebenfalls die Chaum'sche Idee des Mixes.

Mit dem Entwurf für Free Haven[12] möchten Studenten des Massachusetts Institute of Technology (MIT) ähnlich wie Freenet eine Möglichkeit der anonymen und zensurresistenten Veröffentlichung schaffen. Auch bei Free Haven ist eine Peer-to-Peer-Infrastruktur vorgesehen, die wiederum durch Mixe die Verkehrsdaten verschleiert. Zusätzlich sollen sich die beteiligten Knoten gegenseitig bewerten, um ein ausreichendes Maß an Verlässlichkeit herzustellen: Knoten, die sich als unzuverlässig erweisen, rücken dadurch in den Hintergrund. Zu veröffentlichende Dokumente werden bei Free Haven so in Teile zerlegt und auf den Knoten gespeichert, dass eine bestimmte Anzahl der Teile erlaubt, das Dokument zu rekonstruieren (Publius verwendet die gleiche Technik für die Schlüssel).

Auf Einladung von Scott Bradner von der Harvard-Universität und der kanadischen Firma Zero Knowledge Systems im November 2000 haben sich in der unabhängigen NymIP-Forschungsgruppe[13] ausgewiesene Spezialisten zusammengefunden, um kontrollierte Anonymität beziehungsweise Pseudonymität im Netz zu ermöglichen. Nicht nur US-Universitäten, sondern auch die Technische Universität Dresden und das Unabhängige Landeszentrum für Datenschutz Schleswig-Holstein sind beteiligt. NymIP arbeitet dem internationalen Standardisierungsgremium IETF (Internet Engineering Task Force) zu.

Mit »kontrollierter Anonymität« meint die Gruppe, dass es im Ermessen der Anwender liegen soll, ihre Identität aufzudecken oder zu verbergen. Der Entwurfsprozess soll öffentlich verlaufen. Das Projekt setzt bereits auf der grundlegenden Protokollebene an und macht die ersten Schritte mit der Erkundung der Probleme und dem Entwurf eines gemeinsamen Vokabulars. Die Entwicklungsarbeit von NymIP ist damit eine Gegenbewegung zur Entwicklung des neuen Internetprotokolls IPv6, das eine lückenlose Überwachung auf Geräteebene ermöglicht.

Das jüngste und kleinste Entwicklungsprojekt im Bereich der Anonymität nennt sich Fling[14] und wird derzeit von einem Entwickler betreut. Die Orientierungspunkte für Fling sind einmal mehr Freenet und Mixmaster, aber auch Onion-Router. Fling folgt, wie Freenet, dem Entwicklungsmodell von Open-Source. Ziel ist es, zwischen den Internet-Protokollen und den Anwendungen eine anonymisierende Schicht einzuziehen. Bislang arbeiten die Entwickler von Fling jedoch noch an ihrem Realisierungskonzept.

6. Trau, schau, wem – eine Frage des Vertrauens

Anonymität ist vielfach eine Frage des Vertrauens. Im Fall der Remailer tauchen immer wieder Gerüchte auf, einzelne Systeme seien nicht vertrauenswürdig. So äußert André Bacard, ein Datenschutzaktivist in den USA: »Ich habe einige Remailer gesehen, die mir verdächtig vorkommen.« Doch einen Beleg mag Bacard aus rechtlichen Gründen nicht präsentieren. Keines der Gerüchte wurde bislang konkret, und der Nachweis, dass einzelne Remailer etwa von staatlichen Stellen betrieben würden, fehlt.

Wesentlich schwerer als solche Gerüchte wiegen die praktischen Erwägungen. Schließlich kann jeder, dem der Sinn danach steht, einen Remailer betreiben. Es fragt sich nur, ob die selbstgestellte Aufgabe auch zuverlässig gelöst wird. Probleme können beim Betrieb überall auftreten: Wird das Betriebssystem gepflegt und gegen Einbrüche abgesichert? Ist die Software korrekt installiert und spielen die Komponenten zusammen? Fallen tatsächlich keine Protokolleinträge an und werden temporäre Daten vollständig überschrieben? Da es kaum Antworten auf diese Fragen gibt, können Nutzer nur indirekte Schlüsse ziehen: Wer betreibt den Remailer? Gibt es Hinweise, dass die Person weiß, was sie tut? Ähnlich lauten die Fragen auch für andere Software.

Andere Kriterien für ein verlässliches Funktionieren sind der für jeden offen liegende Quellcode und das Alter eines Programms. Es gibt keine Garantie dafür, dass offene Quellen auch tatsächlich von vielen Augen überprüft werden, doch zumindest steigt die Wahrscheinlichkeit dafür. Ältere, häufig benutzte Programme sollten zudem schon in so vielen Szenarien zum Einsatz gekommen sein, dass die meisten Fehler behoben sein dürften. Der Mixmaster ist ein Beispiel, das diese Kriterien weitgehend erfüllt. Zudem stellt er allein durch sein Konzept sicher, dass er nur einen vertrauenswürdigen Knoten benötigt, um verlässlich Anonymität herzustellen.

7. Kleiner Markt, große Ideale

Das Engagement für anonyme Kommunikationslösungen speist sich aus höchst unterschiedlichen Motiven. Bei Freenet gab die Befürchtung den Ausschlag, das Internet könne in genau dem gleichen Maße Meinungsfreiheit einschränken, wie es sie jetzt befördert. Allzu zahlreich seien die Möglichkeiten, die einzelnen Nutzer auszuspähen und zu überwachen. Publius entstand aus der Reaktion auf die weltweiten Bestrebungen, Meinungsfreiheit im Internet einzuschränken. Dementsprechend verweist schon der Name auf die gute Tradition anonymer Veröffentlichungen: Unter dem Pseudonym Publius überzeugten drei Autoren, darunter auch der spätere vierte Präsident der USA, James Madison, die New Yorker davon, die geplante Verfassung der USA anzunehmen. Die Artikelsammlung der »Federalist Papers« dient heute noch der Auslegung der amerikanischen Verfassung.

Verdanken sich Freenet und Publius mehr einer Abwehrhaltung, zielen Mixmaster und Remailer aus dem Cypherpunk-Umfeld eher auf eine Umsetzung ihrer libertären Vorstellungen. Die Software soll den Handlungsspielraum der Einzelnen erweitern, ohne dass Rücksicht auf eine Gemeinschaft genommen werden müsste. Das Vorgehen der Cypherpunks hat Methode. Das Internet als weltumspannendes Netzwerk unterliegt keiner einheitlichen staatlichen Regelung. Die Inhalte auf einem bestimmten Rechner müssen nur die Gesetze des Landes, in dem er steht, berücksichtigen. Aus Sicht der Cypherpunks bietet sich durch das Internet die Möglichkeit, für jedes Vorhaben die rechtlich geeignete Umgebung zu suchen. Aus der Vernetzung der verschiedenen Nischen ergibt sich dann die größtmögliche Handlungsfreiheit. Wie so etwas aussehen kann, zeigte die Firma C2Net. Sie entwickelte einen Web-Server namens Stronghold, der kryptografische Methoden zur Sicherung der Kommunikation einsetzt. Da die USA lange Zeit den Export von Verschlüsselungssoftware untersagte, gründete die Firma mit Hauptsitz in Oakland, Kalifornien, Dependancen außerhalb der USA. Dort wurden die kryptografischen Module entwickelt und der weltweite Vertrieb geregelt.

Idealerweise stehen Cypherpunk-Systeme dort, wo ein Maximum an Freiheit gewährt ist, weil kein Staat mit seiner Rechtsprechung regelnd eingreifen kann. Im Sommer 2000 eröffnete daher mit »HavenCo« die erste »Datenoase« auf Sealand, einer ehemaligen Ölbohrplattform zehn Kilometer vor der englischen Küste. Natürlich betreibt HavenCo auch einen Remailer. Die politische Motivation bleibt vorerst der Motor der Entwicklung, denn das Geschäft mit der Anonymität kränkelt bislang. So steht das Geschäftsmodell von Anonymizer und Rewebber, den Schutz der Privatspäre als Dienstleistung zu verkaufen, auf wackligen Füßen und die Firma Safeweb stellte im Sommer 2001 bereits ihren Dienst ein: Einschlägige Listen[15] führen anonymisierende Proxies, die umsonst verfügbar sind, allerdings gleich hundertfach auf.

Auch das deutlich ambitioniertere Vorhaben »Freedom« von Zero Knowledge Systems (ZKS) wurde im Herbst 2001 zurückgefahren. ZKS kombinierte die Anonymisierung mit einer Verschleierung der Verkehrsdaten durch den Einsatz eines Mix-Netzes. ZKS stellte den Betrieb des Netzes ein und beschränkt sein Angebot jetzt auf lokal zu installierende Werkzeuge. In einem Interview mit »Wired News« meinte der Mitgründer von ZKS, Austin Hill: »Ich glaube, dass es sich insgesamt gesehen um einen sehr kleinen Markt handelt.« Im Fall von ZKS mag die geringe Nachfrage auch darin begründet sein, dass der Unterschied von »Freedom« zu »Anonymizer« vorläufig schwer zu vermitteln ist. Mit der flächendeckenden Einführung der neuen Version des Internet-Protokolls (IP Version 6) könnte der Bedarf jedoch schlagartig steigen. Die Adressen der Netzknoten werden dann automatisch die eindeutigen Nummern der Netzwerkkarten des jeweiligen Geräts beinhalten. Einen herkömmlichen PC mögen sich noch verschiedene Nutzer teilen. Ein netzwerkfähiger Kleinstcomputer, ob als Handheld oder im Mobiltelefon wird jedoch eindeutige, personengebundene Spuren hinterlassen.

8. Spurensicherung

In Deutschland treiben die Datenschützer die Entwicklung anonymer Dienste ganz offiziell voran. Sie folgen dem Auftrag des Gesetzes, wie Helmut Bäumler, Leiter der Schleswig-Holsteinischen Datenschutzzentrums, es formuliert: »Das Recht auf Anonymität im Internet, das im Teledienstedatenschutzgesetz garantiert ist, muss endlich effektiv durchgesetzt werden.« Sein Credo führt häufiger zu Meinungsverschiedenheiten mit den Strafverfolgungsbehörden. Seit Jahren bemühen sich Polizei und Staatsanwaltschaft um eine Ausweitung ihrer Ermittlungsbefugnisse. Dabei setzen sie ihren Einfluss auf nationalen, europäischen und internationalen Ebenen ein. Als Beispiel für ihre letztlich erzielten Erfolge mag die im November 2001 vom Europarat verabschiedete Cybercrime-Konvention dienen.[16] Mit ihr sollen die Gesetze in den verschiedenen europäischen Ländern in Bezug auf Computerkriminalität vereinheitlicht werden. Der größere Teil der Vereinbarung bezieht sich auf unmittelbar mit vernetzten Rechnern zusammenhängende Straftaten.

Unter Strafe soll stehen: Sich unberechtigt Zugang zu einem Rechner verschaffen, Abhören nicht-öffentlicher Daten, unberechtigte Manipulation von Daten, unberechtigte Beeinträchtigung von Rechnern, die Herstellung und Verbreitung von Werkzeugen, die in erster Linie die bereits aufgezählten Straftaten ermöglichen, Fälschung und Betrug mittels Computer. Daneben stellt die Konvention explizit auch das Beschaffen, Anbieten und Verteilen von Kinderpornografie, sowie kommerziell motivierte Vergehen gegen das Urheberrecht unter Strafe.

Der größere Teil der Konvention ist in Deutschland bereits Gesetz. Trotzdem unterscheidet sich die Szenerie, was Einbrüche in fremde Rechner oder manipulierte Computer angeht, kaum von der anderer Länder. Daher werden auch immer wieder deutlich weitergehendere Wünsche formuliert: Die Palette reicht von der Einschränkung kryptografischer Methoden bis zur Abschaffung der Anonymität.

9. Schöne neue Welt

Die Musikindustrie begleitet seit einiger Zeit ihre jährlichen Bilanzen mit Klagen über den Rückgang von Tonträgerverkäufen und behauptet einen direkten Zusammenhang mit Raubkopien, die über das Internet verteilt würden.

Richtig ist, dass Kopien über das Internet ausgetauscht werden. Noch im Jahr 2000 erfreute sich die Musiktauschbörse Napster größter Beliebtheit. Der amerikanische Industrieverband verklagte Napster wegen Verletzung des

Urheberrechts und bekam Recht. Napster wurde dazu verurteilt, geschützte Inhalte zu filtern. Bertelsmann kaufte die Firma, um einen eigenen Tauschdienst einzurichten. Sony arbeitet ebenfalls an einer eigenen Börse. Beide Dienste sollen Schutzmechanismen für Musikdateien mitbringen, die das weitere Kopieren einschränken.

Die bisherigen vorgeschlagenen Lösungen für ein »Digitales Rechte-Management« arbeiten mit Wasserzeichen. Die Kennzeichnungen sollten weder sicht- noch hörbar sein. Zudem müssen sie Veränderungen widerstehen. Mit dem Formatwechsel eines Bildes von GIF- zu JPEG-Codierung dürfen keine schwer wiegenden Unterschiede einhergehen. Das Funktionsprinzip der Wasserzeichen nutzt die in bestimmten Bereichen mangelnde Unterscheidungsfähigkeit der menschlichen Wahrnehmung. Ein Stück Stoff, das schwarz-weiß erscheint, muss nicht aus rein weißen und rein schwarzen Fäden bestehen. Geringfügige Abstufungen der Helligkeit entgehen dem menschlichen Auge. Die einzelnen Fäden könnten also leicht changieren, ohne dass der Eindruck verändert wird. Das Ohr kann auf ähnliche Weise getäuscht werden. Zwei Schallwellen, die zeitlich nahe genug aufeinander folgen, nimmt das Gehör als eine wahr.

In den Planspielen der Musikindustrie[17] kaufen die Hörer einzelne Musikstücke. Beim Herunterladen erhalten die Dateien ein Wasserzeichen, das zum Beispiel die Kundennummer und die Gerätenummer enthält. Die Musik ließe sich dann nur hören, wenn das Programm oder das Gerät sowohl die richtige Kundennummer kennen, als auch mit der korrekten Gerätenummer gekennzeichnet sind. Das Musikstück wäre dadurch an ein konkretes Medium und einen bestimmten Kunden gebunden. Einige Überlegungen gehen diesen Weg noch weiter und schlagen Zahlungen für jedes Hören vor. Anonymität spielt in diesen Vorstellungen offensichtlich keine Rolle. Stattdessen erhielte der Musikvertrieb bei diesem Modell des Rechte-Managements ein detailliertes Profil jedes Kunden, da Kundennummer und gekaufte Dateien bekannt sind.

Andere Inhaber von Urheberrechten folgen der Musikindustrie auf dem Fuße: Die Filmindustrie in den USA und neuerdings auch die Fernsehsender fürchten um ihre Existenz, sollten die Handlungsspielräume der Anwender nicht erheblich eingeschränkt werden.

10. Kein Ende in Sicht

Privatsphäre, staatliche und wirtschaftliche Interessen sind außerhalb des Netzes austariert. Durch das Internet werden die Karten neu gemischt:
– Das Internet gestattet anonymes Veröffentlichen, und der Handlungsspielraum der Bürger wird ausgeweitet.

- Die Strafverfolgung wird durch Anonymisierungstechniken im Netz vor nur schwer oder kaum zu bewältigende Hindernisse gestellt.
- Den Eignern von Urheberrechten an digitalen Inhalten kann ohne einen wirksamen Kopierschutz, den es womöglich nicht gibt, an Anonymität nicht gelegen sein.

Staatliche und wirtschaftliche Interessen werden berührt, weil Anonymität im Alltag und im Netz sich qualitativ unterscheiden. Wer gegen deutsche Gesetze verstößt und Flugblätter mit Nazi-Parolen verteilt, hinterlässt Spuren, die zurück verfolgt werden können. Gleiches gilt für den Handel mit Raubkopien von Software und Musik-CDs. Im Internet kann die Technik jegliche Spuren verwischen. Muss deshalb Anonymität unterbunden werden?

Was vermag anonymes Handeln im Netz in strafrechtlicher Hinsicht? Im Schutz der Anonymität kann zu Straftaten aufgerufen, Pornografie verbreitet, Rassismus gepredigt werden, ohne dass Sanktionen befürchtet werden müssen. Reale Fälle solcher Vergehen tauchen zwar regelmäßig auf, fallen aber im Verhältnis zur gesamten anonymen Kommunikation selten auf.

Ebenso können unter dem Schirm der Anonymität Urheberrechte verletzt werden, solange die Inhalte digital zur Verfügung stehen und keinen wirksamen Kopierschutz mitbringen. Doch Anonymität erlaubt es nicht, daraus ein Geschäft zu machen. Die angesprochene Cybercrime-Konvention führt denn auch explizit die Bedingung auf, dass Urheberrechtsverletzungen dann strafbar sein sollen, wenn sie auf einer kommerziellen Basis (»on a commercial scale«) stattfinden. Das deutsche Urheberrecht ist hier allerdings deutlich enger gefasst.

Aus den Motiven der Software-Autoren werden bereits einige Gründe deutlich, die für Anonymität sprechen. Den Autoren geht es vorrangig um die Sicherung der Privatsphäre und der Meinungsfreiheit. Sollte es nicht im Ermessen der Bürgerinnen und Bürger liegen, ob sie in den eingangs geschilderten Szenarien der Werbebranche die ihnen zugedachte Rolle spielen wollen? Müssen Musikliebhaber zwangsläufig den Abwegen der Musikindustrie folgen? Die Antwort auch der Anwender fällt eindeutig aus: Beständige Kontrollen werden als einschränkend und unzulässig empfunden. Anonymität im Netz erlaubt es zudem, Themen wie die eigene Krankengeschichte zu erörtern, die sonst in der privaten Sphäre verblieben, etwa aus Angst vor beruflichen Konsequenzen.

Meinungsfreiheit gilt in allen Demokratien als hohes Gut. Sie zusätzlich durch technische Maßnahmen zu sichern, ist sinnvoll. Denn oft genug erweist sich Anonymität als wesentliches Korrektiv, wenn Behördenmitarbeiter Interna an die Öffentlichkeit bringen, die dort gerade unter den Teppich gekehrt werden sollen oder Arbeitnehmer über Ereignisse in ihren Firmen berichten. So widersprechen auf der den Vorgängen in der New Economy gewidmeten Site »dotcomtod«[18] die pseudonymen Berichte der Betroffenen regelmäßig den geglätteten Marketing-Meldungen der Firmen über die »Freistellung« ihrer Mitarbeiter.

Für die Diskussion um Anonymität gibt es noch reichlich Stoff und sie ist noch lange nicht beendet. Doch soviel ist sicher: Allein die vorgesehenen Neuerungen des Internetprotokolls werden sie immer wertvoller machen.[19]

Anmerkungen

1 Homepage von Webwasher, http://www.webwasher.com/
2 Homepage von Junkbuster, http://www.junkbuster.com/
3 Projektseite von Mixmaster, http://mixmaster.sourceforge.net/
4 Chaums folgenreicher Aufsatz zum Mixkonzept, http://lexx.shinn.net/chaum-acm-1981.html
5 Homepage von Anonymizer, http://www.anonymizer.com/
6 Homepage von JAP, http://anon.inf.tu-dresden.de/
7 Homepage von Rewebber, http://www.rewebber.de/
8 Der Aufsatz stellt das ursprüngliche Konzept eines Rewebber vor, http://firstmonday.dk/issues/issue3_4/goldberg/index.html
9 Homepage von Publius, http://cs1.cs.nyu.edu/~waldman/publius/
10 Projektseite von Freenet, http://freenet.sourceforge.net/
11 Homepage des Onion-Router-Projekts, http://www.onion-router.net/
12 Homepage von »Free Haven«, http://www.freehaven.net/
13 Homepage der NymIP-Initiative, http://nymip.org/
14 Projektseite von Fling, http://fling.sourceforge.net/
15 Zwei Beispiele von vielen Listen mit anonymisierenden Proxies: http://www.multiproxy.org/anon_list.htm, http://www.samair.ru/xwww/proxy.htm
16 Cybercrime-Konvention des Europa-Rates, http://conventions.coe.int/Treaty/EN/projets/FinalCybercrime.htm
17 Angeführt von der Musikindustrie entwirft die »Secure Digital Music Initiative« weitreichende Pläne, https://www.sdmi.org/
18 Die ungeschminkte Sicht auf die negativen Seiten der New Economy, http://www.dotcomtod.de/
19 Mehr zur Diskussion um Anonymität und Datenschutz-Tools vgl. Christiane Schulzki-Haddouti, Datenjagd im Internet. Eine Anleitung zur Selbstverteidigung, Hamburg 2001.

MARIT HANSEN / CHRISTIAN KRAUSE

Selbstdatenschutz

Sicherheit im Eigenbau

Die Leichtigkeit, mit der über das Internet Produkte vom Bilderbuch bis zum Kühlschrank geordert werden können, ist verlockend. Auch Bankgeschäfte werden vermehrt online abgewickelt. Aber schon beim einfachen Surfen im Internet fallen erhebliche Datenmengen über den Nutzer und seine Eigenheiten an. Und spätestens bei finanziellen Transaktionen wird jedem Anwender klar, dass die Daten, die da durch die Leitung wandern, besser nicht in falsche Hände geraten. Viele Nutzer legen inzwischen Wert darauf, dass ihre Kommunikation als solches privat bleibt: Wer E-Mails versendet, hat manchmal doch mehr zu sagen als banalen Smalltalk.

Das Interesse an persönlichen Daten ist groß. Die Werbeindustrie möchte »zielgruppengerechte Produktinfos« loswerden, der Webseitenbetreiber interessiert sich für die Gewohnheiten seiner Besucher und pubertierende Jugendliche haben es vornehmlich auf fremder Leute Festplatten abgesehen. Der leichte Zugriff und vor allem die gut automatisierbare Verarbeitung der Daten im Netz weckt Begehrlichkeiten bei Hobbyhackern, Arbeitgebern und Geheimdiensten.

Doch Computer sind längst nicht mehr die Domäne weniger Eingeweihter. Einen großen Anteil an deren starken Verbreitung hat nicht zuletzt die immer einfacher gewordene Bedienung der Geräte. Komplizierte Befehlszeilenkommandos sind weitgehend einer intuitiven Bedienung über grafische Oberflächen gewichen. Doch die starke Verbreitung von PCs hat auch ihre Schattenseiten. Zum einen ist die Zielgruppe von Datendieben und Netzrambauken stark gewachsen. Zum anderen hat die Vereinfachung in Sachen Bedienung auch vor destruktiven Tools nicht Halt gemacht, wodurch auch unbedarfte Benutzer leicht Angriffe gegen andere Computer starten können. Um einen »neuen« E-Mail-Wurm in Umlauf zu bringen, bedarf es keiner besonderen Fachkenntnisse: Im Internet kursieren »Construction-Kits«, die es im Wortsinne kinderleicht machen, sich einen Wurm zusammenzuklicken. Von der bevorzugten Verbreitungsstrategie bis hin zur Schadensfunktion ist alles mit wenigen Klicks konfigurierbar. So ist es häufig der Spieltrieb so genannter Script-Kiddies, den mancher Anwender zu spüren bekommt, dessen PC auf wundersame Weise immer dann abstürzt, wenn er sich ins Internet eingewählt hat. Auch Fernsteuerungssoftware erfordert keine Programmierkenntnisse mehr. Die Server-Programme werden über windige E-Mail-Attachments (Anhänge) verteilt und warten dann auf dem Rechner des ahnungslosen Anwenders, dass jemand von außen zu ihnen Kontakt aufnimmt. Daher ist es nicht verwunderlich, dass man sich kaum zehn Minuten im Internet aufhalten kann, ohne von einem Portscan erfasst zu werden: Die erwähnten Script-Kiddies suchen in den Adressräumen bekannter Internet-Provider nach wartenden Fernsteuerungs-Servern – egal auf welchem Rechner. Insofern kann man fast beruhigt sein über diese unspezifischen Attacken: Sie sind nicht persönlich gemeint.

Persönlich hingegen wird es auf einer ganz anderen Ebene. Gezielte Angriffe nämlich, etwa auf die E-Mail-Kommunikation oder auch den heimischen Rechner, können die Privatsphäre eines Nutzers recht schnell untergraben, wenn es nicht darum geht, irgendeinen, sondern genau diesen Nutzer auszuforschen. Gepaart mit den Daten, die gängige Suchmaschinen über Einzelpersonen ausspucken, lässt sich durch geschickte Kombination ein brauchbares Nutzerprofil erstellen.

Ganz gleich jedoch, ob es sich um einen persönlich gemeinten Angriff oder eher einen schlechten Scherz handelt, als Internet-Nutzer kann man sich dagegen sehr wohl schützen. Als Grundlage für jede Sicherheitsmaßnahme muss zuerst der eigene Rechner so gut wie möglich abgesichert werden. Erst wenn diese Basis geschaffen worden ist, können weitere Schutzmaßnahmen ergriffen werden: das Verschlüsseln der Kommunikation, Vermeiden von Datenspuren und das Auswerten und Verhandeln von »Privacy Policies«, den Datenschutzerklärungen auf Webservern in Bezug auf die eigene Konfiguration. Dazu später mehr in den jeweiligen Abschnitten.

Zunächst die Basis – wie man seinen Rechner absichert, danach geht es um das Verschlüsseln der Kommunikation, das Vermeiden von Datenspuren und das Verhandeln von »Privacy Policies«.

1. Absichern des eigenen Rechners

Das Absichern des eigenen Rechners muss auf mehreren Ebenen geschehen. In einem ersten Schritt muss über geeignete Zugangskontrollen sichergestellt werden, dass Unbefugte weder Zugriff auf den Rechner noch die darauf gespeicherten Dateien haben. Im Weiteren muss die auf dem Rechner laufende Software auf vorhandene Schadensroutinen überprüft und im Weiteren durch Antivirensoftware geschützt werden. Gegen unerwünschte Onlineaktivitäten sollten Firewalls zum Einsatz kommen, und schließlich ist die richtige Konfiguration von Browser und Mailprogrammen zum Schutz gegen aktive Inhalte unabdingbar.

1.1 Zugangskontrolle

Zuerst sollte man sich Gedanken machen, wer den zu sichernden Computer überhaupt nutzen kann und wer dies darf. Der grundsätzliche Zugriff auf den PC lässt sich schon direkt nach dem Einschalten mit einem so genannten BIOS-Passwort regeln. Dieses wird abgefragt, bevor ein Betriebssystem geladen wird. Auf diese Weise können nur autorisierte Personen den PC verwenden. Um das Passwort zu setzen, muss der Rechner neu gestartet und das BIOS (Basic Input Output System) aufgerufen werden. Dazu erscheint im Allgemeinen eine kurze Meldung wie »Press DEL to enter Setup«. Es ist zu beachten, dass in diesem Stadium des Systemstarts noch kein deutscher Tastaturtreiber geladen ist. Die Taste »DEL« entspricht also der deutschen »Entf«-ernen Taste. Innerhalb der BIOS-Menüs ist einige Vorsicht geboten, damit keine versehentlichen Änderungen vorgenommen werden. Hilfestellung zum Umgang mit verschiedenen BIOS-Varianten findet sich im BIOS-Kompendium von Hans-Peter Schulz.[1]

Innerhalb des Betriebssystems können den Benutzern dann wiederum bestimmte Arbeitsbereiche zugeteilt werden. Abhängig vom verwendeten System ist dies mehr oder weniger zuverlässig möglich: Windows $9x^2$ zum Beispiel ermöglicht keine ernst zu nehmende Verwaltung mehrerer Benutzer, da das zugrunde liegende Dateisystem FAT16 beziehungsweise FAT32 keine Rechteverwaltung ermöglicht. Anders dagegen Windows NT/2000/XP: Das hier zum Einsatz kommende NTFS-Dateisystem erlaubt es, für einzelne Nutzer eingeschränkte Rechte zu vergeben, so dass diese beispielsweise keinen Zugriff auf die Systemdateien oder die Dokumente anderer Benutzer haben. Die Unix-Variante Linux beherrscht dieses Rechtemanagement ohnehin.

Ein insbesondere Windows 9x betreffendes Problem bei mehreren Benutzern stellt die Papierkorbfunktion dar. Standardmäßig werden zehn Prozent der Festplattenkapazität zum Zwischenspeichern gelöschter Dateien verwandt. Das bedeutet zum einen den Vorteil, versehentlich gelöschte Dateien schnell rekonstruieren zu können, zum anderen jedoch auch, dass gelöschte Dateien de facto noch einsehbar sind. Bei aktuellen Festplattengrößen von 40 Gigabyte kommen so schnell 4 GB an vermeintlich gelöschten Daten zusammen. Da Windows 9x keine Zugriffsrechte kennt, ist es hier jedem Benutzer möglich, die gelöschten Dateien einzusehen. Es bietet sich daher an, die Größe des Papierkorbs auf wenige Megabyte zu beschränken (oder ganz abzuschalten) und diesen zum Ende der Sitzung zu leeren.

Doch auch das vermeintlich endgültige Löschen von Dateien unter Windows bedeutet nicht, dass diese anschließend nicht mehr existent wären. Beim Löschen von Dateien modifiziert Windows bzw. das darunter liegende MS-DOS lediglich den FAT-Eintrag der Datei. Die FAT (File Allocation Table) stellt ein Inhaltsverzeichnis dar, in dem sämtliche Dateien des Datenträgers aufgeführt sind mit einem entsprechenden Verweis, an welcher Stelle des Datenträgers sich die eigentliche Datei befindet. Beim Löschen wird beispielsweise der FAT-Eintrag einer Textdatei von brief.txt in ?rief.txt verändert. Die eigentliche Datei bleibt davon unberührt. Für das Betriebssystem bedeutet dieser Eintrag nun, dass der eigentlich von der Datei belegte Speicherplatz freigegeben ist. Daher wird dieser Platz bei Bedarf mit anderen Daten gefüllt. Aber eben erst bei Bedarf. Solange der Bereich nicht durch neue Daten überschrieben worden ist, bleiben die ursprüngliche Datei oder Fragmente davon lesbar. Dazu muss nur mit einem entsprechenden Hilfsprogramm der FAT-Eintrag rekonstruiert werden. Dabei ist es nicht notwendig, den Originalnamen der Datei zu kennen. Es muss lediglich das erste Zeichen durch ein gültiges ASCII-Zeichen ersetzt werden, damit das Betriebssystem die Datei wieder ansprechen kann.

Begegnen kann man diesem Risiko mit so genannten Wiping-Tools (engl. to wipe = wegputzen). Diese überschreiben den vom Betriebssystem als frei deklarierten Speicherplatz komplett und erzwingen so eine endgültige Löschung der darin befindlichen Restdaten.

Für private Daten, die auf Mehrbenutzersystemen gespeichert werden müssen, empfiehlt sich eine Verschlüsselung. Damit ist gewährleistet, dass unabhängig von der Qualität der Nutzerverwaltung des Betriebssystems weder andere Benutzer noch über das Netz eindringende Angreifer Zugriff auf diese Daten erhalten. Zu diesem Zweck sind diverse, zum Teil kostenlose Tools erhältlich. Mit PGPdisk[3] oder Scramdisk[4] besteht die Möglichkeit, eine so genannte Containerdatei anzulegen. Diese Datei wird dann im Betriebssystem nach Eingabe einer Passphrase als virtuelles Laufwerk angemeldet. Daten, die der Nutzer auf diesem »Laufwerk« ablegt, werden im Hintergrund automatisch verschlüsselt und in die Containerdatei geschrieben. Ein anderer Benutzer des Rechners sieht im Dateisystem nur die Containerdatei, deren Inhalt für ihn jedoch nicht lesbar ist.

1.2 Antivirensoftware

Der nächste Angriffspunkt, um den PC sicherer zu machen, ist die darauf laufende Software. Dabei soll es zuerst weniger um die Programme gehen, die die Benutzerin, der Benutzer sieht und mit denen sie oder er arbeitet, sondern vielmehr um die kleinen, unsichtbaren Programme im Hintergrund: Viren, Würmer und Trojanische Pferde. Bei diesen Schädlingen handelt es sich um Programme, die von außen auf den PC gelangen und sich dort einnisten.

Viren infizieren, wie ihre Kollegen in der realen Welt, einen Wirt, in diesem Falle ein anderes Programm. Wird das befallene Programm ausgeführt, wird auch der Virus[5] aktiv und versucht, weitere Programme auf dem PC zu infizieren. Der Wirkungsradius des Virus ist daher auf den aktuellen Computer beschränkt. Erst wenn eine infizierte Datei auf einen anderen PC kopiert wird, kann der Virus sich auch dorthin ausbreiten. Im Unterschied zum Virus besitzen Würmer entsprechende Funktionen, um sich via Netz selbstständig auf andere PCs zu übertragen. Dies bewerkstelligen sie häufig durch Anhängen infizierter Dateien an E-Mails.

Eine andere Gruppe von unerwünschten Eindringlingen bilden die Trojanischen Pferde. Wie die aus der Griechischen Mythologie entlehnte Bezeichnung nahe legt, handelt es sich hierbei zuerst einmal um harmlos scheinende Programme. Diese bieten augenscheinlich hilfreiche Funktionen, die der User nutzen möchte. Im Hintergrund werden dann allerdings weitere Routinen vom Benutzer unbemerkt ausgeführt. So können Zugangsdaten zu Onlinediensten und auf dem Rechner gespeicherte Passwörter ausspioniert und über das Internet verschickt werden, während das Programm vordergründig zufrieden stellend arbeitet.

»Bösartige« Programme können auf vielen Wegen in den PC gelangen. Waren es früher hauptsächlich Disketten, die von PC zu PC gereicht wurden, verbreiten sich Viren, Würmer und Trojaner inzwischen hauptsächlich über das

---

Adware: E.T. nach Hause telefonieren...

Neben Free- und Shareware hat sich seit einiger Zeit eine neue Form der Softwaredistribution etabliert: die so genannte »Adware« (»Advertising Ware«). Anstatt den Benutzer wie bei Shareware mit blinkenden Fenstern zum Registrieren und Bezahlen zu überreden, enthalten Adware-Programme blinkende Fenster mit Werbung. Softwareautoren können in ihre Programme die Werbemodule von Agenturen integrieren und erhalten auf diesem Wege finanzielle Entlohnung. Bei der Installation neuer Software ist leider nicht ohne weiteres zu erkennen, ob es sich um gewöhnliche Shareware oder ein werbefinanziertes Exemplar handelt. Zwar wird in den eingeblendeten Disclaimern in der Regel auf ein derartiges Modul hingewiesen, aber die entscheidenden Zeilen sind meist am Ende wenig interessanter Lizenzbestimmungen versteckt und somit leicht zu übersehen.

Die Funktion von Adware ähnelt der von Trojanischen Pferden: Software, die eine bestimmte erwünschte Funktion ausführt, entfaltet im Hintergrund eine rege Onlineaktivität. Der Werbetrojaner verbindet sich in regelmäßigen Abständen mit einem Agenturserver, von dem er aktuelle Werbebanner bezieht. Diese werden später im Wirtsprogramm angezeigt. Welche weiteren Daten dabei an die Werbefirma übermittelt werden, bleibt weitgehend im Dunkeln. Viele Werbetrojaner zeigen sich außerdem von einer Deinstallation unbeeindruckt: Sie werden entweder von der Deinstallationsroutine des Wirtsprogramms gar nicht erst erfasst, oder sie installieren sich selbst neu.[6]

Leider sind werbefinanzierte Programme nicht die einzigen, die Informationen über das Netz versenden wollen. Auch oberflächlich harmlos erscheinende Programme wie der Realplayer (Wiedergabesoftware für Internet-Video) oder Winamp (weit verbreiteter MP3-Player) besitzen Funktionen, um »anonymisierte Informationen über die Programmnutzung« an den jeweiligen Hersteller zu senden. Der Realplayer besitzt darüber hinaus die Möglichkeit, dem Nutzer einen so genannten GUID zuzuweisen, einen »Global Unique Identifier«. Mit diesem sind dann alle »anonym« gesammelten Daten jeweils einem und nur einem Nutzer zuzuordnen. In Kombination etwa mit einer bei einem Gewinnspiel erfragten Mail- oder Postadresse ergibt das ein recht brauchbares Nutzerprofil.

Abb. 1: Schutz des eigenen Computers

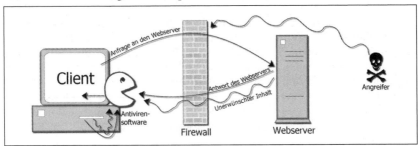

Netz. Insbesondere E-Mails sind hier die »Überträger«: Zu selten werden Anhänge an der Mail mit der notwendigen Skepsis behandelt und vor dem Öffnen mittels eines aktuellen Virenscanners geprüft. Nach dem Doppelklick auf einen infizierten Dateianhang ist es daher meist schon geschehen: Der Schädling hat freie Bahn. Oft reicht sogar schon das Lesen einer E-Mail, um einen enthaltenen Wurm zu aktivieren. Da die so genannten HTML-Mails technisch nichts anderes als Webseiten sind, wird häufig der lokale Browser verwendet, um solche Nachrichten innerhalb des Mailprogramms anzuzeigen. Allerdings übertragen sich hierbei die Sicherheitslücken des Browsers auch auf das Mailprogramm. Dadurch kann es zu einer Ausführung aktiver Inhalte kommen, also von Programmcode, der im HTML-Mailtext enthalten ist. Es empfiehlt sich daher, diese Automatismen im Mailprogramm soweit wie möglich einzuschränken oder gleich einen Mail-Client zu verwenden, der nachweislich keine aktiven Inhalte auszuführen vermag.

Doch das Netz ist nicht das einzige Einfallstor für unerwünschte Programme. Auch CD-ROMs sind nicht gefeit vor den kleinen Trittbrettfahrern. Zwar bekräftigen die Hersteller von Shareware-Kollektionen immer, dass alle Dateien mit einem aktuellen Virenscanner geprüft seien, doch die Hinweise auf einen Haftungsausschluss, falls doch ein Schädling durchs Netz geschlüpft sein sollte, dürften Warnhinweis genug sein: Doppelt (scannen) hält besser.

Die so genannten Virenscanner durchsuchen die einzelnen Dateien auf einem PC nach verdächtigen Merkmalen. Da Anwendungen durchaus aus mehr als hundert Einzeldateien bestehen können, ist dies keine triviale Aufgabe. Den Gesamt-Check einer vollen Festplatte kann man getrost in der Mittagspause durchführen lassen.

Die Zahl der Virenscanner ist inzwischen recht groß, und auch das Leistungsspektrum reicht von der einfachen Dateiprüfung bis hin zum vermeintlichen »Rundum-Sorglos-Paket«. Weit wichtiger jedoch als das Prüfprogramm selbst ist seine konsequente Anwendung. Zum einen nützt der beste Virenscanner nichts, wenn aus Gründen der Bequemlichkeit ein Mail-Anhang »mal eben schnell« (und ungeprüft) geöffnet wird. Insbesondere Mail-Würmer versenden sich an Adressen, die sie auf dem lokalen Rechner vorfinden, vorzugsweise im systemweiten Windows-Adressbuch. Aus diesem Grund kann nicht von der Vertrauenswürdigkeit des Absenders auf eine Vertrauenswürdigkeit des Attachments geschlossen werden.

Zum anderen ist ein Virenscanner immer nur so gut wie die Signaturdatei, mit der er arbeitet. Eine Signaturdatei ist eine Liste mit Erkennungsmerkmalen gängiger Schädlinge. Da die Zahl derselben nicht zuletzt durch kinderleicht zu bedienende Viren-Bastel-Kits sprunghaft steigt, muss auch die Signaturdatei des Scanners regelmäßig auf den neuesten Stand gebracht werden.

1.3 Firewalls

Nach der Prüfung der Software, die auf dem Rechner läuft und neu installiert wird, gilt in einem zweiten Schritt das Augenmerk der Verbindung zur Außenwelt. Bei der Einwahl ins Internet handelt es sich nicht um eine Einbahnstraße, sondern Daten fließen in beide Richtungen: vom PC ins Netz und umgekehrt. Um zu kontrollieren, welche Verbindungen mit welchen Gegenstellen aufgebaut werden, kommt eine »Personal Firewall« zum Einsatz. Dieses Programm läuft auf dem eigenen PC und kann den eingehenden wie den abgehenden Datenverkehr des Rechners komplett überwachen. Dem Benutzer bietet sich dadurch die Möglichkeit, selbst zu entscheiden, welche Verbindung erwünscht ist und welche womöglich von einem Trojanischen Pferd initiiert wurde.

Als Faustregel für Firewalls gilt: »Was nicht ausdrücklich erlaubt wird, ist verboten.« Die gängigen PC-Firewall-Produkte konfrontieren daher den Benutzer zu Beginn mit einer Reihe von Warnmeldungen, wenn zum Beispiel der Browser eine Internetseite abrufen will. Nach und nach kann man sich so ein eigenes Regelwerk erstellen, das den verwendeten Programmen wie Browser, E-Mail-Client oder dem FTP-Tool Zugriff auf das Internet gewährt. Die gewünschten Programme erhalten explizite Erlaubnis, alles andere wird weiterhin unterbunden. Das verhindert unter anderem, dass unbemerkt auf den Rechner gelangte Trojaner sich überhaupt nach außen verbinden können. Ebenso abgeblockt werden unerwünschte Verbindungsversuche von außen. Das können zum Beispiel so genannte Portscans sein, bei denen ein Angreifer die möglichen Kontaktstellen zum Eindringen abprüft.

Welchen Wert insbesondere die Kontrolle der ausgehenden Verbindungen hat, zeigen die diversen Hinweise, mit denen die Firewall kurz nach der Installation aufwartet. Denn Browser und E-Mail-Client sind bei weitem nicht die einzigen, die Verbindungen ins Internet aufbauen.

1.4 Konfiguration

In einem letzten Schritt sollte die Konfiguration des PCs überprüft werden. Die Standardeinstellungen aktueller Software legen Gewicht vor allem auf komfortable Bedienung und großen Funktionsumfang. Sicherheitsaspekte werden dem regelmäßig nachgeordnet. Darum ist es notwendig, sich mit den Einstellmöglichkeiten von Software und Betriebssystem vertraut zu machen, um selbst entscheiden zu können, welches Maß an Sicherheit erreicht werden soll. Ganz besonders gilt dies für die Internetsoftware, also Browser und E-Mail-Client. Die automatische Ausführung so genannter aktiver Inhalte in Webseiten zum Beispiel ist standardmäßig voreingestellt. Die Gefahr, die diese Inhalte für den Benutzer darstellen, wird dabei vollkommen ignoriert.

Webseiten stellen an sich kein Risiko dar, weder für den heimischen Rechner, noch für die Privatsphäre. HTML, die »Sprache«, in der Webseiten verfasst sind, ist keine Programmiersprache, sondern dient nur der Beschreibung der Seitendarstellung. Java, Javascript und ActiveX hingegen stellen Zusätze zum HTML-Code dar und werden vom PC ausgeführt. Hauptanwendungsgebiet dieser Programme sind optische Gimmicks auf Webseiten. Fliegende Buchstaben, ausklappende Menüs und enervierende Hintergrundmusik sind nur einige der Anwendungsbereiche. Leider beschränken sich die Möglichkeiten dieses Programmcodes nicht auf derlei harmlose Spielereien. Java, Javascript und ActiveX ermöglichen zum Teil erhebliche Eingriffe in den eigenen PC. Am weitesten geht hier die Microsoft-eigene Entwicklung ActiveX, die es einer Webseite durchaus ermöglicht, wahlweise ein paar Daten oder gleich die ganze Festplatte zu löschen – oder auch die dort gespeicherten Daten an Server im Internet zu senden, mithin das volle Programm, das auch mit einer Rechnerfernsteuerung möglich ist. Aber auch Javascript bietet auf vielen Systemen Zugriff auf die Festplatte, und das Auslesen von persönlichen Texten oder des Inhalts der Zwischenablage stellt kein Problem dar. Standardmäßig werden diese aktiven Inhalte von den aktuellen Browsern ohne Nachfrage ausgeführt. Die Abhilfe ist hier so einfach wie unkomfortabel: Durch Abschalten der aktiven Inhalte erreicht man zwar ein deutlich höheres Maß an Sicherheit, leider funktionieren dabei diverse Seiten nicht mehr, da ihre Menüführung zumindest auf Javascript fußt.

Wer auf Microsofts Internet Explorer verzichtet und zu einem alternativen Browser greift, ist zumindest eines der drei Sorgenkinder los: ActiveX wird von keinem anderen Browser unterstützt. Für Java und Javascript sollte man sich zumindest vom Browser fragen lassen, bevor diese Inhalte ausgeführt werden.

Darüber hinaus hat es sich eingebürgert, dass die Browserhersteller in einer neuen Version ihres Produkts den einen oder anderen Fehler ausmerzen. Zwar werden auch regelmäßig neue Sicherheitslücken eingebaut, trotzdem hat man mit einer neuen Version unterm Strich die Aussicht auf weniger Bugs als vorher. Konzeptionelle Sicherheitsrisiken wie ActiveX werden jedoch in der Regel beibehalten – wenn nicht sogar erweitert. In der aktuellen Version des Internet Explorers zwingt Microsoft den Benutzer sogar zur Verwendung von ActiveX-Plugins, da die entsprechenden Netscape-Pendants nicht mehr unterstützt werden. »This behavior is by design«[7] heißt es dazu bei Microsoft. Das Risiko trägt der Anwender.

Gleiches gilt auch für den E-Mail-Client: Aktuelle Programme beherrschen die Anzeige so genannter HTML-Mails – technisch nichts anderes als Webseiten. Insbesondere Microsoft glänzt hier mit einer bestechend einfachen wie unsicheren Lösung: Das Mailprogramm Outlook Express verwendet zum Anzeigen von HTML-formatierten Nachrichten den Programmkern des Internet Explorers – und damit auch dessen Sicherheitslücken. Die Folge ist, dass eine HTML-Mail neben durchaus sinnvollen Textformatierungen auch aktiven Code enthalten kann. Da dieser in der Standardeinstellung (bis einschließlich Version 5.5) automatisch ausgeführt wird, reicht schon das Anzeigen der Nachricht in der Vorschaufunktion, um das Programm zu aktivieren. Um das Risiko zu mindern, bietet sich an, innerhalb von Outlook Express die Sicherheitszone für Mails auf »hoch« zu setzen, eine Einstellung, die in der Version 6.0 endlich standardmäßig gesetzt ist.[8]

Doch auch Mailprogramme von Drittanbietern bedienen sich oftmals des Internet Explorers. So verwenden Eudora, Lotus Notes und AK-Mail die Microsoft-Module zur HTML-Darstellung. Wer sich also vor aktiven Inhalten in E-Mails schützen will, sollte zuerst den Internet Explorer entsprechend konfigurieren: »ActiveX« abschalten und »Active Scripting« ebenfalls deaktivieren oder auf »Eingabeaufforderung« einstellen. Darüber hinaus sollten Benutzer von Version 5.5 des Internet Explorers das »Service-Pack 2« installieren[9], was jedoch die bereits angesprochene Plugin-Problematik nach sich zieht.

2. Verschlüsseln der eigenen Kommunikation

Im Internet wird jede Kommunikation im Klartext übertragen. Ganz gleich, ob es sich um eine Webseite oder eine E-Mail handelt. Die Daten sind prinzipiell für jeden Beobachter lesbar und können unbemerkt verändert werden. Außerdem kann Otto Normalnutzer den Weg, den seine Mail durch das Internet nimmt, in der Regel nicht vorherbestimmen – insbesondere kann es immer sein, dass die Daten über unsichere Server oder bei neugierigen Mitlesern vorbeilaufen. Aus diesen Umständen ergeben sich zwei Probleme für die Privatsphäre im Netz:
1. Kommunikation im Internet ist im Klartext einsehbar. Wie viele und vor allem welche Mitleser es gibt, lässt sich nicht sagen. Auf jeden Fall können Absender und Empfänger sowie die Systemadministratoren der verwendeten Zwischenstationen und Leitungen rein technisch gesehen auf die Nachrichten zugreifen. Hinzu kommen mögliche Angreifer auf die Systeme, denen es manchmal noch nicht einmal schwer gemacht wird.
2. Weder die Absenderadresse noch die Nachricht selbst sind vor Veränderungen geschützt.

Diese Schwierigkeiten treten nicht nur beim Versand von E-Mails auf. In ähnlicher Form betrifft dieses Problem auch den Zugriff auf Webseiten. Die

Daten, die der heimische PC an einen Webserver sendet, um eine Seite abzurufen, sind ebenso leicht einseh- und veränderbar wie eine E-Mail.

2.1 Funktionsweise symmetrische/asymmetrische Verschlüsselung

Wer in seiner Kindheit als Geheimagent tätig war, kennt das Spiel: Ein Geheimcode wird mit einem anderen »Agenten« verabredet (zum Beispiel alle Buchstaben im Alphabet um vier Stellen verschieben). Dann schreibt man sich »Top-Secret« Nachrichten, die nur der lesen kann, der den Code kennt. Als Erwachsener verwendet man natürlich kompliziertere Schlüssel und vor allem einen Computer, aber das Prinzip bleibt das Gleiche: Absender und Empfänger benutzen denselben Schlüssel, um ihre Nachricht zu chiffrieren beziehungsweise dechiffrieren. Man nennt dieses Verfahren »symmetrische Verschlüsselung«.

Dabei treten zweierlei Probleme auf. Zum einen muss man mit jedem Kommunikationspartner einen separaten Code verabreden. Das heißt bei vielen Kontakten auch viele geheim zu haltende Schlüsselcodes[10]. Zum anderen ist das Austauschen eines solchen Codes nicht ganz trivial, denn wenn dieser einem Dritten in die Hände fällt, steht ihm die gesamte weitere Kommunikation offen. Der Schlüssel muss also über einen sicheren Kanal übermittelt werden, idealerweise im persönlichen Gespräch.

Um diese Probleme zu umgehen, bedient man sich der so genannten asymmetrischen Verschlüsselung, bei der zum Verschlüsseln ein anderer Code notwendig ist als zum Entschlüsseln. Dazu besitzt jeder Kommunikationspartner ein zusammen gehörendes Schlüsselpaar, bestehend aus einem geheimen »Private Key« und einem »Public Key«, der veröffentlicht werden kann. Mit dem frei verfügbaren öffentlichen Schlüssel können Nachrichten dann chiffriert werden, und zwar so, dass nur der dazu passende private Schlüssel die Nachricht wieder lesbar macht.

2.2 Authentizität: Daten signieren

Führen wir uns noch einmal die Probleme im E-Mail-Verkehr vor Augen: Nachrichten sind zum einen für jedermann lesbar und zum anderen leicht zu verändern. Um eine unerkannte Modifikation des Textes zu verhindern, muss die Nachricht digital signiert werden. Die digitale Signatur dient dabei als eine Art Siegel für die Nachricht. Dies erledigt man mit dem eigenen privaten Schlüssel. Der Empfänger wiederum kann mit dem frei zugänglichen öffentlichen Schlüssel die Signatur überprüfen und gleichzeitig feststellen, ob der Text manipuliert wurde. Dabei fällt selbst ein falsches Leerzeichen auf. Die digitale Signatur ist unabhängig von der Verschlüsselung, das heißt, wenn man nicht möchte, dass die E-Mail im Klartext verschickt wird, ist zusätzlich ein Verschlüsseln notwendig.

Abb. 2: Integrität und Authentizität durch digitale Signatur

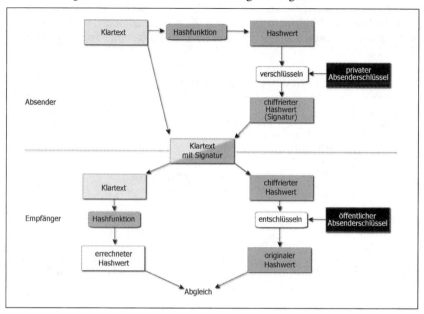

Technisch betrachtet wird dabei aus den Zeichen des ursprünglichen Textes eine Prüfsumme gebildet. Dieser so genannte Hashwert identifiziert die Nachricht eindeutig. Es ist nicht möglich (beziehungsweise ziemlich schwierig), zwei Nachrichten zu finden, die als Ergebnis der Hashfunktion dieselbe Prüfsumme haben. Ebenso ist es praktisch ausgeschlossen, zu einer vorgegebenen Prüfsumme einen passenden Text zu konstruieren. Für eine digitale Signatur wird diese über den Originaltext errechnete Prüfsumme nun mit dem privaten Schlüssel des Absenders verschlüsselt und das Ergebnis zusammen mit der Nachricht verschickt.

Der Empfänger bildet nun seinerseits über den erhaltenen Text eine Prüfsumme, ebenso wie es der Absender getan hat. Den Hashwert des Absenders kann er mit dessen öffentlichem Schlüssel decodieren. Sind beide Prüfsummen, die des Absenders und die des Empfängers, identisch, ist die Integrität des Textes gewährleistet.

2.3 Vertraulichkeit: Daten verschlüsseln

Um eine Nachricht so zu verschlüsseln, dass nur der Empfänger sie lesen kann, verschlüsselt der Absender sie mit dem öffentlichen Schlüssel des Empfängers. Ein Beobachter, der die Nachricht abfängt, kann sie nicht entziffern, selbst wenn er ebenfalls den öffentlichen Schlüssel des Empfängers besitzt. Denn dieser Schlüssel dient nur zum »Abschließen« der Nachricht, er kann sie nicht wieder öffnen. Entschlüsseln kann die Mail einzig und allein derjenige, der den zugehörigen privaten Schlüssel hat – und das ist (hoffentlich) nur der Adressat der Nachricht.

Abb. 3: Vertraulichkeit durch Verschlüsselung

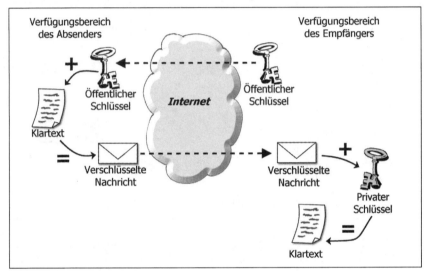

Dieses Zusammenspiel der beiden Schlüsselteile stellt den großen Vorteil der asymmetrischen Verschlüsselung dar: Der öffentliche Schlüssel erfüllt Funktionen für »die anderen«: Verschlüsseln an den Empfänger und Überprüfen seiner digitalen Signatur. Persönliche Funktionen wie das Signieren und Lesen erfüllt der private Schlüssel. Auf diese Weise werden im Vorfeld der eigentlichen Kommunikation keine sensiblen Schlüssel übermittelt, wie dies bei der symmetrischen Verschlüsselung der Fall ist. Die Grafik zeigt, dass der private Schlüssel des Empfängers zu keinem Zeitpunkt den Verfügungsbereich des Empfängers verlässt.

Verschlüsselung wird häufig in Verbindung gebracht mit Verbotenem. »Ich habe nichts zu verbergen!« lautet die Standardformel, und in den USA galt direkt nach den Terroranschlägen vom 11. September 2001 nur der als Patriot, der seine elektronische Post im Klartext verschickte. Dabei wird gern übersehen, dass es ein Grundmaß an Privatheit gibt, das jeder für sich beansprucht und das deshalb noch lange nicht kriminell ist. Menschen schließen die Tür ab, wenn sie ins Bad gehen. Menschen halten in der Bank den geforderten Diskretionsabstand ein. Und manche Menschen haben daheim ein kleines Kistchen mit alten Liebesbriefen, versteckt in einer dunklen Schublade. All diese Menschen sind jedoch keine Kriminellen – obwohl sie etwas zu verbergen haben. Außerdem wird manches im eigenen Leben vielleicht morgen ganz anders eingeordnet: Wer mag schon gern an Jugendsünden erinnert werden? Auch externe Bewertungsmaßstäbe verändern sich: Wer garantiert eigentlich, dass bei einer Änderung der politischen Richtung nicht plötzlich nachträglich das eigene Verhalten ganz anders eingestuft wird und einem zum Nachteil gereicht? Was dies in totalitären Staaten bedeutet, kann sich jeder selbst ausmalen. Diese nachträgliche Bewertungsänderung kann sich erheblich auswirken, wenn entsprechende Daten über das damalige Verhalten vorliegen. Aber Geheimhaltung (oder besser: Nicht-Veröffentlichung) ist auch wirtschaftlich interessant. In Zeiten eines globalen Abhörnetzwerks wie Echelon kann es ein europäisches Unternehmen bares Geld kosten, wenn Firmeninterna ungeplant in fremde Hände fallen.

2.4 Sichere E-Mail mit PGP: Private Post ist kein Luxus

Bei elektronischer Post werden die eingangs beschriebenen Probleme deutlich. Eine E-Mail entspricht in etwa einer mit Bleistift beschriebenen Postkarte: Jeder kann sie lesen und nach Belieben Veränderungen vornehmen. Auch das Versenden von E-Mails unter fremdem Namen ist kein großes Problem. Gegen unerkannte Manipulation einer Nachricht und zur Kennzeichnung, dass sie wirklich vom angegebenen Absender stammt, wirkt die digitale Signatur. Da diese jedoch noch nicht vor fremden Mitlesern schützt, muss die Mail zusätzlich verschlüsselt werden. Beides leistet das kostenlose Tool PGP.

PGP steht für »Pretty Good Privacy«. Es handelt sich dabei um ein Programm des US-Amerikaners Phil Zimmermann.[11] Die erste Version fand bereits 1991 ihren Weg in verschiedene Mailboxen. Bei PGP kommen Verschlüsselungsalgorithmen zum Einsatz, an denen sich selbst der amerikanische Geheimdienst die Zähne ausbeißt. Nicht zuletzt deshalb versuchten die USA lange Zeit, den Export von PGP um jeden Preis zu verhindern. Zum Glück ist der Versuch gescheitert.

Zimmermanns Tool ist ein hybrides Verschlüsselungsprogramm. Das bedeutet, dass sowohl symmetrische wie auch asymmetrische Verschlüsselung zum Einsatz kommen. Hintergrund ist die Tatsache, dass die symmetrische Verschlüsselung deutlich schneller zu berechnen ist, was sich insbesondere bei komplexen Schlüsseln und langen Nachrichten bemerkbar macht. Daher generiert PGP vor dem Verschlüsseln einer Nachricht einen so genannten Session-Key. Dabei handelt es sich um nichts anderes als einen symmetrischen Einmal-Schlüssel: Er wird nur für eine einzige Nachricht verwendet. Mit diesem wird die E-Mail dann chiffriert. An diesem Punkt unterscheidet sich das Verfahren nicht von unserem Geheimagenten-Beispiel am Anfang: Der symmetrische Schlüssel muss nun irgendwie zum Empfänger gelangen, damit dieser die Nachricht lesen kann. Um dies auf einem sicheren Weg zu gewährleisten, wird der Session-Key seinerseits mit dem öffentlichen Schlüssel des Empfängers kodiert. Dieser Vorgang stellt eine asymmetrische Verschlüsselung dar. Der asymmetrisch verschlüsselte Session-Key wird nun zusammen mit der symmetrisch verschlüsselten Nachricht an den Empfänger geschickt. Dieser wiederum kann mit seinem privaten Schlüssel den Session-Key dekodieren und mit diesem schließlich die Nachricht lesen. Der Nutzer merkt davon im Allgemeinen recht wenig, da die Generierung und Anwendung des Session-Keys automatisch verläuft. In der Praxis kommt der Benutzer daher nur mit den asymmetrischen Schlüsseln in Berührung.

2.5 Schlüsselverwaltung und das »Web of Trust«

Um mit einem Kommunikationspartner verschlüsselte PGP-Nachrichten auszutauschen, muss dieser ebenfalls PGP verwenden. Vor dem eigentlichen Verschlüsseln müssen beide zuerst ihre öffentlichen Schlüssel austauschen. Dies kann ganz einfach per Mail geschehen. Auch ein Download von der Homepage des Anderen ist denkbar. An dieser Stelle zeigt sich schon eine Stärke des asymmetrischen Schlüsselkonzepts: Die Kommunikationspartner können ihre öffentlichen Schlüssel auf einem beliebigen Weg austauschen. Ein Beobachter oder Angreifer kann mit diesem Schlüssel später keinerlei Zugriff auf codierte Daten erlangen.

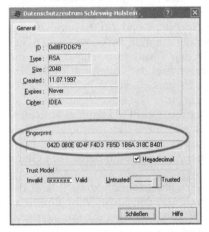

Abb. 4: Darstellung des Fingerprints in PGP 6.5.8

Allerdings muss sichergestellt sein, dass die ausgetauschten öffentlichen Schlüssel authentisch sind. Eine Möglichkeit besteht darin, den Fingerprint des Schlüssels zu überprüfen. Dabei handelt es sich wieder um eine Prüfsumme, diesmal allerdings aus den Daten des öffentlichen Schlüssels generiert. Durch eine persönliche Bestätigung des Fingerprints (zum Beispiel per Telefon) kann sichergestellt werden, dass der öffentliche Schlüssel vom Kommunikationspartner stammt. Durch dieses Verfahren soll verhindert werden, dass ein so genannter »Man in the Middle« unter dem Namen des echten Kommunikationspartners einen eigenen Schlüssel in Umlauf bringt. Denn solch ein Angreifer, der sich zwischen Absender und Empfänger befindet, könnte dann die Mails, die fälschlicherweise für ihn verschlüsselt sind, entschlüsseln, mitlesen und – in gegebenenfalls geänderter Form – weiterschicken, ohne dass die Kommunikationspartner dies bemerken.

Ein weiteres Verfahren, die Authentizität öffentlicher Schlüssel zu gewährleisten, stellt das »Web of Trust« dar. Genau wie eine Nachricht kann auch ein öffentlicher PGP-Schlüssel digital signiert werden. Wenn sich nun zum Beispiel Alice per Telefon davon überzeugt hat, dass ihre Kopie von Bobs öffentlichen Schlüssel authentisch ist, signiert sie diesen mit ihrem privaten Schlüssel. Damit bestätigt sie, dass sie von der Echtheit des Schlüssels überzeugt ist. Auf diese Bestätigung wiederum können sich nun andere verlassen. Nehmen wir an, Carol lädt sich von einem öffentlich zugänglichen Schlüssel-Server Bobs öffentlichen Schlüssel herunter. Findet sie darin die Signatur von Alice vor, kann sie dem Schlüssel vertrauen, wenn sie Alice vertraut. Je mehr Benutzer einen öffentlichen Schlüssel digital signieren, desto eher kann darauf vertraut werden, dass der Schlüssel wirklich zu der im Namensfeld angegebenen Person gehört.

Ein noch stärkeres Gewicht als die Signaturen privater Nutzer haben die Signaturen von öffentlichen Zertifizierungsstellen.[12] Diese erteilen, meistens gegen eine Gebühr, ihre digitale Signatur für den öffentlichen Schlüssel des Nutzers, nachdem sie sich von seiner Identität überzeugt haben. Diese Identitätsprüfung kann von der einfachen Überprüfung einer E-Mail-Adresse bis hin zu einem persönlichen Vorstellen mit Vorzeigen von Ausweispapieren reichen.

Auf diese Weise ergibt sich ein Netz aus PGP-Benutzern, die, auf der Grundlage von Vertrauen zu wenigen, den Schlüsseln vieler vertrauen können.

2.6 PKI

Einen anderen Ansatz als das »Web of Trust« stellt die »Public Key Infrastructure« (PKI) dar. Hier verläuft die Signaturreihenfolge hierarchisch. Im Konzept des deutschen Signaturgesetzes sieht das folgendermaßen aus: Eine zentrale Zertifizierungsstelle, die so genannte »Root CA« (Root Certification Authority), signiert die öffentlichen Schlüssel weiterer Zwischenzertifizierungsstellen (CA), die ihrerseits die Schlüssel von Endanwendern signieren. In diesem Schema verweisen am Ende alle Schlüssel auf eine einzige Referenz, nämlich die Root CA. Durch das Einschalten von Zwischenstellen entgeht man dabei der Notwendigkeit, alle benötigten Schlüssel von der Root CA signieren zu lassen. Es gibt auch PKI mit mehr oder weniger dieser Hierarchiestufen für die Server, auf denen sie die Schlüssel bereitstellen. Oft sollen PKI nur innerhalb geschlossener Nutzergruppen, zum Beispiel für Firmen oder bestimmte Anwendungen, die öffentlichen Schlüssel verwalten, genutzt werden. Im Gegensatz dazu ist die Struktur, die in den europäischen Signaturgesetzen vorgesehen ist, für prinzipiell offene Nutzerkreise gedacht.

Das Signaturgesetz regelt rechtliche, technische und organisatorische Rahmenbedingungen im Einsatz der »elektronischen Signatur« – so ihr Name seit der Version von Mai 2001, die aufgrund der EU-Richtlinie neu gefasst wurde. Das Gesetz unterscheidet zwischen verschiedenen Arten von elektronischer Signatur. Die »qualifizierte elektronische Signatur« muss zum Beispiel auf einem zum Zeitpunkt ihrer Erzeugung gültigen qualifizierten Zertifikat beruhen und mit einer »sicheren Signaturerstellungseinheit« erzeugt worden sein. Welche Signaturerstellungseinheiten als sicher gelten, ist ebenfalls geregelt. Die entsprechenden Signaturschlüssel sind auf einer Chipkarte gespeichert – PGP unterstützt dies noch nicht und würde also nicht ausreichen. Seit dem 1. August 2001 gibt es in Deutschland grundsätzlich die rechtliche Gleichsetzung dieser qualifizierten elektronischen Signatur mit der handgeschriebenen Un-

Abb. 5: Sicherheitshinweis der RegTP

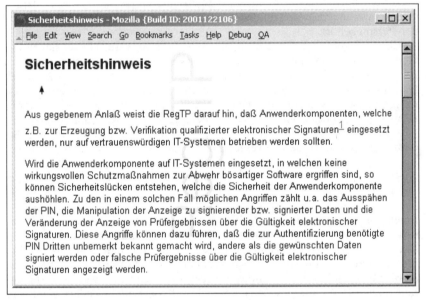

terschrift (§ 126 a BGB). Kritisch angemerkt, aber noch nicht gelöst wurde immer wieder der Aspekt, dass Trojanische Pferde auf dem Rechner den Nutzer trotz »sicherer Signaturerstellungseinheit« austricksen und ihn dazu bewegen, etwas ganz anderes zu signieren als gewollt und ihm auf dem Monitor dargestellt. Praktisch wurde dieser Angriff von Bonner Informatikern im Sommer 2001 vorgeführt.[13] Die Regulierungsbehörde für Telekommunikation und Post,[14] die die Wurzelinstanz der Signaturgesetz-PKI ist, warnt daher auf ihren Webseiten, dass die Anwenderkomponenten »nur auf vertrauenswürdigen IT-Systemen betrieben werden sollten«. Leider erfüllen Heim-PCs mit ihren vielfältigen Sicherheitslücken diese Anforderung nicht. Daher ist fraglich, ob der Nutzer wirklich für die elektronische Signatur, die unter seinem Namen geleistet wird, rechtlich verantwortlich gemacht werden kann.

2.7 Steganografie: Was er nicht weiß, macht ihn nicht heiß ...

Beim Versenden verschlüsselter Nachrichten ist zwar gewährleistet, dass niemand mitlesen kann. Dass jedoch eine Kommunikation stattfindet, ist offensichtlich. Dies zu verbergen, ist das Ziel der Steganografie. Der griechische Begriff »stegano graphein« bedeutet soviel wie »verstecktes Schreiben«, und genau darum geht es. Kommunikation soll in erster Linie verborgen werden. Dazu werden Trägermedien benötigt, in die die Nachricht eingebettet werden kann. Das können Bilder, Texte oder auch Töne sein.

Für die computergestützte Variante der Steganografie kommen vor allem Bild- und Sounddateien zum Einsatz. In diese werden beispielsweise durch Überschreiben einzelner Bits dann die zu versteckenden Daten eingebettet. So haben bei einer Grafik in der Regel die niederwertigsten Bits den geringsten Einfluss auf die Darstellung des Bildes, so dass ein Überschreiben dieser Bits lediglich zu minimalen Bildstörungen führt, die mit bloßem Auge nicht wahrnehmbar sind. Der Empfänger, der das Einbettungsverfahren kennen muss, kann dann aus dem Trägermedium wieder die ursprüngliche Nachricht herstellen. Für einen außenstehenden Beobachter ist nur der Austausch einer Bilddatei erkennbar, die darin eingebettete Nachricht und auch die Tatsache, dass hinter dem entsprechenden Bild womöglich mehr als tausend Worte stecken, bleibt ihm verborgen.

2.8 Erst fragen, dann antworten: Webzugriffe per SSL

Um den Abruf von Internetseiten sicherer zu gestalten, bedient man sich des SSL-Protokolls.[15] SSL steht für »Secure Socket Layer«. Diese »Schicht« stellt eine Art Zwischenschritt beim Surfen dar: Normalerweise schickt der eigene PC eine Anforderung an den Server und bekommt die Webseite geliefert. Soll jedoch eine SSL-Verbindung aufgebaut werden, wird vor Beginn der eigentlichen Kommunikation ein umfangreicher »Handshake«[16] durchgeführt. Bei der Anforderung einer sicheren Verbindung sendet der Server zuerst sein Zertifikat an den Client. Dieses enthält neben einem Gültigkeitszeitraum und dem Namen des Servers auch dessen öffentlichen Schlüssel. Von zentraler Bedeutung ist hier allerdings, dass dieser Schlüssel und damit das Zertifikat von einer anerkannten Zertifizierungsstelle unterzeichnet ist. Im Browser sind deshalb die öffentlichen Schlüssel aller wichtigen Root CAs gespeichert, mit denen die Signatur auf dem Serverzertifikat überprüft werden kann. Ist dies geschehen, einigen sich beide Rechner nach dem Austausch von ein paar Testnachrichten auf einen symmetrischen Session-Key. Dazu erzeugt der Client einen

Abb. 6: SSL-Symbole der Browser

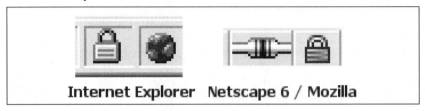

zufälligen Schlüssel, der dann mit dem öffentlichen Schlüssel des Servers chiffriert wird, so dass nur dieser ihn lesen kann. Die weitere Kommunikation verläuft dann in symmetrischer Verschlüsselung, da nun beide Rechner im Besitz desselben Schlüssels sind.

Dieses Verfahren erfüllt mehrere Zwecke. Zum einen kann der Anwender sicher sein, mit ein und demselben Server verbunden zu sein, solange die SSL-Verbindung steht. Ferner kann die Kommunikation von Außenstehenden weder mitgelesen noch verändert werden: Eingegebene Passwörter, Kreditkartennummern und Ähnliches sind geschützt.

In der Praxis erkennt man SSL-Verbindungen schon an der Internetadresse des Servers. Anstelle des normalen Hypertextprotokolls HTTP://... verwenden SSL-gesicherte Server die Kennung HTTPS://... Im einfachsten Fall bemerkt der Anwender von der gesamten Verschlüsselung nichts. Sofern das Serverzertifikat von einer CA unterzeichnet ist, die der Browser schon kennt, wird der Rest der Prozedur automatisch erledigt. Kann der Browser das Zertifikat nicht eindeutig identifizieren, muss der Nutzer entscheiden, ob er die Gegenseite für authentisch hält. Danach übernimmt dann der Browser den Rest. Ein kleines Schloss-Symbol in der Statuszeile des Browsers signalisiert, dass die aktuelle Verbindung gesichert ist.

2.9 Stolpersteine bei der SSL-Verbindung

Dass es bei verschlüsselten Verbindungen sehr genau zugeht, zeigt zum Beispiel der Versuch, die Seiten des Mail-Providers Freemail abzurufen. Unter https://www.freemail.de erwartet den Surfer ein Warnhinweis: Denn das Zertifikat ist auf https://www.freemail.web.de ausgestellt.

Der Mail-Provider zeigt jedoch eine weitere Besonderheit auf. Web.de als Betreiber des Freemail-Dienstes unterhält auch eine eigene Root CA, bei Web.de nennt sie sich »TrustCenter«. Das SSL-Zertifikat von Freemail ist folglich von eben diesem signiert. Von Haus aus erkennen gängige Browser »Trust-Center«-Zertifikate jedoch nicht an, da ihnen der entsprechende öffentliche Schlüssel zur Prüfung fehlt. Folglich wird der Anwender vor einem nicht überprüfbaren Zertifikat gewarnt. Installiert man jedoch den öffentlichen Schlüssel des »TrustCenters«,[17] läuft fortan alles wie gewohnt.

3. Vermeiden von Datenspuren

Wer sich ins Internet einwählt, erhält von seinem Provider eine temporäre Adresse zugeordnet, die so genannte IP-Adresse. Diese stellt gewissermaßen die Telefonnummer des eigenen Computers dar, unter der er für die Dauer der Sitzung im Internet erreichbar ist. Die IP-Adresse wird zum Beispiel von den angesurften Webservern benötigt, damit diese wissen, wohin die gewünschten Webseiten geschickt werden sollen. Neben der IP-Adresse erfährt der Server aber noch eine ganze Menge weiterer Daten, aus denen sich durch Verknüpfungen mit anderen Informationen Nutzerprofile bilden lassen.

3.1 Cookies und was der Browser sonst noch preisgibt

Die meisten Informationen, die beim alltäglichen Surfen nebenbei durch die Leitungen wandern, sind technischer Natur: Der Browser teilt seine Versionsnummer mit und unter welcher IP-Adresse er arbeitet. Auch Bildschirmauflösung und Betriebssystem sind abrufbar. Abhängig vom verwendeten Browser kann ein Webserver auch den Typ der CPU erfahren, die der Surfer einsetzt.

Eine zumeist sinnfreie und vor allem aus Datenschutzsicht bedenkliche Information ist der so genannte Referer. Bei jedem Klick auf einen Link gibt der Browser nämlich die Ausgangsseite als Herkunft mit an. So kann beim Zielserver registriert werden, woher die Surfer kommen. Die Suchmaschine Google zum Beispiel übergibt auf ihren Ergebnisseiten den Suchstring des Benutzers in der Adresszeile. Klickt man nun auf einen Link, wird eben diese Adresse als Referer an die Zielseite übermittelt – inklusive des kompletten Suchstrings. Zusammen mit der IP-Adresse landen diese Informationen im Log-File des Zielservers. Hinzu kommen die Daten über die Konfiguration des Rechners, installierte Plug-Ins, Akzeptanz von Cookies sowie Aktivierung von ActiveX, Java oder Javascript.[18] Logfiles an Web-Servern werden oft monatlich aggregiert ausgewertet. Meist werden erst dann die Logfile-Rohdaten gelöscht. Einige Web-Server werten das Referer-Feld gezielt aus, um Zugriffe abzulehnen, die über gesetzte Links auf Webseiten der Konkurrenz zum eigenen Angebot erfolgen.

Im folgenden Beispiel sind die Suchwörter »Pizza« und »Kiel« und die verwendete Suchmaschine www.google.com im Klartext zu erkennen, die zur Webseite www.pizza-kiel.de geführt haben: blah.com – - [20/Jan/2002:18:42:29 +0200] »GET /www.pizza-kiel.de/pages/ HTTP/1.0« 200 3522 http://www.google.com/search?q=pizza+kiel »Mozilla/4.61 [en] (X11; U; Linux 2.2.10 i586)«

Auch können aus dem Referer sicherheitsrelevante Informationen hervorgehen, zum Beispiel die Kreditkartennummer: https://blah.com/cgi/buy-cd?creditcard=2034872398472340. Außerdem wird beim Folgen eines externen Links von einer internen Webseite, deren Adresse oder Existenz geheim bleiben soll, die URL im Referer übertragen.

Bis auf Opera[19] bieten aktuelle Standard-Browser keine Möglichkeit, die Übertragung des Referer-Feldes zu unterbinden. Dies bleibt zurzeit Zusatzsoftware mit Filterfunktionalität vorbehalten.[20]

Im Internet existieren verschiedene Testseiten, die anschaulich darstellen, welche Informationen der Browser übermittelt[21]. Diese Daten verraten unter Umständen mehr, als es zuerst den Anschein hat: Lassen die Angaben über Bildschirmauflösung, Betriebssystem und Prozessor noch relativ vage Ableitungen zu, unter welchen Bedingungen der Surfer im Netz ist und zu welcher Nutzergruppe er gehören könnte, ist die IP-Adresse da schon handfester: Sie offenbaren in der Regel, an welchem Knotenpunkt des Internetproviders der Nutzer sich eingewählt hat. Damit lässt sich der reale Aufenthaltsort eines normalen Surfers schon recht genau bestimmen.

Nun ändert sich die IP-Adresse in der Regel bei jedem Einwahlvorgang. Das macht es für Datensammler schwer, festzustellen, ob zwei verschiedene Webausflüge von derselben Person unternommen wurden. Eine übergreifende Verfolgung des Nutzerverhaltens wird durch Cookies möglich. Von ihrer ursprünglichen Intention her sind Cookies recht harmloser Natur: Es handelt sich um kleine Textdateien, die eine Webseite auf dem Computer des Besuchers ablegen kann. Mithilfe dieser Datei kann der Webserver auf dem Rechner des Nutzers zum Beispiel Präferenzen und Einstellungen abspeichern, die beim nächsten Besuch automatisch wieder hergestellt werden. Ebenso ist es einem Server dadurch möglich, für die Dauer der Sitzung den Anwender wiederzuerkennen, ohne dass dieser ständig Benutzernamen und Kennwort neu eingeben muss. Ein Onlineshop kann durch einen Cookie erkennen, dass da ein alter Kunde zu Besuch kommt und ihm passende Angebote (und eventuell beim letzten Besuch vorgemerkte Artikel) präsentieren. Der Buchhändler Amazon.de zum Beispiel begrüßt Kunden, die per Cookie identifiziert werden können, namentlich und präsentiert Angebote in der Rubrik »Für Sie ausgewählt...«. Dabei ist diese Rubrikbezeichnung durchaus wörtlich zu nehmen. Anhand der bisherigen Bestellungen stellt Amazon Artikel zusammen, die zum Bestellprofil des jeweiligen Kunden passen.

Abb. 7: Sitzungs-Cookies von Amazon.de

Die Daten, aus denen diese Angebote generiert werden, liegen auf einem Server bei Amazon. Das bedeutet, der Cookie auf der lokalen Festplatte enthält nichts weiter als eine ID-Nummer, anhand derer ein Server einen Datensatz mit einem Surfer verknüpfen kann. So ist für den Nutzer nicht nachvollziehbar, welche Daten ein Anbieter über ihn wirklich sammelt. Und hier fängt das Dilemma an. Nicht jeder Kunde mag es, dass ein Verkäufer permanent ein Auge darauf hat, wann und wo er sich im Laden umsieht. Genau dies geschieht jedoch häufig. Ob man nun etwas bestellt oder nicht, allein der Aufruf einer Seite, die bei einem früheren Besuch einen Cookie auf dem Computer hinterlassen hat, verrät dem Server, welcher seiner Kunden da gerade wieder vorbeischaut.

Ein weit größeres Problem stellen jedoch Cookies dar, die gar nicht von der Seite stammen, die man gerade betrachtet. Die Spielregel für den Umgang mit Cookies lautet: Nur wer ihn gesetzt hat, darf ihn auch später wieder auslesen. Das macht Sinn, weil es eine Bank beispielsweise nichts angeht, welche Daten ein Online-Buchhändler über den Kunden ablegt. Allerdings können nicht nur Webseiten solche Cookies anlegen, auch die kleinen Werbebanner, die auf vielen Seiten zu finden sind, sind dazu in der Lage. Das liegt daran, dass diese Banner eigentlich »Seiten in der Seite« darstellen. Und als eigenständige Webseite dürfen sie natürlich auch Cookies setzen.

Banner werden meist über große Agenturen geschaltet, die auf diese Weise auf vielen verschiedenen Webseiten präsent sind. Wenn ein Surfer nun also auf seinem Ausflug ins Web drei verschiedene Seiten aufruft, auf denen jeweils – als »Seite in der Seite« – ein Werbebanner erscheint, so kann die dahinterstehende Agentur nachvollziehen, welche drei Seiten dieser Surfer abgerufen hat. Die Webseiten wissen jeweils nur, dass Nutzer X zum Zeitpunkt Y da war. Die Banneragentur jedoch kann alle drei Stationen nachvollziehen, denn ihr Werbebanner hat jedes Mal denselben Cookie vorgefunden.

Abb. 8: Verknüpfung von Sitzungsdaten mittels Cookie

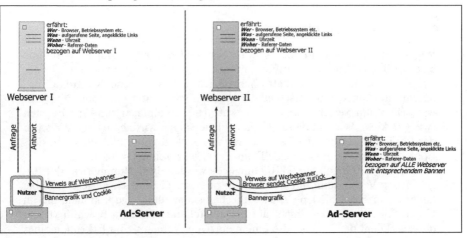

Grundsätzlich müssen zwei Arten von Cookies unterschieden werden. Das sind zum einen die Session Cookies, die gelöscht werden, wenn der Browser geschlossen wird. Zum anderen sind es die dauerhaften Cookies (auch: persistente Cookies), die über einen Zeitraum von mehreren Monaten auf der Festplatte schlummern können. Session Cookies stellen kaum eine Gefahr für die Privatsphäre dar, da sie nur für eine Sitzung gelten. Um eine Löschung der Session Cookies zu erzwingen, genügt es bereits, alle Instanzen des Browsers zu schließen. »Session« bedeutet hier also nicht die Zeit bis zum Abmelden oder Runterfahren des Rechners.

Ein weit größeres Problem stellen Cookies mit langer Lebenszeit dar. Diese sind explizit darauf ausgelegt, den Benutzer für einen Server über einen längeren Zeitraum identifizierbar zu machen. Doch was auf der einen Seite unter Umständen erwünschten Komfort bietet, ermöglicht es jedem Server, der solch einen Cookie setzen kann, Besuche auf seinen Seiten dauerhaft zu protokollieren. Und vor allem Werbefirmen, die über eingeblendete Banner Cookies setzen, haben Interesse an deren dauerhafter Speicherung. Wie dauerhaft das sein kann, zeigt ein Blick auf die Cookieanforderung eines Doubleclick-Banners auf altavista.de: Set-Cookie: id=800e4b7446; path=/; domain=.doubleclick.net; expires=Tue, 31 Dec 2030 23:59:59 GMT

In den meisten Browsern lässt sich daher der Umgang mit Cookies ausdrücklich regeln. Session Cookies sollten hier zugelassen werden, sofern sie vom Server der Webseite kommen. So genannte Third-Party Cookies, zumeist über Bannerwerbung gesetzt, sollten komplett abgelehnt werden. Die Firma Doubleclick bietet zudem das Setzen eines so genannten »OptOut-Cookies« an.[22] Dieser enthält neben einem Ablaufdatum den Wert »OPT_OUT«. Die Banner-Server der Firma speichern keine eigenen Cookies mehr, wenn sie diesen OptOut-Cookie vorfinden.

3.2 Global Unique Identifier

Wie bereits im Abschnitt über Adware berichtet, enthalten einige Programme einen »Global Unique Identifier«, mit dem sich die Programmnutzung eines einzelnen Benutzers dauerhaft nachvollziehen lässt. Solche Identifikationsnummern können auf verschiedene Weise implementiert werden: in Hardware (Pentium Seriennummer), Software (wie Realplayer) und in Diensten (wie Cookies). Wie mit diesen GUIDs umgegangen wird, hängt ebenfalls von der Implementierung ab. Das Cookie-Protokoll zum Beispiel sieht vor, dass Cookies nur an die ausstellende Domain zurückgeschickt werden.

Bei Anwendungen mit GUID hingegen werden diese Nummern in der Regel in der Verbindung mit übertragen, oder sie lassen sich auslesen. Dabei können ganz verschiedene Auslesemechanismen zum Zuge kommen, die im Unterschied zu Cookies nicht auf die ausstellende Domain beschränkt sein müssen. Dient der Cookie also einem einzigen Anbieter zum Erkennen eines einzelnen Nutzers, so ermöglichen GUIDs vielen verschiedenen Anbietern, einen einzelnen Nutzer wieder zu erkennen. Wer also beispielsweise mittels Realplayer regelmäßig Audiostreams aus dem Netz wiedergibt, tritt allen Anbieterrechnern gegenüber mit derselben GUID-Nummer in Erscheinung. Eine Verknüpfung von deren Daten untereinander ergäbe dann ein komplettes Profil dieses einen Nutzers.

Einen weit über diese Möglichkeiten hinausgehenden »Super-Cookie« beschert uns hingegen Microsoft mit der GUID-Funktion des Mediaplayers. Dieser ermöglicht die Identifizierung nämlich nicht nur Servern, mit denen der Mediaplayer in Verbindung tritt, sondern grundsätzlich allen Webservern: Die Mediaplayer-GUID lässt sich einfach per Javascript innerhalb einer normalen HTML-Seite auslesen.[23] Abseits aller Diskussionen um Cookie-Management, P3P und Sicherheitseinstellungen hat Microsoft hier eine Möglichkeit geschaffen, selbst bei vermeintlich abgeschotteten Rechnern die weltweite Identifikation zu ermöglichen: Die Wiedererkennbarkeit des Rechners ist selbst dann gewährleistet, wenn im Browser Cookies generell abgelehnt werden. Ob der Mediaplayer vom Benutzer überhaupt verwendet wird, spielt ebenfalls keine Rolle, seine Anwesenheit im System reicht prinzipiell für eine globale Wiedererkennung aus.

Wer sich davor schützen will, muss die Erzeugung der GUID im Mediaplayer abschalten. Doch Microsoft hat diese Deaktivierung ursprünglich nicht vorgesehen: Benutzer der Version 6.4 müssen erst einen Patch[24] einspielen, der die entsprechende Option installiert. Benutzern des Mediaplayers 7 empfiehlt Microsoft ein Upgrade auf Version 7.1, dort ist die Deaktivierung möglich.

3.3 Webbugs

Ein handelsübliches Werbebanner ist relativ leicht zu erkennen. Genau genommen sind die meisten davon nur schwer zu übersehen. Um nun die Funktionalität dieser Drittanbieter-Grafik zu nutzen, ohne den Benutzer davon in Kenntnis zu setzen, bedient man sich so genannter Webbugs. Das Prinzip ist denkbar einfach: Das »Werbebanner« wird auf ein einziges Pixel zusammengeschrumpft und bekommt den Farbwert »transparent« zugewiesen. Diese unsichtbaren »Clear-GIFs« lassen sich nun beliebig auf Webseiten und sogar in HTML-Mails unterbringen, ohne dass der Surfer sie wahrnehmen könnte. Durch die minimale Größe wird auch das Layout komplexer Webseiten nicht beeinträchtigt.

Die Gefahr, die von Webbugs ausgeht, ist allerdings nicht größer als bei normalen Werbegrafiken. Beide werden von einem Anbieterserver geladen, wobei mindestens die IP-Adresse des Benutzers übertragen wird. Ebenso können beide jeweils Cookies auf dem lokalen PC setzen. Nun sind diese Funktionalitäten an sich nicht sonderlich spektakulär und bereits im Abschnitt über Cookies erläutert worden. Interessant ist jedoch die Möglichkeit, mittels Webbugs nicht nur eine Empfangs-, sondern sogar Lesebestätigung für E-Mails zu erhalten. Dazu wird eine HTML-Mail erzeugt, die einen Verweis auf ein Clear-GIF enthält. Diese Grafikdatei wird jedoch nicht mit der Mail mitgeschickt, sondern der Link verweist auf einen Server im Internet. Darüber hinaus erhält der Link eine ID-Nummer, die der Absender intern mit der E-Mail-Adresse des Empfängers verknüpft. Das Ganze könnte beispielsweise so aussehen: < IMG SRC=»http://www.bugme.com/cgi-bin/ID?x=736A987CF«>

Wird die Nachricht nun in einem Standard-Mailprogramm geöffnet, interpretiert dieses den HTML-Code. Programme wie Outlook Express oder Netscapes Messenger verwenden zum Anzeigen das HTML-Modul des jeweiligen Browsers. Über dieses versuchen sie nun, die unsichtbare Grafik nachzuladen. Dazu senden sie an den Server »bugme.com« die Anforderung der Datei »cgi-bin/ID?x=736A987CF«. Der Server interpretiert das CGI-Script, registriert die übergebene ID-Nummer und gibt ein transparentes Pixel als Antwort zurück. In diesem Moment weiß der Absender, dass diese Mail geöffnet wurde. Durch die mit der E-Mail-Adresse verknüpfte ID-Nummer kann er die Grafikanforderung einer einzigen versandten Mail zuordnen.

Prinzipiell ist dieses Vorgehen natürlich auch mit jeder anderen Art von Link in einer HTML-Mail denkbar. Grafiken bieten sich jedoch an, da sie von den meisten Browsern (und somit den zugehörigen Mail-Clients) automatisch nachgeladen werden. Der Link auf eine ZIP-Datei oder Ähnliches müsste hingegen vom Benutzer manuell ausgeführt werden.

3.4 Möglichkeit und Konsequenzen der Zusammenführung von Datenbeständen

Wie wir gesehen haben, gibt es eine Reihe von Quellen, aus denen Datensammler sich bedienen können und die eine Zuordnung dieser Daten zu einer Einzelperson ermöglichen. Doch das Problem liegt weniger in der einzelnen Information. Viel gefährlicher für die Privatsphäre sind die Profile, die sich aus vielen kleinen Informationsschnipseln basteln lassen. Ist der Besuch einer bestimmten Webseite kein allzu aufregendes Datum, ist das Wissen über alle besuchten Seiten des heutigen Tages schon interessanter, lassen sich daraus doch mit einiger Wahrscheinlichkeit Rückschlüsse auf Arbeits- und Interessensgebiete ziehen.

Es existieren bereits umfangreiche Datenbanken, die neben Wohngegend, Gehaltsklasse und politischer Präferenz auch die Marke des gefahrenen Autos enthalten. Dieses Wissen ist nicht das Resultat einer einzigen freimütigen Auskunft der Betroffenen, sondern vielmehr ein großes, automatisiertes Sammelsurium diverser Einzeldaten.

Das so genannte Social Engineering, frei übersetzt das Schnüffeln im sozialen Umfeld, birgt eine völlig neue Qualität von Rohdaten. Sind Nutzerdaten im Web nur in ihrer Verknüpfung interessant, so wird daraus durch Hinzufügen von Daten des »Real Life« ein ganz heißes Eisen: Wer auf der Homepage seines Sportvereins mit Name, Anschrift und E-Mail Adresse vermerkt ist, sollte sich nicht wundern, plötzliche »themenbezogene« Werbung zu erhalten, per Post wie auch per E-Mail. Über gängige Suchmaschinen ist es dann ein Leichtes, etwaige Gästebucheinträge auf Homepages ausfindig zu machen, oder in Usenet-Archiven nach News-Beiträgen zu fahnden. Das dabei entstehende Bild ist im Allgemeinen schon recht umfassend. Kann man dieses dann noch mit den Daten einer Banneragentur oder eines Onlinehändlers verknüpfen, steht es schlecht um die Privatsphäre – im Netz wie in der Realität.

Das »Gedächtnis« des Netzes ist dabei recht groß. Was man über sich selbst preisgibt, zum Beispiel durch eigene E-Mails, oder was andere über einen veröffentlichen, zum Beispiel in Gästebucheinträgen oder Newsgroups, ist auf lange Sicht archiviert und somit durchsuchbar und zusammenführbar. Wer sich um eine Anstellung bewirbt, kann inzwischen damit rechnen, dass der Personalchef sich auch ein Bild von der Online-Präsenz der Bewerber machen will. Da kann es schon wichtig sein, wo der eigene Name im Web auftaucht ...

3.5 Verschleierung der IP-Adresse

Doch nicht nur die Methoden von Beobachtern und Datensammlern werden ständig effektiver. Auch die technischen Möglichkeiten, diesen Beobachtern zu entgehen, werden kontinuierlich besser. So ist es nicht schwer, im Netz einer von vielen zu sein – und auch zu bleiben.

Um eine Webseite zu besuchen, ohne die eigene IP-Adresse preiszugeben, verwendet man Zwischenstationen, so genannte »Proxy-Server«. Diese treten gegenüber der Zielseite anstelle des Anwenders auf und senden die gewünschten Daten an ihn weiter. Die Kommunikation verläuft hier folgendermaßen:

Abb. 9: Einzelner Anon-Proxy

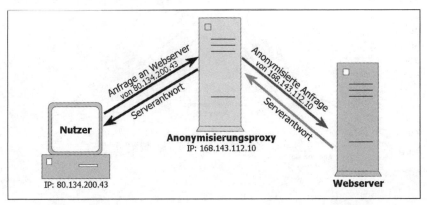

Ein Beispiel für solch einen Dienst ist der von Lance Cottrell betriebene Service Anonymizer.com. Der User wählt die Seite des Anonymisierungsdienstes an und gibt dort die eigentliche Zieladresse ein. Anstelle des Anwenders tritt nun der Proxy dem Zielrechner gegenüber in Erscheinung und fordert die gewünschten Seiten ab. Dieses Konzept besitzt jedoch einen schwer wiegenden Nachteil: Wirkliche Anonymität wird nämlich durch einen einzelnen Proxy nicht erreicht. Der Betreiber der »Zwischenstelle« weiß sehr wohl, welche Seiten der Benutzer ansurft. Führt der Proxy-Server dann noch so genannte Log-Files, in denen aufgezeichnet wird, von welcher IP-Adresse welche Daten abgefordert wurden, ist die Surf-Sitzung selbst Wochen später noch rekonstruierbar. Außerdem schützt ein einzelner Proxy nicht vor Beobachtern, die die Kommunikationswege in der Kette überwachen. Aufgrund des zeitlichen Zusammenhangs von Eingang und Ausgang der Datenpakete ließe sich der reale Zielserver eines einzelnen Nutzers rekonstruieren. Für solche starken Angreifermodelle ist ein einzelner Anon-Proxy also ungeeignet. Mit Echelon, Carnivore und Co existiert dieser Angreifertypus bereits in der Realität. Umfassende Überwachung ist keine finstere Vision mehr.

Um sich wirklich anonym im Netz zu bewegen, müssen mehrere Anonymisierungsstationen hintereinander geschaltet werden. Auf diese Weise entfällt die Abhängigkeit von der Zuverlässigkeit eines einzelnen Proxy-Betreibers: Kein Rechner in der Kette besitzt ein vollständiges Wissen über die Verbindung. Der erste Rechner in der Reihe kennt das endgültige Ziel nicht, der letzte dagegen weiß nichts über den ursprünglichen Absender. Für einen Angriff auf die Anonymität des Nutzers müssten in diesem Modell sämtliche Zwischenstationen kompromittiert werden.

Der Informatiker David Chaum entwickelte bereits 1981 ein neues Konzept für die Versendung anonymer E-Mails.[25] Dies ist auch die Grundlage für

Abb. 10: Mixkaskade

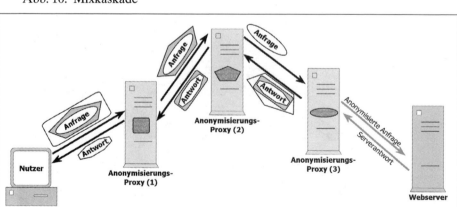

die eben vorgestellte Anonymisierung von Webzugriffen. Um zu verhindern, dass durch Beobachtung aller beteiligten Rechner ein zeitlicher Zusammenhang zwischen eingehendem und ausgehendem Datenpaket herzustellen ist, werden die einzelnen Anfragen nicht in Reihenfolge ihres Eingangs bearbeitet. Vielmehr würfeln die einzelnen Proxies die erhaltenen Anfragen zufällig durcheinander. Daher nennt man diese Art der Anonymisierungsproxies auch Mixe. Zusätzlich werden die Datenpakete dabei verschlüsselt, und zwar so, dass jeder einzelne Rechner nur Zugriff auf den für ihn bestimmten Arbeitsschritt hat.

Darüber hinaus muss darauf geachtet werden, dass einzelne Nachrichten sich nicht signifikant von anderen unterscheiden. Würden die Anfragen an www.hp.com und www.morgenstundhatgoldimmund.de einfach weitergegeben, wären sie schon anhand ihrer Länge von außen deutlich unterscheidbar – und zugehörige ein- und ausgehende Nachrichten könnten leicht anhand ihrer spezifischen Länge von einem Beobachter verkettet werden, wodurch ihr Weg durch das Netz verfolgbar ist. Deshalb werden alle Daten auf eine einheitliche Länge gebracht und gegebenenfalls mit Blinddaten gekoppelt. Ähnlich verhält es sich mit dem Datenverkehr insgesamt: Sinkt der Netzverkehr unter ein bestimmtes Niveau, ist eine einzelne Nachricht leicht zu lokalisieren und geht nicht unter in einer großen Gruppe im Ansatz gleich aussehender Daten. Die Mixe sollen daher so genannten Dummy-Traffic erzeugen, um die Unbeobachtbarkeit auch bei geringer Netzlast zu gewährleisten.

Der Chaum'sche Ansatz wird beispielsweise im Projekt »AN.ON – Anonymität online« für das anonyme Internet-Surfen auf- und ausgebaut. Das im Projekt entwickelte Open-Source-Programm JAP Anon Proxy steht im Internet kostenlos zum Download zur Verfügung.[26]

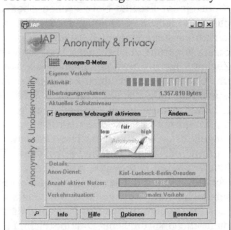

Abb. 11: Statusanzeige des JAP-Proxy

3.6 Freenet – Ein Ansatz für anonymen Dateiaustausch

Wer Filesharing-Tools nutzt, wähnt sich häufig in Sicherheit – schließlich verwenden die Systeme inzwischen Netze ohne zentralen Server. Suchanfragen werden von einem Teilnehmer zum anderen »durchgereicht«, was die Systeme immun gegen staatlich-juristische Zugriffe macht und der Musikindustrie zunehmend Kopfschmerzen bereitet. Anonymität für den einzelnen Nutzer bieten die Peer-to-Peer (P2P)-Netze jedoch nicht.

Zum einen ist die eigene IP-Adresse den jeweils nächsten Knotenrechnern bekannt, zum anderen wird diese spätestens beim Start eines Downloads an den Quellrechner übermittelt, der somit genau weiß, woher die Anfrage stammt. Hinzu kommt, dass die Suchanfragen im Klartext übermittelt werden. Ein weiterer Schwachpunkt ist die mangelnde Authentizität. Jeder anbietende Rechner kann die angeforderten Daten beliebig manipulieren. Im Falle von falsch betitelten MP3-Songs mag das zu verschmerzen sein, ein ernsthafter Austausch von Dokumenten ist auf diesem Wege jedoch nur mit Sicherungsmaßnahmen von außen (zum Beispiel PGP-Signatur) möglich.

Einen Versuch, Anonymität und Authentizität in einem Tauschnetz zu ermöglichen, stellt das Freenet-Konzept von Ian Clarke dar. Dabei geht es nicht nur darum, Anonymität für alle Beteiligten zu gewährleisten, sondern auch um größtmögliche Resistenz gegen Einflussnahme von außen. Von herkömmlichen Filesharing-Systemen kennt man das so genannte »Shared Directory«. Hier werden die Dateien abgelegt, die man aus dem Netz herunterlädt und die man im Gegenzug zum Upload bereitstellt. Will man eine Datei herunterladen, stellt man eine Suchanfrage nach dem Dateinamen oder Teilen daraus.

In einem Freenet-Netz[27] sehen eben diese Suchanfragen jedoch anders aus. Um hier eine Datei anzufordern, muss man ihre genaue thematische Bezeichnung kennen, zum Beispiel »programs/crypto/pgp-source«. Aus diesem String generiert der Freenet-Client eine Prüfsumme, die dann als eigentliche Suchanfrage ins Netz geschickt wird. Aus dieser Prüfsumme ist, wie bereits im Abschnitt 2.2 erläutert, kein Rückschluss auf die ursprüngliche Dateibezeichnung möglich. Die einzelnen Freenet-Teilnehmer vergleichen nun eingehende Anfragen mit den bei ihnen gespeicherten Daten. Hat ein Rechner die Datei mit der passenden Prüfsumme gespeichert, schickt er sie auf dem umgekehrten Weg zurück: Die Datei wandert über jeden Rechner, der die Anfrage bearbeitet hat, und jeder dieser Rechner speichert sie in seinem lokalen »Shared Directory«. Auf diese Weise wird durch eine Suchanfrage eine Vervielfältigung der jeweiligen Datei erreicht, so dass häufig angefragte Daten auch häufig vorliegen, was die Netzlast insgesamt verringert.

Alle Dateien im Freenet-Netz sind darüber hinaus verschlüsselt. Als Code dient die ursprüngliche Dateibezeichnung, in unserem Beispiel »programs/crypto/pgp-source«. Wie bereits erwähnt, werden Daten auf allen auf der Strecke liegenden Knotenrechnern zwischengespeichert. Die jeweiligen Nutzer, auf deren System die Dateien abgelegt werden, können diese jedoch nicht einsehen, da sie den passenden Schlüssel, nämlich die ursprüngliche Dateibezeichnung, nicht kennen. Auf diese Weise kann ein Freenet-Nutzer nicht für den automatisch angelegten Cache-Bereich auf seiner Festplatte verantwortlich gemacht werden – er hat schließlich gar keinen Zugang dazu. Erst wenn er selbst eine Suchanfrage generieren würde, deren Prüfsumme sich im

Zwischenspeicher seines eigenen Rechners wiederfindet, wüsste er, dass sich diese eine Datei auf seinem System befindet.

Ian Clarkes Konzept setzt in erster Linie auf Zensurresistenz und Anonymität – die Performance des Netzes ist nur ein nachgelagerter Aspekt. So ist es nicht möglich, eine Datei gezielt zu überschreiben oder gar aus dem System zu löschen, da jede gezielte Anfrage ein automatisches Kopieren der Datei auf alle beteiligten Rechner bewirkt. Hinzu kommt, dass der Zugriff auf eine Da-

Vertrauen in die digitale Welt

Bereits beim »Web of Trust« wird deutlich, dass auch die digitale Welt nicht ohne Vertrauen auskommt. Letztlich handelt es sich dabei nur um eine Komplexitätsreduktion: Die technischen Systeme sind zu umfangreich und das Wissen um sie zu speziell, als dass jeder einzelne sich ein fundiertes Urteil über ihr ordnungsgemäßes Funktionieren bilden könnte. Die wenigsten Benutzer von PGP werden je einen Blick in den offen gelegten Quellcode geworfen haben – sie vertrauen auf Phil Zimmermann oder die »PGP Corporation«, von denen ihre Download-Datei digital signiert wurde.

Ebenso verhält es sich mit den Anbietern von Anonymitätsdiensten. Insbesondere dem Betreiber eines einzelnen Proxies, wie zum Beispiel Anonymizer.com, muss der Nutzer Vertrauen entgegen bringen, denn dieser ist technisch zu jedem Zeitpunkt in der Lage, die Anonymität des Nutzers aufzuheben. Wie sensibel diese Konstellation ist, zeigt das Beispiel des inzwischen abgeschalteten Dienstes von SafeWeb.com. Als am 30. November 2000 eine Zusammenarbeit mit In-Q-Tel beschlossen wurde,[28] war die Aufregung groß: In-Q-Tel gehört der CIA. Die plötzliche Nähe von SafeWeb zum US-Geheimdienst schürte Gerüchte, der Anonymisierungsdienst würde in Wahrheit seine Nutzer ausspionieren. Und auch die Betreiber von SafeWeb selbst waren sich bewusst, dass die Zusammenarbeit mit In-Q-Tel nicht folgenlos für den Nutzerstamm bleiben würde: »I'm sure we'll take a hit from the 5 % of our most paranoid customers«, sagte Stephen Hsu gegenüber dem Wallstreet Journal Online.[29] Später wurde bekannt, dass SafeWeb tatsächlich die Nutzung ihres Dienstes mitprotokollierte und für eine gewisse Zeit aufbewahrte – was den Nutzern nicht bewusst war.

Häufig hat das Vertrauen in technische Systeme nicht unbedingt rationale Gründe. Das Beispiel SafeWeb zeigt, dass allein die Möglichkeit einer Unterminierung des Dienstes dessen Vertrauensbonus schmälert. Datenschutzgerechte Technikgestaltung sollte daher auf mehrseitige Sicherheit setzen: Dies soll Sicherheit für alle Beteiligten bieten, wobei jeder den anderen nur minimal zu vertrauen braucht. Grundprinzipien der mehrseitigen Sicherheit sind:
- Jede(r) hat individuelle Schutzziele.
- Jede(r) kann seine Schutzziele formulieren.
- Konflikte werden erkannt und Kompromisse ausgehandelt.
- Jede(r) kann seine Schutzziele im Rahmen des ausgehandelten Kompromisses durchsetzen.

Die Möglichkeit des Aushandelns und Durchsetzens seiner eigenen Interessen spielt auch bei Identitätsmanagement und Policy-Tools eine zentrale Rolle.

tei nur bei genauer Kenntnis ihrer Bezeichnung möglich ist. Eine Suche nach allen Dateien, in denen irgendwo »Bush sucks« vorkommt, ist daher nicht möglich, was eine Kontrolle von außen extrem schwer macht. Da die einzelnen Freenet-Clients untereinander lediglich die gebildeten Prüfsummen der Dateibezeichnungen austauschen, ist es ebenfalls nicht möglich zu erkennen, welcher Nutzer sich für welche Inhalte interessiert.

Zurzeit steckt die praktische Implementierung des Systems noch in den Kinderschuhen. Das Konzept zeigt jedoch deutlich, dass auch im Bereich Filesharing starke Anonymität möglich ist. Dies wird unweigerlich Auswirkungen auf die reale Welt haben. Freenet-Entwickler Clarke hat erkannt, dass eine Wahrung der Meinungsfreiheit nicht mit einer Aufrechterhaltung des Urheberrechts vereinbar ist. Sein neues Projekt »Fairshare« versucht unter anderem, dieses Dilemma zu lösen.

4. Verhandeln von Privacy Policies

4.1 Identitätsmanagement

Anonymität ist auf dem Weg durchs Netz sinnvoll, denn die Internet-Provider geht es gar nichts an, wer dort gerade welche Dienste nutzt. Nicht immer will man aber völlige Anonymität, jedenfalls nicht bei E-Commerce-Anwendungen wie Webshops, in denen man sich beraten lassen und Waren kaufen und nach Hause liefern lassen möchte, oder in einer Kommunikation mit anderen Menschen. So wie wir im täglichen Leben nicht jedem alles über uns erzählen, geht es auch im Internet darum, nicht ständig all seine Daten preiszugeben.

Bislang ist es harte Arbeit, die eigenen Daten im Netz zurückzuhalten und nur gezielt preiszugeben. Angefangen von der E-Mail-Adresse, die man auf so ziemlich jeder Webseite eingeben darf, bis hin zum Geburtstag und der Anzahl der Haustiere gibt es eigentlich kein Datum, für das sich nicht irgendjemand auf irgendeiner Seite interessiert. Nun ist es verständlich, dass zum Abonnement eines Newsletters auch die Angabe der entsprechenden E-Mail-Adresse notwendig ist. Häufig werden jedoch en passant noch alle möglichen (und unmöglichen) Informationen abgefragt, die mit dem Gebot der Datensparsamkeit rein gar nichts zu tun haben. Wer hier immer ehrlich ist, hat eigentlich schon verloren: Das Aggregieren von Datenbeständen zu aussagekräftigen Profilen wird umso einfacher, je konsistenter die Eingaben vorgenommen werden.

Am besten agiert man unter verschiedenen Identitäten und lässt die Kommunikationspartner nur das wissen, was wirklich nötig oder sinnvoll ist – damit schützt man sich davor, dass über die eigene Person detaillierte Profile entstehen können. Solche Identitäten sind Pseudonyme, wie zum Beispiel verschiedene E-Mail-Adressen oder Spitznamen. Bislang ist Handarbeit angesagt beim dosierten Verteilen der persönlichen Daten. Wer den Überblick behalten will, muss sich inzwischen schon eine kleine Datenbank anlegen für all die Benutzernamen, Adressen und sonstigen Parameter, unter denen er sich irgendwo im Netz angemeldet hat. Denn es macht ja eigentlich nichts, seinem Webmail-Provider eine falsche Postadresse zu melden. Wenn er aber im Falle eines vergessenen Passwortes eben diese Postadresse abfragt, ist man gut beraten, wenn man zumindest einen kleinen Notizzettel hat.

Zum Glück bieten einige Mail-Programme schon die Verwaltung mehrerer eigener Adressen an, zum Beispiel getrennt nach Arbeits- und Privatleben. Auch gibt es im Internet mehrere Dienste, die einen bei der Verwaltung seiner Identitäten unterstützen, zum Beispiel Microsofts Passport oder Novells DigitalMe. Nachteil: Diese Dienste laufen alle über zentrale Server – und wie wir schon beim Thema Anonymität gesehen haben, haben deren Betreiber dann die Möglichkeit, alle Daten eines einzelnen Benutzers zusammenzuführen. Dass solche personenbezogene Daten wertvoll sind, merkt man daran, dass sie immer wieder von Firmen verkauft werden. Außerdem können diese zentralen Server auch Sicherheitslücken aufweisen, durch die dann die gesammelten Nutzerdaten zugreifbar werden.

Besser sind solche Identitätsmanagementsysteme, die unter Kontrolle des Nutzers und in seinem Verfügungsbereich ablaufen.[30] Erste Konzepte dafür stammen schon von 1985 (David Chaum). Allerdings werden sie erst jetzt allmählich umgesetzt und vermutlich wird man die ersten datenschutzfreundlichen Systeme frühestens ab 2003 nutzen können. Wichtig ist, dass die Nutzer die größtmögliche Kontrolle darüber erhalten, wer welche ihrer Daten erhält. Hier werden also je nach Anwendungssituation und Kommunikationspartner unterschiedliche Pseudonyme ausgewählt. Dies muss zusammen mit den anderen herausgegebenen persönlichen Daten für spätere Auswertungen mitprotokolliert werden, denn schließlich will man nachvollziehen können, was die anderen über einen in Erfahrung haben bringen können. Hat man Bedenken, unter einem verwendeten Pseudonym ein zu dichtes Profil offenbart zu haben, kann man oft ein anderes Pseudonym schaffen und darunter agieren. Identitätsmanagementsysteme können Policy-Tools ergänzen oder mit ihnen kombiniert eingesetzt werden, da auch hier die Konfiguration der Sicherheits- und Datenschutzeinstellungen eine große Rolle spielt.

4.2 Policy-Tools

Policy-Tools helfen den Nutzerinnen und Nutzern, ihre eigenen Vorstellungen über den Schutz ihrer Privatsphäre auszudrücken – und zwar per Computer. Prominentes Beispiel dafür, wie Nutzer ihre Datenschutzvorlieben auf dem Rechner konfigurieren und ihre Wünsche mit den maschinenlesbaren Privacy Policies der Webanbieter abgleichen können, ist »P3P – Platform for Privacy

Preferences«. P3P steht für einen Internet-Standard des »World Wide Web Consortiums« (W3C)[31], der das Webprotokoll HTTP erweitert. Der Nutzer definiert in seinen Voreinstellungen (Privacy-Preferences), welche personenbezogene Daten er welchem Anbieter zu welchem Zweck herauszugeben bereit ist. Der Anbieter wiederum legt in seiner Privacy Policy fest, welche Daten er benötigt und wie er sie verwenden will. Nur bei Übereinstimmung der Vorgaben von Nutzer und Anbieter kommt die Verbindung zustande, und die Daten können übermittelt werden.

Abb. 12: P3P als Erweiterung von HTTP mit Abgleich der Privacy Policy

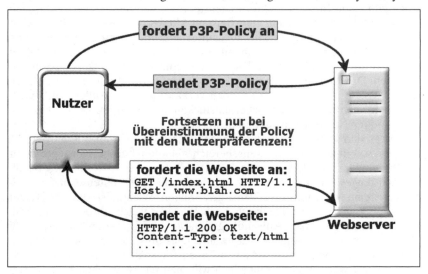

Dies bedeutet aber auch, dass – sollte der Anbieter übermäßig viele Daten fordern und der Nutzer nicht bereit sein, diese herzugeben – die Verbindung zum Webserver nicht geschaltet wird. Es gibt hier in der Regel kein »Nachgeben« des Anbieters. Nach deutschem Recht ist ein solches Anbieterverhalten nicht erlaubt[32] – man kann sich also beim Anbieter oder Datenschutzbeauftragten beschweren und Änderung verlangen. Im internationalen Bereich allerdings ist die Rechtslage nicht einheitlich, und es gibt auch nicht überall Datenschutzbeauftragte, die einen bei der Wahrnehmung der Rechte unterstützen könnten. Immerhin wird mit P3P transparent, wie die Webanbieter mit den persönlichen Nutzerdaten umgehen wollen, und die Nutzer müssen dem zustimmen, bevor die Datenverarbeitung beginnt. Die Webanbieter können ihre Privacy Policies sowohl maschinenlesbar für P3P als auch natürlichsprachlich, unmittelbar für den Nutzer verständlich bereitstellen. An diesen Selbstverpflichtungen, was die Verarbeitung personenbezogener Daten angeht, müssen sich die Webanbieter messen lassen. Aufsichtsbehörden können dies als Ansatz für ihre Kontrollen nehmen.

P3P wird mittlerweile von verschiedenen Webbrowsern zumindest teilweise unterstützt. Dabei handelt es sich allerdings nur um eine P3P-basierte Cookie-Verwaltung. Der Nutzer kann entscheiden, welche Voraussetzungen die Anbieter erfüllen müssen, um einen Cookie setzen zu dürfen. So unterscheiden die Browser zwischen Erstanbieter- und Drittanbieter-Cookies und werten die P3P-Policy aus im Hinblick auf die Weiterverarbeitung personenbezogener Daten: Erklärt der Anbieter, Daten nur mit Zustimmung zu verarbeiten, oder tut er dies ohne Information des Anwenders?

Solche P3P-Policies sind allerdings auf den Servern noch nicht sehr verbreitet. Werbefirmen wie Realmedia oder Doubleclick waren hingegen besonders schnell, entsprechende Policies auf ihren Seiten zu installieren – aus gutem Grund, da Microsofts Internet Explorer seit Version 6 alle Cookies sperrt, deren Ursprungsseite keine P3P-Policy aufweist. Eine P3P-Policy an sich bedeutet also nicht, dass aus Datenschutzsicht alles optimal ist. Vielmehr stellt P3P lediglich eine weltweit einheitliche Beschreibung der individuellen Policies dar.

Neben P3P gibt es weitere Policy-Tools: Einige verwalten die Nutzerdaten wie Name, Adresse, Telefon- und Kontonummern auf zentralen Servern[33] und ermöglichen eine Herausgabe dieser Daten zu den von ihnen eingestellten Bedingungen. Bei einigen dieser Dienste erhält der Nutzer sogar für die Weitergabe der Daten über seine Person oder sein Verhalten an Dritte Geld oder Vergünstigungen – was zeigt, dass solche Daten für die Abnehmer von Wert sind. Hier geht es oft allerdings weniger um Datenschutz als um eine clevere Datenverarbeitung oder um Bequemlichkeit. Noch nicht verbreitet sind Policy-Tools, die eine komplexere Aushandlung über Sicherheits- und Datenschutzvorlieben und damit ein Nachverhandeln zwischen Anbieter und Nutzer ermöglichen. Dies kann zum Beispiel im Rahmen von Identitätsmanagern geschehen.

Wer nun glaubt, sich auf Datenschutzrichtlinien seines Online-Händlers verlassen zu können, bewegt sich auf dünnem Eis: Im Sommer 2000 hatte die Pleite gegangene Disney-Tochter Toysmart angekündigt, ihre Kundendatenbank zu verkaufen.[34] Zwar hatte man zuvor vollmundig versprochen, die Kundendaten niemals herauszugeben und dies auch mit einem TrustE-Gütesiegel bekräftigt. Aber gemäß dem Adenauer'schen Diktum »Was interessiert mich mein Geschwätz von gestern?« wollte man davon in Zeiten der Konkursbewältigung nichts mehr wissen – Privacy zählt nur, solange der Kunde zahlt. Das Beispiel zeigt exemplarisch, welcher Gefahr die Bürger im Internet ausgesetzt sind. Der vielbeschworene »gläserne Surfer« ist, rein technisch betrachtet, längst Realität. Die Nutzer können und müssen sich daher selbst schützen.

Bislang ist keine »Privacy-Suite« in Sicht, die umfassenden Schutz automatisiert und anwenderfreundlich bereitstellt. Und es ist fraglich, ob ein solches Produkt überhaupt realistisch wäre. Zu individuell sind die Ansprüche an den persönlichen Datenschutz, an den Schutz der Privatsphäre. Die zunehmende Implementierung datenschutzrelevanter Schutzmechanismen in aktuelle Tools zeigt den wachsenden Bedarf an solchen Techniken. Die Möglichkeiten für einen Selbst-Datenschutz stehen also recht gut. Es liegt jetzt an den Nutzerinnen und Nutzern, diese auch einzufordern.

Denn Nutzer haben Rechte: Warum schreiben Sie nicht mal Ihre Provider an und fragen, was für personenbezogene Daten sie über Sie gespeichert haben? Bei Problemen hilft Ihnen gerne Ihr Datenschutzbeauftragter.[35]

Anmerkungen

1 BIOS-Kompendium: http://www.bios-info.de/
2 Mit Windows 9x sind im Folgenden immer die Versionen 95, 98 und ME gemeint.
3 http://www.pgpi.org/products/pgpdisk – PDPdisk ist nur in den Freeware-Versionen von PGP bis 6.02i enthalten, die aktuellen Versionen enthalten das Tool nur noch in der kommerziellen Fassung. Als Alternative bietet sich die PGP-CKT-Version von Imad R. Faiad an. Download unter http://www.ipgpp.com
4 http://www.scramdisk.clara.net/
5 In der Medizin spricht man vom Virus als Neutrum, für die EDV-Plagegeister hat sich »der Virus« eingebürgert.
6 Einen Überblick über die einzelnen Adware-Module gibt Counterexploitation: http://www.cexx.org/
7 http://support.microsoft.com/default.aspx?id=kb;en-us;Q303401
8 Die Freeware »Outlook Express 5.0 Tweak'r« von Jefferson San Juan verhindert darüber hinaus auch das automatische Nachladen von Grafiken und die damit verbundene Empfangsbestätigung. Download unter http://accesscodes.hypermart.net/index.html
9 SP2 für IE5.5: http://www.microsoft.com/downloads/release.asp?ReleaseID=32081
10 Genau genommen bräuchten n Kommunikationspartner n(n-1)/2 Schlüssel, damit jeder mit jedem vertraulich kommunizieren könnte.
11 Vgl. den Beitrag von Ingo Ruhmann/Christiane Schulzki-Haddouti, Kryptodebatten, in diesem Band.
12 Vgl. unten Kap. 2.6.
13 Siehe Bericht in Spiegel online vom 10. Juli 2001, http://www.spiegel.de/netzwelt/technologie/0,1518,144423,00.html
14 http://www.regtp.de/
15 http://home.netscape.com/security/techbriefs/ssl.html
16 http://developer.netscape.com/docs/manuals/security/sslin/contents.htm#1041640
17 Das Trustcenter ist zu finden unter http://trustcenter.web.de/
18 Man kann selbst überprüfen, welche Daten vom Browser übertragen werden oder unmittelbar vom Server ermittelbar sind, zum Beispiel unter http://privacy.net/analyze/.
19 http://www.opera.com
20 Z. B. Internet Junkbuster (FAQ siehe unter http://www.junkbusters.com/ht/en/ijbfaq.html) oder WebWasher (http://www.webwasher.de/).
21 Browser Diagnose des Datenschutzbeauftragten Kanton Zürich http://152.96.120.35./ BrowserSpy: http://www.gemal.dk/browserspy/Heise-Browser-Check: http://www.heise.de/ct/browsercheck/

22 http://optout.doubleclick.net/cgi-bin/dclk/optout.pl
23 http://www.computerbytesman.com/privacy/supercookie.htm
http://www.microsoft.com/technet/treeview/default.asp?url=/technet/security/bulletin/MS01-029.asp
24 http://www.microsoft.com/Downloads/Release.asp?ReleaseID=29921
25 David Chaum, Untraceable Electronic Mail, Return Addresses, and Digital Pseudonyms, Communications of the ACM 24/2 (1981), S.84–88, http://world.std.com/~franl/crypto/chaum-acm-1981.html
26 http://www.anon-online.de
27 Das Freenet-Konzept von Ian Clarke steht in keinem Zusammenhang mit dem gleichnamigen Internetprovider. Projekthomepage: http://freenetproject.org; OpenSource-Page: http://sourceforge.net/projects/freenet/
28 http://www.safeweb.com/pressroom/in-q-tel_release.pdf
29 http://startupjournal.com/howto/successstories/200102271022-jr.html
30 Marit Köhntopp/Andreas Pfitzmann, Informationelle Selbstbestimmung durch Identitätsmanagement, in: it+ti Informationstechnik und Technische Informatik, Schwerpunktthema »IT-Sicherheit« 5/2001; München 2001; S. 227–235.
31 http://www.w3c.org/P3P/
32 § 3 Abs. 3 Teledienstedatenschutzgesetz: Der Diensteanbieter darf die Erbringung von Telediensten nicht von einer Einwilligung des Nutzers in eine Verarbeitung oder Nutzung seiner Daten für andere Zwecke abhängig machen, wenn dem Nutzer ein anderer Zugang zu diesen Telediensten nicht oder in nicht zumutbarer Weise möglich ist.
33 Vgl. Abschnitt 4.1.
34 http://www.heise.de/newsticker/data/hob-11.07.00-000/
35 Z. B. über das Virtuelle Datenschutzbüro, das auch Adresslisten bereitstellt: http://www.datenschutz.de/beratung/

Weiterführende Literatur

MARIT KÖHNTOPP/KRISTIAN KÖHNTOPP, Datenspuren im Internet; in: Computer und Recht (CR) 16/4, Köln 2000; S. 248–257. ☐ THOMAS RÖSSLER, Vermeidung von Spuren im Netz; in: Helmut Bäumler (Hrsg.), E-Privacy, Wiesbaden 2000, S. 205–213. ☐ CHRISTIANE SCHULZKI-HADDOUTI, Datenjagd im Internet – Eine Anleitung zur Selbstverteidigung, Hamburg 2001. ☐ MARKUS WIESE, Unfreiwillige Spuren im Netz, in: Helmut Bäumler (Hrsg.), E-Privacy, Wiesbaden 2000; S. 9–19.

INGO RUHMANN / CHRISTIANE SCHULZKI-HADDOUTI

Kryptodebatten

Der Kampf um die Informationshoheit

1. Einleitung

Die Kryptopolitik dreht sich um die Frage, wer die Informationshoheit genießt: Wer kann Informationen anderer ausspähen? Wer darf seine Privatsphäre wirksam schützen? Die Kryptopolitik ist deshalb auch die Schlüsselfrage jeder Geheimdienstpolitik. Doch seitdem gute Verschlüsselungstechnologie auch Unternehmen und Bürgern preisgünstig zur Verfügung steht, ist die Kryptopolitik nicht nurmehr eine Angelegenheit der Geheimdienste, des Militärs und der Diplomaten, sondern auch der Zivilgesellschaft.

Schon vor der Zeit des römischen Feldherrn Cäsar sollten geheime Nachrichten übermittelt werden ohne dass sie von irgendjemanden mitgelesen werden konnten. Aus einfachsten Regeln, Nachrichten unleserlich zu machen, entstanden hochkomplizierte mathematische und technische Verfahren, die heute die Kryptologie – die Wissenschaft von der Ver- und Entschlüsselung, die Kryptografie – ausmachen.[1]

Kryptografie, also die Anwendung der Kryptologie, hat Kriege entschieden. Erst in den 70er-Jahren wurde bekannt, dass einer der entscheidendsten Erfolge der Alliierten im Zweiten Weltkrieg nicht auf dem Schlachtfeld erzielt wurde, sondern in einer Parklandschaft im Süden Englands. Im Kryptierzentrum »Bletchley Park« brachen polnische und britische Mathematiker mit Hilfe erster Computer den Code deutscher Verschlüsselungsgeräte (Enigma). Das Wissen um deutsche Truppenbewegungen und die Routen deutscher U-Boote sicherte das Überleben Großbritanniens als Brückenkopf der demokratischen Welt gegen die Bedrohung durch Deutschland.[2]

Auch nach dem Zweiten Weltkrieg sicherte den Briten das Know-How um Verschlüsselungsgeräte derselben Bauweise wie die Enigma der deutschen Wehrmacht zusätzliche Erfolge. Im Frühjahr 1956 spionierte der britische Inlandsgeheimdienst MI5 die ägyptische Botschaft in London aus, um während der Suez-Krise den verschlüsselten diplomatischen Funkverkehr zwischen London und Kairo mitlesen zu können.[3] Solche Neugier machte auch vor Freunden nicht Halt. In den Jahren 1960 bis 1963 entzifferte der MI5 den streng geheimen Funkverkehr zwischen der französischen Botschaft in London und der Pariser Zentrale und las mit, wie sich Frankreich zur Aufnahme Großbritanniens in die Europäische Gemeinschaft stellen würde.[4]

Erst dreißig Jahre nach den Ereignissen des Zweiten Weltkrieges wurde nach und nach bekannt, was diese und ähnliche Erfolge der Entschlüsselung ausmachten. Dennoch hatten die Deutschen sich nach dem Zweiten Weltkrieg gegen einen weiteren Einsatz der Enigma entschieden. Die Briten ihrerseits übergaben Tausende erbeutete Enigmas ihren Partnern in den Commonwealth-Staaten.[5] Kryptografie – das lehrt die Geschichte – lebt nicht allein von überragenden technischen Kompetenzen oder den Spionagefähigkeiten der Beteiligten, sondern auch davon, andere möglichst lange unwissend über die eigenen Kompetenzen zu lassen, um aus den eigenen Entwicklungen den größten Nutzen zu ziehen.

Verschlüsselung kann die Arbeit der Geheimdienste deutlich erschweren. Deren Interesse besteht naturgemäß darin, den Umfang gut verschlüsselter Nachrichten so gering wie möglich zu halten, um ihre Informationsquellen nicht versiegen zu lassen. Kryptografie lebt vom Wissen, das wenige haben und anderen vorenthalten wird.

Wo der Einsatz der Verschlüsselung nicht zu verhindern ist, können Kenntnisse um die angebotene Technologie weiter helfen. Die Zeit ist vorüber, in der Kenntnisse über die Bauart von Verschlüsselungsmaschinen eine Entschlüsselung erlaubten. Heute sind die Geräte computergesteuert, doch wenige Produzenten sind in der Lage, leistungsfähige Kryptosysteme zu entwickeln. Die Produktion und Lizenzierung von Verschlüsselungsgeräten kommt daher einer »strategischen Kontrolle durch den Lizenzgeber gleich. Dasselbe gilt um so mehr für Software, eine immer mehr genutzte, aber weit weniger greifbare Komponente vieler moderner Systeme ... Das Gleiche ist besonders stichhaltig für Verschlüsselungssysteme. Diese werden in wachsender Zahl in militärischer Kommunikationsausrüstung als eingebaute, als Ein- oder Aufsteckmodule angewandt und einige Systeme wurden nur nach Übersee verkauft unter der expliziten Vereinbarung der Regierung des Verkäuferlands, dass alle Codes, wenn nötig, durch die eigenen Sicherheitsdienste oder Militärs ›geknackt‹ werden können«.[6]

Groß war daher das Unbehagen der staatlichen Kryptologen, als sich in den 70er-Jahren ein ziviler Zweig der Kryptografie entwickelte. Ursache dieser Entwicklung waren immer leistungsfähigere Computer, die neue mathematische Verfahren in der Praxis möglich machten. Die schon zu dieser Zeit weltweite Computerkommunikation machte verschlüsselte Übertragungen dort notwendig, wo es beispielsweise um den Transfer von Geld zwischen Banken ging. Das Ergebnis waren neue mathematische Ansätze zur effektiven Verschlüsselung von Daten. Aus der militärischen Forschung kamen zusätzliche Impulse, die von dem Interesse getrieben waren, das Kernproblem der Verschlüsselung in den Griff zu bekommen: Die Verteilung und Verwaltung der geheimen Schlüssel, mit denen verschlüsselte Nachrichten durch die berechtigten Partner wieder entschlüsselt werden können. Je mehr Nachrichten in der Zeit des Kalten Krieges verschlüsselt wurden, desto unbeherrschbarer wurde diese Aufgabe.

Die Antwort entstand wiederum in Großbritannien. Der Kryptologe James Ellis publizierte 1970 ein Papier, das den mathematischen Beweis für die Existenz eines Prozesses lieferte, in dem ein Schlüssel aus einem geheimen und einem öffentlichen Teil aufgebaut sein kann. Der öffentliche Teil liefert mit Hilfe einer mathematischen Funktion einen verschlüsselten Code, der nur von demjenigen zu lesen ist, der den geheimen Schlüssel besitzt. Jeder kann danach jedem Partner seinen öffentlichen – und für die Entschlüsselung wertlosen – Schlüssel geben, aber nur er selbst kann den erzeugten Code entschlüsseln.[7] Der Beweis für die Existenz der heute so genannten »Public Key-Verschlüsselung« war gefunden, die Idee musste nur in die Praxis umgesetzt werden.

In der geheimen britischen Chiffrierstelle, in der Ellis arbeitete, fand der Mathematiker Clifford Cocks 1973 eine Lösung.[8] Die beiden Papiere von Ellis und Cocks blieben jedoch bis 1997 geheim. Ohne Kenntnis davon gaben die zivilen Kryptologen Whitfield Diffie und Martin Hellman 1976 in ihrem bahnbrechenden Papier »New Directions in Cryptografy« eine den britischen Ideen entsprechende Methode an, die den Beginn der zivilen Karriere der Verschlüsselung markierte.[9] Zu einem für jeden programmierbaren Algorithmus wurde das Verfahren durch die drei Mathematiker Ronald Rivest, Adi Shamir und Leonard Adelman, die eine einfache Methode zur Generierung der notwendigen Bausteine entwickelten und deren Initialen heute in der Bezeichnung des RSA-Algorithmus an seine Urheber erinnert. RSA ist die Grundlage der heute weit verbreiteten zivilen Kryptosysteme.

2. Die Geburt ziviler Kryptografie

Die Arbeiten von Diffie und Hellmann waren ein Beleg dafür, dass Kryptografie nicht länger eine Domäne von Militärs und Geheimdiensten war, sondern auch in der zivilen Wissenschaft erforscht und in der Wirtschaft eingesetzt wurde. Finanziert wurde diese Forschung in den USA auch von der nationalen Forschungsstiftung der USA, der »National Science Foundation« (NSF). Am 20. April 1977 besuchten zwei Angestellte des Abhör- und Kryptier-Geheimdienstes »National Security Agency« (NSA) die NSF-Abteilung für Mathematik und Informatik.

Die NSA ist einer der geheimsten Nachrichtendienste der USA, der so geheim war, dass seine bloße Existenz jahrelang bestritten wurde. Die Aufgaben der NSA liegen im Sammeln von Informationen, der Entschlüsselung von militärischen, diplomatischen wie privaten Nachrichten aus dem Ausland, sowie der Verschlüsselung der gesamten Kommunikation der US-Regierung. Unterstellt ist der Dienst dem US-Verteidigungsminister.[10]

Der damalige Direktor der NSA, Admiral Bobby Inman, sah nach eigenen Worten große Gefahren für seine Spionagearbeit: »Aus der Perspektive der NSA betrachtet, liegt die Crux des Problems darin, dass ein Wachsen der Besorgnis über den Schutz von Telekommunikation im nicht-staatlichen Sektor ein Anwachsen der Diskussion und des Wissensstandes über den Schutz von Kommunikationssystemen in der Öffentlichkeit impliziert. Die wichtigste dieser Techniken ist natürlich die Kryptografie. Dabei existiert die sehr reale und kritische Gefahr, dass eine unbegrenzte öffentliche Diskussion kryptologischer Themen die Fähigkeiten der Regierung, Signalspionage zu betreiben und die Fähigkeit, Informationen zur nationalen Sicherheit vor fremdem Missbrauch zu schützen, ernsthaft schädigt«.[11]

Weil die Fähigkeiten der NSA zur Spionage und Überwachung der Kommunikation sehr erschwert würden, »versuchte die Regierung, Studien in der Kryptologie zu unterdrücken«,[12] stellte der Kryptologe David Kahn fest. Die beiden NSA-Agenten besuchten also die NSF, um bei der Forschungsstiftung einen größeren Einfluss auf die Vergabe von Arbeiten im Bereich der Kryptologie zu erreichen. Die NSA forderte die NSF auf, alle Arbeiten auf dem Gebiet der Kryptologie für a priori »geheim« oder »born classified« zu erklären.[13] Alle »born classified«-Forschungsarbeiten sind nämlich geheim und dürfen erst veröffentlicht werden, wenn eine staatliche Stelle die Freigabe gestattet hat. Vorbild dafür waren Bereiche der Atomphysik, in denen es um das Wissen um den Bau von Kernwaffen geht. Nach dem Wunsch der NSA sollte dasselbe nun auch für die zivile Kryptologie gelten, damit Wissen um effektive Verschlüsselung nicht unkontrolliert an die Öffentlichkeit käme.

Admiral Bobby Inman bestritt zwar, dass die NSA »unzulässigen Einfluss« auf die NSF ausüben wollte,[14] war aber allenfalls zu dem Kompromiss bereit, die Maximalforderung des »born classified« durch eine generelle Kontrolle der zivilen wissenschaftlichen Publikationen zu ersetzen.[15] Die wichtigen Wissenschaftsorganisationen wollten dieser Kontrolle von Wissenschaft durch Geheimdienste nicht nachgeben. Sie sahen darin den Versuch, ein ganzes Forschungsgebiet staatlicher Kontrolle zu unterwerfen und zivile Wissenschaft zu steuern.

Auch die Verwertung von Forschungsergebnissen wurde erschwert. 1978 wurden Patente von Entwicklungen der zivilen Forscher George Davida und David Wells zu einem Langcode und einer Gruppe um Carl Nicolai zu einem preisgünstigen Gerät zur Verschlüsselung von Sprachübermittlungen mit einer so genannten »Secrecy Order« versehen. Dadurch wurde jede Veröffentlichung über die zum Patent angemeldeten Forschungsergebnisse untersagt. Über beide Fälle wurde in den Medien breit berichtet. Beide Anordnungen mussten zurückgezogen werden, da sie nicht den Rechtsgrundlagen des Verfahrens entsprachen,[16] die nur dann eine »Secrecy Order« möglich machten, wenn vor der Anmeldung zum Patent keine Veröffentlichungen zu dieser Arbeit erschienen waren.

Gleichzeitig musste die zivile Forschung Federn lassen: Einer mit Mitteln der NSF geförderten Forschungsarbeit von Leonard Adelman – einem der »Väter« des RSA-Algorithmus – wurde im August 1980 die Finanzierung von Forschungsbereichen, die sich mit kryptografischen Themen befassten, entzogen, weil durch diese Forschungsarbeiten die nationale Sicherheit gefährdet sei.[17]

Eine Diskussion um die Kontrolle ziviler Wissenschaft durch Geheimdienste fand im Frühjahr 1980 in der »Public Cryptografy Study Group« (PCSG) statt. Das Gremium setzte sich aus Militärs und Wissenschaftlern zusammen, nur einer der Beteiligten war jedoch ziviler Wissenschaftler. Das Ergebnis war der Vorschlag einer »freiwilligen« Kontrolle wissenschaftlicher Arbeiten durch den Geheimdienst NSA. Betroffen war aber nicht allein die Kryptologie. Nach den Wünschen der NSA in der Study Group sollten die Restriktionen gelten für: »Papiere in Mathematik, Ingenieurwissenschaften, Informatik, Statistik, Physik oder theoretische Forschung, die [...] angewandt werden kann auf Entwicklung, Design, Produktion oder Analyse von früheren, gegenwärtigen oder zukünftigen kryptologischen Systemen oder Programmen«.[18]

Damit waren die Grenzen nun so weit gefasst, dass fast jedes Gebiet der Informatik unter diese Regelung hätte fallen können. Entsprechend wuchs der Widerstand in der Informatik und in der Wirtschaft.

Einfacher hatte es die NSA 1979 dagegen damit, die Kryptologie als Wissenschaft und Technologie auf der Liste der »kritischen Technologien« bei der Neuregelung der Exportgesetzgebung, dem erstmals im Jahr 1949 erlassenen Exportkontrollgesetz (Export Control Act), unterzubringen.[19] Nach diesem Gesetz und seinen Nachfolgern, dem Export-Verwaltungsgesetz der USA, dem »Export Administration Act«, wird auch heute noch jedes Jahr eine Liste militärisch interessanter Technologiegüter zusammengestellt, die nicht aus den USA exportiert werden dürfen. Alle nicht exportierbaren Güter werden in einer Liste – der »International Traffic in Arms Regulation« (ITAR), also der »Regelung zum internationalen Waffenhandel« – zusammengefasst. 1979 wurde auch zum ersten Mal Computersoftware als expliziter Punkt im »Export Administration Act« aufgelistet. Verschlüsselungssoftware durfte danach für viele Jahre nicht aus den USA exportiert werden. Erst im Jahr 2001 wurde der »Export Administration Act« novelliert.[20]

Neu auf die ITAR-Liste kam 1979 auch die Weitergabe von Wissen über Chiffriersysteme. Ziel war das Verbot des Exports von wissenschaftlichem Know-How. Deswegen wurde untersagt, »jegliche nicht geheime Information«, die im Zusammenhang mit den aufgelisteten Kriegsgütern (also der Kryptologie) Verwendung finden könnte, zu exportieren. Ein Export lag bereits dann vor, wenn diese Informationen »Angehörigen einer fremden Nation zur Kenntnis gelangen (einschließlich Betriebsbesichtigungen und Teilnahme an Briefings und Symposien)«. Auch sei vor einer Veröffentlichung in einer Zeitschrift mit ausländischen Abonnenten eine staatliche Genehmigung einzuholen.[21]

Eine der zahlreichen Folgen war, dass das US-Verteidigungsministerium dafür sorgte, dass im August 1982 bei einer Konferenz zu optischen Instrumenten in San Diego über 150 nicht geheime Papiere von Referenten dieser Konferenz zurückgehalten wurden.[22] Die Regelungen hatten aber auch Konsequenzen für die Wissenschaft in Deutschland. Die Universität Dortmund bestellte Anfang der 80er-Jahre eine neue Version ihres Betriebssystems Unix. Da Dortmund schon seit längerem eine Lizenz für Unix hatte und die Auftragsbestätigung von AT&T kurze Zeit später per Telex in Dortmund ankam, deutete zunächst nichts auf mögliche Probleme hin. Am 15. 11. 1983 teilte AT&T jedoch mit: »Das US-Department of Commerce verhängte ein temporäres Embargo über die gesamte UNIX-Software, so dass es unglücklicherweise zu einer Verzögerung kommen wird«.[23]

Ähnliche Probleme hatten Forscher auf dem Gebiet der »Künstlichen Intelligenz«, wenn sie aus den USA neue Versionen ihrer Programmiersprachen, und Designer von Computerchips, wenn sie die Konstruktionssoftware aus den USA beziehen wollten. Mit der Ausweitung der Exportregelungen, vor allem aber der Publikationskontrolle auf die Informatik als Ganzes hatte die NSA jedoch deutlich überzogen. Statt sich auf das noch junge Gebiet der Kryptologie zu beschränken, brachte die NSA weite Teile der Informatik gegen sich auf, die den US-Kongress mobilisierten und eine Verfassungsklage zum Schutz der Freiheit von Wissenschaft und Forschung vorbereiteten. Erst durch diesen massiven politischen Gegendruck zog sich die NSA bis Mitte der 80er-Jahre davon zurück, wissenschaftliche Arbeiten einer Kontrolle zu unterwerfen und die Freiheit von Forschung und Wissenschaft auf dem Gebiet der Informatik einzuschränken. 1985 wurde denn auch das letzte ausschließlich militärisch genutzte Verschlüsselungsgerät, die elektro-mechanische KL-7, nach dem Auffliegen des Walker-Family-Spionagerings aus dem Verkehr gezogen, da die Sowjets damit definitiv über eine KL7-Maschine samt Schlüsselmaterial verfügten.[24] In den 80er- und 90er-Jahren drehte sich mit dem Siegeszug der IT-unterstützten Verfahren der Wind endgültig zugunsten der Zivilgesellschaft. Die wichtigste Rolle spielte hierbei anfangs ein Friedensaktivist, der ein kleines Softwareprogramm entwickelt hatte.

3. PGP

PGP ist heute das verbreitetste Verschlüsselungsprogramm im Netz. Jeder halbwegs aufgeklärte Netznutzer hat es auf seinem PC installiert. PGP gibt es für fast alle Rechner-Plattformen, es ist für die private Nutzung kostenlos. Die Verschlüsselungssoftware ist Kult und gilt seit Jahren als De-Facto-Standard für sichere Kommunikation im Internet. Sie war es schließlich auch, die das US-Kryptoexportverbot zu durchbrechen half: Ihr Code wurde per Buch exportiert – und in Europa wieder mühsam eingescannt. Denn der Buchexport war zu diesem Zeitpunkt nicht verboten.

Entwickelt wurde PGP vom Programmierer und ehemaligen Friedensaktivisten Phil Zimmermann.[25] Auslöser war im Januar 1991 ein Zeitungsbericht in der »New York Times«, der den Vorschlag für ein Anti-Terrorgesetz vorstellte. Er sah damals vor, dass alle Anbieter von sicheren Kommunikationsdiensten Hintertüren für die US-Regierung einbauen sollten. Darauf schrieb Zimmermann ein kleines Programm, das E-Mail und Dateien mit dem Public-Key-Verfahren verschlüsselte und nannte es »Pretty Good Privacy«, was man mit »ziemlich gute Privatsphäre« übersetzen kann.

Die ersten Nutzer waren denn auch nicht Kriminelle, sondern Bürgerrechtler. Als es während des Bosnienkriegs zu Verhaftungen kam, wollten die staatlichen Behörden die Herausgabe des PGP-Passphrase erzwingen. Auf dem Computer lagen die Daten von Dissidenten, die im Falle der Entschlüsselung um ihr Leben hätten fürchten müssen.[26] Zimmermann erhält noch heute Dankesbriefe aus Osteuropa, Mittelamerika und Burma.

Von PGP gibt es inzwischen viele Versionen. Kritische Experten empfehlen die spartanische Version von PGP 2.6. Das ist die letzte Version, bevor Phil Zimmermann seine Firma PGP Inc. 1997 an den Sicherheitskonzern Network Associates (NAI) verkaufte. Bei ihr kann man davon ausgehen, dass keine Hintertüren eingebaut sind. Sie ist im Netz zusammen mit einer grafischen Oberfläche wie dem Programm MailPGP (für Windows 95, 98, NT) kostenlos erhältlich.[27] Bequem benutzen lässt sie sich beispielsweise mit dem Mail-Programm »The Bat«, wo sie direkt eingebunden ist oder auch mit dem Mail-Programm Crosspoint. Zu den jüngeren Versionen ist die PGP-Version 2.6 allerdings nur eingeschränkt kompatibel – was viele Nutzer abschreckt.

Noch immer soll es Polizei und Nachrichtendiensten nicht möglich sein, PGP-verschlüsselte E-Mails zu dechiffrieren – vorausgesetzt der Nutzer wendet es sauber an. Der Angriff auf das Endgerät kann allerdings zum Erfolg führen, denn auf der Festplatte des PC befindet sich der geheime Schlüssel. Die Fahnder müssen deshalb nur noch das geheime Passwort herausfinden. Das ist mit Hilfe des »Großen Lauschangriffs« theoretisch kein Problem – Tastaturwanzen können die Eingaben in die Tastatur protokollieren.[28]

Zehn Millionen Internetnutzer sollen das Programm installiert haben. Es wäre jedoch ein Irrtum davon auszugehen, dass es ebenso häufig genutzt wird. Phil Zimmermann: »Wenn man sich die Internetbevölkerung als Tortengrafik vorstellt, dann nutzt nur ein kleiner Teil davon Verschlüsselung. Die Menschen in diesem kleinen Tortenstück sind aber fast alle Nutzer von PGP«. Wann der Einsatz von PGP sinnvoll ist, lässt sich mit einer einfachen Daumenregel beurteilen: Alles, was Nutzer lieber nicht per Postkarte mitteilen, sondern im Umschlag verschicken möchten, sollten sie im Internet verschlüsseln. Denn die E-Mail läuft über viele Rechner, bevor sie beim Computer des Empfängers ankommt. Auf jedem dieser Rechner kann die Nachricht gelesen und auch verändert werden, ohne dass der Absender oder der Empfänger es merken.

4. Bollwerk Deutschland

Die Exportbeschränkungen für Verschlüsselungs-Know-How überlebten sogar den Kalten Krieg und wurden erst im Januar 2000 nach langen, harten Auseinandersetzungen gelockert. Die Schlüsselfigur der politischen Debatte war David Aaron. Der ehemalige US-Sonderbotschafter in Sachen Kryptopolitik verabschiedete sich wenige Wochen nach der Liberalisierung aus dem Staatsdienst, um im Auftrag der Anwaltskanzlei Dorsey & Whitney für US-Firmen im Ausland »Troubleshooting« zu betreiben. Mit Aaron war der letzte große Kryptohardliner von der Bühne gegangen.

Aaron hatte in den 90er-Jahren hartnäckig versucht, andere Staaten von der Key-Recovery-Politik zu überzeugen. Er führte für die USA die OECD-Verhandlungen, konnte sich jedoch trotz massiven Drucks bei wichtigen europäischen Partnern wie Deutschland nicht durchsetzen. Dennoch wurde er im Juni 1997 auf seinen Posten berufen. Im November 1997 übernahm er dann die Leitung der »International Trade Administration« (ITA), die mit 2000 Angestellten dem US-Handelsministerium untersteht. Sie ist zuständig für internationale Handelsabkommen und Exportkontrolle und gilt als Eiserne Faust der US-Handelspolitik. Hier war Aaron auch für die Exportkontrolle von kryptografischen Systemen verantwortlich.

Allen damals Beteiligten ist sein Auftritt vor dem Deutschen Industrie- und Handelstag im Oktober 1998 noch heute in bester Erinnerung, als er in einer emphatisch-aggressiven Rede »die Wahrheit über die US-Kryptopolitik« enthüllte.[29] Zuvor hatten die Deutschen den Amerikanern unterstellt, mit Hilfe von »Key Recovery« auch Zugriff auf ausländische Systeme erlangen zu wollen. Der schwelende Dissens zwischen Deutschland und den USA in der Kryptofrage hatte sich zu einem kleinen Feuer entfacht: Nachdem sich im Sommer die Enquêtekommission des Deutschen Bundestags »Neue Medien« gegen eine Adaption der US-Kryptopolitik, insbesondere ihres Konzepts der »Key Recovery Agents«, als einer Bedrohung von nationaler Souveränität und Sicherheit ausgesprochen hatte, sorgte Mitte September der damalige deutsche Wirtschaftsminister Günther Rexrodt mit einer Rede für Aufruhr, in der er die US-Politik als »inakzeptabel« bezeichnete.[30]

Deutschland spielte in den Augen der USA das »Bollwerk in Europa«, so damals EPIC-Sprecher Marc Rotenberg.[31] Würden die Deutschen kippen, würden auch andere liberale Länder wie Kanada folgen. Der Zeitpunkt für Aarons Besuch war geschickt gewählt: Die Entscheidung über eine Kryptoregulierung in Deutschland hatte die alte konservativ-liberale Regierung per Kabinettsbeschluss bis zum Ende der Legislaturperiode verschoben. Die von der FDP geführten Ministerien hatten zuletzt eine Regulierung blockiert. Unter Rot-Grün wurden unter dem Vorzeichen internationaler Zusammenarbeit in der Strafverfolgung die Karten neu gemischt.

Die Bundesregierung sah die US-Richtlinien für Krypto-Produkte in einer Linie mit der US-Exportpolitik. Demnach durften bestimmte Verschlüsselungsprodukte nur dann ins Ausland exportiert werden, wenn amerikanische Sicherheitsbehörden mit Hilfe der so genannten »Key Recovery Agents« innerhalb von zwei Stunden auf den Klartext der chiffrierten Daten zugreifen konnten. Die Entwicklung eines Standards für »Key Recovery«-Produkte durch die »Key Recovery Alliance« sollte zusammen mit einer restriktiven Exportpolitik für Nicht-Recovery-Produkte die Verschlüsselungssysteme mit Schlüsselhinterlegungsfunktion qua Marktmacht weltweit durchsetzen. Doch die Allianz, der ursprünglich um die 60 internationale Unternehmen angehörten, bröckelte: Zuerst verabschiedete sich der deutsche Konzern Siemens, dann folgte das französische Unternehmen Bull.

Die klare Haltung Deutschlands drohte weltweit einen Flächenbrand auszulösen. David Aaron musste daher in die Offensive gehen: Er kündigte an, nichts als die Wahrheit, die ganze »Wahrheit über die US-Kryptopolitik« zu enthüllen.[32] Aaron versuchte zu vermitteln, dass künftig die Möglichkeiten polizeilicher Überwachung gefährdet würden, wenn der Klartext nicht entschlüsselt werden könne. Er warnte auch vor Attentaten, die möglicherweise nicht rechtzeitig entdeckt werden könnten. Auch werde die deutsch-amerikanische Freundschaft belastet, ein Handelsdisput möglich. Der Kern seiner Rede bezog sich jedoch auf den Vorwurf der Wirtschaftsspionage durch die Hintertür, der durch das »Key Recovery Agent«-Konzept aufgekommen war. Diesen konnte Aaron dadurch entkräften, dass er die jüngsten Kursänderungen in der US-Politik vorstellte. Das Weiße Haus hatte kurz vor seiner Deutschlandreise 56-Bit-Produkte nach einer einmaligen Überprüfung von den Exportkontrollen befreit. Die Firmen mussten auch keine Pläne für die spätere Implementation von Key-Recovery-Funktionen vorlegen.[33]

Für Experten war dies allerdings nicht sehr beeindruckend. Denn mit 56-Bit-Produkten verschlüsselte Daten konnten schon seit längerem mühelos geknackt werden. Wichtig war allerdings, auf die Regelungen im Bereich der »Key Recovery Agents« komplett zu verzichten. Damit hatte Aaron den Argumenten der Bundesregierung den Teppich unter den Füßen weggezogen. Denn gerade diese Frage hatte hierzulande für eine einheitliche Frontlinie gesorgt. Selbst das zurückhaltende Bundesinnenministerium hatte grünes Licht gegeben: Eine Key-Recovery-Politik nach US-Vorstellungen sei als Gefährdung der nationalen Sicherheit zu verstehen.

5. Wassenaar

Die internationale Front gegen die US-Kryptopolitik drohte jedoch bereits bei den Wassenaar-Verhandlungen zu bröckeln. Im November 1998 trafen sich die 33 Wassenaar-Mitgliedstaaten, darunter auch die USA und Deutschland, in Wien zu Verhandlungen.[34] Das Wassenaar-Abkommen, ein Nachfolger des Exportkontrollabkommens COCOM, wurde im Juli 1996 unterschrieben. In regelmäßigen Abständen unterrichten sich die Unterzeichnerstaaten über abgelehnte Exportanträge, um zu verhindern, dass eine Ausfuhr über ein anderes Land genehmigt wird. Auf der Liste des Abkommens werden neben Rüstungsgütern auch Kryptoprodukte als zivil und militärisch nutzbare, also Dual-Use-Produkte geführt, die eine Exportgenehmigung benötigen. Eine Ausnahme gab es damals: Software, die »öffentlich frei verfügbar« und für »den Massenmarkt bestimmt« ist.[35] Für die USA war dies eine Chance, auf einem unpolitischen Weg ihre Verschlüsselungsprodukte mit der Hintertür doch noch auf den Weltmarkt zu bringen. Das Wassenaar-Abkommen stellt allerdings lediglich eine Mindestharmonisierung der Güter und Technologien dar, die überhaupt von einer Exportkontrolle erfasst werden – jeder Staat kann das dabei angewandte Verfahren aber frei gestalten. Die Entscheidung, ob und unter welchen Bedingungen ein Produkt exportiert werden darf, liegt einzig in der jeweiligen nationalen Verantwortung der Unterzeichnerstaaten.

Im Ergebnis werden seit 1998 Hardware- und Softwareprodukte gleich behandelt. Alle Exportkontrollen für Krypto-Produkte mit weniger als 56-Bit-Schlüssellänge entfielen. Im Gegenzug wurde die Exportkontrolle auch auf starke Kryptografie »über 64 Bit« erweitert, die für den Massenmarkt bestimmt ist. Die so genannte Ladentisch-Software, also Programme für den Massenmarkt, oder »allgemein zugängliche« Software (Public Domain), sind generell von den Kontrolllisten freigestellt. Hierunter versteht das Wassenaar-Abkommen Software, die »ohne Einschränkungen bezüglich ihrer weiteren Verbreitung« verfügbar gemacht wurde. Ausgenommen von der Exportkontrolle wurden zudem Verfahren zur Digitalen Signatur und Authentifizierung für Banking, Pay-TV und Copyright-Schutz sowie schnurlose Telefone und Handys, die keine Verschlüsselung zwischen den Endstellen erlauben.[36]

US-Sonderbotschafter David Aaron begrüßte damals den Beschluss der Wassenaar-Mitgliedstaaten noch als »Bekräftigung« der US-Krypto-Politik, obwohl sich die USA mit ihrem Plan, Key-Recovery-Systeme zu begünstigen, nicht durchsetzen konnten.[37] Tatsächlich war dies jedoch eine entscheidende Niederlage für die US-Kryptopolitik. Die Beschränkung galt zunächst für zwei Jahre und wurde 2000 verlängert. Ende 2002 stehen erneut Verhandlungen an, wobei die Amerikaner hier unter dem Vorzeichen der Terrorismusbekämpfung die Zügel wieder etwas enger anziehen wollen. Das erste Vorzeichen war im März 2002 der Vorschlag des US-Verteidigungsministeriums, ausländische Experten aus Verteidigungsprojekten künftig auszuschließen.[38]

6. Liberalisierung

Generell geht es in der internationalen US-Kryptopolitik seit Wassenaar nicht mehr um »Key Recovery« (Schlüsselwiederherstellung), »Key Escrow« (Schlüsselhinterlegung) oder sonstige Schlüsselmanagementsysteme, sondern nur noch um eine beliebige Möglichkeit, den Klartext chiffrierter Nachrichten wiederherzustellen. In den USA verfolgte die US-Regierung noch am »National Institute of Standards and Technology« (NIST) einige technische Pilotprojekte, die letztlich zeigten, dass eine staatliche Schlüsselhinterlegung nicht realisierbar war. Eine politische Kurskorrektur war daher nur noch eine Frage der Zeit. Mit den weitreichenden Lockerungen der Exportpolitik gaben die USA schließlich dem weltweiten Liberalisierungstrend nach, in dem vor allem Deutschland den Vorreiter gespielt hatte.

Ein weiterer wichtiger Schritt hin zu einer Liberalisierung war die Haltung der Europäischen Union, die vor allem von den Positionen Deutschlands und Frankreichs geprägt wurde. Wenige Monate nach Wassenaar beschloss die Europäische Union, jegliche Exportbeschränkungen innerhalb der Union aufzuheben.[39] Einzelheiten des Exportverfahrens werden in der deutschen Außenwirtschaftsverordnung festgelegt, die für Verschlüsselungsprodukte Anträge auf Individual-Ausfuhrgenehmigung beim Bundesausfuhramt (BAFA) vorschreibt. In der Mehrheit werden solche Anträge mit dem Bundesamt für Sicherheit in der Informationstechnik (BSI) abgestimmt. Verwendungszweck, Endempfänger und Empfängerland sind von entscheidender Bedeutung. In der Praxis wurden Einzelgenehmigungen für zivil nutzbare Krypto-Produkte nur in wenigen Ausnahmefällen abgelehnt. Im Zweifel konnten die Hersteller einen »Nullbescheid« beantragen, der bestätigte, dass für ein bestimmtes Ausfuhrvorhaben keine Exportgenehmigung erforderlich ist.

Weitere Schritte in Deutschland besiegelten den liberalen Kurs. Das Regierungskabinett beschloss am 2. Juni 1999 die liberalen Kryptoeckwerte.[40] Im November schließlich machte das Bundeswirtschaftsministerium Nägel mit Köpfen und gab die öffentliche Förderung des »Gnu Privacy Guard« (GnuPG)[41], der Open-Source-Variante von »Pretty Good Privacy«, den Segen.[42] Diese Meldung schaffte es sogar in die US-Presse, woraus deutlich wird, welche Signalwirkung ihr zugemessen wurde. Denn mit der öffentlichen Förderung war klar, dass Verbreitung und Entwicklung der so lange bekämpften Software nicht mehr zu kontrollieren war – weder per Exportrestriktionen, noch durch die Entwicklungskontrolle bei der US-Firma Network Associates, die das Programm von Entwickler Phil Zimmermann gekauft hatte. Die Open-Source-Variante würde sich nicht kompromittieren lassen.

PGP wurde seit der Version 2.5 nicht mehr unter der GNU-General-Public-License vertrieben. Im Mai 1996 gründete Philip Zimmermann mit anderen für die Weiterentwicklung von PGP die Firma PGP Inc. Das erste von dieser Firma veröffentlichte Programm war die Windows-Version von PGP 5.0. Damit hatten die freien Entwickler jedoch ein großes Problem: Die Lizenzbestimmungen der Freeware-Version gestatteten zwar explizit den Vertrieb des Programm-Quelltextes und auch die Modifizierung für den eigenen Gebrauch. Aber weder durften die geänderten Quelltexte noch die Änderungen selbst veröffentlicht werden. Nach dem Verkauf von PGP Inc. an Network Associates befürchteten Experten, dass sich die Situation auf Druck der US-Regierung verschärfen würde. So wäre es möglich gewesen, auch die Einsicht in den Quelltext selbst zu verhindern. Angesichts dessen, dass PGP zu diesem Zeitpunkt längst Standard war, hätte dies ein erhebliches Sicherheitsproblem bedeutet: Denn warum soll man einer Software vertrauen, die man nicht mehr überprüfen kann? Tatsächlich haben sich die Befürchtungen von damals inzwischen bewahrheitet: Phil Zimmermann hat Network Associates verlassen. Der Hauptgrund waren wohl die zunehmenden Streitereien um die Offenlegung des PGP-Quellcodes. Die letzte Version 7 weigerte sich das neue Management von Network Associates offen zu legen. Zimmermann war der letzte Garant dafür, dass es in PGP keine Hintertüren geben würde. Inzwischen hat die Firma gar die Weiterentwicklung eingestellt, angeblich lohne sich das Geschäft nicht mehr.

Schon 1997 hatte jedoch Phil Zimmermann die PGP-Spezifikationen frei gegeben. Im internationalen Standardisierungsgremium der »Internet Engineering Task Force« (IETF) erarbeitete eine Arbeitsgruppe die Spezifikationen für einen offenen Verschlüsselungsstandard, den OpenPGP-Standard. Im November 1998 wurde er als IETF-Standard vorgeschlagen. Mit finanzieller Unterstützung des Bundeswirtschaftsministeriums wurden seither einige Programme entwickelt, um das ursprünglich nur für Unix-Nutzer entwickelte GnuPG auch Anwendern von Windows-Betriebssytemen zur Verfügung zu stellen.[43] Der freie Entwickler Werner Koch hätte nämlich von sich aus die Windows-Varianten nicht entwickelt. Erst seit dem Frühjahr 2001 sind GnuPG-Werkzeuge fertig: Sylpheed ist ein grafisches E-Mail-Programm für unterschiedliche Betriebssysteme[44], das mit GnuPG direkt zusammenarbeitet. Damit ist es möglich, E-Mail direkt im Mail-Programm zu verschlüsseln beziehungsweise verschlüsselte Mail zu öffnen und zu lesen. Der Nachteil ist dabei, dass man auf ein neues E-Mail-Programm umsteigen muss. Falls man davor zurückschreckt, kann man WinPT benutzen. Es ist ein Taskleistenwerkzeug, mit dem man über die Zwischenablage[45] Mail ver- und entschlüsseln kann. WinPT ist eine grafische Benutzeroberfläche für GnuPG. Noch bequemer verschlüsselt GnuPG über GEAM[46]. Der Nutzer verschlüsselt und entschlüsselt automatisch über den GEAM-Server, der in das Firmennetzwerk eingebunden ist. Der Server läuft unter Linux sowie verschiedenen Unix-Varianten und kann in jede Netzwerkinfrastuktur integriert werden.[47] Vor allem die Datenschützer wollen GnuPG aktiv fördern und auch die Bundesbehörden wie das Bundesinnenministerium denken über den Einsatz der kostenlosen Software nach.

7. Kryptopolitik als Sicherheitspolitik

Die Beziehungen zwischen Deutschland und den USA haben sich im Sicherheitsbereich seither deutlich abgekühlt. Die liberale Kryptopolitik war für die Deutschen und die Europäer angesichts der über das Echelon-Netzwerk betriebenen Wirtschaftsspionage die einzige Verteidigungsmöglichkeit. Der

Schutz von Unternehmen gegen die elektronische Ausspähung kann nur mit Hilfe von guten Verschlüsselungswerkzeugen wirksam sein – die Gegenspionage-Abteilungen der Geheimdienste sind hier weitgehend machtlos. Wohl auch deshalb darf es nicht überraschen, dass Frankreich, das selbst lange eine äußerst restriktive Politik betrieb, kurz nach dem deutschen Liberalisierungsschritt ebenfalls Lockerungen einführte. Deutsche und Franzosen hatten hier ihre Politik aufeinander abgestimmt. Diesen Kurs bekräftigte die Arbeit des Echelon-Untersuchungsausschusses des Europäischen Parlaments. Er forderte Kommission, Rat und die Mitgliedstaaten auf, eine effektive und aktive IT-Sicherheitspolitik zu betreiben. Dies betrifft auch die Entwicklung wirksamer Sicherheitsprodukte, wobei vor allem Projekte unterstützt werden sollen, die nutzerfreundliche Open-Source Verschlüsselungssoftware entwickeln. Softwareprodukte, die ihren Quelltext nicht offen legen, sollten in einem künftigen europäischen Sicherheitsstandard in die am wenigsten verlässliche Kategorie herabgestuft werden.

Ein Jahr lang hatte der Echelon-Untersuchungsausschuss zahlreiche internationale Experten befragt, bevor er Anfang Juli 2001 seinen Abschlussbericht verabschiedete. Auf einen Nenner gebracht kam er zu dem Schluss: Echelon existiert, aber es gibt nicht viel, was man dagegen tun kann. Die Abgeordneten empfahlen diplomatische Verhandlungen mit den USA, mehr Rechtssicherheit für europäische Bürger – und Selbstschutz durch Verschlüsselung. In der strittigen Frage, ob das globale Überwachungssystem auch zur Konkurrenzspionage verwendet werde, kam der Ausschuss zu der Ansicht, dass dies zweifellos der Fall sei, auch wenn es keinen einzelnen, klar bewiesenen Fall gäbe. Seriöse Quellen hätten den Brown-Bericht des US-Kongresses bestätigt, wonach fünf Prozent des Aufklärungsmaterials aus nicht-offenen Quellen für Wirtschaftsspionage benutzt wird. Dieselben Quellen schätzen, dass diese Aufklärungsarbeit die US-Industrie in die Lage versetze, bis zu 7 Milliarden US-Dollar über Verträge einzuspielen. Dass die USA gezielt die Kommunikation einzelner Unternehmen überwachen, um »Marktverzerrungen durch Bestechung zu Ungunsten von US-Firmen zu verhindern«, gab Ex-CIA-Direktor James Woolsey gegenüber dem europäischen Untersuchungsausschuss zu.[48]

Die US-Station in Bad Aibling sollte im Herbst 2002 ihren Betrieb einstellen. Dieser Plan wurde jedoch nach den Terroranschlägen vom 11. September wieder ad acta gelegt. Die Episode zeigt, dass die USA in Europa eine neue sicherheitspolitische Konstellation aufbauen: Wohl aus Verärgerung wegen der eigenständigen Krypto- und Geheimdienstpolitik Deutschlands und Frankreichs in der Europäischen Union setzen die USA verstärkt auf Spanien. Schon in den ersten Monaten der Bush-Regierung konnten die Spanier wichtige Rüstungsaufträge gewinnen und die begehrte US-amerikanische Aufklärungstechnik für den Kampf gegen die baskische Terrororganisation ETA benutzen. Auch Italien und Griechenland bot die Bush-Regierung geheimdienstliche Unterstützung im Kampf gegen Terroristen an. Die geheimdienstliche Zusammenarbeit wurde zudem auch mit Norwegen, Dänemark und der Schweiz intensiviert. Ziel unter anderem ist auch, Großbritanniens Isolation langfristig zu beenden.

8. Praxisausblick

Zwar stimmt es optimistisch, dass die Verschlüsselung derzeit in Europa weitgehend keiner Kontrolle unterworfen ist. Doch nur die wenigsten Firmen, Bürger und Bürgerinnen verschlüsseln ihre Daten tatsächlich. Entweder weil ihre Bedienung zu mühsam und zeitintensiv ist, oder weil man kaum Partner findet, die ebenfalls damit umgehen können. Für die Misere gibt es vor allem zwei Gründe: Die Nutzer sind einerseits zu bequem, zwei, drei zusätzliche Mausklicks für die Sicherheit in Kauf zu nehmen – immer mit der Frage im Hinterkopf: Was kann mir kleinem Nutzer denn schon passieren? Andererseits sind die Schutzwerkzeuge selbst bei gutem Willen nur umständlich zu bedienen. Die IT-Sicherheitsbranche ist immer noch zu sehr auf die Technik selbst fixiert und kümmert sich zu wenig um das Marketing. Die Frage, ob eine Schlüssellänge zu kurz oder zu lang ist, ist für die Techniker wichtiger als die Frage, ob ihr Produkt denn tatsächlich verwendet wird. Die heutige Kryptopolitik kümmert sich deshalb nach den politischen Schlachten der Vergangenheit vor allem um die Frage, wie man die Kryptografie unter die Leute bekommt. Eine Schlüsselrolle kommt hier den Kryptoherstellern zu, die eine nahezu unsichtbare Sicherheitstechnologie schaffen müssen.

Anmerkungen

1 Kryptografie von kryptos (griech.: κρυπτοσ): geheim und graphikos (griech.: γραφι κοσ): schreibkundig bezeichnet den Vorgang des geheimen Schreibens selbst. Kryptos in Verbindung mit logos (griech.: λογοσ): Rede, Vernunft, bezeichnet die Wissenschaft von den Geheimschriften.
2 Diese und weitere Hintergründe beschreibt Richard Overy, Die Wurzeln des Sieges. Warum die Alliierten den Zweiten Weltkrieg gewannen, Stuttgart 2000.
3 Peter Wright/Paul Greengrass, Spy Catcher, Frankfurt 1989, S. 89 ff.
4 Ebd. S. 116 ff.
5 Christiane Schulzki-Haddouti, Elektriktrick, Chiffriermaschinen des 20. Jahrhunderts, in: c't 3/2000.
6 Mike Witt, Tactical Communications, in: Military Technology, Nr. 5, 1991, S. 19-25, S. 22.
7 J. H. Ellis, The Possibility of Secure Non-Secret Digital Encryption, Januar 1970, http://www.cesg.gov.uk/publications/media/nsecret/possne.pdf
8 C.C. Cocks, A Note on Non-Secret Encryption, CESG Report, 20th Nov. 1973.
9 Whitfield Diffie/Martin E. Hellman, New Directions in Cryptografy, in: IEEE Transactions on Informations Theory, Nov. 1976, S. 644-654, verfügbar unter: http://cne.gmu.edu/modules/acmpkp/security/texts/NEWDIRS.PDF
10 Bobby Inman, The NSA Perspective on Telecommunications Protection in the Nongovernmental Sector, in: Cryptologia, July 1979, S. 129-135, S. 129.

11 Ebd., S. 130.
12 David Kahn, The Public's Secrets, in: Cryptologia, Jan 1981,S. 20-26, S. 20.
13 The House Committee on Government Operations: The Government Classification of Privat Ideas, House Report No. 96 1540 (Union Calendar No. 908), 96th Congress, 2nd Session, Washington 1980, in: Cryptologia, April 1981, S. 24-93, S. 88 f.
14 Inman, vgl. Anm. 10, S. 133.
15 Ebd, S. 134.
16 Deborah Shapley, Intelligence Agency Chief seeks »Dialogue« with Academics, in: Science, Vol. 202, 2 Oct. 78, S. 407-410, S. 410; The House Committee on Government Operations, vgl. Anm. 13, S. 87.
17 Kahn, vgl. Anm. 12, S. 24.
18 PCSG: Report of the Public Cryptografy Study Group, in: Communications of the ACM , July 81, Vol. 24, No. 9, S. 434-445.
19 Kahn, vgl. Anm. 12, S. 23 f.
20 Ian F. Fergusson, The Export Administration Act: Controversy and Prospects, 26. 3. 2001, http://www.cnie.org/nle/crsreports/economics/econ-74.cfm
21 Kahn, vgl. Anm. 12, S. 24.
22 William Carey, Handcuffing Science, in: Science, Vol. 217, Sept 24, 1982, S. 1233; Colin Norman, Administration Grapples with Export Controls, in: Science, Vol. 220, 3. June 1983, S. 1021-1024, S. 1021.
23 Telex, AT&T an Uni Dortmund, 15. 11. 83.
24 Jerry Proc, KL7, http://webhome.idirect.com/~jproc/crypto/kl7.html
25 Mehr Details in: Ralf Bendrath, PGP – die ersten zehn Jahre, in: Telepolis, 19. 03. 2001, http://www.heise.de/tp/deutsch/inhalt/te/7175/1.html
26 http://www.fitug.de/debate/9709/msg00031.html und auch http://inf2.pira.co.uk/top 012.htm
27 Das Programm ist für den privaten Einsatz lizenzfrei erhältlich und kann zum Beispiel über den PGP-Server ftp://ftp.de.pgpi.com/pub/pgp oder über Network Associates, Inc. (http://www.pgpinternational.com) bezogen werden. Hier finden sich auch Hinweise zur Installation und zur Bedienung des Programms.
28 Vgl. Kai Raven, Spion in der Tastatur, in: Spiegel Netzwelt vom 27. Juni 2000, http://www.spiegel.de/netzwelt/technologie/0,1518,82775,00.html
29 Christiane Schulzki-Haddouti, Update Kryptopolitik, in: Telepolis, 29. 10. 1998, http://www.heise.de/tp/deutsch/inhalt/te/1615/1.html
30 Christiane Schulzki-Haddouti, Hintertür für Spione, in: Die Zeit, 17. 9. 1998.
31 Dies., vgl. Anm. 29.
32 Ebd.
33 Christiane Schulzki-Haddouti, »Wir wollen verhindern, daß starke Verschlüsselung in die Hände der falschen Regierungen, Organisationen und Individuen gerät«, Ein Interview mit David Aaron, dem Krypto-Experten der amerikanischen Regierung, in: Telepolis, 29. 10. 1998, http://www.heise.de/tp/deutsch/inhalt/te/1616/1.html
34 Dies., Umrüstung. Kryptografie gilt weiterhin als Waffe, in: c't 26/1998. http://www.heise.de/ct/98/26/052/
35 Dies., vgl. Anm. 29.
36 Ebd.
37 Ebd.
38 Florian Rötzer, Pentagon: Keine Ausländer mehr im IT-Bereich, in: Telepolis, 7. 3. 2002, http://www.heise.de/tp/deutsch/inhalt/co/12028/1.html
39 Christiane Schulzki-Haddouti, Lockerungen für Kryptoexporte innerhalb der EU, in: Telepolis, 7. 4. 1999, http://www.heise.de/tp/deutsch/inhalt/te/2718/1.html

40 Eckpunkte der deutschen Kryptopolitik, Pressemitteilung des Bundesministerium für Wirtschaft und Technologie und des Bundesministerium des Innern, 2. Juni 1999, http://www.sicherheit-im-internet.de/themes/themes.phtml?ttid=4&tsid=100&tdid=116&page=0
41 http://www.gnupg.de/, Homepage von GnuPG.
42 Presseerklärung über Förderung des Projektes »Open Source und IT- Sicherheit: Weiterentwicklung und Vermarktung des GNU Privacy Guards (GnuPG)«, 18. 11. 1999, http://www.sicherheit-im-internet.de/themes/themes.phtml?ttid=2&tdid=121&page=0
43 Neben GnuPG gibt es auch andere OpenPGP-Varianten von PGP: Cryptoex arbeitet ebenfalls auf Basis von OpenPGP und kann zusammen mit dem E-Mail-Programm Outlook Express benutzt werden. Für Macintosh-Rechner gibt es ein PGP-kompatibles Programm namens MacCTC.
44 MS Windows 2000, NT, 98 und GNU/Linux.
45 Alle Texte, die man unter Windows erst markiert und dann mit der Tastenkombination Strg+C kopiert, landen in der Zwischenablage. Mit der Tastenkombination Strg+V werden sie aus der Zwischenablage wieder herausgeholt und können an beliebigen Stellen eingefügt werden.
46 GEAM ist die Abkürzung für Geam Encrypts All Mail.
47 Einzige Voraussetzung ist die Verwendung von TCP/IP als Netzwerkprotokoll und SMTP als Mail-Protokoll.
48 Christiane Schulzki-Haddouti, Außer Spesen nichts gewesen?, in: Telepolis, 10. 05. 2001, http://www.heise.de/tp/deutsch/special/ech/7601/1.html, siehe auch Duncan Campbell, Ehemaliger CIA-Direktor, sagt, die Wirtschaftsspionage der USA würde auf »Bestechungsaktionen der Europäer« zielen, in: Telepolis, 12. 03. 2000, http://www.heise.de/tp/deutsch/special/ech/6663/1.html

CHRISTIANE SCHULZKI-HADDOUTI / MANFRED REDELFS

Informationsfreiheit als demokratisches Prinzip

Mehr Transparenz durch mehr Information

Mehr Transparenz, mehr Informationen – das versprach das Internet. Doch trotz Bekenntnissen der Politik zur »gläsernen Verwaltung« und zur Bürgerbeteiligung tun sich vor allem in Deutschland Politiker und Beamte schwer mit der Informationsfreiheit. Dabei hat mehr Transparenz nicht unbedingt etwas mit dem Internet zu tun, obwohl E-Government-Projekte dies nun versprechen. Schon 1975 stellte das Bundesverfassungsgericht den hohen Wert der Transparenz für eine funktionierende Demokratie heraus: »Die parlamentarische Demokratie basiert auf dem Vertrauen des Volkes. Vertrauen ohne Transparenz, die erlaubt zu verfolgen, was politisch geschieht, ist nicht möglich.«

Dass das Öffentlichkeitsprinzip keineswegs neu ist, zeigt Schweden. Dort wurde es in der Verwaltung schon vor über 200 Jahren eingeführt. Doch auch in anderen Ländern wird es längst praktiziert: Australien, Belgien, Dänemark, Finnland, Frankreich, Neuseeland, Norwegen, Kanada, Irland, Ungarn, die USA, Südafrika und Italien bieten ihren Bürgerinnen und Bürgern ebenfalls den raschen, kostenlosen und einfachen Zugang zu amtlichen Dokumenten.[1] In Südafrika gilt das Informationsfreiheitsgesetz sogar gegenüber der Privatwirtschaft.

1. Schlusslicht Deutschland

Seit März 2000 veröffentlicht EU-Kommissionspräsident Romano Prodi im Internet einen durchsuchbaren Index seines Schriftverkehrs.[2] Immerhin. In Deutschland ist so etwas zur Zeit noch undenkbar. Der Schriftverkehr des Bundeskanzleramts ist eine interne Angelegenheit, und daran werde sich auch so schnell nichts ändern, stellte ein Sprecher des Bundespresseamtes fest. Denn »wo ist der Bedarf?«[3] Trotz des Aktenskandals im Bundeskanzleramt, bei dem in den letzten Tagen der Regierung Kohl in großem Stil Unterlagen vernichtet und ganze Festplatten gelöscht wurden,[4] hat bis heute kein Politiker vorgeschlagen, wie solche Umtriebe künftig verhindert werden können. In Deutschland ist der Bundeskanzler vor Transparenz durch Informationsfreiheitsgesetze geschützt.[5] Hingegen wurden Journalisten verurteilt, weil sie aus den Ermittlungsakten zur »Operation Löschtaste« zitiert hatten.[6]

Bundesweit erlaubt bislang nur das Umweltinformationsgesetz den Zugang zu Unterlagen, die mit Umweltfragen zu tun haben. In den vier Bundesländern Berlin, Brandenburg, Schleswig-Holstein und Nordrhein-Westfalen gibt es Informationsfreiheitsgesetze, die sich auf die Akten der Landesbehörden sowie der Kreisverwaltungen und Gemeinden beziehen. Der Entwurf eines bundesweit gültigen Informationsfreiheitsgesetzes, der erst auf Druck der Presse veröffentlicht wurde,[7] scheiterte am Widerstand der Ministerialbürokratie und vor allem an den Bedenken des Finanz-, Wirtschafts- und Verteidigungsministeriums.[8]

Deutschland gehört damit zu den unrühmlichen Ausnahmen in Europa: Neben Deutschland fehlt nur in Luxemburg und Österreich eine umfassende Gesetzgebung. In Großbritannien wurde die Umsetzung einer schon beschlossenen Regelung verschoben. Damit gibt es derzeit in elf der fünfzehn EU-Mitgliedstaaten bereits eine eigene Gesetzgebung für den Dokumentenzugang. Die meisten Länder unterscheiden nicht, ob die Dokumente von inner- oder außerhalb der Behörde kommen. Die Gesetzgebung trifft auf alle Dokumente gleichermaßen zu. Die meisten Länder sorgten auch dafür, dass persönliche Daten nicht freigegeben werden dürfen.

2. Vorreiter Schweden

Am berühmtesten ist das Informationszugangsrecht von Schweden, da es bereits seit 1766 als Pressefreiheitsgesetz existiert. Dort dürfen alle offiziellen Dokumente eingesehen werden, die sich in Behördenhand befinden. Als offiziell gilt das, was registriert wurde. Dokumente dürfen nur dann zurückgehalten werden, wenn sie die Sicherheit des Staates, die internationalen Beziehungen oder die persönliche Integrität gefährden können. Hätten Beamte Dokumente vernichtet, wäre dies Bürgern sofort aufgrund der öffentlichen Indexseiten aufgefallen. Ebenfalls nicht herausgegeben werden müssen interne Dokumente, Memoranden oder Notizen, die zur Vorbereitung oder für eine mündliche Präsentation erstellt wurden. Der korruptionsdämpfende Effekt ist deutlich: Auf dem Korruptionsindex von der Organisation »Transparency International« schnitt Schweden im Jahr 2001 mit 9 Punkten von insgesamt 10 sehr gut ab.[9]

Bei seinem Beitritt zur Europäischen Union 1995 bestand Schweden darauf, dass die fundamentalen Prinzipien des schwedischen Verfassungs-, Politik- und Kulturerbes bewahrt werden sollten. Umgekehrt bestanden die Mitgliedstaaten darauf, dass man davon ausgeht, dass Schweden sich im Einklang mit dem Gemeinschaftsrecht verhalten werde. Schon im selben Jahr kam die Nagelprobe, die zeigte, wie umfassend die Schweden die Informationsfreiheit praktizierten: Schwedische Journalisten hatten 1995 sowohl bei der Kommission, als auch bei ihrer Regierung die Freigabe von 20 Dokumenten zum Europol-Abkommen angefordert. Während die Kommission allein vier freigab, gab die schwedische Regierung ganze 18 Dokumente heraus. Prompt landete der Fall vor dem Europäischen Gerichtshof.[10] Dieser entschied 1998 gegen den Rat und für die schwedischen Journalisten.[11]

3. Kampf um Informationsfreiheit in der Europäischen Union

Der Amsterdamer Vertrag verlangt ausdrücklich ein Informationszugangsrecht der europäischen Bürger.[12] Mehr Transparenz soll eine bessere Kontrolle des mächtig gewordenen Brüsseler Apparats ermöglichen. Zwar wurden schon früher Dokumente auf Antrag frei gegeben, doch der Amsterdamer Vertrag verlangte nach einer verbindlichen Regelung des bisherigen »Code of Conduct«.[13]

Allein wie zäh Anfang 2001 um diese Regeln für einen Informationszugang in der Europäischen Union gerungen wurde, ist ein Indiz dafür, wie schwer sich die meisten Regierungen mit der Transparenz tun. Vor allem die deutsche und die französische Regierung legten in lockerer Folge im Europäischen Rat einen Vorschlag nach dem anderen vor, wobei jeder Vorschlag die Geheimhaltungsschraube noch fester drehte.[14]

Angefangen hatte diese negative Entwicklung mit dem Vorschlag des ehemaligen NATO-Generalsekretärs und heute für die gemeinsame europäische Sicherheitspolitik zuständigen Javier Solana im Sommer 2000.[15] Demnach dürfen alle Dokumente zur »Sicherheit und Verteidigung der Union oder einer ihrer Mitgliedsstaaten oder zum militärischen und nicht-militärischen Krisenmanagement« nicht an die Öffentlichkeit herausgegeben werden. Während im Rat die Niederlande, Finnland und Schweden dagegen stimmten, sprach sich Deutschland für den Vorschlag aus. Zwar lehnte das Europäische Parlament den Solana-Vorschlag zunächst ab, doch der überarbeitete Ratsvorschlag griff ihn auf. Der Rat legte darin fest, dass »spezielle Dokumente im Bereich der Sicherheit und Verteidigung, die als top secret, geheim und vertraulich gekennzeichnet wurden«, der Öffentlichkeit dauerhaft vorzuenthalten sind.

Nach langen, zähen Verhandlungen einigten sich am 26. April 2001 schließlich Rat, Kommission und ein Ausschuss des Europäischen Parlaments auf einen gemeinsamen Text. Verabschiedet wurde er am 3. Mai 2001 im Europäischen Parlament. Seit Dezember 2001 ist er in Kraft. Positiv ist, dass damit 90 Prozent der Dokumente über das Internet verfügbar werden. Künftig müssen amtliche Papiere zu Fragen wie BSE, genetisch modifizierten Organismen oder Strahlenbelastung von Handys routinemäßig Bürgern zur Verfügung gestellt werden. Für schriftliche Anträge auf Akteneinsicht an die Kommission ist eine bürgerfreundliche Antwortfrist von 15 Arbeitstagen vorgeschrieben, binnen derer die Dokumente in der beantragten Form vorzulegen beziehungsweise in Kopie zuzusenden sind oder der Antrag abzulehnen ist. Damit die

Dokumente auch identifiziert werden können und Bürger gezielte Anfragen stellen können, sieht die Regelung auch ein öffentliches Register vor. Ein jährlicher Rechenschaftsbericht soll darüber Auskunft geben, wieviele Dokumente angefordert und wieviele zugänglich gemacht wurden. Im Jahr 2004 soll das Abkommen erneut überprüft werden.

Dennoch bleiben die Definitionen dessen ungenau, was als vertraulich, geheim oder sehr geheim eingestuft wird. Zugang zu »sensiblen Dokumenten«, die sich mit Wirtschaftspolitik, internationalen Beziehungen und Handel sowie Sicherheit und Verteidigungspolitik beschäftigen, hat nur eine sehr begrenzte Anzahl von sicherheitsüberprüften Personen. Sie entscheiden, ob auf die Dokumente überhaupt in einem öffentlichen Register verwiesen werden darf. Damit wurde der Solana-Beschluss in die neue Regelung eingearbeitet.

Genau hier liegt die Unzufriedenheit vieler leidenschaftlicher Beobachter. Bürgerrechtsgruppen und führende Wissenschaftler verurteilten die Vereinbarung. Tony Bunyan, Herausgeber des europakritischen Magazins Statewatch, kritisierte, dass der Bericht in geheimen Verhandlungen mit Rat und Kommission erstellt wurde. Es sei ein »Betrug« am Amsterdamer Vertrag, der den Bürgern ein weitgehendes Zugangsrecht eingeräumt hatte. »Es ist ein Flickwerk«, protestierte Bunyan. Was ihn besonders auf die Palme brachte: dass »die ganze Entscheidungsfindung ein völlig undemokratischer Vorgang war«.[16]

Die Erfahrung wird zeigen müssen, wie weit oder eng die Ausnahmebestimmungen interpretiert werden. Allerdings sind sie gesetzlich schon weniger strikt gefasst, als zunächst aufgrund der abwehrenden Haltung einiger Mitgliedsstaaten – unter anderem von Deutschland – zu befürchten war. Hier dürfte auch eine Rolle gespielt haben, dass die EU-Gremien unter einem starken Legitimationsdruck standen, seit die gesamte EU-Kommission 1999 aufgrund von Korruptionsfällen zurücktreten musste.[17]

4. Die europäische Praxis

Die Europäer freunden sich mit der Informationsfreiheit nur zögernd an. Im Vergleich zu den USA sehen die Nutzerzahlen in Europa erheblich schlechter aus – bei sogar sinkender Tendenz: 2000 beantragten nur 481 Antragsteller 505 Dokumente. Nur 77 Prozent der Anträge wurden positiv entschieden. 1997 lag die Erfolgsquote noch bei 89,3 Prozent.

Nur 5,7 Prozent Journalisten nutzten 2000 das Angebot, wohl weil die langen Antragszeiten für das schnelle Tagesgeschäft nicht taugen. Am meisten machten vom Informationszugang Rechtsanwälte (21,6 Prozent) Gebrauch, gefolgt von Wissenschaftlern (20,4 Prozent) und öffentlichen Einrichtungen (13,2 Prozent). Mit 28,5 Prozent kamen die meisten Anfragen aus Belgien, wohl weil dort auch die meisten EU-nahen Einrichtungen sitzen. 13,4 Prozent der Anfragen kamen aus Großbritannien, immerhin 9,3 Prozent aus Deutschland. Die meisten Anfragen beziehen sich auf Zoll- und Umweltfragen.[18]

Dass die im Dezember 2001 in Kraft getretenen neuen Regeln keineswegs zu Gunsten der Bürger ausgelegt werden, zeigt das Schicksal einer von Statewatch betriebenen Dokumentenanforderung. Tony Bunyan beantragte bereits im Sommer 2001 die Einsicht in Themen-Agenden der europäisch-amerikanischen Politik. Nach zweimaligem Verschieben lehnte der Rat dann Mitte Dezember die Freigabe ab mit der Begründung, die USA hätten sich gegen eine Freigabe ausgesprochen. Da Dritte nach den neuen Bestimmungen ein Vetorecht haben, müsse man dieses auch beachten, schrieb der Rat in einem Brief an Statewatch, wolle man das »gute Funktionieren der Kooperation« nicht »signifikant stören«.

Was war Inhalt der Agenden? Tony Bunyan vermutet, dass der Inhalt nicht besonders aufregend sein kann und sicherlich keine klassifizierten Inhalte enthält. Mit Unterstützung des Ombudsmannes hatte er schon Kopien früherer Agenden freigeklagt. Sie sind eine reine Auflistung von zu behandelnden Themen, die jedoch die Schwerpunkte der gemeinsamen Interessen erkennen lassen.

So beschäftigte sich die »EU-US Senior Level Group« bei einem Treffen in Washington D.C. am 20. September 1996 mit einem Zollabkommen, mit den Wahlen in Bosnien, mit Kuba, Iran und Lybien sowie internationalen Strafverfolgungsbehörden. Am 26. Februar 1998 beschäftigten sich die Beamten mit »globalen Fragen« wie der Kooperation bei der Drogenbekämpfung unter anderem in der Karibik, dem Klimawandel und dem Kyoto-Protokoll sowie der diplomatischen Zusammenarbeit in der Ukraine, Türkei, China, Südosteuropa und dem »Kaspischen Energiekorridor«.[19]

Dass die Freigabe der früheren Agenden zu einer schweren Belastung der Beziehungen geführt hat, ist nicht festzustellen. Dass dies aber nun der Fall wäre, kann zweierlei bedeuten: Entweder sind die Beziehungen zwischen der Europäischen Union und den USA derzeit so angespannt, dass jede Irritation vermieden werden muss, oder der Rat war einfach um eine gute Ausrede nicht verlegen, um den lästigen Statewatch-Aktivisten Bunyan abzuwimmeln.

Vermutlich ist eher Letzteres der Fall, da der Bescheid gegen jede Regel erst Monate nach dem Antrag und dann wenige Tage nach In-Kraft-Treten der neuen Regeln erging – und dies auch nur auf erneute Nachfrage Bunyans. Doch dieses Vorgehen entspräche wohl kaum dem Geist des Amsterdamer Vertrages, wonach Bürgern »der größtmögliche Zugang zu Dokumenten« gewährt werden muss.

Bunyan reichte deswegen bei dem Europäischen Bürgerbeauftragten Beschwerde ein. Der nächste Schritt wäre der Gang vor den Europäischen Gerichtshof. Falls jedoch der Rat mit seiner Rechtsauffassung Erfolg hat, werden große Bereiche der internationalen Politik der Öffentlichkeit künftig verborgen bleiben. Jede »Dritte Partei«, jeder Co-Autor eines EU-Papiers könnte nämlich dann Einspruch einlegen und somit EU-Bürgern Einblicke verwehren. Dies würde jedoch, warnt Bunyan, »demokratische Standards unterminieren«.

5. Enthüllungen in den USA

Weltweites Vorbild sind neben Schweden die USA. Dort haben alle Bürger – auch Ausländer – sehr weitreichende Akteneinsichtsrechte. Spezielle Informationsbeamte beziehungsweise Büros entscheiden über die Freigabe und eventuelle Schwärzungen oder Auslassungen.

Seit 1966 sorgt der »Freedom of Information Act« (FOIA) in den USA für eine nicht abreißende Kette journalistischer Enthüllungen. Ob US-Militärs strategische Atomraketen gegen Irak und Nordkorea einsetzen wollen, ob sie Details über die polizeiliche Überwachung des Bürgerrechtlers Martin Luther King enthüllen, der FOIA gab hierzu Auskunft. Der FOIA gilt selbst für Bereiche, die wie das US-Militär eher zur Geheimhaltung neigen. So ermittelten Journalisten mit Hilfe des FOIA die hohe Zahl der von den eigenen Kameraden versehentlich erschossenen GIs im Golfkrieg oder die Verwendung von technisch unzureichenden Sichtgeräten für Piloten, was zum Absturz etlicher Flieger geführt haben soll.[20] Eine kleine Zeitung in Albuquerque enthüllte, dass die US-Armee bei den Atombombentests in der Wüste Nevadas die eigenen Soldaten gezielt hoher Strahlung ausgesetzt hatte, um die Wirkung zu erforschen. Internationale Aufmerksamkeit erlangten 1994 Berichte über geheime Experimente, bei denen Menschen während der 40er- und 50er-Jahre Plutonium injiziert worden war.

US-Journalisten fanden mit Hilfe des FOIA auch nach und nach die Ursache des Challenger-Unglücks von 1986 heraus. Zwar wollte die Raumfahrtbehörde NASA keine Informationen nach außen sickern lassen, aufgrund der freigegebenen Dokumente war es Journalisten dennoch möglich, den Absturz auf gravierende Sicherheitsmängel und Planungsfehler zurückzuführen.

Bis auf den Mitarbeiterstab des Präsidenten verpflichtet das FOIA alle Exekutivorgane des Bundes, Unterlagen auf schriftlichen Antrag jedem Bürger zugänglich zu machen. Dabei muss die Behörde beweisen, dass dies aus bestimmten, gesetzlich definierten Geheimhaltungsgründen nicht möglich ist. Dazu gehören Fragen der nationalen Sicherheit, Personalangelegenheiten, Wirtschaftsgeheimnisse, interne Memos, persönliche Daten von Privatpersonen, Angaben zu laufenden juristischen Ermittlungen sowie zur Bankenaufsicht und Angaben zur Lage von Ölquellen.

Im Zuge der Watergate-Affäre wurde das Gesetz im Sinne der Journalisten noch verbessert. Richard Nixon hatte versucht, Dokumente und Tonaufzeichnungen dem Generalstaatsanwalt, der den Watergate-Skandal untersuchte, aufgrund seiner Immunität vorzuenthalten. 1978 regelte dann der »Presidential Records Act« (PRA) den Umgang mit den Unterlagen des Präsidenten. Spätestens nach zwölf Jahren dürfen die Bürger alle Dokumente einsehen. Der amtierende Präsident George W. Bush ist denn auch kein Freund der Informationsfreiheit. Kurz bevor er vereidigt wurde, verfasste er eine »Abschiedsbotschaft« an 42 enge Freunde: Er teilte ihnen mit, dass er fortan keine privaten E-mails mehr verschicken werde, denn die seien mit seinem Amts-

antritt Teil der Korrespondenz des Weißen Hauses – und seine Anwälte hätten ihn darauf aufmerksam gemacht, dass Journalisten unter Berufung auf die Informationsfreiheit die Veröffentlichung verlangen könnten.[21]
Wie weit die Auskunftsrechte der Presse reichen, hatte Bush schon während des Wahlkampfes zu spüren bekommen. Die »New York Times« hatte den »Freedom of Information Act« genutzt, um sämtliche Briefe auszuwerten, die Bush junior zwischen 1988 und 1992 an seinen Vater ins Weiße Haus geschickt hatte. Daraus war deutlich geworden, wie sehr er darum bemüht gewesen war, Gefälligkeiten für Freunde der Familie einzufädeln und sicherzustellen, dass politische Unterstützer mit Posten versorgt wurden.[22] Unangenehm für den angehenden Präsidenten war auch eine weitere Recherche der »New York Times«, bei der die Journalisten seinen Tischkalender aus der Gouverneurszeit in Texas ausgewertet hatten: »Die Terminplanung zeigt, dass Bush typischerweise seine erste Besprechung um 9 Uhr ansetzte, mittags zwei Stunden Pause machte, um genug Zeit zum Joggen zu haben und seine Tätigkeit am Nachmittag um 17 Uhr beendete«, bilanzierte die Zeitung. Auf die Prüfung eines Todesurteils verwandte er durchschnittlich 15 Minuten.[23] Auch diese Informationen, von denen sich das Blatt ein präziseres Bild über den Amtsstil des Bewerbers versprach, gingen auf eine Anfrage nach dem FOIA zurück.

Die Beispiele machen deutlich, wie stark sich Politiker in den USA gefallen lassen müssen, dass ihr Handeln bis ins Detail durchleuchtet wird. »The Public's Right to Know«, wie die Transparenzverpflichtung zumeist auf den Punkt gebracht wird, ist rechtlich gut abgesichert: Seit 1966 verpflichtet der FOIA alle Exekutiveinrichtungen des Bundes, auf schriftlichen Antrag hin jedem Bürger die in der jeweiligen Institution erstellten Unterlagen zugänglich zu machen.[24] In den Einzelstaaten gibt es vergleichbare Bestimmungen. Die Beweislast, dass eine Auskunft aus neun definierten Gründen verweigert werden darf, liegt bei der Behörde. Selbst bei sensiblen Fällen wie der Arbeit des Auslandsgeheimdienstes CIA obsiegt nicht unbedingt der Staat: So gelang es dem Journalisten Angus MacKenzie, die CIA zur Freigabe etlicher Dokumente zu zwingen, die die gesetzeswidrige Bespitzelung der US-Alternativpresse belegen.[25]

Laut einer Untersuchung, die der amerikanische Bundesrechnungshof, das »General Accounting Office«, für das Jahr 1999 durchgeführt hat, wurden rund 90 Prozent der insgesamt 1,9 Millionen Anfragen an die Dienststellen der Exekutive innerhalb der vorgeschriebenen 20-Tages-Frist beantwortet.[26] In 82 Prozent der Fälle wurden die beantragten Unterlagen dabei in vollem Umfang zugänglich gemacht, so die Eigenangaben der Behörden. Die US-Erfahrungen zeigen auch einen wichtigen Nebeneffekt des FOIA: Das Gesetz hat dazu geführt, dass alle Verwaltungsstellen eigene Mitarbeiter einstellen mussten, die sich um die Informationsinteressen der Bürger und der Journalisten kümmern. Die Gefahr, am Kompetenzwirrwar anonymer Verwaltungsapparate zu scheitern, ist damit zumindest verringert worden. Andererseits hat sich bei Ämtern mit besonders vielen sensiblen Daten und gleichzeitig hohem Bekanntheitsgrad ein eigener FOIA-Apparat von imposanter Größe herausgebildet: 1999 beschäftigte das FBI 671 Mitarbeiter, die Vollzeit mit der Bearbeitung von FOIA-Anträgen zu tun hatten.[27]

Wiederholt hat der US-Kongress den FOIA novelliert, um auf neue Entwicklungen zu reagieren. 1996 wurde gesetzlich festgeschrieben, dass die Datenweitergabe möglichst in der Form zu geschehen hat, die der Antragsteller wünscht, so dass Computerdateien auch in elektronischer Form angefordert werden können. Das »Computer-Assisted Reporting« als neue Spezialform des Recherche-Journalismus profitiert von dieser Regelung, denn damit werden Datenabgleiche möglich, die bei Papierdokumenten undenkbar wären.[28] Eine im Jahr 2001 mit dem Pulitzer-Preis ausgezeichnete Serie der »Los Angeles Times« über die gefährlichen Nebenwirkungen eines neuen Medikaments basierte auf der Auswertung von mehreren tausend Arztberichten, die per FOIA von der Aufsichtsbehörde »Food and Drug Administration« angefordert worden waren.[29]

Trotz dieser Möglichkeiten machen die Journalisten nur einen kleinen Teil der FOIA-Nutzer aus: Harry Hammitt, Herausgeber des Fachblattes »Access Reports«, geht davon aus, dass nach wie vor eine Statistik aus den 80er-Jahren Gültigkeit hat, nach der rund die Hälfte der Anfragen auf Rechtsanwaltskanzleien und auf Geschäftsleute entfällt, die etwas über ihre Konkurrenz herausfinden möchten. Privatpersonen und Gruppen, die sich öffentlichen Anliegen verschrieben haben, stellen etwa ein Viertel der Nutzer. Journalisten folgen mit rund acht Prozent der Anträge, was vor allem mit den für die aktuelle Berichterstattung zu langen Wartezeiten zu erklären sein dürfte. Eine große Hilfe ist der FOIA jedoch für Reporter, die sich in den USA auf die intensive Hintergrundrecherche, das »Investigative Reporting«, spezialisiert haben und für Buchautoren.

Medienbetriebe haben nach dem FOIA bei der Kostenabrechnung einen Vorteil. Ein Gebührenerlass ist vorgesehen, falls die gewünschten Informationen dazu beitragen, dass die Öffentlichkeit einen besseren Einblick in die Arbeit der Regierung erhält und der Antragsteller keine eigenen geschäftlichen Interessen verfolgt. Journalisten und Mitarbeiter nichtkommerzieller wissenschaftlicher Einrichtungen werden ausdrücklich als Vertreter von Berufsgruppen erwähnt, bei denen grundsätzlich ermäßigte Gebühren gelten, die unter Umständen sogar ganz erlassen werden können.

Nicht immer kommt es zum formellen FOIA-Antrag – oft genügt schon eine telefonische Anfrage und ein kleiner Hinweis auf das Gesetz, um Behördenmitarbeiter zur freiwilligen und unbürokratischen Informationsweitergabe zu bewegen. Der FOIA ist also manchmal so etwas wie der Joker im Ärmel, den man zücken kann, falls eine informelle Auskunft nicht zu bekommen ist, der aber auch ohne Anwendung weiterhilft, weil die Ämter von seiner Existenz wissen und sich deshalb schon im Vorfeld weniger abblockend verhalten.

Unter den Regierungen von Reagan und Bush senior wurde der FOIA häufig gegen die Antragsteller ausgelegt. Ein Reporter der »Washington Post« und ein Kollege der »New York Times« fanden 1983 heraus, dass die Bearbeitung dabei keinem einheitlichen Muster folgte. Sie hatten zu den gleichen Aspekten der Mittelamerika-Politik Anträge gestellt und unterschiedliche Dokumente erhalten. Um über ein Mosaikverfahren Lücken zu schließen, gründeten die Journalisten 1985 in Washington D.C. mit Hilfe mehrerer Stiftungen das »National Security Archive« als Sammelstelle für Regierungsdokumente zur Außen- und Sicherheitspolitik. Dort stellen 30 hauptamtliche Mitarbeiter systematisch rund 2 500 FOIA-Anträge pro Jahr, sammeln nicht mehr benötigte FOIA-Dokumente anderer Antragsteller und erschließen sie in einem umfangreichen Archivierungssystem.[30] Auf diesem Weg gelangte das »National Security Archive« auch an ein offizielles Dokument, das die Existenz des Spionagesystems Echelon bestätigte.

Nach dem 11. September 2001 hat die Informationsfreiheit in den USA einige Einschränkungen erlebt. So erließ Justizminister Ashcroft eine Anweisung, die die Bundesbehörden zu einer restriktiven Auslegung des FOIA ermutigt und den Beamten Rückendeckung zusichert, sollten sie einen Antrag aus Sicherheitsgründen ablehnen.[32] Außerdem schränkte Bush durch eine »Executive Order« den Zugang zu den Archiven der ehemaligen US-Präsidenten Reagan und Bush ein. Bis Ende 2000 hatte die »Ronald Reagan Presi-

Akteneinsicht dank Freedom of Information« Act: Im Redaktionsraum der »Washington Post« stapeln sich die Kartons mit Behördenunterlagen, die von den Rechercheuren ausgewertet werden.[31]

dential Library« aufgrund von FOIA-Anträgen rund 10 Prozent der 43 Millionen archivierten Seiten veröffentlicht. 113 000 Seiten wurden jedoch zurückgehalten. Nach Ablauf der vorgesehenen Sperrfrist von zwölf Jahren musste 2001 über die Veröffentlichung weiterer 68 000 Seiten entschieden werden. Fünf Tage bevor der dafür zuständige Ausschuss entscheiden konnte, unterzeichnete Bush im November 2001 die Anordnung, die es ihm und den früheren Präsidenten erlaubt, weiterhin bestimmte Dokumente für die Veröffentlichung zu sperren. Die »Los Angeles Times« kritisierte dies denn auch als »Rückfall in das dunkle Mittelalter der Demokratie«.[33]

6. Das britische Geheimhaltungsgesetz

In Großbritannien wurde unter dem Eindruck der Terroranschläge vom 11. September ebenfalls die Fahne der Informationsfreiheit geringfügig niedriger gehängt. Die Regierung verschob die Umsetzung des bereits im Jahr 2000 beschlossenen Informationsfreiheitsgesetzes auf das Wahljahr 2005. Ursprünglich sollte es schrittweise ab Sommer 2002 eingeführt werden. Kurz nach Regierungsantritt 1997 hatte der britische Premierminister Tony Blair »eine neue Beziehung zwischen der Regierung und dem Volk« versprochen, die eine »legitime Teilhaberschaft der Bürger« am Regierungsgeschäft beinhalte. Mit dem »Freedom of Information Act 2000« sollte »Transparenz« das oberste Gebot der Verwaltung sein.[34]

Noch nicht abgeschafft ist zudem das drakonische Geheimhaltungsgesetz, der »Official Secrets Act«. Es sieht beim Verrat von Regierungsgeheimnissen sogar Haftstrafen vor. Die Bürgerrechtsorganisation Statewatch betreibt deshalb gemeinsam mit Journalisten und anderen Bürgerrechtlern eine Kampagne namens ROSA – »Repeal the Official Secrets Act«. BSE und die Maul- und Klauenseuche hätten gezeigt, dass sich Beamte nicht nur bei Verteidigungs- und Sicherheitsangelegenheiten hinter veralteten Geheimhaltungsgesetzen und -verfahren versteckten, schrieben sie in ihrem Aufruf. Sie fordern die Überprüfung des Gesetzes sowie seine Ersetzung durch das nun verschobene Informationsfreiheitsgesetz.

7. Fazit

Hätte ein Informationsfreiheitsgesetz die jüngsten Spenden- und Korruptionsskandale in Deutschland verhindert? Man darf davon ausgehen, dass allein schon die Pflicht, öffentliche Aktenverzeichnisse führen zu müssen, eine abschreckende Wirkung auf die Täter ausgeübt hätte. Der grüne Bundestagsabgeordnete Hans-Christian Ströbele setzt darauf, dass Transparenz gegen Korruption am wirksamsten ist: »Transparenz und Offenheit der öffentlichen Verwaltung sind notwendig. Nur so erhalten Bürgerinnen und Bürger sowie ihre Verbände die Chance, Regierungs- und Verwaltungshandeln besser zu durchschauen und zu kontrollieren.«[35] Und ein russischer Spezialist im Informationsrecht äußerte sich voller Hoffnung, dass »der Sonnenschein der informierten Gesellschaft sowohl den Rost der Korruption als auch den Schimmel der Inkompetenz in der Tätigkeit der Staatsmacht wirkungsvoll bekämpfen« könne.[36]

Mit der Informationsfreiheit wird ein demokratisches Prinzip verwirklicht – gegen das in Deutschland herkömmliche Prinzip der Aktengeheimhaltung. Noch operieren hier Behörden in dem Bewusstsein: »Die Verwaltung weiß schon besser, was für den Bürger gemacht werden muss«, so der Jurist Ulrich Battis von den Berliner Humboldt-Universität. Doch die Beispiele aus den Ländern, in denen Informationsfreiheit selbstverständlicher Bestandteil der demokratischen Kultur ist, zeigen, dass mehr Kontrolle durch Transparenz ein wichtiges demokratisches Korrektiv staatlichen Handelns ist.

Anmerkungen

1 Zum Gesetzgebungstand in den europäischen Mitgliedsstaaten siehe die Dokumente der Europäischen Kommission, http://europa.eu.int/comm/secretariat_gene ral/sgc/acc_doc/docs/recapitulatif_de.pdf und http://europa.eu.int/comm/secretariat_ general/sgc/acc_doc/docs/compa_de.pdf
2 Prodis Schriftverkehr, http://europe.eu.int/comm/commissioners/prodi/mail_de.htm
3 Äußerung gegenüber der Autorin.
4 Thomas Kleine-Brockhoff/Bruno Schirra, Operation Löschtaste, Die Zeit vom 20. Juli 2000, http://www.zeit.de/2000/30/200030_enthuellungen.html
5 Christiane Schulzki-Haddouti, »Man muss alles tun, damit sich solche Vorgänge in Zukunft nicht wiederholen«, Interview mit Akten-Ermittler Burkhard Hirsch über die Datenvernichtungen und Aktenbeseitigungen im Bundeskanzleramt, in: Telepolis, 24.04.2001, http://www.heise.de/tp/deutsch/special/frei/7452/1.html
6 Michael Haller, Journalistischer Notstand, in: Message 3/2001, S. 10 f.; Michael Naumann, Kriminelle Energie am Reißwolf, in: Die Zeit vom 15. Novermber 2001.
7 Christiane Schulzki-Haddouti, Stille Revolution, Telepolis enthüllt Entwurf für Informationsfreiheitsgesetz, in: Telepolis, 04. 05. 2001, http://www.heise.de/tp/deutsch/ special/frei/7531/1.html
8 Vgl. zur Lage in Deutschland den Beitrag von Manfred Redelfs in diesem Band.
9 Transparency International, http://www.transparency.org/cpi/2001/cpi2001.de.html
10 Siehe auch The Campaign for Freedom of Information, Open & Shut Case: Access to Information in Sweden & the E.U., The Guardian, June 1996, http://www.cfoi.org. uk/sweden1.html
11 Journalisten, 18. 6.-19. 8. 98, Sonderausgabe zum Urteil des Europäischen Gerichtshofs, 20. 7. 98; Fortress Europe Rundbrief Nr. 55, Freedom of Information: Swedish journalist union wins case at European Court of Justice, August 1998, http://www. fecl.org/circular/5503.htm
12 Amsterdamer Vertrag, http://europa.eu.int/abc/obj/amst/de/index.htm#Amsterdam und http://europa.eu.int/eur-lex/de/treaties/dat/ams_treaty_de.pdf
13 Europäisches Informationszugangsrecht, http://europa.eu.int/comm/secretariat_ge neral/sgc/acc_doc/index_de.htm

14 Christiane Schulzki-Haddouti, Schraube um Informationsfreiheit in Europa dreht sich enger, in: Telepolis, 13. 10. 2000, http://www.heise.de/tp/deutsch/special/frei/8915/1.html
15 Solana-Vorschlag, http://www.statewatch.org/news/jul00/05solana.htm
16 Homepage von Statewatch, www.statewatch.org, siehe speziell zur Informationsfreiheit http://www.statewatch.org/foi.htm
17 Vgl. Christoph O. Meyer, Europäische Öffentlichkeit als Watchdog: Transnationaler Journalismus und der Rücktritt der EU-Kommission, in: Forschungsjournal Neue Soziale Bewegungen, Nr. 4/2001.
18 Laut Statistik der Europäischen Kommission, http://europa.eu.int/comm/secretariat_general/sgc/acc_doc/docs/stat_2000.pdf
19 Statewatch, What the EU-US agendas (1996-1998) reveal, http://www.statewatch.org/news/2002/jan/03Ausveto.htm
20 Vgl. Manfred Redelfs, Investigative Reporting in den USA. Strukturen eines Journalismus der Machtkontrolle, Opladen 1996, S. 161 ff.
21 Vgl. Dirk Nolde, Des Präsidenten letzte E-Mail, in: Die Welt vom 21. 3. 2001.
22 Vgl. Nicholas D. Kristof, For Bush, Thrill was in Father's Chase, in: New York Times vom 29. 8. 2000.
23 Vgl. Ders., A Master of Bipartisanship with no Taste for Details, in: New York Times vom 16. 10. 2000.
24 Vgl. http://www.usdoj.gov/oip/foia_updates/Vol_XVII_4/page2.htm
25 Vgl. Angus MacKenzie, Secrets: The CIA's War at Home, Berkeley 1997.
26 Vgl. General Accounting Office/GA, Information Management. Progress in Implementing the 1996 Electronic Freedom of Information Act Amendments, Report to Congressional Requesters, March 2001, S. 12.
27 Ebd., S. 45 f.
28 Vgl. Manfred Redelfs, Computer-Assisted Reporting als neue Form der Recherche, in: Hans J. Kleinsteuber (Hrsg.), Aktuelle Medientrends in den USA: Journalismus, politische Kommunikation und Medien im Zeitalter der Digitalisierung, Opladen 2001, S. 140–153.
29 Vgl. David Willman, Death Toll Challenges Rezulin Safety Claim, in: Los Angeles Times vom 18. 3. 1999.
30 Vgl. die Homepage unter http://www.gwu.edu/~nsarchiv/
31 Foto: Manfred Redelfs.
32 Vgl. John Giuffo, The FOIA Fight, Columbia Journalism Review Online Report, http://www.cjr.org/year/02/2/giuffoFOIA.asp.
33 Vgl. Florian Rötzer, Verdächtige Geheimniskrämerei, in: Telepolis, 15. 11. 2001, http://www.heise.de/tp/deutsch/special/frei/11126/1.html
34 Armin Medosch, Informationsfreiheit auf Warteschleife, in: Telepolis, 14. 11. 2001, http://www.heise.de/tp/deutsch/special/frei/11113/1.html
35 Hans-Christian Ströbele, Pressemitteilung Nr. 0126/2002, 15. 3. 2002.
36 zit. im Ausschussprotokoll 13/246 vom 16. 3. 2001, Landtag Nordrhein-Westfalen.

MANFRED REDELFS

Informationsfreiheitsrechte in Deutschland

Der langsame Abschied vom »Amtsgeheimnis«

»Da könnte ja jeder kommen«, ist ein oft gehörter Einwand, wenn Bürger in Deutschland Auskunft von einer Behörde verlangen. Manch mürrischer Beamter verschanzt sich so hinter der deutschen Tradition der so genannten »Amtsverschwiegenheit« und schiebt vielleicht noch die Frage nach: »Warum wollen Sie das eigentlich wissen?« Was vielen nicht bekannt ist: Es gibt mittlerweile eine Reihe von Gesetzen, die es tatsächlich jedem ermöglichen, Auskunft von Behörden zu verlangen oder Akteneinsicht zu nehmen – und zwar ohne dass der Antrag begründet werden muss.[1] Bundesweit garantiert das Umweltinformationsgesetz (UIG) dieses Recht für alle Unterlagen, die im weitesten Sinne mit Umweltfragen zu tun haben. In vier Bundesländern gibt es darüber hinaus ein Informationsfreiheitsgesetz (IFG), das sich ohne thematische Einschränkung auf alle Akten der Landesbehörden und der kommunalen Stellen bezieht. Zwei geplante Transparenz-Verpflichtungen sind in der ersten Legislaturperiode der rot-grünen Regierung zwar gescheitert, werden laut Koalitionsvertrag 2002 aber weiterverfolgt: Das Innenministerium bereitet ein Informationsfreiheitsgesetz auf Bundesebene vor. Verbraucherministerin Künast macht sich für ein Gesetz stark, nach dem Verbraucher das Recht erhalten, detaillierte Auskünfte über die Daten der Lebensmittelüberwachung zu bekommen. Und schließlich gibt es bereits Akteneinsichtsrechte, bei denen zwar in der Tat nicht »jeder kommen kann«, die aber zumindest den direkt Betroffenen Einblick ermöglichen, nämlich nach dem Verwaltungsverfahrensgesetz und dem Stasi-Unterlagengesetz.

Spezielle Auskunftsansprüche haben Angehörige bestimmter Berufsgruppen: Juristen dürfen im Zuge ihrer Ermittlungen Akten einsehen, die dem Normalbürger verschlossen bleiben, und Journalisten haben nach den Landespressegesetzen einen Auskunftsanspruch gegenüber Behörden, damit sie ihrem Informationsauftrag gegenüber der Öffentlichkeit nachkommen können.

Im Folgenden soll untersucht werden, welche Möglichkeiten diese Rechte den einzelnen Bürgerinnen und Bürgern eröffnen und welchen Stellenwert die zunehmenden Transparenzverpflichtungen für die demokratische Entwicklung in Deutschland haben. Der Schwerpunkt wird dabei auf das Umweltinformationsgesetz gelegt, da es bundesweite Bedeutung hat und mit ihm schon die meisten Erfahrungen vorliegen.

1. Nicht nur für Naturschützer wichtig: das Umweltinformationsgesetz (UIG)

Der Verein »Eltern für unbelastete Nahrung« in Schleswig-Holstein machte sich schon seit langem Sorgen über die gesundheitlichen Gefahren, die möglicherweise von einer Erdöl-Raffinerie in ihrer Nachbarschaft ausgehen könnten. Die Eltern wollten genau wissen, welche Stoffe in die Umwelt gelangen und sich dann möglicherweise in dem Gemüse wiederfinden, das auf umliegenden Feldern angebaut wird. Unter Berufung auf das Umweltinformationsgesetz forderten sie deshalb beim Gewerbeaufsichtsamt die Emissionserklärung des Kraftwerksbetreibers an und bekamen diesen Bericht auch zugeschickt.[2] Mit seiner Anfrage gehörte der Verein zu den ersten Nutzern einer EU-Richtlinie von 1990, die alle Mitgliedsstaaten verpflichtet, jedem Bürger »den freien Zugang zu den bei den Behörden vorhandenen Informationen über die Umwelt zu gewährleisten.«[3] Richtlinien der EU sind Rechtsnormen, die ein politisches Ziel vorgeben, den Mitgliedsstaaten aber einen Spielraum bei der Wahl der Form und der Mittel lassen, wie sie dieses Ziel erreichen wollen. Auf diese Weise soll jedes EU-Mitglied die Möglichkeit haben, die für sein Rechtssystem geeigneten Umsetzungsinstrumente zu finden.

Im Falle von Deutschland zeigt das Beispiel des UIG leider auch, dass das Streben nach mehr Bürgerbeteiligung und Transparenz bei den Behörden konträr läuft zu einer langen Tradition des Obrigkeitsstaates und der Geheimhaltung von Verwaltungsvorgängen: Die Bundesregierung tat sich zunächst schwer mit der Umsetzung der Richtlinie in nationales Recht und hat erst mit Verzögerung ein eigenes Umweltinformationsgesetz auf den Weg gebracht, das schließlich Mitte 1994 in Kraft trat. Die große Zurückhaltung hat wohl damit zu tun, dass sich in Deutschland erst allmählich die Erkenntnis durchsetzt, dass ein moderner Staat Abschied nehmen muss von der Praxis, dass behördliche Unterlagen grundsätzlich unter Verschluss bleiben und interessierten Bürgern nur in begründeten Ausnahmefällen zur Verfügung stehen.[4] Stattdessen geht das UIG von dem genau gegensätzlichen Prinzip aus: Die Verwaltungsunterlagen sind öffentliche Daten, es sei denn, dass dem besondere Gründe entgegenstehen. Nicht die Bürgerinnen und Bürger müssen ihren Antrag begründen, sondern die Behörde muss Argumente liefern, falls sie glaubt, etwas nicht herausgeben zu dürfen oder zu können. Diese Umkehrung der Verhältnisse ist für einige Verwaltungsmitarbeiter noch gewöhnungsbedürftig, wie die Antworten auf UIG-Anfragen immer wieder zeigen.

Das Auskunftsrecht nach dem UIG gilt für alle Bürger wie auch Unternehmen, Verbände oder Vereine. Als sogenanntes »Jedermannsrecht« ist es dabei nicht erforderlich, dass der Antragsteller sich an eine Behörde in der Nähe seines Wohnortes wendet. Wer in Ostfriesland wohnt, kann auch bei dem Gesundheitsamt in München nach der Qualität des Trinkwassers in der bayerischen Landeshauptstadt fragen. Grundsätzlich bezieht sich das UIG auf alle Informationen über »den Zustand der Gewässer, der Luft, des Bodens, der

Tier- und Pflanzenwelt und der natürlichen Lebensräume«, wie es im Gesetzestext heißt.[5] Viele Bürger nutzen das UIG, um Dinge in Erfahrung zu bringen, die für sie eine unmittelbare Bedeutung haben. Wer ein Grundstück kaufen will, kann zum Beispiel erfragen, ob den Behörden irgendwelche industriellen Altlasten auf dem Gelände bekannt sind. Tätigkeiten und Programme zum Schutz der Umwelt fallen ebenfalls unter das Gesetz, so dass es auch möglich ist, sich etwa nach den Umweltausgleichsmaßnahmen zu erkundigen, die ein neuer Industriebetrieb erbringen muss oder nach Biotopkartierungen, auf denen Flora und Fauna eines Gebietes erfasst sind.

1.1 Was fällt unter das Gesetz?

Der Begriff der Umweltinformation ist weit auszulegen, wie die Gerichte beim Streit um die Interpretation des UIG mittlerweile entschieden haben. Auf Bundes-, Landes- oder kommunaler Ebene fallen damit nicht nur die Behörden unter die Auskunftspflicht, die irgendwie das Wort »Umwelt« im Namen tragen, sondern auch die Straßenbaubehörden oder die Wasser- und Schifffahrtsämter. Eine Bürgerinitiative im Kreis Gütersloh, die Informationen über die Umweltverträglichkeitsuntersuchung für ein geplantes Autobahn-Teilstück haben wollte, konnte sich deshalb letztlich mit ihrem Antrag durchsetzen.[6] In einem anderen Rechtsstreit hat das Bundesverwaltungsgericht 1999 entschieden, dass auch die indirekte staatliche Steuerung der Umweltpolitik unter das UIG fällt, etwa in Form von Subventionen.[7] Der Hintergrund des Streits war die Errichtung einer Giftmüllverbrennungsanlage in Seelze bei Hannover. Eine Bürgerinitiative wehrte sich gegen das Vorhaben und fand heraus, dass der Anlagenbetreiber vier Millionen DM Förderung aus dem Landesökofonds erhalten hatte und nochmal die gleiche Summe von der Bundesstiftung Umwelt. Mit diesen Informationen erhoben die Kritiker Beschwerde bei der EU-Wettbewerbskommission in Brüssel. Tatsächlich wurde entschieden, dass die Gelder zurückgezahlt werden müssen, da die technisch eher konventionelle Müllverbrennungsanlage keine ökologische Förderungswürdigkeit besitze.[8] Der Fall zeigt, dass unter Berufung auf das UIG durchaus Dinge ans Licht der Öffentlichkeit kommen können, die eine hohe Brisanz und erhebliche Folgen haben.

Auskunftspflichtig sind auch privatwirtschaftlich organisierte Unternehmen, die öffentliche Aufgaben übernehmen und unter der Aufsicht von Behörden stehen. Dies trifft etwa auf regionale Verkehrsbetriebe zu oder auf die Müllabfuhr. Wer wissen will, wie die Müllgebühren berechnet werden oder wie sich die Abfall-Mengen im eigenen Wohngebiet entwickelt haben, kann dies folglich ebenfalls in Erfahrung bringen. Das Auskunftsrecht bezieht sich übrigens auf alle »in Schrift, Bild oder auf sonstigen Informationsträgern vorliegenden Daten«,[9] also nicht nur auf die Akten im klassischen Leitz-Ordner. Damit ist sichergestellt, dass auch Computerdaten oder etwa Biotopkarten unter das Gesetz fallen.

Die erste Hürde bei einem UIG-Antrag ist, dass er an die richtige Behörde gestellt werden muss und sehr genau beschreiben sollte, welche Daten gesucht werden. Oft sind die staatlichen Ämter für Immissions- und Strahlenschutz, die Gewerbeämter, Forstverwaltungen oder Umweltämter zuständig. Im Zweifelsfall sollte daher telefonisch vorab geklärt werden, wo genau die gesuchte Information vorhanden ist. Da manchmal mehrere Stellen mit einem Problem befasst sind, ist es auch sinnvoll, gegebenenfalls um Weiterleitung des Antrages und entsprechende Benachrichtigung zu bitten. Die Behörden brauchen nur das herauszugeben, was bei ihnen schon vorliegt und sind nicht verpflichtet, eigene Ermittlungen aufgrund einer UIG-Anfrage anzustellen. Hier ist es hilfreich, wenn man sich vorab kundig macht, welche Daten aufgrund bestehender Gesetze regelmäßig erhoben werden müssen. Daten über die Belastung von Luft und Wasser durch industrielle Anlagen müssen zum Beispiel ab einer bestimmten Größe nach den Vorschriften des Bundes-Immissionsschutzgesetzes erhoben werden und sind deshalb mit Sicherheit vorhanden.

1.2 Umsetzung oft mangelhaft

Um zu prüfen, wie gut die Ämter sich an das UIG halten, hat die Zeitschrift »Ökotest« 1995 jeweils zwei Briefe an die Umweltämter in allen 445 Kreisen und kreisfreien Städten geschickt: einen mit fünf Fragen zu Altlasten und einen mit vier Fragen zur Trinkwasserqualität.[10] Dabei hatten die Tester die Schwierigkeit eingebaut, dass die Altlastenkataster je nach Bundesland bei ganz verschiedenen Behörden angesiedelt sind und dass für die Trinkwasserqualität eigentlich die Gesundheitsämter zuständig sind. Die Umweltämter sollten aber in der Lage sein, diese standardmäßig erhobenen Daten problemlos zu beschaffen. Das Ergebnis zeigt, dass Deutschland in punkto Behördentransparenz noch großen Nachholbedarf hat: Nur 553 von insgesamt 890 Briefen wurden überhaupt beantwortet, und lediglich 67 von ihnen enthielten vollständige und kostenlose Informationen. Die meisten Beamten beschwerten sich, die Antragsteller hätten keinen Grund für die Anfrage genannt – und offenbarten damit ihre Unkenntnis des Gesetzes. Andere behaupteten einfach, den Antrag aus Gründen der Arbeitsüberlastung nicht bearbeiten zu können. Hierbei verkennen sie, dass es bei dem Auskunftsanspruch nicht um eine Gefälligkeit oder einen behördlichen Gnadenakt geht, sondern um einen eindeutigen Rechtsanspruch.

Als grundsätzliches Problem beim UIG schälte sich nach der Umfrage von »Ökotest« außerdem die Gebührenfrage heraus. Zwar ist nach dem UIG vorgesehen, dass für die Auskünfte Gebühren erhoben werden können, doch versuchen einige Stellen offenbar, diese Möglichkeit zur Sanierung der öffentlichen Haushalte zu nutzen. So teilte das Landratsamt Meißen mit, es habe gerade eine Studie zur Erfassung von Altlasten in Auftrag gegeben, die man für 30 000 DM kaufen könne. Während manche Stellen alle Informationen kostenlos lieferten, verlangten andere Gebühren von mehreren tausend DM. Zu diesem Streitpunkt hat der Europäische Gerichtshof 1999 entschieden, dass die Gebühren auf keinen Fall eine abschreckende Wirkung haben dürfen und dass es daher unzulässig ist, sämtliche Kosten auf die Antragsteller abzuwälzen.[11]

Hohe Gebührenrechnungen kommen vor allem dadurch zustande, dass manche Behörden versuchen, ihre Arbeitskosten komplett in Rechnung zu stellen. Diese Erfahrung musste Greenpeace noch im Jahr 2001 machen, als es darum ging, bei den Bauämtern im Regierungsbezirk Weser-Ems die Zahl der Neubauanträge für Massentierhaltungsanlagen zu erfragen, aufgeschlüsselt nach Tierarten, Gemeinden und geplanten Tierzahlen. Einige wenige Landkreise übersandten die Daten ohne Rechnung, andere teilten mit, die Zahlen für Mastställe müssten einzeln aus der Fülle aller Bauanträge herausgesucht werden, wofür nach der Niedersächsischen Gebührenordnung je nach Landkreis mal 105 DM bzw. 53,68 Euro pro Arbeitsstunde für eine Verwaltungskraft des Gehobenen Dienstes berechnet wurden, mal 79 DM bzw. 40,39 Euro für eine Arbeitsstunde im Mittleren Dienst. Der Landkreis Vechta, der bekannt ist für eine hohe Konzentration von Massentierhaltung, stellt im Frühjahr 2002 sogar ganze 2 221 Euro Gebühren in Rechnung – zuzüglich 5,37 Euro, die für die Postzustellung verlangt wurden. Hier drängt sich der Verdacht auf, »dass die Höhe der Gebühr auch etwas mit der Brisanz der Information zu tun hat«, wie es der in UIG-Streitigkeiten erfahrene Berliner

Massentierhaltung im Landkreis Vechta – bei einem brisanten Thema wie diesem tun sich die Kommunen noch immer schwer mit der Transparenzverpflichtung nach dem Umweltinformationsgesetz.[12]

Rechtsanwalt Peter Kremer formuliert. Kooperationsunwillige Behörden versuchen also, sich hinter abschreckenden Kosten zu verschanzen.

Nachdem der Europäische Gerichtshof die deutsche Gebührenkeule beanstandet hatte, hat der Bund mittlerweile nachgebessert und die Höchstgebühr von ursprünglich 10 000 auf 1 000 Mark (seit Januar 2002: 500 Euro) für außerordentlich aufwendige Auskünfte festgesetzt. Außerdem dürfen ablehnende Bescheide gar nicht mehr berechnet werden, und immer dann, wenn 250 Euro überschritten werden, muss der Antragsteller vorher sein Einverständnis geben. Wie die Erfahrung von Greenpeace zeigt, gibt es aber Bundesländer, die das Urteil der europäischen Richter ignorieren. Niedersachsens Gebührenordnung sah zwei Jahre nach dem Urteil immer noch Kostenbescheide bis zu 6 130 Euro vor. Im Zweifelsfall lohnt sich ein Gang vor das Verwaltungsgericht, was Greenpeace in dem beschriebenen Fall mit Erfolg gemacht hat: Die Gebührenobergrenze in Niedersachsen wurde daraufhin auf 500 Euro reduziert und der Kostenbescheid aus Vechta auf diese Summe ermäßigt. Wer als Antragsteller sicher sein will, dass er von unangenehmen Überraschungen verschont bleibt, sollte zunächst um einen Kostenvoranschlag bitten oder ab einer Summe von 25 Euro eine Benachrichtigung verlangen.

Dass es durchaus möglich ist, das UIG bürgerfreundlich auszulegen, zeigt das Bundesland Nordrhein-Westfalen. Dort sind Natur- und Umweltverbände grundsätzlich von den Gebühren befreit. Auch Einzelpersonen, die sich besonders für Natur- und Umweltbelange engagieren, können befreit werden, weil man unterstellt, dass ihr Anliegen im öffentlichen Interesse liegt.[13]

In welcher Form Informationen zugänglich gemacht werden müssen, war im Gesetz zunächst nicht ganz eindeutig geregelt.[14] Dort heißt es: »Die Behörde kann auf Antrag Auskunft erteilen, Akteneinsicht gewähren oder Informationsträger in sonstiger Weise zur Verfügung stellen.«[15] Nordrhein-Westfalen hat dazu präzisierend schon vor einigen Jahren festgelegt, dass die Behörden in aller Regel die Form wählen sollen, die der Antragsteller wünscht. Damit wird ausgeschlossen, dass ein Amt in Düsseldorf einem Antragsteller aus Baden-Württemberg lediglich die Akteneinsicht anbietet – was bei weitem Anfahrtsweg abschreckend sein dürfte –, aber Fotokopien verweigert. Nachdem sich wiederholt die Gerichte mit der Form des Informationszugangs beschäftigen mussten, steht fest, dass auch in den Bundesländern, in denen präzisierende Verordnungen wie in NRW fehlen, die Informationen im Normalfall so herauszugeben sind, wie es der Antragsteller wünscht. Diese Regel ist nun auch in der Neufassung des UIG vom August 2001 enthalten.[16] Abweichungen von der gewünschten Form hat die Behörde gesondert zu begründen – und darf dabei auch nur Alternativen von gleicher Qualität wählen. Wenn ein Antragsteller umfangreiche statistische Daten sucht, braucht er sich folglich nicht mit Akteneinsicht und der umständlichen Möglichkeit des Abschreibens zufrieden zu geben, sondern kann auf Fotokopien bestehen.

Wer am liebsten selbst die Akten studiert, sollte vorher auch die Kostenfrage klären. Einer Bürgerinitiative in Hessen, die Daten über die Luftimmissionen sowie über Unfälle und Betriebsstörungen einer Sonderabfallverbrennungsanlage eingesehen hat, wurden nämlich diese Unterlagen nur in Gegenwart eines Beamten zugänglich gemacht, dessen Arbeitszeit mit 27 DM pro angefangener Viertelstunde berechnet wurde. Zwar konnte die Gebühr im Widerspruchsverfahren auf die Hälfte reduziert werden, doch fielen immer noch mehr als 600 DM an.[17]

Die meisten Informationen sind nur hilfreich, wenn man sie zeitnah erhält. Ein häufiger Streitpunkt beim UIG ist daher die Bearbeitungszeit. Das Gesetz schreibt vor, dass die Behörde innerhalb von zwei Monaten antworten muss. Viele Ämter lassen diese Frist jedoch verstreichen. Bei der Greenpeace-Anfrage zur Massentierhaltung hat von zwölf Landkreisen nur die Hälfte die Frist eingehalten. Da es sich dabei um einen eindeutigen Gesetzesverstoß handelt, lohnt sich eine Klage, sofern andere Erinnerungen und Fristsetzungen nicht zum Ergebnis führen. Weil die Frist klar ist, wird die Behörde den Prozess auf jeden Fall verlieren und muss dann auch die Kosten des Verfahrens tragen. Rückfragen der Behörde zu einem eindeutig formulierten Antrag führen übrigens nicht zu einer Verschiebung der Antwortfrist, wie das Verwaltungsgericht Osnabrück in einem von Greenpeace geführten Rechtsstreit entschieden hat. Die Zweimonatsfrist beginnt folglich mit dem Eingang des Antrags bei der Behörde – und wird nicht unterbrochen, wenn das Amt nach Wochen irgendwelchen Klärungsbedarf anmeldet und Rückfragen stellt.[18] Fünf von sechs säumigen Landkreisen antworteten in dem Greenpeace-Beispiel umgehend, nachdem die Klage bei ihrer Rechtsabteilung eingegangen war. Die Erfahrung von Umweltverbänden und Rechtsanwälten zeigt leider, dass manche Verwaltungen ihre Haltung nach dem Motto »da könnte ja jeder kommen« erst verändern, nachdem sie einen UIG-Prozess verloren haben.

In einigen Fällen kann die Behörde allerdings auch nach dem Gesetz die Auskunft ablehnen. Dies betrifft vor allem Fragen, durch deren Beantwortung die Vertraulichkeit von Behördenberatungen, internationale Beziehungen, die Landesverteidigung oder die öffentliche Sicherheit gefährdet werden könnten. Grundsätzlich ist davon auszugehen, dass diese Ausnahmen nur selten zum Tragen kommen. Ausgenommen sind ferner Informationen, die Gegenstand von Gerichtsverfahren sind und Geschäftsgeheimnisse privater Firmen. Ein laufendes Bußgeldverfahren bleibt also ebenso geheim wie die Mixtur von Coca Cola oder die genaue Stoffzusammensetzung bei einem Produktionsverfahren – nicht jedoch das, was aus dem Schornstein oder aus den Abwasserrohren einer Fabrik herauskommt. Personenbezogene Daten, etwa die Namen derjenigen, die in einem Genehmigungsverfahren Einspruch erhoben haben, bleiben ebenfalls geschützt.

Bei abschlägigen Bescheiden kann der Antragsteller Widerspruch einlegen und die Entscheidung in einem Verwaltungsverfahren überprüfen lassen. Weil dabei zusätzliche Kosten anfallen können, empfiehlt sich in diesem Fall eine rechtliche Beratung.

2. Zwischenbilanz: Behördentransparenz in Deutschland noch in den Anfängen

Zusammenfassend ist festzuhalten, dass die Anwendungspraxis beim UIG zeigt, wie gewöhnungsbedürftig mehr Behördentransparenz in Deutschland noch ist. Offenbar ist das Urteil des UIG-Experten Bernhard Wegener leider zutreffend, der 1999 in der Zeitschrift »Europarecht« bilanzierte: »Heute muss die deutsche Verwaltung der rechtlichen Konzeption nach als eine der geheimsten und für den Bürger intransparentesten demokratischen Verwaltungen der Welt bezeichnet werden.«[19] Nicht immer ist die abwehrende Haltung einiger Ämter dabei auf böse Absicht zurückzuführen – auch Jahre nach seinem In-Kraft-Treten kennen viele Beamte das Gesetz einfach nicht und müssen erst durch den Antragsteller über dessen Rechte aufgeklärt werden. Es bleibt zu hoffen, dass die vermehrte Nutzung des UIG allmählich auch zu einem veränderten Denken in den Verwaltungen führt, die sich offenbar nur schwer vom überkommenen Prinzip der Geheimhaltung verabschieden können.

In nächster Zeit wird auch der Gesetzgeber in Deutschland wieder aktiv werden müssen, denn Ende Oktober 2001 ist die Aarhus-Konvention in Kraft getreten.[20] Dieser nach der dänischen Stadt Aarhus benannte völkerrechtliche Vertrag verpflichtet die Unterzeichner – zu denen auch alle EU-Mitglieder gehören – bei Umweltinformationen Akteneinsichtsrechte zu garantieren, die über die bestehenden Regelungen des UIG hinausreichen. Es sind Verbesserungen bei dem Umfang, der Schnelligkeit und den Kosten der Auskünfte zu erwarten.[21] Wiederum ist es jedoch so, dass die Umsetzung in Deutschland nur schleppend betrieben wird.

Dabei gehen von dem verbesserten Informationszugang eine Reihe von Wirkungen aus, die die demokratische Entwicklung insgesamt voranbringen: Die Behördentransparenz dient der Begrenzung und Kontrolle staatlicher Informationsmacht und fördert bei den Bürgerinnen und Bürgern eine aktive Rolle in der Politik. Letztlich unterstützt die Informationsfreiheit die Modernisierung und Entbürokratisierung der Verwaltung, denn nur eine effiziente Verwaltung ist in der Lage, die gewünschten Daten schnell herauszugeben.[22] Sie entspricht damit auch einem zentralen Interesse der Wirtschaft, die auf transparente Entscheidungsstrukturen angewiesen ist. In den USA sind zum Beispiel viele Gemeinden dazu übergegangen, kommunale Verträge vollständig im Internet zu veröffentlichen. Wer will, kann also nachlesen, wie viel Prince William County in Virginia für die Schneebeseitigung bezahlt, wie genau die Vertragsbedingungen sind und wann dieser Vertrag ausläuft.[23] So herrschen auch für Mitbewerber um öffentliche Aufträge klare Verhältnisse. Die Transparenz beugt der Vetternwirtschaft und der Korruption vor, denn wer damit rechnen muss, dass in »seine« Akten eingesehen werden kann, wird vor unlauteren Machenschaften eher zurückschrecken als ein Mitarbeiter, der sich vor solchen Überraschungen sicher weiß. Schließlich dient die Informationsfreiheit der ständigen Rückkopplung zwischen Verwaltung und Bürger, so dass auch Versäumnisse des Behördenapparates schneller entdeckt und abgestellt werden können. Wenn sich, wie am Fallbeispiel der Greenpeace-Recherche beschrieben, bei UIG-Anfragen offenbart, dass die kommunalen Stellen gar keinen Überblick haben, wie viele Putenmastanlagen in ihrem Landkreis noch geplant sind, so ist dies auch ein Warnsignal an die Politik, hier korrigierend einzugreifen und ein Versäumnis der Verwaltung zu beheben.

3. Informationsfreiheitsgesetze (IFG) der Länder

Die genannten Pluspunkte einer transparenteren Verwaltung werden auch von den mittlerweile vier Bundesländern ins Feld geführt, die ein eigenes Informationsfreiheitsgesetz (IFG) verabschiedet haben. Brandenburg, Berlin, Schleswig-Holstein und Nordrhein-Westfalen öffnen ihre Aktenschränke nicht nur bei Umweltthemen, sondern generell hinsichtlich aller Belange, die von öffentlichen Stellen bearbeitet werden.[24] Das Informationsrecht erstreckt sich auf die Unterlagen der Landesbehörden genauso wie auf die Akten der Kreisverwaltungen oder der Gemeinden. Dabei gilt wie beim UIG ein modernes Verständnis von »Akten«, das amtliche Computerdateien einschließt. Wer als Bürger wissen will, wie das Ergebnis der jüngsten Verkehrszählung ist, was die Lebensmittelkontrollstellen herausgefunden haben, wie die internen Verwaltungsvorschriften der Wirtschaftsförderung aussehen oder was die Bauplanung in der Nachbarschaft vorsieht, könnte unter Berufung auf diese Gesetze Auskunft verlangen.[25] Eltern oder Elterninitiativen können sich die Bestimmungen des IFG zu Nutze machen, um zum Beispiel die Detailplanungen und Kostenkalkulationen für Einrichtungen wie Kindertagesstätten oder Schulbauten zu studieren. Autofahrer und Anwohner interessieren sich vielleicht – wenn auch aus unterschiedlichen Motiven – für die Planung verkehrsberuhigter Zonen oder die Einführung von Geschwindigkeitsbegrenzungen.

Nicht zufällig war Brandenburg der Vorreiter bei der Einführung eines Landes-IFG. In seiner Landesverfassung von 1992 garantiert es als bisher einziges Bundesland als Teil des Rechts auf politische Mitgestaltung ein Menschenrecht auf Einsicht in Akten und sonstige amtliche Unterlagen der öffentlichen Verwaltung, soweit dem keine anderen Interessen wie der Datenschutz entgegenstehen.[26] In diesem Punkt wird deutlich die Handschrift der Bürgerbewegung sichtbar, die einen klaren Bruch mit der Geheimhaltungs- und Überwachungspolitik der DDR anstrebte und nach der Wende für eine dauerhafte Transparenz der staatlichen und kommunalen Stellen eintrat. Mit der Verabschiedung des IFG wurde 1998 schließlich die Verpflichtung in der Landesverfassung eingelöst und damit auch ein Anstoß für die Debatte in anderen Bundesländern gegeben. Berlin folgte 1999, Schleswig-Holstein 2000 und Nordrhein-Westfalen Ende 2001.

Die vier Landesgesetze unterscheiden sich in einer Reihe von Details, die hier nicht alle ausgeführt werden können. Gemeinsam ist ihnen, dass sie wie das UIG die Geheimhaltung amtlicher Akten und Datensammlungen von der Regel zur begründungsbedürftigen Ausnahme machen. Die Antragsteller brauchen ihre Anliegen nicht zu begründen und folglich keine eigene Betroffenheit bei ihrem Informationswunsch nachzuweisen. Die Ausnahmen von der Transparenzverpflichtung, die die Gesetze vorsehen, sind ähnlich wie beim UIG und beziehen sich auf Belange der Landesverteidigung, der Strafverfolgung, den Schutz von Geschäftsgeheimnissen und die Vertraulichkeit von nicht abgeschlossenen behördlichen Entscheidungsprozessen. Mit dem letzten Punkt werden zum Beispiel alle Vorlagen und Notizen unter Verschluss gehalten, die öffentliche Stellen vor einer Entscheidung untereinander austauschen. Soweit personenbezogene Daten berührt sind, ist vorgesehen, dass die betroffenen Privatpersonen gefragt werden, ob sie mit der Weitergabe ihrer Daten einverstanden sind. Wenn also zum Beispiel ein Journalist über Behandlungsfehler in einem Landeskrankenhaus recherchiert und einen behördeneigenen Untersuchungsbericht anfordert, kann es durchaus sein, dass dort genannte Patienten, die nach ihrem Einverständnis gefragt werden, aus eigenem Interesse der Weitergabe ihrer Daten zustimmen. Die eigentlichen Patientenakten bleiben aber vertraulich. Der Datenschutz muss folglich nicht automatisch zur Verweigerung der Auskunft oder zum Schwärzen der sensiblen Stellen führen.

Ein Fortschritt bei den IFG der Länder ist, dass die jeweiligen Datenschutzbeauftragten als Vermittler fungieren, falls es zu Streitigkeiten zwischen Antragsteller und Behörde kommt. Das kann selbst bei relativ einfachen Alltagsanliegen hilfreich sein. Der Landesbeauftragte in Brandenburg verweist etwa darauf, dass er von einer Mutter konsultiert wurde, die ihr Kind in einer neu gebauten Schule einschulen lassen wollte und bei der Gemeinde um Einsicht in die Akten des Brandschutzbeauftragten gebeten hatte, weil sie Hinweise auf Sicherheitsmängel besaß. Nachdem die Gemeinde ihr die Protokolle von der Brandschutzbegehung der Schule zunächst nicht zugänglich machen wollte, führte die Intervention des Datenschutzbeauftragten schließlich dazu, dass die besorgte Mutter zu ihrem Recht kam, ohne selbst in einen langatmigen Streit mit der Behörde eintreten zu müssen.[27]

Während in Brandenburg keine Frist für die Beantwortung von Bürgeranfragen vorgegeben wird und man damit als Fragesteller die Behörde frühestens nach drei Monaten wegen Untätigkeit verklagen kann, schreiben die Gesetze in Schleswig-Holstein und Nordrhein-Westfalen einen Monat vor. In Berlin heißt es sogar: »Über einen Antrag auf Akteneinsicht oder Aktenauskunft ist unverzüglich zu entscheiden.«[28]

Wie beim UIG können auch nach den IFG der vier Länder Gebühren für Auskünfte erhoben und Sachkosten für Kopien berechnet werden. Während einfache schriftliche Auskünfte zum Beispiel in Schleswig-Holstein mit fünf bis 51 Euro zu Buche schlagen, können außergewöhnlich aufwendige Maßnahmen zur Zusammenstellung der begehrten Informationen in dem Bundesland mit bis zu 2 045 Euro in Rechnung gestellt werden. In Brandenburg liegt die Höchstgrenze hier bei 2 000 DM bzw. 1 022,58 Euro. Ob die Gebührenfrage sich wie beim UIG zu einem zentralen Streitpunkt entwickeln wird, ist momentan noch nicht absehbar, da die Erfahrungen mit den Landesgesetzen zu kurz sind und eine systematische Auswertung fehlt. Ein politischer Vorteil könnte jedoch sein, dass die IFG der Länder nach breiterer Debatte eingeführt worden sind und mit dem Rückhalt der politischen Führung verabschiedet wurden. Beim UIG musste die Bundesregierung dagegen widerstrebend eine von ihr damals nicht gewollte Richtlinie der EU umsetzen. Die Bereitschaft, den nachgeordneten Verwaltungsstellen eine bürgerfreundliche Auslegung des neuen Gesetzes nahe zu legen, dürfte beim UIG demnach geringer gewesen sein, als es bei den neuen Transparenzverpflichtungen der vier Bundesländer der Fall ist.

Als entscheidender Mangel hat sich leider die geringe Bekanntheit der Akteneinsichtsrechte erwiesen. In Berlin hat die Alternative Liste, die seit Jahren ein solches Gesetz gefordert hatte, sogar Zeitungsanzeigen geschaltet, um die Bürger auf ihre neuen Rechte aufmerksam zu machen.[29] Wie eine vom Senatsamt für Inneres erstellte Statistik zeigt, wurden zwischen Oktober 1999 und November 2000 in Berlin lediglich 164 Anträge gestellt, darunter elf von Pressevertretern. Bei einem Viertel der Anträge wurde die Akteneinsicht abgelehnt, zumeist wegen des Schutzes personenbezogener Daten und der Ausnahmeregelung, nach der der behördliche Entscheidungsprozess nicht offenbart werden muss, wenn es etwa um Vorentwürfe zu einem noch laufenden Verfahren geht.[30] Die von Gegnern beschworene Lahmlegung der Ämter durch zahlreiche Bürgeranfragen hat bisher in keinem der vier Bundesländer stattgefunden. Eher drängt sich der Eindruck auf, dass eine bürgerfreundliche Reform den meisten Menschen bisher unbekannt geblieben ist, weil sie kaum aktiv über ihre Rechte aufgeklärt werden.

Immerhin sind die Behörden in Berlin und Nordrhein-Westfalen nun auch verpflichtet, öffentlich zugängliche Aktenpläne und Register zu führen, so dass für Außenstehende besser erkennbar wird, welche Stellen sich womit befassen und wozu Informationen sammeln. Dieser Punkt macht deutlich, dass von den Transparenz-Bestimmungen ein wichtiger Modernisierungsschub ausgeht – denn eigentlich sollte man meinen, dass derartige Übersichten längst existieren. Vor dem nächsten Schritt, nämlich diese Pläne auch ins Internet zu stellen, schrecken deutsche Behörden momentan jedoch noch zurück. Lediglich Nordrhein-Westfalen hat zu den Aktenplänen vorsichtig formuliert: »Soweit möglich hat die Veröffentlichung in elektronischer Form zu erfolgen.«[31]

Übrigens zeigt die Nutzungsstatistik aus Berlin, dass die Mehrheit der Fragesteller keineswegs – wie immer wieder befürchtet – aus so genannten »Querulanten« besteht, die die Verwaltung mit einer Vielzahl von Fragen überhäufen. Stattdessen sind die meisten Privatpersonen, die ein naheliegendes persönliches Informationsinteresse haben, das schon aus ihrem Antrag abzulesen ist. Vorwiegend geht es um Grundstücksangelegenheiten und Bauvorhaben.

4. Kommt das Recht auf Akteneinsicht auch bundesweit?

Was es in vier Bundesländern schon gibt, soll bald auch auf Bundesebene möglich sein: Im Koalitionsvertrag zwischen SPD und Bündnis 90/Die Grünen wurde 1998 und 2002 festgeschrieben, dass die Regierungskoalition ein IFG einführen will, mit dem auch die Aktenschränke der Bundesbehörden für die Bürger geöffnet werden. Damit würde ein Projekt umgesetzt, das die Grünen schon seit langem verfolgen, für das sie in früheren Legislaturperioden als Oppositionspartei aber keine Mehrheit fanden. Im Sommer 2001 hat schließlich das Innenministerium, das bei diesem Gesetz die Federführung hat, inen IFG-Entwurf im Internet zur Diskussion gestellt.[32] Die dort präsentierte Fassung fiel allerdings hinter die schon bestehenden Landesgesetze zurück: Der Informationsanspruch nach dem bisher diskutierten Plan des Innenministeriums ist aufgrund zahlreicher Ausnahmeregelungen und einiger vager Formulierungen geringer als die Verfechter der Transparenz eigentlich gehofft hatten. Eine Schwäche dürfte ferner sein, dass nach den aktuellen Planungen keine Frist für die Beantwortung der Anfragen vorgesehen ist, so dass wiederum nur die Klagemöglichkeit wegen Untätigkeit nach Ablauf von drei Monaten bleibt, falls eine Behörde nicht reagiert. Organisationen wie der »Deutsche Journalistenverband« und das »Netzwerk Recherche« haben deshalb deutliche Kritik an der Vorlage geübt.[33] Auch im Diskussionsforum im Internet wurden etliche kritische Stimmen laut – zum Beispiel hinsichtlich der geplanten Gebühren von bis zu 500 Euro.[34] Der im Sommer 2002 diskutierte neue Gesetzesplan griff allerdings diese Kritik nicht auf, sondern verwässerte das Vorhaben noch mehr, indem zum Beispiel das Verteidigungsministerium selbst in seinen zivilen Bereichen komplett vom IFG ausgenommen werden sollte und das Finanzministerium anmahnte, Gebühren müssten sogar über die vorgesehene Höhe hinaus kostendeckend erhoben werden. Offenbar hatten die Befürworter des IFG den Widerstand in der Ministerialbürokratie unterschätzt.[35] Als auch das Wirtschaftsministerium grundlegende Bedenken gegen Akteneinsichtsrechte in seinem Zuständigkeitsbereich anmeldete, blieb schließlich den Grünen als Hauptbefürwortern der Reform nichts anderes mehr übrig, als das Vorhaben vorläufig für gescheitert zu erklären.[36] In ihrer zweiten Legislaturperiode wollen SPD und Bündnis 90/Die Grünen einen neuen Anlauf unternehmen.

Dabei gibt es durchaus schon einige Interessenten, die sich gerne auf ein bundesweites IFG berufen würden: Der Geheimdienstexperte Schmidt-Eenboom sieht so eine Chance, endlich Akten aus der Anfangsphase des Bundesnachrichtendienstes einsehen zu können. »Transparency International«, eine Gruppe, die sich weltweit für Korruptionsbekämpfung einsetzt, verweist auf den Kontrollaspekt: Gerade bei Großaufträgen für Bundesbauten sei es wichtig, wenn neben dem Bundesrechnungshof auch noch andere Stellen prüfen könnten, ob wirklich die besten Angebote bei der Auftragsvergabe zum Zuge gekommen sind.[37] Unter diesem Gesichtspunkt überrascht es umso mehr, dass

Bundeskanzler Schröder laut »Spiegel« in der abschließenden Verhandlungsrunde um das IFG erklärt haben soll, er wolle wegen dieses Gesetzes keinen Streit mit den Wirtschaftsverbänden riskieren, die sich ablehnend geäußert hätten.[38] In den USA zeigt sich nämlich, dass vor allem die Wirtschaft von den Akteneinsichtsrechten profitiert, kann sie doch mit deren Hilfe überprüfen, wie sie am besten an lukrative Aufträge der öffentlichen Hand kommt.

5. Wissen, was in der Wurst ist: Verbraucherinformationsgesetz (VIG) geplant

Eigentlich sollte es selbstverständlich sein, dass Verbraucher erfahren können, was genau sie essen – ob sie mit Antibiotika im Fleisch rechnen müssen, welches Gemüse eventuell pestizidbelastet ist oder, positiv gewendet, welche Produkte wirklich frei von Gentechnik sind. Doch noch gibt es in Deutschland ein Dilemma, das die Landwirtschaftsministerin von Nordrhein-Westfalen, Bärbel Höhn, so auf den Punkt bringt: »Wir dürfen zwar sagen, was wir bei der Kontrolle von Abwässern des Chemiekonzerns Bayer gefunden haben, aber nicht, was wir in der Wurst entdeckt haben.«[39] Den Lebensmittelüberwachungsämtern, die regelmäßig Stichproben machen, ist es nämlich bisher untersagt, ihre Untersuchungsergebnisse mitsamt der Firmen- und Produktnamen zu veröffentlichen. Im Klartext: Was die Ämter genau beanstanden, erfährt der Verbraucher gar nicht. Nur wenn unmittelbar gesundheitsgefährdende Produkte in den Handel gelangen, werden öffentliche Warnungen herausgegeben. Dies war der Fall, als giftiges Olivenöl aus Spanien auftauchte oder im Sommer 2001, als mit Antibiotika-Rückständen verseuchte Shrimps aus China eingeführt wurden. Andere Verstöße bleiben im Dunkeln, obwohl 1999 allein in Nordrhein-Westfalen von den 4 400 gezogenen Proben von tierischen Lebensmittel knapp jede vierte nicht in Ordnung war.[40] Selbst während der BSE-Krise blieb im Verborgenen, welche Hersteller durch Tiermehl verunreinigtes Fleisch verkauft hatten. Ferner stellte das Hamburger Hygiene-Institut fest, dass von 116 angeblich »rindfleischfreien« Wurstwaren ganze 29 falsch etikettiert waren und doch Bestandteile vom Rind enthielten. Produktnamen durften die Kontrolleure wiederum nicht nennen.[41]

Der Grund für die Zurückhaltung liegt einfach darin, dass den Ämtern in Deutschland bisher die gesetzliche Grundlage für eine Veröffentlichung ihrer Ergebnisse fehlt. Nach einer Warnung vor angeblich verunreinigten Nudeln, die sich im Nachhinein als ungerechtfertigt herausgestellt hatte, musste das Land Baden-Württemberg 1991 rund 13 Millionen DM Schadensersatz an die Firma Birkel zahlen. Seit diesem Streitfall schrecken die Lebensmittelkontrolleure vor weiteren Veröffentlichungen zurück, da sie fürchten, bei Umsatzeinbußen der Hersteller erneut verklagt zu werden. Private Einrichtungen wie die Stiftung Warentest, Ökotest, Verbraucherzentralen oder Umweltgruppen

Die Behörden-Mauer wird durchbrochen: Symbolisch protestierte Greenpeace im August 2001 vor dem Verbraucher-Ministerium in Berlin für ein Verbraucher-Informationsgesetz und legte einen eigenen Gesetzentwurf vor.[42]

geben den Verbrauchern deshalb heute oft wichtigere und umfangreichere Informationen für den gesunden Einkauf als die Behörden des Bundes und der Länder. Erst eine eindeutige rechtliche Grundlage mit einem Verbraucher-Informationsgesetz kann Abhilfe schaffen.

Im November 2001 hatte Verbraucherministerin Künast Eckpunkte für einen Gesetzentwurf vorgestellt, nach dem es möglich sein sollte, nicht nur die Kontrollergebnisse aus der Lebensmittelüberwachung zu erfahren, sondern Informationen über eine Vielzahl von Produkten zu bekommen.[43] Eltern könnten bei den Behörden zum Beispiel erfragen, bei welchen Babyschnullern schon einmal verbotene Weichmacher gefunden wurden. Für Allergiker wäre es wichtig zu wissen, welche Gifte in Kosmetika oder im Schuhleder lauern, um einmal auffällig gewordene Produkte in Zukunft gezielt zu vermeiden. Auch die Firmen selber sollten nach der ersten Vorlage verpflichtet werden, bestimmte für die Verbraucher wichtige Angaben herauszugeben, etwa ob bei der Herstellung einer Ware internationale Arbeitsschutzstandards eingehalten wurden oder ob gar Kinderarbeit mit im Spiel war. Auf Intervention des Wirtschaftsministeriums, das sich den Protesten aus der Industrie beugte, wurde dieser Teil der Auskunftsverpflichtung allerdings aus dem im Frühjahr 2002 präsentierten Gesetzentwurf wieder herausgenommen.[44]

Wie das bundesweite IFG ist auch das VIG bisher Zukunftsmusik. Der Gesetzentwurf wurde zwar im Bundestag verabschiedet, geriet dann jedoch in die Mühlen des Wahlkampfes und scheiterte am Widerstand der Opposition im Bundesrat. Die Union kritisierte, viele Informationen – etwa über exakte Produktzusammensetzungen oder Allergene – seien bei den Behörden gar nicht vorhanden. Das Gesetz würde daher nur Kosten verursachen, die Verbraucher verunsichern und zu Schadenersatzklagen der Wirtschaft führen.[45] Wie wirksamer Verbraucherschutz aussieht, lässt sich in der Zwischenzeit im Nachbarland Dänemark studieren: Dort werden die Ergebnisse der amtlichen Lebensmitteluntersuchung nicht nur auf Anfrage herausgegeben, sondern sind aktuell im Internet nachzulesen.[46]

6. Akteneinsicht in eigener Sache: Verwaltungsverfahrensgesetz, Datenschutzgesetze und Stasi-Unterlagen-Gesetz

Während die bisher beschriebenen Informationsrechte für jeden gelten, unabhängig von persönlicher Betroffenheit, regelt das Verwaltungsverfahrensgesetz bereits seit 1977 die Akteneinsicht in all den Fällen, in denen Bürger durch ein Verwaltungsfahren – wie zum Beispiel bei einem Antrag auf Baugenehmigung – direkt in ihren Rechten berührt sind. Wird ihr Bauantrag abgelehnt, können sie selbst prüfen, wie die Behörde zu dieser Entscheidung gekommen ist. Damit soll erreicht werden, dass der Wissensvorsprung der Behörde ausgeglichen wird und der Antragsteller eine Chance erhält, seine Rechte effektiver wahrzunehmen. Wer gegen eine Verwaltungsentscheidung Widerspruch einlegen will, ist natürlich erfolgreicher, wenn er die Entscheidungsgründe der Behörde kennt und unter Umständen sogar auf falsche Annahmen des Amtes verweisen kann, die er in den Akten gefunden hat. Andere Beispiele für typische Verwaltungsverfahren, bei denen die Akteneinsicht helfen kann, sind Verfahren zur Anerkennung als Kriegsdienstverweigerer oder auch Asylverfahren.

Datenschutzgesetze wurden in den Jahren von 1978 bis 1990 in allen Bundesländern und auf der Ebene der Bundesregierung eingeführt. Der Grundgedanke war dabei, dass jeder die Möglichkeit erhalten sollte, seine persönlichen bei staatlichen Stellen gespeicherten Daten kostenlos einzusehen und unter Umständen korrigiert zu bekommen, sollten sich dort Fehler eingeschlichen haben. Das vom Bundesverfassungsgericht im Volkszählungsurteil von 1983 formulierte Recht auf die so genannte informationelle Selbstbestimmung schließt auch ein, dass Bürger die Löschung von Daten beantragen können, für deren Speicherung keine Grundlage besteht. Dies kann etwa der Fall sein, wenn sich bei einer Akteneinsicht herausstellt, dass die Behörde eine Datei mit den Namen aller Fragesteller nach UIG oder IFG angelegt hat, um so eventuelle »Querulanten« zu erfassen. Die Datenschutzgesetze garantieren ferner das Recht zu erfahren, an wen die Daten weitergeleitet wurden, welche andere Behörde also eine Kopie der Daten vorliegen hat. Daten, die unter das Einsichtsrecht fallen, werden bei fast jeder Behörde erhoben, so im Einwohnermeldeamt, Sozialamt, bei der Polizei oder bei den Industrie- und Handelskammern. Einen Sonderfall stellen die Akten der Geheimdienste dar. Hier ergeben sich die Auskunftsrechte aus den Verfassungsschutzgesetzen der Länder, die eine Reihe von Einschränkungen vorsehen, falls Quellen und Arbeitsweise des Verfassungsschutzes offenbart werden könnten. Im Konfliktfall und für rechtliche Beratung lohnt sich – wie generell bei den Auskunftsbegehren – die Einschaltung des Datenschutzbeauftragten. So weiß der Beauftragte von Schleswig-Holstein zu berichten, dass er und seine Kollegen mitunter recht kuriose Feststellungen in den Verfassungsschutzakten beanstanden müssen – wie die bei einer Schülerin, über die es in den Akten hieß, sie störe den Unterricht und liebe irische Folklore.[47]

Geheimdienstberichte anderer Art sind seit 1991 nach dem Stasi-Unterlagengesetz zugänglich: Ganze 180 Kilometer Länge erreichen die Akten mit den Spitzelberichten der DDR-Staatssicherheit. Wie wichtig die Möglichkeit ist, die eigene Akte zu lesen, zeigt sich an der ungebremsten Flut von Anträgen, die bei der Bundesbeauftragten für die Stasi-Unterlagen, Marianne Birthler, bis heute eingehen: Noch immer beantragen jeden Monat etwa 10 000 Bürger Einsicht. 1,9 Millionen Menschen haben bisher von ihrem kostenlosen Einsichtsrecht in eigener Sache Gebrauch gemacht und konnten so nachvollziehen, wie die Stasi versucht hat, auf ihr persönliches Leben Einfluss zu nehmen.[48] Naturgemäß stammen die meisten Antragsteller aus Ostdeutschland, aber auch für Bürger aus dem Westen kann es lohnend sein, einmal nachzuforschen, ob sie zu irgendeinem Zeitpunkt ins Fadenkreuz der Stasi geraten und damit aktenkundig geworden sind – zum Beispiel aufgrund ihrer Kontakte zu Freunden oder Verwandten in der DDR. Wer einen Antrag an die Bundesbehörde schickt, bekommt nach rund acht Wochen Nachricht, ob unter seinem

Namen Material vorliegt. Handelt es sich nur um wenige Seiten, wird dies zumeist zugeschickt. Ansonsten muss ein Besuchstermin vereinbart werden.[49] Zu Forschungszwecken und von Journalisten dürfen Akten eingesehen werden, sofern sie keine persönlichen Daten von Stasi-Opfern enthalten bzw. anonymisiert wurden und wenn es sich um Personen der Zeitgeschichte handelt, also beispielsweise um bekannte Politiker.

Die erfolgreiche Klage von Altkanzler Kohl, der nicht wollte, dass seine Stasi-Akte bei den Untersuchungen zur CDU-Parteispendenaffäre herangezogen und von Journalisten im Vorfeld zitiert wird, hat in jüngster Zeit allerdings zu einem erbitterten Streit darüber geführt, ob betroffene Politiker vor einer Akteneinsicht ihr Einverständnis geben müssen.[50] Nachdem aufgrund der Gerichtsentscheidung im Fall Kohl die Stasi-Akten von Prominenten gesperrt worden waren und auch in anderen Fällen eine erhebliche Einschränkung der bisherigen Nutzungspraxis drohte, wurde im Juli 2002 eigens das Stasi-Unterlagengesetz geändert. Soll nun eine Akte über Prominente herausgegeben werden, sind die Betroffenen zunächst zu konsultieren. Die Gesetzesnovelle stellt klar, dass die Letztentscheidung über die Herausgabe aber bei der Behörde liegt, die eventuelle Bedenken der Betroffenen in ihre Interessenabwägung einzubeziehen hat. Außerdem dürfen Informationen aus Stasi-Unterlagen, die erkennbar auf einer Menschenrechtsverletzung beruhen, nicht herausgegeben werden. Dies gilt zum Beispiel für alle Spitzelberichte, die auf einen Lauschangriff zurückgehen. Kohl hat bereits angekündigt, auch weiterhin gegen die Herausgabe seiner Akte zu klagen. Eine Chronik der Kontroverse und der aktuelle Stand bei der Neuregelung des Aktenzugangs sind auf der Homepage der Stasi-Unterlagen-Behörde nachzulesen.[51]

7. Ausblick: Europa öffnet die Aktenschränke und Nachzügler Deutschland muss aufholen

Während sich in Deutschland mit seiner obrigkeitsstaatlichen Tradition erst allmählich eine größere Offenheit behördlicher Stellen durchsetzt, sind die meisten anderen demokratischen Staaten schon viel weiter und verfügen bereits über reichhaltige Erfahrungen mit der Akteneinsicht.[52] Die skandinavischen Länder und Kanada sowie die USA gelten hier als Vorreiter, aber auch fast alle EU-Mitglieder haben ein Informationsfreiheitsgesetz. Welche politische Wirkung ein gutes Informationszugangsrecht haben kann, ist insbesondere in den USA zu studieren.[53]

Von der langen US-Praxis könnte Deutschland einiges lernen. Dies betrifft etwa die guten Erfahrungen mit der Verpflichtung der Behörden, häufig angeforderte Unterlagen über das Internet zugänglich zu machen, was in so genannten »FOIA Electronic Reading Rooms« servicefreundlich und kostengünstig geschieht. Eine solche Bestimmung fehlt bisher bei den deutschen Regelungen zur Informationsfreiheit. Auch die Gebührenfrage ist in den USA so gelöst, dass gar nicht erst die Versuchung entsteht, entstandene Auslagen möglichst vollständig an die Bürger weiterzugeben. Der Aufwand für einen transparenten Staat wird vielmehr als normaler Kostenfaktor in einer Demokratie angesehen, als öffentliche Leistung, auf die jeder ein natürliches Anrecht hat.

Die gescheiterten Versuche, ein bundesweites IFG und ein Verbraucher-Informationsgesetz einzuführen, zeigen erneut, wie schwer es offenbar bei uns ist, die Tradition der »geheimen Verwaltung« zu überwinden. Die Politik wäre daher gut beraten, Instititutionen der Zivilgesellschaft wie Verbraucherorganisationen oder Umweltverbände frühzeitig in ihre Planungen einzubinden, damit von außen ein Druck für Reformen entstehen kann. Auf diese Weise würde das Risiko geschmälert, dass Projekte wie das IFG oder das VIG an der Ministerialbürokratie scheitern oder aus wahlkampftaktischen Gründen abgeschmettert werden.

Damit sich in Deutschland eine echte Transparenzkultur entwickeln kann, ist außer mutigen Schritten der Politik auch ein offensiverer Umgang mit den schon bestehenden Möglichkeiten nötig: Erst wenn die Akteneinsichtsrechte etwa nach dem UIG in der breiten Öffentlichkeit bekannter sind, indem aktiv auf sie hingewiesen wird, kann sich bei Antragstellern wie Behörden durch Erfahrung ein selbstverständlicher Umgang damit einstellen. Noch fehlt es vielfach an einer Schulung der Verwaltungsmitarbeiterinnen und -mitarbeiter, wie die häufigen Probleme beim UIG zeigen. Der Abschied von der alten Tradition der »Amtsverschwiegenheit« kann daher nicht allein auf dem Verordnungsweg eingeläutet werden. Vielmehr handelt es sich um einen Prozess, bei dem die Verwaltung allmählich zu einem moderneren Selbstverständnis findet – und im Idealfall dabei entdeckt, dass auch sie von der Offenheit profitiert.

Anmerkungen

1 Links zu den Texten der Datenschutz- und Informationsfreiheitsgesetze in Deutschland sind zu finden unter: http://www.datenschutz.de/(de)/recht/gesetze/
2 Vgl. die Fallsammlung des Öko-Instituts, zusammengestellt von Peter Küppers und Carsten Behrendt, Darmstadt 1995.
3 Richtlinie des Rates vom 7. Juni 1990 über den freien Zugang zu Informationen über die Umwelt (90/313/EWG), Artikel 1; vgl. http://europa.eu.int/eur-lex/de/lif/dat/1990/de_390L0313.html
4 Die höchst unterschiedliche Umsetzung der EU-Richtlinie, je nach der Rechtstradition des jeweiligen Landes, wurde untersucht von Sonja Bugdahn, Developing Capacity Against Tradition: The Implementation of the EU Environmental Information Directive in Germany, Great Britain and Ireland, Dissertation am Europäischen Hochschulinstitut in Florenz, Juli 2001.
5 Umweltinformationsgesetz, § 3, Ziffer 2, Satz 1; vgl. http://jurcom5.juris.de/bundesrecht/uig/index.html; am 3. August 2001 ist die hier als Link angegebene Neufas-

sung des UIG in Kraft getreten, die gegenüber dem Gesetz von 1994 einige Verbesserungen bringt.
6 Vgl. die Fallbeispiele in der Broschüre »Das Recht auf freien Zugang zu Umweltinformationen. Ein praktischer Leitfaden«, hrsg. von Öko-Institut Darmstadt und Stichting Natuur en Milieu, Utrecht 1994.
7 Vgl. Peter Küppers, Urteil des Bundesverwaltungsgerichts. Informationen über vom Staat finanziell geförderte umweltverbessernde Produktionsverfahren unterliegen dem Anspruch nach dem Umweltinformationsgesetz, in: Koordinationsstelle Genehmigungsverfahren (KGV), Rundbrief 1+2/1999, hrsg. vom Öko-Institut, S. 20 – 23.
8 Vgl. Hannelore Schauer, Giftmüllverbrennung, in: KGV-Rundbrief Nr. 1+2/1999, S. 6 – 9.
9 UIG, § 3, Ziffer 2.
10 Stefan Becker, Das Schweigen der Ämter, in: Öko-Test, Nr. 8/1995, S. 31 – 39.
11 Vgl. als aktuelle Übersicht zur UIG-Rechtsprechung: Bernhard W. Wegener, Freischwimmen für die Informationsfreiheit. Rechtsprechung zum Umweltinformationsgesetz, in: Zeitschrift für Umweltrecht, Nr. 2/2001, S. 93 – 100.
12 Foto: Greenpeace.
13 Erstattung von Kosten der Kommunen in Anwendung des Umweltinformationsgesetzes, Runderlass des Ministeriums für Umwelt, Raumordnung und Landwirtschaft vom 29. 7. 1998.
14 Vgl. die Kritik bei Thomas Schomerus/Christian Schrader/Bernhard W. Wegener, Umweltinformationsgesetz. Kommentar, Baden-Baden 1995, S. 133 ff.
15 UIG, § 4, Ziffer 1.
16 Vgl. http://jurcom5.juris.de/bundesrecht/uig/index.html und die Erläuterungen auf S. 7 unter http://www.bmu.de/download/dateien/artikelgesetz.pdf
17 Vgl. Anm. 6, S. 10.
18 Beschluss des Verwaltungsgerichts Osnabrück in der Verwaltungsrechtssache Greenpeace e.V. gegen den Landkreis Grafschaft Bentheim vom 5. Dezember 2001.
19 Bernhard W. Wegener, Umweltinformationsgesetz – Deutsche Geheimniskrämerei in europäischer Perspektive, in: Europarecht, Heft 2/2000, S. 227 – 236.
20 Vgl. http://www.unece.org/env/pp/documents/cep43e.pdf
21 Vgl. dazu Betty Gebers, Revision der Europäischen Richtlinie über den freien Umgang zu Umweltinformationen. Bewertung der Vorschläge der Europäischen Kommission, in: Rundbrief 1/2000 der Koordinationsstelle Genehmigungsverfahren, hrsg. vom Öko-Institut, S. 21 – 25.
22 Vgl. Alexander Dix, Akteneinsicht und Informationszugang in Brandenburg – Erfahrungen der ersten drei Jahre. Vortrag beim 2. MEDIA@Komm-Kongress, Esslingen 2001.
23 Vgl. http://www.pwcgov.org/finance/purchasing/contracts/7.txt
24 Links zu den Gesetzestexten unter: http://www.datenschutz.de/(de)/recht/gesetze/
25 Vgl. die Bürgerinformation des Unabhängigen Landeszentrums für Datenschutz Schleswig-Holstein: Das Informationsfreiheitsgesetz Schleswig-Holstein.
26 Artikel 21 der Landesverfassung, vgl. http://www.brandenburg.de/land/mi/recht/lverf/
27 Vgl. Anm. 21, S. 7.
28 § 14, Ziffer 1 des Berliner IFG.
29 Vgl. Peter Schubert, Glasnost in der Amtsstube, in: Message, Nr. 3/2001, S. 26 – 31.
30 Senatsverwaltung für Inneres: Auswertung der landesweiten Umfrage zum Gesetz zur Förderung der Informationsfreiheit im Land Berlin, Berlin 2001.
31 IFG NRW, § 12.

32 Vgl. http://www.bmi.bund.de/top/dokumente/Artikel/ix_28349.htm
33 Vgl. Benno H. Pöppelmann, Transparenz im Amt, in: Journalist, Nr. 7/2001, S. 40 – 42 und http://www.netzwerkrecherche.de/
34 Vgl. http://www.staat-modern.de/bmiphorum/list.php?f=8
35 Vgl. Matthias Krupa, Aufstand der Amtsschimmel. Wie Beamte der Bundesregierung ein Gesetz zur Korruptionsbekämpfung verhindern, in: Die Zeit vom 4. 4. 2002.
36 Vgl. Christiane Schulzki-Haddouti, Bundestag verzichtet auf Informationsfreiheit, in: Telepolis vom 8. 6. 2002, http://www.heise.de/tp/deutsch/html/result.xhtml?url=/tp/deutsch/special/frei/12689/1.html&words=Informationsfreiheitsgesetz
37 Vgl. Haiko Lietz, Amtsverschwiegenheit – adieu? Hintergrund Politik, Manuskript der Deutschlandfunk-Sendung vom 20. 9. 2001; http://www.dradio.de/cgi-bin/es/neu-hintergrund/532.html
38 Vgl. Neuer Konfliktkurs, in: Der Spiegel vom 10. Juni 2002, S. 17.
39 So Bärbel Höhn in der »Tagesschau« am 2. 9. 2001; vgl. http://www.tagesschau.de/archiv/2001/02/09/aktuell/meldungen/bse-hoehn
40 Vgl. Cordula Meyer/Barbara Schmid, Archaisches System, in: Der Spiegel vom 2. Juni 2001, S. 50.
41 Vgl. Der unglaubliche Betrug mit der Wurst, in: Hamburger Abendblatt vom 11. Januar 2001.
42 Foto: J-P. Boening, Greenpeace.
43 Vgl. Corinna Emundts, Damit drin ist, was drauf steht, in: Süddeutsche Zeitung vom 22. November 2001; http://www.verbraucherministerium.de/pressedienst/pd2001-48.htm#01
44 Text des Gesetzentwurfes: http://www.verbraucherministerium.de/verbraucher/verbraucherinfos.htm
45 Vgl. Jörg Michel, Der Maulkorb für Beamte wird nicht gelockert, in: Berliner Zeitung vom 31. Mai 2002.
46 Vgl. http://www.vfd.dk/kontrolinfo/kontrolinformation/
47 Vgl. Helmut Bäumler, 20 Jahre Datenschutz – ein Rückblick. Rede anläßlich des Festaktes »20 Jahre Datenschutz in Schleswig-Holstein« am 14. Dezember 1998 im Landeshaus in Kiel.
48 Mechthild Küpper, Noch lange nicht erledigt. Vor zehn Jahren entstand die Gauck-Behörde, in: Frankfurter Allgemeine Zeitung vom 28. 11. 2001.
49 Irena Kukutz/Tina Krone/Henry Leide, Wenn wir unsere Akten lesen. Handbuch zum Umgang mit den Stasi-Unterlagen, Berlin 1996, S. 12.
50 Vgl. Wem gehören die Stasi-Akten? Auszüge aus einer Diskussionsveranstaltung der Frankfurter Rundschau, FR vom 26. März 2001; Stasi-Akten: Daumenschrauben vom Altkanzler, in: Der Spiegel vom 17. Juni 2002, S. 17.
51 Vgl. http://www.bstu.de/rechtl_grundl/aktenstreit/
52 Vgl. die Übersicht bei http://www.privacyinternational.org/issues/foia/foia-survey.html; http://home.online.no/~wkeim/informationsfreiheitsgesetze.htm
53 Vgl. den Beitrag von Christiane Schulzki-Haddouti/Manfred Redelfs in diesem Band.

DETLEF KRÖGER

Geistiges Eigentum im Netz

Zwischen Industrierecht und Kulturgut

1. Internet – ein rechtsfreier Raum?

Noch vor kurzem behauptete »unser« Vertreter bei der Icann, Andy Müller-Maguhn, in der Frankfurter Allgemeinen Zeitung,[1] Internet und Recht, das sei lediglich eine Erfindung von »Krawattis« und »Juristen«. In der Tat war man noch in den ersten Jahren des Internets der Auffassung, dass sich die Internetgemeinde eine eigene Rechtsordnung schaffen könnte. Hier und da tauchten sodann auch eigene Regelwerke auf, so genannte Netiketten. Doch davon gibt es derzeit schon so viele, dass man den Überblick darüber schnell verliert – und damit leider auch die Hoffnung auf eine Selbstgesetzgebung in einem ansonsten rechtsfreien Raum. Die – juristische – Realität hat das Internet längst eingeholt. Derzeit an die 600 Urteile[2] deutscher Gerichte sind Beleg dafür, dass die Materie Internet längst zum Gegenstand des juristischen Alltagsgeschäfts geworden ist. Besonders intensiv ist dabei der Streit um Domainnamen. Viele haben sich in der Hoffnung auf einen schnellen zusätzlichen Euro eine Domain bei der Denic gesichert, die allerdings einer Firma als Marke zusteht. Von einigen Verfahrenstricks abgesehen, setzt sich nach eingefahrener Rechtsprechung der Markenrechtsinhaber durch.

Aber auch der bundesdeutsche Gesetzgeber ist außerordentlich rege tätig gewesen. Mit dem Informations- und Kommunikationsdienstegesetz (IuKDG)[3] wollte Deutschland weltweit die Führung bei der Internetgesetzgebung übernehmen. Dies ist leider zum Teil völlig misslungen, wie das Beispiel des Signaturgesetzes[4] zeigt. Danach sollen zum Beispiel E-Mails mittels eines kryptografischen Verfahrens so gesichert werden können, dass man den Absender der Erklärung erkennen und ihm zweifelsfrei den Inhalt der E-Mail zurechnen kann. Durch eine Vielzahl allzu komplizierter, völlig praxisferner gesetzlicher Regelungen konnte das Gesetz, in Kraft seit 1997, zum ersten Mal im Herbst 2000 einen Anwendungsfall vermelden. Man konnte sich mit diesem Gesetz im Rahmen der 15 europäischen Mitgliedstaaten natürlich nicht durchsetzen, und so kam es infolge der europäischen Gesetzgebung[5] im Jahre 2001 zu einer Novelle des Signaturgesetzes, die eine Vielzahl von Vereinfachungen enthält.

Doch nicht alle gesetzgeberischen Bemühungen sind so verlaufen. Außerordentlich bedeutungsvoll für das E-Business ist das »Gesetz über rechtliche

Rahmenbedingungen für den elektronischen Geschäftsverkehr« vom 14. 12. 2001 (EGG),[6] das am 21. 12. 2001 in Kraft getreten ist. Wer im Internet Geschäfte machen will, der kommt an diesem Gesetz nicht vorbei. Auch durch das Fernabsatzgesetz[7] werden Regelungen getroffen, wodurch der Vertragsschluss über das Internet mit dem Verbraucher zwingend geregelt wird.

In dem Bereich des geistigen Eigentums war eine Anpassung des europäischen Urheberrechts an die Gegebenheiten der neuen Technologien erforderlich. Insbesondere die technischen Möglichkeiten der Digitalisierung mussten erfasst werden. In Deutschland beschäftigte sich mit dieser Problematik unter anderem die Enquêtekommission des Deutschen Bundestages.[8] Das Max-Planck-Institut erstellte im Auftrag des Bundesjustizministeriums ein Gutachten,[9] das Basis für einen Entwurf zum 5. Urheberrechtsänderungsgesetz[10] wurde. Auf internationaler Ebene wurde die Problematik des Urheberrechts in der Informationsgesellschaft durch zwei neue WIPO-Verträge[11] aufgegriffen. In diesem Kontext wurde die Europäische Kommission tätig und bereitete eine Novellierung des europäischen Urheberrechts mit der Richtlinie »Urheberrecht in der Informationsgesellschaft« vor.[12] Harmonisiert werden
- das Vervielfältigungsrecht,
- das Recht der öffentlichen Wiedergabe inkl. des Angebots von geschütztem Material im Internet,
- das Verbreitungsrecht,
- die Schrankenregelungen,
- der rechtliche Schutz von Antikopiersystemen und
- die Informationen für die Verwaltung dieser Rechte.

Diese europäische Richtlinie muss nun noch in bundesdeutsches Recht umgesetzt werden.

Sowohl durch die zunehmende Tätigkeit des Gesetzgebers auf bundesdeutscher und europäischer Ebene auf der einen als auch durch die Tätigkeit der Gerichte auf der anderen Seite wird deutlich, dass das Internet schon längst kein rechtsfreier Raum mehr ist. Weiße Flecken in der sonst so vollständigen Landkarte der Juristen tauchen allenfalls dann auf, wenn gegen einen Teilnehmer des Internets nicht vorgegangen werden kann, da er anonym bleibt oder weil er in einem Drittstaat sitzt, mit dem keine entsprechenden Vollstreckungsvereinbarungen getroffen werden konnten, so dass ein deutsches Gerichtsurteil seinen Empfänger nicht erreicht und somit keine Rechtswirkung erzielen kann. Dieser Fall taucht aber äußerst selten auf.

2. Wirtschaftliche Bedeutung und sozio-kulturelle Rahmenbedingungen

In der Anfangszeit des Internets war noch jede wirtschaftliche insbesondere werbende Verwendung des Netzes stark verpönt. Schnell fing man sich so genannte »Mailbomben« ein, wenn man dagegen verstieß. Heute stellt sich das auch nach dem Aktienhype und dem darauf folgenden tiefen Fall der New Economy ganz anders dar. Die wirtschaftliche Bedeutung des Netzes steht zweifelsfrei im Vordergrund. Aus Untersuchungen der Europäischen Kommission geht hervor, dass der Markt für Waren und Dienstleistungen, deren Inhalt urheberrechtlichen Schutz genießt, etwa 5 bis 7 Prozent des Bruttoinlandsproduktes ausmacht. Damit sind gemeint: Druckerzeugnisse, Filme, Tonträger, grafische und plastische Kunstwerke, elektronische Produkte wie Computerprogramme, Satelliten- und Kabelübertragungen, CD- und Videoverleih, Theater- und Konzertaufführungen, Literatur und Musik, Kunstausstellungen und -versteigerungen. Hinzu kommen die neuen Vermarktungsformen elektronischer Produkte wie CD, DVD sowie Dienstleistungen auf Abruf. Es ist mittlerweile allgemein bekannt, dass der Urheberrechtsmarkt sprunghaft wächst. Die Europäische Kommission ist nicht zu Unrecht der Ansicht, dass sich dieser Markt nur durch entsprechende rechtliche Rahmenbedingungen, die gleiche Wettbewerbsbedingungen sichern, angemessen entwickeln wird.

In der Informationsgesellschaft werden die wirtschaftliche Verwertung schöpferischer Leistungen und die von ihr abhängigen Wirtschaftszweige eine Schlüsselposition für Volkswirtschaft und Beschäftigung einnehmen. Information wird zu einem neuen, eigenständigen Produktionsfaktor werden. Zukünftig werden 4 Prozent des Bruttosozialproduktes in Bereichen erwirtschaftet, in denen urheberrechtlich geschützte Werke geschaffen oder verwertet werden.[13] Insofern ist die zentrale Bedeutung des Urheberrechts für die Informationsgesellschaft offenkundig. Es werden ganz unterschiedliche Anwendungsbereiche voneinander getrennt: Geschäftssektor (Bürotechnik, Finanzinformationen etc.); Informations- und Bildungssektor; elektronischer Geschäftsverkehr; medizinische Betreuung; Unterhaltung und Freizeitgestaltung.

Auch die ökonomische Bedeutung der Informationstechnik ist enorm. Der Aufbau eines Glasfasernetzes hat etwa 150 Milliarden Euro gekostet. Die Informationsverarbeitung im weitesten Sinne stellt nach einer Untersuchung der EG-Kommission zwei Drittel der Bruttoinlandsproduktion in Europa dar. Hinzu kommt, dass über 90 Prozent der neu geschaffenen Arbeitsplätze den Informations- und Dienstleistungssektor betreffen. Die Informationsindustrie ist in allen westlichen Industriestaaten zu einer der wachstumsstärksten Schlüsselindustrien geworden.[14] Die Europäische Kommission ist bemüht, Hindernisse für wirtschaftliche Entwicklungen zu beseitigen, um Effizienzsteigerung, Standardisierung und Verbesserung der Interoperabilität zu erreichen.

Die neu entwickelten Informationstechnologien haben eine besondere wirtschaftliche Dynamik freigesetzt. Nach Untersuchungen der Enquêtekommission des deutschen Bundestages wird das Wachstum des Medien- und Kommunikationssektors – heutiger Gesamtumsatz etwa zwei bis drei Billionen Euro – weltweit in den nächsten zehn Jahren bei 10 Prozent pro Jahr liegen. Damit wird die Erwartung verbunden, dass die Schrumpfungen im industriellen Sektor ausgeglichen werden. 1994 wurden im Mediensektor in Deutschland 195 Milliarden Euro Umsatz erzielt und inzwischen könnte er schon mehr Arbeitsplätze zur Verfügung stellen als die Automobilindustrie.[15] Insgesamt wird im Mediensektor bis zum Jahr 2012 eine Verdreißigfachung des audiovisuellen Medienmarktes erwartet,[16] und der Umfang des globalen Medienmarktes wurde für das Jahr 2000 auf 2 Billionen Euro geschätzt.[17]

Diese wirtschaftliche Entwicklung geht einher mit einem Prozess der Privatisierung und Kommerzialisierung von Information, Wissen und Kommunikation.[18] In der Tendenz ist deutlich erkennbar, dass Information von einem »öffentlichen Gut«[19] immer mehr zu einem »wirtschaftlichen Gut« mutiert.[20] Dies hat das Freisetzen von marktwirtschaftlichen Kräften zur Folge. Jedoch ist als weitere Konsequenz zu beachten, dass Kostenpflichtigkeit von Informationen eine Zugangshürde[21] darstellen kann und die »Versorgung unwirtschaftlicher Kunden«[22] ein Problem darstellt.[23] Ferner ist im Informationssektor ein starker Konzentrationsprozess der Unternehmen zu erkennen.[24] Dies betrifft insbesondere den Rundfunkbereich.[25] Hinzu kommt die Entwicklung der Liberalisierung und Marktöffnung insbesondere in den Bereichen Telekommunikation und Post.[26] Aus diesen Aussagen lässt sich zu Recht der Schluss ziehen, dass die Entwicklung der Informationsgesellschaft im Wesentlichen ökonomisch geprägt ist.[27] Auf der G-7-Ministerkonferenz im Februar 1995[28] wurden folgende acht Grundprinzipien zur Verwirklichung des Zukunftsbildes der Globalen Informationsgesellschaft formuliert: Förderung eines dynamischen Wettbewerbs, Förderung von Privatinvestitionen, Festlegung eines anpassungsfähigen ordnungsrechtlichen Rahmens, Sicherstellung eines offenen Netzzugangs bei gleichzeitiger Sicherung eines universellen Diensteangebots und -zugangs, Förderung der Chancengleichheit aller Bürger, Förderung der Programmvielfalt einschließlich der kulturellen und sprachlichen Vielfalt, Anerkennung der Notwendigkeit einer weltweiten Zusammenarbeit unter besonderer Berücksichtigung der Entwicklungsländer.

3. Die Bedeutung des Zugangs zum Netz

Doch zu dieser Betrachtung aus hergebrachter wirtschaftlicher Perspektive tritt eine völlig neue Entwicklung hinzu, die aber für das Internet wesentlich ist. Eine der entscheidenden Faktoren der »Neuen Ökonomie« ist der Zugang zu Netzwerken. Der Zugang bedeutet den Zugriff auf den Inhalt der Netzwerke. Das Eigentum, das auf Märkten der »Alten Ökonomie« getauscht wird, bleibt in der »Neuen Ökonomie« erhalten. Es wird vermietet, kopiert, es werden Zugangsgebühren, Abonnements- oder Mitgliedsbeiträge für einen – befristeten – Gebrauch erhoben. Der Anbieter stellt dem Kunden einen Zugriff auf sein Netzwerk zur Verfügung. Das geistige Eigentum ist die tragende

Kraft und eigentliches Objekt der »Neuen Ökonomie«. Zentrales Element des geistigen Eigentums ist die Information, die sich unbegrenzt replizieren lässt, ohne dass das Eigentum dem Urheber tatsächlich verloren ginge. Ein Sammlungsort für Informationen als Grundstoff sind Datenbanken. Der Zugang zu diesen Informationen – gleich wie schützenswert diese sind – steht unter der Verfügungsbefugnis des Urhebers, der sie potentiellen Nutzern zur begrenzten Verfügung stellt oder Lizenzen daran vergibt. Die »Neue Ökonomie« zeichnet sich durch eine vernetzte Wirtschaft aus, deren Markenzeichen Schnelligkeit und Flexibilität sind. Strategische Allianzen schaffen immer größere Netzwerke, treffen Vereinbarungen über die gemeinsame Nutzung von Ressourcen und über die Aufteilung der Gewinne. Die ökonomische Macht konzentriert sich auf die Unternehmen, die den Zugang regeln können. Das Verhältnis von Produkt beziehungsweise Eigentum und Dienstleistung verändert sich zugunsten eines ständig verbesserten Services. Für den Verbraucher tritt die Verfügbarkeit gegenüber dem Eigentumserwerb in den Vordergrund. Teure Objekte werden von den Anbietern zur Verfügung gestellt und von den Konsumenten werden über zeitlich befristete Leasing- oder Mietverträge, Mitgliedschaften und andere Dienstangebote Zugang und Nutzung abgenommen.[29] Selbst die Produktionsprozesse richten sich an virtuellen Netzwerken von Unternehmen aus, die dadurch ihre Produktion flexibel und schnell anpassen und ständige Innovationen mit einbeziehen können. Damit treten vermehrt Netzwerke an die Stelle von Märkten, der Verkäufer wird zum Anbieter und der Käufer zum Nutzer. Statt des Kaufs steht der Zugang (»Access«) im Zentrum der Ökonomie.[30] Der sich abzeichnende ökonomische Wandel geht tendenziell vom Eigentum über den Zugang zu einem Anbieternetzwerk. Der Zugang zu Informationen in den unterschiedlichsten Formen wird zunehmend kommerzialisiert. Medienunternehmen bauen transnationale Netzwerke auf, die kulturelle Ressourcen vermarkten. Diese Unternehmen sind zum Teil auch Eigentümer der Netzwerke, über die kommuniziert wird, und verfügen über die – kulturellen – Inhalte, für deren Zugang der Nutzer bezahlen muss. Die digitale Technologie macht die Verfügbarkeit in derartigen Netzen erst möglich. Immer mehr Menschen nutzen die vielseitigen Möglichkeiten von elektronischen Netzwerken im Alltag. Die Frage des Zugangs zu diesen Netzwerken wird zunehmend eine Frage nach institutioneller Macht und Freiheit. Die Freiheit wird durch das Recht bestimmt, Zugangsmöglichkeiten zu Netzen zu erhalten.[31] Dieser Zugang zu Informationen hat entscheidende Bedeutung sowohl für die Grundlagen der demokratischen Gesellschaft als auch für die Persönlichkeitsentwicklung des Einzelnen. Zugang ist mithin ein Schlüsselbegriff der Informationsgesellschaft.

Der Zugang zu Informationen in Netzwerken wird durch bestimmte Formen des öffentlichen Rechts in Bezug auf den Staat, den Datenschutz, der nicht nur den Staat, sondern auch private Unternehmen betrifft, und im – kommerziellen – Verhältnis unter Privaten durch das Urheberrecht geregelt. Letzteres soll im Zentrum dieser Untersuchung stehen.

4. Entwicklung des Urheberrechts zum Industrierecht?

Das Urheberrecht hat einen markanten Entwicklungssprung getan. Es handelt sich um nicht weniger als die entscheidende Materie der Informationsgesellschaft.[32] Die Funktion des Urheberrechts im Rahmen der Markwirtschaft besteht darin, Immaterialgüter handelbar zu machen. Die Ausschließlichkeitsgarantie, die dem Urheber vermittelt wird, stellt den Anreiz für neue Produktionen und deren Verbreitung dar. Demgegenüber konnte sich die Ansicht, dass das Internet ein rechtsfreier Raum sei, nicht durchsetzen. Der Stellenwert des Urheberrechts nimmt ständig zu. Im Rahmen der Entwicklung zu dem, was Informationsgesellschaft genannt wird, findet eine vermehrte Produktion unkörperlicher Güter statt, um die herum sich weitere Dienstleistungen ansiedeln. Ursache dafür ist die Technologie der Digitalisierung und Datenkompression als Grundlage für die Übertragung und Verarbeitung großer Datenmengen. Das Urheberrecht gewinnt eine zunehmende Bedeutung als Grundlage für Vergütungsansprüche gegenüber vielfältigen Nutzungen eines Werkes. Die Basis für den Vergütungsanspruch ist – nach wie vor – das Ausschließlichkeitsrecht des Urhebers. Aufgrund der vielfältigen Gefährdungen dieses Rechtsanspruchs in der digitalen Netzwelt müssen flankierende Instrumente eingesetzt werden. Ein besonders großer Bedarf besteht hierbei an technischem Schutz vor Vervielfältigungen.

Die Einbeziehung von Computerprogrammen und Datenbanken ist signifikant für eine Tendenz im Urheberrecht, die zunehmend den Investitionsschutz in das ursprünglich stark durch den Persönlichkeitsschutz gekennzeichnete Rechtsgebiet aufnimmt. Das Abstellen auf den Investitionsschutz ist in der anglo-amerikanischen Rechtstradition des Copyright verwurzelt. Durch die Investition wird nach dieser Philosophie das Allgemeinwohl gefördert, und es ergibt sich eine Rechtfertigung für das Monopol des Urhebers. Trotz dieser deutlich erkennbaren Tendenz hält man auch in der Europäischen Kommission an dem traditionell kontinental-europäischen Urheberrecht fest. Die weithin beschriebene Kluft zwischen den Rechtstraditionen ist allerdings nicht so weit, wie immer wieder behauptet wird. Das Urheberrecht kontinentaleuropäischer Provenienz schützt von Beginn an auch die Investitionen von Druckern und Verlegern und in neuerer Zeit, durch die Schaffung von Nachbarrechten, weitere an der Werkverwertung Beteiligte.[33]

Die technischen Innovationen führen zu einem Aufwerfen grundsätzlicher Fragestellungen. Das latente Spannungsverhältnis zwischen den Rechten des Urhebers an seinem Werk und der Werknutzung durch die Allgemeinheit erscheint in einem neuen Licht. Der Übergang von der »Druckkultur« zur »Netzkultur« wirft wieder die Frage nach dem Verhältnis von Kultur und geistigem Eigentum auf.[34]

Ferner ist unter dem Gesichtspunkt der neuen technischen Verwertungsmöglichkeiten zu beobachten, dass sich die Verwertungsketten in den Großunternehmen der Reproduktions- und Unterhaltungsindustrie verselbständigen. Vollkommen zu Recht wird der Umstand beschrieben, dass sich mit der Entfernung des Endproduktes vom Urheber eine Tendenz abzeichnet, in der die Vergütung als lästiger Faktor marginalisiert wird.[35] Gleichwohl ist festzuhalten, dass das Urheberrecht grundsätzlich verwertungsgeneigt ist und damit den wirtschaftlich-technischen Möglichkeiten seiner Nutzung wie ein Schatten folgt.

5. Digitale Technologien – ein Feindbild des Urheberrechts?

Die Behauptung, das Internet bedeute das Ende von Kunst und Kultur, klingt auf den ersten Blick angesichts der technischen Möglichkeiten, den Urheberrechtsschutz zu umgehen, plausibel. Technologieanbieter wie MP3, Napster, Gnutella, Wrapster, CuteMX, Freeserve, Scour Exchange und weitere Freenet-Anbieter im Netz sind derzeit aktuelle Beispiele für digitale Technologien,[36] die sich aufgrund folgender Eigenschaften auszeichnen: Kopien können ohne nennenswerten Qualitätsverlust und mit geringem Aufwand in unbegrenzter Anzahl erstellt werden. Ferner ist der Austausch von digitalen Kopien über das Netz recht einfach möglich, ohne dass es dabei eines – offiziellen – Händlers bedarf. Hinzu kommt, dass dieser Austausch auch anonym erfolgen kann. Doch diese Gefahrensituation ist nur eine Seite der Medaille.

Eine genauso große Gefahr besteht darin, dass die neuen Technologien die Kontrolle der Besitzer von Urheberrechten über ihre Werke gegenüber dem bisherigen Zustand radikal steigern können.[37] Das sind die Technologien, an denen etwa die Musik- und Filmindustrie, aber auch die Verlage arbeiten. Letzteres kann mit der zögerlichen Einführung des Digibooks belegt werden. Das Ziel ist die digitale Rechteverwaltung (Digital Rights Management, DRM). Diese Technologien schützen nicht allein die Urheberrechte durch die Einführung von Bezahlfunktionen, sondern sichern die Verfügungsmacht der Inhaber von Nutzungsrechten in außerordentlicher Weise. Von der Funktionsweise her werden die geschützten Dateien in eine Art »digitalen Umschlag« getan, den nur die Person öffnen darf, die dafür bezahlt hat. Die Nutzung erfolgt ausschließlich im Netz, so dass ein Kopieren oder eine private Weitergabe nicht möglich ist. Diese Technologie kann ferner verhindern, dass Ausschnitte aus einem Werk verwendet werden. Ferner wird jeder, der das Werk mittels DRM benutzt, registriert. Damit dürfte klar sein, dass sehr viele Nutzungsrechte der Allgemeinheit, die bisher über die Schrankenregelungen des Urhebergesetzes abgesichert waren, bedroht sind. Entsprechend bedeutungsvoll sind die »Anti-Umgehungsklauseln«, wie sie auch in der Urheberrechtsrichtlinie zu finden sind.[38]

Die Konsequenz aus dieser Betrachtung der digitalen Technologien ist insofern ambivalent: Einerseits trifft es zu, dass das Urheberrecht durch die

Möglichkeiten digitaler Kopien gefährdet ist; andererseits besteht aber ebenso durch die digitale Rechteverwaltung eine erhebliche Gefahr für die Rechte der Allgemeinheit. Das sensible Spannungsverhältnis zwischen Urheberrechten auf der einen Seite und Informationsrechten der Allgemeinheit auf der anderen Seite ist in beide Richtungen durch digitale Technologien gefährdet. Insofern wird es für die rechtlichen Rahmenbedingungen entscheidend darauf ankommen, dass die – teilweise verfassungsrechtlich begründeten – Interessen beider Seiten auch hinsichtlich der digitalen Technologien in einen vernünftigen Ausgleich gebracht werden. Zumindest sollte dies Anlass sein, auch darüber nachzudenken, wie der Gefahr des Einsatzes digitaler Technologien mit dem Ziel einer überzogenen Ausdehnung des Urheberrechts und damit einer Privatisierung des öffentlichen Guts der Information begegnet werden kann.

Eine weitere Entwicklung betrifft die schrittweise Einführung »elektronischer Bücher«. Der Verkauf der Texte erfolgt direkt über das Internet oder entsprechende Vorrichtungen im (körperlichen) Buchladen. Als Lesegerät kommt zwar der normale PC in Frage; derzeit bieten verschiedene Hersteller aber schon spezielle E-Bücher an. Neben der Lesesoftware von Gemstar für das Rocket-E-Book hat Microsoft einen eigenen kostenlosen Reader entwickelt, mit dessen Hilfe das Lesen von digitalen Büchern wesentlich verbessert wird. Die Refinanzierung erfolgt für Microsoft durch eine kleine Provision für jedes mit dieser Technologie verkaufte Buch. Man kann wie in einem Buch unterstreichen und Anmerkungen hinzufügen. Die Software kann auf dem PC, aber auch auf kleinen Pocket-PCs eingesetzt werden. Das Angebot in den virtuellen Buchhandlungen umfasst für die Microsoft-Lesesoftware inzwischen tausende von Titeln, wobei wöchentlich 150 neue Titel hinzukommen sollen. Die Internet-Rechte liegen derzeit noch bei den Verlagen. Große virtuelle Buchhändler verhandeln allerdings schon über einen Kauf dieser Rechte und würden dann den Verlagen Konkurrenz machen. Ferner werden die virtuellen Buchläden ihren Kunden elektronische Bücherregale anbieten, die dazu dienen, die erworbenen E-Bücher der Kunden für diese aufzubewahren, damit die Kunden ihre Festplatte nicht damit belasten müssen. Der Kunde baut so auf dem Server des Buchhändlers seine eigene Bibliothek auf. Erste Erfahrungen mit elektronischen Büchern liegen aufgrund zweier Veröffentlichungen von Stephen King vor, der mit seinem ersten Buch zahlreiche Leser erreichte.[39] Die großen Verlage werden zukünftig eigene E-Buch-Reihen publizieren.

Zu den Grundlagen des Informationsrechts gehört ein latentes Spannungsverhältnis zwischen den aufgezeigten und noch ausstehenden technischen Entwicklungen und der relativen Statik des Rechts. Insofern teilt das Informationsrecht das Schicksal des Technikrechts: den »Umgang mit der Ungewissheit«.[40] Dies macht eine Konzentration auf Rahmenbedingungen und den Einsatz empirischer Instrumente wie der Technikfolgenabschätzung erforderlich.

6. Die Verteilung des Rechtsguts »Information« zwischen Urheber und Allgemeinheit

In der Entwicklung der Informationsgesellschaft ist erkennbar, dass materielle Wirtschaftsgüter zugunsten neuer immaterieller Güter an Bedeutung verlieren.[41] Demgegenüber entstehen neue Rechtsgüter, die sich außerhalb der hergebrachten Dichotomie des BGB entwickeln: Waren – Dienstleistungen als neue Property Rights mit eigener Sachgesetzlichkeit.[42] Dazu gehört zunächst die Problematik der Behandlung der »Information« als solcher.[43] Die Zuordnung des Rechtsguts Information fällt auch dem Urheberrechtsgesetz schwer, das konzeptionell auf den Schutz der Werke der schönen Literatur und Musik zugeschnitten ist.[44] Erst schrittweise und nicht ohne systematische Friktionen erfolgt eine Anpassung an moderne Erfordernisse der Informationsgesellschaft. Zunächst wurden Computerprogramme mit einbezogen und dann Datenbanken. Die Datenbankrichtlinie enthält ein neues Schutzkonzept für Informationssammlungen.[45] Der Ansatz für den Schutz besteht nach § 87 a Urheberrechtsgesetz in einer qualitativ und quantitativ wesentlichen Investition. Diese Regelung zeigt symbolisch das Grundproblem des Informationsrechts: »Sichere Kriterien für die Verteilung von Informationszugangs- und Informationsausschließlichkeitsrechten gibt es nicht.«[46] Und genau hier liegt ein Grundproblem: Die Verteilung von Informationen zwischen dem geistigen Eigentumsrecht der Urheber und der Informationsfreiheit der Rezipienten. Damit ist zugleich die Frage nach einer Wissensordnung angesprochen.[47] Steht auf der einen Seite die Gewährleistung eines hinreichenden Innovationsspielraums, so bedarf es auf der anderen Seite gewissermaßen auch als Korrektiv gegenüber der Monopolstellung des Urhebers einer Gewährleistung zur Offenhaltung des Informationszugangs durch die Allgemeinheit. Diese Problematik zeigt sich zum Teil auch in der Diskussion um ein Informationsgesetzbuch.

Nicht unproblematisch erscheinen vor diesem Hintergrund technische Lösungen urheberrechtlicher Belange, die für die Informationsfreiheit nicht ohne Gefahr sind. In der Diskussion sind so genannte »Digitale Wasserzeichen« und »Digitale Fingerabdrücke«. Der Inhaber von Rechten kann auf diese Weise festgestellt werden. Gleichwohl bedarf es rechtlicher Rahmenbedingungen beim Einsatz dieser Techniken, um ihre Legitimität zu gewährleisten. Denn es wäre in der Tat gefährlich, die Umgehung jedweden Kopierschutzes als illegal zu qualifizieren. Entscheidend ist zunächst, dass der Anwender dieser Technologie dazu berechtigt war. Die Zuordnung von Informationen kann mithin nicht einfach mit technischen Lösungen herbeigeführt werden. Die Frage, wem und mit welchem Umfang von Befugnissen Informationen zugeordnet werden, ist zuvor anhand rechtlicher Maßstäbe zu klären.

Ein weiteres Problem ist die Extemporalisierung des Rechts, wie wir sie im Internet beobachten können.[48] Dies zeigt sich an der Problematik der »sukzessiven Öffentlichkeit«, deren Erfassung für das Urheberrecht ein Problem darstellt. Das deutsche Urheberrecht kennt den Vorgang der unkörperlichen

Form der Werknutzung nur im Zusammenhang mit einer an eine Mehrzahl von Personen gleichzeitig wiedergegebenen Fernseh- oder Radiosendung. Im Internet erfolgen die Abrufe dagegen nicht simultan, sondern sukzessiv. Abrufdienste sind aber für die Nutzung des Internets kennzeichnend. Dieses Phänomen löst man derzeit durch eine Analogie zur öffentlichen Wiedergabe. Demgegenüber wird über den WIPO-Vertrag (Art. 8)[49] und die Urheberrechtsrichtlinie eine eigene neue Regelung zur Lösung dieses Problems eingeführt: »making available to the public«.

Das Buch nimmt eine besondere Stellung ein: Ist es einerseits ein Wirtschaftsgut, so ist es andererseits aber auch ein Kulturgut. Jeder Urheber ist in einen Kulturkreis eingebunden und baut auf dem Kulturschaffen anderer Urheber auf. Insofern ist es konsequent, ihm die Benutzung seiner Werke durch andere in gewissem Umfang zu gestatten.[50] Anders ausgedrückt bedarf kulturelle Schöpfung stets eines gegenseitigen Gebens und Nehmens.[51] Das Internet hat dazu geführt, dass die grundsätzliche Problematik eines ausgewogenen Verhältnisses zwischen dem geistigen Eigentumsrecht des Urhebers auf der einen Seite und dem Anspruch der Allgemeinheit auf Informationsfreiheit auf der anderen Seite wieder in Frage gestellt wurde.[52]

In der derzeitigen Diskussion wird das Internet als besondere Gefährdungssituation für die Rechte der Urheber gesehen. Die Interessen der Urheber in dieser Gefährdungslage stehen im Vordergrund. Dies erscheint in vielen Fällen auch berechtigt, da die technischen Möglichkeiten zu einer Umgehung von Schutzvorschriften missbraucht werden. Es besteht aufgrund dieser auch in der Öffentlichkeit mit besonderer Aufmerksamkeit verfolgten Thematik eine gewisse Grundtendenz, den Urheberschutz restriktiver zu handhaben. Für eine ausgewogene Behandlung der Thematik ist es jedoch unumgänglich, auch die Interessen der Allgemeinheit auf der Grundlage der Informationsfreiheit hinreichend zu berücksichtigen. Die Informationsfreiheit der Allgemeinheit stellt eine natürliche Schranke zum Urheberrecht dar. Sie darf nicht voreilig aufgrund der technischen Gefahren, die dem Urheber drohen, zurückgedrängt werden.

7. Information als kulturelles Gut

Mit der einseitig ökonomischen Ausrichtung der Informationsgesellschaft geht die Gefahr einher, dass sozialstaatliche und kulturstaatliche Zielvorstellungen zu kurz kommen.[53] Gewissermaßen als Antipoden eines absoluten Marktmodells sind nach deutschem Verfassungsrecht die Staatszielbestimmungen Sozialstaatlichkeit und Kulturstaatlichkeit als Bausteine einer Informationsordnung zu berücksichtigen.[54] Denn Information ist zugleich auch ein »kulturelles Gut«.[55] Dies ist bereits in der Entwicklungsgeschichte des Menschen erkennbar, wie das Aufkommen von Sprache, Schrift und Buchdruckkunst zeigt. In diesen Ausdrucksformen hat Information eine zunehmend wichtige Bedeutung erhalten. Die Entwicklung der modernen Informationstechnologie macht es mittlerweile möglich, den Inhalt großer Bibliotheken auf elektronischen Speichern vorzuhalten und durch spezielle Suchtechnologien komfortabel verfügbar zu machen. Auch hierin ist ein kultureller Entwicklungsschritt zu erkennen, der es der Menschheit ermöglicht, die vorhandenen Informationsmengen immer besser zu handhaben. Im Kleinen zeigt sich dies beispielhaft daran, dass die vielbändige Encyclopedia Britannica auf CD-ROM viel besser zu nutzen ist als die inhaltsgleiche Printfassung – ganz abgesehen von den niedrigeren Kosten der elektronischen Fassung, die jetzt sogar kostenlos über das Internet zugänglich ist. Die modernen Informationstechniken sind als »kulturtechnisches Werkzeug« dazu angetan, eine epochale Veränderung einzuleiten, wie dies bereits zuvor durch die Entwicklung der Schrift und der Buchdruckerkunst geschehen ist.[56]

Die individuelle und soziale Funktion der Informationsfreiheit wurde bereits in der Entscheidung des Bundesverfassungsgerichts zum Verbringungsverbot der »Leipziger Volkszeitung« aus dem Jahre 1969 herausgehoben. Das Gericht betonte: »Es gehört zu den elementaren Bedürfnissen des Menschen, sich aus möglichst vielen Quellen zu unterrichten, das eigene Wissen zu erweitern und sich als Persönlichkeit zu entfalten«. »Das Grundrecht der Informationsfreiheit ist wie das Grundrecht der freien Meinungsäußerung eine der wichtigsten Voraussetzungen der freiheitlichen Demokratie«.[57] Die Nutzung der modernen Informationstechnologien als kulturelle Errungenschaft dient der Möglichkeit, sich aus möglichst vielen Quellen zu unterrichten, um das eigene Wissen zu mehren. An der Schnittstelle zwischen Informationsfreiheit und Urheberrecht entscheidet sich, in welchem Maße diese Technologien zu diesem Zweck – etwa in Bibliotheken – zum Einsatz kommen können. Die Bibliotheken ermöglichen den Zugang zum Kulturgut, indem sie die »Informationen« sammeln, archivieren und der Allgemeinheit zur Verfügung stellen.

Hieraus ergibt sich die Aufgabe des Informationsrechts: Im Interesse einer ausgleichenden Gerechtigkeit (iustitia commutativa) und als Beitrag zur Verteilungsgerechtigkeit (iustitia distributiva) hat es die Schaffung neuer »informationeller« Werte zu fördern, eine gerechte Verteilung der neu geschaffenen Güter herbeizuführen, die neuen Risiken der Informationstechnik zu vermindern und bei entsprechenden Schadensfällen für einen gerechten Ausgleich zu sorgen.[58] Die Förderung der Schaffung neuer »informationeller« Werte erfolgt – bisher jedenfalls – über wirtschaftliche Anreize in Form von Entlohnung im Urheberrecht.

8. Grundsätzliche Anforderungen an das moderne Urheberrecht

Die neuen technologischen Möglichkeiten schaffen neuartige Situationen, die das Urheberrecht vor Probleme stellen. Sobald Werke in digitaler Form vorliegen, eröffnet sich über neue Technologien ein direkter zielgenauer Zugriff durch den Benutzer. Diese Möglichkeit wird der Bibliotheksnutzer immer häufiger nachfragen. Die Nutzer können noch selektiver vorgehen, als es bisher möglich war. Durch die Vernetzungstechnologie wird der Benutzer immer häufiger von interaktiven Kommunikationsformen Gebrauch machen wollen. Er wird über das Netz (Internet) auf Bibliotheksdienstleistungen zurückgreifen wollen.

Bestimmte Werke werden zukünftig nur über das Netz verbreitet werden. So können bereits Doktorarbeiten über das Internet genutzt werden. Auch Zeitschriften werden wohl immer häufiger in digitaler Form vorliegen und über Datenbanken erschlossen werden. Die Abrufbarkeit von Angeboten im Netz erfolgt grenzüberschreitend. Einmal im Netz, gibt es zwei Möglichkeiten: entweder alle Nutzer haben weltweit einen Zugriff, oder der Zugriff wird über die IP-Adresse auf einen bestimmten Nutzerkreis eingeschränkt. Ist der Nutzerkreis weltweit abgesteckt, so stellen sich Rechtsfragen der grenzüberschreitenden Verwertung der Nutzungsrechte.

Die leichte Verfügbarkeit von Werken, die im Netz stehen, legt den Gedanken nahe, zentrale Bibliothekseinrichtungen zu schaffen, auf die andere dann zugreifen können. Sämtliche Angebote, die im Netz zur Verfügung gestellt werden, lassen sich auf sehr einfache Art und Weise vervielfältigen, ohne dass dabei nennenswerte Kosten anfallen. In der Möglichkeit, unbegrenzt Vervielfältigungsstücke zu erstellen, liegt eines der Hauptprobleme des Urheberrechts. Ein Lösungsweg bevorzugt technische Kopierschutzsysteme. Diese konnten bisher immer wieder umgangen werden. Für die Vergütung von Werknutzungen über Netze sind technisch neuartige Vergütungssysteme denkbar. Auch hierin liegt der Versuch, rechtliche Probleme mit Hilfe von technischen Mitteln zu lösen. Solche Urheberrechtsmanagementsysteme sind allerdings noch nicht sehr weit verbreitet. Insbesondere fehlt es derzeit an einheitlichen Standards für den elektronischen Zahlungsverkehr.

9. Verfügungsrechte an Informationen

Unter ökonomischen Gesichtspunkten ist die Frage nach der wirtschaftlichen Verfügungsmacht über Informationen zentral. Die meisten kontinentaleuropäischen Rechtsordnungen wenden hierauf nicht die Vorschriften über das Sacheigentum an, sondern gewerbliche Schutzrechte in Form des Urheber- und Patentrechts, die die Ausschließlichkeitsrechte an Informationen vergeben. Des Weiteren kommt noch das Wettbewerbsrecht in Betracht, das Verhaltensregeln im Umgang mit Informationen aufstellt.[59] Das Urheberrecht wird dem Schutz des »geistigen Eigentums« zugeordnet.[60] Die Verhaltensregeln im Umgang mit Informationen werden hauptsächlich § 1 UWG entnommen. Durch die Zuordnung von Informationen zu einem Schöpfer im Urheberrecht werden Ausschließlichkeitsrechte begründet, die einen Anreiz für die Schaffung neuer Werke geben sollen. Des Weiteren werden im Urheberrecht

Regelungen getroffen, die für eine der Allgemeinheit nützliche, gerechte Verbreitung der Informationen sorgen. Hieraus entwickelt sich ein Spannungsfeld zwischen institutionell abgesicherten Freiräumen und exklusiven Handlungsrechten.[61]

10. Ansprüche auf Information

Eine weitere zentrale Problematik für eine »informierte Gesellschaft«[62] ist die Frage nach einem individuellen Anspruch auf Information.[63] Angesichts der grundlegenden sozialen Bedeutung von Informationen für die freie Entfaltung der Persönlichkeit des Menschen und das Funktionieren der pluralistischen Demokratie erscheint ein solcher – nicht grenzenloser – Anspruch berechtigt. In Art. 19 der »Allgemeinen Erklärung der Menschenrechte« von 1948,[64] Art. 19 Abs. 2 des »Internationalen Paktes über bürgerliche und politische Rechte« vom 19. 12. 1966,[65] Art. 10 der »Europäischen Menschenrechtskonvention« von 1950[66] sowie Art. 5 Abs. 1 Satz 1 GG wird die Informationsfreiheit gewährleistet. Konkretisierungen in Form eines Anspruchs auf Information finden sich in etlichen Spezialgesetzen wie dem datenschutzrechtlichen Auskunftsanspruch oder im anglo-amerikanischen Recht in Form der allgemeineren »freedom of informations acts«[67].

11. Schlussfolgerungen

Zusammenfassend ist festzuhalten, dass ein Spannungsverhältnis zwischen den grundrechtlich verbürgten Positionen des Urhebers aus dem Eigentumsgrundrecht und dem Persönlichkeitsrecht sowie den Rechten der Allgemeinheit auf Informationsfreiheit besteht. Das – wirtschaftlich verwertbare – Urheberrecht hat sich an der Sozialpflichtigkeit des Eigentums zu orientieren. Dies hat Bedeutung für die Möglichkeit einer – unentgeltlichen – Inanspruchnahme von geistigem Eigentum etwa über Bibliotheken.

Die grundsätzliche und für das Urheberrecht typische Konfliktlage ist folgende: Einerseits ist der Leistungsanreiz von entscheidender Bedeutung für die Produktion von Wissen und Information; andererseits ist dieser sozialverträglich zu gestalten, um die Möglichkeit zur Information nicht zu beschneiden. Mithin steht auf der einen Seite ein »property right« des Urhebers als ein wirtschaftlich verwertbares Gut; auf der anderen Seite haben Informationen zumindest teilweise den Charakter eines öffentlichen Gutes. Beide Interessen verdienen auch angesichts der Digitalisierung weitestgehende Beachtung.

Im deutschen Urheberrecht findet sich der Ausgleich zwischen den entgegengesetzten Interessen schon in der Systematik des Urheberrechtsgesetzes wieder. Auf der einen Seite gewähren §§ 15 ff. UrhG dem Urheber bestimmte Verwertungsrechte; auf der anderen Seite unterliegt dieses subjektive Ausschließlichkeitsrecht des Urhebers den Begrenzungen (Schranken) der §§ 45 ff. UrhG. In Letzteren werden insbesondere die Interessen der Allgemeinheit in einem differenzierten System berücksichtigt.

Die Diskussion um die Anpassung des Urheberrechts an die neuen digitalen Medien erfolgt vor dem Hintergrund dieses Interessenausgleichs nicht nur auf nationaler, sondern auch auf internationaler und supranationaler Ebene. Das Problem des jeweiligen Normgebers besteht nun darin, dass jedes ein Gesetz schaffendes Handeln in ein ungemein feinsinniges Geflecht von Korrelationen eingreift, das die beiden entgegengesetzten Rechtspositionen miteinander verbindet. Der bisherige Ausgleich zwischen den konfligierenden Positionen soll weder durch die Technik noch durch den Gesetzgeber einseitig verändert werden dürfen. Das Urheberrecht ist wesentlich durch seine Reformen geprägt. Insofern ist allenfalls eine Anpassung erforderlich, die das Beziehungsgeflecht nicht einseitig verändert. So schlagen die Enquêtekommission wie auch das Gutachten des Max-Planck-Instituts beide eine eher zurückhaltende, vorsichtige Reformierung des Urheberrechts angesichts der Digitalisierung vor. Die Ausrichtung erfolgt an den Faktoren Anpassung an technische Entwicklungen sowie Gewinnung von Rechtssicherheit.

Ein besonderer Hinweis soll zuletzt der Open-Source-Bewegung (freie Software) gelten. Grundlegendes Beispiel hierfür ist das Betriebssystem Linux.[68] Die Open-Source-Software trennt eine wesentliche Kluft von der bisherigen Urheberrechtsphilosophie. Der Entlohnungsgedanke des Urheberrechts wird durch die Marktpräsenz von Linux auf den Kopf gestellt. Die neue »Philosophie« begründet den Vorrang der Informationsfreiheit vor partikularen ökonomischen Interessen in einem zentralen Bereich der künftigen Wissensgesellschaft.[69] Die Kontroverse ist noch längst nicht abgeschlossen.

Anmerkungen

1 Andy Müller-Maguhn, »Meine Regierungserklärung«, FAZ Nr. 241 vom 17. 10. 2000, S. 49.
2 Vgl. dazu Detlev Kröger/Claas Hanken, Casebook Internetrecht, Heidelberg 2002.
3 Gesetz zur Regelung der Rahmenbedingungen für Informations- und Kommunikationsdienste vom 22. Juli 1997, BGBl. I S. 1870.
4 Gesetz zur digitalen Signatur vom 28. Juli 1997, BGBl. I S. 1870, 1872.
5 Richtlinie 1999/93/EG des Europäischen Parlaments und des Rates vom 13. Dezember 1999 über gemeinschaftliche Rahmenbedingungen für elektronische Signaturen, ABl. L 13/12.
6 BGBl. I S. 3721.
7 Gesetz über Fernabsatzverträge und andere Fragen des Verbraucherrechts sowie zur Umstellung von Vorschriften auf Euro vom 27. Juni 2000, BGBl. 2000 I S. 897.
8 Deutscher Bundestag (Hrsg.), Neue Medien und Urheberrecht. Enquêtekommission »Zukunft der Medien in Wirtschaft und Gesellschaft – Deutschlands Weg in die Informationsgesellschaft«, Bonn 1997.
9 Gerhard Schricker (Hrsg.), Urheberrecht auf dem Weg zur Informationsgesellschaft, Baden-Baden 1997.

10 Vom BMJ vorgelegt im Juli 1997; vgl. Friedrich Kretschmer, Gewerblicher Rechtsschutz und Urheberrecht (GRUR) 1998, S. 799 f.
11 World Copyright Treaty (WCT) und World Performer and Producers Rights Treaty (WPPRT).
12 Richtlinie 2001/29/EG des Europäischen Parlaments und des Rates zur Harmonisierung bestimmter Aspekte des Urheberrechts und der verwandten Schutzrechte in der Informationsgesellschaft, Abl. L 167 vom 22. 6. 2001, S. 10.
13 Zweiter Zwischenbericht Enquêtekommission »Zukunft der Medien in Wirtschaft und Gesellschaft; Deutschlands Weg in die Informationsgesellschaft«, Neue Medien und Urheberrecht, BT-Drks. 13/6000, S. 9.
14 So bereits: EG-Kommission, Mitteilung der Kommission zur Entwicklung eines Marktes für Informationsdienste, KOM (87) 360 v. 2. 9. 1987.
15 Vgl. Anm. 13, S. 12.
16 FAZ Nr. 177 v. 2. 8. 1997, S. 45.
17 Rudolf Gallist, Szenen und Visionen einer Informationsgesellschaft, in: Jörg Tauss/ Johannes Kollbeck/Jan Mönikes, Deutschlands Weg in die Informationsgesellschaft, Baden-Baden 1996, S. 883, 887.
18 Friedrich Schoch, Veröffentlichung der Vereinigung der deutschen Staatsrechtlehrer (VVDStRL 57 1998), S. 158, 172.
19 Vgl. Engel, Die Verwaltung 30 (1997), S. 429 ff.
20 Wolfgang Hoffmann-Riem, in: Schmidt, Öffentliches Wirtschaftsrecht – Besonderer Teil 1, § 6 Rdnr. 1; Spinner, Die Wissensordnung – ein Leitkonzept für die dritte Grundordnung des Informationszeitalters, S. 129; Welsch, Arbeiten in der Informationsgesellschaft, S. 11.
21 Wolfgang Hoffmann-Riem, in: Tauss/Kollbeck/Mönikes, vgl. Anm. 17, S. 568, 574 ff.
22 Vgl. dazu Stern, Deutsches Verwaltungsblatt (DVBl.) 1997, S. 309, 312.
23 Vgl. Anm. 18, S. 158, 173.
24 Vgl. Einschätzung im Bundestag, BT-Drks. 13/6000, S. 19 ff. und 53 ff.; Bundeskartellamt, BT-Drks. 13/7900, S. 141 ff.; Enquête-Kommission vgl. Anm. 13, S. 19 ff.
25 Elisabeth Clausen-Muradian, Zeitschrift für Urheber- und Medienrecht (ZUM) 1996, S. 934 ff.; Albrecht Hesse, Bayrische Verwaltungsblätter (BayVBl.) 1997, S. 165 ff.; Kreile, Neue Juristische Wochenschrift (NJW) 1997, S. 1329 ff.; Hess, Archiv für Presserecht (AfP) 1997, S. 680 ff.; Thomas Jestaedt/Jochen Anweiler, Europäische Zeitschrift für Wirtschaftsrecht (EuZW) 1997, S. 549 ff.
26 Vgl. hierzu: www.regtp.de
27 Vgl. dazu: Keil-Slawik, in: Tauss/Kollbeck/Mönikes, vgl. Anm. 17, S. 855 ff.
28 www.technologierat.de/vdi/report 95/weiteres/g7/g7_1.htm.
29 Jeremy Rifkin, Die Teilung der Menschheit, FAZ v. 12.8.2000, Nr. 186, S. I.
30 Ebd.
31 Ebd.
32 Bernd Lutterbeck, Computer und Recht (CR) 2000, S. 52, 58; Boyle, A Politics of Intellectual Property: Environmentalism for the Net?, www.wcl.american.edu/pub/faculty/boyle/intprop.htm.
33 Thomas Dreier, CR 2000, S. 45, 46.
34 Dazu Schwarze/Becker, Geistiges Eigentum und Kultur im Spannungsfeld von nationaler Regelungskompetenz und europäischem Wirtschafts- und Wettbewerbsrecht, Baden-Baden 1998.
35 Mestmäcker, in: Schwarze/Becker, Geistiges Eigentum und Kultur im Spannungsfeld von nationaler Regelungskompetenz und europäischem Wirtschafts- und Wettbewerbsrecht, Baden-Baden 1998, S. 53, 55.
36 Handelsblatt vom 28./29. 7. 2000, S. 22.

37 Vgl. Lessing (Stanford) in seinem Gutachten für die Musiktauschbörse Napster, zitiert aus: Financial Times Deutschland (FTD) v. 4. 8. 2000, S. 23.
38 Richtlinie des Europäischen Parlaments und des Rates zur Harmonisierung bestimmter Aspekte des Urheberrechts und der verwandten Schutzrechte der Informationsgesellschaft, Gemeinsamer Standpunkt (EG) Nr. 48/2000 vom 28. 9. 2000, ABl. EG Nr. C 344, S. 1; vgl. auch den Entwurf einer Empfehlung für die zweite Lesung betreffend den Gemeinsamen Standpunkt des Rates im Hinblick auf den Erlass der Richtlinie des Europäischen Parlaments und des Rates zur Harmonisierung bestimmter Aspekte des Urheberrechts und der verwandten Schutzrechte in der Informationsgesellschaft vom 14. 12. 2000, PE 298.368. Vgl. dazu auch das amerikanische digitale Copyright.
39 www.news.ch/print/detail.asp?ID=9779.
40 Vgl. Hans Jonas, Das Prinzip Verantwortung – Versuch einer Ethik für die technologische Zivilisation, Frankfurt am Main 1984, S. 70 ff.
41 Bercovitz, GRUR Int. 1996, S. 1010, 1011; Hoeren, NJW 1998, S. 2849 ff.
42 Hoeren, NJW 1998, S. 2849 ff.
43 Ders., Beilage zu MMR Heft 9/1998, S. 6 ff.
44 Ders., NJW 1998, S. 2849 ff.
45 Vgl. Bechtold, ZUM 1997, S. 427 ff.; Berger, GRUR 1997, S. 169 ff.; Dreier, GRUR Int. 1992, S. 739 ff.; Gaster, CR 1997, S. 669 ff., 717 ff.; Lehmann, NJW-CoR 1996, S. 249 ff.; Wiebe, CR 1996, S. 198 ff.
46 Hoeren, NJW 1998, S. 2849, 2850; vgl. dazu ferner: Druey, Information als Gegenstand des Rechts: Entwurf einer Grundlegung, Zürich 1995, S. 441 ff.
47 Spinner, Die Wissensordnung – ein Leitkonzept für die dritte Grundordnung des Informationszeitalters, Opladen 1994, S. 111 ff.
48 Hoeren, NJW 1998, S. 2849, 2851.
49 WIPO-Urheberrechtsvertrag (WCT), Genf 1996, Übersetzung ABl. EG Nr. L 89, S. 8 vom 11. 4. 2000; WIPO-Vertrag über Darbietungen und Tonträger (WPPT), Genf 1996, Übersetzung ABl. EG Nr. L 89, S. 15 vom 11. 4. 2000; vgl. dazu Beschluss des Rates vom 16. 3. 2000 über die Zustimmung – im Namen der Europäischen Gemeinschaft – zum WIPO-Urheberrechtsvertrag und zum WIPO-Vertrag über Darbietungen und Tonträger, ABl. EG L Nr. 89, S. 6 vom 11. 4. 2000.
50 Vgl. Loewenheim, in: Hoeren/Sieber, Multimedia Recht, München 1998 ff., Kap. 7.4 Rdnr. 4.
51 So bereits Amtliche Begründung zur Urheberrechtsnovelle 1985, BT-Drks. 10/837, S. 9.
52 Vgl. Anm. 8
53 Schoch, vgl. Anm. 18, S. 158, 175; Noack, Internationale Politik 11/1996, S. 11, 12; Straub, Die Welt als Betrieb. Der alleinseligmachende Wettbewerb und seine ökonomischen Zweckmäßigkeiten, FAZ Nr. 147 v. 28. 6. 1997; Böckenförde, Welchen Weg geht Europa?, München 1997, S. 18; Raulet, in: Hoffmann-Riem/Vesting, Perspektiven der Informationsgesellschaft, Baden-Baden 1995, S. 31, 44.
54 Schoch, vgl. Anm. 18, S. 158, 187; Häberle, Festschrift für Stern, S. 143, 160 f.; vgl. auch Pross, Der Mensch im Mediennetz – Orientierung in der Vielfalt, Düsseldorf 1996, S. 249 ff.
55 Vgl. Sieber, NJW 1989, S. 2569, 2570.
56 Sieber, NJW 1989, S. 2569, 2570; Zimmerli, Zur kulturverändernden Kraft der Computertechnologie, in: Aus Politik und Zeitgeschichte, B 27/89 v. 30. 6. 1989, S. 26 ff.; Zimmer, Die Bibliothek der Zukunft, Hamburg 2000.
57 BVerfGE (Entscheidungen des Bundesverfassungsgerichts) 27, S. 71, 81; siehe auch BVerfGE 7, S. 198, 208.

58 So Sieber, NJW 1989, S. 2569, 2571.
59 Vgl. Sieber, NJW 1989, S. 2569, 2574.
60 BVerfGE 31, S. 255 ff.; BVerfGE 31, S. 229 ff.; BVerfGE 49, S. 382 ff.; BVerfGE 51, S. 193, 216 ff. Vgl. ferner landesverfassungsrechtliche Regelungen: z.B. Art. 162 Bayern, Art. 10 und 46 Hessen, Art. 40 Rheinland-Pfalz.
61 Vgl. den rechtsvergleichenden Überblick bei Sieber, in: ICC-International Chamber of Commerce, International Contracts for Sale of Information Services, München 1999, S. 7 ff.
62 Steinbuch, Die informierte Gesellschaft – Geschichte und Zukunft der Nachrichtentechnik, Frankfurt 1969; Haefner, Der »Große Bruder« – Chancen und Gefahren für eine informierte Gesellschaft, Düsseldorf 1989, S. 19 f.
63 Siehe auch die Beiträge von Schulzki-Haddouti/Redelfs und Redelfs in diesem Band.
64 Resolution 217 A (III) der Generalversammlung vom 10. 12. 1948.
65 BGBl. 1973 II, S. 1533.
66 Konvention zum Schutze der Menschenrechte und Grundfreiheiten vom 4. 11. 1950, Bundesgesetzblatt (BGBl.) 1952 II, S. 685.
67 Vgl. Burkert, Freedom of Information und Data Protection, Paris 1983.
68 Vgl. hierzu Metzger/Jaeger, GRUR Int. 1999, S. 839, 848.
69 Lutterbeck, Das Netz ist der Markt. Plädoyer für Internet Governance. Sonderausgabe der Zeitung »Das Parlament« zum Thema »Enquêtekommission Zukunft der Medien« vom 25. 9. 1998; ders., CR 2000, S. 52, 60 m.w.N.; Volker Grassmuck, Freie Software, Zwischen Privat- und Gemeineigentum, Bonn 2002.

BURKHARD EWERT / NERMIN FAZLIC / JOHANNES KOLLBECK

E-Demokratie

Stand, Chancen und Risiken

»Das eigentliche Internet interessiert mich überhaupt nicht«, mosert Esther Dyson.[1] Viel wichtiger sei, was die Menschen mit diesem technischen Mittel machen, meint die prominente Web-Pionierin und frühere Chefin der Internet-Verwaltungsorganisation Icann.[2] Dies gelte für die Wirtschaft und für die zwischenmenschliche Kommunikation, für die Angebote des Staates im Internet – und eben auch für die Demokratie selbst sowie deren Zukunft. Wie diese Zukunft der Demokratie aussieht, ist freilich mehr oder weniger offen. Doch die Diskussion darüber wird derzeit zu großen Teilen bestimmt von der Frage, ob die neuen Möglichkeiten der Informations- und Kommunikationstechnik (IuK), für die das Internet als »Netz der Netze« steht, für eine demokratische Gesellschaft überwiegend Chancen bieten oder Risiken bergen.

Auf den ersten Blick muss es überraschen, dass technologische Entwicklungen in den Mittelpunkt einer im Grunde abstrakten politischen Diskussion gestellt werden. Auch ist nicht unmittelbar ersichtlich, wie und wodurch das Internet beispielsweise eine Gefahr für Demokratie und Grundrechte werden kann. Doch der gemeinsame Nenner dieser Fragen lässt bereits auf die Antwort schließen: Im Mittelpunkt der Demokratie steht Information und Kommunikation.

Bürger müssen erfahren, welche Probleme anstehen und welche Alternativen die Politik anbietet, um sie zu lösen oder zumindest zu bearbeiten. Hierbei spielen die Parteien, die Regierung und das Parlament eine wichtige Rolle, aber eben auch die Medien. Vor allem sie bieten eine Plattform für die gesellschaftliche Diskussion. Sie ermöglichen, dass alle bei einem Thema annähernd denselben Sach- und Wissensstand haben. Die Bürger können in einem zweiten Schritt auf diesen Informationen ihre Meinungsbildung aufbauen und ihre Überzeugung wieder in die Politik einbringen, etwa in Form von Meinungsumfragen oder Protestaktionen und vor allem durch Wahlen.

Die neuen IuK-Technologien verändern den Stil der Kommunikation und erweitern erheblich die Möglichkeiten, sich zu informieren und zu kommunizieren. Insofern wirken sie direkt auf den Kern unserer Demokratie. Die neuen Medien stellen aber auch große Anforderungen – etwa an die technische Ausstattung, die finanziellen Möglichkeiten und die individuelle Fähigkeit, mit den neuen Medien technisch umzugehen und Informationen dann finden und bewerten zu können. Über diese Fähigkeit verfügt schon aus strukturellen Gründen nicht jeder im gleichen Maße. Individuell kommt ein Punkt hinzu, den der Sozialhistoriker Hans-Ulrich Wehler mit Blick auf seine Studenten salopp auf den Punkt bringt: »Wer das Internet benutzt, ist deshalb keinen Deut präziser oder weiter in der intellektuellen Durchdringung der Probleme.«[3]

Die neuen Medien beeinflussen die Demokratie in zumindest doppelter Weise. Erstens, weil die wichtige gesellschaftliche Kommunikation zunehmend auch in elektronischen Netzen stattfindet. Zweitens, weil die neuen Medien und deren Nutzung neue soziale Ungleichheiten mit sich bringen. Viele betrachten sie für eine demokratische Gesellschaft als nicht akzeptabel. Gegenstand dieses Beitrages ist daher der Versuch, die Chancen und Risiken der neuen IuK-Technologien für die Demokratie zu analysieren und zu bewerten. Dabei lässt sich die Frage nach den Möglichkeiten und Grenzen der E-Demokratie in diesem Rahmen nicht allgemeingültig beantworten. Zu sehr hinge eine Antwort auch von dem jeweils zugrunde liegenden Verständnis von Demokratie und Partizipation, aber auch von Medien und Technologie ab. Dieser Beitrag möchte daher vor allem auf Grundfragen klärend eingehen und den Zusammenhang zwischen Demokratie, Medien und Technologie darstellen. Erst im Anschluss sollen die Chancen und Risiken der neuen Medien für die Demokratie genauer hinterfragt werden.

1. Demokratie, Medien und Technologie

Die Entwicklung der Medien-, Informations- oder Kommunikationstechnologie ist schon deshalb ein elementarer Aspekt der demokratietheoretischen Debatte, weil Demokratie sich aus einem dauernden Prozess der politischen Kommunikation ergibt. Demokratie ist an die gesellschaftlichen Möglichkeiten und Grenzen der Information und Kommunikation gebunden. Insofern ist auch die Frage nach dem Zusammenhang zwischen demokratischer und medientechnologischer Entwicklung fast so alt wie die Medien selbst. Das Beispiel des Buchdrucks als Grundlage gesellschaftlicher wie auch politischer Umwälzungen belegt dies ebenso wie die Bildungsgesellschaften des 18. Jahrhunderts. Diese waren ein Faktor, der das Streben nach politischer Partizipation im deutschen Bürgertum gleichermaßen verstärkte wie ermöglichte. Die sich in dieser Zeit etablierenden Clubs können sicher als Vorläufer moderner Plattformen für die politische Kommunikation angesehen werden.[4]

Die Frage der Wechselwirkung von so genannten Neuen Medien und der Demokratie steht daher nicht erst mit der Durchsetzung des Internets auf der Tagesordnung. Es ist noch gar nicht so lange her, da waren auch Radio und Fernsehen oder privater Rundfunk neue Medien. Bereits 1932 forderte beispielsweise der Dichter Bertolt Brecht, dass der Rundfunk aus einem »Distributionsapparat in einen Kommunikationsapparat zu verwandeln« sei. Der

Rundfunk könne – so ist in Brechts Radiotheorie zu lesen – als denkbar »großartigster Kommunikationsapparat« angesehen werden, wenn er es verstünde, »nicht nur auszusenden, sondern auch zu empfangen, also den Zuhörer nicht nur hören, sondern auch sprechen zu machen und ihn nicht zu isolieren, sondern ihn in Beziehung zu setzen.«[5]

Liest man diese vor nunmehr 70 Jahren geschriebenen Gedanken neu, scheint man sich direkt in der heutigen Auseinandersetzung im Spannungsfeld von Demokratie, Medien und Technik zu befinden. E-Demokratie steht in dieser Tradition von Auseinandersetzungen, die die jeweils neuen technischen Möglichkeiten in den Demokratisierungsprozess einordnen.

1.1 Demokratie als mediale politische Kommunikation

Demokratie ist Kommunikation. Natürlich ist sie auch mehr als das,[6] aber will man den Grundgedanken einer politischen Meinungsbildung und demokratischen Entscheidungsfindung auf den Punkt bringen, kann Demokratie nur als permanenter Kommunikationsprozess zwischen Regierenden und Regierten verstanden werden. Das Ziel dieses Prozesses ist es, alle von einer Entscheidung Betroffenen an der Entscheidungsfindung zu beteiligen und sich dafür gegenseitig die nötigen Informationen zur Verfügung zu stellen. Darin liegt das eigentlich legitimierende Merkmal einer demokratischen politischen Kommunikation.

Die Herrschaft des Volkes meinte bereits in klassischer Interpretation, dass die Bürgerinnen und Bürger selbst über ihre Belange entscheiden und Regeln des Gemeinwesens so erst legitimieren: »government of the people, by the people, for the people«, wie Abraham Lincoln es 1863 formulierte.[7] Demokratie ist in dieser Perspektive das Schaffen der bestmöglichen Kongruenz von Entscheidern und Betroffenen. Erst die Kommunikation schafft die Bedingung für eine gleiche und faire Teilhabe aller Beteiligten daran. Soweit die Theorie. Ein erstes einfaches, wenn auch in seinen Auswirkungen noch beherrschbares Dilemma erwächst der Demokratie, da eine völlige Deckungsgleichheit der Meinungen in der Realität schwerlich herzustellen ist. Bei der Erfüllung dieser Aufgabe muss die moderne Demokratie daher ein Problem lösen. Denn einerseits konstituiert sie sich in einem permanenten kommunikativen Prozess, indem die Regierenden und Regierten ihre Informationen gewinnen, ihre Interessen und Intentionen darstellen sowie öffentlich wahrnehmbar machen. Andererseits überschreiten die neuzeitlichen Demokratien den Rahmen athenischer Foren, in denen noch alle Beteiligten persönlich anwesend sein und einen direkten Dialog führen konnten. Dies ist heute schon wegen der Millionen Beteiligten und komplexeren Zusammenhänge nicht zu bewerkstelligen. Zwischen Regierten und Regierenden treten Vermittlungsinstanzen auf. Dies geschieht in Form einer mehrebigen Repräsentation (Bund, Länder, Kommunen) – und eben in Form einer wiederum medial organisierten Öffentlichkeit.[8]

Die Möglichkeiten direkter Partizipation rückten im Laufe der Zeit in den Hintergrund, sie waren nunmehr allein über den Umweg der öffentlichen Meinungs- wie periodischen Willensbildung durch Wahlen zu erreichen. Der Ort demokratischer Vernunft war nicht länger das Forum, sondern eine Medienöffentlichkeit. Spätestens die Verbreitung elektronischer Medien wie Radio und insbesondere Fernsehen hat das zweiseitige Verhältnis von Regierten und Regierenden um den Faktor der massenmedialen und distributiven Öffentlichkeit erweitert. Hier sah Jürgen Habermas bereits 1962 einen grundlegenden Strukturwandel der Öffentlichkeit.[9] An die Stelle der direkten Demokratie der griechischen Polis, in der die kommunikative Interaktion von Entscheidern und Betroffenen durch Anwesenheit hergestellt werden konnte, tritt heute die Unsicherheit, ob eine demokratische Repräsentation der Gesellschaft noch gesichert werden kann. Mit anderen Worten: Welche Voraussetzungen müssen erfüllt sein, damit eine mediale Öffentlichkeit auch ihre demokratische Funktion erfüllen kann? Die notwendig gewordenen Mechanismen der Vermittlung lassen das zunächst einfache Dilemma zum Problem werden. Das elektronische (oder auch analoge) Demokratiedilemma zieht sich durch die gesamte moderne Demokratiedebatte. Diese ist von der kontroversen Auseinandersetzung um die Folgen des Prozesses geradezu geprägt. Stets aufs Neue entzündet sie sich beispielsweise an der Frage der besten Möglichkeit, den Mangel an direkter Teilhabe zu kompensieren. Auch die Frage nach der hinreichenden Legitimation von repräsentativen Systemen und den Fragen des privilegierten Zugangs und der (vermeintlich verzerrenden) Wirkungen der medialen Vermittlung wie auch Fragen nach der demokratischen Effektivität der massenmedialen Öffentlichkeit beleben die Debatte mit erstaunlicher Regelmäßigkeit.

Demokratie hat, anders ausgedrückt, ein strukturelles Kommunikationsproblem. Denn sie basiert zwar grundsätzlich auf einer kommunikativen Transparenz – aber diese kann in der Moderne nicht direkt, sondern nur über den Umweg der zumeist privatwirtschaftlich organisierten Medien realisiert werden. Direkte Kommunikation im Brecht'schen Sinne blieb lediglich als erstrebenswertes, aber unter den Bedingungen moderner Massendemokratie utopisches Ideal direkter demokratischer Kommunikation lebendig.

1.2 Politik und IuK-Technologie

Fasst man Demokratie in diesem Sinne nicht nur als Kommunikationsprozess auf, sondern sieht dabei ein grundlegendes Kommunikationsproblem, kommt den jeweiligen verfügbaren technologischen Möglichkeiten ein besonderer demokratietheoretischer Aspekt zu. Medien-, Informations- und Kommunikationstechnologien haben eine ebenso sensible wie nötige Funktion in der demokratischen Kommunikation. Sie haben damit einen großen Einfluss auf die Chancen, das Demokratiedilemma mindestens zu verstehen und bestenfalls zu verringern. Kein Wunder also, dass Innovationen in diesen Bereichen stets weitaus aufgeregtere und heftigere politische Reaktionen und Kontroversen auslösen als in anderen Feldern der Technologie. Dies gilt nicht nur für die Einführung grundlegend neuer Medien wie des Buchdrucks, der Printmedien oder des Rundfunks. Schon graduelle Neuerungen wie Kabelfernsehen oder privater Rundfunk lösten in der jüngsten Vergangenheit kleine politische Erdbeben aus. Selbst bei einem Thema wie dem Uniradio fühlten sich Parteien, Medienwächter und -regulierer anfangs mahnend auf den Plan gerufen. Insofern ist es erstaunlich, dass die neuen IuK-Technologien nicht schon viel früher auch aus politik- oder demokratietheoretischer Perspektive betrachtet und bewertet wurden.

Das Netz ist unpolitisch – diese Überzeugung war in den vergangenen Jahren häufig die Prämisse wissenschaftlicher Analysen zu den Auswirkungen der IuK-Technologien, für die das Internet synonym steht. Die nicht-governmentale Verwaltungsorganisation des Internets, die Icann, hat diesen Leitsatz sogar zu ihrem Credo erklärt. Dabei stellt diese Überzeugung nicht nur die entscheidende Frage nach dem Zusammenhang von Technik und Politik, der auch für die Chancen und Risiken der oft bemühten E-Demokratie von zentraler Bedeutung ist. Vielmehr liegt ihr offenbar das sicherlich legitime Motiv zugrunde, nicht einer allein technikzentrierten und daher einseitigen Betrachtung verfallen und nicht vorschnell bestehende technologische Merkmale und Potenziale gegenwärtiger Innovationen zu tatsächlichen Auswirkungen verklären zu wollen.

Allzu häufig sind in der Tat bestimmte Merkmale neuer IuK- und Medientechnologien theoretisch kurzschlüssig mit bestimmten wirtschaftlichen, sozialen oder politischen Folgen gleichgesetzt worden. Ihre Chancen wie Risiken wurden vorschnell zu bereits realen empirischen Phänomenen umgedeutet. Dies gilt im besonderen Maße für die technischen Eigenschaften einer möglichen Interaktivität und eines einfachen Zugangs zu dem neuen Medium, die eine (direkte) demokratische Kommunikation auf den ersten Blick fördern.

Aber nicht nur die Verfechter, auch die Kritiker einer E-Demokratie verfallen zuweilen einem technikzentrierten Fehlschluss. Dies kann dann unterstellt werden, wenn in einem frühen Stadium der technischen Entwicklung lautstark nach Regulierung gerufen wird, obwohl ein Interventionsbedarf noch gar nicht absehbar ist beziehungsweise die Durchsetzbarkeit mehr als fraglich bleibt. Bezüglich der (elektronischen) Demokratie sorgen sich die Kritiker zumeist, wenn sie aufgrund des technischen Aufbrechens der rein distributiven Einseitigkeit der Medien übereilt auf eine Fragmentierung der demokratisch zentralen Kategorie der Öffentlichkeit schließen.[10]

Sicherlich entsprach das Nutzungsverhalten der klassischen elektronischen Medien (auch aufgrund des geringen Angebots und der erzwungenen Passivität) eher den theoretischen Vorstellungen einer gesamtgesellschaftlich geteilten Öffentlichkeit. Ebenso ist es nachvollziehbar, dass neue individuelle Freiheitsgrade in der Mediennutzung einen gesellschaftlich weniger vergleichbaren Wissens- wie auch Themenhorizont erwarten lassen. Dennoch wird auch hier allein von einem technologischen Merkmal – der Dominanz der Nutzerperspektive in den neuen Medien – auf dessen politische Wirkung geschlossen. Zu bedenken ist, dass nur selten in der Geschichte die tatsächlichen gesellschaftlichen Auswirkungen bereits vor Einführung einer neuen Technologie vorhersehbar waren. Dies gilt für die Medien genauso. Mehr noch: Fast sämtliche zeitgenössischen Prognosen erwiesen sich als unhaltbar. Gesellschaftlicher Fortschritt und Wandel liegen nicht in einer Technologie begründet, sondern sie ergeben sich erst im Zusammenspiel mit sozialen, wirtschaftlichen und politischen Prozessen. Niemand dürfte in der Lage sein, hier zu einem frühen Zeitpunkt die weiteren Auswirkungen exakt einschätzen zu können. Klar ist nur, dass sie vorhanden sind.

Insofern mangelt es auch der Gegenposition, die von einer völligen Bedeutungslosigkeit der IuK-Entwicklung für den Wandel des politischen Systems und der Demokratie ausgeht, an Plausibilität. Es sind gerade die besonderen technischen Merkmale, etwa die folgenreiche Digitalisierung und die paketvermittelte Information und Kommunikation in globalen Netzen, die bestehende Rechtsrahmen sprengen und politische Gewissheiten wanken lassen. Gerade beim Thema Internet kommt der Faktor des Tempos hinzu. Einerseits bei der Fortentwicklung der Technik, andererseits aber auch bei der raschen Verbreitung. Kein anderes Massenmedium wurde jemals so bald so stark genutzt wie das Web. Bekannt ist der Vergleich mit der 50-Millionen-Marke in den USA. Das Radio brauchte 38 Jahre, um so viele Bürger zu erreichen, das Fernsehen 14 und das Internet lediglich vier.[11] Auch wenn die Politik immer noch Maßstäbe für die Beurteilung bestimmter Eigenschaften neuer Technologien liefert, so ist es doch diese Dynamik, die die politischen Mühen zugleich unterläuft oder auf einmal gänzlich neue Bewertungen erzwingt. Das Netz, so möchte man der eingangs zitierten Überzeugung entgegenhalten, ist also sehr wohl politisch.

Das zentrale Verhältnis von Politik und Technik muss sich in einem Feld zwischen Technikdeterminismus und Technikindifferenz einpendeln. Während dem Determinismus die Annahme zugrunde liegt, dass alle entscheidenden Faktoren, die die gesellschaftliche Entwicklung der neuen Technologie bestimmen, bereits vollständig in ihren technischen Merkmalen enthalten sind, geht die Indifferenzthese davon aus, dass diese allein im gesellschaftlichen Kontext ihrer Anwendung und (Nicht-)Durchsetzung zu suchen sind.[12] Dabei lässt sich das Wechselverhältnis von politischer und technologischer Entwicklung im Bereich der IuK-Möglichkeiten wohl am besten als einen Prozess der Ko-Evolution auffassen. Beide Stränge stehen in einer unmittelbaren Wechselwirkung. Sie ermöglichen sich dauernd gegenseitig, sie be- und verhindern, verstärken und bremsen sich. Das Endergebnis des Prozesses ergibt sich jedenfalls kaum allein aus technischen oder politischen Faktoren. Die technologischen Auswirkungen sind und bleiben ambivalent – sicher ist aber, dass sie Einfluss auf unsere Gesellschaft haben und damit auch auf unsere Demokratie.

Im politischen Alltag Deutschlands spiegeln sich die offenen Fragen und rivalisierenden Blickwinkel wider. Innen- und Rechtspolitiker, Wirtschaftsexperten oder Medienkenner – durchgängig durch alle Parteien haben sie ihren spezifischen Blickwinkel auf das Internet, auf dessen Auswirkungen und insofern auch auf den politischen Rahmen.

Dabei haben die Medien- und vor allem die Internetexperten aller Parteien ein gemeinsames Problem: Sie sind sich häufig zu einig, können sich somit nach außen kaum differenzieren. Auch intern haben sie eine gemeinsame Sorge: Die Web-Politiker haben in ihren Parteien kaum Einfluss. Da besuchen sie ein Startup oder nehmen an einem Chat teil, aber meistens beschäftigen sie sich als Modellprojektler und interne Berater. Die exekutive und legislative Arbeit erledigen andere: Bei den Fragen der Besteuerung von E-Händlern ziehen Finanzpolitiker die Fäden, bei Cybersicherheit und Informationsfreiheit sind die Innenpolitiker am Ruder. Die Verschlüsselung ist das Thema der Forscher und Juristen, die Telekommunikationsüberwachung steht auf der Tagesordnung des Wirtschaftsministers. Der Politologe Claus Leggewie ergänzt: »Es verschafft Ihnen in Deutschland tendenziell mehr Reputation, wenn Sie etwas vor bösen Bedrohungen schützen wollen, als wenn Sie sagen, ich bin für offene Standards und alles ist gut«[13] – und gegen Reputation, die im Übrigen ja wiederum von den Medien transportiert wird, dürfte kein Politiker etwas haben.

Verschärft wird das Problem durch die Länder, die in Sachen Medienregulierung zum Handeln oder zumindest zum Beurteilen aufgefordert sind. So beharrt aktuell der Düsseldorfer Regierungspräsident als Landesmedienwächter von Nordrhein-Westfalen gegen den Willen der bundespolitischen Experten auch aus der eigenen Partei auf Sperrverfügungen gegen Naziseiten aus den USA – mit mehr als zweifelhaften Resultaten. Auch die Wirtschaft empfindet daher das Problem der Regulierung und deren Legitimität als gravierend: »Dem Web werden blasierte Ordnungskonzepte übergestülpt, die auf alten Annahmen beruhen«, schimpft beispielsweise Rainer Wiedmann, Präsident des Deutschen Multimediaverbandes (DMMV). Dabei habe bisher nicht einmal jemand im Grundsatz entschieden, ob das Netz nun ein Medium oder ein Kommunikationsmittel sei. »So mischen sich immer wieder die Länder ein, meistens aber der Bund, und in jedem Fall sind es wenigstens fünf Ministerien, die zuständig sind.«[14]

Angesichts dieses Wirrwarrs verwundert es kaum, dass die Fachpolitiker aller Parteien selbst Experten kaum bekannt sind, wie eine Umfrage des Online-Marktforschers Dialego im Sommer 2001 ergab. Die 253 beteiligten deutschen E-Business-Entscheider straften die Politik ab – mit gut einem Drittel traut es die Mehrheit keiner Partei zu, einen soliden politischen Rahmen für die Web- und Wissensgesellschaft zu zimmern. Das größte Vertrauen genoss mit etwa 23 Prozent noch die SPD. Die Union lag mit 13,4 Prozent Zuspruch noch hinter der FDP, die bei der Frage nach der Kompetenz auf 14,2 Prozent kam.[15]

2. Chancen und Risiken der E-Demokratie

Mit den Neuen Medien scheint sich die Hoffnung auf eine direkte Kommunikation von Regierten und Regierenden nun doch wider Erwarten erfüllen zu können: Das Internet bietet zumindest potenziell die Möglichkeit, die Gesellschaftsmitglieder in einem interaktiven Kommunikationsnetz zu vereinigen. Die sozial und politisch selektiven intermediären Vermittlungsinstanzen würden überflüssig. Die Erweiterung – und partielle Umstellung – der relevanten gesellschaftlichen Kommunikation um oder auf elektronische Kommunikationsnetzwerke potenziert die wechselseitige Verschränkung.[16] Das Internet markiert daher den vorläufigen Höhepunkt einer stets mit einer demokratietheoretischen Debatte gepaarten medientechnischen Entwicklung.

Die Diskussion um das Entstehen einer im weitesten Sinne »elektronischen Demokratie« ist demnach nicht neu. Im Zusammenhang mit den umstrittenen Konzepten einer Informationsgesellschaft wird sie seit etwa 30 Jahren geführt.[17] Folgerichtig stammen die ersten Vorstellungen einer »Teledemokratie« oder auch »elektronischen Demokratie« bereits aus den 70er-Jahren. Mit den heutigen E-Demokratie-Hoffnungen haben sie mindestens eines gemeinsam: Sie alle versuchen, neue elektronische Medien als Möglichkeit zu begreifen, politische Information, Transparenz und vor allem Teilhabe zu steigern. Die neuen, auf Digitalisierung, Vernetzung und Interaktivität basierenden IuK-Möglichkeiten eröffnen eine neue Runde in dieser Debatte. Sie erzeugen sowohl neue demokratische Probleme als auch neue Möglichkeiten der Bearbeitung und Lösung des – nunmehr digitalen – Demokratiedilemmas.

Unabhängig davon, ob die politischen Auswirkungen der neuen Runde als elektronische Demokratie, Telekratie oder Mediendemokratie beschrieben werden – stets bleiben die Möglichkeiten und deren Folgen für das politische System ebenso vielfältig wie unübersichtlich. Unterschiedlicher könnten daher auch die Einschätzungen der Folgen kaum sein: Für die einen gelten die neuen Möglichkeiten der Information und Kommunikation als »technology of freedom« – sie stehen für eine »totale Demokratisierung« der Gesellschaft, die erstmals seit der Antike zu realisieren sei. Am Horizont der sozialen Entwicklung grüße der allzeit wohlinformierte Bürger, die direkte Kommunikation zwischen Wähler und Gewähltem stehe bevor. Dagegen sehen die anderen im Potenzial der Neuen Medien eine Gefahr für die repräsentative oder parlamentarische Demokratie. Die Bürger und Bürgerinnen würden überfordert, eine Entsozialisierung der politischen Kommunikation beginne.[18]

Auch hier stehen sich – wie Sarcinelli es ausdrückt – pessimistische »spekulative Tieftaucher« und nicht minder überzeugte optimistische »fulminante Höhenflieger« gegenüber.[19] Im Folgenden sollen einige dieser sehr kontroversen Bewertungen der politischen Chancen und Risiken der neuen IuK-Möglichkeiten kurz entlang ausgewählter zentraler Begriffe der Demokratietheorie sowie einiger zusätzlicher Aspekte skizziert werden.

2.1 E-Demokratie und Partizipation

Die Hoffnungen und Chancen, die mit einer elektronischen Demokratie einher gehen, werden meist mit der nunmehr möglichen unmittelbaren Kommunikation, dem direkten Dialog von Politik und Bürger begründet. Partizipation im Sinne der kommunikativen Teilhabe an der Herstellung einer Kongruenz von Entscheidern und Betroffenen[20] sei potenziell direkt und ohne die vermittelnden Instanzen der Repräsentation und Öffentlichkeit denkbar.[21] Die Distanz zwischen den Regierten und Regierenden sollte sich deutlich verringern lassen. Folge: Die motivierenden und legitimierenden Merkmale dialogischer Kommunikation und direkter Interaktivität könnten sich entfalten, die demokratische Beteiligung mit der kommunikativen Beteiligung zusammenfallen – das Dilemma der Demokratie wäre entschärft.[22] Möglich machten dies auch die geringen Zutrittsschwellen und Transaktionskosten elektronischer Kommunikation. Insgesamt vereinfache sich also der Zugang zu Informationen ebenso wie die Möglichkeit, diese bereitzustellen. Die informationelle Autonomie steige, was sich auch in der dynamischen Verbreitung und schnellen soziokulturellen Bewältigung neuer IuK-Möglichkeiten wie E-Mail oder Chat zeige.

Zweitens zeichneten sich die neuen Medien aber vor allem durch einen Rückkanal aus, das heißt sie entsprechen eben nicht länger einem Brecht'schen Distributionsapparat für alle möglichen Inhalte, ohne dass die Nutzer direkt Einfluss nehmen könnten. An die Stelle des passiven Empfangens und Konsumierens vorgegebener Angebote, wie es sowohl für den klassischen Rundfunk als auch für Printmedien überwiegend charakteristisch ist, träten mit den neuen Medien nun die aktive individuelle Mediennutzung und die interaktive, auch dialogische Kommunikationsmöglichkeit aller Beteiligten. Hinreichend für die politische Kommunikation genutzt, hätten diese Möglichkeiten kostengünstiger, direkter, interaktiver und relativ selbstbestimmter Kommunikation das Potenzial, das dauerhafte Legitimationsdefizit repräsentativer Demokratien zu mildern sowie die vielzitierte Demokratie- und Politikverdrossenheit zu verringern[23] – so lautet jedenfalls die optimistische These der E-Demokratie-Befürworter.

Dies gilt insbesondere, wenn die oft beklagten Phänomene sich vor allem aus dem Zweifel an einer wirklich gerechten und angemessenen Berücksichtigung und Vertretung der eigenen individuellen Interessen in den politischen Gremien (Repräsentation) oder an der Möglichkeit und Effektivität einer unverzerrten und ausgeglichenen politischen Information und Kommunikation[24] ergeben. Die Bürger könnten ihren Anliegen also ohne den Umweg über Parteien oder Ausschüsse Gehör verschaffen, und sie könnten einfacher an Informationen gelangen, die für ihre aktive politische Meinungsbildung und Entscheidungsfindung relevant sind. Immerhin ein Viertel der Deutschen wünscht sich laut repräsentativer Umfragen die Möglichkeit, per Internet mit Politikern zu kommunizieren und zu diskutieren.[25] Die Folge wäre ein ech-

ter, nämlich direkt geführter Dialog – das Demokratiedilemma wäre quasi digital aufgehoben.[26]
Die mögliche kommunikative Distanzverringerung zwischen Entscheidern und Betroffenen wird indes nicht einhellig begrüßt. Gerade vor dem Kontext der jahrelangen Debatte um den vorsichtigen Aufbau direktdemokratischer oder plebiszitärer Elemente wie Volksbegehren oder Volksabstimmungen wird immer wieder vor chaotischen Auswirkungen einer direkten Beteiligung aller an allem gewarnt. Dies müsse sich allein aufgrund der sehr verschiedenen und auch schwierigen Sachfragen negativ auswirken. Weder diene es dem Interesse an einer sachgerechten Lösung noch dem an einer berechenbaren politischen Kontinuität der Themenbearbeitung und Entscheidungsfindung. Eine auf Technologien basierende demokratische Partizipation und Teilhabe sei nicht automatisch legitimer als repräsentative Modelle. Ebenso wenig sei die nutzerorientierte Informationsgewinnung automatisch unverzerrter als die Öffentlichkeit der klassischen Medien.

Gespeist wird diese Skepsis zum einen aus der klassischen Kritik an einer identitären Demokratie, wie sie Jean-Jacques Rousseau vertrat.[27] Die Vorstellung einer Deckungsgleichheit von Regierenden und Regierten gehe von der falschen Annahme aus, dass es einen einheitlichen Willen des Volkes gebe und der sich in eine Entscheidung bündeln lasse. Viel häufiger gebe es legitime Interessengegensätze, und genau deren fairer Ausgleich sei die zentrale Aufgabe der Politik. Partizipation sollte weniger im Namen eines übergeordneten Volkswillens erfolgen, der sich durch eine unmittelbare Kommunikation auszeichne, sondern allein als bewusst an den individuellen Eigeninteressen orientierte Meinungs- und Willensäußerung.[28] Voreilig würden Vorteile einer Repräsentation infrage gestellt.

Ein weiterer Punkt der Kritik: Der Einsatz von Technik wirke keineswegs nur gleichmacherisch. Vielmehr setzt er auch einiges voraus. Einsatz und Nutzung ließen sich überdies nicht erzwingen. Gerade bei den Neuen Medien seien bestimmte Gruppen überproportional beteiligt sowie ein großer Teil der Bevölkerung außen vor. Konkret sagt beispielsweise Erwin Staudt, IBM-Deutschlandchef und Vorsitzender der »Initiative D21«: »Wir haben drei Risikogruppen für Deutschland ausgemacht, die von einer digitalen Spaltung bedroht sind. Es sind zum einen ältere Menschen, dann die Bewohner ländlicher Regionen sowie Bevölkerungsgruppen mit einer niedrigeren Schulbildung.«[29]

Diese digitale Spaltung der Gesellschaft in Nutzer und Nichtnutzer dürfte sich allerdings erst dann demokratisch negativ auswirken, wenn die Nutzung neuer IuK-Technologien erhebliche partizipative Vorteile mit sich brächte – das digitale Dilemma entstünde aus dieser Perspektive erst dann, wenn zunehmend Verfahren der E-Demokratie zur Meinungsbildung und Entscheidungsfindung eingesetzt würden. Nichtnutzern, ohnehin in Ausbildung, auf dem Arbeitsmarkt oder in der Freizeit benachteiligt, kämen darüber hinaus in diesem Falle sogar grundlegende demokratische Beteiligungsrechte abhanden. Allein deshalb müsse man weitergehende Initiativen hinsichtlich einer E-Demokratie im Sinne einer gesteigerten Partizipation durch Neue Medien kritisch gegenüberstehen. Die repräsentative Demokratie sei es wert, gegen eine solche Aushöhlung verteidigt zu werden. Gegensätzlicher könnten die Einschätzungen der Auswirkungen und Potenziale kaum ausfallen – die Ambivalenz des digitalen Demokratiedilemmas tritt deutlich hervor.

2.2 E-Demokratie und politische Öffentlichkeit

Nicht nur für die repräsentative Demokratie ergeben sich allein aus der Möglichkeit einer direkten Kommunikation sowie der zunehmenden informationellen Autonomie erhebliche Folgen. Auch die zweite zentrale Kategorie der politischen Öffentlichkeit verändert sich.[30] Öffentlichkeit – im Sinne des konsensstiftenden öffentlichen Gebrauchs der Vernunft [31] – ist demokratietheoretisch vor allem deshalb von zentraler Bedeutung, weil sie die legitimative Lücke überbrückt, die durch Repräsentation und Mehrheitsprinzip entsteht.

Selbst bei gesicherter Gewaltenteilung, Rechtsstaatlichkeit, individueller Freiheit und Gleichheit sowie gewährleisteten freien und geheimen Wahlen ist der Legitimationstransfer von der Bevölkerung auf die Regierung – von den Betroffenen auf die Entscheider – an weitergehende Bedingungen geknüpft. Diese bestehen etwa darin, dass ein politisches Gemeinwesen nach einem gesellschaftlich geteilten – auch normativen – Erwartungshorizont verlangt, der den Raum politischer Kommunikation markiert. Ebenso kann die kollektive Identität aller Beteiligten nicht national, ethnisch oder kulturell, sondern als eine Erinnerung-, Erfahrungs- und Kommunikationsgemeinschaft verstanden werden. Auch eine hinreichende und bürgerorientierte Bereitstellung politisch relevanter Informationen zu Sachlagen, Motiven und Intentionen der politischen Akteure ist ein wichtiger Aspekt der Kommunikation. Und nicht zuletzt: Forderungen und Handlungen werden über die Medien den handelnden Personen und Parteien zugeordnet.

Diese Bedingungen können wiederum aus traditioneller Sicht allein aus einem dauernden politischen Diskurs im Medium einer umfassenden, gesamtgesellschaftlich geteilten Öffentlichkeit hervorgehen.[32] Und genau dies, sagen Kritiker einer E-Öffentlichkeit, kann jenseits der distributiven Öffentlichkeit der klassischen Medien nicht mehr unterstellt werden. Vielmehr ist hier durch die stetig steigenden Voraussetzungen für eine aktive Teilhabe an der neuen Medienwelt und der Diversifizierung der Mediennutzung von einer Zersplitterung der politischen Öffentlichkeit die Rede.[33]

Dies gelte in einem Maße, dass die Öffentlichkeit ihre demokratische Funktion der vernunftbasierten Meinungsbildung und Entscheidungsfindung im politischen Diskurs nicht länger zu erfüllen vermag. Allgemein unterstellbare Wissenshorizonte und geteilte Interpretationen würden zur Ausnahme. An ihre Stelle träten gegensätzliche, an individuellen Lebensstilen und partikularen Überzeugungen orientierte Weltbilder. Der Bezug zum geteilten Gemeinwesen werde sich abschwächen und damit zugleich die Motivation zu einer aktiven Beteiligung an der politischen Kommunikation. Anstatt wie behauptet zur Behebung des Demokratiedilemmas beizutragen, wirke E-Demokratie damit genau entgegengesetzt – ein neuerliches Beispiel für die Ambivalenz der digitalen Demokratie. Öffentlichkeit, der Kitt und Spiegel moderner Gesellschaften, verliere demnach an Orientierungskraft. Die vorschnell gefeierte Bildung neuer transnationaler soziopolitischer Räume (Cyberspace) und entsprechender (fach-)öffentlicher Netzkommunikation stelle das weiterhin institutionell organisierte Medium Öffentlichkeit in Frage, und mit diesem die Legitimation der unter diesen Bedingungen geführten politischen Diskurse.[34]

Andere, weniger pessimistische Vertreter sehen erst durch die unmittelbare Dialogmöglichkeit und die erhebliche Senkung der Transaktionskosten das Ende des massenmedialen Zugangsmonopols zur – daher zu Recht als rein distributiv kritisierten – politischen Öffentlichkeit. An die Stelle der demokratietheoretisch stets verdächtigen öffentlichen Meinung, die zuweilen mit der veröffentlichten Meinung gleichgesetzt wird, könne erst jetzt die interaktive E-Öffentlichkeit treten, die auf gleichem Zugang für prinzipiell alle Beteiligten basiere und dialogisch angelegt sei.[35] Zur informationellen Autonomie komme die Gelegenheit, seine Sicht der Dinge selbst online zu publizieren und sich aktiv an der diskursiven Herstellung einer Öffentlichkeit zu beteiligen.

Zwar kann einem solchen Publizieren eine geringere Repräsentation wie auch Reichweite unterstellt werden. Doch die deliberative Gleichheit aller Bürgerinnen und Bürger werde durch diese digitale Demokratie gestärkt, die strukturellen Zugangsprivilegien von Organisationen, Ämtern und des sozialen Status' würden verringert. Aus dieser Perspektive haben die Neuen Medien das Potenzial, die distributive Öffentlichkeit der monologischen Massenmedien zumindest in Teilen in eine diskursive Öffentlichkeit des Argumentierens im Dialog zu verwandeln.[36] Allerdings: Erkauft wird diese Chance mit dem Bedeutungsverlust erfolgreich routinisierter Maßstäbe und Indizien medialer Resonanz. Wirkung und Reichweite, wie sie in politische Wahrnehmungs- und Entscheidungsstrategien erfolgreich eingebunden wurden, verlieren an Gewicht. Namensnennungen etwa oder Einschaltquoten und Auflagen sagen immer weniger über die (auch) politisch relevanten öffentlichen Diskurse aus.

Kritiker fürchten zudem, dass als weitere Folge das Vertrauen in etwa die online-journalistische Arbeit und die Glaubwürdigkeit der medialen Darstellungen sinkt. Anders als beim elektronischen Rundfunk oder renommierten Print-Redaktionen können zumindest derzeit weder professionelle Standards noch institutionelle Sicherungen als Indizien für eine ausgewogene und realitätsnahe Vermittlung dienen. Zwar wäre die elektronische Öffentlichkeit dann nicht mehr nur distributiv. Doch ihr voluntaristischer Charakter würde zusätzliche Maßnahmen erzwingen, jedenfalls dann, wenn diese Öffentlichkeit im Netz Leistungen der klassischen massenmedialen Öffentlichkeit übernähme.[37]

Schwerwiegender ist noch: Auch die These einer durch die neuen IuK-Technologien gesteigerten deliberativen Gleichheit der Bürger wird bestritten. Ganz im Gegenteil führe die sozial selektive Wirkung Neuer Medien sogar zu einer kritischen Spaltung der Gesellschaft in Bürger mit Internetzugang und ohne. Ebenso zeigen Studien, dass die neuen Nutzungs- und Rezeptionsformen digitaler Angebote und die Voraussetzungen ihrer kulturtechnischen Bewältigung offenbar auch die Teilung in »information-rich« und »information-poor« nicht nur nicht verringern, sondern mittelfristig sogar vertiefen – und zwar nicht trotz, sondern durch IuK-Technologie und E-Demokratie.[38] Auch hier tritt die ambivalente Wirkung der Neuen Medien hervor. Diese unter dem Begriff der digitalen Spaltung zusammengefassten neuen Quellen sozialer Ungleichheit und kommunikativer Privilegierung lassen jedenfalls derzeit noch unreflektierte Erwartungen einer sozial gerechteren und egalitären Verteilung von Artikulationsmöglichkeiten als unbegründet erscheinen.[39]

Insgesamt muss daher die These eines neuerlichen strukturellen Wandels der politischen Öffentlichkeit vorsichtig beurteilt werden. Sicher ist aber, dass kleine Schritte in Richtung eines deliberativen, durch reziproke Kommunikation geprägten Mediums nicht zwangsläufig das Ende der repräsentativen Demokratie sein werden. Auch setzen diese Schritte nicht notwendig die neuen IuK-Technologien voraus. Im Zuge der zunehmenden gesamtgesellschaftlichen Bedeutung elektronischer Information und Kommunikation bieten diese allerdings durchaus Vorteile bei der Realisierung transnationaler, interaktiver und offener Kommunikationsplattformen – die Frage ihrer Realisierung steht freilich auf einem anderen Blatt.

2.3 E-Demokratie und (Online-)Wahlen

Oft werden die Möglichkeiten der demokratischen Partizipation aufs Wählen als solches reduziert. Wenn sich bei der Bewertung der neuen Formen der Teilhabe und bei der Einschätzung des erneuten Strukturwandels der Öffentlichkeit zwei nahezu unvereinbare Positionen gegenüberstehen, so gilt dies besonders für die Diskussion über die elektronische Stimmabgabe. Dabei stehen die Heftigkeit der Diskussion und die tatsächliche Bedeutung, die Online-Wahlen letztlich einnehmen, in keinem angemessenen Verhältnis. In Anbetracht der Tatsache, dass zugegebenermaßen noch zahlreiche politische[40], soziale[41] und technische[42] Hindernisse einer allgemeinen Anwendung im Wege stehen, erscheint die polarisierte Debatte völlig überzogen. So sehen Optimisten in der raschen Ermöglichung der elektronischen Stimmabgabe beinahe die Lösung sämtlicher Legitimations- und Funktionsdefizite demokratisch verfasster Staaten. Skeptiker dagegen meinen, es gehe alles viel zu rasch: Mögliche Online-Wahlen seien ein erster Schritt in Richtung des Ausbaus direktdemokratischer oder plebiszitärer Elemente. Sie scheuen trotz aller bisheriger Erkenntnisse nicht davor zurück, den Untergang des Abendlandes an die Wand zu malen. Emsig warnen sie, die E-Demokratie könne sogar das parlamentarische System infrage stellen.

Die Skeptiker argumentieren auch, neben der dargestellten Kritik an direkt-demokratischen Verfahren, brauche Demokratie vor allem Zeit, und sei es die Zeit zum Nachdenken in der Wahlkabine.[43] Nun soll hier nicht der Versuch unternommen werden, letzteres zu bestreiten. Es soll jedoch versucht werden, die Modernisierungspotenziale der elektronischen Stimmabgabe auszuloten und Bedingungen für ihre Ermöglichung zu formulieren. Der vermutlich unumstrittene Ausgangspunkt der folgenden Überlegungen ist die Tatsache, dass sich bestehende politische Verfahren und Prozesse besonders dann mit einem immensen Anpassungsdruck konfrontiert sehen, wenn sie in ihrer jetzigen Form erhebliche Defizite aufweisen. Nicht zuletzt werden die stetig sinkende Wahlbeteiligung bei Bundes- und vor allem Landtags- und Kommunalwahlen[44] und die hieraus resultierenden Legitimationsdefizite von Befürwortern der elektronischen Stimmabgabe immer wieder angeführt, um die Notwendigkeit von Online-Wahlen zu begründen.

Ob die Ermöglichung von Online-Wahlen tatsächlich einen signifikanten Anstieg der Wahlbeteiligung zur Folge hat und somit einen messbaren Abbau dieser Legitimationsdefizite zu leisten vermag, darf getrost bezweifelt werden. Euphemistischen Hoffnungen, dass Wahlen per Klick das Interesse an Partizipation steigern könnten, erteilt etwa Werner Abelshauser eine lapidare Absage: »Die Leute gehen doch nicht deshalb nicht zur Wahl, weil sie zwei Blöcke weit laufen müssen. Sondern weil es sie nicht interessiert oder weil sie nicht wissen, wie sie sich entscheiden sollen.«[45] Rückendeckung kommt von wissenschaftlicher Seite. So sagt Herbert Kubicek kurz und knapp zu den Hoffnungen, dass es mit Online-Wahlen möglich sei, gegen Politikverdrossenheit und sinkende Wahlbeteiligung anzugehen: »Die bisherigen Testwahlen haben das nicht bestätigt.«[46]

Außerdem müsste vor der Schaffung direktdemokratischer, elektronischer Entscheidungsverfahren – neben der Klärung der rechtlichen, sicherheitstechnischen und organisatorischen Rahmenbedingungen – grundlegend überlegt werden, wer in welcher Form über welche Art von Inhalten online überhaupt abstimmen können soll. So müsste zunächst gefragt werden, bei welchen Wahlen oder Abstimmungen die elektronische Stimmabgabe nicht nur technisch möglich und verantwortbar, sondern auch sinnvoll ist. Nicht zuletzt stellt sich die Frage der Angemessenheit, berücksichtigt man die nicht unerheblichen Kosten einer solchen Initiative.

Bei einem Großteil der zur Rede stehenden Wahlen, beispielsweise bei Kommunal-, Landtags- und Bundestagswahlen, wird – so die hier vertretene These – der Ermöglichung von Online-Wahlen eine ergänzende Bedeutung neben den bestehenden Wahlmöglichkeiten (Urne, Briefwahl) zukommen und somit den gesellschaftlichen Erfordernissen wie Flexibilität und Mobilität stärker Rechnung tragen. Die Relevanz auf Bundesebene dürfte demnach begrenzt sein. Allerdings: Schon bei Wahlen zum Europaparlament ist der Fokus angesichts der Freizügigkeit der EU-Bürger größer. Und: Vor allem die Herausbildung globaler Kommunikationsnetzwerke und die Verlagerung gesellschaftlicher relevanter Kommunikation in diese Netze erzwingen neue Arten der Abstimmung. Bereits die Feststellung, wer bei der zwingend notwendigen Verwaltung und Administration des Internets als Betroffener anzusehen ist, wozu – zumindest potenziell – alle Nutzerinnen und Nutzer des Netzes zählen, macht langfristig die Notwendigkeit weltweiter und annähernd zeitgleicher Entscheidungs- und Abstimmungsprozesse klar – zumindest dann, wenn man die Frage der Demokratisierung des Internets ernsthaft stellt.

Diskutiert werden müssten im Zusammenhang mit Online-Wahlen auch (sozio-)kulturelle Fragen, also beispielsweise die Aspekte der Unmittelbarkeit und der Nachprüfbarkeit der Wahl, die in der bisherigen Debatte kaum eine Rolle spielten. So kann es ja beinahe als egalitäres Moment angesehen werden, dass es sich beim Gang zur Wahlkabine eben nicht um einen Klick auf einen »Dafür«- oder »Dagegen«-Button, sondern um einen hoheitlichen Akt handelt, der keine sozialen Unterschiede – egal ob Overall oder Pelzmantel – zulässt. Auch die Nachvollziehbarkeit der Wahl durch öffentliche Beobachter und das öffentliche Auszählen sind wichtige kulturelle Aspekte, die man nicht vorschnell als nicht mehr zeitgemäß abtun sollte. Hier sind auch bei der Durchführung von Online-Wahlen vergleichbare Prozeduren notwendig – allein dies stellt schon enorme Ansprüche an die technischen Verfahren und die technische Kompetenz derer, die an der Durchführung beteiligt sind.

Man kann es jedoch nicht bei der Frage, ob und inwieweit Online-Wahlen einen Beitrag zur Modernisierung der Demokratie zu leisten vermögen, belassen. Es müssen vielmehr – zumal es sich um Grundfragen unseres politischen und gesellschaftlichen Selbstverständnisses handelt – Kriterien für die Durchführung von Online-Wahlen entwickelt werden. Die Enquêtekommission »Zukunft der Medien in Wirtschaft und Gesellschaft« (EKM) hat in ihrem vierten Zwischenbericht zudem festgestellt, dass die »Ermöglichung einer informationstechnisch sicheren Wahl neben der heutigen Urnen- und Briefwahl« einen wichtigen Beitrag zur besseren Akzeptanz der neuen Informations- und Kommunikationsmöglichkeiten leisten könne. In ihrem Schlussbericht konkretisierte sie ihren Vorschlag dahingehend, dass »bei Bundestagswahlen das Angebot gemacht werden« sollte, »künftig in Ergänzung zur Urnen- und Briefwahl unter Gewährleistung von Datenschutz und Datensicherheit auch per Internet zu wählen. Allerdings muss sichergestellt sein, dass freie und geheime Wahlen auch bei der elektronischen Stimmabgabe gewährleistet sind.«[47]

Vergleichbar mit Online-Wahlen ist die in den Wahlgesetzen bereits vorgesehene Möglichkeit der Briefwahl. Die Kombination Wahllokal und Briefwahl soll die Teilnahme aller an der politischen Willensbildung durch Wahlen sicherstellen. Dabei erlaubt die Briefwahl – wiederum zumindest potenziell – auch denjenigen Wahlberechtigten die Teilnahme an der Wahl, die am Wahltag aus wichtigen Gründen verhindert sind und trägt so dem Grundsatz der Allgemeinheit der Wahl in besonderem Maße Rechnung.[48] Für die ergänzende Ermöglichung der elektronischen Stimmabgabe müssen daher vergleichbar hohe Voraussetzungen wie bei der Briefwahl geschaffen werden. Nach Artikel

38 Abs. 1 Satz 1 des Grundgesetzes sind die Grundsätze der allgemeinen, unmittelbaren, freien, gleichen und geheimen Wahl einzuhalten.[49] Dabei ist den Möglichkeiten der Manipulation von digitalen Daten besonders Rechnung zu tragen. Hieraus ergeben sich besonders hohe Anforderungen an die Zuverlässigkeit und Effizienz von technischen Systemen und organisatorischen Abläufen.[50] Eine elektronische Stimmabgabe setzt daher eine Sicherheitsinfrastruktur voraus, die diese verfassungsrechtlichen Wahlgrundsätze garantiert.

Als Zwischenfazit kann festgehalten werden, dass die Bedeutung einer elektronischen Stimmabgabe als Ergänzung zu den klassischen Wahlverfahren in der politischen und auch in der wissenschaftlichen Debatte weit überschätzt wird. Sie kann zwar vermutlich einen Beitrag dazu leisten, das Beteiligungsdefizit zu verringern – wenn auch einen kleinen und sehr voraussetzungsreichen. Aber letztlich ist auch die elektronische Stimmabgabe nur ein nachgelagerter Aspekt, dem der schwierige Prozess der Meinungs- und Willensbildung in einer völlig neuen Medienwelt, oder genauer in einer zersplitterten politischen Öffentlichkeit vorausgeht. Angesichts der Unübersichtlichkeit und Undurchschaubarkeit politischer Entscheidungen haben Überlegungen zur E-Demokratie daher früher anzusetzen als beim Zeitpunkt der Stimmabgabe bei Wahlen – in welcher Form dies dann auch immer geschieht.

Eine grundlegend neue Bedeutung kann das Thema Online-Wahlen jedoch erfahren, wenn es um die Demokratisierung und Administration des Netzes selbst geht. Wie die Erfahrungen der Icann-Wahlen, auf die noch näher einzugehen sein wird,[51] trotz aller berechtigten Kritik verdeutlicht haben, bestehen hier Möglichkeiten der direkten Partizipation, wie sie anders besonders unter dem Aspekt der Multinationalität nicht herzustellen sind. Gezeigt hat die Icann-Wahl aber auch, dass sich die Anforderungen, wie sie beispielsweise in nationalen Wahlordnungen normiert sind, nicht einfach auf globale Online-Wahlen übertragen lassen.[52] Wie wir noch zeigen werden, rückt inzwischen sogar die Icann selbst vom Modell der direkten Partizipation ab – das Prozedere war ebenso aufwendig wie anfällig, die Wählerbasis nicht eben repräsentativ und die Legitimation daher denkbar gering.

2.4 E-Government statt E-Demokratie?

Die Verkürzung der Partizipations- und Teilhabepotenziale auf den eigentlichen Wahlakt, ohne die vorausgehenden Prozesse der Informationssuche sowie der Meinungs- und Willensbildung auch nur annähernd zu berücksichtigen, ist nur ein Kennzeichen der Diskussion um das Entstehen einer elektronischen Demokratie. In dieser Diskussion wird meist auch auf eine begriffliche Unterscheidung zwischen E-Demokratie und E-Government verzichtet, obwohl es sich hier um eine folgenreiche Vorentscheidung handelt.[53]

Dieser Vorwurf der unzulässigen Verkürzung auf allein verwaltungsrelevante Fragestellungen richtet sich auch an die Enquêtekommission »Zukunft der Medien in Wirtschaft und Gesellschaft – Deutschlands Weg in die Informationsgesellschaft«. Gemäß ihres Einsetzungsbeschlusses sollte sie die »Entwicklungen und Folgen der elektronischen Medien und Informationstechnologien sowie der neuen Möglichkeiten einer Nutzung der Informations- und Kommunikationstechnik« darstellen. Sie sollte Handlungsbedarf und -möglichkeiten der staatlichen Politik aufzeigen. Einen Schwerpunkt ihrer Analyse bildeten denn auch die neuen Formen der Beteiligung der Bürger an der Willensbildung.[54] Die Kommission hat jedoch den Fokus in erster Linie auf Fragen wie »Bereitstellung, Verteilung und Aufnahme politischer Informationen« oder »Effizienzsteigerung von Parlamenten, Regierungen und Verwaltungen« gerichtet.[55] Natürlich sind auch dies wichtige Themenstellungen. Jedoch wird mit dieser Fokussierung das Spezifische und das eigentlich Neue der so genannten Neuen Medien – die Möglichkeit der massenhaften Interaktivität – ausgeblendet und damit auch die gegebenenfalls entstehenden neuen Möglichkeiten und Formen der politischen Teilhabe.[56]

Im Kern muss demnach stärker differenziert werden: Die Darstellung von Regierungs- und Verwaltungshandeln folgt eher dem Begriff E-Government oder E-Verwaltung. Dies kann zwar auch für Transparenz der politischen Prozesse sorgen, umfasst aber neben den Informationsangeboten der Ministerien und Behörden vor allem die Verwirklichung von dienstleistungsorientierten, bürgernahen Angeboten der Verwaltung oder elektronisch verfügbaren Verwaltungsprozeduren. Die bisherigen Initiativen des Bundes wie »Bund Online 2005« oder Staat-Modern betonen – im Sinne des E-Governments nur folgerichtig – diese Aspekte der neuen IuK-Möglichkeiten.[57]

Einen Schritt weiter geht die Initiative Media@komm des Bundeswirtschaftsministeriums. In ihrem Mittelpunkt stehen Projekte zur Organisation von kommunalen Plattformen. Neben Service- und Informationsangeboten sollen Foren und Marktplätze bereitgestellt werden, in denen Bürger, öffentliche Verwaltung und Unternehmen zur gemeinsamen und multimedialen Gestaltung ihres kommunalen Alltaglebens angehalten werden.[58]

Hingegen bezieht sich die E-Demokratie auf grundlegendere demokratietheoretische Kategorien wie Legitimation, Partizipation und Öffentlichkeit.[59] Während bei E-Government beziehungsweise E-Verwaltung primär dienstleistungsorientierte Maßstäbe der Umsetzung bestehender oder zumindest bekannter Prozeduren im Vordergrund stehen, berühren E-Demokratie-Projekte – und insbesondere E-Vote-Angebote – die Grundlagen unseres gesellschaftlichen und politischen Selbstverständnisses.[60]

Ein E-Demokratie-Projekt wird sich daher stets an hohen normativen Ansprüchen messen lassen müssen. Daneben sind auch die praktischen Anforderungen an ein E-Demokratie-Projekt hoch: Die Konzeption muss zugleich den Aspekt der Information, der Transparenzsteigerung und der interaktiven Partizipation und Teilhabe realisieren. Ein einfacher Medienwechsel gleich bleibender Inhalte, etwa die Digitalisierung bestehender Hochglanzprospekte für die Darstellung in einem Internetbrowser, reicht nicht aus. Die spezielle Aufbereitung der Inhalte für das neue Medium, redaktionell nicht nur überarbeitete, sondern neu erstellte Angebote und insbesondere die Steigerung der Meinungs- und Prozesstransparenz durch erläuternde Verweise, Verlinkungen und intuitiv nachvollziehbare visuelle Darstellungen müssen hier im Mittelpunkt stehen.

Am aufwändigsten innerhalb eines E-Demokratie-Projektes ist sicherlich die Realisierung der interaktiven Elemente. Hier können direkte Dialogangebote wie Diskussionsforen und Mailinglisten bei sensiblen und öffentlichkeitswirksamen Themen unvorhersehbare Entwicklungen auslösen und bestehende Verfahren unter einen erheblichen Anpassungsdruck setzen.

2.5 IT-Sicherheit und Akzeptanz

Die schönsten Pläne zu E-Demokratie und E-Government nutzen nichts, wenn sie denn von den Bürgerinnen und Bürgern gar nicht erst angenommen werden. Als einer der Hauptgründe, dass die Nutzung des Webs in diesen Bereichen nicht schneller vorankommt, gilt die mangelnde Sicherheit – das Vertrauen fehlt. Mit der Diskussion zu den Anforderungen an E-Demokratie- und E-Government-Konzepte rückt also auch der schwierige Zusammenhang zur IT-Sicherheit in den Kern der Überlegungen. Dieselben Techniken, die grundsätzlich große Chancen für E-Demokratie und E-Government und für die Gewährleistung von Vertraulichkeit und Integrität jeder elektronischen Kommunikation bieten, bergen zugleich neue Risiken und Gefahren – beispielsweise Manipulation oder Ausspähen von Daten.

Auch die Reformchancen für die moderne Demokratie, wie sie sich aus den Möglichkeiten der neuen IuK-Technologien ergeben, bleiben an diese Grundlagen gebunden. Die unbedingte Integrität der Inhalte, bei Bedarf die Vertraulichkeit der Kommunikation oder die Authentifizierbarkeit der E-Wähler bei gleichzeitiger Wahrung des Wahlgeheimnisses, die Sicherheit und der Schutz der Daten und die Verfügbarkeit von Informationen und Diensten sind Voraussetzungen für eine erfolgreiche Modernisierung und Erweiterung der demokratischen Prozesse mit und um elektronische Elemente. IT-Sicherheit ist keine bloß wünschenswerte Option – sie ist eine Grundvoraussetzung für relevante oder gesellschaftlich folgenreiche Kommunikation und damit für die nötige Akzeptanz der neuen IuK-Möglichkeiten bei den Bürgern.[61]

Es gilt, die nachhaltige Zweckbindung und weitere Regeln für den Umgang mit personenbezogenen Daten sowie die Vertraulichkeit individueller Kommunikation sicherzustellen. Auch die sichere und vertrauliche Kommunikation von Unternehmen, Organisationen und Verwaltungsbehörden sowie die Sicherheit ihrer sensiblen gespeicherten Daten sind in einem ganzheitlichen Datenschutz- und IT-Sicherheitskonzept zu berücksichtigen. Die erfolgreiche Erfüllung hängt dabei zunehmend von der Realisierung der vier wichtigsten informationstechnischen Schutzziele ab: Vertraulichkeit, Integrität, Verfügbarkeit und Zurechenbarkeit. Das bedeutet, die unbefugte Kenntnisnahme sowie eine unbefugte Veränderung der Daten müssen ausgeschlossen sein, wohin-

gegen die bedarfsnahe Zugänglichkeit relevanter Informationen und die im
– autorisierten – Bedarfsfall mögliche Identifikation der kommunizierenden
Nutzer gewährleistet sein muss.[62] Gerade die erfolgreiche Bearbeitung dieser
komplexen Aufgabenstellung wird durch die dezentrale und globale Vernetzung der Daten strukturell erschwert.

Das Vertrauen in E-Angebote und die hinreichende Akzeptanz hängen unmittelbar mit der Sicherheit zusammen, wie zahlreiche Studien und Befragungen belegen. Dies gilt nach den Untersuchungen im besonderen Maße in den Bereichen E-Demokratie und E-Government, ist aber auch ein bekannter Hemmschuh für den E-Commerce.[63] Auch die gesellschaftspolitisch prekäre digitale Spaltung der Gesellschaft in Nutzer und Nichtnutzer und die spürbare Zurückhaltung der Surfer, auch komplexe und hochsensible Transaktionen im Netz durchzuführen, ist in Teilen eine Folge des Misstrauens in die Sicherheit und Vertraulichkeit der neuen IuK-Möglichkeiten. Erst wenn Bürger, Behörden und auch die Unternehmen überzeugt sind, dass ihre sensiblen Daten und ihre vertrauliche Kommunikation zuverlässig, unverändert und innerhalb ihrer Kontrollparameter übermittelt oder verarbeitet werden, erst dann werden sich die fraglos bestehenden Informations-, Transparenz-, Interaktions- und auch die Partizipationspotentiale der neuen IuK-Möglichkeiten realisieren lassen. Das digitale Demokratiedilemma ist also unter anderem auch gerade deshalb ein politisches Dilemma, weil mit der komplexen und dynamischen IT-Sicherheit und Akzeptanz zentrale Voraussetzungen über politische oder rechtliche Anpassung von Rahmen und Verfahren zu erfüllen sind. Häufig ist hierbei noch ein größerer Zusammenhang zu bedenken als bei anderen politischen Prozessen – das Netz ist ein weltweites, die Lösungen sollten es zumindest im Idealfall auch sein. E-Demokratie erleichtert in diesem Sinne nicht nur die ohnehin notwendige politische Koordination – sie schafft darüber hinaus in einem erheblichen Umfang neuen Koordinationsbedarf.

2.6 (E-)Demokratisierung des Cyberspace?

E-Demokratie ist weniger an nationalstaatliche Grenzen gebunden als die klassische Offline-Demokratie. Sie muss demnach nicht so voraussetzungsvoll sein und nicht das gesamte, in einer Entwicklung über viele Jahrhunderte entstandene komplexe Konzept nationaler repräsentativer Demokratien übernehmen und verwirklichen. Ihr fällt es daher auch leichter, die nationalstaatliche Vorprägung der traditionellen Demokratiebegriffe wie exklusive Staatsbürgerschaft, national begrenzte Öffentlichkeit oder nationale Wahlsysteme zu lockern und sich pragmatisch an unterschiedliche Rahmenbedingungen anzupassen.[64] E-Demokratie vermag in diesem Sinne eine Demokratisierungsperspektive auch in transnationalen und durch dezentrale technische Entwicklungen geprägten sozialen Räumen zu entfalten. Weil sie den kommunikativen Aspekt gegenüber einer nationalstaatlichen Fundierung bevorzugt, kann sie quasi den sozialen Erfahrungszusammenhängen in den Cyberspace folgen, ohne sich zuvor ausführlich und quasi staatlich über Kompetenz- und Autoritätsfragen verständigt zu haben.[65]

Dies ist bereits deshalb notwendig, weil einerseits die internationale Vernetzung und die zunehmende transnationale Bedeutung insbesondere des Internets nationale Regelungen ineffektiv erscheinen lassen. Andererseits aber überfordert die dynamische technologische Entwicklung die Flexibilität bestehender internationaler Organisationen.[66] Die Antwort auf beide Probleme könnte eine prinzipiell transnational ausgerichtete Selbstorganisation sein. Allein von daher ist der Ansatz der Internetorganisation Icann folgerichtig. Sie bietet zur Zeit trotz aller kritischen Diskussion[67] eine Chance, zu einer effektiven Koordination und Kooperation der beteiligten Organisationen, Regierungen und Firmen beizutragen und eine Verwaltung der Netze zu sichern, auf denen zunehmend große Teile der Weltwirtschaft und nationale wie internationale Infrastrukturen basieren.

Wiederum wird hierbei das digitale Demokratiedilemma deutlich: Die Bedeutung transnationaler IuK-Netze nimmt in allen Bereichen des gesellschaftlichen Alltags derart zu, dass nationale Alleingänge bereits nicht mehr möglich sind oder sich nicht entscheidend durchsetzen lassen. Zugleich endet aber die Möglichkeit politischer Einflussnahme und Legitimation überwiegend weiterhin an den nationalen Grenzen. Die digitale Technologie erzeugt daher zunehmend (auch politisch) Betroffene, ohne dass Entscheider deutlich werden oder eine politische Kommunikation beteiligt ist. Ein fast schon skurriles Beispiel nationaler Machtlosigkeit ist das bereits erwähnte Vorgehen des Düsseldorfer Regierungspräsidenten gegen Naziseiten aus den Vereinigten Staaten, das sich daher auch notwendig in symbolischer Politik erschöpft. Der US-Nazi Gary Lauck sicherte sich jedenfalls nach der Sperrverfügung durch die Medienaufsicht NRW unter anderem die Internetadressen www.nordrhein-westfalen.biz sowie www.bundesinnenministerium.biz und präsentiert sein Angebot nun unter anderem dort.

Die effektive Verwaltung globaler IuK-Netzwerke braucht neue Formen der Organisation der Entscheidungsfindung, weil die Wechselwirkung technischer, wirtschaftlicher, politischer und auch gesellschaftlicher Fragen sich nicht durch die bestehenden Formen nationaler oder auch internationaler Regelungen lösen lässt. Insofern ist die Icann sicherlich ein richtiger Ansatz, wenn sie auch daher fast zwangsläufig zum zentralen Reibungspunkt wird.[68] Die Icann kann bereits aus diesem Grunde nicht allein auf die bisherigen Erfahrungen mit inter- oder transnationalen Regelungskonzepten aufbauen. Sie ist vielmehr ein Experiment in einem sozial wie technologisch hochdynamischen Umfeld. Der enorme Fortschritt bei IuK-Techniken, die wirtschaftliche Globalisierung, die wachsende Dichte transnationaler Beziehungen und die steigende Notwendigkeit internationaler Lösungsansätze für die Probleme der modernen Gesellschaft stellen eine inter- und transnationale politische Gestaltung eines legislativen Rahmens und der exekutiven Arbeit in den Mittelpunkt. Die erfolgreiche Aufgabenerfüllung der Icann wird in einem solchen dynamischen

Umfeld wiederum zur zentralen Voraussetzung für die positive Entwicklung zur globalen Informationsgesellschaft.

Allerdings weist die Icann und die Internet-Administration – das heißt inklusive Regierungen, nationalen Registrierern und der Nutzergemeinde – an allen Stellen noch erhebliche Reibungen auf. Diese umfassen ebenso etwa das lange ungeklärte Verhältnis der Icann zu den Länderregistrierern, den Streit um die Auswahl und Delegation der neuen so genannten »Generic Top Level Domains«, den dominierenden Einfluss der US-Regierung, die schwache Legitimierung ihrer Arbeit oder auch den Streit mit der EU-Kommission um eine eigene EU-Domain.[69] Auch ist die Rolle der Icann nicht so unpolitisch, wie sie gerne den Anschein erweckt.[70] Ihre Entscheidungen und ihr Vorgehen können durchaus enorme politische Auswirkungen haben, die allein aufgrund ihrer potenziellen Tragweite grundsätzlich einer stärkeren demokratischen Legitimierung bedürfen. Die Frage ist demnach: Wer regiert (wie) das Internet?[71]

Es erscheint offensichtlich, dass allein E-Demokratie im Sinne einer kommunikativen Herstellung der Kongruenz von Entscheidern und Betroffenen in der Lage scheint, demokratische Bedingungen für Partizipation und Teilhabe auch im Cyberspace zu sichern und so erfolgversprechend zu seiner Zivilisierung beizutragen. In diesem Zusammenhang stellen sich daher zwei Fragen für die Icann: welchem Selbstverständnis will sie folgen und wie ist ihr vielzitiertes Demokratiedefizit zu bewerten? Natürlich erfordert die Aufgabenstellung der Organisation enorme technische Kompetenzen, natürlich sind organisatorische und administrative Fähigkeiten unabdingbar. Interoperabilität der Netze und ein einheitliches Domainnamen-System sind Grundvoraussetzung, um sowohl die – wenn man überhaupt davon sprechen kann – Einheit des Internets zu wahren und ein Auseinanderfallen in konkurrierende Systeme und Domänen zu verhindern.

Aber die enorm wachsende gesellschaftliche Bedeutung des Internets, sei es für die Wirtschaft, für die Politik, für die Kultur und auch für den Einzelnen, bringt Eigenschaften wie Verfügbarkeit, Zugang und Interoperabilität zumindest in die Nähe dessen, was allgemein als kollektive Güter bezeichnet wird. Hier hat die Politik eine Gewährleistungspflicht, der sie gemeinsam mit den Organisationen der Icann nachkommen muss. Ein rein technisches Selbstverständnis deckt daher nur eine Hälfte der Anforderungen an die Icann ab. Eine zusätzliche gesellschaftliche, politische und auch soziale Kompetenz wird notwendig sein, wenn die zunehmend folgenreichen Auswirkungen der Entscheidungen der Internetverwaltung nachvollziehbar und akzeptabel sein sollen.

Auch deshalb hat die Icann mit der globalen Direktwahl eines Teils des Direktoriums durch die Nutzergemeinde ein gewagtes Experiment – quasi sogar ein Experiment im Experiment – unternommen, in dem sich schnell alle denkbaren Probleme einer demokratisch-repräsentativen Wahl in transnationalen Netzwerken auch in der Praxis bestätigten.

Trotz der Kritik an dem Verfahren und an der Repräsentativität der Wahlen ist die Icann aber auch heute noch für den Mut zu loben, den Schritt gewagt zu haben. »Sie können vieles nicht ändern, selbst wenn sie wollen. Das ist eine Frage der Ressourcen, nicht der Entscheidung«,[72] rechtfertigte sich Esther Dyson für die mangelnde Transparenz des Ablaufes und andere Fragwürdigkeiten. Nicht zu vergessen: Demokratische Elemente in transnationalen Organisationen und Versuche, grenzübergreifend demokratische Legitimation zu organisieren und herzustellen, bilden eine enorme Herausforderung schon für die Nationalstaaten und internationalen Organisationen – selbst diese werden für ihr inneres Demokratiedefizit zuweilen kritisiert.[73] Falsch wäre es daher, die Icann gerade für den Versuch zu kritisieren, neue repräsentativ-demokratische Elemente auszuprobieren – auch wenn dies im Rückblick auf die Icann-Wahlen eher der steinigen Erfahrungssammlung diente als der Verbesserung der demokratischen Kontrolle der Icann. So kündigte der aktuelle Präsident, Stuart Lynn im Februar 2002 an, dass das vergangenes Mal von der Nutzergemeinde gewählte Drittel der Direktoren – die so genannten At-Large-Direktoren – künftig von internationalen Regierungen ernannt werden sollte. »Ich gebe zu, dass eine größere Rolle der Regierungen innerhalb der Icann ein Abschied von der ursprünglichen Icann-Idee, nämlich der einer rein privaten Organisation, ist. Aber ich bin überzeugt, dass diese größere Regierungsbeteiligung wesentlich für den Erfolg von Icann ist«, begründete Lynn sein Reformkonzept. »Wenn der Icann-Prozess gelingen soll, muss diese Reform Icanns wackelige institutionelle Basis ersetzen durch eine effektive Partnerschaft von öffentlicher Hand und privatem Sektor.« Lynn konnte sich auch eine Spitze gegenüber den von engagierten »Netizens« gewählten At-Large-Direktoren nicht verkneifen: Regierungen seien letztlich bessere Repräsentanten der Öffentlichkeit als »ein paar tausend selbst ernannte Wähler.«[74] Damit wendet sich die Spitze der Organisation selbst gegen Demokratie-Optimisten, die permanent eine Stärkung des Wahlgedankens gefordert hatten. Dabei geriet ihnen aber offenbar die mangelnde Machbarkeit sowie die kaum erreichbare Repräsentativität aus dem Blick. Folglich beschloss das Icann-Direktorium im März 2002 die Abschaffung der direkt gewählten At-Large-Direktoren.

Aber auch praktische Probleme ließen die Icann-Spitze ihre Meinung ändern: Die nationalen Unternehmen zur Vergabe von Internet-Adressen, in Deutschland etwa die Denic, weigern sich mehr und mehr, die Aufsichtsfunktion der Icann anzuerkennen. Der Druck auf die nationalen Unternehmen durch die Einbindung ihrer Regierungen könnte da helfen – und die Adressverwalter außerdem hoffen lassen, dass sich die Nationalstaaten an der Finanzierung der Icann-Arbeit beteiligen. Die Klärung beider Punkte ist für die künftige erfolgreiche Arbeit der Icann absolut notwendig, so dass der Ansatz von Stuart Lynn durchaus nachvollziehbar ist.

Überhaupt ist festzuhalten, dass die tatsächliche Bedeutung der Icann-Wahlen weitgehend überschätzt wurde. Legt man die Maßstäbe der E-Demokatie-Verfechter selbst an, müsste man schlussfolgern, dass das Projekt »weltweite Online-Wahl« gescheitert sei und damit auch die Rolle der E-Demokratie selbst in ihre Schranken verwiesen worden wäre. Sieht man die Icann-Wahl allerdings nur als einen Versuch, als Testballon, und eben nicht als universalen Maßstab einer romantischen Web-Demokratie, kann man die erheblichen Probleme der Wahlen und die Einstellung des Experimentes erheblich gelassener betrachten. Sicherlich steht das Netz entgegen den Kritikern der Entscheidung gegen weitere Internet-Wahlen nicht am Rand der Tyrannei oder vor einem Putsch der Regierungsfraktionen.[75] Und selbst wenn die gegenwärtigen Bemühungen zahlreicher Nationalstaaten, ihre Kontroll- und Beobachtungsmöglichkeiten im Internet gerade nach den Anschlägen des 11. September 2001 substanziell auszubauen, als Gefahr für die weitere Entwicklung der Netze und Meinungsfreiheit gesehen wird, selbst dann wäre die Icann weder der richtige Adressat noch in der Lage, für eine effektive Abhilfe zu sorgen. Die Kontrolle über die Icann aber ist eine davon unabhängige Frage. Auch Wehler äußert sich skeptisch zu den Chancen, die USA und damit im Falle der Icann konkret das Handelsministerium dazu zu bewegen, Einfluss auf das Internet abzugeben: »Sie werden keine amerikanische Regierung dazu kriegen, von Europa gewünschten internationalen Spielregeln zuzustimmen, solange das freie Spiel der Kräfte die Amerikaner begünstigt.«[76]

Etwas anders gestaltet sich das Bild allerdings, betrachtet man Organisationen, die auf Regierungen allenfalls indirekt oder explizit gar nicht angewiesen sind: die Nichtregierungsorganisationen mit ihrem Fokus auf Umweltschutz, Entwicklungshilfe, Menschenrechte oder auch die Globalisierungskritiker. Lange, bevor die klassischen Medien die Organisationen und ihre Anliegen als Thema erkannt hatten und ausführlich beispielsweise über Attac berichteten, hatten diese Gruppen ihr Forum im Internet gefunden. Abseits der klassischen Distributionskanäle entstand eine neue, auf die Demokratie massiv einwirkende Öffentlichkeit – und zwar im Internet. Dies sollte zwar nicht mit E-Demokratie verwechselt werden, doch ist dies sicher eine neue Form politischer Meinungsäußerung und Mobilisierung.[77]

3. Das E-Demokratie-Pilotprojekt des Deutschen Bundestages

Das E-Demokratie-Projekt des Unterausschusses Neue Medien zur »Modernisierung des Informationsrechtes«, das im Sommer 2001 an den Start ging, versteht sich als ein experimentelles Pilotprojekt. Es versucht, die Potenziale der E-Demokratie in Deutschland auszuloten.[78] Ziel ist nicht die realistische Abbildung der parlamentarischen Prozesse oder der perfekte Gesetzentwurf, sondern das systematische Sammeln von Erfahrung bei der Umsetzung komplexer E-Demokratie-Projekte und deren konstruktive Nutzung bei der Konzeption weiterer Folgeprojekte des Deutschen Bundestages. Es gilt, die bestehenden demokratischen Reformchancen der neuen IuK-Technologien hinsichtlich der Information, Transparenz, Partizipation und Teilhabe aufzugreifen und zu erproben. Daraus ergibt sich ein zweigliedriges Projektkonzept: ein Informations- und Serviceteil und ein auf Dialog und Interaktivität ausgerichteter Teil. Vorangestellt werden muss aber, dass das Projekt natürlich nicht den Anspruch hat, alle beschriebenen Probleme elektronischer Demokratie zu thematisieren oder sogar Lösungen anzubieten. Es kann vorerst nur darum gehen, das digitale Demokratiedilemmas anhand von Erfahrungen genauer verstehen und praxisnäher beschreiben zu können.

Im Informations- und Serviceteil steht die thematisch differenzierte Zugänglichmachung von Dokumenten, Texten und Stellungnahmen im Vordergrund. Ziel ist es, ein umfassendes Angebot aller relevanten und interessanten Inhalte und themenverwandter Links auf der Seite zu realisieren. Lästiges Suchen kann so begrenzt werden, Links führen zu weitergehenden Angeboten oder bieten Hintergrundinformationen an. Bei einem guten Informationsangebot und bei hinreichender externer Vernetzung kann dieser Projektteil, der ständig ausgebaut wird, durchaus im Sinne eines Portals zum Informationsrecht funktionieren. Geplant sind noch elektronische »Call for Paper«-Verfahren oder auch Online-Anhörungen hinsichtlich aktueller Themen, die jedoch in der gegenwärtigen Phase noch nicht realisierbar sind. Sämtliche Inhalte werden zudem archiviert. Um die Transparenz zu steigern, werden die politischen und parlamentarischen Spielregeln erläutert, Verfahren und Prozeduren nachvollziehbar beschrieben sowie die Aktivitäten und Positionen der verschiedenen Akteure aus Politik, Parlament, Wissenschaft oder Verwaltung dargestellt. Es besteht auch die Möglichkeit, in zugriffsbeschränkten Bereichen mit zugelassenen Mitgliedern zu diskutieren und Texte gemeinsam – etwa zunächst unter Ausschluss der (Nutzer-)Öffentlichkeit – zu bearbeiten und erst dann zu publizieren.

Insbesondere mangelt es bei E-Demokratie auch an Erfahrungen mit interaktiven Elementen, die demokratischen Anforderungen genügen und dabei aber eine thematische und inhaltliche Diffusion der Beiträge und Beitragenden verhindern. Da Internet-Wahlen oder Abstimmungen auf bisher ungelöste organisatorische und sicherheitstechnische Probleme stoßen, stellt das Pilotprojekt des Bundestages in seinem zweiten Teil primär den Aspekt der öffentlichen Diskussionsteilhabe in Foren und der themenorientierten Chats in den Vordergrund. Asynchrone Kommunikation in den verschiedenen Diskussionsräumen wird durch die synchrone Online-Kommunikation in Chats mit prominenten Akteuren ergänzt. Dieses Forum, das aus einer Vielzahl von Diskussionsarenen und Debattensträngen besteht, wird durch eine rechtswissenschaftliche Projektbegleitung moderiert. Erfahrungen bestehender Diskussionsforen im Internet zeigen immer wieder, dass eine dynamische Strukturierung und aktive Systematisierung der Debatte in zentrierte Teildebatten sowie die fachkundige pointierte Zusammenfassung von Positionen sowohl die Motivation der Teilnehmer erhöht als auch die Qualität der Diskussion und der Beiträge beträchtlich steigert. Zudem kann so mindestens ansatzweise einem »issue capture« vorgebeugt werden, das heißt einem infolge der überproportionalen Beteiligung interessierter oder gar beteiligter Akteure oberflächlich einseitig verzerrten Meinungsbild oder einem thematisch zu engen Fokus in den einzelnen Foren.

4. Fazit

Klar ist: Nach Schwächen der E-Demokratie braucht keiner lange zu suchen, sie sind offensichtlich. Auch ist die Medienpolitik und hier insbesondere die Internet-Politik den klassischen Politikfeldern klar unterlegen und wird von diesen dominiert. Aber: Schlüsse auf eine mangelnde Relevanz allein deshalb zu ziehen, weil das Stadium ein frühes ist und Mängel offenkundig sind, wäre verfehlt. Denn die Gleichung ist einfach: Das Internet verändert unsere Gesellschaft nachhaltig und damit auch die Demokratie. Die Bedürfnisse werden individueller, was einerseits eine Fragmentierung bedeutet, aber andererseits die Chance auf eine direktere Kommunikation ermöglicht. Das Internet ist dabei Alltag. Insofern stellt sich für die Politik nicht die Frage nach einer Relevanz, sondern allenfalls nach dem richtigen Zeitpunkt, um zu handeln, und nach den optimalen Gegebenheiten dafür. Es ist insofern angebracht, Forschungs- und Pilotprojekte zur E-Demokratie zu starten und zu unterstützen. Wer dabei aber Extreme an die Wand malt, ob nun im positiven oder im negativen Sinne, dem sollte kein Glauben geschenkt werden. Aber ebenso klar, wie es ist, dass viele der derzeitigen Erwartungen maßlos übertrieben sind, so sicher ist es, dass allgemeine Auswirkungen auf unser Demokratieverständnis kommen werden – wenn sie nicht schon da sind. Kein anderes Massenmedium hat sich derart schnell verbreitet wie das Internet. Insofern gilt es, die Auswirkungen des Webs auf die Demokratie zu betrachten und nicht leichtfertig abzutun, weder in Anbetracht des Hypes rund um Internet-Geschäftsmodelle, noch weil man meinen könnte, die Frage nach der Demokratie sei eine rein akademische.

Eine interessante und nur auf den ersten Blick merkwürdige Parallele skizziert Leggewie, indem er an den Umweltschutz und die Umweltpolitik denkt. Nach Ansicht Leggewies wird die Medienpolitik wie früher das Thema Umwelt unterbewertet und in seiner gesellschaftlichen Relevanz unterschätzt.[79] Damals war die reale und auch soziale Relevanz des Themas Umwelt in Fachkreisen schon weit früher offenkundig – Gleiches mag heute für das Potenzial der Medien und insbesondere des Internets gelten. Aus aktuell mangelnder Relevanz der Entscheidungen oder Ratlosigkeit über Mittel und Wege sollte also nicht der Schluss gezogen werden, Themen wie Internet und Demokratie oder eben auch E-Demokratie seien generell unwichtig. Denn derzeit geht es um Grundlagen – und eben nicht nur um die einer Politik für das Internet, sondern, berücksichtigt man den geschilderten Zusammenhang von Kommunikation und Politik, auch um die Grundlagen unserer Demokratie.

Konkret sollten in diesem Beitrag ausgehend von der Beschreibung des gesellschaftlichen Umbruchs der modernen Gesellschaft, der vor allem den

Bereich der politische Kommunikation nicht ausspart, die Chancen und Potenziale der E-Demokratie ausgelotet und mögliche Risiken benannt werden. Doch bereits bei der Beschreibung der Tragweite des gegenwärtigen Wandels und folgerichtig natürlich auch bei der Analyse der diesen auslösenden Variablen sieht man sich einer Vielzahl von wenig kompatiblen Auffassungen konfrontiert. Sicher scheint man sich allein in der Feststellung, dass die zunehmende gesellschaftliche Bedeutung der neuen Informations- und Kommunikationstechnologien und damit der elektronischen Kommunikation allgemein das Potenzial hat, nicht nur politische Agenden zu ergänzen, sondern darüber hinaus auch die Grundlagen, Institutionen und Verfahren und damit das politische System insgesamt zu verändern. Hieran werden allerdings, wie es sich für eine gesellschaftliche Revolution auch gehört, zugleich ebenso enorme Risiken als auch große Chancen geknüpft.

Aufgezeigt werden sollte, dass sowohl überzogene Befürchtungen wie unerfüllbare Erwartungen sich als unhaltbar erweisen. Denn gleich ob es sich beispielsweise um die These vom Ende der repräsentativen Demokratie oder aber um die (nicht wirklich neue) Unterstellung der drohenden Informationsüberflutung bereits allein technisch überforderter E-Bürger und E-Bürgerinnen handelt, – diese Überlegungen basieren auf verengten Polarisierungen. Sie halten einer Überprüfung unter Einbeziehung von demokratietheoretischen und techniksoziologischen Aspekten nicht stand. Erst die Berücksichtigung des Zusammenspiels von technologischer, sozialer und politischer Entwicklung erlaubt es, Rückschlüsse auf die Tragweite und mögliche Folgen des derzeitigen Umbruchs der politischen Kommunikation zu ziehen.

Diese sind überschrieben mit dem Begriff des – nunmehr auch – digitalen Demokratiedilemmas. Dabei illustriert der Begriff vor allem die Tatsache, dass Demokratie nicht nur als Kommunikationsprozess anzusehen ist, der – seitdem es Medientechnologien gibt – einem Wandel unterworfen ist, sondern dass in dessen Kern ein ebenso grundlegendes Kommunikationsproblem lokalisiert werden muss: die nicht mehr einholbare kommunikative Transparenz, die in der komplexen modernen Gesellschaft medial vermittelt wird. Eine grundlegende Veränderung der verfügbaren Möglichkeiten sozial relevanter Kommunikationen und erst recht deren Verlagerung in globale Kommunikationsnetzwerke setzt – wie dieser Beitrag aufzuzeigen versuchte – bestehende politische Verfahren und Prozesse unter einen Anpassungsdruck. Die Ausweitung der Demokratie zu einer E-Demokratie ist daher – früher oder später – nicht nur folgerichtig, sondern zugleich der Versuch, einen Ausweg aus dem Dilemma zu finden.

Die Probleme elektronischer Demokratie sind dabei vielschichtig und können nicht allein auf konzeptionellem Wege gelöst werden. Letztlich wird es auf zahlreiche Realisierungsversuche und insbesondere auf die Nutzung der gemachten Erfahrungen ankommen. Die Zeit der großen Würfe ist vorbei. So ist auch das Ziel, den gesamten politisch-administrativen Bereich der Bundesrepublik auf Kommune-Landes-Bundes-Ebene vollständig in einem Angebot im Netz abbilden zu wollen, nicht nur ambitioniert, sondern bereits verfehlt. Vielmehr ist es an der Zeit, in Pilotprojekten einzelne Aspekte umzusetzen und Probleme pragmatisch zu lösen.

Die Erfahrungen der internationalen Organisation für die Internet-Administration Icann mit der weltweiten Internet-Direktwahl von fünf At-Large-Direktoren bestätigen das sehr uneinheitliche Bild. Demnach löst die E-Demokratie nicht nur Probleme – sie schafft zugleich neue. Diese ersten transnationalen Internet-Wahlen sind wegen der fehlenden Repräsentativität und der erheblichen technischen und organisatorischen Probleme als Misserfolg zu werten. Was aber bedeutet es, deshalb ähnliche Projekte in Bausch und Bogen zu verdammen? Es hieße, die in zwei Jahrhunderten gebildeten und verfestigten, teilweise mit leidvollen Erfahrungen verbundenen demokratischen Maßstäbe ad-hoc auf den Kontext globaler IuK-Netzwerke anwenden zu wollen. E-Demokratie kann aber nicht mit den Maßstäben unserer bestehenden Demokratie gemessen werden, sondern sie muss als Erfahrungs- und Lernprozess beurteilt werden, in dem es auch zu Fehlern kommt. Ob und wie sie einen Beitrag zu mehr politischer Teilhabe und einer Demokratisierung des Cyberspace leisten kann, wird sich auch daran entscheiden, ob aus diesem wechselhaften Lernprozess die richtigen Konsequenzen gezogen werden. Bisher jedenfalls hat sich die Demokratie als flexibelste und lernfähigste Staatsform bewährt – und es gibt keinen Grund anzunehmen, dass dies in der Informations- und Wissensgesellschaft anders sein wird.

Anmerkungen

1 Zit. nach Roland Julius, Endert/Burkhard Ewert/Thomas Knüwer, Dämliche Regeln. Esther Dyson relativiert die Rolle der Internet-Organisation Icann. In: Handelsblatt 30. 10. 2000.
2 Icann ist die »Internet Cooperation for Assigned Names and Numbers«, die vorrangig für die Vergabe von Adressendungen wie »com« und »org« zuständig ist. Ihr Sitz ist in Marina del Rey in Kalifornien (www.icann.org).
3 Zit. nach Burkhard Ewert/Anja Müller, Keine echte Revolution. Interview mit Werner Abelshauser und Hans-Ulrich Wehler, in: Handelsblatt 27. 08. 2001.
4 Es handelte sich häufig um bürgerliche Lesezirkel und Diskussionsclubs, aber auch um Zusammenschlüsse von Wissenschaftlern. Ein Überblick in: Richard van Dülmen, Die Gesellschaft der Aufklärer. Zur bürgerlichen Emanzipation und aufklärerischen Kultur in Deutschland, Frankfurt am Main.
5 Vgl. hierzu Bertolt Brecht, Radiotheorie, in: Bertolt Brecht, Gesammelte Werke, Band VIII, 1932 und Ders., Der Rundfunk als Kommunikationsapparat, in: Schriften zur Literatur und Kunst, Berlin und Weimar 1966. Vgl. auch Hans Magnus Enzensberger, Baukasten zu einer Theorie der Medien, in: Hans Magnus Enzensberger, Palaver. Politische Überlegungen (1967 – 1973), Frankfurt am Main 1975.
6 Nur eine kleine Auswahl begrifflicher Kandidaten zur Beschreibung von Demokratie findet sich bei Bernd Guggenberger, Demokratie/Demokratietheorie, in: Dieter Nohlen, (Hrsg.), Lexikon der Politik, Band 1: Politische Theorien. München 1995, S. 36-49. Demokratie werde demnach je nach Vorliebe mit Volkssouveränität,

Gleichheit, Partizipation, Mehrheitsherrschaft, Toleranz, Herrschaftslimitierung und -kontrolle, Grundrechten, Gewaltenteilung, Rechts- und Sozialstaatlichkeit, Mehrparteiensysteme, allgemeinen und geheimen Wahlen, Öffentlichkeit, Pluralismus, Meinungswettbewerb u.v.m. auf den Begriff gebracht (ebd. S. 36). Demokratie als Begriff setzt sich aus den griechischen Wortbestandteilen *demos* für *Volk* und *kratein* für *herrschen* zusammen und entspricht in etwa der Bedeutung von Volksherrschaft (ebd. S. 37).
7 Zit. n. Guggenberger (Anm. 6), S. 37.
8 Theoriengeschichtlich hatte bereits früh Edmund Burke die These Jean-Jacques Rousseaus bestritten, die einzig legitime Form der Volksherrschaft sei eine identitäre Demokratie, in der Regierte und Regierende völlig deckungsgleich seien und das Volk persönlich jedem Gesetz zustimme. Dies setze, so Burkes Kritik, die idealisierte Vorstellung eines homogenen Volkswillen voraus, die mehr als fraglich sei. Vielmehr müsse in pluralistischen Gesellschaften von einer Vielzahl teilweise widerstreitender Interessen ausgegangen werden, so dass deren angemessene Widerspiegelung (Repräsentation) zum Hauptproblem wird. »Responsible Government« meinte dann, dass aus Volksvertretungen hervorgegangene Regierungen allein mehrheitliche Entscheidungen treffen, für diese aber zugleich öffentlich zurechenbar auch die Verantwortung übernehmen, (vgl. Guggenberger [Anm. 6], S. 40 f. und Rainer Olaf Schultze, Partizipation, in: Dieter Nohlen [Hrsg.], Lexikon der Politik, Band 1. Politische Theorien, München 1995, S. 404 ff.) – auch dies ist ein konstitutiver kommunikativer Akt demokratischer Verfahren.
9 Entscheidend war das Zusammenspiel des rein distributiven Charakters des elektronischen Rundfunks mit der hohen Ungleichheit hinsichtlich des gesellschaftlichen Zugangs zu Medien, deren Medieninhalten und damit zur medialen Öffentlichkeit. Vgl. Jürgen Habermas, Strukturwandel der Öffentlichkeit: Untersuchungen zu einer Kategorie der bürgerlichen Gesellschaft, Frankfurt am Main 1962.
10 Vgl. Kap. 2.2.
11 Vgl. Thilo Lenz, E-Government und E-Nonprofit, Stuttgart 2001, S. 8.
12 Techniksoziologie ist angetreten, um dieses komplexe Wechselverhältnis genauer zu analysieren und Kriterien zu formulieren, die eine Einschätzung hinsichtlich der erwartbaren Auswirkungen technologischer Entwicklungen erlauben. Vgl. die Beiträge in Georg Simonis/Renate Martinsen/Thomas Saretzki (Hrsg.), Politik und Technik, PVS Sonderheft 31/2000. Opladen 2001.
13 Zit. nach Burkhard Ewert, Blasierte Konzepte. Die Web-Wirtschaft traut der Politik wenig zu, in: Handelsblatt, 13. 8. 2001.
14 Ebd.
15 »Der FDP gelingt es, ihre geringe Präsenz in den klassischen Medien teilweise zu kompensieren«, interpretiert Leggewie die Zahlen mit Blick auf die Rolle des Internets in der politischen Kommunikation. Ebd.
16 Vgl. Hans J. Kleinsteuber, Politik und Medienevolution. Politikrelevante Aspekte der Kommunikationstechnik, in: Klaus Kamps, Elektronische Demokratie? Opladen 1999; Ders., Das Internet in der Demokratie – Euphorie und Ernüchterung, in: Bernd Holznagel/Andreas Grünwald/Anika Hanssmann (Hrsg.), Elektronische Demokratie. Bürgerbeteiligung per Internet zwischen Wissenschaft und Praxis. München 2001, S. 7-27 und Jörg Tauss/Johannes Kollbeck/Jan Mönikes (Hrsg.), Deutschlands Weg in die Informationsgesellschaft. Herausforderungen und Perspektiven für Wirtschaft, Wissenschaft, Recht und Politik, Baden-Baden 1996, S. 14 ff.
17 Vgl. die Beiträge in Tauss/Kollbeck/Mönikes (Anm. 16) sowie Jörg Tauss/Johannes Kollbeck/Nermin Fazlic, E-Recht und E-Demokratie. Die Modernisierung des Informationsrechtes als Pilotprojekt zur elektronischen Demokratie, in: ZG, Zeit-

schrift für Gesetzgebung, Nr. 3/2001, S. 231-245. Zur technologischen Relevanz des Internets weist Wehler darauf hin, dass der qualitativ viel entscheidendere Sprung der zur elektronischen Datenübermittlung gewesen sei. Er habe die Entscheidungswege von Tagen oder sogar Wochen auf Sekunden verkürzt, beispielsweise durch die Unterseekabel – die Erweiterung auf digitale Techniken und die abermalige Verkürzung ließen sich mit diesem viel entscheidenderen Wandel nicht vergleichen. Freilich bleiben dabei die Aspekte der Interaktion und Demokratie ausgeblendet. Vgl. Ewert/Müller (Anm. 3).
18 Vgl. Claus Leggewie, Demokratie auf der Datenautobahn, in: Claus Leggewie/ Christa Maar (Hrsg.), Internet & Politik. Von der Zuschauer- zur Beteiligungsdemokratie Köln 1998, S. 15-53, S. 47 f.; Christa Daryl Slaton, in: Mündige Bürger durch Televoten. Ein fortlaufendes Experiment zur Transformation der Demokratie, in: Leggewie/Maar, a.a.O. S. 321-341, S. 321 f.; ferner Jörg Tauss/Johannes Kollbeck, Der vernetzte Politiker, in: Leggewie/Maar, a.a.O., S. 277 ff. sowie Rainer Schmalz-Bruns, Internet-Politik. Zum demokratischen Potenzial der neuen Informations- und Kommunikationstechnologien, in: Simonis/Martinsen/Saretzki (Anm. 12), S. 110 ff. Nach Auffassung von Hans Mathias Kepplinger, Die Demontage der Politik in der Informationsgesellschaft, Freiburg/München 1998, sind dies weniger denkbare Zukunftsszenarien, sondern vielmehr bereits beobachtbare Phänomene, wenn er feststellt, dass sich die Politik schon längst den »Bedingungen der Informationsgesellschaft« unterworfen und die »Medien ... der Politik ihre Regeln aufgezwungen« haben.
19 Vgl. Ulrich Sarcinelli, Demokratiewandel im Zeichen medialen Wandels? Politische Beteiligung und politische Kommunikation. In: Ansgar Klein/Rainer Schmalz-Bruns (Hrsg.), Politische Beteiligung und Bürgerengagement in Deutschland, Baden-Baden, S. 314-345, S. 314.
20 Ethymologisch leitet sich der Begriff aus dem spätlateinischen Wort *participatio* ab, das soviel wie *Beteiligung* sowohl im Sinne von *Teilnahme* als auch *Teilhabe* bedeutet, so bei Schultze (Anm. 8), S. 396. Die genauere Bestimmung von *Partizipation* hängt sehr von dem jeweiligen Demokratieverständnis ab, daher ist die hier vorgeschlagene enge Definition lediglich als eine Möglichkeit unter vielen aufzufassen (a.a.O., S. 397). Siehe auch Udo Bullmann, Politische Partizipation – soziale Teilhabe: Die Entfaltung der demokratischen Idee, in: Franz Neumann (Hrsg.): Handbuch Politische Theorien und Ideologien, Band 1, Opladen, S. 71-106. Als Partizipation lässt sich vorläufig jede Tätigkeit fassen, die Bürger freiwillig und mit dem Ziel unternehmen, Entscheidungen auf den verschiedenen Ebenen des politischen Systems zu beeinflussen (Schultze, Anm. 8, S. 397, 399).
21 Vgl. einführend zum Begriff *Legitimität* Ulrich Sarcinelli, Legitimität, in: Otfried Jarren/Ulrich Sarcinelli/Ulrich Saxer (Hrsg.), Politische Kommunikation in der demokratischen Gesellschaft. Ein Handbuch. Opladen, S. 253-267; zum Begriff Pluralismus Joachim Detjen, Pluralismus, in: Jarren/Sarcinelli/Saxer, a.a.O., S. 275-284; zur politischen Partizipation Oscar W. Gabriel/Frank Brettschneider, Politische Partizipation, in: Jarren/Sarcinelli/Saxer, a.a.O., S. 285-291; zu Repräsentation Paul Kevenhörster, Repräsentation, in: Jarren/Sarcinelli/Saxer, a.a.O., S. 292-297.
22 Vgl. Stefan Marschall, Alte und Neue Öffentlichkeiten. Strukturmerkmale politischer Öffentlichkeiten im Internet, in: Klaus Kamps (Hrsg.), Elektronische Demokratie? Perspektiven politischer Partizipation, Opladen 1999, S. 109-127; auch Winfried Schulz, Neue Medien – Chance und Risiken, in: Aus Politik und Zeitgeschichte, Nr. B 42/1997, S. 3-12 sowie Hermann Hill, Bürgermitwirkung unter neuen Perspektiven im multimedialen Zeitalter. In: Kubicek, Herbert u.a. (Hrsg.), Multimedia @ Verwaltung. Marktnähe und Bürgerorientierung mit elektronischen

Dienstleistungen. Jahrbuch Telekommunikation und Gesellschaft 2001, Heidelberg 1999, S. 234-247, S. 234 f.
23 Vgl. Kap. 2.3.
24 Vgl. Kap. 2.2.
25 Vgl. Lenz (Anm. 11), S. 35.
26 Vgl. Schmalz-Bruns (Anm. 18), S. 110 ff.; Schultze (Anm. 8), S. 404 und Hill (Anm. 22), S. 234 f. Ferner Enquêtekommission »Zukunft der Medien in Wirtschaft und Gesellschaft – Deutschlands Weg in die Informationsgesellschaft« (Hrsg.), Schlussbericht, BT-Drs. 13/11004, Bonn 1998, S. 179 ff. Vgl. auch die Beiträge in Kamps (Anm. 16) und Bernd Holznagel/Andreas Grünwald/Anika Hanssmann, Elektronische Demokratie. Bürgerbeteiligung per Internet zwischen Wissenschaft und Praxis. München 2001.
27 Vgl. Anm. 8.
28 Verdeutlichen lässt sich der Unterschied an der Beurteilung der in Abstimmungen unterlegenen Minderheiten: In der identitären Demokratie verletzen sie die Gleichheit von Regierung und Regierten und bedrohen die Einheit des Volkswillens, der sich in der Mehrheit konstituiert. Dagegen sind Minderheiten in der repräsentativen Demokratie nur auf Zeit unterlegen und den Mehrheiten moralisch gleichrangig. Von ihnen wird sogar erwartet, für andere Mehrheiten in der Bevölkerung zu kämpfen, die wiederum entsprechend auf Zeit repräsentiert werden müssen. Nur so ließe sich eine Tyrannei der Mehrheit verhindern und die Ungleichheit der individuellen Interessen in pluralistischen Gesellschaften kanalisieren, vgl. Guggenberger (Anm. 6), S. 40 f.; Schultze (Anm. 8), S. 400 f.
29 Auch Frauen bezieht Staudt im weiteren Sinne ein: »Nehmen Sie die Frage, wieso in Deutschland so wenige Frauen Informatik studieren. Im Jahr 2000 waren in Deutschland 12 Prozent der Informatikstudenten weiblich, in der Türkei waren es 40 und in Griechenland sogar 60 Prozent. Das liegt nicht an der Wirtschaft, an Gerhard Schröder oder einer verfehlten Gleichstellungspolitik. Die Weichen hierfür stellt jeder einzelne bei sich. So lange wir unseren Töchtern zu Hause noch sagen: »Lass' das mal sein mit der Technik, so lange werden wir dieses Ungleichgewicht haben. Wir müssen mit den Veränderungen bei uns selbst beginnen, bei unserer persönlichen Einstellung.« Zit. nach Burkhard Ewert, Wir machen weiter. Interview mit Erwin Staudt, in: Handelsblatt, 8. 10. 2001. Der Anteil der Frauen unter den Internetnutzern ist jedoch 2001 auf knapp die Hälfte gestiegen, besagt der GfK-Online-Monitor (www.gfk.de). 1998 hatte er noch bei 30 Prozent gelegen.
30 Vgl. Schmalz-Bruns (Anm. 18), S. 111 ff. und allgemein Jürgen Gerhards, Politische Öffentlichkeit. Ein system- und akteurstheoretischer Bestimmungsversuch. In: Neidhardt, Friedhelm (Hrsg.): Öffentlichkeit, öffentliche Meinung, soziale Bewegungen. KZfSS, Sonderheft 34, Opladen 1994, S. 77-105. Einführend zum Begriff und Interpretation der Öffentlichkeit siehe Ders., Öffentlichkeit, in: Jarren/Sarcinelli/Saxer (Anm. 21), S. 269-274.
31 So bei Schmalz-Bruns (Anm. 18), S. 111 f., vgl. auch die Beiträge in Lutz Wingert/ Klaus Günther (Hrsg.), Die Öffentlichkeit der Vernunft und die Vernunft der Öffentlichkeit. Festschrift für Jürgen Habermas, Frankfurt am Main, 2001 sowie Rudolf Maresch, Öffentlichkeit im Netz. Ein Phantasma schreibt sich fort, in: Stefan Münker/Alexander Roesler (Hrsg.), Mythos Internet, Frankfurt am Main 1997, S. 193-212 und Florian Rötzer, Öffentlichkeit außer Kontrolle, in: Herbert Kubicek/ Dieter Klumpp/Gerhard Fuchs/Alexander Roßnagel (Hrsg.), Internet @ Future. Jahrbuch Telekommunikation und Gesellschaft 2001, Heidelberg 2001, S. 28-32.
32 Vgl. allgemein Gerhards (Anm. 30), S. 268 f., auch Jürgen Habermas, Anerkennungskämpfe im demokratischen Rechtsstaat. Kommentar zu Charles Taylors Essay

Multikulturalismus, in: Amy Gutmann (Hrsg.), Charles Taylor: Multikulturalismus und die Politik der Anerkennung. Frankfurt am Main 1993, S. 147-196.
33 Vgl. Christina Holtz-Bacha, Das fragmentierte Medien-Publikum. Folgen für das politische System, in: Aus Politik und Zeitgeschichte, Nr. B 42/1997, S. 13-21; grundlegend auch Peter Donges/Otfried Jarren, Politische Öffentlichkeit durch Netzkommunikation? in: Klaus Kamps, (Anm. 16), S. 85-108, S. 85 ff.
34 Vgl. Schmalz-Bruns (Anm. 18), S. 117 f., auch Leggewie (Anm. 18), S. 30 ff.
35 Vgl. Schmalz-Bruns (Anm. 18), S. 111 f., ferner Donges/Jarren (Anm. 33), S. 85 ff.
36 Vgl. Schmalz-Bruns (Anm. 18). S. 112 f., und zum deliberativen Aspekt von Öffentlichkeit grundlegend Bernhard Peters, Deliberative Öffentlichkeit, in: Wingert/Günther (Anm. 31), S. 655-677. Deliberation im Sinne der Beratung oder (auch) reflexiven Überlegung meint nicht nur einen interaktiven und diskursiven Prozess. Zum Begriffspaar mit Gleichheit verbunden, verweist sie grundlegend auf allgemein vergleichbare Artikulationschancen und -bedingungen aller Beteiligten. Sie nimmt somit auch einen Aspekt sozialer Gerechtigkeit und Freiheit auf, der sich auch auf den Begriff deliberative Öffentlichkeit überträgt und als Gegenentwurf zur distributiven Öffentlichkeit so genannter Massenmedien fungiert (ebd.).
37 Schmalz-Bruns (Anm. 18), S. 112. Eine bewährte Strategie ist beispielsweise der Transfer bekannter Marken in den Onlinebereich wie bei Spiegel.de, Reuters.com oder auch SZ-Online. Noch jedoch ist der Einfluss von Onlinemedien auf die politische Kommunikation gering, auch wenn dies in den verschiedenen Fachgebieten stark schwankt.
38 Vgl. Herbert Kubicek, Das Internet 1995-2005, in: Claus Leggewie/Christa Maar (Hrsg.), Internet & Politik. Von der Zuschauer- zur Beteiligungsdemokratie, Köln 1998, S. 55-69, auch Schmalz-Bruns (Anm. 18), S. 115 sowie Hill (Anm. 22).
39 Schmalz-Bruns (Anm. 18), S. 115 ff. und Marschall (Anm. 22), S. 110 ff., auch Winand Gellner, Das Ende der Öffentlichkeit?, in: Winand Gellner/Fritz von Korff (Hrsg.), Demokratie und Internet, Baden-Baden 1998.
40 Vgl. Kap. 2.1.
41 Vgl. Kap. 2.2.
42 Vgl. Kap. 2.5.
43 Vgl. Jörg Tauss/Johannes Kollbeck, E-Vote: Die elektronische Briefwahl als ein Beitrag zur Verbesserung der Partizipationsmöglichkeiten, in: Herbert Kubicek u.a. (Hrsg.): Multimedia @ Verwaltung. Marktnähe und Bürgerorientierung mit elektronischen Dienstleistungen. Jahrbuch Telekommunikation und Gesellschaft 2001, Heidelberg 1999, S. 285-292; Hans-Peter Bull, Demokratie braucht Zeit. Zur Frage demokratischer Abstimmungen mittels telekommunikativer Verfahren, in: Kubicek, a.a.O., S. 293-300 sowie Bernd Holznagel/Anika Hanssmann, Möglichkeiten von Wahlen und Bürgerbeteiligung per Internet, in: Holznagel/Grünwald/Hanssmann (Anm. 26), S. 55-72. Auch die Beeinflussbarkeit der Wahlentscheidung ist laut Kritikern in der Wahlkabine geringer als am heimischen Schreibtisch, wo in einigen Fällen Druck von der Familie oder anderen Kreise vermutet werden könnte.
44 Vgl. ausführlich Kepplinger (Anm. 18).
45 Zit. nach Ewert/Müller (Anm. 3).
46 Zit. nach dpa, Bundestagswahl per Mausklick noch Utopie, 27. 2. 2002. Bekannt ist auch das Beispiel der Esslinger Jugendgemeindewahl vom Sommer 2001. »Die Stadt Esslingen hat weltweit ein Stück Demokratiegeschichte geschrieben«, freut sich Oberbügermeister Jürgen Zieger, vgl. Bernd Müller, Alles auf eine Karte, in: Wirtschaftswoche, 28. 2. 2002. Mit dieser Einschätzung steht Optimist Zieger aber ziemlich alleine da, denn die Resultate sprechen eher für einen Flop: Von 300 angeschrie-

benen Jugendlichen beantragten 130 eine Signaturkarte zur Wahl, 34 gaben am Ende ihre Stimme auch ab. Freilich war die Aktion als Test deklariert, um Erfahrungen zu sammeln. Das Fazit lautete, dass die Technik noch zu kompliziert sei – selbst für die eigentlich computerinteressierten Jugendlichen.
47 Enquêtekommission (Anm. 26) und Enquêtekommission »Zukunft der Medien in Wirtschaft und Gesellschaft – Deutschlands Weg in die Informationsgesellschaft« (Hrsg.): Vierter Zwischenbericht: Sicherheit und Schutz im Netz (BT-Drs. 13/11002). Bonn 1998.
48 Vgl. hierzu Tauss/Kollbeck (Anm. 43).
49 Vgl. Wolfgang Schreiber, Handbuch des Wahlrechts zum Deutschen Bundestag. Kommentar zum Bundeswahlgesetz. 6. neubearbeitete Auflage, Köln/Bonn/München 1997. Die Briefwahl wurde in der juristischen Diskussion verschiedentlich als verfassungsrechtlich bedenklich angesehen. Vor allem der stetige Anstieg wurde als nicht mehr vereinbar mit dem als Ausnahmemöglichkeit konzipierten Briefwahlrecht angesehen. Das Bundesverfassungsgericht – und ihm folgend die übrige Rechtsprechung – hat sie jedoch als verfassungskonform und insbesondere nicht gegen die Grundsätze der freien und geheimen Wahl verstoßend beurteilt. Vgl. Schreiber ebd., BVerfGE Bd. 21 und Bd. 59. Zur Problematik der ansteigenden Zahl der Briefwähler vgl. vor allem BVerfGE Bd. 59.
50 Vgl. hierzu Rüdiger Grimm, Technische Sicherheit bei Internetwahlen – Anmerkungen aus Sicht der Informationstechnik, in: Holznagel/Grünwald/Hanssmann (Anm. 26), S. 86-104.
51 Vgl. Kap. 2.6.
52 Vgl. Christian Ahlert, Icann als Paradigma demokratischer, internationaler Politik? – Internetregulierung zwischen Technik und Demokratie, in: Holznagel/Grünwald/ Hanssmann (Anm. 26), S. 44-54 und Ders., Icann als Paradigma neuer Formen internationaler Politik, in: Internationale Politik und Gesellschaft, Nr. 1/2001, S. 66 ff.
53 Vgl. hierzu Jörg Tauss/Johannes Kollbeck/Nermin Fazlic, Datenschutz und IT-Sicherheit – zwei Seiten derselben Medaille, in: Günter Müller/Martin Reichenbach (Hrsg.): Sicherheitskonzepte für das Internet. Berlin u.a. 2001, S. 191-206.
54 EKM (Anm. 26).
55 Vgl. ebd., S. 179 ff., 185 ff. Jedoch geht es – gerade vor dem Hintergrund der Legitimationskrise – nicht allein um die schnelle und umfassende Verfügbarkeit von politisch relevanten Informationen für die Bürger. Bereits seit Jahren ist auch vom »Informationsvorsprung der Exekutive« und der gleichzeitigen »Informationskrise des Parlamentes« die Rede. Da diese Problematik hier nicht ausführlich diskutiert werden kann, nur folgende kurze Anmerkung: Auch hier sollte mittels neuer Informations- und Kommunikationsmöglichkeiten Abhilfe geschaffen werden. Um dieses Ungleichgewicht zwischen Regierung und Parlament – immerhin deren Kontrollorgan – abzubauen, sollten mit dem System Parlakom (Parlamentarisches Informations- und Kommunikationssystem), das in den 80er-Jahren eingeführt wurde, folgende Ziele verwirklicht werden: Zugriff auf Daten in Ministerien, Zugriff auf Datenbanken in Ausschüssen, Zugriff auf Datenbanken der Fraktionen, Anbindung an Pressedienste und an den Wissenschaftlichen Dienst des Deutschen Bundestags, elektronische Kommunikation zwischen Bundestags- und Wahlkreisbüros. Vgl. Erich Vorwerk/Knut Bahr/Siegfried Dieckhoven u.a., Parlakom. Endbericht, St. Augustin 1986. Schaut man sich Jahre später an, was davon in der Zwischenzeit realisiert wurde, so fällt auf, dass bis heute kaum eines der Projekte, die auf die Kontrolle der Regierungsarbeit abzielten (z.B. Zugriff auf Datenbanken der Ministerien), verwirklicht wurde.
56 Vgl. Schmalz-Bruns (Anm. 18), S. 109.

57 Siehe für weitere Informationen www.bundonline2005.de und www.staat-modern.de. Zum Wandel des Verhältnisses von Verwaltung und Bürger vgl. Klaus Grimmer/ Martin Wind, Wandel des Verhältnisses von Bürger und Staat durch die Informatisierung der Verwaltung, in: Simonis/Martinsen/Saretzki (Anm. 12), S. 232-247. Konkret klaffen allerdings auch beim E-Government Anspruch beziehungsweise Ankündigung und Wirklichkeit auseinander. Nach dem Urteil der Unternehmensberatung Mummert + Partner haben selbst Estland und Lettland modernere Online-Verwaltungen als Deutschland, vgl. Mummert + Partner, Der Online-Amtsschimmel wiehert nicht vor 2006, 21. 2. 2002, www.mummert.de. Das Projekt »Bund Online 2005«, erst im Dezember 2001 von Bundesinnenminister Otto Schily mit einem konkreten Kostenplan und rund 1,6 Mrd. Euro Investitionen vorgestellt, werde bei dem bisherigen Tempo allenfalls zu 70 Prozent erfüllt sein, urteilen die Berater. Hauptgrund der Verzögerung sei Geldmangel.
58 Wettbewerbssieger bei Media@komm waren Bremen, Nürnberg und Esslingen. Für weitere Informationen siehe Aktionsprogramm der Bundesregierung 1999.
59 Vgl. die Beiträge in Jarren/Sarcinelli/Saxer (Anm. 21), S. 253 ff. und Heinz Kleger, Direkte und transnationale Demokratie, in: Claus Leggewie/Christa Maar (Hrsg.) (Anm. 38), S. 97-110.
60 Das soll keineswegs heißen, dass E-Government-Angebote sekundär oder einfacher zu bewerkstelligen sind, sondern nur, dass deren Qualität nach anderen Maßstäben bewertet werden muss als Projekte mit dem Ziel der Verwirklichung elektronischer Demokratie. Oder: Die normativen Ansprüche an E-Demokratie sind weitaus höher als in der Darstellung von Regierungs- und Verwaltungshandeln in Datennetzen. Vgl. Beiträge in Herbert Kubicek u.a. (Hrsg), Multimedia @ Verwaltung. Jahrbuch Telekommunikation und Gesellschaft 2001, Heidelberg 1999 und die Beiträge in Claus Leggewie/Christa Maar (Anm. 38); Kamps (Anm. 16) sowie Holznagel/Grünwald/Hanssmann (Anm. 38).
61 Vgl. Tauss/Kollbeck/Fazlic (Anm. 53), S. 198 ff.; ferner Kai Rannenberg/Andreas Pfitzmann/Günter Müller, Sicherheit, insbesondere mehrseitige Sicherheit, in:, Günter Müller/Andreas Pfitzmann (Hrsg.), Mehrseitige Sicherheit in der Kommunikationstechnik, Bonn u.a. 1997, S. 21-30 und auch EKM (Anm. 47).
62 Vgl. Rannenberg/Pfitzmann/Müller (Anm. 62), S. 22 f. Das vierte Schutzziel der Zurechenbarkeit von Netzaktivitäten steht selbstverständlich in einem Spannungsverhältnis zu dem datenschutzrechtlichen Grundsatz, insbesondere auch eine anonyme Nutzung der IuK-Netzwerke zu ermöglichen, vgl. Alexander Roßnagel/Philip Scholzm, Datenschutz durch Anonymität und Pseudonymität, in: MMR, Multimedia und Recht, Nr. 12/2000, S. 721-731, S. 721 f. Hier bietet die Pseudonymisierung der Nutzung für bestimmte Transaktionsklassen einen möglichen Kompromiss, vermag allerdings nicht die Spannung aufzuheben.
63 Vgl. Booz-Allen & Hamilton 2000 und insbesondere Kubicek 2001.
64 Vgl. Ahlert (Anm. 52), Ders., Ohne Access kein Success: Icann zwischen Technik und Demokratie, in: Herbert Kubicek/Dieter Klumpp/Gerhard Fuchs/Alexander Rossnagel (Hrsg.), (Anm. 60), S. 127-132; vgl. auch Volker Leib, Das Doppelgesicht Icanns, in: ebd. S.124 f.; Kleger (Anm. 59), S. 97 f. und Schmalz-Bruns (Anm. 18), S. 114. Diese transnationale Demokratie muss nicht notwendig eine im negativen Sinne reduktionistische Demokratie, sozusagen democracy light sein, wie sie oft als entkernte oder substanzlose Variante kritisiert wird, vgl. zuletzt Dieter Grimm, Bedingungen demokratischer Rechtsetzung, in: Wingert/Günther (Anm. 31), S. 506. Auch diese orientiert sich vorschnell letztlich an traditionellen Kontexten.
65 Zu Fragen der transnationalen Demokratie siehe auch Ahlert (Anm. 52), S. 44 ff., Kleger (Anm. 59), S. 99 ff. und Monika Ermert, Wer ist das Selbst in Self-Govern-

ment?, in: Telepolis, 20. 6. 2001, www.telepolis.de. Grundlegend auch Beiträge in Christoph Engel/Kenneth H. Keller (Hrsg.), Understanding the Impact of Global Networks on Local Social, Political and Cultural Values, Baden-Baden 2000.
66 Zu den Auswirkungen transnationaler Netzwerke auf den Staat vgl. Saskia Sassen, The Impact of the Internet on Sovereignty. Unfounded and Real Worries, in: Engel/Keller (Anm. 65), S. 187-200, S. 188 ff., grundlegend Claus Leggewie/Richard Münch (Hrsg.), Politik im 21. Jahrhundert, Frankfurt am Main 2001 und Dies., Politik in Entgrenzten Räumen, in Dies., Politik im 21. Jahrhundert, Frankfurt am Main 2001.
67 Vgl. Ahlert (Anm. 52), Icann, S. 66 ff. und Ders., (Anm. 64), S. 127 ff. Vgl. auch die kritischen Kommentare in »Süddeutsche Zeitung« vom 1. August 2000: Demokratie im Internet? Und auch »Die Welt« vom 27. September 2000: Icann-Wahlkarneval abblasen!
68 Leib (Anm. 64), S. 124 ff., auch Claus Leggewie, Gibt es eine transnationale Bürgerschaft?, in: Leggewie/Münch (Anm. 66, 21. Jahrhundert), S. 187-200.
69 Vgl. zum Einfluss der US-Regierung z.B. Peter Littger, www.staats-streich.org. Interview mit Andy Müller-Maguhn, in: Die Zeit 7. 03. 2002. So müssen sehr viele Beschlüsse des Direktoriums von der US-Regierung genehmigt werden.
70 Vgl. Endert/Ewert/Knüwer (Anm. 1): Esther Dyson zu einer Titulierung der Icann als Internet-Regierung: »Das ist absolut überbewertet. Wir regieren nicht, wollten es niemals und werden es nicht.« Besonderen Gefallen am Gedanken einer Internet-Regierung hätten laut Dyson außerdem nur die Deutschen gefunden – »mag sein, dass das mit der deutschen Geschichte zusammenhängt«. Dann aber hätten sie die Geschichte nicht verstanden: Im Internet solle niemand regieren. Private Verträge und nationales Recht reichten nach Dysons Meinung aus. Überhaupt ist Dyson ein kritischer Geist gegenüber ihrer eigenen Organisation gewesen. So freute sie sich kurz vor ihrem Ausscheiden als Präsidentin, »nicht mehr für Positionen kritisiert zu werden, die ich nicht teile«. Gegenüber dem Direktorium, gestand sie Andy Müller-Maguhn, habe sie sich häufig nicht durchsetzen können.
71 Leib spricht sogar vom »Doppelgesicht der Icann« (Anm. 64, S. 124), siehe auch Stefan Krempl, Die Stärke des Internet liegt nicht in der Förderung der elektronischen Demokratie. Interview mit Claus Leggewie, in: Telepolis, 18. 04. 2001, www.telepolis.de und Ders, Wer regiert das Internet? in: Telepolis, 08. 04. 2001, www.telepolis.de.
72 Zit. nach Endert/Ewert/Knüwer (Anm. 1).
73 Vgl. Leggewie/Münch (Anm. 66) und Beiträge in Leggewie/Maar (Anm. 38).
74 Vgl. Monika Ermert, Mögliche Regierungsbeteiligung an der Icann in: Heise Online, 25. 02. 2002, www.heise.de. Die Diskussion wird wohl noch andauern.
75 Immer gerne zu Wort meldet sich mit plakativen Befürchtungen beispielsweise Andy Müller-Maguhn, Sprecher des Chaos Computer Club und gewähltes Direktoriumsmitglied der Icann. Er zählt zu den massiven Befürwortern weiterer Wahlen. Die Reformpläne trügen »Züge eines Staatsstreiches«, und das Bemühen der US-Regierung sei offensichtlich, das Internet »einerseits in eine Shopping-Mall, andererseits in einen Polizeistaat zu verwanden«. Zit. n. Littger (Anm. 69). Müller-Maguhn wäre von einer Änderung allerdings auch direkt betroffen: Seine Amtszeit endet im November 2002.
76 Ebd.
77 Ebd.
78 Das E-Demokratie-Projekt des Bundestages ist unter der Adresse www.elektronische-demokratie.de erreichbar.
79 Vgl. Ewert (Anm. 13).

Armin Medosch

Demonstrieren in der virtuellen Republik

Politischer Aktivismus im Internet gegen staatliche
Institutionen und privatwirtschaftliche Unternehmen

In der noch jungen Geschichte des allgemein zugänglichen Internets gibt es eine erstaunliche Vielfalt an politischen Kampagnen, Methoden, Anliegen und Gruppen. Anstatt eine Übersicht über die gesamte Breite des Netzaktivismus anzubieten, konzentriert sich dieser Beitrag auf eine Anzahl besonders signifikanter Kampagnen und beschreibt anhand dieser die Entwicklung des Netzaktivismus seit den frühen 90er-Jahren. Dabei wird auffällig, dass die Protagonisten dieser Initiativen im Internet mehr sehen als nur eine technische Zusammenschaltung verschiedener proprietärer Netze. Das Internet als politischer Handlungsraum wird zum Ort der Auseinandersetzung über ein neues Politikverständnis in einem globalen und vernetzten Kontext, zu einer »virtuellen Republik«, in der die Frage nach Recht oder Unrecht nicht allein nach zivil- und strafrechtlichen Kriterien gestellt werden darf, sondern wo es auch einer Neudefinition der Grundrechte bedarf. Diese Definition muss über den konventionellen Datenschutz und das Recht, eine Homepage zu unterhalten, hinausgehen und kollektive Formen politischer Willensäußerung beinhalten. Das heißt, dass die vorgestellten Projekte über ihren tagespolitischen Anlass hinaus auch als Diskurs über das Internet als »virtuelle Republik« gelesen werden können und sollen.

1. Politischer Aktivismus im Internet gegen staatliche Institutionen

1.1 Netstrike

Mit virtuellen Sitzblockaden im WWW, »Netstrike« genannt, erfand Ende 1995, Anfang 1996 StranoNet aus Florenz eine neue Form des politischen Protests im WWW. Die Wurzeln der Gruppe sind in den sozialen Bewegungen der 70er- und 80er-Jahre, in den Querverbindungen zwischen Politik, Post-Punk

(Do-it-yourself-Kultur), Kunst und Neuen Medien zu finden. Dieser Hintergrund StranoNets ist exemplarisch für viele Gruppen, Organisationen und Individuen, die sich mit politischen Kampagnen im Netz betätigen. Durch begleitende theoretische Texte, im Stile von Manifestos formuliert, erarbeiteten sie Grundlagen für ein Verständnis des Netzes als Forum politischer Kämpfe und Ansätze zur Formulierung allgemeiner Bürgerrechte für die Welt elektronischer Kommunikation.

1.1.1 Die ersten Netstrikes

Im Dezember 1995 ging eine E-Mail durchs Internet, die auf italienisch und englisch ihre Empfänger zur Teilnahme an einem »Netstrike« einlud. Am 21. 12. 1995 zwischen 18:00 und 19:00 Uhr europäischer Zeit sollten möglichst viele Internetnutzer gleichzeitig die Webserver der französischen Regierung anklicken. »In einer Demonstration von 1 000, 10 000, 100 000 Netzbenutzern«, so lautete der Aufruf, sollten sie über den Verlauf einer Stunde alle paar Sekunden erneut auf die selben Webseiten klicken, um mit der Masse ihrer Anfragen eine Art Verkehrsstau im Netz zu erzeugen. Ein Webserver ist ein Rechner im Internet, auf dem Informationen in Form digitaler Dateien (am geläufigsten sind Texte und Bilder) zum Abruf angeboten werden. Abhängig von der Leistungsfähigkeit des Webservers und der »Bandbreite« (der Kapazität der Leitung) seiner Internetanbindung kann ein Webserver während eines bestimmten Zeitablaufs nur eine bestimmte Zahl von Informationsabrufen bewältigen. Kommen zu viele »Anfragen« gleichzeitig auf den Server zu, dann kommt es zu Engpässen – einerseits bezüglich der gleichzeitig durch den Server zu beantwortenden Seitenabrufe, andererseits bezüglich der Kapazität der Leitung, über die die Informationen an die Nutzer geliefert werden sollen. Wenn nun tatsächlich 10 000 oder 100 000 Nutzer gleichzeitig eine bestimmte Webadresse anklicken, dann kann dadurch der Server so überlastet werden, dass seine Antworten immer langsamer erfolgen, während gleichzeitig der »Zufahrtsweg« – die Leitung, die zum Server führt – von zu vielen Datenpaketen verstopft wird. Durch eine gezielte Überlastung in dieser Form wird der Webserver an der Ausübung seiner Funktion – der Zurverfügungstellung von Informationen im WWW – gehindert. Deshalb nennt man diese Art des Angriffs heute auch »Denial-of-Service-Attacke« (Angriff zur Verweigerung des Dienstes).

Der Netstrike vom Dezember 1995 ging von einer Gruppe italienischer Aktivisten namens StranoNet aus. »Anders als der Titel ›Netstrike‹ nahe legt«, schrieb Tommaso Tozzi, Sprecher von StranoNet, »handelt es sich dabei weniger um einen Streik als um eine virtuelle Sitzblockade.«[1] Die Aktion war Ausdruck des Protests gegen die Vorgehensweise der französischen Regierung. Diese führte damals Atombombentests im Mururoa-Atoll im Pazifik durch, trotz weltweiter Proteste von Organisationen wie Greenpeace und Kritik in den Massenmedien. StranoNet versuchte mit dem Netstrike mehrere Dinge gleichzeitig zu bewirken. Durch den Aufruf zur Beteiligung am Netstrike, der im Internet nach besten Kräften zirkuliert wurde, sollten möglichst viele Netznutzer auf den Anlass des Protests, die französischen Atomtests, aufmerksam gemacht werden. Der »Streikaufruf« wurde über Mailinglisten und Newsgroups verbreitet, Webseiten mit Solidaritätsaufrufen wurden eingerichtet, wo der Streikaufruf mit einer Angabe der Liste der zu bestreikenden Webserver veröffentlicht wurde, und alle Empfänger wurden aufgefordert, den Streikaufruf ihrerseits nach dem Schneeballprinzip weiterzuverbreiten. Obwohl StranoNet selbst nur eine kleine Organisation ist und über keine mächtigen eigenen Informationskanäle verfügt, konnte durch diese Art der Informationsverbreitung im Internet die maximale Teilnehmerzahl erreicht werden. Durch den neuartigen Charakter des Online-Protests im ebenfalls noch sehr neuen WWW wurde aber auch die Aufmerksamkeit der traditionellen Medien – Presse, Radio und Fernsehen – erregt, die damit dem Thema eine noch größere Reichweite verschafften. Und nicht zuletzt sollte mit der tatsächlichen Blockade der Webserver der französischen Regierung erreicht werden, dass diese den Protest nicht einfach ignorieren konnte, sondern zur Kenntnis nehmen musste, dass viele Menschen weltweit mit den Atombombentests nicht einverstanden waren.

Es ist unmöglich zu verifizieren, wie viele Nutzerinnen und Nutzer im damals noch recht dünn besiedelten Internet tatsächlich am »Netstrike« teilnahmen. Laut Auskunft von Tommaso Tozzi von StranoNet war die Aktion jedoch ein voller Erfolg. Die Webserver der französischen Regierung, darunter die Atomenergiebehörde und das Außenministerium, wurden von so vielen Anfragen überflutet, dass sie praktisch völlig blockiert waren, hieß es einige Tage danach in einer E-Mail-Erklärung von StranoNet. Eine offizielle Reaktion seitens der französischen Regierung ist nicht bekannt. Jedenfalls kann der Netstrike vom 21. 12. 1995 als erster organisierter Massenprotest in Form einer »Sitzblockade« im Internet in die Geschichte eingehen. Mit der Art des Protests und der Form seiner Durchführung lieferte StranoNet die Blaupause für zukünftige Formen der politischen Willenserklärung und des aktiven politischen Widerstands im Internet – das »Modell Netstrike«.

StranoNet hatte seine Wurzeln in den sozialen Bewegungen Italiens und wurde von aktuellen technologischen und kulturellen Entwicklungen gespeist, die auch für andere Online-Aktivisten wichtige Einflüsse waren. Zu diesen Einflüssen zählten:
- die politischen und sozialen Protestbewegungen der 70er- und 80er-Jahre, zum Beispiel die Umwelt- und die Anti-Nuklearbewegung, Feminismus, Bürgerrechtsgruppen, autonome und anti-imperialistische Gruppen, die in Italien in den »Centri Sociali« ihre Organisationsknotenpunkte fanden. »Centri Sociali« sind besetzte unabhängige Kulturzentren, die als Treffpunkte, Veranstaltungszentren, Volksküchen, Medienzentren (vor allem für gedruckte Fanzines und Piratenradios) eine Vielzahl von Funktionen wahrnahmen (und -nehmen), die im privatwirtschaftlich oder öffentlich organisierten italienischen Kulturleben der Großstädte sonst keinen Platz fänden;

- der Nachhall der Punkbewegung, in Form einer Do-it-yourself-Kultur (DIY), welche die Produktion von Musik, Videos und Büchern im Eigenverlag betrieb und damit den Geist der Punkbewegung fortsetzte, auch wenn sie inhaltlich mit dieser nicht mehr viel zu tun hatte. DIY-Kultur bedeutet im Wesentlichen, dass es besser ist, selbst Kultur herzustellen, wenn auch mitunter dillettantisch, als von der Industrie kommende Kulturgüter bloß zu konsumieren;
- die neuen Kommunikationstechnologien und Medien, die im Verlauf der 80er- und 90er-Jahre auch kostenmäßig für immer mehr Menschen zugänglich und damit »demokratisiert« wurden: Computer, VHS- und Hi8-Videokameras, digitales Audio-Equipment, Faxe und schließlich auch Modems.

Diese Querverbindungen zwischen politischem Aktivismus, der DIY-Kultur und der künstlerischen und kreativen Nutzung der neuen Medientechnologien war von entscheidendem Einfluss nicht nur für Italien und StranoNet, sondern für viele Gruppen international, die sich Formen des politischen Aktivismus im Netz verschrieben. Diese Verbindung mittels Internet bildet(e) weltweit den Humus für Protestbewegungen neuen Typs. Dabei verlief die Entwicklung in Italien parallel zu und im Austausch mit ähnlichen Entwicklungen in anderen europäischen Staaten ebenso wie in den weiteren hochindustrialisierten Staaten USA und Japan.

1.1.2 Frühe »virtuelle Gemeinschaften«

Einen wichtigen Ausgangspunkt für die Entwicklung einer Online-Protestkultur bildeten Mailboxen, auch genannt »Bulletin Board Systems« (BBS), die sich zu einer Zeit großer Beliebtheit erfreuten, als das Internet noch nicht allgemein zugänglich war. Mailboxen sind Computer, deren Software ähnliche Funktionen wie heute im Internet ermöglicht, es sind vor allem E-Mail und Diskussionsforen. BBS waren nicht wie heute im Internet dauernd über Standleitung, das heißt über eine permanente Verbindung über eigene Telefonleitung miteinander verbunden, sondern tauschten zwischen einer BBS an einem geografischem Standort zum anderen nur zu bestimmten Zeiten, meist nachts, Daten miteinander aus. Neben elektronischer Post waren die »schwarzen Bretter«, also thematisch strukturierte Diskussionsgruppen, ähnlich den heutigen Newsgroups im Internet, das zentrale Element dieser Systeme. BBS verfügten meist über überschaubare Nutzerzahlen, die kulturell und politisch ähnlich gelagerte Interessen hatten. Diese Nähe der Nutzer zueinander förderte ein starkes Gefühl, Teil einer »virtuellen Gemeinschaft« zu sein. Die elektronische Kommunikation wurde nicht als technische Wüste von Leitungen, Modems und Rechnern erfahren, sondern als sozialer Raum, der enge Bindungen zwischen den Teilnehmern und intensive inhaltliche Diskussionen begünstigte.

In Mailand gründete sich 1985 eine Gruppe namens »Decoder«, die begann, eine Zeitschrift mit demselben Namen herauszugeben und stark von amerikanischer Science-Fiction aus der »Cyberpunk«-Richtung beeinflusst war. Decoder gründete eine der ersten Mailboxen der italienischen alternativen Kultur- und Politszene. Man arbeitete damals mit dem am weitesten verbreiteten BBS-System FidoNet zusammen. Weitere BBS-Knoten für die DIY/Punk/Politszene folgten in Bologna, Rom und Florenz. Wegen Kapazitätsproblemen, aber auch wegen politischer Probleme mit FidoNet begann man bald nach Wegen zu suchen, sich von diesen abzuspalten. Die »autonomen Boxen« gründeten ihren eigenen Verbund in Italien und legten damit den Grundstein für www.ecn.org, »Isole nella Rete« (Inseln im Netz), ein italienweites Bürgernetz mit besonders starken Knoten in den bereits genannten urbanen Zentren, aber auch in kleineren Städten. Ab 1992 ermöglichte die neue Software für »FirstClass BBS« den Nutzern, von ihren Rechnern aus auch E-Mails ins Internet zu verschicken und von dort zu empfangen.

1994 kam es zum »großen italienischen Mailbox-Crackdown« (engl. »crack down«, hart durchgreifen). Ein neues Copyright-Gesetz in Italien machte jedes freie Kopieren von Software illegal, auch wenn diese Software als Freeware oder Public Domain deklariert war. Freeware- und auch Public-Domain-Software sind Programme, die von ihren Urhebern nicht unter Kopierschutz gestellt werden, sondern welche die freie Verbreitung der Software als »Gemeingut« aktiv befürworten. Jeder darf sie gratis kopieren und benutzen. Mit der neuen Gesetzgebung jedoch wurden die Mailboxen der Bürgernetze als Zentren der Raubkopiererei gebrandmarkt – obwohl sie eigentlich keine Raubkopierer waren, da das Kopieren von Freeware legal ist. In landesweit koordinierten Razzien wurden Rechner von mehr als 150 Mailboxen beschlagnahmt. Eine große Zahl von Nutzern sah sich damit vorübergehend von der Kommunikation in elektronischen Netzen abgeschnitten.

Der »Crackdown« wurde indirekt zum Anlass für die Entwicklung der Netstrike-Taktik. Im Winter 1995 trafen sich Mailboxleute, Politik- und Medienaktivisten, um Strategien zu diskutieren, wie ein solcher Crackdown in Zukunft zu verhindern sei, aber auch, wie die sich formierende Bewegung ihre Anliegen besser an die breitere Öffentlichkeit transportieren könnte, an die politischen Klassen ebenso wie an die Medien. Ideen für den politischen Aktivismus im Netz wurden ausgebrütet und im Laufe des Jahres 1995 weiter entwickelt.[2]

1.1.3 Manifestationen

Im Oktober desselben Jahres reisten Leute von StranoNet nach Budapest zur dortigen Konferenz »Metaforum«. Diese an der Budapester Kunstakademie durchgeführte Konferenz war eines der ersten Treffen, bei dem sich eine (überwiegend) europäische Internet-Szene zu organisieren begann. Inhaltliche Anliegen, theoretische Ansätze und praktische Strategien wurden ausgetauscht. Wegen des kurz zurückliegenden Mailbox-Crackdowns zeigte sich StranoNet besonders gut vorbereitet und präsentierte ein manifestoartiges Papier mit Eckpunkten für eine Art »Verfassung des Internets«. Dabei handelt es sich

um keine Verfassung im klassischen Sinn, aber um eine Reihe von politischen Forderungen über die Nutzung des Internets und damit zusammenhängender Fragen. Von zentraler Bedeutung ist dabei, dass das Internet nicht als ein nur technisches oder wirtschaftliches Thema behandelt, sondern als ein sozialer Raum und als ein Ort für politische Auseinandersetzungen verstanden wird. Das Eckpunktepapier von StranoNet liefert den Ansatz für eine Grundsatzerklärung für »Bürgerrechte für Internetnutzer«, die für viele spätere politisch motivierte Online-Kampagnen grundlegend war.[3] Deshalb seien einige der wichtigsten Punkte hier wiedergegeben:
- Jeder sollte Zugang zu globaler Kommunikation haben;
- Netzwerke sollten weder im Besitz privater noch öffentlicher Monopole oder Oligopole sein;
- die Nutzer sollen über das Management der Netze entscheiden;
- die Privatsphäre muss geschützt, anonyme Nutzung und Verschlüsselung erlaubt werden;
- die Kommunikationsdienstleister sollen nicht für den Inhalt von Botschaften verantwortlich gemacht werden;
- Zugang zum Netz und Zugang zu Information soll ein universales Bürgerrecht sein;
- das freie Kopieren von Software, wenn es für nicht-komerzielle Zwecke erfolgt, soll erlaubt sein;
- ein selektiver Zugang zum Netz soll verboten sein;
- Zensur soll verboten sein;
- jeder Bürger soll einen kostengünstigen Breitbandanschluss erhalten;
- jede/r soll seinen/ihren eigenen Webserver betreiben können;
- die gewerkschaftliche Organisation von Telearbeitern soll nicht nur erlaubt, sondern gezielt gefördert werden.

Diese und andere Forderungen bilden den ersten Teil des StranoNet-Manifests. In einem zweiten Teil des Papiers unter dem Titel »Strategien zur Befreiung, Ideen für globale Verbindungen«, kommt StranoNet auf »Netstrikes« zu sprechen. Der Zusammenhang ist nicht zufällig. Nur wenn man die Idee akzeptiert, dass das Netz ein politisches Wesen ist, für dessen Nutzung es sowohl Rechte als auch Pflichten gibt, ist das Netz auch ein legitimer Ort für politischen Massenprotest. Ohne diese Grundlage wäre dies nichts weiter als Vandalismus oder eine technische Störung.[4]

Wenige Wochen nach der Budapester Konferenz, bei der diese Ideen erstmals einer internationalen Öffentlichkeit vorgestellt werden, geht der Aufruf zum Netstrike gegen die französische Regierung durch das Netz. Sechs Wochen nach dem Netstrike gegen die französische Regierung kommt bereits der Aufruf zum zweiten Netstrike, diesmal gegen die mexikanische Regierung wegen der Unterdrückung der aufständischen Chiapas-Indianer, die so genannten »Zapatistas«.

Doch StranoNet geht es nicht um den Einzelfall, die Aktivisten wollen ein didaktisches Beispiel, eine Vorlage für Nachahmer liefern. Zugleich mit dem

Aufruf zum Netstrike gegen Mexiko verbreitet StranoNet ein »NetStrike Starter Kit: Instruktionen zur Organisation eines Streiks im Internet«.[5] Der Text beginnt mit der Überschrift »virtuelle Praktiken für reale Konflikte« und versucht, Politik mit Poesie, Theorie mit Praxis in Einklang zu bringen. Zentral ist dabei die Idee der Gemeinschaft (community). Kommunikation im Internet soll helfen, gesellschaftlicher Isolation zu entkommen, Gleichgesinnte zu finden und mit ihnen Formen kollektiven Handelns zu erproben »unter Benutzung aller Medien, auf die man Zugriff bekommen kann«. Dem »kapitalistischen Modell« der Informationsgesellschaft und ihren Metaphern werden alternative Metaphern gegenübergestellt: statt »Datenautobahn« die digitale Seitenstraße, statt E-Commerce der bargeldlose Tauschmarkt, statt digitalem Fernsehen das elektronische Fan-Magazin. Gegen »die Kontinuität der kapitalistischen ökonomischen Dynamik« sollen »das Graffiti, die Kampagne, das Meer und die Musik und die Versammlung am Dorfplatz ...« angewendet werden.

Das »NetStrike Starter Kit« enthält jedoch vor allem praktische Tipps. Entsprechend der impliziten Eigenschaft »globaler« Kommunikationsnetze, ist auch der Netstrike seinem Wesen nach eine »globale« Aktion, heißt es da. Deshalb sei es vor allem bei dem »ersten Experiment« des Netstrikes gegen die französische Regierung wichtig gewesen, ein Motiv zu haben, bei dem man sich globaler Zustimmung und Unterstützung sicher sein konnte: die internationale Ablehnung der Fortsetzung französischer Atomtests. Um diese Zustimmung zu erlangen, betonte StranoNet, sei es notwendig, kreative und maßgeschneiderte Slogans zu erfinden, mit denen sich möglichst viele Menschen identifizieren können. Ebenso wichtig sei es, klare, praktische Handlungsanweisungen zu geben, zum Beispiel über das Ziel der Aktion (nämlich welche Webserver gemeint sind), den Zeitpunkt (möglichst mit Angabe aller globalen Zeitzonen) bis hin zu den Einstellungen, welche die Nutzer in ihrer Browsersoftware vornehmen können, um ihre Klicks effektiv zu machen.

Beim zweiten Netstrike gegen die mexikanische Regierung und zur Unterstützung der Chiapas-Indianer rückte ein neues Element in den Mittelpunkt: das Zusammenspiel lokaler und globaler Handlungen. Der Netstrike ist nur ein Teil einer Reihe von Maßnahmen mit demselben politischen Ziel, nämlich dem Ende der militärischen Maßnahmen gegen die Zapatistas. In der vorbereitenden Phase der Mobilisierung ging es zunächst vor allem um die Koordination von Gruppen und ihrer politischen Kampagnen über das Netz. Parallel zum Zeitpunkt des Chiapas-Netstrike gab es dann eine Vielzahl von Aktionen in der realen Welt, zum Beispiel landesweite Demonstrationen vor mexikanischen Botschaften in Italien und Plakatkampagnen. Das Ineinandergreifen von Aktionen im realen Raum und im virtuellen Raum sollte den maximalen Erfolg der Kampagne bewirken.

Wie sich in der Folge zeigte, hat StranoNet mit der Formulierung der Methode des Netstrike und mit ihren ersten praktischen Netstrikes tatsächlich eine Vorlage geliefert, die später nicht nur Nachahmung finden, sondern auch weiterentwickelt werden sollte. Doch abgesehen von der Vorbildwirkung beließ es StranoNet nicht bei den ersten beiden Netstrikes. Weitere Netstrikes folgten zu verschiedenen Zielen und Anlässen in den Jahren 1996 und 1997. 1998 wurde dann die »Digital Coalition« gegründet, eine Plattform für Internet-Aktivismus, hinter der neben StranoNet noch weitere Gruppen stehen. 2001 war es im Umfeld der Demonstration von Genua eine der ersten Amtshandlungen der Regierung Berlusconi zu versuchen, www.netstrike.it aus dem Netz zu verbannen. Doch dieser Versuch blieb bislang erfolglos.

1.2 Digital Zapatismo – Electronic Disturbance Theater

Das »Electronic Disturbance Theater« (EDT)[6] ließ sich von StranoNet inspirieren, der italienischen Gruppe, die den Netstrike erfunden hatte, vor allem aber vom Widerstand der »Zapatistas«, aufständischer indigener Stämme und Nachfahren der Mayas in Chiapas, der südlichsten Provinz Mexikos. EDT entwickelte die Netstrike-Technik weiter, indem es ein Software-Werkzeug für elektronischen Protest schuf, ein »Floodnet« genanntes Programm, mit dem sich der Effekt einer virtuellen Sitzblockade multipliziert. Zugleich betont EDT jedoch die Wichtigkeit des »sozialen Dramas« rund um eine Aktion, wovon der technische Aspekt nur ein Teil ist. Mit der Berufung auf die symbolische Maya-Technologie, die Macht der Geste, und durch ihre theatralischen Performances bei Kunstfestivals unterstreicht EDT, dass der von ihm entwickelte »elektronische zivile Ungehorsam« zugleich eine Kunstform ist. Mit dieser Programmatik und zahlreichen Aktionen seit 1998 ist EDT die wahrscheinlich bekannteste Gruppe von Internet-Aktivisten. Damit erregte sie aber auch die Aufmerksamkeit des US-Verteidigungsministeriums und ihre Aktionen dienten als Begründung für Pläne der US-Streitkräfte, den Hacker-Krieg als zukünftige Form der Kriegführung zu etablieren.

1.2.1 EDT-Performance

An einem einfachen Holztisch sitzt ein Mann und blättert in Kerzenlicht versunken in seinen Notizen. Sein Gesicht sieht man nicht, denn er trägt eine dieser schwarzen Wollmützen, die nur die Augen freilassen. Auf der Mütze sind die Buchstaben EZLN eingestickt. Sie stehen für »Zapatista National Liberation Army«. Mit tief resonierender Stimme erzählt er Geschichten aus dem lakandonischen Urwald; Geschichten vom Aufstand der Zapatistas, Abkömmlinge der Mayas in der Provinz Chiapas, die sich gegen die Ausbeutung ihrer natürlichen Ressourcen und die Unterdrückung durch die mexikanische Armee wehren; Geschichten von einem sich lange hinziehenden bewaffneten Konflikt niedriger Intensität, während dessen das Leben weiter gehen muss, obwohl Flugzeuge, Hubschrauber, Straßensperren und gelegentliche Razzien der Armee eine permanente tödliche Bedrohung darstellen; Geschichten aber auch von einem Kampf, in dem »Worte Waffen sind«, wie es der charismatische Guerrilla-Führer und Poet Subcommandante Marcos formuliert hat, dessen Botschaften aus dem Urwald seit 1994 die Weltöffentlichkeit erreichen und bewegen, ob über das Internet, konventionelle Nachrichtenkanäle oder in Buchform.

Performance des Electronic Disturbance Theater, Mayan Technologies 2000, Hull, Großbritannien

Unser Leser im Kerzenschein identifiziert sich offenbar mit dem Subcommandante. Er nennt sich Commandante Ricardo und erzählt Geschichten von »Maya-Technologie«; davon, wie ein kleiner Bub mit einem Stock Flugzeuge vertreibt; davon, wie sich durch die poetische, vordergründig kraftlose Geste die Welt verändern kann. »Unser Widerstand ist das Nichthandeln«, zitiert er den Subcommandante, »indem wir nicht handeln, gewinnen wir.« Plötzlich springt Commandante Ricardo auf und läuft zu einem Rednerpult. Sein Gestus verändert sich, der tiefe Bass seiner Stimme füllt nun den ganzen Raum und er doziert in der Sprache der akademischen Eliten über den politischen Widerstand im elektronischen Raum, den Hacktivismus oder El Hacktivismo. Selbstbewusst und herausfordernd erklärt er die Irrtümer jener, die im Internet entweder die Rettung oder den Untergang sehen, und entwirft eine Alternative zwischen Utopie und Apokalypse, die sich auf die Verwendung von Maya-Technologie im elektronischen Raum gründet.

Wir wohnen einer Performance des Electronic Disturbance Theater bei, repräsentiert durch dessen bekanntesten Vertreter, Ricardo Dominguez, US-Bürger mexikanischer Abstammung. Seinem bombastischen Stimmvolumen merkt man die schauspielerische Ausbildung an, doch ein Großteil seiner Aktivitäten spielt sich im Internet ab. Gemeinsam mit dem Medientheoretiker Stefan Wray und den Programmierern und Künstlern Carmin Karasic und Brett Stalbaum gründete er 1998 das EDT. Diese Gruppe entwickelte das Software-Tool »Floodnet«, ein Java-Applet, das seither bei zahlreichen Cyberprotesten zum Einsatz gekommen ist und vom US-amerikanischen »National Infrastructure Protection Center« zum gefährlichen Hackertool erklärt worden ist. Doch wer sich nur auf die technischen Eigenschaften des Floodnet-Java-Applets beschränkt, läuft Gefahr, die Aktionen des EDT misszuverstehen. Zumindest genauso wichtig wie die Technologie sind für das EDT Einflüsse lateinamerikanischer politischer Theatergruppen, vom brasilianischen Theaterguru Augusto Boal über das Teatro Campesino bis hin zu chilenischen Straßentheaterkollektiven während der Pinochet-Diktatur. Das technische Hilfsmittel Floodnet dient als Auslöser für ein »soziales Drama«.

»Es geht darum, eine performative Matrix zu entwerfen, die dafür sorgt, dass die Mächtigen stürzen. So dass die gesamte Welt sehen kann, was passiert«, sagt Ricardo Dominguez. »Was wir Zapatisten haben, ist Maya-Technologie. Die benötigt keinen elektrischen Strom, sie braucht kein Spanisch und keine Politik. Sie basiert auf der Schaffung einer neuen Art von Raum, der nicht definiert ist, dem Vorzimmer der Revolution.«[7]

1.2.2 Vom elektronischen zivilen Ungehorsam zum Electronic Disturbance Theater

In den 80er-Jahren lebte Ricardo Dominguez in Tallahassee, Florida, und war Mitglied der Gruppe »Critical Art Ensemble« (CAE). Diese Gruppe operierte zwar fast ausschließlich innerhalb des Kunstbetriebs, gab ihren Arbeiten jedoch eine ausgesprochen politische Note. 1994 entwickelte CAE das Konzept des »Elektronischen Zivilen Ungehorsams« (Electronic Civil Disobedience).

Ausgehend von der Erkenntnis, dass »auf der Straße kein politisches Kapital mehr zu finden ist«, forderte CAE, dass sich das politische Agitationsfeld in den elektronischen Raum zu verschieben habe. Während Macht früher durch »äußerliche Formen des Spektakels« repräsentiert worden sei, habe sie sich nun in die elektronischen Netze verlagert und zirkuliere als finanzielles Spekulationskapital nomadisch um die gesamte Erde. Der zivile Ungehorsam ist laut CAE deshalb eine besonders nützliche Form des Widerstands, weil er in den westlichen Demokratien eine relativ milde Reaktion des Staates auslöste (meistens, nicht immer, wie sie betonen). Zwar werden bei Aktionen des zivilen Ungehorsams auch Gesetze gebrochen, aber in einer pazifistischen Form und in einer Art und Weise, die zeigt, dass die Aktivisten bereit sind, für ihre ideellen Überzeugungen öffentlich einzustehen und Sanktionen hinzunehmen. Durch die vergleichsweise harmlose Äußerung ihrer politischen Opposition (etwa im Vergleich zu Terroristen) signalisieren Aktivisten, die sich des zivilen Ungehorsams bedienen, Verhandlungsbereitschaft und gewinnen dadurch auch ein Verhandlungskapital gegenüber dem Staat.

Da nun die kontrollierte Verbreitung von Information und der Zugang zu ihr zunehmend zum wichtigsten Faktor der Macht werde, muss sich auch der Widerstand dieser Mittel bedienen. Voraussetzung ist allerdings, dass die Protagonisten des Widerstands über Zugang zu denselben Technologien wie die »technokratischen Eliten« verfügen, um sie »mit ihren eigenen Waffen zu schlagen«. Der Widerstand müsse also »nomadische Strategien und Taktiken« wählen – den elektronischen zivilen Ungehorsam. CAE weist gleichzeitig darauf hin, dass die Staatsmacht, zum Beispiel die Abteilung für Computerkriminalität des FBI, diese Formen des politischen Widerstands geradezu erwartet, dabei allerdings keinen Unterschied zwischen den Handlungen einsamer jugendlicher Hacker und denen artikulierter politischer Protestbewegungen macht. Für diese ist beides gleichermaßen »kriminell«. Damit ist für CAE »jeder Hacker, ob er sich dessen bewusst ist oder nicht, politisch«.

»Die Cyberpolizei und ihre Elite-Herren leben unter dem Zeichen der virtuellen Katastrophe (das heißt, in Erwartung des elektronischen Desasters, das eintreten ›könnte‹), in einer ganz ähnlichen Art und Weise, wie die Unterdrückten unter dem Zeichen des virtuellen Krieges lebten (der Krieg, auf den man sich immer vorbereitet, der aber nie eintritt) und der virtuellen Überwachung (das Wissen, sie könnten vom Auge der Autorität beobachtet werden)«, schrieben CAE 1994, in fast prophetischer Vorwegnahme der Kämpfe um Cyberaktivismus in den folgenden Jahren.[8]

Anfang der 90er-Jahre verlegte Ricardo Dominguez seinen Wohnsitz nach New York. Die Möglichkeiten einer Art Agit-Prop-Theater online interessierten ihn bereits damals, doch er verfügte weder über das dazu notwendige technische Wissen noch den Zugang zu elektronischer Kommunikation. In New

York begegnete er dem dort lebenden deutschen Künstler Wolfgang Staehle, der bereits 1991 die Künstler-BBS »The Thing«[9] gegründet hatte. Zunächst als eine Art transatlantischer virtueller Gemeinschaft zwischen Künstlern, Kritikern und Schreibern in Form einer Mailbox gegründet, verlegte sich Staehle zunehmend auf das Internet. »The Thing« entwickelte sich von einem »Bulletin Board System« hin zu einem Internet-Service-Provider[10] für eine Community von Künstlern, für die »The Thing« weit mehr als nur den Internetzugang bereitstellte. Künstler konnten via »The Thing« ihre ersten Erfahrungen mit dem Internet sammeln, ihre Identität im WWW etablieren, miteinander Erfahrungen und Projekte austauschen und von »The Thing« künstlerische und technische Kooperation zur Entwicklung komplexer Projekte erhalten, die jenseits ihrer eigenen technischen Fähigkeiten lagen. Solche Internet-Service-Provider, deren Dienstleistung über die technische Zugangsherstellung hinausgeht, sind für politischen Aktivismus im Internet von ganz entscheidender Bedeutung. Sie sind Zentren des Know-How, aber vor allem auch ein echter Backbone (»Rückgrat«, ein Begriff, der in Bezug auf das Internet normalerweise die überregionalen Internetverbindungen bezeichnet). Sie liefern auch in sozialer Hinsicht das entsprechende Rückgrat, um schwierige Aktionen beginnen und abschließen zu können. Nicht umsonst wird »The Thing« immer wieder als Plattform für Internet-Aktivismus in Erscheinung treten.

Als Ricardo Dominguez zu »The Thing« nach New York kam, sagte Wolfgang Staehle angeblich zu ihm, »es gibt hier eine Anzahl von Maschinen, setz dich hier hin und beginne zu lernen, aber ich werde dir nicht helfen«. Die nächsten zwei Jahre verbrachte Dominguez damit, zu lernen. Die Server von »The Thing« dienten als experimentelle Basis und Plattform für die zukünftigen Aktionen des EDT.[11]

Seit Beginn der Revolte der Zapatistas hatte das Internet für sie eine Rolle gespielt. Zwar gibt es im Regenwald von Chiapas keine Computer und noch nicht einmal Strom, doch den Zapatistas gelang es regelmäßig, ihre Communiqués an die Außenwelt zu kommunizieren. Schon 1994 gab es Zapatistas-Unterstützergruppen, die das Internet zur Kommunikation und Koordination benutzten. Der zweite Netstrike der italienischen Cyberaktivisten StranoNet erfolgte im Februar 1996 in Solidarität mit und zur Unterstützung der Zapatistas. Innerhalb weniger Jahre entwickelten sich Hunderte von Pro-Zapatistas-Websites und Diskussionsgruppen. Ende 1997 kam es in Chiapas zum Massaker von Acteal, bei dem 45 indigene Menschen, hauptsächlich Frauen und Kinder, getötet wurden. Als Reaktion darauf formierte sich die »Digital Coalition«, eine anonyme Gruppe, hinter der jedoch unter anderem StranoNet stand. EDT nahm die Idee des »Netstrike« zum Ausgangspunkt und automatisierte die Grundfunktion eines Netstrike – das Anklicken des Reload-Buttons (Seite erneut laden) des Browsers. Die auf Javascript basierende Anwendung »Floodnet« sandte alle drei Sekunden vom geöffneten Browserfenster aus einen Reload-Befehl an die Ziel-Websites, in diesem Fall Homepages von fünf mexikanischen Finanzinstitutionen. Die erste Version des Zapatista-Floodnet war geboren und wurde in der ersten Jahreshälfte 1998 in verschiedenen »Betatests« des zivilen elektronischen Ungehorsams eingesetzt.[12]

1.2.3 Der Browser als Fokus einer virtuellen Protestbewegung

Doch die mexikanische Regierung ließ den digitalen Floodnet-Anschlag nicht einfach über sich ergehen. »Wir hatten langanhaltende Javascript-Kriege mit der mexikanischen Regierung«, erklärte Ricardo Dominguez. Die ursprünglich von Netscape entwickelte Skriptsprache Javascript dient unter anderem für verschiedenste Funktionen in Zusammenhang mit so genannten »Forms« – Formularen in Web-Seiten. Doch Javascript wurde auch für die Programmierung von Funktionen des Browsers selbst eingesetzt, weshalb ein Nutzer, der Floodnet in der Javascript-Version verwendete, für Gegenangriffe verwundbar war. Die mexikanische Regierung setzte eigene Hacker ein, die mittels eigener Javascripts die Browser der Angreifer abstürzen ließen. Daher entschloss sich EDT, eine neue Version von Floodnet zu programmieren, dieses Mal in der robusteren Programmiersprache Java. Die neue Version Floodnet ist ein so genanntes Java-Applet, ein in Java geschriebenes Programm, das in eine Web-Seite eingebettet ist. Den Nutzern wurde fortan empfohlen, Javascript auszuschalten, um ihre Browser nicht für Gegenangriffe verwundbar zu machen.

EDT überarbeitete Floodnet in einer Art und Weise, die konzeptuell bewusst den Browser zur zentralen Schnittstelle einer virtuellen Protestbewegung machte. Die neue Version multiplizierte die Anzahl der Reload-Versuche. Sie unterteilte den Bildschirm in vier verschiedene Frames.[13] Von drei dieser Frames beziehungsweise Fenster aus wird die Zielwebsite alle drei bis sieben Sekunden aufgerufen. Je mehr Personen sich beteiligten, umso häufiger erfolgten die Reloads in den drei Fenstern. Darüber hinaus veranstaltet Floodnet ein »symbolisches Drama«. Das Java-Applet versucht auf dem angesprochenen Server Seiten aufzurufen, die es dort nicht gibt. Dabei nutzt es die 404-Fehlermeldung von Webservern aus. Wenn zum Beispiel auf dem Server des damaligen mexikanischen Präsidenten Ernesto Zedillo eine Seite mit der Bezeichnung »human rights« (Menschenrechte) aufzurufen versucht wird, antwortet der Server »error 404 – human rights does not exist on this server« (Fehler 404 – Menschenrechte gibt es nicht auf diesem Server). Damit lassen sich beliebige sprachlich-inhaltliche Konstruktionen herstellen. Die 404-Meldungen sieht zwar nur der Benutzer selbst sowie der Administrator des angegriffenen Servers in den Log-Files,[14] doch damit erhält der Angriff eine zusätzliche Bedeutungsebene.

Den Beteiligten an einem Floodnet-Protest wird klar gemacht, dass von der angegriffenen Institution ihre IP-Adressen gesammelt werden können. Jeder Rechner im Internet hat entweder eine permanente oder temporäre IP-Adresse, mit der der Rechner identifiziert wird. In den Log-Files eines Servers wird aufgezeichnet, von welchen IP-Adressen aus Server-Anfragen ausgehen. Damit kann in den meisten Fällen letztlich die Identität des Teilnehmers festgestellt werden. »Das ist ein wenig so, als ob man auf eine Demonstration ginge und damit rechnet, von der Polizei fotografiert zu werden«, meint Ricardo Dominguez. Den Teilnehmern muss klar sein, dass sie nicht einfach einen anonymen Vandalenakt begehen, sondern an einem Akt elektronischen zivilen Ungehorsams teilnehmen. Die konzeptuelle Ausrichtung des Floodnet-Java-Applets erfolgte bewusst in dieser Art und Weise, um Teilnehmern einer Aktion ein Gemeinschaftsgefühl zu vermitteln und es unmissverständlich zu machen, dass sie mit der Benutzung von Floodnet am bewussten Ausdruck einer politischen Meinung teilnehmen.

Rein technisch gesehen fällt Floodnet in die Kategorie so genannter Distributed-Denial-of-Service-Attacken (DDoS-Attacke, verteilte Leistungs-Verweigerungs-Angriffe). Eine Denial-of-Service-Attacke überflutet einen Server, bis entweder die Leitung, die zu diesem führt, völlig verstopft ist, oder der Server durch die Fülle der gleichzeitigen Anfragen in die Knie geht. Eine DDoS-Attacke maximiert den Effekt, indem der »Angriff« gleichzeitig von vielen Rechnern aus erfolgt. Technisch fällt Floodnet also in letztere Kategorie, aber nicht inhaltlich, nicht in der Art der Anwendung durch EDT und verwandte Gruppen. Hacker haben kritisiert, Floodnet sei nicht effektiv genug und ein Server-Administrator, der die Software kennt, könne sein System leicht dagegen schützen. Dominguez und seine Mitstreiter hingegen argumentieren, dass es genau darum nicht geht. Ein mittelmäßig begabter Hacker oder eine kleine Gruppe kann mit einer DDoS-Attacke sogar massive Informationssysteme völlig zum Stillstand bringen, so geschehen zum Beispiel bei den Angriffen auf Yahoo, E-Bay und andere führende E-Commerce-Server im Februar 2000. Doch diese hohe finanzielle Schäden verursachenden Angriffe waren anonym. Es ist bis heute nicht klar, wer wirklich hinter diesen Anschlägen steckte und es wurde damit kein wie auch immer formuliertes politisches Ziel verbunden.

Floodnet hingegen geht es gar nicht darum, die »angegriffenen« Server wirklich zum Stillstand zu bringen. Das Ausmaß der tatsächlichen Störung ist gar nicht so wesentlich. Der Traffic eines Servers muss nicht einmal minimal verlangsamt werden, um von einem Erfolg sprechen zu können. Wichtig ist das soziale und symbolische Drama, das sich rund um die Aktion entfaltet. Dieses hat laut Dominguez drei Phasen. In der Vorbereitungsphase wird die Aktion publiziert: die Server, die geflutet werden sollen, der Zeitpunkt (in möglichst allen Zeitzonen, um eine globale Teilnahme zu ermöglichen) und die politischen und inhaltlichen Ziele, die damit verbunden werden. Der Mittelteil ist der Vollzug der Aktion selbst. Die Teilnehmer sollen dabei das Gefühl haben, Teil einer internationalen Gemeinschaft mit ähnlichen Zielen und Idealen zu sein. Den dritten Teil bilden die Dialoge und Kommunikationen im Anschluss an die Aktion. Dabei spielen auch die konventionellen Medien eine Rolle. Die mexikanische Regierung würde es unter Umständen gar nicht merken, wenn ihre Webserver für eine Stunde etwas langsamer laufen. Wenn jedoch schon Tage vorher Reporter von der »New York Times« bis hin zu Reuters und dpa bei ihr anrufen, dann weiß sie, dass sie ein politisches Problem hat, oder zumindest ein PR-Problem. Hier kommt Dominguez wieder auf den »magischen Stock« zu sprechen, auf die Maya-Technologie: die Ausführung einer Geste, die für sich genommen eigentlich machtlos ist, aber durch ihre Symbolkraft eine ungeahnte Wirkung erzielen kann.

Hacker der alten Schule haben einen anderen Kritikpunkt. Sie meinen, Floodnet verstoße gegen die Hacker-Ethik, weil es nicht nur den angegriffenen Server überflutet, sondern an vielen Stellen im Netz Verstopfung verursacht. Die Schonung der Ressourcen des Netzes ist einer der wichtigsten Punkte der Hacker-Ethik der Old-School-Hacker. Dominguez hingegen meint, er habe mit solchen Kettenreaktionen kein Problem. Auch bei einer konventionellen Sitzblockade herrscht Verstopfung nicht nur in der einen Straße, in der blockiert wird, sondern in vielen Straßen rings herum. Der Aktionsradius des symbolischen Dramas erweitert sich. Andere Netzteilnehmer sollten ruhig merken, dass es an einer Stelle im Netz brodelt, dass eine Gemeinschaft von Personen ihrer Unzufriedenheit Ausdruck verleiht. »Zum Unterschied von Hackern ist EDT äußerst transparent«, sagt Dominguez, »wir benutzen unsere Namen, man weiß, wer wir sind, wir lassen die Leute im vorhinein wissen, was wir tun werden, und das ist es, was sie [die Gegner] wirklich verstört.«[15]

1.2.4 Cyberwar-Propaganda

Ein anderer Grund, warum Transparenz so wichtig ist, sind laut Ricardo Dominguez die Vorurteile der Institutionen und die staatlich-autoritäre Gegenreaktion. »Sie wollen Geheimnisse, sie wollen Kryptographie, sie wollen Cyber-Terroristen und sie wollen Cyberkriminalität. Was wir ihnen geben, ist eine Netzkunstperformance, die für alle deutlich macht, wer die wirklichen Cyber-Terroristen sind.«

Worauf Dominguez hier anspielt, ist der Diskurs über »Cyberwar«, der seine Ursprünge in amerikanischen militärischen Institutionen und für sie arbeitenden Think Tanks hat. Der Begriff Cyberwar wurde von John Arquilla und David Ronfeldt popularisiert, die für die RAND-Corporation arbeiten, einen Think Tank mit engen Verbindungen zum US-Militär. Arquilla und Ronfeldt schrieben 1993 einen Bericht unter dem Titel »Cyberwar Is Coming«, in dem sie Cyberwar zu dem zukünftigen Modus des militärischen Konflikts erklärten. Seither warnen Vertreter des US-Verteidigungsministeriums und verschiedener Abteilungen der Streitkräfte vor der Gefahr groß angelegter Angriffe aus dem Cyberspace, vor dem »elektronischen Pearl Harbor«. Man spricht von einem »asymmetrischen Konflikt«: ein Gegner, der den USA in konventionellen Streitkräften weit unterlegen ist, wählt den Angriff aus dem Cyberspace, um den Aktienmarkt lahmzulegen oder die Stromzufuhr ganzer Großstädte auszuschalten. Als Angreifer dieses Stils wahlweise in Betracht kommen »die chinesische Volksbefreiungsarmee, die islamischen Terroristen von Osama Bin Laden oder sogar das abgewirtschaftete Militär Kubas«.[16]

Tatsache aber ist, dass vor allem US-Militärs den Cyberwar theoretisch und praktisch vorantreiben. »Seit Anfang der 90er-Jahre haben die US-Streitkräfte in ihren Forschungslabors elektronische Waffen für den Hacker-Krieg entwickelt, in den Denkfabriken theoretische Grundsatzanalysen erstellt und in den Planungsstäben neue Einsatzdoktrinen geschrieben«.[17] Im Kosovo-Krieg kamen laut übereinstimmender Ansicht von Experten erstmals Cyberwar-Taktiken zum Einsatz. Doch die Medien, die scheinbar Pentagon-Briefings blind vertrauen, zeichnen ein ebenso erschreckendes wie diffuses Bedrohungsszenario, in dem alles durcheinandergewürfelt wird, was irgendwie in Frage kommt: serbische Hacker, Cyber-Dschihad, anonyme Denial-of-Service-Attacken und »Hacktivismus« werden wahlweise als Vorboten des drohenden Cyberkriegs oder als latenter Cyberterrorismus bezeichnet.

1.2.5 Der institutionelle Gegenschlag

Am Dienstag, dem 9. September 1998, unternahm EDT seine bisher größte Performance unter dem Titel »Swarm« im Rahmen seiner Teilnahme am Medienkunstfestival »Ars Electronica« in Linz, Österreich. Die Communities im Internet wurden zu einem gleichzeitigen virtuellen Sit-in gegen die Website des mexikanischen Präsidenten Ernesto Zedillo, des Pentagons und der Frankfurter Börse aufgerufen. Am Morgen desselben Tages erhielt Ricardo Dominguez einen Drohanruf in seinem Hotelzimmer. Laut eigener Auskunft, die von keiner unabhängigen Quelle verifiziert werden kann, sagte der Anrufer auf spanisch mit mexikanischem Akzent, »wir wissen wer Sie sind, wo Sie sich aufhalten, wo Ihre Familie ist, wir beobachten Sie; gehen Sie nicht ins Freie, machen Sie Ihre Performance nicht, denn Sie wissen jetzt, was die Situation ist, das ist kein Spiel.« Die Aktion wurde dennoch durchgeführt. Wenige Stunden später kam es zu einer informationellen Gegenattacke. Ein »feindliches« Java-Applet neutralisierte FloodNet, indem es die Browser beteiligter Online-Demonstranten abstürzen ließ. Später sollten die EDT-Aktivisten von einem Reporter des Online-Magazins Wired erfahren, dass die Gegenmaßnahme vom Pentagon ausgegangen war. Zugleich war das US-Verteidigungsministerium bei der New York University vorstellig geworden, wo EDT-Mitglied Stephan Wray die EDT-Website unterhielt. Mit erheblicher Verzögerung gelang es EDT, den Gegenangriff zu umgehen. Die Präsenz auf der »Ars Electronica« sorgte für ein starkes internationales Medienecho. Am 31. Oktober 1998 schaffte es EDT sogar auf die Titelseite der »New York Times«. »Hacktivisten aller Überzeugungen tragen ihren Kampf ins Web«, lautete die Schlagzeile eines Artikels von Amy Harmon.[18]

Das EDT hatte seinen internationalen Durchbruch in die Schlagzeilen westlicher Leitmedien geschafft. Doch auch das Pentagon war möglicherweise gar nicht so unglücklich über die Swarm-Performance. Denn schließlich war ein lange vorausgesagtes Bedrohungsszenario endlich eingetroffen, wenn auch nicht ganz so bedrohlich wie ein echter Cyberwar. Lange Zeit später, im März 2000, sollte sich zeigen, wie das Pentagon dieses Ereignis für sich medial auszuschlachten wusste. Damals veröffentlichte das Nachrichtenmagazin Focus ein Gespräch mit dem Chief Information Officer des Pentagon, Arthur L. Money, unter der reißerischen Schlagzeile »Angriff aus Mexiko via Frankfurt«. Dieser Titel bezog sich auf einen Ausschnitt aus dem Interview, in dem Money von einem angeblichen Angriff aus dem Jahr 1998 erzählte: »Zapatista-Rebellen in Südmexiko [haben] die Website des Pentagon angegriffen. Über die Rechner der Frankfurter Börse drangen die Rebellen in das Computersystem des US-Verteidigungsministeriums ein.«

Diese Meldung wurde von Nachrichtenagenturen aus aller Welt in alle Welt weiter verbreitet, ohne sie auf ihren Gehalt zu überprüfen. Bei der dpa lautete die Meldung »Zapatisten hackten Pentagon via Frankfurt« und AP schrieb »Zapatisten gelangten über Frankfurter Börse ins Pentagon«.[19] Der Inhalt der Meldungen legte die Vermutung nahe, dass Pentagon-Sprecher Money sich auf genau dieselbe SwarmPerformance des EDT bezog, die oben geschildert wurde und die 1998 im Rahmen der Ars Electronica stattgefunden hatte. Allerdings waren in der Version des Pentagon-Sprechers einige Tatsachen verdreht worden. Niemand war bei der Aktion »in Rechner eingedrungen«, allenfalls waren einige Webserver etwas verlangsamt worden. Entweder war Money selbst nicht ganz im Bilde oder das »Electronic Disturbance Theater« lieferte einmal mehr das willkommene Beispiel für die Bedrohung der amerikanischen nationalen Sicherheit aus dem Internet. Aus einer (Maya-)Stechfliege wurde ein Elefant gemacht.[20] Überraschend wäre das nicht, denn bereits 1999 musste das EDT mangels anderer Beispiele als Inbegriff der Bedrohung des heraufdämmernden Informationskriegs herhalten.[21]

1.2.6 Die Zapatistas und das Konzept des »Netwar«

Die »Erfinder« des Cyberwar, Arquilla und Ronfeldt, sind hierbei aber weit vorsichtiger und präziser als so manche offizielle Nachrichtenagentur. 1996 legten sie ihrem Aufsehen erregenden Bericht über Cyberwar einen neuen Bericht nach, dieses Mal über »Netwar«. In der Einleitung erklären sie: »Von den blitzenden High-Tech-Aspekten der Informationsrevolution faszinierte Autoren haben den Netwar (und den Cyberwar) oft als Begriff für computerunterstützte Aggression im Cyberspace dargestellt, als ein trendgerechtes Synonym für Infowar, Internetkrieg, Hacktivismus, Cybersabotage, etc.« Ihre eigene Definition des »Netwar« jedoch kommt der Realität des Zapatista-Floodnet wesentlich näher. Sie beschreiben dieses als die »Benutzung vernetzter Formen der Organisation, Doktrin, Strategie und Technologie im Einklang mit dem Informationszeitalter«.

»Vernetzt« heißt nicht unbedingt, dass man das Internet benutzen muss. Eine vernetzte Organisation kann ebenso über Kuriere kommunizieren. Entscheidend ist, dass diese Organisation dezentral und nicht-hierarchisch aufgebaut ist. Das heißt, dass es nicht ein Zentrum gibt, von dem alle Befehle ausgehen, sondern weitgehend unabhängige Zellen und Knoten, die, ähnlich dem Wurzelgeflecht einer Pilzkultur, ein Netzwerk bilden. Wird ein Teil davon ausgeschaltet, können die anderen Teile dennoch weiterbestehen und handlungsfähig bleiben. Entsprechend ihrer zentralen Forderung sehen Ronfeldt und Arquilla diese Organisationsform und Denkweise als »im Einklang mit dem Informationszeitalter«, das heißt im Einklang mit der technischen Struktur des Internet und der postmodernen institutionellen Kultur. Davon ausgehend gelangen sie zu grundlegenden strategischen Einsichten: »Hierarchien haben es schwer, Netzwerke zu bekämpfen; man braucht ein Netzwerk, um ein Netzwerk zu bekämpfen; wer immer die vernetzte Form zuerst beherrscht, hat einen entscheidenden Vorteil.«[22]

Arquilla und Ronfeldt widmen den Zapatistas ein ganzes Kapitel, um sie als das ideale Beispiel eines postmodernen Netwar darzustellen und zugleich ihr eigenes Konzept von Netwar zu illustrieren. Hier schließt sich der Kreis, denn auch EDT und die Protagonisten der ersten virtuellen Sit-ins, Netstrike beziehungsweise StranoNet, sind von den Zapatistas beeinflusst. Dominguez nennt es »Digital Zapatismo«: »Die Art, wie die Zapatistas Internet-Kommunikation benutzten, schuf ein elektronisches Kraftfeld, das diese aufständischen Gemeinden beschützte«, meint Ricardo Dominguez. Arquilla und Ronfeldt pflichten dem bei, indem sie feststellen: »Als sich der Netwar entwickelte, wurden dadurch zwei mexikanische Präsidenten gezwungen, vorrückende Streitkräfte anzuhalten und auf einen politischen Dialog und Verhandlungen einzuschwenken.«[23]

In sich häufig stark ähnelnden Formulierungen beschreiben der Netzaktivist Dominguez und die militärischen Strategievordenker Arquilla und Ronfeldt, wie eine obskure Widerstandsbewegung aus dem Dschungel innerhalb von Wochen, wenn nicht gar von Tagen, zum heißesten Thema der internationalen Nachrichtenströme wurde und gegen einen in jeder Hinsicht überlegenen Gegner bestehen, allerdings nicht dauerhaft siegen konnte. Eine zentrale Rolle spielt dabei der Begriff »Schwarm« (Swarm) durch beide Seiten. EDT veranstaltete 1998 die Swarm-Performance. Arquilla und Ronfeldt hören in ihrem Netwar-Buch nicht auf, von den Schwärmen zu schwärmen. Diese beschreiben sie als »nicht lokalisierbare Angriffsmacht, die von vielen Seiten zugleich kommt, auf mehreren Ebenen zugleich attackiert (physisch, symbolisch, verbal, gestisch, lokal, international), sich gleichzeitig zurückzieht und angreift und dabei einen eigentlich überlegenen Gegner immer schlechter aussehen lässt und ihm die Initiative aus der Hand nimmt. Die Kombination der verschiedensten Formen des vernetzten Widerstands führte letztlich dazu, dass die Revoltierenden vor der beinahe unausweichlich erscheinenden Auslöschung durch die mexikanische Armee bewahrt werden konnten. Für Arquilla und Ronfeldt ist dies der Inbegriff des »Netwar«, für Dominguez schlichtweg »Maya-Technologie«: ein magischer Stab, mit dem man Flugzeuge und Kampfhelikopter vertreiben kann. Welcher Fassung man sich auch anschließt, nichts illustriert jedenfalls besser die Macht der Netzwerke und der dezentralen, nicht-hierarchischen Organisationsform im Netz wie in der realen Welt als die Geschichte der Zapatistas. Zu dieser hat das EDT einen kleinen Beitrag geleistet, zur Geschichte des Online-Aktivismus einen großen.

1.2.7 Die nächste Stufe: »Seattle«

Das Treffen der Welthandelsorganisation (WTO) im November 1999 in Seattle und die es begleitenden politischen Tumulte rückten eine vergleichsweise neue politische Bewegung ins Scheinwerferlicht, die so genannten »Globalisierungsgegner«. Dabei handelt es sich allen vernünftigen Quellen zufolge nicht um Gegner der Globalisierung an sich, sondern der Form von Globalisierung, die nur kapitalistischen Richtlinien folgt und soziale und kulturelle Aspekte vernachlässigt. Der Protest dieser Bewegung gegen die WTO in Seattle ging als »Battle in Seattle« in die Schlagzeilen ein und brachte zugleich den Online-Aktivismus an einen Scheideweg. Die sich als »Electrohippies« bezeichnende Gruppe führte Sitzblockaden im Internet aus, in Fortführung der Methoden von Netstrike und »Electronic Disturbance Theater«. Anderen erschien dies zu wenig und vor allem nicht konstruktiv genug. Sie richteten ein »Independent Media Center« (IMC) (Unabhängiges Medienzentrum) ein, dessen Reporter direkt von der Straße berichteten und das im Internet in Wort, Bild, Audio und Video Nachrichten verbreitete, um so eine alternative Medienwirklichkeit im Vergleich zu den Berichten der etablierten Agenturen und Sender anzubieten. Das IMC wurde seither zu einer weltweiten Graswurzelorganisation mit Zweigstellen in mehr als 60 Städten.

Im Verlauf der 90er-Jahre begann sich eine neue Form von politischer Bewegung zu bilden. Diese Bewegung ohne Namen, ohne Führer und ohne eindeutige Ideologie – die Journalistin Naomi Klein nennt sie schlicht »The Movement« (Die Bewegung) – wurde zum Sammelbecken einer Vielfalt von Gruppen und Individuen, die sich mit der dominanten Ideologie des Kapitalismus nicht einverstanden erklären: Umweltschutz, Tierschutz, Ablehnung von Biotechnologie, traditionell linke Themen wie Arbeitnehmerrechte und Minderheitenrechte, Anarchismus, verbliebene Reste der Hausbesetzerszene, illegale Rave-Party-Szene sind einige der Themen und Motive, die diese Bewegung ausmachen. Vereinigend wirkt, dass sie sich mit der dominanten Ideologie des Kapitalismus nicht einverstanden erklären und bereit sind, ihrer Opposition auf der Straße und durch andere Aktionsformen Ausdruck zu verleihen.

Unter diesem gemeinsamen Nenner wurden zunehmend die Konferenzen internationaler Organisationen und Institutionen – Weltbank, Internationaler Währungsfonds, Welthandelsorganisation und die Gipfeltreffen der G7-Staaten (die sieben reichsten Industrieländer der Welt) –, die als Bannerträger der kapitalistischen Globalisierung angesehen werden, zu den Brennpunkten für Demonstrationen und »direct action« (direkte Aktion).

Einen Vorboten zur »Battle in Seattle« gab es am 18. Juni 1999, dem Tag einer Gipfelkonferenz der G7-Staaten in Köln. Unter dem Zeichen J18 organisierte sich via E-Mail und Websites die »antihierarchische und dezentrale Bewegung gegen die politischen und ökonomischen Institutionen des Kapitalismus«. In Köln, London und 30 weiteren Städten wurde zu gleichzeitigen Demonstrationen aufgerufen. Insbesondere in London zeigte sich die Polizei von der Demonstration in der »City of London«, dem Bankenzentrum, die unter dem Motto »Karneval gegen Kapitalismus« stand, völlig überrumpelt. Über Stunden hatten die Polizeikräfte keinerlei Kontrolle über die Situation. Während radikale Anarchisten des so genannten »Schwarzen Blocks« Schaufenster zertrümmerten und unter anderem das Gebäude der Termingeschäftsbörse »Liffe« (London International Financial Futures Exchange) besetzten, attackierte berittene Polizei friedliche Demonstranten, die zu den Klängen einer Samba-Band tanzten.

Trotz dieser Vorzeichen versäumten es die Autoritäten in Seattle, die Sturmwolken zu deuten, die sich über dem nächsten Treffen der Globalisierungskräfte zusammenbrauten. Ende November 1999 sollten die rund 140 Mitgliedsstaaten der Welthandelsorganisation in Seattle zusammentreffen, um die grundlegende Richtung einer zukünftigen Verhandlungsrunde über den Abbau von Handelsbarrieren zu besprechen. Wiederum mit dem Datum als Losung, N30, organisierte sich erneut der »transnationale Widerstand« für einen »globalen Aktionstag« mit einer Großdemonstration in Seattle und solidarischen Aktionen in 50 weiteren Städten. Den personell unterbesetzten und in Großdemonstrationen unerfahrenen Polizeikräften in Seattle entglitt innerhalb kürzester Zeit die Herrschaft über die Situation. Vor den Augen der Kameras der Weltöffentlichkeit schlugen wie dämonische Star Wars-Krieger gekleidete Polizisten auf am Boden sitzende Personen ein und schossen Gummigeschosse, Tränengas und Pfefferspraypatronen auf die Menge ab.

Parallel dazu fanden zwei signifikante Neuentwicklungen in der virtuellen Sphäre statt: die Electrohippies, eine erstmals auftretende Gruppe von Netzaktivisten aus Großbritannien, riefen zu einem virtuellen Sit-in gegen mehrere Websites der WTO auf; in Seattle selbst wurde ein »Independent Media Center« eingerichtet. Computerexperten, Videografen, Fotografen und Amateurjournalisten richteten eine Infrastruktur ein, um über das Internet einen Ort für Information und Kommunikation zu etablieren.

1.2.8 Die Electrohippies

Die Electrohippies folgten im Wesentlichen den Strategien des EDT und benutzten auch das vom EDT herausgegebene »Floodnet Development Kit« (Floodnet Entwicklungsumgebung): Sie bekannten sich öffentlich zu ihrer Aktion – ein Sprecher der Gruppe, Paul Mobbs, sogar mit E-Mail-Adresse und Mobiltelefonnummer – und lieferten mit einem 45 Kilobyte langen Statement die Begründung für und Erklärungen über den politischen Kontext ihrer Aktion. Zentrale Stellen daraus lassen Anklänge an die Manifestos von Strano-Net und Netstrike wach werden und erklären, warum das Internet als Forum politischer Auseinandersetzung gesehen werden soll: »Die Bürgerrechte und Freiheiten, die uns durch Verträge wie die Internationale Erklärung der Menschenrechte der UN ebenso wie durch nationale Gesetze zugestanden werden, müssen auch in der Welt der Netzwerke gelten. Wenn wir gegenwärtige Konzepte von Menschenrechten wie die Versammlungsfreiheit nicht auch auf das Internet ausdehnen, dann wird die Informationsgesellschaft in Wirklichkeit ein technologisch durchgesetzter, totalitärer Staat. [...] Was uns Electrohippies zusammenbringt, sind gemeinsame Ansichten darüber, wie das Internet der Zivilgesellschaft beistehen kann, wie dadurch die Zusammenarbeit aktiver Bürger an Themen von kollektiver Bedeutung gefördert werden kann und wie damit Möglichkeiten des Online-Lobbying und des Protests weiterentwickelt werden können.« Als weiteren spezifischen Grund für ihre Aktion nannten die Electrohippies, die Möglichkeiten des Online-Aktivismus auch in Großbritannien bekannt zu machen.

Zur Blockade aufgerufen wurde gegen die Homepage der WTO selbst, gegen die eigens für die WTO-Konferenz in Seattle eingerichtete Web-Site und gegen den Server für die Live-Webcasts (Audio- und Videoübertragung über das Internet) von der Konferenz. In einem Bericht kurz nach Ende der Aktion sprachen die Electrohippies von einem Erfolg. Wiederholte Tests des Autors während der Seattle-Proteste zeugten zwar höchstens von einer Verlangsamung der Server, nicht von deren Zusammenbruch, doch bei einer virtuellen Sitzblockade geht es ja nicht, wie schon mehrfach betont wurde, um die totale Blockade eines Servers. Als Gradmesser des Erfolgs gilt auch die Berichterstattung in den Medien und die Diskussion vor und nach der Aktion – das was Ricardo Dominguez das »soziale Drama« nennt. In nackten Zahlen ausgedrückt, haben am ersten Tag der Aktion, dem 30. 11. 1999, rund 105 000 User die Seiten für das virtuelle Sit-in abgerufen, am 1. 12. gab es 137 000 Seitenabrufe.

Doch auf Mailinglisten, deren Teilnehmer grundsätzlich mit den Zielen der Seattle-Demonstranten sympathisieren, gab es auch Kritik an der Aktion der Electrohippies. Das Blockieren der Webseiten der WTO sei kontraproduktiv, lautete der Kanon der Meinungen, weil damit Information unterdrückt werde. Auch wenn man mit etwas nicht übereinstimme, so wäre es der falsche Weg, die Verbreitung von Informationen zu unterdrücken zu versuchen. Stattdessen solle man diese durch eigene, bessere Argumente entkräften. »Die Strategie ›Auge um Auge‹ ist nicht legitim, aber in diesem Fall ist der durch die Aktion der WTO bewirkte Angriff so, dass unsere Aktionen, die WTO-Server für die Menschen zu blockieren, die darauf zugreifen wollen, aus unserer Perspektive gerechtfertigt sind,« hielten die Electrohippies entgegen.[24]

Wie auch immer man zu dieser Frage und der Aktion der Electrohippies steht, die »Battle in Seattle« ging für die antikapitalistischen Bewegung als Erfolg in die Geschichte ein. Die Delegierten in der Konferenz selbst konnten sich auf keine gemeinsame Linie einigen, die Verhandlungen wurden abgebrochen. Amerika und der Rest der Welt waren schockiert über die Brutalität der Polizeikräfte.

1.2.9 Indymedia[25]: Ein globales Netzwerkmedium

Als von den Aktivisten begleitend zu den Demonstrationen gegen die WTO im November 1999 ein »Independent Media Center« (IMC) eingerichtet wurde, konnte noch niemand die zukünftige Bedeutung des neuen Graswurzel-Journalismus ahnen. Die so genannte »Gegenöffentlichkeit« war bereits bei den sozialen Bewegungen der 80er-Jahre in Europa ein wichtiges Thema gewesen. Auch in den USA gab es eine Vielfalt an Selbermachmedien, getreu der Devise: »Kritisiere die Medien nicht nur, sondern werde selbst ein Medium«. Regionale Kabel-TV-Kanäle wie zum Beispiel »Paper Tiger TV«, New York, spielten als eine der wenigen alternativen Medienquellen eine herausragende Rolle während des Golfkriegs 1991. Im Vorfeld der WTO-Konferenz im November 1999 versammelten sich mehrere hundert Medienmacher aus der alternativen Szene in Seattle und gründeten ein »Independent Media Center«, das als Basis für eine unabhängige Berichterstattung dienen sollte. Neben einem gedruckten Magazin setzte man dabei in erster Linie auf das WWW.

Ein Webserver mit einem Content-Management-System wurde eingerichtet. Content-Management-Systeme ermöglichen es, ganz grundsätzlich gesprochen, dass mehrere Personen an einem Magazin im WWW arbeiten, Beiträge erstellen und sie auf den Webserver laden. Der traditionelle Weg zur Erstellung eines gedruckten Magazins – vom Schreiben des Artikels über das Layout und den Satz bis zur Druckerpresse – wird erheblich verkürzt und teilweise automatisiert. IMC konnte zu diesem Zweck auf eine in Australien entwickelte Software namens »Catalyst« zurückgreifen, die von freiwilligen Programmierern an die speziellen Bedürfnisse angepasst wurde. Man versuchte ein möglichst offenes System zu schaffen. Dieses sollte nicht nur das Herunterladen (download) von Inhalten so einfach wie möglich machen, sondern auch das Hinaufladen (upload). Die Homepage besteht aus drei Spalten: auf der linken Seite ein Menü mit Hyperlinks für die Navigation; in der Mitte eine breite Spalte mit von der Redaktion erstellten Beiträgen; und rechts das »News Wire« (wörtlich übersetzt: Nachrichtenkabel). Letzteres ist die eigentliche Innovation, eine Anwendung, die es so nur im Internet geben kann. Jeder Nutzer im Internet kann mittels des News Wire auch zum »Producer« werden. Wer auf den Link »Publish« klickt, kommt auf eine Seite, die eine einfache Führung zur Erstellung eigener Beiträge anbietet. Wer sich berufen fühlt, etwas zu sagen, zu berichten, zu kommentieren, kann es hier tun. Diese Funktion wurde während der Proteste in Seattle genutzt, um im Abstand von wenigen Minuten aktualisierte Nachrichten zu veröffentlichen. Dazu gab es längere Hintergrundberichte des Redaktionsteams, in denen über die WTO aufgeklärt wurde.

Die Stärke der Berichterstattung des IMC über »Seattle« lag aber nicht allein in Texten, sondern auch in einem reichhaltigen Angebot an Bildern, Videos und Audioaufnahmen. Unabhängige Gruppen von Reportern, »bewaffnet« mit Foto- und Video-Kameras sowie Tonaufzeichnungsgeräten, waren unermüdlich unterwegs, um möglichst authentische Aufnahmen von den Ereignissen aufzuzeichnen und unmittelbar im Web zu veröffentlichen, und sie so für ein globales Publikum zugänglich zu machen.

Etablierte Nachrichtenmedien verlassen sich häufig auf die Darstellungen von Polizei und anderen offiziellen Stellen und haben nur wenige Reporter auf der Straße. Den Eindruck »objektiver Berichterstattung« vermittelnd, geben die etablierten Medien oft nur eine offizielle Version der Ereignisse wieder. Selbstverständlich ist auch Indymedia nicht wirklich »objektiv«, da es sich ja um das erklärtermaßen parteiische Medienzentrum der Aktivisten selbst handelt. Doch durch die große Zahl der Freiwilligen auf der Straße, die mit dem Risiko der Verhaftung und oft unter Einsatz der eigenen Gesundheit ihre Berichte erstellten, entstand ein bis dato nicht dagewesenes zusätzliches Feld an Information. Im Chaos von »Seattle« zitierten so etablierte Medien wie Channel 4 News und BBC News Ausschnitte der Berichte von Indymedia. Innerhalb weniger Tage bekam die Indymedia-Website 1,5 Millionen Hits (Seitenabrufe). Indymedia leistete damit einen wesentlichen Beitrag, die Anliegen der »Bewegung« zu vermitteln und eine inhaltliche Auseinandersetzung anzuregen, die über die einseitige Konzentration der Berichterstattung auf die Gewalt auf der Straße hinausging.

Der unerwartete Erfolg des IMC in Seattle wurde schnell zu einem Beispiel, das Schule machte. Kurze Zeit später entstand ein kleines IMC in Boston, danach eines in Washington. Während der amerikanischen Präsidentschaftskampagne 2000 kamen neue regionale IMCs hinzu. Dabei gab und gibt es keine zentrale Leitung oder Organisation für Indymedia. Niemandem »gehört« Indymedia, die Arbeit erfolgt auf freiwilliger Basis ohne Bezahlung, und die geringen Einnahmen an Spenden werden für Materialkosten eingesetzt. Wann und wo immer eine lokale Gruppe von Medienaktivisten den Wunsch hat, ein IMC zu eröffnen, kann sie das tun. Nach diesem dezentralen Prinzip wuchs Indymedia innerhalb von zwei Jahren zu einer globalen Medienorganisation mit Indymedia-Plattformen in Großbritannien, Deutschland, Australien und anderen Ländern. Die Zahl der bestehenden IMCs zu zählen ist eine schwierige Aufgabe, weil ständig neue entstehen – derzeit sind es etwa fünfzig. Inzwischen gibt es IMCs nicht nur in den Industrieländern des Nordens, sondern auch in Brasilien, Südafrika und sogar im Kongo.[26]

Das rasche Wachstum einer so internationalen Struktur ohne zentrale Planung schafft natürlich auch Probleme. Insbesondere was Technik und Inhalt betrifft, sind es vor allem US-amerikanische, weiße, männliche Computerfreaks, die den Betrieb aufrechterhalten. Frauen und Menschen nichtweißer Hautfarbe sind generell unterrepräsentiert. Viele Medienaktivisten, die bei Indymedia Erfahrungen sammeln und sich professionalisieren, sehen sich früher oder später gezwungen, in kommerzielle Jobs zu wechseln. Zur Lösung solcher und anderer Probleme und zur besseren internationalen Koordinaton setzt man nun stark auf Mailinglisten und ist im Begriff, ein Repräsentationsverfahren zu etablieren, so dass alle lokalen IMCs ihre Vertreter zu einer regelmäßigen Konferenz schicken können. Ein weiteres Problem, das Indymedia mit wachsender Bekanntheit auf sich zog, ist die Offenheit des »Nachrichtenkanals« auf der rechten Spalte der Website. Dort kann jeder publizieren. Trotz redaktioneller »Filter«, die Gewaltaufrufe oder andere nicht tragbare Botschaften herausfiltern, kann es passieren, dass hier extrem parteiische Meldungen veröffentlicht werden. Die Art des redaktionellen Filterns ist dabei in jedem Land verschieden und die Bemühungen, einen möglichst zensurfreien kollaborativen Kanal zu schaffen, ließ in verschiedenen Ländern Kritik laut werden. Trotz der Probleme ist diese globale Nachrichtenorganisation im Graswurzelstil jedenfalls aus Sicht der Globalisierungsgegner wahrscheinlich die bisher wichtigste Errungenschaft des »transnationalen Aktivismus« und eine nicht mehr wegzudenkende Quelle bei politischen Konflikten im Kontext der Globalisierung – wie zuletzt bei den Demonstrationen in Genua, als Indymedia zuerst über die Erschießung des 23-jährigen Demonstranten Carlo Giuliani berichtete.

1.2.10 Die Zukunft des Digital Zapatismo

In der Bewegung gegen Globalisierung und Neoliberalismus haben virtuelle Sitzblockaden möglicherweise das Ende ihrer Nützlichkeit erlebt. Zwar gab es nach Seattle weitere Sit-ins, meistens unter Verwendung des Floodnet-Tools, und Ricardo Dominguez reist wie ein Botschafter des »Digital Zapatismo« von Konferenz zu Konferenz, doch die bislang letzte Aktion im November 2001, wiederum gegen eine WTO-Konferenz, diesmal in Doha, fand kaum noch Zuspruch. Das heißt jedoch nicht, dass vernetzte und computergestützte Formen des politischen Protests am Ende sind. Eine Möglichkeit ist das Beispiel von Indymedia, das, so die Aktivisten, auf mehr Information anstatt auf Informationsunterdrückung setzt. Andere Möglichkeiten zeigte Ricardo Dominguez in einem kürzlich gegebenen Interview auf.[27]

Laut Dominguez wird verstärkt an drahtlosen Technologien gearbeitet, zum Beispiel an Mailinglisten, die Nachrichten auf Palmtops und Handys verbreiten können. Ein weiteres in Entwicklung befindliches Tool ist drahtloses Streaming Video. Damit soll ein »Gegenüberwachungssystem« entwickelt werden, nach dem Motto »Little Sister is watching Big Brother«. Wenn auf der Straße demonstriert wird, sollen damit Gesichter und Dienstnummern von Polizisten gefilmt und sofort live übertragen werden können. Dominguez: »Die Gegenseite tut das permanent, sie filmen, fotografieren, und dann veröffentlichen sie das als Fahndungsfotos. Wir machen dasselbe. Sie sollen wissen, dass sie unter Beobachtung stehen, 24 Stunden täglich, egal, was sie machen, wohin sie gehen, wir beobachten das Pentagon, wir beobachten die Polizei, so dass jegliche Art von ›low intensity warfare‹ künftig weltweite Öffentlichkeit erfährt.« Solche Technologien sollen durch solarbetriebene Geräte auch Communities zur Verfügung gestellt werden können, wo es derzeit weder Strom noch Computer gibt. Eine große Herausforderung für den Online-Aktivismus wird es sein, die »digitale Kluft« zu überwinden, den Unterschied zwischen Aktivisten im Norden, die sich relativ leicht Computer und andere Hardware leisten können, und Aktivisten im Süden, die oft in einem elementaren Überlebenskampf stecken.

2. Politische Kampagnen gegen Wirtschaftsunternehmen

2.1 Kampagne gegen McDonald's

Eine Verleumdungsklage des Konzerns McDonald's gegen zwei Aktivisten in London wurde zum Auslöser der »Mutter aller Internetkampagnen«. Während sich der Gerichtsprozess über Jahre hin zog, wurde das Internet zunehmend zum Zentrum einer Kampagne der Unterstützung und Solidarisierung, aber auch zum Medium der Recherche nach Fakten, um den Gerichtsfall zu unterstützen. Zunächst hauptsächlich in Form einer Mailingliste geführt, ging die Internetkampagne 1996 mit der Website McSpotlight ins WWW. Mit der Fülle der Information, die zugleich übersichtlich angeordnet ist, gilt McSpotlight bis heute als Vorbild für die Nutzung des Internets für Kampagnen.

Im Jahr 1985 begann eine kleine Aktivistengruppe namens London Greenpeace ihre Aktivitäten auf die Fast-Food-Kette McDonald's zu konzentrieren. London Greenpeace wurde 1971 gegründet und gehört nicht zur bekannteren und weit größeren Organisation »Greenpeace International«, die 1977 gegründet wurde. Im folgenden Jahr, 1986, produzierte London Greenpeace ein sechsseitiges Faltblatt mit dem Titel »What's Wrong With McDonald's? – Everything they don't want you to know«. Darin kritisierte die Gruppe die Burger-Kette und die Nahrungsmittelindustrie allgemein wegen einer Reihe schädlicher Praktiken, darunter die Förderung ungesunder Ernährung, die Schädigung der Umwelt, die Monopolisierung von Ressourcen, die Ausbeutung von Arbeitnehmern und die gezielt auf Kinder gerichtete Werbung. Zu jener Zeit verfolgte McDonald's eine Politik, jeden zu verklagen oder mit Klagen zu bedrohen, der das Unternehmen zu kritisieren wagte, von der BBC über die Tageszeitung »The Guardian« bis hin zu Umwelt- und Studentengruppen.

Zunächst schien es, als würde McDonald's das von London Greenpeace herausgegebene Faltblatt ignorieren. Doch die Kampagne zeigte immer mehr Wirkung und das Faltblatt fand zunehmend Verbreitung. 1989 entschied sich der Konzern, zu extremen Mitteln zu greifen. Zwei verschiedene Detektivbüros wurden beauftragt, um die Aktivistengruppe zu infiltrieren. Da London Greenpeace keinen juristischen Status hat, also weder als Verein noch in anderer Form angemeldet ist, musste McDonald's mehr Informationen über einzelne Mitglieder der Gruppe herausfinden, wollte man rechtliche Schritte unternehmen. 1990 wurden fünf Personen als Urheber und Distributoren des

Faltblatts identifiziert und von McDonald's mit einer Klage bedroht, sollten sie nicht bereit sein, ihre Aktivitäten einzustellen. Drei entschieden sich, dass es besser für sie sei, klein beizugeben. Doch der Postangestellte Dave Morris und die Kellnerin Helen Steel entschieden sich, den Kampf aufzunehmen. McDonald's verklagte sie wegen Verleumdung und versuchte eine gerichtliche Verfügung zu erwirken, um sie zur Einstellung ihrer Aktivitäten zu zwingen. Was folgen sollte, brach gleich mehrere Rekorde. Der sogenannte McLibel-Fall (von englisch »libel« – Verleumdung) wurde der längste Gerichtsfall der britischen Geschichte; im Verlauf des sich entwickelnden Gerichtsdramas entstand »das größte Public-Relations-Debakel in der Geschichte multinationaler Konzerne«; und die zunehmend im Internet geführte Kampagne wurde zur »Mutter aller Internet-Kampagnen«.

Das englische Recht bezüglich Verleumdungsklagen nimmt eine Sonderstellung in der westlichen Welt ein. Es schiebt die Beweislast auf den oder die Angeklagten. Es gibt keine staatliche finanzielle Rechtshilfe für Angeklagte. Sie können den Beweis dafür, dass sie die Wahrheit geschrieben haben, nicht auf Grund sekundärer Quellen (also zum Beispiel Zeitungs- und Fernsehberichte) erbringen, sondern müssen Zeugen stellen. Und nicht zuletzt hat der Richter einen weit größeren Entscheidungsfreiraum über prozedurale Aspekte als bei anderen Verfahren. So entschied der Richter frühzeitig im McLibel-Verfahren, dass es ohne Geschworene geführt wird. McDonald's hatte den Einwand eingebracht, dass die Geschworenen, da sie über keinen wissenschaftlichen Hintergrund verfügten, von den biologischen und ernährungswissenschaftlichen Aspekten des Falles überfordert sein könnten, und der Richter schloss sich dieser Argumentation an. Damit hatte McDonald's einen ersten Punktsieg gelandet, denn es ist wesentlich wahrscheinlicher, dass die Angeklagten bei den Geschworenen, als Vertreter des Volkes, Sympathie finden, als vor den Augen eines Richters. Allein mit derartigem prozeduralem Vorgeplänkel vergingen mehrere Jahre, und das Verfahren wurde erst am 28. Juni 1994 eröffnet.

Doch als die Zeugeneinvernahmen im Gerichtssaal begannen, wendete sich das Blatt. Bei der Befragung von als Zeugen der Verteidigung vorgeladenen McDonald's-Mitarbeitern mussten diese wiederholt zugeben, dass interne Firmenmemos im krassen Gegensatz zur öffentlich verbreiteten Werbung standen, zum Beispiel bezüglich des Nährwerts der McDonald's-Produkte. Mit jedem neuen Tag vor Gericht wurde das Verfahren mehr und mehr zu einem öffentlichen Tribunal über das Verhalten der Fast-Food-Kette. Dass dieses die entsprechende Aufmerksamkeit in den Medien und der breiten Öffentlichkeit erhielt, dafür sorgte vor allem auch eine via Internet geführte Unterstützerkampagne.

»Das Internet spielte von Anfang an eine Rolle«, schrieb die Konzernkritikerin und Aktivistin Evelin Lubbers. »Seit Beginn der Verhandlungen wurden Ausschnitte der Mitschriften von den Anhörungen im Netz veröffentlicht und McDonald's gefiel das überhaupt nicht.«[28]

Zunächst wurden diese Texte vor allem über eine Mailingliste namens McLibel verbreitet. Aktivisten aus aller Welt benutzten diese Liste auch, um sich gegenseitig über Anti-McDonald's-Aktivitäten zu informieren. Das McLibel-Gerichtsverfahren wurde somit zum virtuellen Zentrum für Kampagnen an so verschiedenen Orten wie Hamburg, Indien oder im amerikanischen mittleren Westen. Die öffentliche Meinung drehte sich gegen McDonald's. Ein Jahr nach Beginn der Verhandlungen hatte das Unternehmen offenbar genug und versuchte aus der Abwärtsspirale der Negativwerbung herauszukommen, indem es den Angeklagten einen außergerichtlichen Vergleich anbot. Bei Gesprächen in einem Londoner Pub konnte keine Lösung gefunden werden, das Gerichtsverfahren ging weiter.

Die Kampagne erreichte einen neuen Höhepunkt, als Helen Steel und Dave Morris am 16. Februar 1996 die Website www.mcspotlight.org von einem via Mobiltelefon mit dem Internet verbundenen Laptop aus eröffneten – vor einer McDonald's-Niederlassung im Zentrum Londons. Schon im ersten Monat erhielt die Website mehr als eine Million Hits. 2700 dieser Zugriffe fanden von der Internet-Domain »McDonald's.com« aus statt. Die Website enthielt die neuesten Informationen über das McLibel-Verfahren, Informationen über das Unternehmen, einen Diskussionsbereich, News von anderen Anti-McDonald's-Kampagnen, das Faltblatt, das zum Stein des Anstoßes geworden war und nicht zuletzt ein anschwellendes Archiv an Presseberichten über den Fall.

Am Tag der Urteilsverkündung, dem 19. Juni 1997, umlagerten dutzende Fernsehteams und Nachrichtenreporter das Gerichtsgebäude. Der Richter brauchte zwei Stunden, um das Urteil zu verlesen. Er entschied, dass die Angeklagten ihre Vorwürfe in mehreren Punkten – bezüglich der Zerstörung der Regenwälder, Herzkrankheiten und Krebs, giftigen Stoffen und schlechten Arbeitsbedingungen für die Mitarbeiter – nicht bewiesen hätten. Sie hätten allerdings bewiesen, dass McDonald's mit seiner Werbung »Kinder ausbeutet«, dass es seine Produkte fälschlicherweise als nahrhaft bezeichnet, seine Langzeitkunden und besten Esser einem Gesundheitsrisiko aussetzt, eine indirekte Mitverantwortung für Grausamkeit gegenüber Tieren hat, eine starke Apathie gegen Gewerkschaften hegt und seinen Mitarbeitern extrem niedrige Gehälter zahlt. Die Angeklagten wurden zwar zur Zahlung von 60 000 Pfund Schadensersatz verurteilt, dennoch stellte das Urteil einen schweren Schlag für McDonald's dar.

Was die Schadensersatzzahlung betrifft, brachte es Helen Steel auf den Punkt: »McDonald's verdient es nicht, auch nur einen Penny zu bekommen, außerdem haben wir beide sowieso kein Geld.« McDonald's verzichtete darauf, die Schadensersatzsumme einzuklagen und strengte auch keine gerichtliche Verfügung an, um Steel und Morris vom Verteilen weiterer Flugblätter abzuhalten. Zwei Tage nach der Urteilsverkündung waren die beiden bereits wieder aktiv am Zettelverteilen, diesmal jedoch nicht allein. In einer landesweiten Kampagne wurden vor 500 von 750 britischen McDonald's-Filialen

400 000 Flugblätter verteilt. Nachdem Steel und Morris vom Gericht bescheinigt worden war, zur Hälfte Recht gehabt zu haben, strengten sie ein Berufungsverfahren an, um voll Recht zu erhalten. Der Berufungsrichter gab ihnen allerdings nur in einem zusätzlichem Punkt Recht, den vorgeworfenen schlechten Arbeitsbedingungen. Seither nutzen sie ihren frisch gewonnenen Ruhm, um für Änderungen im britischen Rechtssystem bei Verleumdungsklagen zu kämpfen, da »libel« weiterhin eine mächtige Waffe bleibt, um kritische Stimmen gegen Machtmissbrauch von Konzernen zum Schweigen zu bringen.

Die McSpotlight-Kampagne wurde zu einem frühen Beispiel dafür, wie ein übermächtiger Gegner durch die Möglichkeiten der Kommunikation und Koordination einer internationalen Kampagne im Internet besiegt werden kann.

2.2 Der Spielzeugkrieg

2.2.1 Kampf gegen den Namen

Im November 1999 versuchte ein amerikanisches E-Commerce-Unternehmen, vor einem kalifornischem Gericht eine gerichtliche Verfügung gegen ein europäisches Künstlerkollektiv zu erwirken, mit dem Ziel, diesem die Benutzung des von ihm eingetragenen Domain-Namens zu verbieten. Das E-Commerce-Unternehmen hieß »eToys«, die Künstlergruppe nannte sich »etoy«, und der sich in der Folge entwickelnde Konflikt wurde unter dem Namen »Toywar« (Spielzeugkrieg) bekannt.

Von Anfang an wurde dem Konflikt eine große symbolische Bedeutung beigemessen. »Das Ergebnis dieser Schlacht wird ein Indikator für die Ausgewogenheit der Machtverhältnisse zwischen kommerziellen und nicht-kommerziellen Online-Interessen sein«, schrieb Felix Stalder.[29]

»Das ist der Punkt, an dem die Menschen zu erkennen beginnen, dass es einen Unterschied zwischen der Internetindustrie und der Internet Community gibt, und die Internet Community muss sich zusammenschließen und sich mit einer Stimme äußern,« meinte John Perry Barlow, ehemaliger Songschreiber der Band »Grateful Dead«, Leitfigur der »Electronic Frontier Foundation« und Verfasser der »Unabhängigkeitserklärung für das Internet« (1996), einer Art Verfassung für das Internet in Anlehnung an die amerikanische Unabhängigkeitserklärung.[30]

Dass der Fall überhaupt von einem Gericht akzeptiert wurde, wurde von der oben zitierten »Internet Community« als eine große Ungerechtigkeit empfunden. Die Künstlergruppe etoy existierte seit 1994 und hatte den Domainnamen etoy.com am 13. Oktober 1995 registriert. Das Unternehmen eToys hatte seinen Domainnamen etoys.com erst am 3. November 1997 registriert, also mehr als zwei Jahre später. Zu dem Zeitpunkt, als der Fall vor Gericht kam, waren Bemühungen im Gange, eine neue Gesetzgebung einzuführen, mit der so genannten »Cybersquattern« das Handwerk gelegt werden sollte.

Als Cybersquatter bezeichnet werden Personen, die Domainnamen vorsorglich registrieren, ohne die Absicht zu haben, sie je wirklich zu benutzen. Sie horten Namen, um sie später lukrativ weiterverkaufen zu können. Die von der US-Regierung eingesetzte internationale Organisation ICANN, deren Hauptzweck es unter anderem sein sollte, das Domainnamen-System zu regulieren und Streitfälle zu entscheiden, hatte sich am 26. August 1999 für eine »Uniform Dispute Resolution Policy« (UDRP, vereinheitlichtes Streitlösungsverfahren) entschieden. Dieses Streitlösungsverfahren war unter dem Einfluss der World Intellectual Property Organisation (WIPO) zustande gekommen, die vor allem die Interessen der Besitzer internationaler eingetragener Markenzeichen vertritt. Folgende Streitfälle sollen durch die ICANN-Verordnung geregelt werden:
– der Domainname der des Cybersquattings beschuldigten Partei ist identisch mit einem Waren- oder Servicezeichen, auf das der Kläger Anspruch hat, oder aber diesem verwirrend ähnlich;
– es gibt keine Rechte oder legitimen Interessen in Bezug auf den Domainnamen;
– der Domainname wurde arglistig registriert und benutzt.[31]
Doch der Künstlergruppe etoy konnte der Vorwurf des »Cybersquatting« nicht gemacht werden. Sie hatte die von ihr registrierte Adresse von Anfang an intensiv für Kunstprojekte benutzt. Unter der Bezeichnung etoy.INTERNET-TANKSYSTEM veröffentlichten die Künstler bereits 1995 ein innovatives und umfangreiches Web-Projekt. 1996 lancierten sie »Digital Hijack«, eine Art Performance im Netz. Der Begriff »Hijack« (englisch: Entführung) diente dabei als Metapher, um auf die Manipulationsmöglichkeiten von Suchmaschinen im Internet aufmerksam zu machen. Für diese Arbeit bekamen sie 1996 die Goldene Nica des »Prix Ars Electronica« in der Kategorie »Netzkunst«. Die Gruppe gab auch etoy.SHARES heraus, Aktien, durch deren Verkauf sie das symbolische Kapital ihrer Netzkunstaktionen in reales Kapital umsetzte, die jedoch nicht am Aktienmarkt, sondern am Kunstmarkt gehandelt wurden (und werden). Die erfolgreiche und international anerkannte Tätigkeit der Künstlergruppe etoy während mehrerer Jahre fußte auf der Benutzung des Domainnamens etoy.com, womit sie »ein verbissenes E-Commerce-Unternehmen simulierte«.[32]

Das tatsächliche E-Commerce-Unternehmen eToys versuchte zunächst, den Domainnamen von etoy für die Summe von 30 000 Dollar abzukaufen. etoy antwortete mit einem Smiley, dem im Internet gebräuchlichen Zeichen für »grinsen«. Im Laufe der gesamten Affäre wurde dieses Angebot später auf 75 000, dann 160 000 und schließlich auf 7000 eToys Aktien und 50 000 in Bargeld erhöht. Das waren zu damaligen Kursen insgesamt 530 000. Letzteres Angebot mag, was nachvollziehbar wäre, die Künstler durchaus in Gewissenskonflikte gebracht haben. Dennoch entschieden sie sich dafür, sich festzubeißen und sich den Gefahren und finanziellen Risiken eines Gerichtsverfahrens unter amerikanischer Legislative auszusetzen.

Am 29. November 1999 gab Richter John P. Shook vom »Los Angeles Superior Court« dem Antrag der Klägerpartei eToys statt und erließ eine einstweilige Anordnung, wonach die Künstler Folgendes zu unterlassen hatten:
1. eine Website unter dem Domainnamen www.etoy.com zu betreiben;
2. den Domainname www.etoy.com im Zusammenhang mit der Dokumentation ihres Projektes »Digital Hijack« zu benutzen, öffentlich zu machen oder in irgendeiner anderen Form zu verbreiten;
3. die nicht registrierten Aktien des ›etoy stocks‹ Personen in den Vereinigten Staaten von Amerika oder in Kalifornien zu verkaufen, zum Kauf anzubieten oder für den Kauf dieser Aktien zu werben;
4. zu behaupten, dass die Marke etoy ein registriertes Warenzeichen (Trademark) sei, solange eine Registrierung dieser Marke nicht durchgeführt wurde.

Die Verfügung des kalifornischen Richters war für den Fall der Nichtbeachtung durch eine Strafandrohung von 10 000 Dollar pro Tag gedeckt. etoy blieb nichts anderes übrig, als seine Domain vorübergehend zu schließen. Unter einer IP-Nummern-Adresse blieb allerdings ein Rumpfangebot an Informationen im Netz.

Die Hauptverhandlung war für den 27. Dezember 1999 angesetzt. Doch die einstweilige Verfügung des Richters war kaum trocken, als die Künstlergruppe etoy den Widerstand zu organisieren begann. Die Künstler mussten sich zum einen unter großem finanziellen Risiko um die rechtliche Verteidigung kümmern. Hilfreich erwies sich dabei, dass die Unterstützung der »Electronic Frontier Foundation« für die juristische Verteidigung gewonnen werden konnte. Zugleich baute etoy sorgsam Kontakte mit sympathisierenden Medien auf, um seine eigene Position besser in der Öffentlichkeit zu vertreten. Nicht zuletzt musste die Gruppe auch dafür sorgen, Unterstützung aus der Internet-Community zu mobilisieren. Die Gruppe rTMark, die sich selbst als »Clearinghouse für Projekte gegen korporativen Machtmissbrauch« bezeichnet, begann eine E-Mail-Kampagne zur Unterstützung von etoy. Das »Electronic Disturbance Theater« solidarisierte sich und stellte sein Tool Floodnet für virtuelle Sit-ins zur Verfügung. Der Kunstserver »The Thing« bot sich als Plattform für verschiedene Aktionen an. Zahlreiche Leute aus Internet-Communities rund um Mailinglisten wie Nettime, Rhizome und Syndicate boten ihre Unterstützung an. Bei all der freiwilligen Unterstützung war es für etoy essentiell, diese in der richtigen Form zu kanalisieren. Ein zu militantes Auftreten der Gruppe selbst hätte nur eToys neue Munition geliefert. Daher konzentrierte sich etoy darauf, hinter den Kulissen die Fäden zu ziehen und überließ ein aggressiveres Auftreten anderen.

2.2.2 Agent.Nasdaq

Eine Person, die bis dato in diesen Kreisen kaum bekannt gewesen war, der an der Universität von Konstanz unterrichtende und sich selbst als »Netzwissenschaftler« bezeichnende Dr. Reinhold Grether, wurde zum Joker in der schnell Fahrt gewinnenden Kampagne. In den Monaten vor dem »Spielzeugkrieg« hatte Grether die Kursentwicklungen von Internet-Start-ups an der Hochtechnologiebörse Nasdaq studiert. Ohne die Beteiligten zunächst zu kennen, schaltete er sich in die Ereignisse ein, veröffentlichte Linklisten in Foren von Internetmagazinen, setzte sich mit anderen etoy-Unterstützern in Verbindung und brachte Ideengut in die Strategiediskussionen in Chats und auf Mailinglisten ein. In einer dieser Diskussionen brachte er den Ausdruck »a new toy for you« ins Spiel.

Wie Grether später rückblickend schrieb, »kam es darauf an, einen unbestechlichen Spiegel aufzustellen«, der die »absonderlichen Spielzüge« von etoy »als Marktwertverluste für eToys erscheinen lassen würde. Dieser Spiegel war die Nasdaq-Notierung von eToys«. Mit anderen Worten, der Fokus der Kampagne sollte darauf ausgerichtet sein, den Börsenwert von eToys zu drücken. Ohne sich öffentlich damit in Verbindung zu bringen, erarbeitete etoy hinter den Kulissen eine neue Website unter dem Namen Toywar.com. Toywar lud Sympathisanten von etoy dazu ein, an einem »Spiel« teilzunehmen. Der Inhalt des Spiels war, den (realen) Börsenwert von eToys gegen Null zu drücken. Unterstützer, die sich einem Eignungstest unterziehen mussten, wurden als »Toysoldiers« (Spielzeugsoldaten) für den Feldzug gegen das E-Commerce-Unternehmen rekrutiert und zur Teilnahme an konzertierten Maßnahmen aufgefordert: virtuelle Sit-ins gegen den eToys-Web-Server, E-Mail-Kampagnen an die Führungsschicht des E-Commerce-Unternehmens, Teilnahme an Diskussionen in Investorenforen.

»Es war kein Hasard, sondern eine gepflegte Kalkulation: Das Papier ging am 20. Mai an die Börse und ab 20. November drängten die Insider in den Markt; der Kurs hatte die Weihnachtsgeschäftserwartung antizipiert (eskomptiert, wie Fachfrauen sagen) und bewegte sich bereits nach unten; alle Retailer gerieten unter Druck, weil die traditionellen Handelsunternehmen elektronisch Fuß fassten. Und die Kampagne würde so viel Wirbel erzeugen, dass die Mehrzahl der Neuinvestoren auf Baisse setzen würde.«[33]

Ob der Toywar wirklich ausschlaggebend für den Kursverfall der eToys-Aktie war oder inwiefern er dazu beigetragen hat, ist ein Punkt, über den später in den genannten einschlägigen Foren viel gestritten wurde. Tatsache ist, dass die Aktie fiel und fiel und fiel, während zugleich die negative Publicity in der Presse zunahm. Grether, unter dem Pseudonym Agent.Nasdaq, arbeitete unermüdlich: »Keine persönliche Begegnung, kein telefonischer Kontakt. E-Mail und Webseiten, sonst nichts. Heiß laufender E-Mail-Verkehr am frühen Abend und falls nötig am frühen Morgen. Dann Zeit zum Nachdenken. Kurz nach Mittag Mails an Rhizome, damit die Ostküsten-Frühaufsteher gleich im Bilde waren. Flow, wenn zehn bis zwanzig gleichzeitig kommunizierten und Wissen um den Globus jagten.«[34]

Die für den 27. Dezember 1999 angesetzte Verhandlung fand nicht statt, weil diese auf Antrag von eToys auf den 10. Januar 2000 verschoben wurde.

Am 29. 12. ließ das Unternehmen erstmals eine Bereitschaft einzulenken erkennen. »Die Menschen sagen uns, sie wollen, dass die Kunst von etoy und der E-Commerce von eToys.com koexistieren«, erklärte Jonathan Cutler, Pressesprecher von eToys.com, gegenüber dem Online-Magazin »Wired News«. Doch trotz solcher Hoffnung weckender Worte gab es zu diesem Zeitpunkt noch keine offizielle Friedensbotschaft von eToys an etoy. »Am 1. 1. 2000 ging die Toywar-Plattform ans Netz, die den gesamten Konflikt visualisierte und durch die Dauerpräsenz des Stellungskriegs dem Kontrahenden die Möglichkeit des Im-Sande-Verlaufen-Lassens abschnitt.«[35]

Am 25. Januar schließlich konnte etoy die Erfolgsmeldung durchgeben: »Totaler Sieg für das etoy-Unternehmen und die Internetgemeinschaft (die bewiesen hat, dass das Netz noch nicht in der Hand der E-Commerce-Giganten ist).« Das E-Commerce-Unternehmen hatte bekannt gegeben, seine Klage gegen etoy fallen zu lassen und der Künstlergruppe 40 000 Dollar als Entschädigung für Rechtsanwälte und andere Ausgaben zu zahlen. Dafür versprach die Künstlergruppe, eine zuvor angestrengte Gegenklage zurückziehen. Wolfgang Staehle, Betreiber von »The Thing«, das einmal mehr unterstrichen hatte, wie wichtig unabhängige Server- und Provider-Infrastrukturen in solchen Kampagnen sind: »Der Erfolg zeigt, was passieren kann, wenn wir alle zusammenhalten. [...] Wir überlebten ihre brutale Macht. Geist hat über das Geld gesiegt.«[36]

Etwas mehr als ein Jahr später musste eToys Konkurs anmelden.

2.3 Der Kranich im Visier der Online-Aktivisten

2.3.1 Der Hintergrund

Die »deportation alliance« (Abschiebeallianz) kämpft als Teil einer größeren Kampagne für die Rechte von Immigranten (»kein mensch ist illegal«) gegen die Abschiebung von Asyl Suchenden auf Linienflügen der Lufthansa. Phantasievoll wird dabei auf die Erfahrungen früherer Kampagnen zurückgegriffen. Es werden innovative »digitale Kulturtechniken« eingesetzt. Im Frühsommer des Jahres 2001 kam es im Rahmen dieser Kampagne auch zur ersten Online-Demonstration in Deutschland. Im Unterschied zu anderen Online-Aktionen wurde versucht, diese bei der Polizei als Demonstration anzumelden. Ein weiteres Novum ist, dass die Online-Demonstration möglicherweise ein gerichtliches Nachspiel haben könnte.

Seit Jahren kämpft die Initiative »kein mensch ist illegal« für die Rechte von Flüchtlingen in Deutschland und gegen die restriktive Einwanderungspolitik. So nahm sie zunehmend die Praxis der erzwungenen Abschiebungen auf Linienflügen der Lufthansa aufs Korn. Mehr als 30 000 Menschen wurden 1998 auf dem Luftweg aus Deutschland abgeschoben, davon »schätzungsweise 10 000« (Unternehmenssprecher Thomas Jachnow) auf Linienflügen der Lufthansa.[38] Die Flüge werden von Beamten des Bundesgrenzschutzes (BGS) gebucht. Besteht die Gefahr, dass sich einer der als »Schüblinge« bezeichneten Menschen zur Wehr setzt oder auszureißen versucht, wird er von zwei oder drei Beamten begleitet. Die Lufthansa-Führung sieht sich gezwungen, »bestehenden Gesetzen Folge zu leisten«, sagt sie. Die Aktivisten von »kein mensch ist illegal« sehen das anders. Sie wollen das Unternehmen dazu »überreden«, die Abschiebungen nicht mehr zu akzeptieren. Der BGS müsste dann zu anderen Methoden greifen, wie beispielsweise zu der Anmietung von Militärflugzeugen, was die Abschiebungen für den Staat erheblich verteuern würde. Langfristig arbeitet »kein mensch ist illegal« auf das Ende aller zwangsweisen Abschiebungen hin, doch vorerst ist vor allem die Lufthansa im Visier.

Techniken, welche die Polizei als »Ruhigstellung eines Schüblings« bezeichnet, hatten 1994 den Nigerianer Kola Bankole das Leben gekostet. Im Mai 1999 kam der 30-jährige sudanesische Flüchtling Aamir Ageeb bei seiner Abschiebung an Bord einer Lufthansa-Maschine ums Leben. Beamte des BGS hatten ihm einen Motorradhelm aufgesetzt und ihn »mit elf Kabelbindern, einem fünf Meter langen Seil und vier etwa zwei Meter langen Klettbändern fixiert«.[37] Der Oberkörper des gefesselten Mannes wurde im Sitz nach vorn gedrückt, so dass dessen gefesselte Hände zwischen den zusammengezurrten Schenkeln und der Magengrube eingepresst wurden, was ihm das Atmen praktisch unmöglich machte. Ageeb ist »lagebedingt erstickt«, wie es in einem rechtsmedizinischen Gutachten heißt. »Bei einer Zwischenlandung in München konnte dann nur noch die Leiche von Ageeb ausgeschafft werden.«[39]

»kein mensch ist illegal« nahm den Tod Ageebs zum Anlass für eine Kampagne unter dem Titel »Deportation.Class«, die sich gegen die »Deportation Alliance« der Lufthansa richtete. (In Anspielung auf die »Star Alliance«, einen in den 90er-Jahren gegründeten Verbund internationaler Fluglinien, welcher den beteiligten Unternehmen, so auch der Lufthansa, Zugriff auf ein größeres Streckennetz und Kostenersparnis bei der Abwicklung ermöglicht.)

»Deportation.Class« wurde als eine Kampagne neuen Typs gestartet, die das »Image« des Konzerns als dessen Achillesferse angreift. Im März 2000 wurde zu einem Plakatwettbewerb aufgerufen. Aus den zahlreichen Einreichungen kürte die Fachjury einen Siegerbeitrag, die besten Entwürfe wurden außerdem in eine Ausstellung aufgenommen, die durch ganz Deutschland und mehrere Nachbarländer tourte und auch im Internet zu sehen war. Die meisten der ausgestellten Entwürfe bedienten sich einer für das Digitalzeitalter typischen Kulturtechnik, des »Samplings«. Dank der unermüdlichen Image-Arbeit des Konzerns ist dessen »Corporate Identity« – das Logo, die Farben, die geläufigsten Slogans – jedermann/frau ein Begriff. Die Gestalter der Plakate brauchten nur die Websites des Unternehmens abzuklappern, Materialien herunterzuladen und sie neu zusammenzusetzen, um mit minimalen Eingriffen aus der frohen Botschaft eine traurige oder aufrüttelnde zu machen. Die besten Entwürfe, Slogans, Persiflagen und Bildverfremdungen wurden nicht nur auf der erwähnten Wanderausstellung gezeigt, sondern durch einen weiteren

»Remix« auch auf Flugzetteln verwendet, die an allen nur denkbaren Orten verteilt wurden: »vor Reisebüros und an Flugschaltern, vor den konzerneigenen Fortbildungszentren und an Flugschulen, auf Fachmessen und am Lufthansa-Partnertag auf der Expo«.[40]

Bei der Hauptversammlung der Lufthansa-Aktionäre am 15. Juni 2000 im Berliner Kongresszentrum erreichte die »Deportation.Class« ihren ersten öffentlichkeitswirksamen Höhepunkt. Schon im Vorfeld der Veranstaltung erhielten die über 400 000 Aktionäre zusammen mit der Einladung zur Hauptversamlung einen Gegenantrag der »Kritischen Aktionärinnen und Aktionäre«. Diese forderten mit Hinweis auf das von Abschiebungen verursachte »geschäftsschädigende Imageproblem« dazu auf, Vorstand und Aufsichtsrat die Entlastung zu verweigern. Die vor dem Tagungsgebäude ankommenden Teilnehmer der Hauptversammlung wurden mit nachgespielten drastischen Darstellungen der Abschiebepraxis auf Linienflügen konfrontiert und erhielten »Investoren-Infos« aus der Werkstatt der Anti-Abschiebungs-Kampagne, während sich im Saal in den ersten Reihen zwei Gruppen mit Transparenten platziert hatten, die gelegentlich die Reden des Aufsichtsrats- und des Vorstandsvorsitzenden unterbrachen und bei Redebeiträgen von Teilnehmern der Kampagne applaudierten. Die Lufthansa-Hauptversammlung dauerte über sechs Stunden und stand ganz im Zeichen der Auseinandersetzung um die »Deportation.Class«.

Der Vorstandsvorsitzende Jürgen Weber erklärte gegen Ende der Veranstaltung, Lufthansa verhandle auf Expertenebene mit dem Innen- und dem Verkehrsministerium über eine Entbindung von der Beförderungspflicht für zwangsweise Abschiebungen. Die Pilotenvereinigung Cockpit hatte ihren Mitgliedern bereits nach dem Tod Ageebs empfohlen, einen Transport von Passagieren, die gegen ihren Willen abgeschoben werden sollen oder gar gefesselt sind, zu verweigern. Die Gewerkschaft Öffentliche Dienste, Transport und Verkehr (ÖTV) hatte ihre im Lufthansa-Aufsichtsrat sitzenden Mitglieder aufgefordert, sich gegen zwangsweise Abschiebungen auszusprechen. Alles deutete auf ein Einlenken der Lufthansa in der Abschiebeproblematik hin. Doch Monate später hatte sich in der Praxis noch immer nichts verändert und das Unternehmen ging in die Gegenoffensive. Mit einem anwaltlichen Schreiben wurde von den Initiatoren der »Deportation.Class«-Kampagne verlangt, die Website mit den Ergebnissen des Plakatwettbewerbs aus dem Netz zu nehmen – ungeachtet der Tatsache, dass dieselben Plakate in der Wirklichkeit bereits durch ganz Deutschland und das benachbarte Ausland gereist waren. Die Anwälte beklagten die »Nutzung der für unsere Mandantin typischen Farben blau/gelb«, die »Verwendung des für unsere Mandantin typischen Schriftzuges« und den »Einsatz und Manipulation der für unsere Mandantin eingetragenen Marken« und drohten mit einer hohen Schadensersatzforderung. Doch die Bedrohten reagierten cool und gelassen.

»Die Einleitung gerichtlicher Schritte wird zu nichts anderem als zu einer weiteren Verbreitung konzernkritischer Inhalte führen«, sagte Jan Hoffmann, ein Sprecher von »kein mensch ist illegal«. Die Gruppe kündigte an, sich von den Drohungen nicht einschüchtern zu lassen, und auch der »Gastgeber« der Plakatausstellung im Web, die »Kölner Stadtrevue«, kündigte an: Die Ausstellung bleibt im Netz.[41] Zurecht, wie es scheint, denn aus der angedrohten Klage wurde nichts und die Angelegenheit verlief im Sand. Vorerst.

2.3.2 Erste deutsche Online-Demonstration

Die nächste Hauptversammlung der Lufthansa-Aktionäre am 20. Juni 2001 wurde erneut in den Fokus der Kampagne der Abschiebegegner gerückt. Vor und in dem Saal der Köln Arena ähnelten die Szenen denen vom Vorjahr. Die »FlugbegleiterInnen gegen Abschiebungen« verteilten Investoren-Infos an die Kleinaktionäre, Abschiebungen wurden in Performances nachgestellt, Reden wurden von Sprechchören und vor dem Redepult aufgespannten Transparenten unterbrochen, während durch – neu eingeführte und ebenfalls Kontroversen erzeugende – Sicherheitschecks versucht wurde, Lufthansa-kritisches Material erst gar nicht in den Saal zu lassen. Nicht verhindert werden konnte, dass sich immer mehr Kleinaktionäre in ihren Redebeiträgen gegen Abschiebungen auf Linienflügen wandten. Das Abschiebethema dominierte einmal mehr die jährliche Aktionärsversammlung.

Für den größten Propaganda-Wirbel sorgte dieses Mal allerdings eine Aktion im virtuellen Raum. Parallel zu den Protesten vor und in der Versammlung sollten zwischen 10.00 und 12.00 Uhr die Server der Lufthansa AG mit einer Online-Demonstration bestreikt werden. Zu der Aktion aufgerufen hatte eine Anti-Deportation-Allianz von mehr als 150 Gruppen und Organisationen. Dabei wurde eine Mischung von Techniken eingesetzt. Teilnehmern, die nicht über die entsprechenden Kenntnisse verfügen, wurde ein Javascript-basiertes Tool zur Verfügung gestellt, das »Floodnet« von »Electronic Disturbance Theater« ähnelt. Zusätzlich wurden aber auch komplexere, serverseitige Programme eingesetzt, die zum Beispiel Abfragen auf den Flug-Buchungsseiten des Lufthansa-Servers ausführten und damit dem Server noch mehr zu arbeiten gaben als nur mit den einfachen Seitenabrufen im Stile Floodnets. Für zwei Stunden sollte so die Online-Präsenz der Lufthansa zumindest beeinträchtigt werden. Für Deutschland handelte es sich bei der virtuellen Protestform um so etwas wie eine Premiere und der Aufruf zur Online-Demonstration erzeugte schon im Vorfeld einen Medienrummel.

Fernsehen, Tagespresse, Wochenzeitungen in ganz Deutschland aber auch im Ausland konnten sich dem publizistischen Reiz der »Online-Demo« nicht entziehen und erwogen die Pros und Kontras der Aktion unter Aufmachern wie »Legitimer Protest oder Cyberterror«. Damit hatten die Initiatoren des Protests eigentlich schon gewonnen, bevor dieser überhaupt stattgefunden hatte. Denn mit der Diskussion über die Sinnhaftigkeit und Rechtmäßigkeit von Online-Demonstrationen erhielt auch das Thema der Abschiebungen auf Linienflügen der Lufthansa eine Publizität wie nie zuvor. Zu erwarten ist allerdings, dass sich ein solcher Publicity-Coup in Zukunft nicht wiederholen lässt, denn der Neuigkeitswert der Online-Demonstration nimmt schnell ab. Für dieses erste Mal war die Beteiligung jedenfalls noch groß. Von mehr als 13 000 Rechnern wurde die Demonstrations-Software gestartet und erzeugte innerhalb von zwei Stunden 1,2 Millionen Hits auf dem Lufthansa-Server. Wie effizient diese waren, darüber scheiden sich die Geister. Die Organisatoren der Demnstration sprachen im Anschluss daran davon, dass lufthansa.com zeitweise kaum oder gar nicht erreichbar gewesen sei. Die Lufthansa hingegen erklärte zunächst, dass das Online-Buchungsgeschäft kaum bis gar nicht beeinträchtigt gewesen wäre. Die Server-Administratoren hatten Vorkehrungen getroffen, indem zusätzliche Bandbreiten als Reserve bereitgestellt worden waren. Beide Seiten konnten sich gewissermaßen als Sieger in dieser virtuellen Schlacht betrachten.

Die Initiatoren hatten allerdings noch eine Finte auf Lager. Mit einer E-Mail an das Ordnungsamt in Köln hatte man versucht, die Online-Demonstration als ordentliche Versammlung anzumelden. Das Ordnungsamt verwies an die Polizeibehörden und fügte in dem Schreiben hinzu, »das Versammlungsrecht geht von einer physischen Versammlung im öffentlichen Raum (Straße, Grünanlage, Versammlungshalle etc.) aus. Eine virtuelle Demonstration ist daher meines Erachtens nicht vorgesehen.«

Diese Auffassung wurde offensichtlich auch von der Bundesregierung geteilt. »Unser Haus hält es für zweifelhaft, dass sich die Initiatoren auf das Demonstrationsrecht berufen können«, sagte Maritta Strasser, die damalige Sprecherin des Bundesjustizministeriums. Die im Artikel 8 Grundgesetz garantierte Versammlungsfreiheit sei nämlich nur auf die physische Anwesenheit »im realen öffentlichen, und nicht im virtuellen Raum zu beziehen,« erklärte sie gegenüber dem Online-Magazin Telepolis. Eine etablierte Rechtsprechung dazu gebe es allerdings noch nicht, räumte sie ein. Das könnte nun allerdings bald der Fall sein.[42]

Rund vier Monate später, am 17. 10. 2001 brachen Einheiten des Staatsschutzes die Räume der Solidaritätsinitiative »Libertad!« (Freiheit) in Frankfurt am Main auf und durchsuchten die Büroräume im dortigen Dritte-Welt-Haus.[43] Die Polizei beschlagnahmte Computer, Festplatten und CDs und stattete auch noch der Wohngemeinschaft des Betreibers der Domain libertad.de und sooderso.de einen Besuch ab. Entgegen ihrer eigenen ersten Stellungnahmen machte die Lufthansa nun doch geltend, dass ihr durch die Online-Demonstration wirtschaftlicher Schaden zugefügt worden war. Den Verantwortlichen von Libertad! warf sie »Nötigung« vor, ihr Aufruf zur Beteiligung an der Aktion sei ein »Aufruf zur Straftat«. Allerdings haben neben Libertad! noch 150 weitere Organisationen die Aktion unterstützt. Aus dem Umfeld der Initiatoren wurde bekannt, dass die Möglichkeit in Betracht gezogen wird, dass sich all diese Organisationen nun selbst bezichtigen.[44]

Rückblickend könnte sich der Versuch, die Online-Demonstration ordentlich anzumelden, als guter Schachzug erweisen. Auch wenn die Anmeldung von den Behörden nicht akzeptiert wurde, so könnte damit eine Diskussion in Gang gebracht werden, welche über die zivil- und strafrechtlichen Aspekte hinausgeht. Denn die Initiatoren der Online-Demonstration gegen die Lufthansa in Deutschland (und nicht nur diese) berufen sich auf Grundrechte wie die freie Meinungsäußerung, die Versammlungsfreiheit und das Demonstrationsrecht. Sie verweisen darauf, dass es sich bei dem Internet um einen öffentlichen Raum handelt, in dem eine politische Meinungsäußerung ebenso möglich sein muss wie das Anbieten von Waren oder Dienstleistungen. Damit werden Fragen nach der rechtlichen und politischen »Verfassung« des Internets erneut aufgeworfen, wie sie bereits von StranoNet gestellt wurden.

3. Die politische Verfassung des Internet

Gibt es im Internet einen »öffentlichen Raum«, vergleichbar dem öffentlichen Raum der Straßen und Plätze? In welcher Beziehung steht die Netzwelt zu anderen abstrakten Räumen wie Gesellschaft, Staat, Öffentlichkeit? Kann man im Internet überhaupt sozial agieren oder handelt es sich nur um elektronische Impulse? Von der Beantwortung solcher Fragen hängt letztlich die Legalität von Online-Demonstrationen ab, jedoch auch die noch umfassendere Frage nach der politischen Verfassung des Internets.

3.1 Rechtliche Aspekte des Online-Protests

Eine etablierte Rechtsprechung über Online-Demonstrationen und andere Formen des politischen Protests im Allgemeinen und virtuelle Sit-ins im Besonderen gibt es in Deutschland noch nicht. Was die Situation noch verkompliziert ist, dass die Bezeichnungen, mit denen argumentiert wird, eigentlich nur Metaphern sind. Der Ausdruck »virtuelles Sit-in«, eine »Sitzblockade« im Internet, beruht auf einem Vergleich mit der realen Welt. Dieser Vergleich mag weitgehend zutreffend sein, trotzdem ist eine virtuelle Sitzblockade nicht genau das Gleiche wie eine Sitzblockade auf einer realen Straße. Keine realen Körper sind daran beteiligt. Schon allein deshalb hinkt dieser Vergleich und jede Einschätzung der rechtlichen Situation ist hochgradig davon abhängig, wie man sich die Beziehung zwischen realem und virtuellem Raum, zwischen realen Körpern und ihrer Repräsentation durch Kommunikationshandlungen vorstellt.

Vier Juristen wurden um ihre Meinung zu den rechtlichen Implikationen von Online-Demonstrationen befragt.[45] Dabei wurden nicht alle vier Rechtsexperten mit genau identischen Fragen konfrontiert. Bei dreien von ihnen gab es einen relativ locker geführten Austausch via E-Mail mit leicht abweichenden Fragestellungen zu rechtlichen Aspekten von Online-Demonstrationen. Nur einem von ihnen wurde ein ausführlicher Fragenkatalog zugesandt.[46]

Auf die Frage, welche Paragrafen des deutschen Rechts auf die Protestform »virtuelle Sitzblockade« angewendet werden können, antwortet Ferdinand von Stumm zunächst einleitend: »Eine ganze Vielzahl von gesetzlichen Bestimmungen sind hier berührt, daher muss unterschieden werden in einzelnen Rechtsgebieten, aber auch, ob die Ziel-Website gewerblichen Interessen des Website-Verantwortlichen dient oder nicht. [...]« Online-Demonstrationen können unter zivilrechtlichen, strafrechtlichen und verfassungsrechtlichen Aspekten betrachtet werden. Von Stumm: »Die Grundrechte haben für die Bundesrepublik einen sehr hohen Rang. Sie haben jedoch auch Schranken, entweder klar im Verfassungstext selbst ausformulierte oder so genannte ›immanente‹ Schranken, weil die Freiheit des Einzelnen dort aufhört und aufhören muss, wo die Freiheit des anderen verletzt wird.

Gesetzestechnisch können Grundrechte auch durch – im Unterschied dazu so genannte – ›einfache‹ Gesetze eingeschränkt werden (Art. 19 Abs. 1 GG), solange die Grundrechte nicht in ihrem Wesensgehalt eingeschränkt werden (Art. 19 Abs. 2 GG). Darüber hinaus hat etwa bestehendes höherrangiges Recht ebenfalls mögliche Schrankenwirkung.«

Von Stumm zitiert zwar einerseits Art. 8 Abs. 1 des Grundgesetzes: »Alle Deutschen haben das Recht, sich ohne Anmeldung oder Erlaubnis friedlich und ohne Waffen zu versammeln« und weiter in Art. 8 Abs. 2 GG: »Für Versammlungen unter freiem Himmel kann dieses Recht durch Gesetz oder auf Grund eines Gesetzes beschränkt werden«. Doch zugleich verweist er auf das ebenfalls grundgesetzlich geschützte Recht eines Wirtschaftsunternehmens, Werbung zu betreiben und Meinungen zu veröffentlichen. Von Stumm: »In Demokratien ist eine der essentiellen Grundlagen für ihr Funktionieren die aktive Meinungsfreiheit und – das gleichwertige Gegenstück dazu – die passive Informationsfreiheit. In Deutschland ist diese durch das Grundgesetz im Artikel 5 geschützt. Das Bundesverfassungsgericht hat in vielen seiner Entscheidungen immer wieder betont, dass die Meinungsfreiheit weit auszulegen ist und daher auch die Freiheit umfasst, Sachen oder Dienstleistungen anzupreisen, das heißt zu bewerben (BVerfGE 61, [9]; 71, 162 [179]). Dabei gilt der weite Schutz nicht nur für ›Meinung‹ im engeren Sinne, das heißt eine wertende Äußerung, sondern auch für Tatsachen (vgl. von Münch/Kunig, Grundgesetz-Kommentar, 4. Aufl., Art. 5, Rdnr. 8 f) und auch Wirtschaftswerbung (vgl. von Münch/Kunig Art. 5 Rdnr. 11). Wir können also als Zwischenergebnis festhalten, soweit eine Website Tatsachen oder Meinungen oder Wirtschaftswerbung enthält, und der Zugang dazu wird – schuldhaft – blockiert, dann ist dies ein Eingriff in die Meinungsfreiheit des Website-Verantwortlichen.«

Die Online-Demonstration gegen die Lufthansa bietet sich als Beispiel an, weil es sich um ein relativ kurz zurückliegendes Ereignis in Deutschland handelt. Die Initiatoren der Lufthansa-Online-Demonstration haben den ungewöhnlichen Versuch unternommen, ihre Aktion per E-Mail bei der Polizei in Köln als »Demonstration« anzumelden, was jedoch von den Behörden nicht akzeptiert wurde. Daraufhin entstand eine Diskussion darüber, ob das Demonstrationsrecht auch für das Internet gelten kann. Das Justizministerium verneinte dies auf Anfrage. Von Stumm sieht dies ähnlich:»Im Zusammenhang mit der verfassungsrechtlichen Einschränkung in Art. 8 Abs. 2 für Versammlungen hat der Bundesgesetzgeber am 24. 7. 1953 das Versammlungsgesetz erlassen, das sich nach seinem Inhalt und aus der Zeit heraus, obwohl es 1978 letztmals grundlegend novelliert und ›neu‹ bekanntgemacht wurde, nur auf Versammlungen von Menschen an einem Ort, sei es unter freiem Himmel oder in geschlossenen Räumen bezieht und beziehen kann.

Eine Versammlung von Massen ektronischer Impulse, nichts anderes ist eine Online-Demonstration – technisch betrachtet –, hatte der Gesetzgeber nicht im Sinn, und muss dies auch nicht, um seine Funktion und die Basis der freiheitlichen demokratischen Grundordnung zu erhalten.«

Auf die dezidierte Nachfrage, ob sich das Grundgesetz eventuell im Sinne der Demonstranten interpretieren ließe, antwortet von Stumm:»Nein. Zudem, das Versammlungsrecht kann nur dem Menschen dienen, denn nur der Mensch ist fähig, Meinungen zu entwickeln und diese dann auch äußern zu wollen, sieht man von den hier nicht zu leugnenden Optionen der Tierwelt ab, durch Zwitschern, Blöken, Fiepen oder Röhren oder sonstige Laute Informationen über den aktuellen Aufenthaltsort, Futterplätze, drohende Gefahren oder auch der Paarungsbereitschaft und ähnliches zu übermitteln.«

Unter diesem Ausgangspunkt sind für von Stumm letztlich doch strafrechtliche Bestimmungen relevant. Konkret auf den Fall der Online-Demonstration gegen die Lufthansa angesprochen, antwortet er:»Das massive Vorgehen gegen das Funktionieren der Website der Lufthansa, das heißt deren gezielte Störung, könnte nach § 303 a StGB strafbar sein, denn wer rechtswidrig Daten (§ 202 a Abs. 2) löscht, unterdrückt, unbrauchbar macht oder verändert, wird mit Freiheitsstrafe bis zu zwei Jahren oder mit Geldstrafe bestraft und der Versuch ist strafbar‹. § 202 a Abs. 2 StGB lautet: ›Daten im Sinne des Absatzes 1 sind nur solche, die elektronisch, magnetisch oder sonst nicht unmittelbar wahrnehmbar gespeichert sind oder übermittelt werden‹.«

Von Stumm weiter:»Ein Recht zu dem massiven Vorgehen hatten die Initiatoren nicht. Selbst der Meinungskampf gegen die Asylpolitik der Bundesregierung legitimiert nicht, die Gewerbefreiheit eines Dritten zu verletzen, daher ist das Tatbestandsmerkmal ›widerrechtlich‹ erfüllt. Die Daten auf beziehungsweise hinter der Website wurden nicht gelöscht und nicht verändert. Sie wurden aber unterdrückt und eventuell auch, wenn auch nur zeitweise, ›unbrauchbar‹ gemacht, weil beim Erfolg der Blockade die Daten von den Kunden nicht gebraucht werden können und für die Lufthansa auch nicht brauchbar waren, und des Weiteren, weil die Chance, Erlöse durch den Verkauf von Flugdienstleistungen zu erzielen, gestört oder gar unmöglich gemacht wurde.

Einer der häufigsten auf den Richtertischen stehenden Kommentare zum Strafgesetzbuch, Tröndle/Fischer, definiert das durch § 303 a StGB geschützte Rechtsgut als das ›Interesse an der Verwendbarkeit der in gespeicherten Daten enthaltenen Informationen‹.[47] Er definiert das Tatbestandsmerkmal ›Unterdrücken‹ mit dem zeitweiligen oder dauerhaften Entzug der Daten, der dann eintritt, wenn der Berechtigte sie dadurch dauerhaft oder auch nur zeitweise nicht nutzen kann. Berechtigte sind hier die Lufthansa selbst und alle Kunden.«

Von Stumm vertritt daher die Meinung, dass der Versuch, mittels Hacktivismus eine Website gezielt lahmzulegen, nach § 303 a StGB strafbar ist, und vielleicht sogar noch eine Strafrahmenerhöhung gemäß § 303 b Abs. 1 Ziffer 1 auf Freiheitsstrafe bis zu 5 Jahren in Betracht kommt, wenn die angegriffene Website für einen Betrieb, ein Unternehmen oder eine Behörde von wesentlicher Bedeutung ist und eine Störung gewollt ist. Eine Störung liegt dann vor, wenn der reibungslose Ablauf mehr als nur unerheblich gestört wird.[48]

»Da der Hacktivismus-Angriff das Ziel hatte, eine Störung des Buchungssystems zu erreichen, und für eine Fluglinie die reibungslose Abwicklung von Buchungen Basis für ihr Geschäftsmodell ist, vertrete ich die Meinung, dass hier in dem Vorgehen im Mai 2001 eine Straftat nach § 303 b Abs. 1 Ziffer 1 StGB in Verbindung mit § 303 a Abs. 1 StGB vorliegt.«

Professor Thomas Hören vom Institut für Informations-, Telekommunikations- und Medienrecht der Universität Münster stimmt insofern mit Rechtsanwalt von Stumm überein, als seiner Meinung nach das Grundgesetz oder auch die EU-Charta der Menschenrechte keine virtuelle Sitzblockade legitimieren, die er als »Rechnerboykott« bezeichnet. Konkret auf den Lufthansa-Fall bezogen, schreibt Hören: »Meines Erachtens liegt das Problem zivilrechtlich in § 823 Abs. 1 BGB (Recht am eingerichteten und ausgeübten Gewerbebetrieb). Auch ein wahrheitsgemäßer Anlass rechtfertigt keinen Boykott.[49] Strafrechtlich dürfte da wohl kaum etwas zu holen sein; Nötigung liegt meines Erachtens fern.«

Amtsrichter Sierk Hamann ist Mitbegründer der Internetinitiative »Freedom for Links« und arbeitet auch im Redaktionsteam des Online-Magazins www.artikel5.de mit. Als Internetenthusiast vertritt er eine liberalere Auffassung. Dass eine Online-Demonstration als Boykott ausgelegt werden kann, ist seiner Meinung nach nicht unbedingt der Fall. Hamann: »Das Boykott-Problem ist nach wie vor umstritten. Vorsichtig muss man zwischen Boykott und Boykottaufruf unterscheiden. Wir sind hier in einem Grenzbereich, für den gibt es aber eine klare Regel: In dubio pro libertate.« (Im Zweifel für die Freiheit).

Doch auch Hamann erkennt an, dass die Rechte eines Gewerbebetriebs zu bedenken sind und zitiert: »Ein Aufruf zu organisiertem rechtswidrigem, auch vertragswidrigem Verhalten gegenüber einem bestimmten Unternehmen stellt einen erheblichen Eingriff in den rechtlich geschützten Gewerbebetrieb dar; bei der im Rahmen von GG Art. 5 Abs. 2 gebotenen Abwägung ergibt sich, dass ein solches Verhalten von GG Art. 5 Abs. 1 – wenn überhaupt – nur unter besonderen Umständen gerechtfertigt sein kann (hier verneint, weil Boykottaufruf für Ausdruck des Protests nicht notwendig war).«

Sierk Hamann betont allerdings, dass es »verkürzt« wäre, wenn man sich bei Überlegungen zu Online-Demonstrationen auf das Strafrecht beschränken würde. »Es gibt genug formaljuristische Einfallstore, um übergeordnete, verfassungsrechtliche Wertungen einfließen zu lassen.« Er sieht Online-Demonstrationen als eine »Ausdrucksform von Meinungsfreiheit«. »Es ist übrigens eine schlimme Mähr, wenn gesagt wird, eine Meinungsäußerung dürfte nicht in einem Verhalten liegen,« meint Hamann und verweist darauf, dass selbst »schweigen« und »weggucken« verfassungsrechtlich als »demonstrative Meinungsäußerung« geschützt sind. Nach dieser Auffassung wäre also das Herunterladen und Aktivieren einer Online-Demonstrationssoftware eine »demonstrative Meinungsäußerung«.

Laut Hamann müssten die Gerichte in ihrer Urteilsfindung vorsichtig dabei sein, »durch die Art der strafgerichtlichen Tatsachenermittlung und Tatsachenwürdigung den Bürger in einem Maße der Gefahr der Bestrafung auszusetzen, dass er von der Wahrnehmung seiner Grundrechte eher Abstand nehmen wird.« Er fügt hinzu: »Die Meinungsfreiheit ist für eine freiheitliche demokratische Staatsordnung konstituierend. Auf Grund dieser Überlegungen mussten schon oft voreilige und von wirtschaftlichen Interessen getragene Einstufungen von Boykottaufrufen und Maßnahmen als ›einfach nur‹ rechtswidrig, strafbar oder verwerflich kräftig relativiert werden.«

Was die zivilrechtlichen Probleme von Online-Demonstrationen betrifft, verweist Hamann auf das Lüth-Urteil des Bundesverfassungsgerichts. Im September 1950 hätte Erich Lüth, der damalige Leiter der staatlichen Pressestelle der Stadt Hamburg, die »Woche des Deutschen Films« eröffnen sollen. Er war entsetzt, auf der Liste der Regisseure, die das Nachkriegspublikum mit heiteren Filmen aufmuntern wollten, auch den Namen Veit Harlan zu lesen, Regisseur des Filmes »Jud Süß«, eines üblen anti-jüdischen Propaganda-Films der Nazis. Der ansonsten brave Staatsbedienstete Lüth fiel bewusst aus der Rolle und rief zum Boykott von Harlans neuestem Film auf. Nach jahrelangen Prozessen und Schadensersatzforderungen entschied das Verfassungsgericht schließlich, dass bei dem für die Demokratie so wesentlichen Meinungskampf wirtschaftliche Interessen Einzelner zurücktreten müssen. Lüth wurde Recht gegeben, und seitdem gilt der Boykottaufruf auch in der Bundesrepublik als zulässiges Mittel des geistigen Meinungskampfs.[50] Sierk Hamann meint daher: »Mit dem Lüth-Urteil hat das Bundesverfassungsgericht explizit auch eine mittelbare Drittwirkung von Grundrechten konstruiert. Das bedeutet, dass seitdem das Bundesverfassungsgericht sowohl Normen als auch die Urteile anderer Gerichte daraufhin prüfen kann, ob dadurch Grundrechte verletzt wurden, auch wenn dies im Privatrecht geschieht. Dies gilt insbesondere auch für die Meinungsfreiheit nach Art. 5 GG, um die es ja auch in diesem Urteil ging. Also: Bei der Auslegung allen Rechts, also auch des Strafrechts, darf die Verfassung nicht aus dem Blick gelassen werden.«

In ein ähnliches Horn, wenn auch von einer anderen Richtung kommend, stößt auch der Kommunikationsrechtler Johann Bizer von der Universität Frankfurt am Main. Auf die Frage, wie man kollektiv im Internet demonstrieren könne, antwortet er: »Art. 8 GG setzt immer eine friedliche Intention der

Demonstration voraus. »Auch in der Offline-Welt sind Sitzblockaden rechtswidrig. Rechtlich werden sie unter dem Topos des zivilen Ungehorsams diskutiert: Durch Grenzüberschreitungen versuchen die Demonstranten deutlich zu machen, dass sie ihr Anliegen für so wichtig halten, dass sie auch eine staatliche Sanktionierung der Grenzüberschreitung in Kauf nehmen. Bei den Sitzblockaden hat die Rechtsprechung nach einigem Hin und Her und Nachhilfe aus Karlsruhe das überschießende moralische Moment bei kurzfristigen und symbolischen Blockaden bei der Schuldzumessung strafmildernd, aber nicht strafausschließend berücksichtigt.«

Bizer weiter: »Entsprechend könnte man auch im Online-Bereich argumentieren. Die Akteure müssen sich aber darüber im Klaren sein, dass ihre elektronischen ›Sitzblockaden‹ rechtswidrig sind – also Sanktionen nach sich ziehen können – und zwar sowohl strafrechtliche als auch zivilrechtliche. Zur Minimierung der rechtlichen Risiken ist daher sorgfältig auf die symbolische Bedeutung der Aktion zu achten. Man will nicht schädigen, sondern Aufmerksamkeit erregen.«

Aus den eingeholten Meinungen der vier Rechtsexperten geht also hervor, dass die rechtlichen Implikationen von virtuellen Sitzblockaden keinesfalls eindeutig sind. Sie können, müssen aber keine zivil- und strafrechtlichen Sanktionen nach sich ziehen. Das heißt, es ist zwar nicht unbedingt zwingend der Fall, dass Online-Demonstrationen illegal sind, aber keiner der befragten Juristen wollte sich auf die gegenteilige Aussage »Ein klares ›Ja‹ für ein Recht auf Online-Demonstrationen« einlassen.

3.2 Die (fehlende) Verfassung für das Internet

Die Rechtsunsicherheit, die über Online-Demonstrationen schwebt, hat ihren Grund nicht nur in den bestehenden oder womöglich fehlenden Gesetzen, sie hat auch damit zu tun, dass es höchst unklar ist, wie das Internet verstanden wird. Die verschiedenen Protagonisten des Online-Aktivismus haben zumindest eine Gemeinsamkeit. Sie sehen das Internet[51] als eine Art von öffentlichem Raum. Dabei steht »öffentlicher Raum« nicht unbedingt in Analogie zum realweltlichen Raum der Straßen und Plätze, sondern es geht um die Idee des »Gemeinguts«. Das Internet, verstanden als Gemeingut, findet sich in einer Reihe von Namensgebungen wieder, von der »digitalen Stadt« über die »elektronische Agora« bis hin zur »virtuellen Republik«. Alle diese Begriffe sind im Prinzip synonym zueinander, sie sagen ungefähr dasselbe: das Netz ist nicht einfach nur eine Zusammenschaltung von Computern über Leitungen und Schaltstellen, sondern verkörpert mit der Summe seiner Teile einen abstrakten höheren Wert. Das heißt, das Internet repräsentiert unsere demokratische Gesellschaftsidee, wonach nicht alles Privateigentum ist und es Dinge gibt, die allen zugleich »gehören« und doch niemandem im Besonderen. Wenn man sich dieser Argumentation anschließt, muss dieses öffentliche Interesse geschützt werden. Seinem Charakter nach als Ort für Information und Kommunikation zwischen Menschen, eignet sich das Internet ganz besonders als politisches Forum, das die Möglichkeit zur Erneuerung der Demokratie in sich birgt.

Doch nicht alle teilen diese Auffassung. Von vielen Politikern und Teilen der Wirtschaft wird das Internet oft nur als eine Art neuartiger Vertriebskanal für Waren betrachtet oder als eine Mischung aus Fernsehen und Zeitung. Anstatt das demokratische und zukunftsweisende Potenzial der Netzwelt zu betonen und aktiv zu fördern, haben sensationsheischende Presseberichte das Internet häufig nur als Hort von Verbrechen und extremistischen Politströmungen dargestellt. Der Raum der Freiheit in einer digitalen Gemeinsphäre wurde so immer mehr beschnitten und in Interessenssphären aufgeteilt. Im Namen des Kampfes gegen Kinderpornografie, organisiertes Verbrechen, internationalen Terrorismus wurden Gesetze erlassen, die dem Staat mehr Eingriffsrechte auf die digitale Kommunikation der »Netizens« (Netzbürger) zugestehen. Wirtschaftliche Interessen führen zu ähnlichen Auswirkungen. Neue Gesetze zum Schutz von Patentrechten, zum Copyright und zum Schutz geistigen Eigentums unterwerfen das, was im Netz getan werden kann, einer immer strikteren Kontrolle. Die Idee einer »virtuellen Republik«, eines virtuellen Raums zur Begegnung von Menschen, hat allem Anschein nach keine starke Lobby bei den Gesetzesmachern. Sie wurde geopfert für traditionelle staatliche Sicherheitsinteressen und wirtschaftliche Prioritäten.

Während also immer mehr Gesetze zur Kontrolle der Internetkommunikation erlassen wurden, gibt es weder national noch international eine Gesetzgebung, die grundlegende Menschen- und Bürgerrechte explizit für diesen virtuellen Ort festschreibt. Sicherlich, es gibt den Datenschutz, doch dieser folgt einer engen Agenda über den Schutz der Privatsphäre und das Recht auf informationelle Selbstbestimmung. Doch eine offensivere Erklärung staatsbürgerlicher Grundrechte im Internet gibt es nicht. Es gibt keine Versammlungsfreiheit und kein Demonstrationsrecht für das Internet. Wie das vorherige Kapitel zur rechtlichen Situation von Online-Demonstrationen in Deutschland gezeigt hat, riskiert jede solche Aktion die Möglichkeit der Kriminalisierung. Die Bewertung solcher Handlungen ist davon abhängig, ob man das Netz als Allgemeingut und politisches Forum ansieht, als virtuelle Republik oder als eine rein technische und privatwirtschaftliche Angelegenheit. Ist ein Klick auf eine bestimmte Website zu einem bestimmten Zeitpunkt eine politische Willensäußerung oder ein aggressiver Boykott, der die Ausübung legitimer Geschäftsinteressen behindert, oder ist er zumindest eine milde Form von »unbefugtem Betreten«, da schließlich jeder Teil im Internet, jeder Server, jeder Domainnamensraum, jedes Sub-Netz jemandem gehört? Diese Fragen sind heute noch ungelöst.

Doch ganz abgesehen vom Einzelfall und von tagespolitischer Aktualität ist es bisher ein Versagen der Politik, die demokratische Chance des Netzes zu be- und ergreifen. Es sollte doch eigentlich ein Anliegen der Politiker sein, mehr

Partizipation, mehr Teilnahme der Bürger an politischen Prozessen zu fördern und diesen einen rechtlichen Rahmen zu geben, der diese Teilnahme legal und auf gesicherter Basis ermöglicht. Dies könnte nur geschehen, wenn die »virtuelle Republik« auch eine politische Verfassung erhält, doch davon ist auf der Ebene der offiziellen Politik weit und breit nichts zu sehen. In diesem Sinne kann man die Aktivitäten der Netzaktivisten auch über ihr jeweiliges deklariertes politisches Ziel hinausgehend interpretieren. Die in diesem Beitrag geschilderten Online-Kampagnen, Netzstreiks, virtuellen Sitzblockaden sind jeweils auch Testfälle, die einen Diskurs darüber anregen, wie eine politische Verfassung des Internets aussehen könnte. Es geht darum, die Diskussion darüber aktiv voranzutreiben, ob das Internet ein Ort für individuelles und gemeinsames politisches Handeln sein soll, oder ob es letztlich tatsächlich nur zu einem Fernseher mit Bestelltaste wird. Jede Online-Demonstration stellt hiermit erneut die Frage, ob es diese virtuelle Republik tatsächlich gibt, in der die Menschen über Nationengrenzen und soziale und kulturelle Unterschiede hinweg miteinander kommunizieren und neue Wege der Verständigung erproben, oder ob diese Idee nur eine Chimäre aus der Frühphase des Internets ist, von der sich einige Künstler, Politfreaks, Hacker, Uni-Dozenten und andere Spinner angezogen und vorübergehend inspiriert fühlen.[52]

Anmerkungen

1 Zit. nach www.netstrike.it
2 »La nuova comunicazione interattiva e l'antagonismo in Italia« a cura di T. Tozzi, S. Sansavini, Ferry Byte e A. Di Corinto (Strano Network, Firenze), http://www.inventati.org/copydown/netstory/storyita.htm
3 Mailingliste Nettime, Tommaso Tozzi, 23. 11. 1995, Web-Archiv, http://www.nettime.org/nettime.w3archive/199511/msg00014.html
4 Vgl. unten, Kap. 3.2.
5 http://www.inventati.org/copydown/etc/netstrike.htm Der Text wurde vom Autor im Dezember 2001 abgespeichert, doch jetzt ist diese Adresse nicht mehr abrufbar.
6 www.netstrike.it
7 Online-Widerstand, Wireless Communities und die Macht von Diskursen, Miriam Lang, in: Telepolis 16. 6. 2001 Interview mit Ricardo Domínguez, http://www.telepolis.de/deutsch/special/info/7897/1.html
8 »Electronic Civil Disobedience«, Critical Art Ensemble 1994; zitiert aus dem Archiv der Mailinglist Nettime, http://www.nettime.org
9 http://bbs.thing.net
10 http://www.thing.net
11 Interview with Coco Fusco, Institute of International Visual Arts, Nov. 1999; via E-Mail an den Autor, Okt. 2001.
12 Eine Betaversion einer Software ist zwar noch nicht zu 100 Prozent fehlerfrei, wird aber einem ausgewählten Anwenderkreis bereits für Testzwecke zur Verfügung gestellt.
13 Engl. »Rahmen«, in HTML, der Seitenbeschreibungssprache für das WWW, eine Möglichkeit, innerhalb eines Browserfensters voneinander unabhängige Bereiche zu haben.

14 Bezeichnung für detaillierte interne technische Aufzeichnungen aller an den Server abgegebenen Anfragen sowie dessen Reaktionen.
15 alle Zitate von Ricardo Dominguez in dieser Passage stammen aus dem Interview mit Coco Fusco, vgl. Anm. 11.
16 Zitate aus: Ralf Bendrath in »Krieger in den Datennetzen«, Telepolis 17. 6. 2001 http://www.telepolis.de/deutsch/special/info/7892/1.html
17 Vgl. Anm. 11.
18 http://custwww.xensei.com/users/carmin/scrapbook/nyt103198/31hack.html In diesem Artikel wird ein Sprecher des US-Verteidigungsministeriums mit folgenden Worten zitiert:»Nun, wir wissen nicht, ob das, was EDT tut, illegal ist, aber es ist sicherlich unmoralisch.« Zur gesamten Episode vgl. SWARM Chronology, auf Stephen Wrays Website http://www.nyu.edu/projects/wray/CHRON.html
19 Florian Rötzer, Sind Zapatisten wirklich über Frankfurt in Pentagonrechner eingedrungen?, 13. 3. 2000, http://www.telepolis.de/deutsch/special/info/6665/1.html
20 Ebd.
21 Vgl. Florian Rötzer, Die Gelüste des Militärs, 10. 10. 1999, http://www.telepolis.de/deutsch/special/info/6495/1.html
22 John Arquilla/David Ronfeldt (Hrsg.), Networks and Netwars: The Future of Terror, Crime, and Militancy, 2001.
23 Ebd.
24 Florian Rötzer, Virtuelles Sit-In gegenüber den WTO-Servern angeblich erfolgreich gewesen, in: Telepolis, 4. 12. 1999, http://www.telepolis.de/deutsch/inhalt/te/5556/1.html
25 Die deutsche Internettplattform »Indymedia.de« findet als »von Linksextremisten betriebene« Seite Erwähnung im Verfassungsschutzbericht des Bundesministeriums des Innern 2001, S. 189, sowie in den Verfassungsschutzberichten in Nordrhein-Westfalen und Berlin.
26 Ralf Bendrath, Multimedial und auf der Straße gegen George W. Bush, in: Telepolis, 23. 1. 2001 http://www.telepolis.de/deutsch/inhalt/te/4750/1.html
27 Vgl. Anm. 7.
28 E-Mail an die Mailingliste Nettime.org »The Situation in Amsterdam, Part I and II, 21 May 1996, 09:37:03 +0000.
29 Felix Stalder, Zäune im Cyberspace, in: Telepolis, 22. 11. 1999, http://www.telepolis.de/deutsch/inhalt/te/5516/1.html
30 John Perry Barlow, Unabhängigkeitserklärung des Cyberspace, in Telepolis, http://www.heise.de/tp/deutsch/inhalt/te/1028/2.html
31 Icann, Uniform Domain Name Dispute Resolution Policy, Abschnitt 4.a., http://www.icann.org/dndr/udrp/policy.htm
32 Stalder, vgl. Anm. 24.
33 Reinhold Grether, Wie die Etoy-Kampagne geführt wurde, in: Telepolis 9. 2. 2000 http://www.telepolis.de/deutsch/inhalt/te/5768/1.html
34 Ebd.
35 Reinhold Grether, E-Mail an den Autor.
36 Florian Rötzer, eToys.com zieht die Klage gegen Etoy.com zurück, in: Telepolis, 26. 1. 2000, http://www.heise.de/tp/deutsch/inhalt/te/5719/1.html
37 Zit. nach Michael Klarmann, Flügel stutzen beim Online-Kranich?, in: Telepolis, 17. 3. 2001, http://www.heise.de/tp/deutsch/inhalt/te/7164/1
38 http://aamir-ageeb.de.vu/
39 Florian Schneider, Die Lufthansa »Deportation Class«, in: Telepolis, 20. 10. 2000, http://www.heise.de/tp/deutsch/inhalt/co/8956/1.html
40 Ebd.

41 Zit. nach Florian Schneider, Die Lufthansa »Deportation Class«, in: Telepolis, 20. 10. 2000, http://www.heise.de/tp/deutsch/inhalt/co/8956/1.html
42 Zit nach: Stefan Krempl, Justizministerium verneint Recht zur Online-Demo, in: Telepolis, 18. 6. 2001, http://www.telepolis.de/deutsch/inhalt/te/7907/1.html
43 Die Initiative »Libertad« findet mit ihrer Aktion zur Blockade der Homepage der Lufthansa auch im Verfassungsschutzbericht des Bundesministeriums des Innern 2001, S. 190, Erwähnung.
44 Die weitere Entwicklung des Falles ist zum Zeitpunkt des Redaktionsschlusses dieses Beitrags nicht bekannt.
45 Befragt wurden der Anwalt und Medienrechtsexperte Ferdinand von Stumm von der Kanzlei Rothe, Senninger & Kollmar, München; Prof. Dr. Thomas Hören, vom Institut für Informations-, Telekommunikations- und Medienrecht der Universität Münster, ein anerkannter Experte für Zivilrecht; Sierk Hamann, zur Zeit der Befragung im Dezember 2001 Amtsrichter in Bad Urach und dort zuständig für Zivilsachen sowie der Kommunikationsrechtler Dr. Johann Bizer von der Universität Frankfurt a. M. Die Gutachten wurden dem Autor zur Nutzung zur Verfügung gestellt. Im Folgenden wird aus ihnen zitiert.
46 Diese methodische Inkohärenz muss bei der Bewertung der Stellungnahmen berücksichtigt werden. Ferdinand von Stumm wurde mit dem ausführlichsten Fragenkatalog konfrontiert und ging auf jede Frage detailliert ein, was jedoch aus Platzgründen nicht in voller Länge wiedergegeben werden kann.
47 Tröndle/Fischer, Kommentar zum Strafgesetzbuch, 50. Aufl, § 303 a StGB Rdnr. 2
48 Ebd, § 303 b, Rdnr. 5.
49 So BGHZ 9, 30 und NJW 1972, 1571 zum Parallelfall des Boykotts der Zeitungsauslieferung bei der Bildzeitung.
50 Vgl. http://www.dradio.de/cgi-bin/es/neu-verfassung/12.html
51 Internet wird in diesem Text häufig als Synonym für »elektronische Netze« in breitestmöglicher Bedeutung benutzt.
52 Mit bestem Dank an Johann Bizer, Sierk Hamann, Thomas Hören und Ferdinand von Stumm. Ein besonderer Dank geht an Reinhold Grether, Sven Maier und Walter Palmetshofer.

LORENZ LORENZ-MEYER

Die Zensur als technischer Defekt

Der Gilmore-Mythos

Das Internet ist reich an Mythen und Legenden. Doch mit etwas Glück findet sich dort auch zu jeder Mystifikation ein Aufklärer, der sie ins rechte Licht rückt. Berühmt sind die Netzarchive mit Fakten zu den »Urban Legends« (wie die »Spinne in der Yucca-Palme«). Wenn man aber bei http://www.urban legends.com nach dem Stichwort »John Gilmore« sucht, wird einem kein Treffer angezeigt.

Dabei hat John Gilmore das Netz mit einem seiner hartnäckigsten Mythen versorgt. Bereits im Jahr 1993 zitiert das Time-Magazine den US-Informatiker mit dem Satz: »The Net treats censorship as a defect and routes around it.« Auf Deutsch: »Das Netz behandelt Zensur als einen Defekt und umgeht sie.« Kaum ein Satz in Sachen Internet ist so oft zitiert worden, kaum einer ist mit einer solchen Inbrunst und Hoffnung geglaubt worden.

Der vordergründige Optimismus hat jedoch auch Züge vom wohl bekannten Pfeifen im Walde. Denn das Internet ist in Wahrheit ebenso wie jedes andere Medium von der Zensur bedroht – vielleicht mehr noch als die anderen, denn es ist jung, und in jungen Medien werden immer Dinge erprobt, Grenzen ausgetestet, und das provoziert Reaktionen.

Natürlich sind es die »üblichen Verdächtigen«, die in ihrer Kontrolle missliebiger Daten am weitesten gehen: Die Volksrepublik China oder der Sauberstaat Singapur beispielsweise setzen ebenso wie die Herrscher von Saudi-Arabien komplexe Filtersysteme ein, um ihre Untertanen vor kritischen oder vermeintlich unmoralischen Inhalten abzuschirmen.

Das Thema Zensur im Internet ist also längst nicht abgehakt und erledigt. Im Gegenteil: Alle paar Monate werden neue Fälle bekannt, in denen Regierungen versuchen, Einfluss zu nehmen auf die Inhalte, die in den Leitungen des Netzes übertragen werden. Und es sind nicht nur autoritäre Regimes wie China, Singapur oder Saudi-Arabien, die einen freien Datenfluss behindern. Auch moderne Demokratien wie Australien, die USA oder die Bundesrepublik Deutschland sind wiederholt mit Kontrollmaßnahmen in die Diskussion geraten.

1. Am Anfang: Zensoren im Usenet

Netzwerk-Veteran John Gilmore[1] ist als einer der ersten fünf Mitarbeiter des Computerherstellers Sun und Mitgründer des gemeinnützigen Softwareprojekts GNU selbst eine Art Internet-Legende. Sein oben zitierter Ausspruch entstammt jener eigentümlichen Kultur, die für das frühe Internet charakteristisch ist. Damals war das Netz eine rein akademische Angelegenheit: ein Instrumentarium, von Wissenschaftlern genutzt, von einer kleinen technischen Elite betreut – ein kostbarer und sorgsam gehüteter Freiraum, in dem neben den eigentlich ›nützlichen‹ Funktionen immer noch genügend Platz auch für spielerische Anwendungen bestand.

In dieser frühen Blütezeit – im Rückblick kann man vielleicht auch sagen: Sandkistenphase – des Internets entstanden die so genannten Newsgroups des Usenet – dezentral organisierte, an einfache E-Mail-Funktionalität angelehnte Diskussionsforen zu den verschiedensten Themen, die ebenso zum Meinungsaustausch wie zur Verteilung von Dateien benutzt werden konnten. Es ist nicht besonders überraschend, dass Studenten dieses wunderbare Hilfsmittel auch zur Übermittlung von pornografischen Inhalten verwendeten. In kurzer Zeit entwickelten sich die Newsgroups unter dem Rubrum »alt.sex« zu den erfolgreichsten überhaupt. Ebenso wenig überrascht es, dass daraufhin die Universitätsverwaltungen hellhörig wurden.

2. Carnegie Mellon und Compuserve

Im Herbst 1994 sperrte die Carnegie Mellon Universität (CMU) in Pittsburgh ungefähr 80 Newsgroups der »alt.sex«-Kategorie, nachdem einer ihrer Studenten, ein gewisser Marty Rimm, eine hysterisch aufgepeitschte Studie über Pornografie im Internet veröffentlicht hatte, in der er unter anderem auf obszöne Bilder auf den Servern der CMU aufmerksam machte.[2]

Die Reaktion auf die Sperrung war heftig. Protest kam nicht nur von Seiten der Carnegie-Mellon-Studenten, sondern auch von Bürgerrechtsorganisationen wie der »American Civil Libertys Union« (ACLU). Die Kritiker argumentierten, die Universität missachte das im ersten Zusatz zur Verfassung der Vereinigten Staaten garantierte Recht auf freie Meinungsäußerung. Die Universitätsverwaltung lenkte ein und hob die Sperre für die meisten Newsgroups wieder auf.

Der nächste spektakuläre Zusammenstoß fand auf internationaler Ebene statt, und zum ersten Mal waren es deutsche Behörden, die darin eine Hauptrolle spielten. Bayrische Staatsanwälte ermittelten im Jahr 1996 gegen den Online-Dienst Compuserve wegen Verbreitung illegaler pornografischer Inhalte. Das amerikanische Unternehmen reagierte ähnlich wie zwei Jahre zuvor die Carnegie Mellon Universität und sperrte auf seinen Servern weltweit eine ganze Reihe von Newsgroups, darunter auch ganz unverfängliche, zum

Beispiel Beratungsgruppen für Opfer sexuellen Missbrauchs. Der Fall schlug hohe Wellen, und Compuserve sah sich nach kurzer Zeit genötigt, die Sperren wieder aufzuheben. Ein Gerichtsverfahren gegen den damaligen Geschäftsführer von Compuserve Deutschland endete – nach einer erstinstanzlichen Verurteilung wegen »Mittäterschaft« bei der Verbreitung von Kinder- und Tierpornografie – in der zweiten Instanz mit Freispruch.[3]

Weder die Studenten der Carnegie Mellon Universität noch die Nutzer von Compuserve mussten jedoch auf eine Aufhebung der Sperre warten, um an ihre geliebten Sexbildchen zu kommen. Da die Maßnahme sich auf einzelne Verteilerknoten beschränkte, brauchten sie nur auf andere Server im Verteilernetz auszuweichen, und entsprechende Adressen mit der dazugehörigen Installationsanweisung verbreiteten sich im Netz in Windeseile. Auch bei der Distribution der ›verbotenen‹ Inhalte machte der Ausfall der gesperrten Server wenig aus. John Gilmore erläutert: »Die Software des Usenet, die die Beiträge in den Newsgroups verteilt, war gegen Zensurmaßnahmen resistent. Denn wenn ein Knoten bestimmte Beiträge fallen lässt, etwa weil ihm die ›Betreff‹-Zeile nicht gefällt, kann der Beitrag diesen Knoten umgehen und seinen Weg über eine andere Route nehmen.«[4]

3. »Routing around« oder »der Hindernislauf«

Nicht nur die Software des Usenet, sondern das allgemeine Übertragungsverfahren für Daten im Internet, das Netzwerkprotokoll TCP/IP, ist darauf optimiert, Hindernisse zu umgehen. Die Daten werden häppchenweise verschickt, und jedes der Häppchen macht sich, mit Absender- und Zieladresse versehen, allein auf den Weg. Bestimmte Netzwerkknoten, so genannte Router, sorgen dafür, dass jeweils optimale Wege genommen werden. Erweist sich ein Pfad als Sackgasse, so sind sie technisch in der Lage, im nächsten Anlauf auf andere Pfade auszuweichen. Wenn man sich das Internet als eine ideale topologische Konstruktion gleichberechtigter Knoten vorstellt, müsste man, um es effektiv zu kontrollieren, nahezu jede der Verbindungsachsen kontrollieren. Auch darauf spielt natürlich John Gilmores Ausspruch an.

Nur ist das Netz nicht aufgebaut wie ein Fischernetz. Im Gegenteil, es hat sich zu einer zunehmend von wenigen amerikanischen Telekommunikationskonzernen kontrollierten Infrastruktur entwickelt, mit zentralen Knoten und Achsen, durch die jedes Datenpaket mit hoher Wahrscheinlichkeit geleitet wird. Auch die Router funktionieren nicht so, wie es die ideale Welt der Netzwerktheorie vorschreibt. Sie nehmen eher Rücksicht auf wirtschaftliche Parameter wie Interoperationsverträge zwischen einzelnen Netzprovidern, als auf einen optimal austarierten freien Datenfluss.

Und genau die Tatsache, dass jedes kleine Datenpäckchen offen mit Absender- und Zieladresse im Netz unterwegs ist und mit hoher Wahrscheinlichkeit zentrale Datenknoten durchläuft, macht das Netz auch technisch in hohem Maße anfällig für Überwachungs- und Zensurmaßnahmen, die nur Experten und Expertinnen mit beträchtlicher technischer Expertise unterlaufen können.

Im Wesentlichen ist Zensur jedoch kein technologisches, sondern ein soziales und politisches Problem. Und statt uns Gedanken darüber zu machen, wie sich Zensurmaßnahmen im Internet technisch umgehen lassen, sollten wir uns mit der Frage beschäftigen, was für eine Bedeutung das globale Datennetz für diese sozialen und politischen Aspekte hat.

4. »Eine Zensur findet nicht statt«

Die Bundesrepublik Deutschland gewährt ihren Bürgerinnen und Bürgern die drei so genannten »Kommunikationsfreiheiten«: Freiheit der Meinungsäußerung, Pressefreiheit und Informationsfreiheit. Und es gibt wohl keinen modernen, aufgeklärten Staat, der seinen Bürgern nicht diese oder ähnliche Rechte garantiert. »Eine Zensur findet nicht statt«, heißt es in Artikel 5 des Grundgesetzes.[5] Gemeint ist, dass es keine »Vorzensur«, also keine staatliche oder sonstige Stelle geben soll, der Presseerzeugnisse, Briefe oder andere Formen der Kommunikation zur Genehmigung vorgelegt werden müssen, bevor sie ihren Adressaten zugeleitet werden. Gemeint ist jedoch nicht, dass in diesem Land jeder zu jeder Zeit alles sagen oder publizieren darf.

Denn die Grundrechte der Kommunikationsfreiheit werden gegen andere Rechtsgüter abgewogen und teilweise gesetzlich eingeschränkt. So heißt es im zweiten Abschnitt von Artikel 5 unseres Grundgesetzes: »Diese Rechte finden ihre Schranken in den Vorschriften der allgemeinen Gesetze, den gesetzlichen Bestimmungen zum Schutze der Jugend und in dem Recht der persönlichen Ehre.«

Der Begriff der Zensur, intuitiv meist stark wertend verstanden als Unterdrückung missliebiger Meinungen, steht also in einem relativ komplexen rechtlichen Umfeld. Wenn im Folgenden von Zensur die Rede ist, so sollte das in einem weiten, weitgehend wertneutralen Sinn verstanden werden. Gemeint ist jede staatliche Beschränkung der Freiheit, seine Meinung zum Ausdruck zu bringen, sei sie demokratisch legitimiert oder nicht, egal auch, ob sie als vorherige Kontrolle oder nachträgliche Verfolgung daherkommt.

5. Vorzensur und Filter

Auch wenn eine Vorzensur im strengen Sinne nicht stattfindet, kann es zu Maßnahmen kommen, die einen ähnlichen Effekt haben – zum Beispiel, wenn Medien unter politischem Druck oder dem Druck der öffentlichen Meinung die Bandbreite ihrer Inhalte selbst beschränken und problematische Inhalte der berühmten »Schere im Kopf« zum Opfer fallen. Beim Internet kommt noch ein anderer Aspekt ins Spiel. Denn hier lässt sich die Kontrolle zu übermittelnder Inhalte bis zu einem gewissen Maß automatisieren. Filtertechnologien ermöglichen es, die Datenströme nach bestimmten problematischen Begriffen oder Merkmalen zu durchforsten und entsprechende Sperren zu installieren. Das Problem ist dabei nicht nur, dass solche Filter selten wirklich präzise arbeiten. Als in einer ersten Diskussionswelle in den USA und Europa Gesetzesentwürfe zu einer staatlichen Kontrolle des Internets auf erhebliche Kritik stießen, sahen viele – zumindest in Fragen des Jugendschutzes – die Alternative in verschiedenen Formen der Selbstregulierung: Nicht der Staat sollte entscheiden, welche Inhalte Kindern und Jugendlichen im Internet zugänglich sind, sondern deren Eltern. Und die Anbieter sollten ihnen dabei zur Hilfe kommen, indem sie ihre Inhalte anhand bestimmter Kriterienkataloge kategorisieren. Diese vernünftige Idee stößt jedoch in der Durchführung auf erhebliche Probleme. Denn da einerseits nicht alle Anbieter mitspielen, andererseits Eltern und andere Nutzer damit überfordert sind, bei den Millionen vorhandener Angebote alles Missliebige auszuschließen, haben eine Reihe privater Dienstleister sich dieser Aufgabe angenommen. Und deren Kriterien sind, wie sich immer wieder herausstellt, nicht selten fragwürdig.[6]

6. Relativität der Werte

Zensur ist immer Anzeichen für einen politischen oder kulturellen Konflikt. Sie markiert ein Spannungsfeld zwischen bestimmten politischen oder kulturellen Milieus und offizieller Macht: Sozialisten gegen den preussischen Staat, Libertins gegen christlich geprägte Sexualmoral, Aktionskünstler gegen Jugendschützer, Neonazis gegen eine wehrhafte Demokratie. Das Internet mit seiner globalen Reichweite hebt diese Konflikte auf das internationale Parkett. Hier geht es nicht mehr nur um innergesellschaftliche Dissonanzen, sondern gleich um die gesamte Spannweite möglicher Wertesysteme, wie sie sich aus verschiedenen Kulturen entwickeln und in unterschiedlichen staatlichen Systemen niederschlagen.

Die Grundmotive sind oft die gleichen: Blasphemie, Obszönität, Verunglimpfung staatlicher Gewalt bilden die klassische Basis inkriminierter Inhalte, bei aufgeklärten Gesellschaften kommen Diskrimierung von ethnischen oder anderen Gruppen und die Verherrlichung von Gewalt hinzu. Doch je nach Religion, Aufklärungsgrad und kultureller Ausprägung kann die Grenzziehung sehr unterschiedlich sein. Wenn man sich beispielsweise das US-amerikanische Rating-System für Spielfilme anschaut, stellt man fest, dass dort die übelsten Schießereien kein Grund sind, Jugendlichen einen Film vorzuenthalten, während die Darstellung auch des harmonischsten Geschlechtsakts sofort zu radikaler Altersbeschränkung führt – ein Bewertungsmuster, das aufgeklärten Europäern oft als geradezu heuchlerisch und verklemmt erscheint.

Selbst wenn man sich in der moralischen Beurteilung eines Sachverhalts einig ist, heißt das noch lange nicht, dass man daraus die gleichen Konsequenzen zieht. Während beispielsweise in Deutschland der Schrecken des Dritten Reiches, die Angst vor der Verführbarkeit durch sein menschenverachtendes Gedankengut noch so gegenwärtig sind, dass man das Weltbild der Nationalsozialisten und dessen Verteidigung mit gesetzlichem Bann belegt, gilt in den Vereinigten Staaten die individuelle Meinungsfreiheit so hoch, dass dort auch militante Neonazis wie der unheimliche William Pierce ohne Angst vor staatlichen Eingriffen zu Hass und Gewalt aufrufen können. Erst wenn sie zur (nonverbalen) Tat schreiten wie der Oklahoma-Bomber und Pierce-Anhänger Timothy McVeigh, machen sie sich auch in den USA strafbar.

Die Tatsache, dass Revisionisten auf US-amerikanischen Internetservern ungehindert den Holocaust leugnen, antisemitische Propaganda verbreiten und damit hiesigen Neonazis Argumentationshilfe leisten können, ist deutschen Behörden seit geraumer Zeit ein Dorn im Auge. Bereits 1995 verlangte die Mannheimer Staatsanwaltschaft von T-Online, dem Onlinedienst der Deutschen Telekom, die Sperrung der Webseiten des Kanadiers Ernst Zündel. Im Jahr 2001 ergriff die Bezirksregierung Düsseldorf des Landes Nordrhein-Westfalen erneut die Initiative und forderte die dort ansässigen Internet-Service-Provider zur Sperrung verschiedener, vor allem rechtsradikaler Internet-Angebote auf.

Diese Fälle sind interessant, weil sie in gewisser Weise eine Trendwende markieren. Während früher die Fronten in der Zensurdebatte klar verteilt waren – Aufgeklärte, Liberale und Linke contra Zensur, die reaktionären oder konservativen Kräfte pro – sind es jetzt oft Linke und auch Liberale, die im Geiste politischer Korrektheit oder im Sinne einer wehrhaften Demokratie staatliche oder anderweitige Zensur- und Kontrollmaßnahmen fordern.[7] Doch damit geraten sie in der internationalen Diskussion schnell in einen Argumentationsnotstand. Denn das Instrumentarium der Zensur ist überall dasselbe, wie gut die Absicht auch sein mag. Und wer die internationale Bühne betritt, muss damit rechnen, dass ihm die Relativität kultureller Werte vorgehalten wird. Wie soll man autoritären Regimes wie der VR China, Singapur oder Saudi-Arabien entgegentreten, die im großen Maßstab Internet-Inhalte zensieren, wenn man selbst den Schwarzstift ansetzt? Nicht mehr die Maßnahme für sich genommen kann Gegenstand der Kritik werden, sondern nur noch die Legitimität des Systems insgesamt, das sich seiner bedient.

7. Durchsetzungsprobleme bei der Zensur

Eins ist allen Zensoren, ob sie sich der Freiheit und Demokratie oder dem alleinigen Schutz herrschender Moral und Machtverhältnisse verschrieben haben, gemeinsam: Sie haben ein Durchsetzungsproblem. Da sind zum einen die technischen Probleme einer automatisierten Vorzensur: Sperren greifen meist ungenau und lassen sich umgehen. Aber auch in der Strafverfolgung wird die Sache schwierig, wenn inkriminierte Inhalte nicht im Geltungsgebiet des eigenen Rechts bereitgestellt werden, sondern aus dem Ausland kommen, in dem möglicherweise ganz andere Rechtsnormen gelten. Die deutschen Staatsanwälte könnten zwar gegen den Kanadier Ernst Zündel ermitteln, wenn er in deutscher Sprache, auch an ein deutsches Publikum gerichtet, den Holocaust leugnet und damit den Straftatbestand der Volksverhetzung erfüllt. Sie können jedoch nicht ohne Weiteres nach Kanada reisen und Zündel dort festnehmen.

Die Rechtslage in der internationalen Strafverfolgung ist äußerst kompliziert.[8] Internationale Abkommen regeln die Durchsetzbarkeit nationaler Bestimmungen auch für das Ausland. In bestimmten, besonders schweren Fällen dürfen Sicherheitsbehörden auch im Ausland tätig werden oder die dortigen Behörden zur Amtshilfe auffordern: Diese können dann etwa Hausdurchsuchungen und Festnahmen vornehmen und die Täter gegebenenfalls ausliefern.

Nicht immer wird allerdings Rücksicht auf den internationalen Konsens genommen. Für den wohl prominentesten und extremsten Fall grenzüberschreitender Zensur sorgten die iranischen Mullahs mit ihrer Fatwah gegen den indisch-britischen Schriftsteller Salman Rushdie: Für ein Buch, das er in Persien weder geschrieben noch veröffentlicht hatte, wurden Rushdie und seine Verleger weltweit mit dem Tode bedroht.

Auch wenn das Vorgehen der persischen »Tugendwächter« in seiner blutrünstigen Radikalität und Einseitigkeit bislang wohl einmalig ist – es gibt durchaus auch bei zivilisierteren Mächten die Versuchung, im Ausland rabiate Mittel einzusetzen, wenn sanftere Methoden versagen. So dachten beispielsweise im Herbst 2000 und Frühjahr 2001 der Bundesinnenminister und sein Stab laut darüber nach, die Internetangebote amerikanischer Neonazis mit Hackermethoden lahm zu legen, solange die US-Behörden kein Verständnis für die deutschen Anliegen aufbrachten.

Meistens jedoch verlässt man sich auf die Kooperation mit den Behörden des Landes, in dem der verfolgte Verstoß stattgefunden hat, und wenn es sich um schwerere Vergehen wie Gewaltverbrechen, Terrorismus oder Kinderpornografie handelt, funktioniert diese internationale Zusammenarbeit erfahrungsgemäß auch: Auf Anfragen des BKA sperren in Kooperation mit dem FBI 50 Prozent aller US-Provider jetzt die von deutscher Seite monierten Angebote.

8. »Radikal« auf Abwegen

Zu einer ersten »nachbarschaftlichen« Kooperation europäischer Sicherheitsbehörden in Sachen Internet kam es nach dem Sommer 1996: Damals ermittelte die Generalbundesanwaltschaft gegen unbekannt. Unbekannt saß in diesem Fall in den Niederlanden, denn es ging um eine dort erfolgte Veröffentlichung der deutschen Autonomenzeitschrift »Radikal«. Ein Unterstützer-Kollektiv hatte die hier zu Lande – unter anderem wegen einer Anleitung zur Sabotage von Eisenbahnverkehr – verbotene Ausgabe 154 der Zeitschrift eingescannt und bei dem Amsterdamer Provider XS4ALL ins Internet gestellt.[9]

Zum ersten Mal wurde das Internet benutzt, um eine in Deutschland erfolgte Zensurmaßnahme gegenüber einer gedruckten Publikation zu umgehen, zum ersten Mal standen die deutschen Behörden vor dem Problem, daheim niemanden so recht zur Verantwortung ziehen zu können. Immerhin wurde hiesigen Internet-Providern nahe gelegt, den Zugriff auf das holländische Angebot zu unterbinden. Die Provider protestierten. Eine punktgenaue Sperre, die nur die verbotenen Seiten betraf, ließ sich nicht durchsetzen, denn die Holländer wechselten täglich die Internetadresse dieser Seiten. Die Deutschen hätten also alle Angebote von XS4ALL sperren müssen, und damit wäre ein großer und interessanter Teil des niederländischen Internets von Deutschland aus unsichtbar geworden.

Aber es kam noch schlimmer: Als bekannt wurde, dass die Bundesanwaltschaft möglicherweise nicht nur gegen das Unterstützer-Kollektiv ermittelte, das die Texte ins Netz gestellt hatte, sondern auch gegen den holländischen Provider als verantwortlichen Dienstleister, bildete sich international eine breite Front von Unterstützern. Denn XS4ALL, hervorgegangen aus dem äußerst kreativen Hackernetzwerk Hacktic, genoss in Insiderkreisen zu dieser Zeit einen hervorragenden Ruf.

Die Folge: »Radikal« Nr. 154 tauchte plötzlich überall auf.[10] US-amerikanische, kanadische, japanische, finnische, ungarische Server »spiegelten« das Angebot und stellten die deutschen Fahnder vor eine nicht nur logistisch, sondern auch politisch schwierige Aufgabe: Sollte man gleichermaßen gegen alle Anbieter vorgehen, die sich jetzt den Holländern anschlossen? Mussten deutsche Provider nicht nur XS4ALL, sondern diverse weitere Internet-Domänen sperren, darunter renommierte US-amerikanische Universitäten?

Das war den Bundesanwälten denn doch zu heiß. In der Frage der Providerverantwortung warteten sie die anstehende Gesetzgebung und internationale Regulierungen ab und beschränkten sich darauf, die holländischen Kollegen um eine Hausdurchsuchung bei mutmaßlichen Mitgliedern des Unterstützer-Kollektivs zu ersuchen – an der dann laut Presseberichten auch deutsche Beamte aktiv teilnahmen.

Der Fall hatte noch eine interessante Nebenlinie: Als die damalige PDS-Vizevorsitzende und Bundestagsabgeordnete Angela Marquardt aus Protest gegen das Verbot von »Radikal« Nr. 154 auf ihrer Homepage einen Link auf das holländische Internetangebot veröffentlichte, geriet auch sie in das Visier der Fahnder. Es kam zu einem Prozess, bei dem die Strafbarkeit der Verlinkung auf einen strafbaren Inhalt geklärt werden sollte. Angela Marquardt wurde freigesprochen.[11]

9. Gesetzgebung und internationale Abkommen

Mittlerweile hat sich eine Menge getan. Der deutsche Gesetzgeber hat mit dem »Informations- und Kommunikationsdienste-Gesetz« (IuKDG) und dem »Mediendienste-Staatsvertrag«[12] viele Gesetzeslücken geschlossen und die Verantwortung der Service Provider geregelt. Auf internationaler Ebene bemüht man sich um Abkommen, die die Zusammenarbeit nationaler Justiz und Sicherheitsbehörden speziell in Fällen grenzüberschreitender »Cyberkriminalität« regeln sollen. Gerade hat der Europarat ein Cybercrime-Abkommen verabschiedet, das jedoch wie die meisten dieser Regelungen in vieler Hinsicht umstritten ist.

Letztlich wird man sich einigen müssen, welche Tatbestände »schlimm« genug sind, dass sie eine internationale Kooperation rechtfertigen. Dass es dabei nicht immer ohne politischen Druck abgeht, zeigt insbesondere das Thema Geistiges Eigentum: Vor allem die Vereinigten Staaten und einige europäische Länder setzen zum Beispiel beim Schutz von Medizinpatenten oder Softwarelizenzen international den Armhebel an, um die Grundlagen für eine schärfere Verfolgung von Verstößen zu schaffen. Währenddessen legen beispielsweise die slawischen und asiatischen Staaten eine notorisch laxere Haltung an den Tag.

10. Sklyarov und das FBI

So konnte der Programmierer Dimitrij Sklyarov in seinem Heimatland Russland ungehindert ein Verfahren veröffentlichen, mit dem sich der Kopierschutz von Adobes E-Book-Dokumenten umgehen lässt. Als Sklyarov jedoch in die USA reiste, um seine Entdeckung auf dem Hackerkongress DefCon in Las Vegas vorzustellen, wurde er von FBI-Beamten festgenommen und erst Monate später wieder freigelassen – nachdem er den Behörden zugesichert hatte, mit ihnen gegen die Softwarefirma zu kooperieren, für die er den problematischen Programmcode entwickelt hatte. Nach amerikanischer Rechtsauffassung hatten Sklyarov und sein Arbeitgeber gegen den »Digital Millennium Copyright Act« (DMCA) verstoßen, ein neues US-Gesetz, das unter anderem die Umgehung von Kopierschutz-Mechanismen unter Strafe stellt.

Die Maßnahmen gegen Sklyarov sehen auf den ersten Blick nicht aus wie Zensur. Doch dieser Eindruck täuscht. Gerade in den USA haben Informatiker und Juristen wiederholt argumentiert, dass die Veröffentlichung von Programmcodes unter dem Schutz der verfassungsrechtlich garantierten Äußerungsfreiheit stehe. Im Frühjahr 2000 gab ein Gericht dem Juraprofessor Peter Junger Recht, der sich in diesem Zusammenhang auf den Ersten Verfassungszusatz berufen hatte.[13] Und Kritiker sehen im neuen amerikanischen Urheberrecht eine illegitime Einschränkung sowohl der freien Meinungsäußerung als auch der Freiheit von Forschung und Lehre.[14]

Dennoch betreiben die Vereinigten Staaten derzeit massive Anstrengungen, ihre Vorstellungen zum Schutze geistigen Eigentums auch in internationalem Rahmen durchzusetzen. Und die Amerikaner haben in der Folge der Ereignisse vom 11. September 2001 eine raffinierte Rechtfertigung dafür gefunden, auch im Cyberspace den Weltpolizisten zu spielen. Im Antiterrorgesetz »Patriot Act« erklären sie sich zuständig für jede Form der Datenkriminalität, bei der die Daten irgendwie ihren Weg über amerikanischen Grund und Boden nehmen.[15] Somit könnte es einem finnischen Programmierer, der eine E-Mail an einen Kollegen in Schweden schreibt, passieren, dass er sich in den Vereinigten Staaten zum Kriminellen macht – vorausgesetzt, die E-Mail enthält Inhalte, die nach amerikanischem Recht strafbar sind, und die E-Mail wird durch irgendeinen Zufall über das Gebiet der Vereinigten Staaten geroutet (was nicht selten der Fall ist). Angenommen zum Beispiel, die beiden tauschen sich über Sicherheitslücken in Kopierschutzverfahren aus, ohne nachweisen zu können, dass sie dies zu Forschungszwecken getan haben. Dann müssen sie gewärtigen, bei ihrem nächsten USA-Urlaub festgenommen und vor den Kadi gestellt zu werden.

Die Tatsache, dass die US-Sicherheitsbehörden im Fall Dimitrij Sklyarov warten mussten, bis dieser amerikanischen Boden betrat, zeigt jedoch: Aktivisten können das Internet immer noch nutzen, um nationalen Verboten über das Ausland ein Schnippchen zu schlagen. Ein Vorgehen wie im Fall »Radikal«, wo das inkriminierte Angebot an verschiedenen Stellen gespiegelt wurde, um die von den deutschen Behörden gewünschte Informationssperre ins Leere laufen zu lassen, ist also weiterhin möglich.

Dazu Felipe Rodriguez, der damalige Geschäftsführer des Amsterdamer Providers XS4ALL: »Es kommt immer auf die Art der Inhalte an. Wenn diese Inhalte in den meisten oder sogar allen Ländern illegal sind, wie beispielsweise Kinderpornografie oder illegaler Drogenhandel über das Netz, dann werden die Angebote stillgelegt. Wenn die Informationen jedoch nur in einigen Ländern sanktioniert werden, sollte es immer noch möglich sein, damit um die Welt zu ›hüpfen‹ und sie in Ländern ins Netz zu stellen, wo sie nicht verboten sind.«

Laut Rodriguez ist das Spiegeln von Internetangeboten inzwischen sogar gebräuchlicher, als es zu Zeiten der »Radikal«-Affäre war: »Heutzutage nutzen (H)a(c)ktivisten das Spiegeln, um Informationen zu verbreiten. Es ist ein ganz normales Verfahren geworden, um der Schließung von Internetangeboten entgegenzuwirken, und wird auch dann eingesetzt, wenn noch gar keine Zensurmaßnahmen stattgefunden haben.«

Der Fall Sklyarov zeigt andererseits auch: Wer sich bei Veröffentlichungen im Internet allein auf die lokalen Freiheiten verlässt, muss mit einer Einschränkung seiner Mobilität rechnen. »So etwas wird in Zukunft immer wieder passieren«, meint Felipe Rodriguez: »Aktivisten werden, wenn sie an der Verbreitung illegaler Informationen mitgewirkt haben, Probleme haben, ins Ausland zu reisen.«

11. Feinde des Internets

Ist das Internet also ein Medium, das der Zensur widersteht, wie John Gilmore meint? Eher das Gegenteil ist der Fall. Zwar stehen die Sicherheitsbehörden vor teilweise neuen Herausforderungen. Denn das Spektrum von Straftaten, die im eigenen Land Wirkung zeigen, aber vom Ausland ihren Ausgang nehmen, hat sich mit der Globalisierung der Datenflüsse vergrößert. Aber auch der normale Nutzer, der das Internet als Plattform für private Kommunikation oder öffentliches Engagement verwenden will, steht vor teilweise unwägbaren Risiken – muss er doch damit rechnen, dass seine Korrespondenzen oder Veröffentlichungen nicht nur nach dem nationalen Maßstab seines Heimatlandes gemessen werden, sondern auch nach dem verschiedener anderer Rechtssysteme.

Das Internet, so stellte im Juli 2001 eine Studie des US-amerikanischen Think Tanks »Carnegie Endowment for International Peace« fest, hat wie kein anderes Medium Hoffnungen erweckt, zu einer weltweiten Demokratisierung und Ermächtigung der Bevölkerung beizutragen. Diese Hoffnung hat sich, so die Autoren der Studie, jedoch nicht erfüllt.[16] Die Liste der »Feinde des Internets«, die die Journalistenvereinigung »Reporters Sans Frontières« herausgibt,[17] ist lang: In sehr vielen Ländern wird zensiert, reglementiert, sanktioniert. Und auch in aufgeklärten Demokratien wird nicht immer eine vernünftige, nachvollziehbare Balance gefunden zwischen den Menschenrechten auf eine freie Kommunikation und den Rechtsgütern, die diesen entgegenstehen.

Anmerkungen

1 John Gilmores Homepage, http://www.toad.com/gnu/
2 Marty Rimms Studie war in der Folge Anlass für den ersten Medienskandal der Internetgeschichte. Teilnehmer des Online-Forums »The Well« wiesen Rimm schwere methodische Fehler nach und hielten ihm spekulative Sensationshascherei vor. Nachdem das »Time Magazine« im Juni 1995 eine Titelgeschichte über die Rimm-Studie veröffentlicht hatte, geriet auch das renommierte Magazin massiv unter Druck. Vgl. die Sonderseiten zu dem Skandal bei »HotWired«, http://hotwired.lycos.com/special/pornscare/
3 Die Freisinger Rechtsanwälte Alavi, Frösner und Stadler haben auf ihren Internet-Seiten Informationen zum Fall Somm gesammelt, http://www.afs-rechtsanwaelte.de/artikel6.htm
4 Vgl. Anm. 1.
5 Den Gesamttext des deutschen Grundgesetzes gibt es zum Beispiel hier: http://www.rewi.hu-berlin.de/Datenschutz/Gesetze/gg.html. Mit den besonderen Aspekten im Zusammenhang mit Internet und Meinungsfreiheit beschäftigen sich die Internetseiten des im Juni 2001 verstorbenen Rechtsanwalts Patrick Mayer: http://www.artikel5.de/
6 Im Jahr 1996 hat sich in den USA eine Organisation namens »Peacefire« gebildet,

die sich eigens für die Interessen Jugendlicher an einem freien Informationszugang einsetzt: http://www.peacefire.org/
7 Dies illustrieren nicht nur die zahlreichen Befürworter eines Verbots der NPD, zu denen sogar ein so liberaler Geist wie der »Süddeutsche Zeitung«-Redakteur Heribert Prantl zählt. Der Wunsch, den Rechtsradikalen das Wort zu verwehren, ist in der deutschsprachigen Linken allgegenwärtig. So gab es erst im Dezember 2001 von Teilnehmenden des österreichischen »Independent Media Center« die ausdrückliche Forderung, antisemitische Texte im Internet-Angebot der Organisation zu zensieren, vgl. http://austria.indymedia.org/front.php3?article_id=4991. Der betont antifaschistische Journalist Burkhard Schröder geriet wiederholt von linker Seite unter Druck, weil er auf seinen Webseiten zu Informationszwecken auch direkt auf rechtsradikale Internet-Angebote verweist: http://www.burks.de
8 Deutschlands führender Experte in Sachen Internet-Kriminalität ist der Münchner Strafrechtsprofessor Ulrich Sieber. Ein Teil seiner Schriften ist online zugänglich: http://www.jura.uni-muenchen.de/sieber/article/article_online_deutsch.htm
9 Inzwischen nahm XS4ALL die Seiten auf Grund einer erfolgreichen Klage der Deutschen Bahn vom Netz. Vgl. auch den Beitrag von Ute Bernhardt in diesem Band.
10 Eine Liste der »Spiegel«-Server zeigt die Breite der damaligen Unterstützerfront, http://www.xs4all.nl/~tank/radikal/mirror.html
11 Nach einem Urteil des Landgerichts Hamburg vom 12. Mai 1998 ist es jedoch üblich, dass Anbieter im Internet explizit die Verantwortung für Inhalte zurückweisen, auf die sie in ihren Angeboten verlinken. In dem Urteil hieß es wörtlich: »Wer von seiner eigenen Webpage aus einen Link auf eine fremde Website, auf der beleidigende Äußerungen über einen Dritten getätigt werden, setzt, ist dem Dritten gegenüber zum Schadensersatz verpflichtet, wenn derjenige, der den Link gesetzt hat, sich nicht in ausreichendem Maße von den beleidigenden Äußerungen distanziert hat.« Vgl. auch http://www.disclaimer.de
12 Die Gesetzestexte können auf einem Internetangebot des Bundesministeriums für Wirtschaft und Technologie eingesehen werden. IuKDG: http://www.iid.de/rahmen/iukdg.html; Mediendienste-Staatsvertrag: http://www.iid.de/iukdg/gesetz/mdstv.html.
13 Die Geschichte von Professor Junger zum Nachlesen: http://news.cnet.com/news/0-1005-200-1641004.html
14 Die zentrale Internetseite der Gegner des »Digital Millennium Copyright Acts« versammelt Meldungen und Hintergrundinformationen zum Thema: http://anti-dmca.org/.
15 Vgl. http://www.heise.de/newsticker/data/anw-26.10.01-001/
16 Die Studie kann als PDF-Datei beim »Carnegie Endowment for International Peace« heruntergeladen werden: http://www.ceip.org/files/Publications/wp21.asp
17 Vgl. »Reporters sans Frontières«, http://www.rsf.fr/uk/homennemis.html.

Ute Bernhardt

Filtern, Sperren, Zensieren?

Vom Umgang mit unliebsamen Inhalten im Internet

Meinungsfreiheit ist das Ergebnis der kulturellen und politischen Entwicklung eines Landes. Im Internet können Menschen aus aller Welt auf Daten in aller Welt zugreifen. Daten und Informationen sind grenzenlos verfügbar. Zugleich sind damit auch Inhalte verfügbar, die ein nationaler Gesetzgeber bislang vor seinen Bürgerinnen und Bürgern verborgen hat. Das Internet ist der elektronische Kurzschluss aller Rechtssysteme und Kulturräume dieser Welt. Die grenzenlose Verfügbarkeit von Inhalten stellt für Zensoren und Strafverfolger eine neue Herausforderung dar. Was bedeutet das Internet für nationales Recht? Wo liegen rechtliche und technische Möglichkeiten? Wie lässt sich nationales Recht im Internet durchsetzen?

Weltweit gibt es eine unüberschaubare Vielfalt an Regelungen, nach denen es verboten ist, Bilder oder Texte entweder ganz allgemein zu verbreiten oder zumindest einer bestimmten Bevölkerungsgruppe – in den westlichen Demokratien sind dies zumeist Kinder und Jugendliche – zugänglich zu machen. In Saudi-Arabien ist es strafbar, christliche Symbole wie das Kreuz zu verbreiten. In der Volksrepublik China sind Inhalte verboten, die die kommunistische Partei des Landes infrage stellen. In den USA sollten Alltagsfotos von europäischen Stränden, die Frauen mit viel Haut zeigen, Kindern und Jugendlichen nicht zugänglich gemacht werden. In Deutschland ist das Zeigen on Symbolen verfassungsfeindlicher Organisationen und das Verbreiten volksverhetzender Inhalte verboten.[1]

Verbotene und erlaubte Inhalte sind Ergebnis einer kulturellen, religiösen und politischen Entwicklung, die in jedem Land zu unterschiedlichen Rechtsauffassungen geführt hat. Die Unterschiede zeigen sich schon bei einem Vergleich der Vorstellungen beim Jugendschutz und in politischen Fragen.

In unterschiedlichen Ländern wird völlig verschieden darüber geurteilt, was für Kinder und Jugendliche in welchem Alter gefährdend oder nicht gefährdend ist. Was in Europa als zu gewalttätig bewertet wird, ist in den USA durchaus zulässig. Was in den USA als sexuell zu freizügig gilt, ist in Europa noch lange nicht anstößig.

Noch größer sind die Unterschiede im Politischen, wenn zwei unterschiedliche politische Systeme Erlaubtes und Verbotenes definieren. In autoritären

Systemen ist alles verboten, was der offiziellen politischen Linie widerspricht. In liberalen Demokratien wie den USA gilt die Meinungsfreiheit als sehr hohes Rechtsgut, das nur in wenigen Ausnahmefällen eingeschränkt werden darf. In Deutschland wiederum haben Meinungsfreiheit und die Abwesenheit von Zensur Verfassungsrang, dennoch wurden – aus der jüngeren deutschen Geschichte heraus – strengere Grenzen für die Meinungsfreiheit für politische Extremisten gezogen.

1. Gute alte Zeit

Die Zensur begleitet die Geschichte jedes Mediums. Um 1450 erfand Johannes Gutenberg den Buchdruck. Die katholische Kirche stellte 1559 eine Liste aller verbotenen Bücher im »Index librorum prohibitorum« zusammen, die bis 1966 laufend aktualisiert und in kirchlichen Einrichtungen befolgt wurde. Danach war es verboten, Schriften auf dem Index herauszugeben, zu lesen, aufzubewahren, zu übersetzen und zu verkaufen.

Die Zensoren politischer Systeme entwickelten ihre eigenen Listen. In Zeiten des »Kalten Krieges« war es in der DDR verboten, westliche Politmagazine wie den SPIEGEL einzuführen oder auf den Transitstrecken zwischen Westdeutschland und Berlin mitzuführen. Exemplare, die bei Kontrollen entdeckt wurden, wurden beschlagnahmt. In Ländern wie Saudi-Arabien werden heute Seiten aus westlichen Zeitungen übermalt oder herausgerissen. In der Volksrepublik China sind solche Bücher oder Zeitungen nicht erhältlich oder sie werden ebenso zensiert. 500 Jahre nach Erfindung des Buchdruckes gibt es also ein vielfältiges Repertoire, wie man mit unliebsamen Inhalten umgeht, die in gedruckter Form vorliegen oder drohen, ins eigene Land zu gelangen.

Das Merkmal jeder Druckschrift ist für Juristen ihre »Körperlichkeit«: Jede bedruckte Seite Papier muss zu ihrem Leser physisch transportiert werden. Die Gesetze zur Kontrolle von Druckmedien greifen deswegen bei den Autoren und den Druckern ein und erlauben auch die Kontrolle der Vertriebswege: Das Öffnen von Zeitungssendungen aus dem In- und Ausland zu Prüfzwecken durch die Post stellt keinen Bruch des Postgeheimnisses dar.

Die Erfindung des Rundfunks und des Fernsehens nach 1920 unterlief die existierenden Kontrollmechanismen. Radio war jenseits der Landesgrenzen zu empfangen. Mangels anderer technischer Kontrollmöglichkeiten wurde während der Zeit des Nationalsozialismus in Deutschland das Hören von so genannten »Feindsendern« streng bestraft. Nach dem Ende des Zweiten Weltkriegs entstanden in Europa Radiosender wie »Radio Free Europe« und »Radio Liberty«, die von den Staaten des damaligen Ostblocks mit Störsendern an der Verbreitung gehindert wurden, dort aber trotzdem viel gehört wurden.

Index Librorum Prohibitorum.[2]

Die Kontrolle des Fernsehprogramms spielt heute eine Rolle vor allem im asiatischen und arabischen Raum. Durch das Satelliten-TV kann ein internationales Fernsehprogramm auch in solche Gegenden gelangen, die vorher wegen ihrer geografischen Lage ausländischen Einflüssen entzogen waren. Im Iran tobt gegenwärtig der Konflikt darum, das 1995 erlassene Verbot von Sa-

Sendeanlagen von »Radio Free Europe« / »Radio Liberty«.[3]

tellitenempfangsanlagen zu lockern.[4] Die Kontrolle über das Aufstellen von Satellitenschüsseln spielt heute in Asien, aber auch in Afrika eine große Rolle. Ebenso wichtig ist aber die Kooperation der Regierungen mit den Medienkonzernen, die TV-Satelliten ins All schießen und die Programme produzieren.

Satellitenempfänger in Tansania.[5]

2. Neue Medien – neue Herausforderungen

Das Internet hat die Zensur vor neue Herausforderungen gestellt. Weder ist für den Empfänger eine Satellitenschüssel nötig, noch irgend eine aufwändige Infrastruktur für den Sender. Im Internet genügt ein wenig Speicherplatz, um Angebote im World Wide Web zur Verfügung zu stellen, die manchen gefährlich erscheinen. Das Internet besteht auch nicht aus 50 oder 500 Fernsehkanälen, sondern aus vielen Millionen WWW-Seiten in allen Ländern der Welt. Wer auf eine WWW-Seite nicht auf direktem Weg zugreifen kann, der kann im Archiv einer Suchmaschine, bei einem Duplikat dieser WWW-Seite oder über einen Anonymisierungsdienst die verbotenen Inhalte abrufen. Die Vielfalt der Internetinhalte erschwert den Überblick. Die technischen Eigenarten des Internets fordern Methoden für eine wirksame Kontrolle.

Dabei ist die Informationsfreiheit in den meisten Ländern dieser Welt ein Luxus. Schon ein Telefon ist eine Seltenheit, ein Computer eine besondere Rarität. Zwei Drittel aller Menschen dieser Erde haben noch nie in ihrem Leben telefoniert. Der Zugang zum Internet ist auf dieser Welt also vergleichsweise wenigen Menschen vorbehalten und zwar in allen Ländern jenen, die besser ausgebildet sind und ein höheres Einkommen haben. Dennoch spielt die Kontrolle von Internetinhalten auch für diesen eingeschränkten Personenkreis eine Rolle.

Besonders die Volksrepublik China versucht sich gegen unkontrollierte Informationen aus dem Internet abzuschotten. Da der Staat sicherstellen will, dass nur solche Inhalte für chinesische Bürgerinnen und Bürger lesbar sind, die staatliche Zensoren für zulässig befunden haben, sind nur die Netzwerke von vier Organisationen mit dem globalen Internet verbunden. Trotzdem wächst die Zahl der Internet-Nutzer ständig. Das sozialistische Land, in dem 20 Prozent der Weltbevölkerung beheimatet ist, versucht den Spagat zwischen einem politisch umfassend kontrollierten Medium und dessen Einsatz bei der Verbindung zu Geschäftspartnern, weshalb das Internet aus Gründen des wirtschaftlichen Wohlstands nicht verboten werden soll.[6]

Bis vor kurzem verfügte der Iran nur über eine einzige ISDN-Leitung für den privaten Datenverkehr mit der Außenwelt. Die Taliban-Regierung in Afghanistan hatte das Internet gleich ganz verboten.[7] Seit Juli 2001 wird in Südkorea das Internet ebenfalls gefiltert. Staatspräsident Kim Dae Jung forderte die Bevölkerung auf, die »negativen Aspekte des Cyberspace zu bekämpfen«. Mit dem Verweis auf Pornografie und Anleitungen zum Bombenbau im Internet kontrolliert nun das Ministerium für Information und Kommunikation die für Koreaner statthaften Inhalte.[8]

Zensur und Filterung von Internetinhalten sind mittlerweile so weit verbreitet, dass sie für die Anbieter von Filtersoftware ein lohnendes Geschäft sind. Damit die etwa 500 000 Internet-Nutzer in Saudi-Arabien nicht auf pornografische Seiten oder WWW-Seiten mit Kritik am Königshaus, der Regierung oder dem Islam zugreifen können, wird derzeit nach einer wirkungsvollen

Filtersoftware gesucht, um solche Seiten zu sperren. Mehrere Firmen versuchen, mit Saudi-Arabien ins Geschäft zu kommen.[9]

Gleichzeitig lernen Nutzer gerade im arabischen Raum die technischen Möglichkeiten des Internets zur Umgehung dieser Kontrolle einzusetzen. Die vom Dortmunder Forschungsinstitut für Telekommunikation entwickelte Anonymisierungstechnologie[10] erlaubt das Ansteuern jeder beliebigen Internetseite, ohne dass Zensoren davon Kenntnis erhalten. Bevor sie als »Rewebber« der Öffentlichkeit vorgestellt wurde und nur im Testbetrieb lief, machten Internetsurfer von der arabischen Halbinsel die größte Benutzergruppe aus.

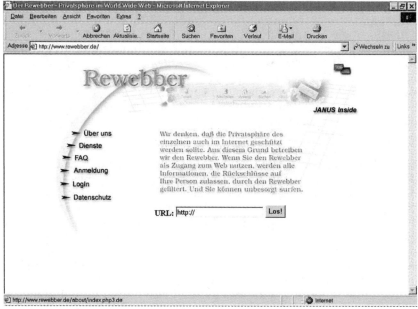

Homepage des Internet-Anonymisierungsdienstes »Rewebber«.[11]

3. Kontrollstellen im Internet

Die Rechtslage bei der Kontrolle von Internetinhalten wurde in Deutschland 1997 geregelt. Der Bundestag mit dem Informations- und Kommunikationsdienste-Gesetz (IuKDG) und die Länder mit dem Mediendienste-Staatsvertrag (MDStV) schufen beinahe gleich lautende Vorschriften, nach denen innerhalb von Deutschland verbotene Inhalte vom Netz genommen werden müssen. Zu ungesetzlichen Inhalten, die irgendwo auf der Welt ins Internet eingestellt wurden, müssen Internetprovider den Zugang sperren, wenn ihnen dies »technisch möglich und zumutbar« ist. Was möglich und zumutbar ist, hängt von einer Auslegung durch Gerichte oder andere staatliche Aufsichtsbehörden ab.

Auf der Grundlage des Mediendienste-Staatsvertrages arbeitet »jugendschutz.net«. Dies ist eine Organisation aller Bundesländer, die das Internet nach verbotenen oder jugendgefährdenden Inhalten absucht und Anbieter innerhalb Deutschlands auffordert, solche WWW-Seiten vom Netz zu nehmen.

Homepage von jugendschutz.net.[12]

Jugendschutz.net arbeitet recht sorgfältig und ohne den Anspruch, deutsches Recht weltweit ausdehnen zu wollen. Trotzdem gibt es um die Rechtsgrundlage für die Arbeit von jugendschutz.net keine Einigung. Im Gegensatz zu einem Rechtsgutachten, das die Organisation für sich in Auftrag gab und das zu einem positiven Ergebnis kommt, agiert jugendschutz.net im Widerspruch zu den staatlichen Regelungen, die im Staatsvertrag und im IuKDG getroffen wurden.[13] Auch im 2002 neu gefassten Jugendschutzgesetz ist jugendschutz.net nur als Einrichtung aufgeführt, die Internetangebote sichtet und die neue »Kommission für Jugendschutzmedien« der Länder unterstützt.

Unumstritten ist die Arbeit der Bundesprüfstelle für jugendgefährdende Medien (BpjM), deren Arbeit auch auf das Internet ausgedehnt wurde. Nachdem die BpjM zuerst Computerspiele indiziert hatte, bewertet sie heute auch die Nachfolger solcher Spiele, wenn sie im Internet verfügbar sind. Zusätzlich prüft die BpjM auch jugendgefährdende Inhalte aller Art im Internet. Die Wirkungsweise der BpjM ist allerdings begrenzt, weil die Prüfung immer erst nachträglich stattfinden kann und Angebote als für Jugendliche gefährlich klassifiziert werden, ohne eine Handhabe gegen diese zu haben. Um der Neugierde von Jugendlichen zu begegnen, verzichtet die BpjM heute darauf, die Internetadressen inkriminierter Angebote zu veröffentlichen, um das Entstehen eines Katalogs schädigender Inhalte zu verhindern.

Als Reaktion auf den Amoklauf von Erfurt, bei dem der Konsum gewaltverherrlichender Computerspiele wie das Spiel »Counter-Strike« als Mit-Auslöser der Tat gesehen wurde, wurde das Jugendschutzgesetz im Frühjahr 2002 novelliert. Danach wird für Kinder und Jugendliche der Zugriff auf schwer jugendgefährdende Medien verboten und für Trägermedien mit gewaltverherrlichenden Inhalten die Möglichkeit weitreichender Vertriebs- und Werbeverbote geschaffen. Anders als bisher kann die Bundesprüfstelle nun auch selbst tätig werden.

Im Internet lassen sich auch strafbare Inhalte finden. Nur an wenigen Stellen aber sind die Kompetenzen und die technische Ausstattung dafür vorhanden, diese Inhalte auch zu finden und in eine gerichtsverwertbare Form zu bringen. Eine besondere Rolle spielen hierbei das Bundeskriminalamt (BKA) und das Landeskriminalamt (LKA) München, wo Internet-Sonderermittler arbeiten. Die größten Erfolge dieser Stellen sind regelmäßige Schläge gegen die in fast allen Ländern der Welt strafbare Kinderpornografie im Internet, bei der seit Jahren Ermittler weltweit zusammenarbeiten.

Eine gemäß der gesetzlichen Aufgaben beobachtende Rolle bei illegalen oder schädigenden Inhalten haben das Bundes- und die Landesämter für Verfassungsschutz. Das Bundesamt für Verfassungsschutz (BfV) beobachtet seit Mitte der 90er-Jahre extremistische Bestrebungen im Internet.[14] Ziel sind dabei nicht nur WWW-Seiten, die in Deutschland eingestellt werden, sondern alle deutschsprachigen Inhalte, die im Internet abrufbar sind: »Von den mittlerweile 330 Internet-Homepages deutscher Rechtsextremisten weisen etwa 80 der anonym über ausländische Provider eingestellten Sites Straftatbestände wie beispielsweise Aufrufe zur Gewalt oder Volksverhetzung auf«.[15] Eine wirksame Bekämpfung rechtsextremistischer Inhalte erfordert jedoch bei einem weltweiten Medium auch internationale Lösungen. Bei politischen Bestrebungen sind solche internationalen Ansätze jedoch nur bedingt erfolgversprechend. Immerhin ist die Hälfte der US-Provider mittlerweile bereit, Nazi-Websites vom Netz zu nehmen, nachdem FBI und Bundeskriminalamt eine gemeinsame Verständigungslinie finden konnten.

Rechtsextremisten konnten schon in der Vergangenheit liberale Gesetze in den Niederlanden oder Skandinavien nutzen, um von dort aus ihre gedruckte Propaganda nach Deutschland zu schmuggeln. Mittlerweile sieht auch die EU-Kommission den Bedarf für ein einheitliches Vorgehen gegen Rassismus und

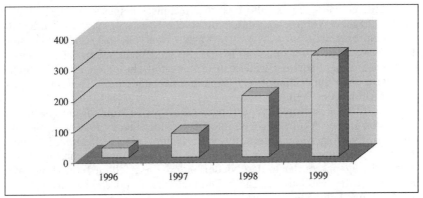

Entwicklung rechtsextremistischer Homepages (laut Verfassungsschutz).[16]

Fremdenfeindlichkeit in Europa. In allen Mitgliedsländern sollen rassistische oder fremdenfeindliche Handlungen auf derselben gesetzlichen Grundlage verfolgt und bestraft werden können.[17]

Rechtsextremisten stehen jedoch immer noch genügend Fluchtmöglichkeiten auch außerhalb der EU zur Verfügung. Die Gesetzgebung in den USA und Kanada gestattet das Einstellen von rechtsextremistischer Propaganda, die nach deutschem Recht strafbar wäre. Von dort aus operieren daher zahlreiche der vom Verfassungsschutz benannten Aktivisten im Internet.

4. Neue Medien: Zensur oder neue Kontrollmechanismen?

In Deutschland gibt es keine Zensur, durch die eine Herausgabe von Medienprodukten vorab erlaubt oder verboten wird. Dennoch haben sich unterschiedliche Regulierungsmechanismen herausgebildet, die sicherstellen sollen, dass Gesetzesverstöße in Zeitungen, Rundfunk und Fernsehen geahndet werden können. Im Internet wurden einige der Regelungen übernommen, andere haben sich als nicht übertragbar erwiesen. Die private Homepage muss nirgendwo angemeldet werden und kommt ohne Impressum aus. Wer sich darauf in gesetzeswidriger Weise äußert, muss sich als Privatperson verantworten.

Neu am Internet ist der Zugriff auf jegliche Daten im Internet irgendwo auf der Welt. Neu wird auch die Rolle der Provider bewertet, die genauso wie ein Telefonunternehmen einen Netzzugang anbieten, über den man mit anderen Partnern kommunizieren kann. Die Mediengesetzgebung sieht vor, dass Internetprovider in dem Fall in die Pflicht genommen werden können, wenn die Quelle des Übels nicht greifbar ist. Wird eine Internetseite vom Ausland aus angeboten und ist sie der deutschen Justiz entzogen, dann sollen Internetprovider verpflichtet werden können, den Zugang zu sperren.

So einfach wie sich das anhört, ist dies technisch keineswegs. Deshalb hat der Gesetzgeber vorgesehen, dass eine solche Sperrung »technisch möglich und zumutbar« sein muss. Wie zu erwarten war, scheiden sich die Geister daran, was möglich und zumutbar ist. Die Strafverfolger haben dabei weniger Interesse an einer Sperrung, weil sie die Täter ermitteln wollen. Mit einer Sperrung wird eben nur technisch der Zugang unterbunden, die strafbare Tat ist damit nicht aus der Welt.

Auch über die Anlässe für Sperrungen gibt es große Meinungsunterschiede. Die ersten großen Aktionen gegen Internetprovider fanden 1996 statt, als bayrische Strafverfolger vom Internetprovider Compuserve verlangten, Internetforen mit sexuellen Inhalten zu sperren und die Bundesanwaltschaft die Sperrung des Zugangs zu der in den Niederlanden eingestellten Internetausgabe der Zeitschrift »Radikal« verlangte. Die damalige Bundesregierung nahm zu den Vorfällen keine Stellung, erklärte aber, dass nur ein Prozent der Angebote im Internet »nach deutschem Recht rechtswidrige Inhalte« anbieten.[18]

Der Generalbundesanwalt stellte im Juni 2000 das Verfahren gegen den niederländischen Provider XS4ALL, der die »Radikal«-Seiten gehostet hatte, gegen eine Geldbuße von 1 000 DM ein, da den Geschäftsführern von XS4ALL keine positive Kenntnis nachgewiesen werden konnte. Nach dem Fall »Radikal« verlangten die Staatsanwälte sechs Jahre lang keine Sperrungen von Websites. Im Fall von »Radikal« waren die Juristen zu der Auffassung gelangt, dass die Sperrung einer Domain »außer Verhältnis« sei, da von ihr auch viele Unbeteiligte betroffen sein können. Laut § 8 Teledienstegesetz (TDG) haften Diensteanbieter nur für eigene Informationen. Generalbundesanwalt Jürgen Graf, der damals die Sperrung in Gang gebracht hatte, hält jedoch fest, dass wenn Provider »eine Sperrung unterlassen, sie strafrechtlich verantwortlich sind«. Schließlich sind sie bei einer Sperranordnung über die Inhalte informiert und handeln »in Kenntnis«. Dennoch exerziert kaum ein Staatsanwalt noch Sperrungen. »Denn«, so Graf, »die Frage ist, ob der Aufwand im Verhältnis zum Erfolg steht«.[19] Schließlich jedoch wurden die »Radikal«-Seiten im Frühjahr 2002 aus dem Netz genommen. Ein Amsterdamer Gericht hatte der Klage der Deutschen Bahn stattgegeben. In diesem Fall setzte die Deutsche Bahn den Provider zunächst formell in Kenntnis. Wenige Tage später mahnte die Deutsche Bahn auch die deutschen Tochterunternehmen der Suchmaschinen Google, Yahoo und Altavista erfolgreich ab, nachdem sie sie ebenfalls zuvor über Links beziehungsweise Spiegel- und Archivseiten in Kenntnis gesetzt hatte.[20]

Ermittlungsrichter des Bundesgerichtshofs (BGH) sperrten nach dem 11. September 2001 islamistische Dschihad-Websites. Dabei bezog sich der BGH auf die in § 99 StPO geregelte Postbeschlagnahme.[21] Diese Aktion löste anders als die der Düsseldorfer Bezirksregierung keine Proteste aus. Ebenfalls im Herbst 2001 verfügte der Düsseldorfer Regierungspräsident Jürgen Büssow für Internetprovider in seinem Zuständigkeitsbereich die Sperrung rechtsextremer Internetangebote aus dem Ausland. Büssow berief sich auf den Me-

diendienste-Staatsvertrag, der eine »Pflicht zum Handeln« darstelle, wenn Internetinhalte nach deutschem Recht illegal seien. Dabei spiele es für ihn keine Rolle, wo diese Inhalte gespeichert sind.[22]
Wie jedes Mal in solchen Fällen warfen Kritiker dem Regierungspräsidenten Zensur vor.[23] Dieser Vorwurf legt den Finger auf eine Wunde jeder Internetgesetzgebung und wirft grundsätzliche verfassungsrechtliche Fragen auf. Internetkontrolle bedeutet nicht, dass Publikationen im Internet eine staatliche Erlaubnis erfordern. Eine Vorzensur gibt es also nicht. Internetkontrolle bedeutet aber, dass Inhalte nach deren Erscheinen entweder vom Netz genommen werden oder der Zugriff darauf technisch unterbunden wird. Ein solches Vorgehen entspricht dem katholischen Modell des Index, der alle verbotenen Bücher auflistet, und bestimmten Modellen der Nachzensur, die die Urheber unerwünschter Inhalte zur Rechenschaft zieht.

Das Bundesverfassungsgericht hat 1972 festgestellt, dass verbotene Zensur im Sinne des Artikels 5 des Grundgesetzes nur die Vorzensur betrifft. Eine Nachzensur werde durch das Grundgesetz keineswegs ausgeschlossen.[24] Die Meinungs- und Informationsfreiheit – also die Freiheit, sich auszudrücken und aus frei zugänglichen Quellen zu informieren – darf jedoch nur aus wenigen Gründen eingeschränkt werden, weil Meinungsfreiheit unabhängig davon geschützt ist, ob die Meinung »wahr oder falsch, wertvoll oder wertlos« ist, so die höchsten Richter. Der Schutz der Jugend vor gefährdenden Schriften erlaube die Begrenzung der Informationsfreiheit nur in gewissem Umfang. Schließlich dürfen Erwachsene jugendgefährdende Inhalte erwerben.

Das technische Sperren von WWW-Seiten ändert diese Sichtweise. Eine Seite, die in einer Sperrliste enthalten ist, wird vor allen Benutzern verborgen. Filtersoftware im Internet unterscheidet nicht zwischen Minderjährigen oder Erwachsenen. Für Regelungen wie den Jugendschutz gibt es zwar gute verfassungsrechtliche Gründe. Die undifferenzierte Anwendung dieser Gesetze auf das Internet führte aber bislang zu Konsequenzen, die mit den differenzierten Regeln zur Meinungs- und Informationsfreiheit unserer Verfassung nicht in Einklang zu bringen sind.

5. Sperren und Spiegeln – wie bei Hase und Igel

Die Idee der Sperrung von Internetinhalten hat bisher immer zu einem Wettlauf zwischen Hase und Igel geführt. Je größer der Medienrummel um eine Sperrung und deren politische Bedeutung, umso größer die Zahl der Internetanbieter, die gesperrte Inhalte spiegeln. Das Ergebnis einer Sperrung war nicht selten, dass die ursprünglich gesperrten Inhalte an zahlreichen Stellen im Internet frei zugänglich und wegen der Medienberichterstattung viel bekannter als vorher waren. Gerade bei politischen Inhalten hat eine Sperrung den Charakter einer Werbemaßnahme. Aus genau demselben Grund veröffentlicht die

Bundesprüfstelle für jugendgefährdende Medien die Internetadressen beanstandeter Inhalte nicht in elektronischer Form.

Bei einer Sperrung soll der Zugriff auf eine Datei im Internet unterbunden werden. Jede Datei hat eine Internetadresse, die aus dem Computernamen und der Dateibezeichnung besteht. Wird diese eindeutige Internetadresse in eine Sperrliste eingetragen, ist die Datei nicht mehr erreichbar. Das einfache Umbenennen des Dateinamens durch den Anbieter genügt aber, um die Sperrung zu umgehen und den Inhalt wieder verfügbar zu machen. Schon die Bundesanwaltschaft versuchte deswegen bei der Sperrung der »Radikal«-Seiten im Internet gar nicht erst die Sperrung einzelner Dateien, sondern forderte die komplette Sperrung aller Daten auf einem Internetserver. Damit wurden wegen weniger problematischer Seiten auch viele harmlose Inhalte unzugänglich gemacht. Lesbar waren alle Inhalte trotzdem dadurch, dass der gesamte Server »gespiegelt« wurde, das heißt: Alle Daten wurden einfach an einer anderen Stelle im Internet abgelegt.

Mit dem Sperren von Internetinhalten ist noch kein technischer Weg gefunden, die engen Vorgaben der Verfassung auch im Internet umzusetzen. Die bisher gefundenen Lösungen schießen weit über die gesetzlichen Vorgaben hinaus oder verfehlen gänzlich ihre Wirkung.

6. Filtersoftware

Noch tiefer als das Sperren einzelner Dateien greift der Einsatz von Filtersoftware in die Meinungs- und Informationsfreiheit ein. Autoritäre Staaten setzten Filter bereits ein. Aber auch in den USA wurde zur Wahrung von Sitte und Anstand im Dezember 2000 ein Gesetz erlassen, das den Einsatz von Filtersoftware zur Unterdrückung von pornografischem Material in öffentlichen Einrichtungen wie Bibliotheken, Schulen und Universitäten erlaubt.

Immer wieder empfehlen in Deutschland Fachzeitschriften Eltern, Filterprogramme zu installieren. Sie funktionieren entweder per Kontroll-Listen oder auf Grund von Rating-Systemen. Kontroll-Listen können entweder Internetseiten enthalten, die für den Anwender nicht erreichbar sein sollen (Sperrlisten), oder Seiten auf die der Zugriff gestattet ist (Zugangslisten). Doch Filterprogramme haben generell zwei Fehler: Zum einen filtern sie zu wenig und können nicht völlig vor »bösartigen« Inhalten schützen. Zum anderen filtern sie zu viel und blenden immer wieder auch »unschuldige« Inhalte aus.

Problematisch bei Filtersoftware ist, wer die Begriffe festlegt und welche Bedeutung diesen Begriffen beigemessen wird. Eltern, die ihre Kinder ruhigen Gewissens im Internet surfen lassen wollen und amerikanische Filtersoftware benutzen, können nicht nur auf Grund ungenügender Filtermechanismen böse Überraschungen erleben. Auch die unterschiedlichen Moralvorstellungen spielen eine wichtige Rolle. So sehen die Menschen in den USA Sexualität strenger als in Europa. Das Verhältnis zu brutaler Gewaltdarstellung ist hingegen lockerer. Ein Kind kann unter Umständen keine Gesundheitslexika erreichen, dafür aber in Deutschland verbotene Gewaltspiele.

Wer auf Filtersoftware setzt, die durch Menschen kategorisiert wurde, wird das Internet nur noch nach deren Vorlieben und Abneigungen sehen. Wer beispielsweise alles ausschließen will, worin das Wörtchen »Sex« enthalten ist, wird im Internet kein einziges Lexikon oder medizinisches Standardwerk mehr finden. Auch englischsprachige Statistiken bleiben verborgen, weil das englische Wörtchen »sex« zu deutsch »Geschlecht« heißt. Wie schwer es ist, das Internet anhand einiger weniger Begriffe oder Messparameter zu kategorisieren, zeigt das Beispiel der Filtersoftware »CyberPatrol«, die den Zugang zur »American Cancer Society«, der Gesellschaft für Krebsforschung, unterdrückte. Der Grund: die medizinische Beschreibung von Krankheitsbildern sei sexuell zu explizit.[25]

Anders funktionieren die Rating-Systeme. Sie sind Bewertungssysteme und basieren auf PICS (Platform for Internet Content Selection). Mit Hilfe von PICS erstellen unabhängige Organisationen ihre Bewertungssysteme. Dies geschieht oft in freiwilliger Zusammenarbeit mit den Autoren der Internetseiten. Die Seiten werden nach zahlreichen Kriterien beurteilt. Danach kann dann jeder Internetnutzer seinen Browser konfigurieren.

Der Kolumnist des renommierten US-Nachrichtenmagazins TIME, Joshua Quittner, gab den Rat, das Geld für den Kauf von Zensursoftware zu sparen. Besser als die leicht zu umgehenden Produkte seien Internetportale für Kinder, die von Suchmaschinen wie Yahoo und Lycos angeboten werden.[26] Ein Beispiel für ein in Deutschland empfehlenswertes Kinderportal ist die »Blinde Kuh«.[27] Die »Blinde Kuh« ist laut einer Studie von Kindern und Jugendlichen die meistbesuchte Internetseite, die keinen Bezug zur Fernseh- und Spielewelt hat. Die Hamburger Stefan Müller und Birgit Bachmann pflegen seit Jahren in ihrer Freizeit die nicht-kommerzielle Site in liebevoller Handarbeit. Neben der Suchmaschine bieten sie auch ein Forum, Spiele und eine Schreibwerkstatt. Sicherheitstipps für das Internet und einen Suchmaschinen-Kurs helfen beim Einstieg ins Netz. Für Kinder bietet sich nach Ansicht von Expertinnen und Experten auch ein geschlossenes Kindernetz an, in dem sie ausschließlich für ihre Altersgruppe geeignete Inhalte vorfinden.

7. Pornografie und Extremismus

Obwohl nur ein Prozent der Internetinhalte gefährdend oder nach deutschem Recht illegal sind, stellt der Jugendschutz im Internet ein vordringliches Problem dar. Richtig ist, dass Sexualität in den Medien allgemein heute wesentlich freizügiger dargestellt wird als vor zehn oder zwanzig Jahren. Das Internet stellt nun einen neuen Zugangsweg dar.

Beim Fernsehen wird noch versucht, Kinder vor pornografischen Beiträgen dadurch zu schützen, dass vieles erst nach 23.00 Uhr gezeigt werden darf. Fernsehgeräte und Videorekorder in Kinderzimmern unterlaufen solche Regelungen. Das Internet macht diese und ähnliche Inhalte unabhängig von Zeitschranken rund um die Uhr verfügbar. Dort wie auch im Fernsehen gilt aber, dass mit Pornografie Geld verdient wird. Genauso wie im Abo-Fernsehen gibt es deswegen die meisten der eindeutigen Internetangebote auch nur gegen Geld und damit nur gegen vorherige Anmeldung, bei der auch die Altersangaben – so gut es geht – überprüft werden. Auf diese Weise schützen sich auch kommerzielle Anbieter davor, nicht jugendfreies Material ins Netz zu stellen.

Die Kontrollstellen im Internet haben offensichtlich einige Wirkung gezeigt. Sowohl die Bundesprüfstelle für jugendgefährdende Medien als auch die Landeseinrichtung jugendschutz.net haben – analog zu den Stellen, die gegen Fernsehanstalten oder Zeitungsverleger tätig werden, wenn diese gegen Regelungen verstoßen – Anbieter dazu veranlasst, jugendgefährdende WWW-Seiten vom Netz zu nehmen und vorsichtiger zu sein. Gegen sexuell motivierte Straftaten, bei denen die Verbreitung von Inhalten mit Hilfe des Internets eine Rolle spielt, sind Staatsanwälte und Polizeien heute besser als noch vor wenigen Jahren in der Lage, auch zusammen mit Strafverfolgern in anderen Staaten tätig zu werden.

Einen anderen Ansatz machen politische Inhalte im Internet erforderlich. Dort lassen sich aktuelle Nachrichten und Hintergrundinformationen aus besten Quellen ebenso leicht finden, wie absurde oder extremistische politische Ansichten. Ein Ausblenden abweichender Meinungen ist nicht mehr möglich. Der einzige konstruktive Umgang damit wird sein, Quellen und Argumente zu untersuchen. Auf diese Weise wird die Debatte um jedes Sachthema vielleicht aufwändiger, in jedem Fall aber intensiver und qualitativ besser.

8. Was tun?

Für alle Seiten ist der Stand der Debatte um Filtern und Sperren von Internetinhalten in Deutschland unbefriedigend. Wer ein Stückchen Software fordert, um das Internet kindersicher zu machen, muss feststellen, dass es keine einwandfreie Lösung geben kann und sich obendrein technologische Naivität vorwerfen lassen. Wer die totale Freigabe von Internetinhalten fordert, muss sich dagegen vorhalten lassen, die Realität im Internet ebenso zu verkennen wie die Probleme bei dessen Einsatz gerade mit Kindern und Jugendlichen. Der Vernunft folgend, bieten sich drei Schritte an.

1. *Technik löst keine Probleme, aber ohne technisches Verständnis geht es auch nicht*
   Solange sich Lehrkräfte und Eltern ihren Kindern in Sachen Computer und Internet technisch unterlegen fühlen – ob sie dies nun wirklich sind

oder nicht –, wird sich das nagende Unbehagen nicht legen, was die Kids so alles treiben. Solange es allein die Kinder und Jugendlichen in den Schulen und Privathaushalten sind, die eine Filtersoftware installieren und deinstallieren können, die Erwachsenen aber nicht einmal in der Lage sind, die standardmäßigen Verlaufsprotokolle des Internetsurfens zu finden und zu bewerten, wird auch die politische Auseinandersetzung um das Medium Internet nur schwer zu einem vernünftigen Ansatz finden.

2. *Das Internet ist kein pädagogisches Medium*
Computer und Internet sollen Kinder heute so früh wie möglich beherrschen lernen, um später im Berufsleben voran zu kommen. Sie haben auch genügend Zeit, spielerisch zu üben. Dabei werden sie oftmals allein gelassen. Es ist jedoch naiv, Kinder ohne Begleitung ins Internet zu schicken. Das Verständnis dafür, dass Kinder eine Orientierung beim Fernsehen, im Zeitungsladen oder in der Bibliothek brauchen, ist für das Internet noch nicht entwickelt. Das Internet selbst ist eine riesige, unstrukturierte Materialsammlung, aber kein pädagogisch aufbereiteter Stoff. Ein durch Erwachsene nicht unterstütztes und begleitetes Herumsuchen im Internet hat wenig Effekt. Eine Auseinandersetzung mit Inhalten im Internet und mit unterschiedlichen Ansichten findet so nicht statt.

3. *Medienkompetenz entwickeln, zur Mündigkeit erziehen*
Der einzige Ausweg kann nur darin bestehen, Kinder und Jugendliche zu einem kompetenten Umgang mit dem Medium Internet zu erziehen, damit sie Quellen bewerten und Informationen vernünftig einordnen können. Dazu gehören in erster Linie Kinderportale und Kindernetze. Die Medienkompetenz ist nicht nur Aufgabe für die schulische Bildung und der freien Kinder- und Jugendeinrichtungen, sondern auch der Medien selbst, die kindgerechte Angebote entwickeln müssen.

In der medialen Kompetenz und Mündigkeit liegt der Sinn der Meinungs- und Informationsfreiheit des Grundgesetzes. Vor allem im politischen Bereich sollte nicht das Sperren, sondern die inhaltliche Auseinandersetzung im Mittelpunkt stehen. Unsere Verfassungsrichter formulierten dies bei der Ablehnung einer Indizierung eines rechtsextremistischen Werks mit folgenden Worten: »*Der demokratische Staat vertraut grundsätzlich darauf, dass sich in der offenen Auseinandersetzung zwischen unterschiedlichen Meinungen ein vielschichtiges Bild ergibt, dem gegenüber sich einseitige, auf Verfälschung von Tatsachen beruhende Auffassungen im Allgemeinen nicht durchsetzen können. Die freie Diskussion ist das eigentliche Fundament der freiheitlichen und demokratischen Gesellschaft. Auch Jugendliche können nur dann zu mündigen Staatsbürgern werden, wenn ihre Kritikfähigkeit in Auseinandersetzung mit unterschiedlichen Meinungen gestärkt wird. Das gilt in besonderem Maße für die Auseinandersetzung mit der jüngeren deutschen Geschichte. Die Vermittlung des historischen Geschehens und die kritische Auseinandersetzung mit abweichenden Meinungen können die Jugend sehr viel wirksamer vor Anfälligkeit für verzerrende Geschichtsdarstellungen schützen als eine Indizierung, die solchen Meinungen sogar eine unberechtigte Anziehungskraft verleihen könnte.*«[28] Die Antwort auf die Frage, wie mit unliebsamen Inhalten im Internet umgegangen werden kann, wird nicht in technischen Lösungen bestehen. Abhilfe kann nur ein kompetenter Umgang mit dem Medium Internet schaffen – und zwar Kompetenz bei Erwachsenen mehr noch als bei Jugendlichen. Völlig verfehlt wäre es, eine Diskussion um Technik zu führen, wo es doch um Meinungsvielfalt und die Erziehung zu mündigen Bürgerinnen und Bürgern geht. Nicht nur in unserem Grundgesetz, sondern in jedem demokratischen Rechtsstaat wird die Meinungsfreiheit deswegen geschützt, weil die aufgeklärten Bürgerinnen und Bürger gerade im Wettstreit verschiedener Meinungen Wissen und Argumente finden, die sie für ihren Staat und gegen extremistische Positionen einsetzen. Demokratie setzt auf Vernunft statt auf Bevormundung. Aus dieser Perspektive ist das Internet keine Bedrohung, sondern eine Bereicherung. Das Internet bereichert uns um verschiedene Meinungen und um Foren für politische Debatten, es erweitert unseren Horizont. Ein Staat, der sich als Demokratie versteht, kann deshalb das Internet nicht filtern oder zensieren, sondern nur die ihm zur Verfügung stehenden Mittel einsetzen, die Auseinandersetzung mit der Meinungsvielfalt im Internet zu fördern.

Anmerkungen

1 Organisationen wie Amnesty International (AI) oder die Internationale Gesellschaft für Menschenrechte (IGFM) melden die Ausweitung von Zensur aufs Internet. Internet und Menschenrechte. Zensiert oder unkontrollierbar?, in: ai-journal, Mai 2000, http://www2.amnesty.de/internet/de. Eine Gefahr stellt selbst das Pokémon-Spiel für den islamischen Mufti Saudi-Arabiens dar. Florian Rötzer, Pokémon untergräbt die islamische Kultur, in: Heise-Newsticker, http://www.heise.de/bin/nt.print/newsticker/data/fr-01.04.01-000/
2 http://www.courcelle-bruno.nom.fr/IndLibProhib.jpg
3 http://www.swl.net/swl-de/piccla/rli2-jps.jpg
4 Yassaman Taghi Beigi, Der böse Geist aus der Schüssel, in: IPS News vom 3. Januar 2002.
5 http://www.cosmoseducation.org/schools/school_pics/dish_tanzania.jpg
6 Geremie R. Barme/Sang Ye, The Great Firewall of China, in: Wired, 5. June 1997. http://www.wired.com/archive/5.06/china_pr.html. Siehe auch: Zixiang Tan/William Foster/Seymour Goodman, China's state-coordinated internet infrastructure, in: Communications of the ACM, June 1999, Vol. 42, No. 6, S. 44-52.
7 Afghanistan: Taliban verbieten Internet, in: TecChannel, 13. 7. 2001, http://www.tecchannel.de/news/20010713/thema20010713-4869.html
8 Brigitte Zarzer, Korea: Proteste gegen Internetzensur, in: Telepolis, 18. 1. 2002, http://www.telepolis.de/deutsch/inhalt/co/11600/1.html
9 Ernst Corinth, Zensur ist ein lohnendes Geschäft, in: Telepolis, 20. 11. 2001, http://www.telepolis.de/deutsch/inhalt/te/9993/1.html
10 Aus dem Forschungsprojekt des FTK (Informationen unter: http://ks.fernuni-hagen.de/ueber_uns/lgks/lgks_main.html) wurde mittlerweile das Produkt »Rewebber«, http://www.rewebber.de

11 http://www.rewebber.de
12 http://www.jugendschutz.net
13 Die Bundesregierung vertrat auf Anfrage die Ansicht: »Newsgruppen und das World Wide Web (...) sind in aller Regel Teledienste. (...) Diese Angebote fallen in den Regelungsbereich des Gesetzes über die Verbreitung jugendgefährdender Schriften und Medieninhalte und damit in die Zuständigkeit der Bundesprüfstelle für jugendgefährdende Schriften«. Jugendschutz.net behauptet, sie würden in seine Zuständigkeit fallen. Antwort der Bundesregierung auf die Kleine Anfrage der Abg. Dr. Manuel Kiper, Rita Grießhaber und der Fraktion Bündnis 90/Die Grünen, Bt.-Drs.: 13/11450, Antwort auf Frage 1.
14 Bundesamt für Verfassungsschutz, Rechtsextremistische Bestrebungen im Internet, April 2000, http://www.verfassungsschutz.de
15 Ebd., S. 2.
16 Ebd., S. 1.
17 Florian Rötzer, EU-Kommission fordert einheitlichen Rechtsrahmen für rassistische Straftaten, in: Telepolis, 29. 11. 2001, http://www.heise.de/deutsch/inhalt/te/11232/1.html
18 Antwort der Bundesregierung auf die Kleine Anfrage des Abgeordneten Dr. Manuel Kiper »Kontrolle und Selektion von Telekommunikationsvorgängen«, BT-Drs. 13/4800 vom 4. 6. 1996, Frage Nr. 10.
19 Christiane Schulzki-Haddouti, Provider im Paragrafendschungel, in: Heise online, 27.2.2002, http://www.heise.de/newsticker/data/anw-27.2.02-004/
20 Dies., Strecke gesperrt, in: Süddeutsche Zeitung, 23. 4. 2002
21 Vgl. Anm. 19
22 Für die Sperrung illegaler Internet-Angebote besteht Rechtspflicht zum Handeln, Pressemitteilung 469/2001 der Bezirksregierung Düsseldorf vom 23.11.2001, http://www.bezreg-duesseldorf.nrw.de
23 Kritik an der Sperrung durch den Provider ISIS findet sich u. a. bei Telepolis, http://www.heise.de/tp, und beim Chaos Computer Club, http://www.ccc.de
24 Beschluss des ersten Senats vom 25. 4. 1972, BVerfG 33, S. 52.
25 Dieses und weitere Beispiele entstammt der Fallsammlung beim »Censorware Project«, einer Initiative US-amerikanischer Bürgerrechtsorganisationen: http://www.censorware.net
26 Aber auch hier riet Quittner zu Vorsicht: Die Suche nach dem Wörtchen »sex« war ohne Ergebnisse, die Suche nach »Sexualkunde« brachte dagegen eine »Fülle von Ratschlägen, die viele Eltern wohl nicht tolerieren würden«. Vgl. Joshua Quittner, Web Censorware, in: TIME, 13. 7. 1998. http://www.time.com/time/magazine/1998/dom/980713/personal_time.your_techn9.html
27 http://www.blinde-kuh.de
28 Beschluss des Ersten Senats des Bundesverfassungsgerichts zu jugendgefährdenden Schriften vom 11. 1. 1994, BVerfG 90, S. 1. Im Internet unter: http.//www.uni-wuerzburg.de/dfr/bv090001.html

MARTIN GOLDMANN

Dear Emily Postnews

Die Geschichte der Netikette

1. Wie die Netikette entstand

Wann genau die erste Netikette entwickelt wurde, ist nicht auszumachen. Sie entstand wahrscheinlich im Usenet, dem Vorläufer der heutigen Newsgroups. Zusammengesetzt aus »Net« und »Etikette« bildeten die Teilnehmer ein neues Kunstwort: »Netiquette«, zu Deutsch Netikette. Da im Internet Dokumente ständig auf den neuesten Stand gebracht werden, ist der genaue Werdegang der Netikette schwer nachzuvollziehen. Archivierte Dokumente fehlen, viele Server, auf denen früher wichtige Dokumente gespeichert waren, sind umgezogen oder existieren nicht mehr. Und wie so oft im Internet haben sich viele Instanzen an der Netikette beteiligt, sie kopiert, weiter entwickelt und wieder kopiert. Der Ursprung verliert sich im Dickicht der Kopien.

1.1 Netikette im Usenet: Emily Postnews

Ein frühes Dokument der Netikette ist das humoristische »Dear Emily Postnews«, das Brad Templeton nach eigenen Angaben zwischen 1986 und 1987 geschrieben hat.[1] Der Name Postnews lehnt sich an die amerikanische Autorin Emily Post (1873–1960) an. Ihr Buch »Etikette« erschien 1922 und ist mit dem hier zu Lande bekannten Knigge vergleichbar.

»Dear Emily Postnews« fasst die Vergehen gegen die Netikette zusammen: Zu lange Signaturen, überflüssiges Zitieren von Antworten, massenhafter Versand von Texten. Geboren sind diese Benimmregeln aus technischer Notwendigkeit. Das Usenet war einst nicht Teil des Internet. Vielmehr riefen sich die Computer gegenseitig an und glichen die Nachrichten untereinander ab. All das lief noch über sehr langsame Modemleitungen. Jedes Byte zu viel verlängerte unnötig den Versand und den Empfang der Nachrichten. Denn auch die Leser mussten sich mit langsamen Modems auf den Usenet-Servern ihre Informationen abholen. Zwar sind die Leitungen jetzt schneller. Aber das große Problem in den Newsgroups bleibt die weite Verbreitung und die massenhafte Nutzung: Ein zu viel geschriebenes Byte vermehrt sich hundert- und millionenfach im Internet und wird so zu nutzlosem Datenballast.

1.2 Netikette in E-Mail

Mit der massenhaften Nutzung des Internets und speziell der E-Mail ist der Bedarf nach Richtlinien beim elektronischen Postversand gestiegen. Also haben sich mit der Zeit die Netikette-Regeln auf E-Mails erweitert. Wieder ist die berechtigte Furcht um Ressourcen der Grund: Unternehmen oder Bildungseinrichtungen kann es teuer zu stehen kommen, wenn ihre Mitarbeiterinnen und Mitarbeiter megabyteweise Bilder oder Multimedia-Dateien versenden. Nicht nur die eigenen Server leiden darunter, auch die Leitungen nach draußen werden überlastet. Schlimmstenfalls müssen Administratoren eingreifen und den Mail-Server von Hand stoppen. Also verfassen auch Unternehmen Regeln für den Umgang mit Nachrichten oder sperren den Versand von allzu umfassenden E-Mails.

1.3 Höflichkeit

Die in den späten 1980ern formulierte Netikette »Emily Postnews« konzentrierte sich noch auf technische Aspekte der Internet-Nutzung. Immerhin drei Kapitel beschäftigen sich mit der Rücksichtnahme auf andere Teilnehmer: Bitter ironisch empfiehlt »Emily Postnews«, Frauen im Netz herablassend zu behandeln, Konflikte möglichst öffentlich auszutragen, in den Mails ausfallend und beleidigend zu werden. Später wurden allgemeine Regeln und ethische Grundsätze der Internet-Nutzung verfasst. Sie sind im Dokument RFC 1087 aus dem Jahr 1989 festgehalten: Niemand soll sich unbefugt Zugriff auf die Ressourcen anderer verschaffen, Ressourcen verschwenden oder in die Privatsphäre anderer eindringen.

Regeln, die unterschiedliche Kulturkreise, Sprachen oder Religionen unter einen Hut bringen, kamen erst später. Sie schienen unnötig in der Netz-Frühzeit, als das Internet ein rein akademisch genutztes Netzwerk war. Mit der massenhaften, weltweiten Verbreitung des Internets ist aber der Bedarf an genau solchen Regeln gewachsen. Ebenso bleibt die Notwendigkeit technischer Regeln erhalten. Mit der Zunahme technisch ungebildeter Benutzerinnen und Benutzer steigt der Bedarf an klaren und verständlichen Regeln für Mail und Newsgroups, denn nicht jeder Neuling im Netz kann sich vorstellen, welchen Ärger er mit einer hundertfach versandten Multimedia-Nachricht anrichtet.

1.4 Sanktionen

Bei Verstößen gegen diese Regeln der Netikette drohen nicht nur böse Anrufe oder Mail-Antworten. Der Diebstahl von Daten oder der wissentliche Versand von schädlichen Programmen sind Straftatbestände. Hackern in den USA wie Kevin Mitnick drohen harte Strafen: Mitnick hatte Systeme von großen Firmen wie Sun oder Fujitsu gehackt, wurde 1995 gefasst und ist 1999 zu fünf Jahren Haft verurteilt worden. Nach der langen Untersuchungshaft war die Strafe aber bereits im Januar 2000 abgesessen. Doch Bewährungsauflagen verbieten dem Hacker jede Nähe zu Computern und die Tätigkeit als Berater zu EDV-Themen.

Auch in Deutschland sind Computer-Delikte keine Bagatellen. Die Kölner Polizei meldet für das Jahr 2000 über 1 000 Internet-Betrugsfälle bundesweit: Die Betrüger stehlen mit Hilfe von Trojanischen Pferden Zugangsdaten von Rechnern anderer Nutzer. Dann loggen sie sich unter deren Kennung ein und verprassen Gebühren. Der Schaden läge, so die Polizei, zwischen einem Cent und mehreren Millionen Euro. Allerdings sei die Aufklärungsrate recht hoch, so die Kölner Polizei. Denn bei jeder Einwahl sähe man die Rufnummer des Kunden und könne anhand dieser auch den Aufenthaltsort des Hackers ermitteln. Den Betrügern drohen bis zu fünf Jahre Haft. Damit es erst gar nicht so weit kommt, rät die Polizei, keine Zugangsdaten auf der Festplatte zu speichern.

Internet-Kriminellen ist bald nicht mehr nur die Kölner Polizei auf den Fersen. Denn im November 2001 wurde die »Budapester Konvention« verabschiedet. In diesem internationalen Vertragswerk sind erstmals einheitlich Internet-Vergehen definiert. Dazu gehören das illegale Abhören, das Einbrechen in Computer und das Stören von Systemen. Auch das Stehlen, Manipulieren oder Löschen von Daten steht mit auf der Liste. Ebenfalls unter Strafe: Copyright-Vergehen, das Umgehen von Kopierschutzsystemen, das Herstellen, Verbreiten und Verfügbarmachen von Kinderpornografie sowie Verbrechen, die unter Ausnutzung von Computer-Netzwerken begangen werden können.[2] Das Cybercrime-Abkommen ist allerdings bei Datenschützern umstritten, da es den Behörden weit reichende Abhör- und Spionage-Befugnisse einräumt.[3]

Im Jahr 1998 rief die britische Datenschutzorganisation »Privacy International« den »Big Brother Award« ins Leben. Ausgezeichnet werden Personen oder Firmen, die in besonderer Weise die Privatsphäre von Menschen beeinträchtigen oder private Daten Dritten zugänglich machen. Rasch übernahmen Datenschutzorganisationen in Kanada, Österreich, den USA, Frankreich und Deutschland das Konzept, um mit dem Negativpreis eine breite Öffentlichkeit für Gefährdungen der Privatsphäre zu sensibilisieren. Federführend bei der Verleihung in Deutschland ist der »Verein zur Förderung des öffentlichen bewegten und unbewegten Datenverkehrs e. V.«, kurz FoeBuD. Mitglieder der Jury kommen aus dem »Chaos Computer Club«, dem FITUG, der Deutschen

Vereinigung für Datenschutz (DVD) sowie dem FIfF (Forum InformatikerInnen für Frieden und gesellschaftliche Verantwortung).[4]

2. Die Grundregeln der Netikette

Die Grundregeln der Netikette im Internet lauten wie folgt:
- Beleidige niemanden.
- Stehe immer zu dem, was Du sagst.
- Äußere dich klar, knapp und präzise.
- Sei freundlich zu jedem.
- Spioniere niemanden aus.
- Spare mit Daten.
- Verschicke keine Nachrichten, die der andere nicht lesen kann.
- Sende keine schädlichen Programme, sprich: überprüfe jede Datei vor dem Versand auf Viren.
- Brich' nicht in Datenbestände von anderen ein.

Je nach Umgebung, ob World Wide Web, Chat-Foren, Newsgroups oder ob E-Mail, werden diese Grundregeln ausdifferenziert.

2.1 Netikette im Web

Wenn Sie im World Wide Web surfen, kommen Sie mit den Anstandsregeln des Netzes kaum in Konflikt. Denn beim Abrufen von Daten kann man nicht viel verkehrt machen. Wenn Sie allerdings gemeinsam mit anderen Benutzern und Benutzerinnen auf einen einzigen Netzzugang zugreifen, sollten Sie auf das Überspielen großer Datenmengen verzichten. Denn damit bremsen Sie den Zugriff anderer Benutzer auf das Internet.

Anders ist es, wenn Sie als Betreiber einer Internet-Seite auftreten. Hier sollten Sie Folgendes beachten:
- Halten Sie die Webseite so schlank wie möglich. Verzichten Sie auf aufwendige Animationen. Und wenn Sie multimedial arbeiten müssen, gehen Sie sparsam vor. Das spart Zeit und Geld des Benutzers.
- Sammeln Sie nicht unnötig Daten. Wenn ein Besucher auf Ihre Seite kommt, verrät er noch nicht allzu viel über sich. Allenfalls der Internet-Anbieter, das Internet-Zugangsprogramm und die vorher besuchte Seite lassen sich herausfinden. Allerdings machen es einige Internet-Anbieter so: Sie lassen den Zugriff auf das Angebot nur zu, wenn sich der Besucher zu erkennen gibt. Das ist an sich noch nichts Böses – im Gegenteil: Bei frei verfügbaren Internet-E-Mail-Angeboten schützt das sogar vor Missbrauch. Neben Namen und Adresse müssen aber oft auch Vorlieben und andere persönliche Daten preisgegeben werden. Und die gehen niemanden et-

was an, dienen aber zum Erstellen von Kundenprofilen und zum Anpassen der Werbeangebote. Sie sollten das nicht tun. Verlangen Sie nur die Daten von einem Besucher, die Sie wirklich benötigen. Auf jeden Fall tabu ist die Weitergabe der Daten gegen das ausdrückliche Einverständnis des Benutzers.

Genauer regelt das Bundesdatenschutzgesetz (BDSG) das Erheben von Daten. Der Paragraph 3a verlangt, nur die Daten zu erheben, die notwendig sind: »Gestaltung und Auswahl von Datenverarbeitungssystemen haben sich an dem Ziel auszurichten, keine oder so wenig personenbezogene Daten wie möglich zu erheben, zu verarbeiten oder zu nutzen. Insbesondere ist von den Möglichkeiten der Anonymisierung und Pseudonymisierung Gebrauch zu machen, soweit dies möglich ist und der Aufwand in einem angemessenen Verhältnis zu dem angestrebten Schutzzweck steht.« Die Anbieter von Internet-Angeboten werden sich mit diesem Gesetz auseinander setzen müssen.

Allerdings ist es oft nicht einmal nötig, Daten zu erfassen. Denn meist liefern die Kunden freiwillig genügend Informationen. Besonders die beliebten Online-Kataloge und Suchmaschinen wie Yahoo oder Altavista setzen »Targeting« ein. So nennt sich das gezielte Platzieren von Werbebannern, passend zum Suchbegriff. Der Informationssuchende wundert sich vielleicht nicht einmal, dass zu seiner Suchanfrage »BMW 753i« gleich die passende Anzeige des Autohauses eingeblendet wird. Das ist an sich noch nichts Schlimmes. Allerdings lassen sich diese Informationen in einer Datenbank speichern. Über Cookies wird dann der Benutzer identifiziert. Sobald er sich auch noch mit seinem Namen anmeldet, hat der Anbieter schon ein genaues Bild von den Konsum-Gewohnheiten. »Profiling« nennen die Marketing-Experten das Gewinnen eines aussagekräftigen Kundenprofils. Sind genügend Informationen in der Datenbank gesammelt, sprechen Marketingexperten von einem »Data-Warehouse«. Jetzt tritt »Data-Mining« in Aktion: Per Computerprogramm werden Zusammenhänge aufgespürt, die vorher unbekannt waren. Data-Mining könnte beispielsweise entdecken, dass 30–35-jährige Väter von zwei Kindern und mit einem gewissen Mindesteinkommen häufig Bausparverträge in einer bestimmten Höhe abschließen. Und los geht's mit der gezielten Werbung – das spart eine Menge sonst verschwendeten Portos.

2.2 Netikette für den Chat

Chat-Programme erlauben ihren Benutzerinnen und Benutzern, sich per Tastatur zu unterhalten. In gemeinsamen Chat-Räumen treffen sich Teilnehmer aus aller Welt und tauschen sich aus. Das Niveau dieser Chats reicht vom entspannenden »Geschnatter« bis hin zur Hilfe bei Computer-Problemen.

Der beste Weg, sich in einem Chat unbeliebt zu machen:
- Geben Sie sich einen möglichst aufregenden Namen, schreiben Sie ihn in VERSALIEN.

- Grüßen Sie nicht, wenn Sie den Chat-Raum betreten.
- Fangen Sie sofort an, mitzureden.
- Stellen Sie allen anderen Teilnehmern Fragen, die diese garantiert nicht interessieren.
- Nerven Sie die Chat-Teilnehmer mit bohrenden Nachfragen, sofern sie nicht innerhalb von Sekunden antworten.

In einem Chat ist erst einmal eines angesagt: Ruhig bleiben, zurückhalten. Wenn Sie einen virtuellen Plauderraum betreten, grüßen Sie höflich, zum Beispiel mit »hallo allerseits«. Und dann warten Sie ab. Lesen Sie erst einmal ein paar Minuten mit. Dann finden Sie heraus, um welches Thema es geht und können vielleicht mitreden. Wenn Ihnen ein anderer eine Frage stellt, antworten Sie freundlich und offen. Mit der Zeit wird es dann zum angenehmen Gespräch kommen.

Etwas anderes ist es, wenn Sie schon Stammgast in einem Chatraum sind. Dann können Sie sofort loslegen und sich mit ihren Freunden unterhalten. Kommt aber ein Neuer hinzu, begegnen Sie ihm mit Höflichkeit. Fragen Sie ihn, was er macht und wie es ihm geht. Und wenn Sie wollen, binden Sie ihn in die Diskussion mit ein. Wenn Sie kein Interesse haben an unbekannten Mit-Chattern, dann sperren Sie Ihren Chatraum.

2.3 Netikette für Newsgroups im Usenet

Im Usenet diskutieren Tausende von Internet-Teilnehmern. Um den Daten- und Informationsstrom geregelt in Fluss zu halten, ersann die Netzgemeinde schon sehr bald eine eigene Netikette. Alle Teilnehmerinnen und Teilnehmer im Usenet sollte sich an diese Benimmregeln halten. Zwar drohen ihm weder Geld- noch Gefängnisstrafen. Doch wer gegen den guten Ton im Netz verstößt, dem drohen Rüffel und Sanktionen. Diese reichen von verbalen Attacken, Flames genannt, bis hin zum Löschen seiner Newsgroup-Beiträge. Auf die Durchsetzung der Regeln achtet im Allgemeinen die Usenet-Gemeinde selbst. In vielen Gruppen arbeiten zudem Moderatoren. Die lesen einen Beitrag, bevor er veröffentlicht wird.

Diese Grundregeln sollte jeder Usenet-Teilnehmer beherzigen:

Die richtige Newsgroup wählen. Überlegen Sie zuerst, was Sie schreiben wollen. Überlegen Sie dann eine griffige Überschrift, um den Text zusammenzufassen und prüfen Sie, in welche Newsgroup Ihr Beitrag passt. Es gehen nicht nur viele Nachrichten in den falschen Gruppen verloren, es ärgern sich auch Leser, wenn die Newsgroup voller Beiträge ist, die dort nichts zu suchen haben.

Crosspostings vermeiden. Eine Nachricht gehört immer nur in ein Usenet-Forum. Überlegen Sie, wo Sie Ihre Messages unterbringen. Wenn Sie partout der Ansicht sind, dass eine Nachricht in mehrere Foren passt, posten Sie diese in einen Bereich und platzieren Sie in den anderen Newsgroups kurze Hinweise. Das sollte jedoch die Ausnahme bleiben.

Persönliche Angriffe vermeiden. Bleiben Sie höflich im Netz – verbale Ausfälligkeiten und Attacken bringen niemandem etwas und provozieren nur unnötige Auseinandersetzungen. Wenn Sie Streit suchen, nehmen Sie das passende Forum dafür, etwa de.alt.flame.

Ironie kennzeichnen. Die Kommunikation via Computer ist beschränkt – weder Tonfall noch Mimik oder Gestik stehen als zusätzliche Kanäle bereit. Das provoziert Missverständnisse. Verzichten Sie daher auf doppeldeutige oder ironische Formulierungen. Wenn sich diese nicht vermeiden lassen, nutzen Sie Emoticons, etwa das ;-) um Ironie zu unterstreichen.

Kurze Signaturen verwenden. Reduzieren Sie Ihre Signatur. Zwei oder drei Zeilen reichen, um alles in dieser digitalen Kennung unterzubringen.

Keine Werbung. Senden Sie keine Werbung in Newsgroups. Erstens bringt es nicht viel, zweitens ärgert sich die Netzgemeinde enorm darüber, drittens kann es Ihrem Unternehmen schaden, mit dem Bann des Usenet belegt zu werden.

Schreiben Sie unter Ihrem Namen. Adresssammler durchstöbern täglich die Newsgroups, um neue E-Mail-Anschriften zu sammeln. Viele Nutzer sind dazu übergegangen, ihre Adressen für diese Suchmaschinen unbrauchbar zu machen, indem Sie zusätzliche Namen oder Zeichen einfügen, etwa meier_@_foo.bar oder meier@remove.foo.bar. Doch diese Maßnahme schadet mehr als sie bringt. Denn sie erschwert, auf Ihre Beiträge zu antworten. Im Usenet ist dieses Adress-Faking nicht gerne gesehen.

FAQs nutzen. Zu praktisch jeder Newsgroup gibt es eine FAQ, eine Liste mit den meistgestellten Fragen. Diese FAQ-Liste wird regelmäßig aufs Netz geschickt und aktualisiert. Bevor Sie also eine Frage öffentlich in einer Newsgroup stellen, sehen Sie nach, ob diese nicht schon in der FAQ beantwortet ist.

Redundanz vermeiden, Neues sagen. Bevor Sie sich an einer Usenet-Diskussion beteiligen, lesen Sie genau die anderen Beiträge. Bringen Sie dann nur Meinungen oder Fakten, die dort nicht schon dargelegt wurden. Zitieren Sie nur die Passagen aus anderen Beiträgen, auf die Sie sich wirklich beziehen. Fassen Sie sich kurz und schreiben Sie nur dann, wenn Sie wirklich etwas Neues sagen wollen.

Formalia einhalten. Achten Sie auf das, was Sie schreiben. Lesen Sie jeden Text noch einmal durch, bevor Sie ihn posten. Achten Sie auf die Rechtschreibung und grammatikalische Richtigkeit.

Binärdateien nur in die richtigen Foren. Für Binärdateien, also Bilder oder Programme gibt es eigene Newsgroups, meist erkennbar am Kürzel »bin« oder an der Bezeichnung »binaries«. Nur hier haben Files etwas zu suchen.

Gutes Subject wählen. Das Subject ist wie die Überschrift in einer Zeitung: Nur wenn sie gut gewählt ist, wird man einen Beitrag lesen.

Nutzen Sie E-Mail. Nicht jede Antwort auf einen Newsgroup-Beitrag muss öffentlich sein. Antworten Sie per E-Mail, um das Netz zu entlasten. Wenn Sie selbst E-Mails als Antworten auf eine Frage bekommen, stellen Sie nach einigen Tagen eine Zusammenfassung dieser Antworten aufs Netz.

2.4 Netikette für E-Mail

Mit einer freundlichen E-Mail können Sie nicht viel verkehrt machen. Im Allgemeinen gelten hier dieselben Regeln wie auch in den Newsgroups. Also sind Höflichkeit, Kürze, Eindeutigkeit und wohl überlegtes Schreiben gefragt. Im Folgenden wird daher nur auf einige zusätzliche Aspekte eingegangen.

- Nicht an zu große Verteiler senden
  E-Mail sollte man grundsätzlich nur an die senden, die es betrifft. Viele neigen dazu, Nachrichten an einen zu großen Verteiler zu schicken. Dazu gehören besonders Mitarbeiterinnen und Mitarbeiter in Unternehmen, die eine Nachricht an alle anderen Angestellten schreiben, nur weil sie ihre Kaffeetasse nicht finden. Inhalt der Nachricht dann: »Wer hat meine Kaffeetasse aus der Küche genommen?« Auch im Privaten gilt es: Nicht jeder will alles lesen. In der Informationsflut von heute stören unnütze E-Mails.

- Nicht zu große Mails schicken
  Das kommt oft vor: Person A hat einen schnellen T-DSL-Anschluss oder eine Standleitung in das Internet, Person B nur ein Modem. Person A findet einen kleinen Videofilm im Internet und verschickt ihn an alle Freunde. Person B ist auch darunter. Und B ärgert sich, dass die sieben Megabyte ewig lang die Leitung verstopfen und dass letztlich dabei eine nutzlose Datei heraus kommt, die er sich schlimmstenfalls nicht einmal ansehen kann. Verzichten Sie deshalb auf den Versand von allzu großen Mails. Alles über 200 KByte ist schon kritisch.

- Private Mails nicht veröffentlichen
  Nicht nur ein Verstoß gegen die Netikette ist es, E-Mail, die man privat erhalten hat, zu veröffentlichen oder an einen größeren Verteiler weiter zu leiten. Es ist auch ein Vertrauensbruch. Stellen Sie sich vor: Sie schreiben einem Kollegen oder einer Mitschülerin eine E-Mail und erzählen dort wie attraktiv Sie diesen oder jenen Menschen finden. Und der Empfänger leitet die Mail nicht nur an alle anderen Kollegen weiter, sondern auch noch an Ihren Partner (der dann wohl nicht mehr lange Ihr Partner ist).

2.5 Spam

Die weitaus lästigste Art der Mail verstopft jeden Tag unsere Briefkästen: Elektronische Werbesendungen versprechen Millionengewinne, preisen Hautcremes an, Versicherungen oder die neuesten Sonderangebote aus dem Supermarkt. Auf dem Internet haben diese lästigen Postwurfsendungen ein neues Refugium gefunden. Diese Werbemails sind auch als Spam bekannt, benannt nach dem Dosenfleisch der US-Firma Hormel. Das Fleisch spielte in vielen Monty-Python-Sketchen eine Rolle. In einem Film sang eine Wikingerhorde »Spam, Spam, Spam, ...« und erstickte dadurch sämtliche Konversation im Raum.

Inhaltlich füllen die digitalen Nachrichten die gesamte Bandbreite menschlicher und wirtschaftlicher Bedürfnisse: »Ein WWW-Programm ist hervorragend dazu geeignet, Produkte und Dienstleistungen im Ausland zu verkaufen und das eigene Unternehmen weltweit in angemessener Form zu repräsentieren,« sinnierte Ende der 90er-Jahre ein Übersetzungsdienst. »Dieser Brief wurde zu Dir geschickt, um Dir Glueck zu bringen,« predigt ein Kettenbrief, und susan140@juno.com preist eine frivole 4-for-1-Dateline an.

Gegen Spam ist kein E-Mail-User gefeit. Ob in T-Online oder AOL – die Mails kommen früher oder später automatisch. Spams sind nicht nur lästig, sie kosten auch Geld. Viele Online-User werden nach übertragener Datenmenge zur Kasse gebeten. Spam-Opfer kommen schnell auf ein halbes Megabyte Datenmüll pro Woche. Außerdem fallen für den Download der Nachrichten Telefonkosten oder andere Leitungsgebühren an. Spam-Mail-Versender nehmen das in Kauf.

Nichts ist einfacher, als im Internet an E-Mail-Adressen zu kommen. Spam-Mail-Versender bedienen sich im Usenet oder im World Wide Web. Jeder, der sich online zeigt, wird zum potenziellen Opfer der Mailer. Denn in den News muss ein Spam-Mailer nur die Absenderfelder untersuchen und in eine Datenbank übernehmen. Im World Wide Web bedient man sich eines Robots, der ähnlich wie Altavista oder Lycos automatisch Homepages abklappert und dabei nach Adressen sucht. Auf einer Homepage sind Anschriften einfach zu erkennen, sie werden mit »mailto:« eingeleitet. Selbst für wenig talentierte Programmierer ist die Anschriftensuche leicht. Eine weitere Quelle sind die User selbst. Wer auf einer Webseite Infomaterial anfordert, gibt dabei seine Internet-Adresse preis und landet in einem Verteiler.

Um Spam-Mail zu vermeiden, sollten Sie im Netz so wenig auffallen wie nur möglich. Das bedeutet: Keine Beiträge in Newsgroups, keine eigene Homepage mit E-Mail-Adresse, keine Anforderung von Informationen auf Web-Seiten, keine E-Mails an Unternehmen. So einfach es klingt, so unsinnig ist dieses Verhalten, denn schließlich ist das Internet ein Kommunikationswerkzeug. Zumindest jedoch sollten Sie versuchen, mit Ihrer Adresse zu geizen, also nicht täglich eine Unzahl von Nachrichten in die Newsgroups zu schreiben oder tonnenweise Infos anzufordern.

Spam-Mail-Fallen lauern auf Registrierungsseiten von Software-Anbietern. Vor einem Download verlangt der Server eine E-Mail-Adresse. Und irgendwo auf dem Formular verbirgt sich eine Checkbox. Ist diese angekreuzt, wertet der Software-Anbieter dies als Einverständniserklärung für die Weitergabe der E-Mail-Adresse. Andere Server wiederum gehen den umgekehrten Weg. Hier muss der Downloader die Checkbox aktivieren, um den Spam-Empfang zu vermeiden. Lesen Sie also genau, was Sie anklicken, sehen Sie sich immer die komplette Formularseite an, bevor Sie den Submit-Button drücken. Einige User sind bei der Registrierung des Downloads dazu übergegangen, eine ungültige E-Mail-Anschrift anzugeben, etwa niemand@foo.bar. Doch das ist nicht unbedingt fair und ehrlich.

Ein ideales Mittel gegen unerwünschte Werbung ist ein Postfach (Account) bei einem Gratis-Mailanbieter. Wer mit einer solchen Adresse etwa in Newsgroups schreibt, dessen Ursprungs-Account bleibt vor unangenehmer Werbung verschont – erreichbar ist man für die Netzgemeinde trotzdem. Denn die Maildienste im Internet filtern die Nachrichten von Spam-Mail-Versendern so weit wie möglich heraus. Anbieter wie Yahoo oder der deutschsprachige GMX verfügen über ausufernde Listen mit Absendeadressen, die sie von vornherein sperren. Darüber hinaus bieten einige Dienste persönliche Blockade-Listen für ihre Kunden.

Mail-Anbieter haben selbst großen Ärger mit Spam-Versendern. So kommt es immer wieder vor, dass Teilnehmer eines Dienstes diesen für Werbesendungen missbrauchen. Dafür haben die Gratis-Services allerdings rigide Regeln: Wer Werbung versendet, fliegt raus. Die meisten Spam-Versender gehen aber raffinierter vor. Sie schicken die Werbebotschaften mit gefälschten Absendern durch das Internet. Häufig werden dabei große Mail-Anbieter als Absendeadressen verwendet. Dann steht hinter dem @ meist der Domain-Name eines Anbieters wie Bigfoot oder Yahoo. Die Folge sind Tausende erboster Rückantworten an den schuldlosen Mail-Anbieter. Das belastet wiederum die Server und lässt den Anbieter in einem schlechten Licht erscheinen. Deshalb gehen Mail-Anbieter auch gerichtlich gegen Spammer vor. So klagte Bigfoot 1997 erfolgreich den selbst ernannten Spam-König Sanford Wallace und seine Firma Cyber Promotions aus dem Geschäft.[5]

Oft nutzen die Spam-Sender auch Sicherheitslücken, die unerfahrene Computer-Verwalter offen lassen. Wer beispielsweise einen Server im Internet betreibt und sein Mail-Versandprogramm nicht ausreichend absichert, kann sicher sein, binnen einer Woche zum unfreiwilligen Aussender von Werbemail zu werden.

Wenn Sie von Spam belästigt werden, sollten Sie nicht die Ruhe verlieren. Kommt die Mail aus den USA, dann halten Sie still. Jede Antwort ist nutzlos. Nutzen Sie keinesfalls das Angebot, sich aus dem Werbeverteiler auszutragen. Denn falls die dort angegebene Adresse überhaupt stimmt, bestätigen Sie mit einer Nachricht dorthin nur, dass es Ihre Mail-Anschrift wirklich gibt. Und damit steigt der Verkaufswert Ihrer Adresse gleich wieder.

Kommt die Werbemail aus deutschen Landen, sollten Sie den Absendern mit einem freundlichen aber deutlichen Hinweis klar machen, dass Sie keine Mail mehr wünschen. Wunder wirkt bisweilen eine Kopie der Mail und Ihrer Antwort an den Postmaster der betreffenden Domain. Denn die Systembetreuer eines Absenders sind nicht unbedingt mit dem Treiben ihres Kunden einverstanden. Um den Systembetreuer eines Providers zu erreichen, setzen Sie statt des Absendernamens einfach »postmaster« ein und belassen die Adresse ab »@«. Aus »Spamie@foo.bar« wird also »postmaster@foo.bar«. Häufig haben Provider auch eine spezielle Adresse, um Missbrauch zu melden. Die lautet »abuse@...«. Damit der Provider mit der Spam-Mail etwas anfangen kann, müssen sie diese als Quelltext schicken. Mit Outlook Express erhalten Sie den Quelltext per Tastendruck auf [Strg]-[F3]. Wenn Sie auf Ihrem PC ausreichend Platz finden, archivieren Sie die Spam-Mails. So machen Sie Wiederholungstäter ausfindig und können gegebenenfalls geballtes Beweismaterial an einen Postmaster schicken.

Wenig Nutzen bringt der Eintrag auf einer Robinson-Liste. Denn die wenigsten Versender sehen zuvor in einer solchen Liste nach, bevor sie ihre Botschaften los schicken. Im Gegenteil: Viele sehen in den Listen eher noch eine Gefahr. So gerieten sich im Herbst 2001 der »Interessenverband Deutsches Internet IDI« und die anderen Verbände DDV, DMMV und eco in die Haare. Grund waren die von IDI betreuten eRobinson-Listen. Die IT-Branchenverbände warnten in einer Pressemitteilung vor dem Eintrag in die Listen. Die Verbände befürchteten unter anderem, dass die Listen Ziel von Hackerangriffen werden könnten. Und diese Befürchtungen haben sich schnell bestätigt. Die Liste wurde Ziel eines Angriffs, bei dem der Zugangsschutz gehackt wurde. Als Reaktion auf den Zwischenfall hat die IDI die Listen auf einen vom Internet aus nicht zugänglichen Server transferiert und wird die Liste in Zukunft den Berechtigten nur noch per Mail verschlüsselt zuschicken.

Ein weiterer Weg, ungeliebten Nachrichten aus dem Weg zu gehen, sind Mail-Clients mit Rules, zu Deutsch »Regeln«. Anhand dieser Regeln sortiert ein Client einkommende Nachrichten und wirft Werbe-Messages gleich weg.

Die meisten aktuellen Mail-Clients verfügen über Rule-Systeme. Sie untersuchen Betreff oder Absender einer Nachricht und verschieben verdächtige Messages in einen eigenen Ordner oder in den digitalen Reißwolf. Einige Clients recherchieren sogar in der Nachricht selbst nach verdächtigen Schlüsselwörtern. Welche Begriffe der Mailer sucht und welche Maßnahmen er ergreift, bestimmen Sie. Wenn Ihr Client Rules nicht beherrscht, verwenden Sie einen Online-Filter wie Mail Guard oder E-Filter. Diese Programme durchsuchen die Nachrichten auf dem Server nach Schlüsselbegriffen und ergreifen entsprechende Aktionen. Doch Rules sind kein Allheilmittel: Allzu restriktive Einschränkungen bergen die Gefahr, dass ihnen wichtige persönliche Nachrichten zum Opfer fallen. Zu lasche Regelungen dagegen lassen zu viel Unrat durch. Mit Rules kurieren Sie außerdem nur an den Symptomen herum. Die Nachrichten landen trotzdem in Ihrem Postfach, Übertragungs- und Online-Kosten lassen sich mit Rule-fähigen Clients nicht eindämmen.

2.6 Das müssen Sie beachten, wenn Sie selbst Werbe-Mail versenden wollen

Viele Unternehmen versenden Informationen via E-Mail und sind dennoch keine Spam-Mailer. Wenn Sie selbst Informationen digital versenden wollen, sollten Sie folgende Regeln beachten:
– Die Empfängerin und der Empfänger müssen mit dem Empfang der Werbesendungen einverstanden sein. Das bedeutet: Er muss aktiv die News an-

fordern. Dies kann er per Formular auf Ihrer Homepage oder per E-Mail tun. Senden Sie keinesfalls unerwünschte Werbenachrichten an unbekannte Mail-Teilnehmer.
- Versenden Sie Ihre Nachrichten am besten über einen Listserver. Ihr Internet-Provider sagt Ihnen, ob sie einen solchen Server verwenden können. Wenn das nicht klappt, setzen Sie die Adressen keinesfalls alle in das Adressfeld. Nutzen Sie das Blind-Copy-Feld.
- Teilen Sie am Anfang und Ende jeder Mail mit, wie man sich von der Mailing-Liste löschen lassen kann.
- Halten Sie Häufigkeit und Umfang Ihrer Werbesendungen in Grenzen.
- Schicken Sie nur Mails ab, wenn Sie wirklich etwas Neues zu sagen haben.

Anmerkungen

1 Valentina Djordjevic, http://duplox.wz-berlin.de/texte/vali
2 http://www.heise.de/newsticker/data/hod-23.11.01-001/
3 Vgl.Telepolis, http://www.heise.de/tp/deutsch/inhalt/te/7239/1.html
4 Vgl. Big Brother Awards, http://www.bigbrotherawards.de/
5 Vgl. The John Marshall Law School, http://www.jmls.edu/cyber/cases/spam.html

Namen- und Sachregister

Aarhus-Konvention 197
Aaron, David 169–171
ABB 95
Abelshauser, Werner 240
Abgeordnetenentschädigung 18
Abrechnungsdaten 68, 96
Abrufdienst 219
Access-Provider 73, 81
Acteal 272
ActiveX 79, 134, 135, 145
Adelman, Leonard 164, 166
Adidas-Salomon 95
Adware 80, 91, 131, 148
Ageeb, Aamir 293
Agent.Nasdaq 291
Agit-Prop-Theater 271
AK-Mail 135
Akteneinsicht 180, 190, 195
Aktengeheimhaltung 188
Aktenvernichtung 178
Alcatel Deutschland 95
Allgemeine Geschäftsbedingungen (AGB) 73, 87
Allgemeine Erklärung der Menschenrechte 18, 222
Allianz 95
Altavista 328, 340, 344
Alte Ökonomie 213
Altlastenkataster 193
Amazon 89, 146
American Civil Libertys Union (ACLU) 308
American Express 95
American Management Association 92
Amoklauf von Erfurt 326
Amsterdamer Vertrag 180–182
Amtsverschwiegenheit 190, 207
AN.ON 115, 153
Anbieterkennzeichnung 23, 83
anonyme Remailer 120
anonymes Publizieren 117
Anonymisierung 59, 340
Anonymisierungsdienst 323

Anonymität 34, 110, 111, 120–126, 152, 155–157
Anonymizer 115, 116, 122, 152, 155
Anti-Nuklearbewegung 263
Anti-Terrorgesetz 168
AOK Bundesverband 95
AOL 344
Arndt, Adolf 16
Arquilla, John 275, 277, 278
Ars Electronica 276
Ashcroft, John 186
Asylgrundrecht 18
asymmetrische Verschlüsselung 136
AT&T 167
At-Large-Direktor 248, 253
Atombombentest 183, 262, 263
Attac 249
Außenwirtschaftsverordnung 172
Audi 95
Audio-Equipment 264
ausgleichende Gerechtigkeit 220
Auskunftsrecht 57, 58, 83, 191
Axa Colonia 95

B. Braun Melsungen 95
Bacard, André 121
Bachmann, Birgit 331
Backbone 272
Bad Aibling 174
Bankole, Kola 293
Bankverbindung 73
Barlow, John Perry 288
BASF 95
Battis, Ulrich 188
Bäumler, Helmut 123
Bausparkasse Schwäbisch-Hall 95
Bayer 95, 202
BBS 264
Bearbeitungszeit 196
Bertelsmann 95, 124
Berufsausübungsfreiheit 28
Bestandsdaten 65–67
Bewegungsprofil 98, 110
Bibliothek 220, 222, 330

Bibliotheksdienstleistung 221
Big Brother Award 338
Bigfoot 345
Bildschirmarbeitsverordnung 104
Bio-Prox 96
BioID-Verfahren 98
Biometrie 99
BIOS-Passwort 129
Birthler, Marianne 205
Bitkom 38
Bizer, Johann 301
Bletchley Park 162
Blinde Kuh 331
Bloodhound Sensors 97
BMW 95
Boal, Augusto 270
Boehringer Ingelheim 95
Bosnienkrieg 168
Boulevardpresse 50
Bradner, Scott 120
Brandeis, Louis 50
Brauerei Beck 95
Brecht, Bertolt 228, 230, 235, 253
Briefgeheimnis 26, 64
Briefwahl 240, 241, 258
Brokat 95
Buchdruck 219, 228, 231, 320
Budapester Konvention 338
Buderus 95
Bulletin Board Systems 264
Bund Online 2005 243
Bundesamt für Sicherheit in der Informationstechnik (BSI) 172
Bundesarbeitsgericht 92, 99, 102, 106
Bundesausfuhramt (BAFA) 172
Bundesdatenschutzbeauftragter 62
Bundesdatenschutzgesetz (BDSG) 49, 87, 340
Bundesfinanzministerium 104
Bundesgerichtshof 328
Bundesgrenzschutz 293
Bundesinnenministerium 173
Bundeskanzleramt 178
Bundeskriminalamt (BKA) 98, 326
Bundesprüfstelle für jugendgefährdende Medien 325, 330, 332
Bundesverfassungsgericht 15, 18, 23, 25, 26, 48, 49, 52, 92, 99, 100, 106, 178, 205, 220, 258, 298, 301, 329, 333
Bundesverwaltungsgericht 192
Bundeswirtschaftsministerium 172, 173

Bunyan, Tony 181, 182
Bürgerbeteiligung 191
Bürgerrechte für Internetnutzer 266
Bürgerrechtsgruppe 263
Burke, Edmund 254
Bush, George 186
Bush, George W. 183
Büssow, Jürgen 328

C2Net 122
CA Computer Associates 95
Call-Center 102
Cap Gemini Ernst & Young 95
Carnegie Endowment for International Peace 317
Carnegie Mellon Universität (CMU) 308, 309
Carnivore 152
Carstens, Karl 13
Catalyst 282
CDU 32
CDU-Parteispendenaffäre 206
Celanes 95
Centri Sociali 263
Challenger-Unglück 183
Chaos Computer Club 260, 338
Chat 340
Chaum, David 114, 120, 152, 157
Chiffrierschlüssel 117
Chipkarte 38, 60, 142
CIA 155, 174, 184
Citizen's Charter 8
Clarke, Ian 119, 154
Coca-Cola 95
Cockpit 294
Cocks, Clifford 164
COCOM 170
Commandante Ricardo 270
Commerzbank 95
Compaq 95
Compuserve 308, 309, 328
Computer Emergency Response Team (CERT) 40
Computer-Assisted Reporting 185
Computerarbeitsplatz 92, 93
Computerkriminalität 40, 41, 86, 123, 271
Computerspiel 326
Construction-Kits 127
Containerdatei 130
Content-Provider 90

Cookie 77–80, 88, 96, 110, 111, 145–148, 159
Cookie-Management 111, 149
Copyright 171, 215, 265, 303
Corporate Identity 293
Cottrell, Lance 114, 115, 152
Counter-Strike 326
Cranor, Lorrie 117
Customer Relationship Management 109
Cutler, Jonathan 292
Cyber Promotions 345
Cyber-Dschihad 276
Cyberaktivismus 271
Cybercrime-Konvention 22, 40, 86, 123, 125, 275, 315
Cyberkriminalität 275, 315
CyberPatrol 94, 104, 331
Cyberpunk 264
Cybersabotage 277
Cyberspace 238
Cybersquatter 289
Cyberwar 275, 276
Cypherpunk 122
Cypherpunk-Remailer 113, 114, 122

Daimler-Chrysler 95
DAK 95
Data-Mining 51, 80, 340
Data-Warehouse-Systeme 80
Datenautobahn 267
Datenbankenrichtlinie 218
Datenhandel 85
Datenmissbrauch 19
Datenmüll 344
Datenschutz 23, 48, 71, 88, 91, 93, 111, 205, 241, 261, 303
Datenschutzaudit 63
Datenschutzbeauftragte 27, 199
Datenschutzrecht 82, 84, 91
Datenschutzrichtlinie 50, 55, 62, 90
Datenschutzverordnung (TDSV) 63
Datensicherheit 59, 241
Datenspur 95, 128
Datev 95
Davida, George 165
DCS 98
DDV 346
Decoder 264, 265
DefCon 315
Deister-Electronic 96

Demokratie 253
Demokratiedebatte 230
Demokratiedefizit 248
Demokratiedilemma 230, 234–238, 245, 246, 250, 252
Demonstrationsrecht 297, 299
Denial-of-Service-Attacke 262, 274, 276
Denic 210, 248
Deportation Alliance 293
Deportation.Class 293, 294
Deutsche Bahn 318, 328
Deutsche Lufthansa 95
Deutsche Post 95
Deutsche Renault 95
Deutsche Telekom 95, 312
Deutsche Vereinigung für Datenschutz (DVD) 339
Deutscher Journalistenverband 201
Deutscher Multimediaverband (DMMV) 233, 246
Die Grünen 32
Dienstpost 95
Diensttelefongespräch 100
Dienstvereinbarung 106
Diffie, Whitfield 164
Digital Coalition 268
Digital Hijack 289
Digital Millennium Copyright Act (DMCA) 315
Digital Rights Management (DRM) 124, 216, 217
Digital Zapatismo 278
digitale Signatur 38, 39, 43, 136, 171
digitale Spaltung 236, 239, 285
digitale Stadt 302
digitaler Fingerabdruck 218
digitales Telefonnetz 34
digitales Wasserzeichen 218
DigitalMe 157
Direktwahl 247
Disk Tracy 94
Diskriminierungsverbot 29
DNA-Profiling 97
Do-it-yourself-Kultur 262, 264
Doha 284
Domainname 210, 289
Domainnamen-System 247, 289
Dominguez, Ricardo 270–276, 278, 284
Donnerhacke, Lutz 114
dotcomtod 125
Doubleclick 110, 148, 159

3M Deutschland 95
Dresdner Bank 95
Dual-Use-Produkt 171
Dummy-Traffic 153
Dyson, Esther 7, 227, 248, 260

E-Bay 274
E-Book 315
E-Commerce 27, 37, 43, 245, 267
E-Demokratie 227, 228, 231, 234, 236, 242–245, 247, 249–252
E-Demokratie-Projekt 249, 260
E-Government 37, 38, 178, 242–245, 259
E-Mail-Überwachung 95
E-Mail-Verkehr 100
E-Plus Mobilfunk 95
EADS Deutschland 95
Eblaster 94
Echelon 86, 139, 152, 173, 174, 186
Echelon-Untersuchungsausschuss 174
Eco 346
Eigentum 28
Eigentumsgrundrecht 222
Einwanderungspolitik 292
Electrohippie 279, 280
Electronic Civil Disobedience 271
Electronic Disturbance Theater 268, 270, 272, 273, 276–279, 290, 295
Electronic Frontier Foundation 288, 290
elektronische Agora 302
elektronischer Geschäftsverkehr 211
elektronischer Zahlungsverkehr 53, 221
Elektronisches Geschäftsverkehr-Gesetz 64, 210
Ellis, James 164
Emily Postnews 336, 337
Emoticons 342
Enigma 162, 163
Enquêtekommission 211, 241, 242, 256, 258
Enzensberger, Hans Magnus 253
Epcos 95
Erforderlichkeit 53
Erfurter Erklärung 8
Ericsson 95
ETA 174
etoy 288–290, 292
eToys 288, 291, 292
EU-Domain 247
EU-US Senior Level Group 182
Eudora 135

Europäische Grundrechtecharta 49
Europäische Menschenrechtskonvention (EMRK) 18, 20, 22, 222
Europäischer Gerichtshof 180, 194
Europarat 48, 86, 123, 315
Europol 86, 180
Export Administration Act 166
Exportkontrolle 122, 166
Extremismus 19

Faber-Castell 95
FaceVACS 97
Fairshare 156
Fangschaltung 66
Fanzine 263
FAQ 342
Fast-Food-Kette 286
FBI 86, 185, 313
Federal-Trade-Commission (FTC) 86, 89
Federalist Papers 122
Feminismus 263
Fernabsatzgesetz 211
Fernmeldeanlagengesetz (FAG) 65
Fernmeldegeheimnis 23, 26, 28, 64, 66, 94, 100, 102, 103
Fernsehen 228, 230
Fernsteuerungssoftware 128
Fernüberwachung 92, 128
Fiat 95
FidoNet 265
FIfF 339
Filesharing 156
Filmindustrie 124, 216
Filtersoftware 94, 323, 329, 330
Fingerabdruck 96
Firewall 133
FirstClass BBS 265
FITUG 338
Flatrate 68, 104
Fling 120
Floodnet 268, 270, 272–276, 295
Floodnet Development Kit 280
Focus 277
FoeBuD 338
FOIA Electronic Reading Rooms 206
Fouché, Joseph 87
Frankfurter Erklärung 8
Free Haven 120
Freedom 122
Freedom of Information Act (FOIA) 183, 187

Freemail 144
Freenet 117–121, 153
Fresenius 95
Fujitsu 338
Funktionsdefizit 239

G-7 Ministerkonferenz 213
G-10-Gesetz 64
GEAM 173
Gebühr 193, 199
Gebührenfrage 207
Gebührenordnung 194
Gegenöffentlichkeit 282
Gegenüberwachungssystem 284
Gehe 95
Geheimdienstpolitik 162
Geheimhaltung 191
geistiges Eigentum 28, 42, 211, 213, 218, 303, 315
Geldwäsche 85
Genua 284
Gerätekennzeichnung 54
Gesellschaft für Informatik 8
Gesellschaft für Nuklear-Service (GNS) 95
Gesichtserkennungssystem 97
Gesundheitschipkarte 51
Gewerberecht 24
Gewerkschaft 93
Gewerkschaftswerbung 106
Gewissensfreiheit 25
Giesecke & Devrient 95
Giftmüllverbrennungsanlage 192
Gilmore, John 307, 309, 317
Giuliani, Carlo 284
Glaubens- und Religionsfreiheit 18
Gleichheitssatz 29
Global Unique Identifier (GUID) 111
Globalisierung 22, 279
Globalisierungskritiker 249
GMX 345
GNU 308
Gnu Privacy Guard (GnuPG) 172, 173
Gnutella 118, 119, 216
Golfkrieg 183, 282
Google 145, 328
Gore, Al 45
Graf, Jürgen 328
Graswurzel-Journalismus 282
Greenpeace 194–196, 198, 262, 285
Grether, Reinhold 291

Grosse, Stefan 38
Grundgesetz 13, 15, 17, 20, 21, 296, 300
Grundrechte 17, 21, 22, 261
Grundrechtscharta 19, 22
GUID 54, 111, 131, 148
Gutenberg, Johannes 320

Habermas, Jürgen 230
Hacken 40
Hacker-Ethik 7, 275
Hacker-Krieg 276
Hackertool 270
Hacktic 314
Hacktivismus 270, 276, 277
Haftungsausschluss 132
Hamann, Sierk 300
Hammitt, Harry 185
Handlungsfreiheit 24, 27, 28
Harlan, Veit 301
Harvard-Universität 120
Hauptversammlung 28
Hausrecht 28
HavenCo 122
HBV 93
Heidelberger Druck 95
Hellman, Martin 164
Helsingius, Johan 112
Henkel 95
Heuss, Theodor 13
Hi8-Videokamera 264
Hill, Austin 122
Hirsch, Burkhard 188
Hitler, Adolf 17
Hochtief 95
Hoffmann, Jan 294
Hoffmann-La Roche 95
Höhn, Bärbel 202
Holocaust 312
Hören, Thomas 300
Hotmailing 74
Hsu, Stephen 155
Hubert-Burda-Stiftung 7, 8
HUK Coburg 95
Humanität 14
Hutchison Telecom 95
Hypovereinsbank 95

I-Love-You-Virus 95
IBM 236
Icann 7, 210, 227, 231, 242, 246–248, 253, 258, 260, 289

Icann-Wahl 242, 248
ID-Nummer 111, 147, 150
Identität 76
Identitätsmanagement 156
IMEI 65
IMSI-Catcher 65
Independent Media Center 279, 282, 318
Index 320, 329
Indymedia 282–284
Infineon 95
informationelle Selbstbestimmung 19, 23, 26, 44, 48, 53, 205, 303
Informations- und Kommunikationsdienste-Gesetz 210, 315, 324
Informationsbroker 76, 91
Informationsfreiheit 27, 178, 187, 218–220, 222, 223, 233, 298, 310, 323, 329, 333
Informationsfreiheitsgesetz (IFG) 190, 198
Informationsgesetzbuch 218
Informationshoheit 162
Informationskrise 258
Informationsordnung 219
Informationsrecht 217
Informationszugangsrecht 180, 218
Infowar 277
Infrarotansicht 98
Inhalte-Kontrolle 53, 233
Initiative D21 40, 236
Inman, Bobby 165
In-Q-Tel 155
Intel 95
Interessenverband Deutsches Internet (IDI) 346
International Traffic in Arms Regulation 166
Internationaler Pakt über bürgerliche und politische Rechte 18, 222
Internationaler Währungsfonds (IWF) 279
Internet Engineering Task Force (IETF) 120, 173
Internet Explorer 134, 159
Internet Fraud Complaint Center 86
Internet-Administration 247
Internet-Aktivismus 272
Internet-Auktionen 19
Internet-Regierung 260
Internet-Wahl 253
Internet-Warenhandel 91

Internethandel 91
Internetkontrolle 329
Internetprovider 73
Interpol 86
Intershop 95
IP-Adresse 54, 79, 145, 146, 154, 273
IP-Nummer 110
IPv6 120, 122, 126
Irismustererkennung 97
ISDN 36
ISL 116
Isole nella Rete 265
IT-Politik 31, 44, 233, 303
IT-Sicherheit 39, 233, 242, 244

J18 279
Jachnow, Thomas 292
JAP 115, 153
JAP Anon Proxy 153
Java 79, 145
Javascript 79, 115, 134, 145, 149, 273
Jones, Edward & Co 92
Jugendgemeindewahl 257
Jugendschutz 26, 311, 319, 325, 332
Junger, Peter 315
Junkbuster 111, 114

Kabelfernsehen 231
Kahn, David 165
Kalter Krieg 164
Karasic, Carmin 270
Kaufhof 92, 95
Key-Recovery-Politik 169, 170
Keyghost 93
Kienbaum 95
Kinderportal 331
King, Martin Luther 183
King, Stephen 217
KL-7 167
Klein, Naomi 279
Knigge 336
Koch, Werner 173
Kohl, Helmut 178, 206
Kommunikationsfreiheit 310
Kommunikationsprofile 34
Konsumentendaten 91, 98
Kontroll-Liste 330
Kontrollsoftware 93
Kopierschutz 29, 124, 125, 215, 221, 316
Kopierschutzsystem 221
Kopierschutzverfahren 316

Korruption 179, 187, 197
Korruptionsindex 179
Kosovo-Krieg 276
Kraft Foods Deutschland 95
Kreditwürdigkeit 78
Kritische Aktionärinnen und Aktionäre 294
Kryptoeckwert 172
Kryptoexportverbot 167
Kryptografie 162
Kryptologie 162, 165
Kryptopolitik 162
Kubicek, Herbert 44, 240
Kulturstaatlichkeit 219
Künast, Renate 190, 204
Kundendaten 109
Kundenprofil 124

Landesdatenschutzbeauftragte 62
Landeskriminalamt (LKA) 326
Lauck, Gary 246
Lauschangriff 206
Lebensmittelsmittelüberwachung 190
Leggewie, Claus 233, 251
Legitimationsdefizit 235, 239, 240
Legitimationskrise 258
Lekkerland Tobaccoland 95
Levy, Steven 7
Lexware 95
Liberalismus 16, 18
Libertad! 296
Lincoln, Abraham 229
Linde 95
Linux 223
Listbroker 76
Little Brother 94, 104
Lizenzvereinbarung 42
Location Based Services 35
Log-File 93, 145, 152, 273
Logo 293
Lotus Notes 135
Lubbers, Evelin 286
Lufthansa 292–294, 297, 298, 300
Lufthansa-Server 295
Lüth, Erich 301
Lycos 95, 331, 344
Lynn, Stuart 248

MacKenzie, Angus 184
MAD 66
Madison, James 121

Mailbox 101, 264
Mailbox-Crackdown 265
MAN 95
Marketing 106
Marktforschung 65, 75
Marquardt, Angela 314
Massentierhaltungsanlage 194
Maya-Technologie 268, 270, 275
Mayer, Patrick 317
McDonald's 285, 286
McLibel-Fall 286, 287
McSpotlight-Kampagne 285, 288
McVeigh, Timothy 312
Media@komm 243
Mediaplayer 111, 149
Mediendemokratie 234
Mediendienste 83
Mediendienstestaatsvertrag (MDStV) 63, 67, 83, 315, 324
Medienfreiheit 20
Medienkompetenz 333
Medienpolitik 251
Meinungsäußerung 220, 297, 310
Meinungsbildung 235
Meinungsforschung 59, 75
Meinungsfreiheit 19, 24, 26, 28, 44, 125, 156, 298, 301, 319, 329, 334
Melissa 95
Melitta 95
Menschenrechte 15–17, 22, 273, 281
Merck 95
Merrill Lynch 92
Metaforum 265
Metro 95
MI5 162
Microsoft 74, 89, 111, 149, 157, 159, 217
Missbrauchskontrolle 105, 107
Mister Minit 92
Mitbestimmungsrecht 107
Mitbestimmungsregelung 105
Mitnick, Kevin 338
Mix 153
Mixkaskade 152
Mixmaster 114, 121, 122
MLP 95
Mobbs, Paul 280
Mobiltelefonie 35
Moechel, Erich 45
Money, Arthur L. 277
Monty Python 343
Moorhuhnspiel 104

Morris, Dave 286, 287
Motorola 95
MP3 131, 154, 216
Müller, Stefan 331
Müller-Maguhn, Andy 210, 260
Münchner Erklärung 8
Müntefering, Franz 32
Mururoa-Atoll 262
Musikindustrie 123–125, 216

N30 280
Nachzensur 329
Napster 123, 216
NASA 183
National Institute of Standards and Technology (NIST) 172, 271
National Science Foundation (NSF) 165
National Security Agency (NSA) 164–167
National Security Archive 186
National White Collar Crime Center 86
Nationalsozialismus 14
NET 157
Netikette 210, 336–347
Netizen 303
NetNanny 94
Netscape 110
Netscapes Messenger 150
NetSnitch 94
Netstrike 261, 262, 267, 272, 278–280
NetStrike Starter Kit 267
Nettime 290
Netwar 277, 278
Network Associates (NAI) 168, 172
Netzaktivismus 261
Netzbürger 303
Netzkunstperformance 275
Netzwerkknoten 309
Netzwerkprotokoll 309
Netzwerktheorie 309
Neue Medien 228
Neue Ökonomie 213
Nichtregierungsorganisation (NGO) 249
Nicolai, Carl 165
Nixon, Richard 183
Novell 157
Nutzerprofil 80, 81, 128, 141
Nutzungsdaten 67
Nutzungsprofil 81–83, 110
Nutzungsrecht 216, 221
NymIP 120

Obi 95
OECD 48
öffentlicher Raum 302
Öffentlichkeit 218, 229–231, 237–239
Öffentlichkeitsprinzip 178
Official Secrets Act 187
Ökotest 193, 202
Onion-Router 119
Online-Aktivismus 281, 284, 302
Online-Broker 111
Online-Demonstration 292, 295, 297, 299, 300, 304
Online-Lobbying 281
Online Magna Charta 7
Online-Protest 263
Online-Registrierung 74
Online-Wahl 239–242
Open-Source 119, 121, 223
OpenPGP 173
Opera 146
Ordnungswidrigkeiten 69
Orth 93
Osram 95
Otto Versand 95

P3P – Platform for Privacy Preferences 149, 157–159
P3P-Policies 159
Panasonic Deutschland 95
Papierkorbfunktion 129
Parlakom 258
Parteienstaat 19
Passkontrolle 97
Passwort 74, 129
Patentrecht 303
Patriot Act 316
Pay-TV 171
Peacefire 317
Peer-to-Peer (P2P) 118, 154
Peilsender 35
Pentagon 276, 277, 284
People's Communication Charter 8
Personalausweis 38
personenbezogene Daten 54, 82
Personenidentifizierung 97
Persönlichkeitsprofil 80, 81, 96, 99
Persönlichkeitsrecht 26, 50, 99, 222
Persönlichkeitsschutzrecht 107
PersonSpotter 97
PGP Inc 168, 172
PGPdisk 130

Namen- und Sachregister

Phantomas 97
Philips 95
PICS 331
Pierce, William 312
Piratenradio 263
Pixelpark 95
Policy-Tool 157
Politikverdrossenheit 235
politische Willensbildung 26
Portscan 128
Post-Punk 261
Postbeschlagnahme 328
Postgeheimnis 320
Prantl, Heribert 318
Presidential Records Act (PRA) 183
Pressefreiheit 179, 310
Pretty Good Privacy (PGP) 139, 155, 167, 172
Preussag 95
Privacy Act 49
Privacy Enhancing Technologies 53, 59
Privacy International 338
Privacy Policy 89, 128, 156, 157
Privatsphäre 49, 125, 162, 303
Privatsurfen 103
Privattelefonat 102
Prodi, Romano 178
Product Placement 71
Profiling 340
Protestkultur 264
Proxy-Server 151
pseudonyme Remailer 112
Pseudonymisierung 59, 340
Pseudonymität 83, 112, 156
Public Cryptografy Study Group (PCS) 166
Public Domain 171
Public Key-Verschlüsselung 164
Publius 117, 118, 121
Pulitzer-Preis 185

Quittner, Joshua 331

Radbruch, Gustav 16
Radikal 314, 316, 328
Radio 228, 230, 320
Radiotheorie 229, 230, 235, 253
RAND-Corporation 275
Rating-System 311, 330, 331
Raubkopiererei 123, 265
Reagan, Ronald 186

Realmedia 159
Realnetworks 111
Realplayer 111, 131, 148
Rechnerboykott 300
Rechtemanagement (UNIX) 129
Rechtsextremismus 326
Referer 145, 146
Religionsfreiheit 25
Remailer 112, 121
Reporters Sans Frontières 317
Rewebber 116, 122, 324
Rexrodt, Günther 169
Rhizome 290
Rieke, Andreas 116
Rimm, Marty 308
Rivest, Ronald 164
Robinson-Liste 346
Rodriguez, Felipe 316
Ronald Reagan Presidential Library 187
Ronfeldt, David 275, 277, 278
Rotenberg, Marc 169
Rousseau, Jean-Jacques 236, 254
Router 309
Roy, Arundhati 125
RSA-Algorithmus 164
rTMark 290
Rubin, Aviel 117
Rundfunk 231, 235, 254, 320
Rushdie, Salman 313
RWE 95

Sabotage 314
Safe-Harbor-Übereinkommen 84, 85, 89
SafeWeb 155
SAP 95
Sarcinelli, Ulrich 234
Schadensersatzanspruch 59
Schering 95
Schmutz- und Schund-Literatur 19
Schreibrhythmus 97
Schritterkennung 97
Schröder, Burkhard 318
Schröder, Gerhard 202
Schufa 91
Schuldenpranger 77, 88
Schuldrecht 87
Schuldrechtsmodernisierung 88
Schutzrecht 221
Schweißgeruch 97

Scientology 112
Scoringverfahren 60
Scramdisk 130
Script-Kiddies 127, 128
Sealand 122
Seattle 280, 282, 283
Secure Socket Layer (SSL) 143
Selbstdatenschutz 61
Selbstregulierung 61, 311
Selbstverantwortung 107
Shamir, Adi 164
Shook, John P. 290
Sieber, Ulrich 318
Siemens 95–97, 170
Signaturgesetz 141, 210
Sit-in 280, 297
Sitzblockade 261–263, 268, 297, 302
Sklyarov, Dimitrij 315, 316
Social Engineering 150
Solana, Javier 180, 181
Sony 124
soziales Drama 281
Sozialstaatlichkeit 219
Spam 74, 343
SPD 32
Spector 94, 104
Sperrliste 330
Sperrung 328, 329
Sperrverfügung 246
Spracherkennung 97
Staehle, Wolfgang 272, 292
Stalbaum, Brett 270
Stalder, Felix 288
Stammdaten 73, 81
Standardeinstellungen 79
Standleitung 104
Stasi 190, 205, 206
Stasi-Unterlagengesetz 190, 205
Statewatch 181, 182, 187
Staudt, Erwin 109, 236
Steel, Helen 286, 287
Steganographie 143
Steuern 233
Stiftung Warentest 202
Stinnes 95
Strafbarkeit 69
Strafprozessordnung 35
Strafverfolgung 34, 40, 43, 85, 123
StranoNet 261–263, 265–267, 272, 278, 280, 297
Strasser, Maritta 296

Ströbele, Hans-Christian 187
Stumm, Ferdinand von 298
Subcommandante Marcos 269
Suchmaschinen 48, 81, 128, 323, 328
Suez-Krise 162
Sun 308, 338
SurfControl 94, 104
SurfWatch 94
Swarm 276
Sylpheed 173
symbolisches Drama 273
symmetrische Verschlüsselung 136
Syndicate 290

T-Mobil 95
T-Online 312, 344
Talkline 95
Targeting 340
Tastaturwanze 168
Teatro Campesino 270
Technikdeterminismus 232
Technische Universität Dresden 115, 120
Teledemokratie 234
Teledienste 82
Teledienstedatenschutzgesetz (TDDSG) 63, 82, 93, 96, 123
Teledienstegesetz (TDG) 23, 63, 82, 328
Telefonnummern 54
Telefonsexgespräch 100
Telefonüberwachungssystem 99
Telegrafie 64
Telekommunikation 33, 82
Telekommunikationsgeheimnis 26
Telekommunikationsgesetz (TKG) 23, 63, 64, 82, 87, 94, 100
Telekommunikationskosten 104
Telekommunikationsüberwachung 233
Telekommunikationsüberwachungs-Verordnung (TKÜV) 63, 65
Telekommunikationsverkehrsdaten 34
Telekratie 234
Telemedienrecht 83
Telepolis 296
Terrorismusbekämpfung 53, 65, 86, 171
The Thing 272, 290, 292
The Well 317
Thomas Cook 95
Thyssenkrupp 95
Tippverhalten und Unterschriftsverhalten 97
Toleranz 18

TotalView 93, 94
Toysmart 159
Toywar 288, 291
Tozzi, Tommaso 262, 263
Transparency International 179, 201
Transparenz 60, 178, 187, 191
Trojanisches Pferd 80, 130, 131, 338
Truman-Show 71
TrustE-Gütesiegel 159
TUI 95
Typ-1-, Typ-2-Remailer 113, 114

UIG-Antrag 193
Umweltbewegung 263
Umweltinformationsgesetz (UIG) 179, 190, 191
Unabhängiges Landeszentrum für Datenschutz Schleswig-Holstein 88, 115, 120
Unabhängigkeitserklärung für das Internet 288
Uniform Computer Information Transaction Act (UCITA) 42
UNIX-Rechtemanagement 129
Unterhaltungsindustrie 215
Urheberrecht 40, 43, 112, 123, 125, 156, 211, 214, 215, 220–222, 315
Urheberrechtsänderungsgesetz 211
Urheberrechtsgesetz 218
Urheberrechtsrichtlinie 216, 219
Urheberrechtsschutz 216
US-Kryptopolitik 171
US-Marine 119
Usenet-Gemeinde 341

Verbindungsdaten 26, 34, 35, 51, 73, 81
Verbraucheradressen 76
Verbraucherinformationsgesetz 202, 203
Verbraucherschutz, -rechte 38, 74, 88
Verbraucherschutzverbände 87, 88
Verbraucherzentrale 202
ver.di 93
Vereinte Nationen 18, 48
Verfassungsrecht 17
Verfassungsschutz 65, 326
Verfügungsrecht 221
Vergütungsanspruch 215
Vergütungssystem 221
Verkehrsdaten, -stau 112, 113, 262
Verleumdungsklage 286
Versammlungsfreiheit 28, 296, 297

Versammlungsgesetz, -recht 296, 299
Versandhandel 91
Verschlüsselung 26, 36, 112, 130, 163, 175, 233
Verschlüsselungsgerät 163
Verteilungsgerechtigkeit 220
Verwaltungsverfahrensgesetz 190, 204
Verwertungsrecht 222
VHS-Videokamera 264
Videoüberwachung 60, 71, 72, 92, 98
404-Fehlermeldung 273
Viljanen, Ritva 38
Virenscanner 132
virtuelle Republik 261, 302
Volksabstimmung, -begehren 236
Volkswagen 95
Volkszählungsurteil 50, 92, 205
Vorzensur 310, 329

Wahlbeteiligung 240
Wahlgeheimnis 244
Wahlkabine 257
Wahllokal 241
Waldmann, Marc 117
Walker-Family-Spionagering 167
Wallace, Sanford 345
Wärmeabstrahlungsmuster 97
Warren, Samuel 50
Wassenaar-Abkommen 170
Watergate-Affäre 183
Web-Demokratie 249
Web-Rundfunk 111
Web.de 95
Webbug 77, 79, 149
Webcam 60
Weber, Jürgen 294
Webserver 262
Webwasher 111, 114
Wegener, Bernhard 197
Wehler, Hans-Ulrich 228
Weimarer Republik 8, 14, 15
Wells, David 165
Weltbank 279
Welthandelsorganisation (WTO) 279
Werbebanner 147, 149
Werbeindustrie 127
Werbemail 74, 343
Werbung 19, 59, 65, 72
Wettbewerb 90
Wettbewerbsrecht 88, 221
Wickert, Ulrich 125

Widerspruchsrecht 58
Wiedmann, Rainer 233
Willenserklärungsfreiheit 27
Winamp 131
Windows XP 74, 89
WinGuardian 94
WinPT 173
WinWhatWhere 94
Wiping-Tool 130
Wirtschaftsauskunftei 78
Wirtschaftsspionage 86, 170, 173, 174
Wirtschaftswerbung 298
Wissensgesellschaft 223
Woolsey, James 174
World Intellectual Property Organisation (WIPO) 211, 219, 289
World Wide Web Consortium (W3C) 158
Wrapster 216
Wray, Stefan 270, 276
Wurm 130
Würth 95
Wüstenrot 95

Xerox 93, 95
XS4ALL 314, 316, 328

Yahoo 274, 328, 331, 340, 345

Zapatista 266, 268, 272, 277, 278
Zapatista-Floodnet 272, 277
Zedillo, Ernesto 273
Zensur 310, 327
Zensurresistenz 155
Zero Knowledge Systems (ZKS) 120, 122
Zertifizierungsstelle 141, 143
ZF Friedrichshafen 95
Zimmermann, Phil 139, 155, 168, 173
ziviler Ungehorsam 302
ZN GmbH 97
ZN-Face 97
Zugangskontrolle 97
Zugangsliste 330
Zugriffsrecht 129
Zündel, Ernst 312
Zweckbindung 56

Glossar / Abkürzungen*

B2B	Business-to-Business
B2C	Business-to-Customer
Browser	Software zum Navigieren im World Wide Web, zum Beispiel Opera, Netscape Navigator, Microsoft Internet Explorer.
BSI	Bundesamt für Sicherheit in der Informationstechnik, Bonn, berät die Bundesregierung in Fragen der IT-Sicherheit.
Cookie	Information, die ein Web-Server auf dem Client-Rechner ablegt.
Domainname-System (DNS)	Sorgt für die Zuordnung zwischen Domainnamen wie www.daten schutz.de und der IP-Nummer wie 130.149.19.57.
E-Commerce	Electronic Commerce: Elektonischer Geschäftsverkehr, oft Versandhandel über das Internet.
E-Mail	Electronic Mail: Elektronische Post.
E-Mail-Client	Software für E-Mail, zum Beispiel »The Bat«, Netscape Messenger, Microsoft Outlook.
FAQ	Frequently Asked Questions, oft nützliche Listen, die grundsätzliche Fragen beantworten.
FTP	File Transport Protocol: Software zur Übertragung von Dateien über das Internet bzw. das dafür benutzte Protokoll, zum Beispiel WS_FTP für Windows 9x.
GUID	Globally Unique Identifier: Seriennummer, die aus der Netzwerkkarte ausgelesen werden kann.
Homepage	Angebot im World Wide Web, siehe auch Website.
HTML	Hyper Text Markup Language: Programmiersprache für Dokumente im World Wide Web.
HTTP	Hyper Text Transport Protocol: verbindungsloses Protokoll zur Übertragung verknüpfter Daten im Internet, siehe auch http://www.w3.org/Protocols/.
IP	Internet Protocol: Internetprotokoll.
IP-Adresse	Kennung von Internet-Rechnern: Man schreibt sie als vier durch Punkte voneinander getrennte Zahlen zwischen 0 und 255. Den IP-Nummern werden so genannte Domain-Namen zugeordnet. So hat der Webserver, der sich über www.datenschutz.de adressieren lässt, die IP-Nummer 130.149.19.57. Die Zuordnung organisiert das so genannte Domain-Name-System (DNS).
IPV6	6. Version des Internet-Protokolls.
IT	Informationstechnologie.
Mailingliste	E-Mail-Verteiler für ein bestimmtes Thema und/oder für einen bestimmten Empfängerkreis.
LAN	Local Area Network: Lokales Netzwerk oder Firmennetz.

---

* Nur eine kleine Auswahl, mehr siehe zum Beispiel http://www.glossar.de

Glossar / Abkürzungen 362

PGP	Pretty Good Privacy: Standard-Verschlüsselungsprogramm für offene Netze.
Provider	Unternehmen, das den technischen Zugang zum Internet ermöglicht.
Server	Rechner, der Dienste für andere Rechner übernimmt.
SSH	Secure Shell: Ermöglicht sicheres Einwählen in andere Computer.
SSL	Secure Socket Layer: System zur sicheren Datenübertragung im World Wide Web.
Telnet	Programm für das direkte Einwählen in fremde Rechner.
Webseite	Ein unter einer bestimmten Internet-Adresse (URL) verfügbares Dokument im World-Wide-Web.
Website	Aus mehreren Webseiten bestehendes Inhalte-Angebot im World Wide Web.
World Wide Web (WWW)	Netz miteinander über Hyperlinks verbundener Webseiten, die über einen Browser besucht werden können, zur Geschichte des WWW siehe auch http://www.w3history.org/.
UI	Universelle Identität: Kontaktinformation, die an jeden einzelnen Nutzer vergeben werden könnte.
URL	Uniform Ressource Locator: Internet-Adresse wie http://www.bpb.de (Homepage der Bundeszentrale für politische Bildung).

Adressen

Verbände		
Verbraucherzentrale Bundesverband e.V. VZBV »Pillbox« – Markgrafenstraße 66 Besuchereingang: Kochstraße 22 10969 Berlin	Tel.: 0 30/2 58 00-0 Fax: 0 30/2 58 00-5 18 info@vzbv.de http://www.vzbv.de http://www.verbraucher zentrale.de	Verbraucherschutz
Bitkom – Bundesverband Informationswirtschaft, Telekommunikation und Neue Medien e.V. Albrechtstraße 10 10117 Berlin Postfach 640144 10047 Berlin	Tel.: 0 30/2 75 76-0 Fax: 0 30/2 75 76-4 00 bitkom@bitkom.org http://www.bitkom.org/	Telekommunikations- dienste, Bürotechnik, IT-Hardware, IT-Soft- ware und Dienstleis- tung, Handel
Deutscher Multimedia Verband e. V. (dmmv) Kaistrasse 14 40221 Düsseldorf	Tel.: 02 11/6 00 45 60 Fax: 02 11/60 04 56 33 info@dmmv.de http://www.dmmv.de	Multimediaproduzen- ten, -agenturen, -inhalteanbieter, Online-Dienste, Inter- net-Service-Provider
eco Forum e.V. Arenzhofstraße 10 50769 Köln	Tel.: 02 21/9 70 24 07 Fax: 02 21/9 70 24 08 info@eco.de http://www.eco.de	Internet-Service- Provider
GI – Gesellschaft für Informatik Wissenschaftszentrum Jörg Maas Ahrstraße 45 53175 Bonn	Tel.: 02 28/30 21 45 Fax: 02 28/30 21 67 info@gi-ev.de http://www.gi-ev.de	Informatiker-Berufs- verband
Datenschutz		
Datenschutz-Aufsichtsbe- hörden für den nicht-öffent- lichen Bereich in den Bundesländern	http://www.bfd.bund.de/ anschriften/aufsicht_ land.html	Datenschutz für den nicht-öffentlichen Bereich

Der Bundesbeauftragte für den Datenschutz Friedrich-Ebert Str. 1 53173 Bonn	Tel.: 0 18 88/77 99-0 Fax: 0 18 88/77 99-5 50 poststelle@bfd. bund400.de http://www.bfd.bund.de/	Datenschutz
DVD – Deutsche Vereinigung für Datenschutz Bonner Talweg 33-35 53113 Bonn	Tel.: 02 28/22 24 98 dvd@aktiv.org http://www.aktiv.org/DVD/	Unabhängige Bürgerrechtsvereinigung für Datenschutzbelange
GDD – Gesellschaft für Datenschutz und Datensicherung Andreas Jaspers Pariser Str. 37 53117 Bonn	Tel.: 02 28/69 43 13 Fax: 02 28/69 56 38 info@gdd.de http://www.gdd.de	behördlicher und betrieblicher Datenschutz
Virtuelles Datenschutzbüro Unabhängiges Landeszentrum für Datenschutz Schleswig-Holstein Düsternbrooker Weg 82 D-24105 Kiel Deutschland	Tel.: 04 31/9 88-12 00 Fax: 04 31/9 88-12 23 mail@datenschutzzentrum.de http://www.datenschutz.de/	Gemeinsamer Datenschutz-Service von Datenschutzinstitutionen aus aller Welt
Cyber-NGOs		
CCC – Chaos Computer Club Lokstedter Weg 72 20251 Hamburg	Tel.: 0 40/4 90 37 57 Fax: 0 40/4 91 76 89 mail@ccc.de https://www.ccc.de	Hacken, Informationsfreiheit
FIfF – Forum InformatikerInnen für Frieden und gesellschaftliche Verantwortung Goetheplatz 4 28203 Bremen	Tel.: 04 21/33 65 92-55 Fax: 04 21/33 65 92-56 fiff@fiff.de http://www.fiff.de	Informatik und Gesellschaft, bürgerrechtliche und zivile Gestaltung der Informatik
FITUG – Förderverein Informatik und Gesellschaft c/o Prof. Jürgen Plate Fachhochschule, Fachbereich 04 Dachauerstr. 98b 80335 München	Tel.: 0 89/99 63 79 91 Fax: 0 89/99 63 79 92 info@fitug.de http://www.fitug.de	Auswirkungen der Informatik auf die Gesellschaft

Foebud e.V. Marktstr.18 33602 Bielefeld	Tel.: 05 21/17 52 54 Fax: 05 21/6 11 72 MailBox BIONIC: 05 21/6 80 00 ISDN: 05 21/9 68 08 69 foebud@bionic.zerbe rus.de https://www.foebud.org	Informationsfreiheit, Auswirkungen von Technologien auf die Gesellschaft und den Einzelnen; Big-Brother-Award
Humanistische Union (HU) e.V. Landesgeschäftsstelle der Humanistischen Union im Haus der Demokratie und Menschenrechte Greifswalder Straße 4 10405 Berlin	Tel.: 0 30/2 04 25 04 info@humanistische union.de http://www.humanistische-union.de	Bürgerrechte
Initiative D21 e. V. Ernst-Reuter-Platz 2 10587 Berlin	Tel.: 030/31 15 13 90 kontakt@initiatived21.de http://www.initiatived21.de	Initiative der deutschen Wirtschaft zur Informationsgesellschaft
Internet Society, German Chapter (ISOC.DE) c/o Fraunhofer IMK Frau Renate Küllenberg Birlinghoven Schloß D-53754 Sankt Augustin	Tel.: 0 22 41/14-19 73 Fax: 02 21/14-19 78 sek@isoc.de http://www.isoc.de	Anlaufstelle für Informationen über Technik, Dienste, Administration und Ressourcen des Internets
Teletrust Deutschland e.V. Chamissostraße 11 99096 Erfurt	Tel.: 03 61/3 46 05 31 Fax: 03 61/3 45 39 57 info@teletrust.de http://www.teletrust.de	IT-Sicherheit

Autoren und Autorinnen

BERNHARDT, UTE, geb. 1962, studierte Philosophie, Informatik und Psychologie. Sie war jahrelang Geschäftsführerin und stellv. Vorsitzende des FifF e.V. (Forum InformatikerInnen für Frieden und gesellschaftliche Verantwortung). Besondere Schwerpunkte ihrer Arbeit sind Datenschutz, Informatik und Militär. Bernhardt ist wissenschaftliche Referentin bei der Fraunhofer Gesellschaft. Sie lehrt Informatik an der FH Bonn-Rhein-Sieg.

BIZER, JOHANN, Dr. jur., geb. 1961, ist Rechtswissenschaftler. Er wohnt in Hanau, forscht und lehrt an der Universität in Frankfurt am Main und gibt die Zeitschrift für »Datenschutz und Datensicherheit« heraus. Seine Homepage: www.johann-bizer.de

EWERT, BURKHARD, geb. 1974, ist Politikredakteur beim Handelsblatt. Er leitete zuvor die Netzwert-Redaktion beim Handelsblatt, die sich um die Themen Internet, E-Business und Informationsgesellschaft kümmerte. Der gebürtige Hamburger studierte Wirtschafts-, Verfassungs- und Sozialgeschichte.

FAZLIC, NERMIN, geb. 1969, studierte Politik- und Kommunikationswissenschaft sowie Neuere Geschichte und ist seit 2000 Referent für Neue Medien der SPD-Bundestagsfraktion. Seine Arbeitsschwerpunkte liegen in den Bereichen Informations-, Kommunikations- und Medienrecht, IT-Sicherheit, Wandel zur Informations- und Wissensgesellschaft sowie elektronische politische Kommunikation.

GARSTKA, HANSJÜRGEN, Prof. Dr. jur., geb. 1947, ist Berliner Beauftragter für Datenschutz und Informationsfreiheit. Der Jurist und Politologe ist Honorarprofessor fur Datenschutz an der Technischen Universitat Berlin. Als Vorsitzender der Arbeitsgruppe Datenschutz in der Telekommunikation hat er im Rahmen der Internationalen Konferenz der Datenschutzbeauftragten seit Jahren an der Fortentwicklung des Datenschutzes im Internet mitgewirkt.

GOLDMANN, MARTIN, geb. 1966, ist EDV-Fachjournalist. Er schreibt für Computer-Fachzeitschriften über Internet-Themen und programmiert Internet-Anwendungen. Er hält Seminare zu Themen wie »Online-Journalismus« oder »Pressearbeit«. Gemeinsam mit Gabriele Hooffacker veröffentlichte er zahlreiche Bücher, unter anderem »Politisch arbeiten mit dem Computer« und »Online publizieren«.

GOLTZSCH, PATRICK, geb. 1963, studierte Soziologie, Literaturwissenschaft und Informatik. Er wohnt in Hamburg und beackert als freier Journalist das Feld der Informationstechnik. Einen Schwerpunkt bildet dabei das Thema Open Source. Als Mitglied von FITUG (Förderverein Informationstechnik und Gesellschaft) vertritt er den Verein bei den »Big Brother Awards«, die der Diskussion um Privatsphäre und Datenschutz eine breitere Öffentlichkeit verschaffen sollen.

HANSEN, MARIT, geb. 1969, leitet als Diplominformatikerin den Bereich »Technischer Datenschutz« im Unabhängigen Landeszentrum für Datenschutz Schleswig-Holstein, wo sie seit 1995 arbeitet. Dort wird interdisziplinär in Projekten für mehr Datenschutz, zum Beispiel zu Anonymität, Identitätsmanagement, Biometrie, P3P und »Safer surfen« gearbeitet und das Virtuelle Datenschutzbüro betrieben. Hansen hält Vorträge zu Datenschutz und Datensicherheit und hat diverse Artikel veröffentlicht.

KIPER, MANUEL, Dr. rer. nat., geb. 1949, promovierte in Molekularbiologie. Für die Grünen/Bündnis 90 war er von 1994 bis 1998 Abgeordneter im Deutschen Bundestag. Er wohnt in Hannover und ist Technik-, Arbeitsschutz- und Umweltschutzberater bei der Technologieberatungsstelle BTQ Niedersachsen mit Sitz in Oldenburg.

KOLLBECK, JOHANNES, geb. 1968, studierte Kommunikationswissenschaft, Germanistik und Soziologie und ist seit 1995 Referent des bildungs- und forschungspolitischen Sprechers und Beauftragten für Neue Medien der SPD-Bundestagsfraktion, Jörg Tauss, MdB. Seine Arbeitsschwerpunkte liegen in den Bereichen Datenschutz und Datensicherheit, Informations-, Kommunikations- und Medienrecht, Wandel zur Informations- und Wissensgesellschaft sowie elektronische politische Kommunikation.

KRAUSE, CHRISTIAN, geb. 1975, ist Mitarbeiter im Unabhängigen Landeszentrum für Datenschutz Schleswig-Holstein (ULD). Dort beantwortet er Fragen rund um das Thema »Safer surfen«. Nebenbei bastelt er an der ULD-Homepage, sichtet neue Privacy-Tools und betreut Kurse der Datenschutzakademie Schleswig-Holstein.

KRÖGER, DETLEF, Dr. jur., geb. 1965, ist Geschäftsführer in der Industrie. Der promovierte Jurist ist außerdem Lehrbeauftragter für Medienrecht an der FH Osnabrück sowie für Europäisches Wirtschaftsrecht an der FH Ulm. Er veröffentlichte unter anderem 2002 das »Handbuch zum Internetrecht« und den Band »Informationsfreiheit und Urheberrecht«.

LORENZ-MEYER, LORENZ, Dr. phil., geb. 1956, ist freier Journalist und Berater für Online-Medien in Hamburg. Nach seiner Promotion arbeitete er von Juli 1996 bis November 1999 als Redakteur bei SPIEGEL Online. Von Dezember 2000 bis April 2001 war er Redaktionsleiter der ZEIT im Internet.

MEDOSCH, ARMIN, geb. 1962, ist Autor, Künstler und Organisator von Konferenzen und Ausstellungen im Bereich neue Kommunikationstechnologien, Politik und Kunst. Er war Mitbegründer und Redakteur des Online-Magazins Telepolis bis zum Frühjahr 2002. Mit Telepolis erhielt er im Jahr 2000 den European Online Journalism Award und im Jahr 2002 den Grimme Online Award in der Kategorie »Medienjournalismus«. Im Jahr 2001 gab er gemeinsam mit Janko Röttgers das Telepolis-Buch »Netzpiraten« heraus.

PETRI, THOMAS, Dr. jur., geb. 1968, ist Referatsleiter für Privatwirtschaft beim Unabhängigen Landeszentrum für Datenschutz Schleswig-Holstein. Bis Sommer 2000 arbeitete er als Wirtschaftsanwalt und promovierte über das Thema »Europol – grenzüberschreitende polizeiliche Tätigkeit in Europa.

REDELFS, MANFRED, Dr. phil., geb. 1961, leitet die Recherche-Abteilung von Greenpeace. Der gelernte Journalist hat nach dem Studium der Politikwissenschaft und Journalistik zunächst für den Norddeutschen Rundfunk gearbeitet und 1996 über Recherche-Journalismus in den USA promoviert. Als Mitbegründer der Journalistenorganisation »Netzwerk Recherche« setzt er sich unter anderem für bessere Auskunftsrechte ein und konnte im Rahmen von Greenpeace-Recherchen testen, wie gut oder schlecht deutsche Behörden das Umweltinformationsgesetz kennen.

RUHMANN, INGO, geb. 1960, arbeitete nach dem Studium der Informatik und Politikwissenschaft als Berater und wissenschaftlicher Mitarbeiter zum Thema IT-Politik und IT-Sicherheit für den Deutschen Bundestag und das EU-Parlament. Sein Spezialgebiet ist Informatik und Militär. Ruhmann war jahrelang Vorstandsmitglied des FIfF e.V. Er lehrt Informatik an der FH Bonn-Rhein-Sieg.

SCHULZKI-HADDOUTI, CHRISTIANE, geb. 1967, ist Diplom-Kulturpädagogin und freie Fachjournalistin für Themen der Informationsgesellschaft. Als Korrespondentin von Telepolis erhielt sie im Jahr 2000 den European Online Journalism Award. Sie ist Jury-Mitglied der Initiative Nachrichtenaufklärung. 2000 gab sie das Telepolis-Buch »Vom Ende der Anonymität« heraus und veröffentlichte 2001 »Datenjagd im Internet. Eine Anleitung zur Selbstverteidigung«. Sie ist Dozentin am Institut für Journalistik der Universität Dortmund. Ihre Homepage: www.schulzki-haddouti.de

WASSERMANN, RUDOLF, Prof. Dr. jur., geb. 1925, war unter anderem Präsident am Oberlandesgericht in Braunschweig und Mitglied des Niedersächsischen Staatsgerichtshofs. Er veröffentlichte zahlreiche Bücher, unter anderem 1985 »Recht, Gewalt, Widerstand« und »Gestörtes Gleichgewicht« sowie im Jahr 2000 »Politik und Justiz im demokratischen Verfassungsstaat«.